Tusculum-Bücherei

Zweisprachige antike Taschenausgaben

ANTHOLOGIA GRAECA

Buch VII–VIII

2. verbesserte Auflage

Griechisch-Deutsch ed. Hermann Beckby

ERNST HEIMERAN VERLAG IN MÜNCHEN

Auf dem Titel: Kopf des Hermes · Silber-Tetradrachme
von Ainos in Thrakien, um 460 v. Chr.
Aufnahme von Graf Lanckoronski

1. Auflage 1957 · 251 · Gedruckt auf Dünndruck Persia Qualität
von Schoeller & Hoesch, Gernsbach · Gesamtherstellung:
Dr. F. P. Datterer & Cie. – Inhaber Sellier – Freising

ÜBERSICHT ÜBER DEN BAND

BUCH VII

Vorwort zu Buch VII

Das VII. Buch steht im Palatinus von S. 207 Zeile 14 bis S. 326 Zeile 10. Es bietet 755 Epigramme[1]; doch hat der Schreiber weitere 15 Gedichte versehentlich darin wiederholt[2].

Von den 755 Epigrammen bringt Planudes 557 in seinem 3. Buch, weitere 17 in seinen Büchern 1, 2 und 4, im ganzen also 574 Gedichte; 181 übergeht er.

Die kleineren Sammlungen bieten nicht allzu viel. Σ^{π} hat 1[3], E 6[4], Σ 18[5]. Inschriftlich sind 4[6], in den Papyri 2[7] wenigstens trümmerhaft erhalten.

Sehr zahlreich und vor allem weit verzweigt sind die durch die übrige Literatur uns überlieferten Epigramme des VII. Buches. Herodot, Platon, Lykurg, Polybios, Strabon, Diodor, Pausanias und viele andere zitieren einzelne Gedichte, am meisten Plutarch (14) und Athenaios (9). Sie alle aber übertrifft Suidas. Darin werden im ganzen etwa 135 Epigramme, einzelne wiederholt, Nr. 218 sogar zwölfmal angeführt. Der weitaus größte Teil der zitierten gehört dem ersten Drittel des Buches bis Nr. 259 an; auf den Rest kommen nur 9 Gedichte[8], eine Tatsache, die Rückschlüsse auf die Vorlage erlaubt.

Geschrieben sind die Epigramme im Palatinus von Schreiber A, mit Ausnahme von 2b und 254b, die der Korrektor am Rand nachgetragen hat. Schreiber A war es auch, der zu den Nr. 1–155[9] den Verfassernamen hinzugesetzt hat; im Rest steuerte den größten Teil der Korrektor bei.

Die Lemmata (1–155 von Schreiber A, sonst meist vom Lemmatisten) sind durchweg wertlos und geben nur Material, das aus dem Gedicht selbst, oft sogar fehlerhaft, erschlossen ist. Doch enthalten

---

[1] Einschließlich 2b, 23b, 254b, 344b, 472b, 507b, 650b. [2] Nach Nr. 37 steht VII 20, nach 190: VII 364, nach 223: IX 61, 397, nach 314: VII 577, nach 343: VII 450, 477, 486, nach 344: VII 187, nach 438: VII 231, nach 481: VII 170, nach 516: VII 35, nach 650: VII 270, nach 721: VII 229, nach 728: VII 462. [3] 307. [4] 155, 268f., 309ff. [5] 6–9, 13, 44, 70, 136, 139, 145f., 148, 153, 489, 535, 567, 713, 747. [6] 6, 245, 254, 553; vgl. zu 3, 35, 593. [7] 163f. [8] 325, 433, 531, 588, 620, 704, 713, 727, 736. [9] Außer 9 (!). 43, 45, 54, 60, 73.

einige auch wertvolle Notizen, die über das durch das Epigramm Vermittelte hinausgehen[1].

Hier und da bringen die verschiedenen Schreiber auch bedeutsame Scholien und Bemerkungen. Aus dem Scholion zu 97 erfahren wir, daß die Epigramme des Diogenes Laërtios aus dessen Werk „Pammetros“ bzw. aus seinem „Leben der Philosophen“ stammen[2]. Die Scholien zu 428[3], 432[4] und 450[5] belehren uns, daß dem Korrektor bei seiner Vergleichsarbeit das Exemplar des Michael Chartophylax vorlag[6]. Diejenigen zu 327[7], 334[8] und 429[9] sprechen von der Person und der Tätigkeit des Gregorios Magister. Das letztere berichtet auch, daß Kephalas dieses Rätselgedicht in der Grammatikerschule der „Neuen Kirche“ unter Leitung des Gregorios behandelt habe. Das ist zeitlich deswegen aufschlußreich, weil wir wissen, daß diese Kirche i. J. 876 unter Kaiser Basilios dem Makedonen begonnen und 881 eingeweiht wurde.

Als Ganzes betrachtet, zerfällt das VII. Buch klar erkennbar in 2 Teile, deren Schnittpunkt nach Nr. 363 liegt. Der 1. Teil ist ersichtlich nach Themen angeordnet. Zwar hebt sich hier auch eine Reihe aus Diogenes Laërtios auf Philosophen[10], eine weitere von durch Gregorios Magister gesammelten Inschriften[11] sowie eine kurze Reihe aus dem Meleagroskranz[12] ab, in der Hauptsache jedoch ist der Ordner (und das dürfte schon Kephalas gewesen sein) bestrebt, eine thematische Anlage zu erreichen. So unterscheiden wir 10 Unterteile: auf Dichter[13], auf verschiedene Schriftsteller[14], auf Philosophen[15], auf Heroen[16], auf

---

[1] So in 227, 327, 330–334, 338 f. usw. [2] c: ταῦτα τὰ ἐπιγράμματα ἐκ τῆς Παμμέτρου ἐξελέγησαν Λαερτίου Διογένους. Dann fügt er hinzu: ἐκ τῆς βίβλου τῆς ἐπιγραφομένης Βίων φιλοσόφων. [3] c: ἕως ὧδε ἀντεβλήθη πρὸς τὸ ἀντιβόλιν [= ἀντιβόλιον = ἀντιγραφὴν] τοῦ κυροῦ Μιχαὴλ, καὶ διωρθώθη τινά, πλὴν ὅτι κἀκεῖνο σφάλματα εἶχεν. [4] c ⟨ἕως⟩ ὧδε Μιχαὴλ τοῦ χαρτοφύλακος und ἕως ὧδε τὰ τοῦ κυροῦ Μιχαὴλ τοῦ μακαρίου περιεῖχον ἐπιγράμματα, ἅτινα ἰδιοχείρως αὐτὸς ἔγραψεν ἐκ τῆς βίβλου τοῦ Κεφαλᾶ. [5] c: νομίζω, ὅτι δισσῶς κεῖται τὸ ἐπίγραμμα· πλὴν ἐν τῇ τάξει τῶν ἐπιγραμμάτων τοῦ κυροῦ Μιχαὴλ οὕτως κεῖται συνημμένον μετὰ τοῦ ἰαμβικοῦ. [6] Vgl. Vorwort zu VI. [7] l: μετεγράφη παρὰ Γρηγορίου τοῦ μακαρίτου διδασκάλου ἐξ αὐτοῦ τοῦ [am Rande l: ἐξ αὐτῆς τῆς] λάρνακος. [8] l: ἐγράφη δὲ καὶ τοῦτο ὁμοίως [nämlich wie 327] παρὰ τοῦ μακαρίτου Γρηγορίου τοῦ Καμψικοῦ· ὅθεν αὐτὸ καὶ ὁ Κεφαλᾶς ἐν τοῖς ἐπιγράμμασιν ἔταξεν. [9] c: τοῦτο τὸ ἐπίγραμμα ὁ Κεφαλᾶς προεβάλετο ἐν τῇ σχολῇ τῆς νέας ἐκκλησίας ἐπὶ τοῦ μακαρίου Γρηγορίου τοῦ μαγίστορος. [10] 83–133. [11] 327–338. [12] 194–203. [13] 1–55. [14] 56–78, unterbrochen durch 72 ff. [15] 79–135. [16] 136–152; daran schließt sich eine einheitlose Unterbrechung 153–162.

zarte Personen[1], auf Tiere[2], auf Frauen[3], auf mutige Menschen[4] und auf Schiffbrüchige[5]; den Schluß bildet ein vermischter Nachtrag der bisher zusammengestellten Themen[6]. Die älteren Sammlungen (Meleagros-, Philipposkranz, Kyklos des Agathias) sind also auf diese Weise durcheinandergeraten.

Im 2. Teil scheint der Ordner jedoch diese Einteilung als zu mühsam aufgegeben zu haben. Zwar finden sich auch hier kurze thematische Zusammenstellungen[7], ein Zeichen, daß dem Redaktor die gewünschte Anordnung im Geiste immer noch vorschwebt und daß er bemüht bleibt, die alte Einteilung wenigstens in kleinerem Maßstab und mit einer gewissen Zwanglosigkeit, die auch von der Wiederholung des gleichen Themas in den weiteren Teilen nicht zurückschrickt, aufrecht zu erhalten. Aber im großen gesehen tritt jetzt die thematische Zusammenstellung zurück, und die Reste der früheren Sammlungen heben sich dafür klarer heraus: Dem Meleagroskranz entstammen 406–506 (– 525?), 707–740, dem Philipposkranz 364–405, 622–645, 699–703, dem Kyklos des Agathias 551–614. Dazwischen eingestreut sind Reihen, die der Ordner den Ausgaben einzelner Dichter entnommen hat: der des Leonidas von Alexandria (547–550), des Theokrit (658–664) sowie der des Palladas (681–688).

Inhaltlich handelt es sich um Grabgedichte, doch treten einerseits ähnliche Epitaphia auch in andern Büchern auf[8], anderseits bringt das VII. Buch auch Gedichte, die über den ihm gesteckten Rahmen hinausgehen. Nicht hierher gehören Epigramme auf Kunstgegenstände[9], auf literarische Werke[10] und auf Örtlichkeiten[11], desgleichen Erotika[12], Spottgedichte[13], Mahnungen[14] und anderes mehr[15].

Schwierig und oftmals unentscheidbar ist die Frage, ob ein Epigramm wirklich auf einem Grabstein gestanden hat, d.h. ob es tatsächlich Aufschrift oder nur Buchepigramm ist. Klar und eindeutig als Aufschrift erweist es sich im Grunde nur dann, wenn es zugleich auch epigraphisch erhalten ist. Das trifft für 245, 254 und 553 zu. Ausnahmen sind allerdings auch hier möglich; so konnte man Antipaters

---

[1] 163–188. [2] 189–216. [3] 217–224. [4] 225–259. [5] 263–295. [6] 296–363. [7] 415–419, 421–429, 430–443, 462–469, 486–493, 494–506 usw. [8] V 108, VI 348, IX 67 u.a. [9] 5, 15, 86, 125, 535, 664, 709; 623, 696, 703; 53, 430. [10] 11, 42, 50, 407, 409. [11] 379, 626, 705, 723. [12] 100, 195f., 217. [13] 120f., 645. [14] 89, 175, 472, 650, 668, 736. [15] 81, 93, 193, 375, 742.

Epigramm auf Homer tatsächlich auf einem Denkmal in Rom und das auf Sappho in Pergamon sehen[1]; ähnlich steht es mit Nr. 3. Als echte Steinepigramme darf man auch diejenigen werten, von denen wir wissen, daß die Sammler sie von Grabmälern abgeschrieben haben[2], meist auch solche, bei denen das Lemma den Herkunftsort[3] oder den im Gedicht weggelassenen Namen des Toten[4] hinzufügt. – Umgekehrt sind als rein literarisch alle Epigramme auf mythische oder vorgeschichtliche Personen sowie auf Menschen vergangener Jahrhunderte anzusehen. Das trifft für die ganze Reihe 1–152 zu. Als Steinepigramme scheiden ferner diejenigen mit offenbar satirischem Charakter[5] aus, des weiteren solche, in denen der Tote einen „sprechenden Namen" trägt[6]. Auch die isopsephen Epigramme des Leonidas von Alexandria darf man als Aufschriften wohl ablehnen[7]. – Bei anderen dagegen ist die Entscheidung schwierig oder ganz unmöglich. So sind manche Epigramme auch von sonstigen Schriftstellern überliefert, wobei diese des öfteren versichern, sie selbst als Inschriften gelesen zu haben. Das dürfte in einzelnen Fällen stimmen[8], in andern dagegen sind berechtigte Zweifel erlaubt[9], wenn man nicht vorzieht, den Widerspruch wie oben bei Antipatros zu lösen. Ebenso schwierig steht es bei der Beschreibung symbolisierender Denkmäler[10]. Von vornherein neigen wir heute dazu, diese Grabsteine als Phantasiegebilde des Dichters zu betrachten; doch zeigen archäologische Funde, daß die Antike solche Kunstdarstellungen wirklich gekannt und ausgeführt hat. Immerhin bleibt die Frage, ob gerade das jeweilige Gedicht auf Stein gestanden hat, offen. Genau so verhält es sich mit christlichen Epigrammen, in denen heidnische Götter angerufen werden[11]. Auch hier könnte man leicht an wirklichkeitsbare Phantasie glauben; doch beweisen epigraphische Funde, besonders aus der Justinianischen Renaissance, daß wir trotzdem mit der Möglichkeit der Aufschrift rechnen müssen. In der gleichen Lage befinden wir uns bei Tierepitaphien[12]. Auch solche sind inschriftlich nachweisbar[13], so daß Herrlinger in seinen Untersuchungen zu dem Ergebnis kommt, Nr. 208 und 211f. als echte Steinepigramme, dagegen 190, 194, 197f., 207 und 364 als Buchepigramme werten zu können. Wie sind ferner die Fälle zu betrachten, wenn meh-

---

[1] 6, 15. [2] 327–338, 340. [3] 347, 558, 657. [4] 653. [5] 275, 307, 572. [6] 353, 455f. [7] 547–550. [8] 248f., 677. [9] 53f., 103, 125. [10] 338, 394, 421–429, 445. [11] 551, 588, 593. [12] 189–216. [13] GV 587, 691, 1313, 1365.

rere Grabinschriften für dieselbe Person vorhanden sind? Wir wissen zur Genüge, daß es manche Dichter besonders gereizt hat, ein älteres Gedicht noch einmal mit eigenen Worten nachzuahmen[1]. Infolgedessen neigt man in solchen Fällen leicht dazu, jeweils ein Epigramm als die wirkliche Aufschrift und alle andern als Buchepigramme anzusehen. Demgegenüber steht aber die Tatsache fest, daß ein Denkmal durchaus nicht so selten 2 Inschriften aufwies: eine auf der Vorder- und eine auf der Rückseite[2] oder auf Basis und Epistyl[3], doch kennen wir auch 3 und 4[4], ja sogar 10 beisammenstehende Inschriften auf die gleiche Person. Die Frage wird daher in unserer Anthologie nicht immer klar zu entscheiden sein, doch dürfte es sich in der Mehrzahl wohl um Nachahmungen handeln. Auch die Länge eines Epigramms spricht grundsätzlich nicht gegen die Möglichkeit der Aufschrift, wie Nr. 334 (18 Verse) zeigt, das Gregorios Magister in Kyzikos abgeschrieben hat, oder das Epigramm 222 bei Geffcken, das 24 Verse umfaßt. Bisweilen lassen die Dichter zur Belebung des Inhalts auch den Toten selbst reden, so daß das Gedicht oft den Eindruck einer selbstverfaßten Grabschrift erweckt und dadurch als echte Steininschrift auszuscheiden scheint. Doch wissen wir, daß schon Aischylos[5] und bei den Römern schon Ennius eigene Grabinschriften hinterlassen haben, so daß auch in solchen Fällen die Möglichkeit offen bleibt. Alles in allem kann man jedoch annehmen, daß die im VII. Buch vereinigten Epigramme zum größeren Teil Produkte für rein literarische Zwecke darstellen.

Übersetzt wurden Nr. 22, 24, 451 von Geibel, 120 von Mekler, 153, 535f., 547, 577, 583, 597 von R. Meyenschein, 161, 251 von Mähly, 239 von Straub.

---

[1] Vgl. 34f.; 65, 67f.; 163ff. [2] Geffcken 137. [3] Geffcken 141. [4] Geffcken 87, 208. [5] Diehl 1[3] S. 78; Preger u. G. Pfohl [Form u. Inhalt grch. Grabinschr., Prg. Nürnberg 1956, 60] lehnen Aischylos als Verf. des Ep. ab, Wilamowitz u. Diehl sprechen es ihm jedoch zu.

Nachtrag

Zu Beginn des Buches steht als Übergang von Buch VI zu VII die Erklärung, an Weihepigrammen sei es nun genug, es folgten jetzt Grabgedichte, die rühren könnten (A: καὶ ὁ τῶν ἀναθηματικῶν ἡμῖν ἐπιγραμμάτων χαρακτὴρ πεπλήρωται ἱκανῶς ἔχων ἐμαυτὸν πείθω· μετιτέον οὖν ἐφ' ἕτερον οὐκ ἄχρηστον οὐδ' ἀνωφελῆ, ἀλλ' ἦσαι [Headlam; ἀλλ' ἢ αἱ P[1] λαλῆσαί c] τε καὶ πρὸς πάθος ἀγαγεῖν τοὺς ἐντυγχάνοντας δυνάμενον· ἔστι δὲ οὗτος ὁ τῶν ἐπιτυμβίων ἀρχὴν ἔχων τοιάνδε· ἐπιτύμβια εἰς τὸν Ὅμηρον).

Zu Ep. 1 wird bemerkt, daß Alkaios von Messene ein anderer sei als der von Mytilene (c: οὗτος ὁ Ἀλκαῖος οὐκ ἦν ὁ Μιτυληναῖος, ὃς ἦν ἐν τοῖς χρόνοις Πιττακοῦ).

Zu Ep. 2 wird notiert, daß Antipatros von Thessalonike und der von Sidon zu unterscheiden seien (c: ἔστι καὶ ἄλλος Ἀντίπατρος Θεσσαλονικεὺς καὶ αὐτὸς ἐπιγραμμάτων ποιητής).

Aus Buch VII nahm Peek 186 Gedichte als wirkliche Steinepigramme in die GV auf.

Ζ. Ἀρχὴ τῶν

ΕΠΙΤΥΜΒΙΩΝ ΕΠΙΓΡΑΜΜΑΤΩΝ

1. ΑΛΚΑΙΟΥ ΠΟΙΗΤΟΥ ΜΕΣΣΗΝΙΟΥ

Ἡρώων τὸν ἀοιδὸν Ἴῳ ἔνι παῖδες Ὅμηρον
  ἤκαχον ἐκ Μουσέων γρῖφον ὑφηνάμενοι·
νέκταρι δ' εἰνάλιαι Νηρηίδες ἐχρίσαντο
  καὶ νέκυν ἀκταίῃ θῆκαν ὑπὸ σπιλάδι,
ὅττι Θέτιν κύδηνε καὶ υἱέα καὶ μόθον ἄλλων
  ἡρώων Ἰθακοῦ τ' ἔργματα Λαρτιάδεω.
ὀλβίστη νήσων πόντῳ Ἴος, ὅττι κέκευθε
  βαιὴ Μουσάων ἀστέρα καὶ Χαρίτων.

Titulo libri add. l et c: ὧν ἐσχεδίασεν ὁ κύρις Κωνσταντῖνος ὁ Κεφαλᾶς, ὁ μακάριος καὶ ἀείμνηστος καὶ τριπόθητος ἄνθρωπος. – Pl III^{a} 22, 1 f. 39^{r}. – **1–4** Suid. s. ἤκαχον, γρῖφος, χρίσις **5** μόθων c // ἄλλων ex -λον P **6** Ἰθακοῦ l Ἰα- P^{1} Pl // τ' Pl δ' P // Λαρτίδεω P^{1} **7** νῆσος Pl.

2. ΑΝΤΙΠΑΤΡΟΥ ΣΙΔΩΝΙΟΥ

Τὰν μερόπων Πειθώ, τὸ μέγα στόμα, τὰν ἴσα Μούσαις
  φθεγξαμέναν κεφαλάν, ὦ ξένε, Μαιονίδεω
ἅδ' ἔλαχον νασῖτις Ἴου σπιλάς· οὐ γὰρ ἐν ἄλλᾳ
  ἱερόν, ἀλλ' ἐν ἐμοὶ πνεῦμα θανὼν ἔλιπεν,
ᾧ νεῦμα Κρονίδαο τὸ παγκρατές, ᾧ καὶ Ὄλυμπον
  καὶ τὰν Αἴαντος ναύμαχον εἶπε βίαν
καὶ τὸν Ἀχιλλείοις Φαρσαλίσιν Ἕκτορα πώλοις
  ὀστέα Δαρδανικῷ δρυπτόμενον πεδίῳ.
εἰ δ' ὀλίγα κρύπτω τὸν ταλίκον, ἴσθ', ὅτι κεύθει
  καὶ Θέτιδος γαμέταν ἁ βραχύβωλος Ἴκος.

Pl III^{a} 22, 2 f. 39^{r}. – **1–2** τὰν^{2} ... Suid. s. Μαιονίδας, 7–8 s. Φαρσαλίσι **2** φθεγξαμένην P **3** νασίτης P **8** δρυπτόμενα P^{1} **10** Ἴκος ex Ἴος Pl.

VII. Anfang der

GRABEPIGRAMME

Homer

Tödlich betrübten Homer, den Sänger der Helden, die Knaben,
die ihm an Ios' Gestad dichtend ein Rätsel gestellt.
Doch ihn salbten mit Nektar die Töchter des Nereus und gruben
dort dem Toten am Strand unter den Felsen ein Grab,
weil er Thetis, Achill, die Kämpfe der andern Heroen
und Odysseus, den Stolz Ithakas, rühmend verklärt.
Glücklich das kleine Ios vor sämtlichen Inseln im Meere,
trägt es doch euern Stern, Musen und Grazien, im Schoß.

Dichter Alkaios von Messene

Ein gleiches

Ihn, der Sterblichen Peitho, die machtvolle Stimme, o Fremdling,
den Maioniden, den Mund, der wie die Musen getönt,
berge ich, Ios, das Eiland, im Felsgrund. Auf mir ja, auf keiner
andern, verlor er im Tod seinen geheiligten Geist,
der den allmächtigen Wink des Kroniden, der den Olympos,
Aias' Stärke beim Kampf rings um die Schiffe besang
und den Hektor, den einst Achill mit pharsalischen Rossen
auf der dardanischen Flur schleifend im Tode zerfetzt.
Berg' ich, die Kleine, den Großen in mir, so wisse, auch Ikos'
kleine Scholle umschließt in sich der Thetis Gemahl.

Antipatros von Sidon

2b

Εἰ καὶ βαιὸς ὁ τύμβος, ὁδοιπόρε, μή με παρέλθῃς,
  ἀλλὰ καταστέψας ἶσα θεοῖσι σέβου·
τὸν γὰρ Πιερίσιν τιμώμενον ἔξοχα Μούσαις
  ποιητὴν ἐπέων θεῖον Ὅμηρον ἔχω.

In marg. scrips. c **2** κατὰ στίχας P em. Huschke **3** Πιερίδεσσι τετιμμένον subscrips. c.

3

Ἐνθάδε τὴν ἱερὴν κεφαλὴν κατὰ γαῖα καλύπτει
ἀνδρῶν ἡρώων κοσμήτορα, θεῖον Ὅμηρον.

*Pl IIIª 22, 3 f. 39ʳ; Vit. Hom. p. 20, 24, 29, 30, 32, 34, 45 Wil.; Suid. bis s. Ὅμηρος p. 526 et 531; Tzetz. Exeg. Il. p. 37 Herm.; Ir. 96, 233, 234, 238. – **1** Kaibel 272b, 660, 661 // κάλυψεν Vit. 20 **2** Kaib. 661.

4. ΠΑΥΛΟΥ ΣΙΛΕΝΤΙΑΡΙΟΥ

Ἐνθάδε Πιερίδων τὸ σοφὸν στόμα, θεῖον Ὅμηρον,
  κλεινὸς ἐπ' ἀγχιάλῳ τύμβος ἔχει σκοπέλῳ.
εἰ δ' ὀλίγη γεγαυῖα τόσον χάδεν ἀνέρα νῆσος,
  μὴ τόδε θαμβήσῃς, ὦ ξένε, δερκόμενος·
καὶ γὰρ ἀλητεύουσα κασιγνήτη ποτὲ Δῆλος
  μητρὸς ἀπ' ὠδίνων δέξατο Λητοΐδην.

Pl IIIª 22,4 f. 39ʳ. – **1–2** θεῖον . . . Suid. s. ἀγχιάλεια **6** ὠδίων P.

5. ΑΔΗΛΟΝ, οἱ δέ φασιν ΑΛΚΑΙΟΥ [ΜΙΤΥΛΗΝΑΙΟΥ]

Οὐδ' εἴ με χρύσειον ἀπὸ ῥαιστῆρος Ὅμηρον
  στήσητε φλογέαις ἐν Διὸς ἀστεροπαῖς,
οὐκ εἰμ' οὐδ' ἔσομαι Σαλαμίνιος οὐδ' ὁ Μέλητος
  Δημαγόρου· μὴ ταῦτ' ὄμμασιν Ἑλλὰς ἴδοι.
ἄλλον ποιητὴν βασανίζετε· τάμὰ δέ, Μοῦσαι
  καὶ Χίος, Ἑλλήνων παισὶν ἀείσετ' ἔπη.

Pl IIIª 22,5 f. 39ʳ. – Tit. om. Pl, οἱ δέ κτλ. add. l **1–2** Suid. s. ῥαιστήρ // ἀπορραι- P **2** στήσοιτε Pl [primo] **3** Σαλαμήν- P **5** βασάνιζε P **6** παισὶν Lasc. πᾶσιν.

Ein gleiches

Bin ich als Hügel auch klein, geh, Wandrer, nicht achtlos vorüber,
sondern ehr' mich wie Gott mit einem Blumengewind.
Denn ich umschließe den Dichter der Epen, den Mann, den Pieriens
Musen vor allen geschätzt, ihn, den erhabnen Homer.

Anonym

Ein gleiches

Schollen der bergenden Erde bedecken ein heiliges Haupt hier,
ihn, der die Helden gepriesen, den göttlichen Sänger Homeros.

Anonym

Ein gleiches

Den erhabnen Homer, der Musen sinnigen Dolmetsch,
birgt das gepriesene Grab hier an dem felsigen Strand.
Faßt eine Insel wie diese, so klein, solch riesigen Menschen,
wundre darüber dich nicht, Wanderer, wenn du es siehst.
Nahm aus dem Schoße der Mutter doch einstens auch Delos, die
die auf dem Meere geirrt, Letos gewaltigen Sohn. [Schwester,

Paulos Silentiarios

Ein gleiches

Wolltet ihr auch mit dem Hammer als goldnen Homeros mich
daß ich gleißte wie Zeus' flammendes Wettergeleucht, [schmieden
niemals werde ich drum Salaminier, niemals aus Meles'
werd ich Damagoras' Sohn: nie möge Hellas das sehn!
Sucht einen anderen Dichter! Wer meine Gesänge den Söhnen
griechischer Menschen singt, Musen und Chios, seid ihr.

Anonym oder *Alkaios von Messene*

6. ΑΝΤΙΠΑΤΡΟΥ ΣΙΔΩΝΙΟΥ

Ἡρώων κάρυκ' ἀρετᾶς, μακάρων δὲ προφήταν,
 Ἑλλάνων βιοτᾷ δεύτερον ἀέλιον,
Μουσῶν φέγγος Ὅμηρον, ἀγήραντον στόμα κόσμου
 παντός, ἁλιρροθία, ξεῖνε, κέκευθε κόνις.

Pl III^{a} 22,6 f. 39^{v}; Σ 97; IG^{2} 14, 1188a. – **1** τε IG // προφήτην P^{1} **2** Suid. s. βιοτή, **3–4** ἀγήραντον . . . s. ἁλιρρόθιον // βιοτᾷ Σ -τῇ P Pl Suid. δόξης IG **3** Μουσέων IG Μοισᾶν Σ^{F} // ἀγήρατον P IG Suid. ἀκή- Pl Σ em. Salm. **4** παντὸς ὁρᾷς τοῦτον δαίδαλον ἀρχέτυπον IG.

7

Ἐνθάδε θεῖος Ὅμηρος, ὃς Ἑλλάδα πᾶσαν ἄεισε,
 Θήβης ἐκγεγαὼς τῆς ἑκατονταπύλου.

Pl III^{a} 22,7 f. 39^{v}; Σ 87. – **1** ὃς om. P.

8. ΑΝΤΙΠΑΤΡΟΥ ΣΙΔΩΝΙΟΥ

Οὐκέτι θελγομένας, Ὀρφεῦ, δρύας, οὐκέτι πέτρας
 ἄξεις, οὐ θηρῶν αὐτονόμους ἀγέλας·
οὐκέτι κοιμάσεις ἀνέμων βρόμον, οὐχὶ χάλαζαν,
 οὐ νιφετῶν συρμούς, οὐ παταγεῦσαν ἅλα.
ὤλεο γάρ· σὲ δὲ πολλὰ κατωδύραντο θύγατρες
 Μναμοσύνας, μάτηρ δ' ἔξοχα Καλλιόπα.
τί φθιμένοις στοναχεῦμεν ἐφ' υἱάσιν, ἁνίκ' ἀλαλκεῖν
 τῶν παίδων Ἀίδαν οὐδὲ θεοῖς δύναμις.

Pl III^{a} 22,8 f. 39^{v}; Σ 110. – **1–2** . . . ἄξεις Suid. s. δρῦς, 3 s. βρόμος, 3–4 s. συρμός, 7–8 s. ἀλαλκεῖν // πέτραις Suid. **3** κοιμίσεις Suid. s. βρόμ. **4** παγεῦσαν P **8** Ἀίδαν Stadtm. -δην.

9. ΔΑΜΑΓΗΤΟΥ

Ὀρφέα Θρηικίῃσι παρὰ προμολῇσιν Ὀλύμπου
 τύμβος ἔχει, Μούσης υἱέα Καλλιόπης,
ᾧ δρύες οὐκ ἀπίθησαν, ὅτῳ συνάμ' ἕσπετο πέτρη
 ἄψυχος θηρῶν θ' ὑλονόμων ἀγέλα,
ὅς ποτε καὶ τελετὰς μυστηρίδας εὕρετο Βάκχου
 καὶ στίχον ἡρῴῳ ζευκτὸν ἔτευξε ποδί,

Ein gleiches

Ihn, der Götter Propheten, den Herold der großen Heroen,
zweite Sonne im Sein aller Hellenen, Homer,
ihn, die Leuchte der Musen, nie alternde Stimme des Weltalls,
deckt nun, Wandrer, das Grab hier am umfluteten Strand.

Antipatros von Sidon

Ein gleiches

Hier ist der hehre Homer, er, der ganz Hellas besungen.
Hunderttorige Stadt Theben, du trugst ihn als Sohn.

Anonym

Orpheus

Nie mehr bezaubert hinfort dein Singen die Bäume, o Orpheus,
nie mehr verlockt es den Stein, nie mehr das schweifende Wild.
Nie mehr gebeut es dem Hagel und nie mehr dem Brausen der Winde,
nie mehr dem Stürmen des Schnees, nie mehr dem tosenden Meer.
Denn du starbst. Es klagten ob dir Mnemosynes Töchter,
und am schmerzlichsten schrie Mutter Kalliope auf ...
Und da wollen wir klagen um Söhne, die starben, wenn Götter
machtlos sind gegen den Tod, der ihre Kinder entführt?

Antipatros von Sidon

Ein gleiches

Auf der thrakischen Flur, in Olympos' welligem Vorland
fand der Kalliope Sohn Orpheus im Tode sein Grab.
Ihm gehorchten die Eichen; die seellosen Felsen, der Tiere
wälderbeweidendes Volk folgten getreulich ihm nach.
Er ersann auch dereinst die mystischen Weihen des Bakchos,
gab nach heroischem Maß bindend dem Verse Gestalt

ὃς καὶ ἀμειλίκτοιο βαρὺ Κλυμένοιο νόημα
  καὶ τὸν ἀκήλητον θυμὸν ἔθελξε λύρᾳ.

Pl III^{a} 22,9 f. 39^{v}; Σ 111. – **1–2** ἔχει Suid. s. προμολῇσιν, 3–4 ἄψυχος s. ἀπειθῶ et ἀπίθανον, 7–8 s. ἀκήλητον et Κλύμενος // Θρηικίῃσι: Πιερικοῖο c in marg. **2** υἱέα: υἱέα καὶ P^{1} **4** ὕλαν- P // ἀγέλαν P^{1} -λη Pl Σ **5** ὅππο τε P **6** ἡρώων P^{1} **8** ἀκήλητον: ἀμείλικτον Suid. s. Κλύμ. Pl [primo] // λύρῃ Pl Σ.

10

Καλλιόπης Ὀρφῆα καὶ Οἰάγροιο θανόντα
  ἔκλαυσαν ξανθαὶ μυρία Βιστονίδες,
στικτοὺς δ᾽ ᾐμάξαντο βραχίονας, ἀμφὶ μελαίνῃ
  δευόμεναι σποδιῇ Θρηίκιον πλόκαμον·
καὶ δ᾽ αὐταὶ στοναχεῦντι σὺν εὐφόρμιγγι Λυκείῳ
  ἔρρηξαν Μοῦσαι δάκρυα Πιερίδες
μυρόμεναι τὸν ἀοιδόν· ἐπωδύραντο δὲ πέτραι
  καὶ δρύες, ἃς ἐρατῇ τὸ πρὶν ἔθελγε λύρῃ.

Pl III^{a} 22,10 f. 39^{v}. – **2** ἔκλασαν P^{1} **5** δ᾽ om. P, add. post Pl.

11. ΑΣΚΛΗΠΙΑΔΟΥ

Ὁ γλυκὺς Ἠρίννης οὗτος πόνος, οὐχὶ πολὺς μέν,
  ὡς ἂν παρθενικᾶς ἐννεακαιδεκέτευς,
ἀλλ᾽ ἑτέρων πολλῶν δυνατώτερος· εἰ δ᾽ Ἀίδας μοι
  μὴ ταχὺς ἦλθε, τίς ἂν ταλίκον ἔσχ᾽ ὄνομα;

A Pl: εἰς Ἤρινναν. – Pl III^{a} 22,51 f. 40^{v}. – **1** πόνος ex -νως Pl **2** καὶ δεκάτευς c in marg.

12. ΑΔΗΛΟΝ

Ἄρτι λοχευομένην σε μελισσοτόκων ἔαρ ὕμνων,
  ἄρτι δὲ κυκνείῳ φθεγγομένην στόματι
ἤλασεν εἰς Ἀχέροντα διὰ πλατὺ κῦμα καμόντων
  Μοῖρα, λινοκλώστου δεσπότις ἠλακάτης·
σὸς δ᾽ ἐπέων, Ἤριννα, καλὸς πόνος οὔ σε γεγωνεῖ
  φθίσθαι, ἔχειν δὲ χοροὺς ἄμμιγα Πιερίσιν.

*A: εἰς τὴν αὐτήν. l: εἰς Ἤρινναν τὴν Μιτυληναίαν. – Pl III^{a} 22,52 f. 40^{v}; Matr. 24 (Ir. 93). – Asclepiadi trib. Matr. **4** ἠλακάτας Pl **5** σὸς ex σὸν Pl **6** φθεῖσθαι P.

und bezauberte dann mit den Klängen der Leier des harten
Klymenos grausamen Sinn und sein gefühlloses Herz.

Damagetos

Ein gleiches

Orpheus, Kalliopes und Oiagros' Sohn, war gestorben,
und es weinten vor Schmerz blonde bistonische Fraun.
Blutig färbten sie sich die Arme mit Stichen und streuten
über ihr thrakisches Haar dunkel sich Asche und Staub.
Laut auch schluchzte mit ihnen der Phorminxspieler Lykeios,
und der piërische Chor ließ seinen Tränen den Lauf
und beklagte den Sänger, und Felsen weinten und Eichen,
die er mit lieblichem Lied einst auf der Leier entzückt.

Anonym

Erinna

Dies ist das liebliche Werk der Erinna. Freilich, nur dünn ist's,
neunzehn Lenze ja nur waren mir Jungfrau vergönnt,
doch an Gehalt übertrifft es manch anderes. Wäre der Tod mir
nicht so zeitig genaht, wer hätte größeren Ruhm?

Asklepiades

Ein gleiches

Eben entsprang dir ein Lenz voll süßer, duftiger Lieder,
eben noch tönte dein Mund gleich dem Gesange des Schwans,
ach, da trieb dich die Moira, die Herrin von Spindel und Faden,
mit der Verstorbenen Strom jählings zum Acheron hin.
Doch es verkündet, Erinna, dein herrliches Wirken und Dichten:
tot nicht bist du, du lebst singend im Musenchor fort.

Anonym

13. ΛΕΩΝΙΔΟΥ, οἱ δὲ ΜΕΛΕΑΓΡΟΥ

Παρθενικὰν νεαοιδὸν ἐν ὑμνοπόλοισι μέλισσαν
 Ἤρινναν Μουσῶν ἄνθεα δρεπτομέναν
Ἅιδας εἰς ὑμέναιον ἀνάρπασεν. ἦ ῥα τόδ' ἔμφρων
 εἶπ' ἐτύμως ἁ παῖς· „Βάσκανός ἐσσ', Ἀίδα."

Pl III^{a} 22,53 f. 41^{r}; Σ 102; Matr. 24 (Ir. 93). – Tit.: Λεωνίδου tantum Pl Matr. **1** παρθενικὰν Brunck -κὴν // μελοιδὸν ἐν Matr. **2** Μουσέων Σ // δρεπτομένην c Pl Σ **3** ᾄδης et ἀνήρπ- Pl Σ **4** εἶφ' P^{1} // ἀίδη Pl Σ.

14. ΑΝΤΙΠΑΤΡΟΥ ΣΙΔΩΝΙΟΥ

Σαπφώ τοι κεύθεις, χθὼν Αἰολί, τὰν μετὰ Μούσαις
 ἀθανάταις θνατὰν Μοῦσαν ἀειδομέναν,
ἃν Κύπρις καὶ Ἔρως συνάμ' ἔτραφον, ἇς μέτα Πειθὼ
 ἔπλεκ' ἀείζωον Πιερίδων στέφανον,
Ἑλλάδι μὲν τέρψιν, σοὶ δὲ κλέος. ὦ τριέλικτον
 Μοῖραι δινεῦσαι νῆμα κατ' ἠλακάτας,
πῶς οὐκ ἐκλώσασθε πανάφθιτον ἦμαρ ἀοιδῷ
 ἄφθιτα μησαμένᾳ δῶρ' Ἑλικωνιάδων;

1 τὰν Bouhier τὴν **1–2** Μούσας ἀθανάτας c // ἀοιδομ- P em. Bouh. **3** Κ. μὲν καὶ P^{1} // ἇς Brunck ἧς **4** ἔπλετ' P^{1} em. c **8** μνησ- ex μησ- P^{1}.

15. ΑΝΤΙΠΑΤΡΟΥ

Οὔνομά μευ Σαπφώ· τόσσον δ' ὑπερέσχον ἀοιδὰν
 θηλειᾶν, ἀνδρῶν ὅσσον ὁ Μαιονίδας.

*Pl III^{b} 22,15 f. 95^{v} [Pl^{a}], f. 1^{v} [Pl^{b}], f. 123^{v} [Pl^{c}]; CIG 3555; Vind. 311. – Tit. om. Pl^{bc} **1** μὲν Pl^{c} Vind. // -εσχων Pl^{b} -εσεχων Pl^{c} -εσχεν Vind. // ἀοιδῶν Pl IG **2** θηλειῶν Pl^{a} IG Vind. θηλυων Pl^{bc} // ἀνδρῶν θηλειᾶν P^{1} // Μαιονίδης Pl^{bc} IG.

16. ΠΙΝΥΤΟΥ

Ὀστέα μὲν καὶ κωφὸν ἔχει τάφος οὔνομα Σαπφοῦς·
 αἱ δὲ σοφαὶ κείνης ῥήσιες ἀθάνατοι.

Pl III^{a} 22,49 f. 40^{v}.

Ein gleiches

Als Erinna, die Biene, die Jungfrau im Chore der Sänger,
singend im Musengefild Honig aus Blumen sich sog,
führte sie Hades hinweg ins eigene Brautbett. Hellsehend
sagte das Mädchen mit Recht: „Hades, wie neidisch du bist!“

Leonidas von Tarent oder *Meleagros*

Sappho

Sappho, die sterbliche Muse, die bei den unsterblichen Musen
ruhmvoll Gepriesne – sie ruht, Erde Aioliens, in dir.
Aphrodite und Eros umhegten sie beide, und Peitho
flocht den ewigen Kranz der Pïeriden mit ihr,
Hellas zur Wonne, zum Ruhme für dich. – O ihr waltenden Moiren,
die ihr am Rocken im Kreis dreifach den Faden bestellt,
warum spannet ihr nicht der Sängerin ewiges Leben,
da sie des musischen Sangs ewige Gaben uns schuf?

Antipatros von Sidon

Ein gleiches

Sappho heiß' ich; ich ragte im Singen so hoch über Frauen,
wie die Männer im Lied der Maionide besiegt.

Antipatros von Sidon

Ein gleiches

Erde bedeckt hier den Leib und den stummen Namen der Sappho,
unberührbar von Zeit lebt in den Liedern ihr Geist.

Pinytos

17. ΤΥΛΛΙΟΥ ΛΑΥΡΕΑ

Αἰολικὸν παρὰ τύμβον ἰών, ξένε, μή με θανοῦσαν
  τὰν Μιτυληναίαν ἔννεπ' ἀοιδοπόλον·
τόνδε γὰρ ἀνθρώπων ἔκαμον χέρες, ἔργα δὲ φωτῶν
  ἐς ταχινὴν ἔρρει τοιάδε ληθεδόνα.
ἢν δέ με Μουσάων ἐτάσῃς χάριν, ὧν ἀφ' ἑκάστης
  δαίμονος ἄνθος ἐμῇ θῆκα παρ' ἐννεάδι,
γνώσεαι, ὡς 'Αίδεω σκότον ἔκφυγον οὐδέ τις ἔσται
  τῆς λυρικῆς Σαπφοῦς νώνυμος ἠέλιος.

Pl III^{a} 22,50 f. 40^{v}; Ir. 92. – **2** Suid. s. Μιτυληναία, 3–4 ἔργα . . . s. ληθεδών, 7–8 οὐδέ . . . s. νώνυμος **3** τόδε P[1] **4** τοιὰν δὲ P[1] **5** αἰτήσης Pl **7** ἀίδα σκότος Pl // ἔφυγον P[1].

18. ΑΝΤΙΠΑΤΡΟΥ ΘΕΣΣΑΛΟΝΙΚΕΩΣ

'Ανέρα μὴ πέτρῃ τεκμαίρεο· λιτὸς ὁ τύμβος
  ὀφθῆναι, μεγάλου δ' ὀστέα φωτὸς ἔχει.
εἰδήσεις 'Αλκμᾶνα, λύρης ἐλατῆρα Λακαίνης
  ἔξοχον, ὃν Μουσέων ἐννέ' ἀριθμὸς ἔχει.
κεῖται δ' ἠπείροις διδύμαις ἔρις, εἴθ' ὅ γε Λυδὸς
  εἴτε Λάκων. πολλαὶ μητέρες ὑμνοπόλων.

Pl III^{a} 22,32 f. 40^{r}. – **1–2** λιτὸς . . . Suid. s. λιτός, 3 s. λύρα, 3–4 s. ἐλατήρ et εἰδήσεις, 5–6 s. Λυδιάζων, 6 πολλαὶ . . . s. ὑμνοπόλος **3** Λυκαίνης P[1] **4** Μουσῶν Pl Suid. **5** διδύμοις P Suid. **6** μητ.: πατρίδες Pl.

19. ΛΕΩΝΙΔΟΥ

Τὸν χαρίεντ' 'Αλκμᾶνα, τὸν ὑμνητῆρ' ὑμεναίων
  κύκνον, τὸν Μουσῶν ἄξια μελψάμενον,
τύμβος ἔχει, Σπάρτας μεγάλαν χάριν, ἔνθ' ὅ γε Λυδὸς
  ἄχθος ἀπορρίψας οἴχεται εἰς 'Αίδαν.

Pl III^{a} 22,33 f. 40^{r}; Suid. [om. 3 τύμβος . . . χάριν] s. ὑμεναίων, κύκνος, λοῖσθος. – **3** ἔνθ' Jac. εἴθ' // Λυδὸς Pl λοῖσθος P[1] Suid. s. v., λύσθος c **4** οἴχεαι P // ἀίδην Pl.

Ein gleiches

Gehst du an meinem Grab im aiolischen Lande vorüber,
nenne die Sängerin, Freund, aus Mytilene nicht tot.
Menschenhände erschufen dies Grab und Denkmal, und solche
Werke der Sterblichen fliehn rasch der Vergessenheit zu.
Prüfst du mich aber nach dem, was die göttlichen Musen mir gönnten,
die neun Blumen dem Werk meiner neun Bücher geschenkt,
siehst du, mich traf nicht das Dunkel des Hades: nie kommt eine [Stunde,
da man die Lyrikerin Sappho mit Namen nicht nennt.

Tullius Laureas

Alkman

Miß nicht den Mann nach dem Stein! Zwar klein ist der Hügel zu [sehen,
aber erhaben der Mann, dessen Gebein er verhüllt.
Alkman kündet das Mal, der lakonischen Leier berühmten
Sänger, der zu den neun musischen Dichtern gehört.
Ob er Lakoner, ob Lyder, drum streiten sich zwei Kontinente.
Doch ein Dichter hat stets Scharen von Müttern zugleich.

Antipatros von Thessalonike

Ein gleiches

Alkman, den lieblichen Schwan, den Sänger der bräutlichen Lieder,
dessen herrlicher Sang würdig der Musen erscholl,
birgt hier der Hügel; mit Reiz erfüllte er Sparta, der Lyder;
dort vom Fronen befreit, ging er zum Hades hinab.

Leonidas von Tarent

20. [ΣΙΜΩΝΙΔΟΥ]

Ἐσβέσθης, γηραιὲ Σοφόκλεες, ἄνθος ἀοιδῶν,
  οἰνωπὸν Βάκχου βότρυν ἐρεπτόμενος.

Pl III^a 22,28 f. 40^r; Vind. ph. Gr. 301 [iunctum cum ep. 22]. – In P hic ab A et post VII 37,5 in marg. infer. a c [P^b] scriptum. ἀδέσποτον P^b **2** Suid. s. οἰνοψ.

21. ΣΙΜΙΟΥ [ΘΗΒΑΙΟΥ]

Τόν σε χοροῖς μέλψαντα Σοφοκλέα, παῖδα Σοφίλλου,
  τὸν τραγικῆς Μούσης ἀστέρα Κεκρόπιον,
πολλάκις ὃν θυμέλῃσι καὶ ἐν σκηνῇσι τεθηλὼς
  βλαισὸς Ἀχαρνίτης κισσὸς ἔρεψε κόμην,
τύμβος ἔχει καὶ γῆς ὀλίγον μέρος, ἀλλ᾽ ὁ περισσὸς
  αἰὼν ἀθανάτοις δέρκεται ἐν σελίσιν.

Pl III^b 22,10 f. 95^v. – Tit.: A: Σιμμίου l: Θηβαίου, tit. om. Pl **1** Σοφίλου Pl **2** Suid. s. Κέκροψ, 3–4 s. Ἀχαρνείτης, βλαισός, θυμέλη **3** παλλάκις P // ὃν Emperius ἐν **6** σελίσι P^1.

22. ΤΟΥ ΑΥΤΟΥ

Ἠρέμ᾽ ὑπὲρ τύμβοιο Σοφοκλέος, ἠρέμα, κισσέ,
  ἑρπύζοις χλοεροὺς ἐκπροχέων πλοκάμους,
καὶ πέταλον πάντῃ θάλλοι ῥόδου ἥ τε φιλορρὼξ
  ἄμπελος ὑγρὰ πέριξ κλήματα χευαμένη,
εἵνεκεν εὐμαθίης πινυτόφρονος, ἣν ὁ μελιχρὸς
  ἤσκησεν Μουσῶν ἄμμιγα καὶ Χαρίτων.

Pl III^a 22,29 f. 40^r; Ir. 95; Vind. 301 [cf. ad ep. 20]. – Tit. om. Pl, Simonidi trib. Ir. Vind. **1** τύμβου Σοφοκλέους P **4** κλίμ- P **5–6** Suid. s. ἄμμιγα, πινυτός **5** εὐεπίης c // μελιχροῦς P^1 -ίχρους c [primo] Pl Vind. -χρὸς c [post].

23. ΑΝΤΙΠΑΤΡΟΥ ΣΙΔΩΝΙΟΥ

Θάλλοι τετρακόρυμβος, Ἀνάκρεον, ἀμφὶ σὲ κισσὸς
  ἁβρά τε λειμώνων πορφυρέων πέταλα,
πηγαὶ δ᾽ ἀργινόεντος ἀναθλίβοιντο γάλακτος,
  εὐῶδες δ᾽ ἀπὸ γῆς ἡδὺ χέοιτο μέθυ,
ὄφρα κέ τοι σποδιή τε καὶ ὀστέα τέρψιν ἄρηται,
  εἰ δή τις φθιμένοις χρίμπτεται εὐφροσύνα.

Pl III^a 22,34 f. 40^r. – **1** Suid. s. τετρακόρυμβος, 3 s. ἀργινόεις, 4–5 s. μέθυ, 6 s. χρίμπτεται **4** γῆς: πηγῆς Pl **6** εὐφροσύνη Pl Suid.

Sophokles

Bakchos' purpurne Traube, o Sophokles, aßest du eben,
als dir im Alter das Licht, Blüte der Sänger, erlosch.

[*Simonides*]

Ein gleiches

Der du in Chören gesungen, o Sophokles, Sohn des Sophillos,
der in Athen du als Stern tragischer Muse geglänzt,
dem der acharnische Efeu so oft mit den Ranken am Altar
und auf der Bühne das Haar blütenbeladen umkränzt,
nun umfängt dich das Grab und ein Häuflein Erde. – Und dennoch,
in unsterblichem Buch sieht dich für ewig die Zeit.

Simias [*von Theben*]

Ein gleiches

Leis umklimme den Hügel des Sophokles, wuchernder Efeu,
leis, und über den Stein webe das grüne Gelock;
rings auch blättre die Rose sich auf, und der schwellende Weinstock
träufl' ihm des feuchten Geranks üppige Tränen herab,
weil er in goldenem Wort, durch der Grazien Huld und der Musen,
hohe Belehrung so süß uns in die Seele gesenkt.

Simias

Anakreon

Möge, Anakreon, dich der Efeu mit Fülle von Trauben,
möge mit purpurnem Schmuck zart dich die Aue umblühn,
mögen Bäche voll Milch in schimmernder Weiße dir quellen
und einen duftenden Wein köstlich dir sprudeln der Grund,
daß dein modernd Gebein und dein Staub sich selig erlabe,
falls den Verstorbenen noch wirklich ein Glück sich erschließt.

Antipatros von Sidon

23 b

Ὦ τὸ φίλον στέρξας, φίλε, βάρβιτον, ᾧ σὺν ἀοιδᾷ
πάντα διαπλώσας καὶ σὺν ἔρωτι βίον . . .

A et Pl: εἰς τὸν αὐτόν. l: Ἀνακρέοντα. – Pl IIIa 22,35 f.40r; Suid. s. βάρβιτον et διαπλώσας.

24. [ΣΙΜΩΝΙΔΟΥ]

Ἡμερὶ πανθέλκτειρα, μεθυτρόφε μῆτερ ὀπώρας,
οὔλης ἣ σκολιὸν πλέγμα φύεις ἕλικος,
Τηίου ἡβήσειας Ἀνακρείοντος ἐπ' ἄκρῃ
στήλῃ καὶ λεπτῷ χώματι τοῦδε τάφου,
ὡς ὁ φιλάκρητός τε καὶ οἰνοβαρὴς φιλόκωμος
παννύχιος κρούων τὴν φιλόπαιδα χέλυν
κὴν χθονὶ πεπτηὼς κεφαλῆς ἐφύπερθε φέροιτο
ἀγλαὸν ὡραίων βότρυν ἀπ' ἀκρεμόνων
καί μιν ἀεὶ τέγγοι νοτερὴ δρόσος, ἧς ὁ γεραιὸς
λαρότερον μαλακῶν ἔπνεεν ἐκ στομάτων.

*Pl IIIa 22,36 f.40r. – **1–2** Suid. s. ἡμερίς, 9–10 s. λαρόν et γεραιός // ὀπώρης c Pl **2** οὔλης . . ς κολιὸν P¹ οὔλης· ἧ σκ- Pl οὐ λήγῃ σκ- Suid. em. c // φύεις Küster φύης Suid. φύσεις P Pl **5** φιλοκαίρητος et οἰνοβαρὶς P¹ // φίλα κώμῳ P **6** κρύων P¹ κρούοι ex κρούων Pl **7** κὴν: καὶ c // φέροιτο ex -τε P **8** ὡραίον P¹ **9** καί μιν Pl Suid. καιφιν P¹ καί σφιν c // τέγγει P // ἧς ὁ: η σε P¹.

25. [ΤΟΥ ΑΥΤΟΥ]

Οὗτος Ἀνακρείοντα, τὸν ἄφθιτον εἵνεκα Μουσέων
ὑμνοπόλον, πάτρης τύμβος ἔδεκτο Τέω,
ὃς Χαρίτων πνείοντα μέλη, πνείοντα δ' Ἐρώτων
τὸν γλυκὺν ἐς παίδων ἵμερον ἡρμόσατο.
μοῦνον δ' εἰν Ἀχέροντι βαρύνεται, οὐχ ὅτι λείπων
ἠέλιον Λήθης ἐνθάδ' ἔκυρσε δόμων,
ἀλλ' ὅτι τὸν χαρίεντα μετ' ἠιθέοισι Μεγιστέα
καὶ τὸν Σμερδίεω Θρῇκα λέλοιπε πόθον.
μολπῆς δ' οὐ λήγει μελιτερπέος, ἀλλ' ἔτ' ἐκεῖνον
βάρβιτον οὐδὲ θανὼν εὔνασεν εἰν Ἀίδῃ.

Pl IIIa 22,37 f.40r. – **1** Μουσῶν c Pl **2** ὑμνοπόλον ex -λων P Pl **3** μέλαν P¹ **5** μοῦνον Bothe -ος **6** δόμῳ Pl **8** Σμερδίεα P¹ **9** λήθει P Pl λῆγε Suid. s. μολπή em. Porson // ἐκεῖνο Pl.

Ein gleiches

Trauter, der du die Leier, die traute, geliebt hast und der du,
immer voll Liebe das Herz, trällernd durchs Leben geeilt . . .

Anonym

Ein gleiches

Allesbezaubernde Rebe, mostnährende Mutter der Traube,
die du zu krausem Gewind üppig die Ranken verschlingst,
blühe zur Höhe empor an Anakreons Säule, des Tejers,
und umspinne des Grabs lockergeschütteten Staub,
daß dem Freunde des Weins, dem trunkenen Freunde der Feste,
der den Knaben zum Preis klimpernd die Nächte verschwärmt,
auch in den Tiefen der Erde noch über dem Haupte die holde
Traube vom lieblichen Zweig schimmernd entgegen sich neigt
und ihr perlender Tau ihn ewig tränke, den Alten,
dessen lockender Mund Süßeres schenkte als du.

[*Simonides*]

Ein gleiches

Eines unsterblichen Dieners der Musen, Anakreons, Asche
nahm die heimische Flur Teos im Grabe hier auf.
Von der Chariten Hauch, vom Hauch der Eroten durchatmet,
sang er sein reizendes Lied lieblichen Knaben zu Dank.
Eins nur am Acheron drückt ihn, nicht daß ihm die Sonne geschwun-
und ihm dort unten das Haus Lethes als Wohnung erstand, [den
nein, daß er unter den Knaben den schönen Megisteus verlassen
und sein thrakisches Lieb Smerdis geschieden von ihm.
Aber des süßen Gesanges vergaß er mitnichten: dem Toten
schlief auch im Schattengefild nimmer das Barbiton ein.

[*Simonides*]

26. ΑΝΤΙΠΑΤΡΟΥ ΣΙΔΩΝΙΟΥ

Ξεῖνε, τάφον παρὰ λιτὸν Ἀνακρείοντος ἀμείβων,
εἴ τί τοι ἐκ βίβλων ἦλθεν ἐμῶν ὄφελος,
σπεῖσον ἐμῇ σποδιῇ, σπεῖσον γάνος, ὄφρα κεν οἴνῳ
ὀστέα γηθήσῃ τἀμὰ νοτιζόμενα,
ὡς ὁ Διωνύσου μεμελημένος εὐάσι κώμοις,
ὡς ὁ φιλακρήτου σύντροφος ἁρμονίης
μηδὲ καταφθίμενος Βάκχου δίχα τοῦτον ὑποίσω
τὸν γενεῇ μερόπων χῶρον ὀφειλόμενον.

Pl III^a 22, 38 f.40^r. – **4** adscr. l: τὸν σαπρὸν ἄνδρα σαπροῖς ἐπαίνοις στέφεις **5** εὐάσι Graefe οὔασι // κώμοις Huschke κῶμος.

27. ΤΟΥ ΑΥΤΟΥ

Εἴης ἐν μακάρεσσιν, Ἀνάκρεον, εὖχος Ἰώνων,
μήτ' ἐρατῶν κώμων ἄνδιχα μήτε λύρης·
ὑγρὰ δὲ δερκομένοισιν ἐν ὄμμασιν οὖλον ἀείδοις
αἰθύσσων λιπαρῆς ἄνθος ὕπερθε κόμης,
ἠὲ πρὸς Εὐρυπύλην τετραμμένος ἠὲ Μεγιστῆ
ἢ Κίκονα Θρηκὸς Σμερδίεω πλόκαμον,
ἡδὺ μέθυ βλύζων, ἀμφίβροχος εἵματα Βάκχῳ,
ἄκρητον θλίβων νέκταρ ἀπὸ στολίδων.
τρισσοῖς γάρ, Μούσαισι, Διωνύσῳ καὶ Ἔρωτι,
πρέσβυ, κατεσπείσθη πᾶς ὁ τεὸς βίοτος.

Pl III^a 22,39 f.40^v. – **1** Suid. s. Ἴωνες, 1–2 s. ἄνδιχα, 4 s. αἰθύσσω, 7 s. ἀμφίβροχος, 8 s. στόλιον **2** μήτ' ἐρατῶν Pl μήτερα τῶν P^1 μήτε ἄτερ c μήτ' ἄρα τῶν Suid. **3** δὲ om. P **4** Cram. an. Par. 4, 102 **5** τεταμμένος P^1 // Μεγιστῆ Brunck -ὴν **6** Σμερδίεα P^1 **8** θλίβ. ἢ ν. Suid. // σταλίων [-ίουν?] P^1 -ίδων c -ίκων Pl em. Suid. **9** τρισσηῖς P^1.

28. ΑΔΕΣΠΟΤΟΝ

Ὦ ξένε, τόνδε τάφον τὸν Ἀνακρείοντος ἀμείβων
σπεῖσόν μοι παριών· εἰμὶ γὰρ οἰνοπότης.

Pl III^a 22,40 f.40^v; Suid. s. οἰνοπότης. – Tit. om. Pl.

Ein gleiches

Der du am niedrigen Hügel Anakreons, Fremdling, vorbeigehst,
wenn meine Bücher dir je Freude und Frommen gebracht,
o so gieß meinem Staub, o gieß ihm erquickende Labung,
daß, vom Weine benetzt, noch meine Asche sich freut.
Da mich lebend des Bakchos festfröhlicher Jubel entzückte,
da ich in Liedern gelebt, wie sie Dionysos wünscht,
möcht ich als Toter auch nicht ohne Wein diese Stätte ertragen,
die das Verhängnis dem Volk sämtlicher Menschen bestimmt.

Antipatros von Sidon

Ein gleiches

Auch in der Seligen Reich, Anakreon, Stolz der Ioner,
fehle die Leier dir nicht, noch auch das traute Bankett.
Schmachtend blicke dein Auge, und während im glänzenden Haare
schwankend die Blume erbebt, klinge ein Lied dir vom Mund,
mag's an Eurypyle sein, an Megisteus oder an deines
Smerdis kikonisch Gelock, den du in Thrakien gewannst.
Köstlich ströme der Wein, feucht netze die Kleider dir Bakchos,
daß du den lauteren Trank aus dem Gewande dir drückst.
Denn drei Göttern, mein Alter, den Musen, dem Bakchos und Eros,
hast du als Spende die Zeit all deines Lebens geweiht.

Antipatros von Sidon

Ein gleiches

Fremdling, schreitest du hier an Anakreons Grabe vorüber,
komm und spende mir Wein; heute noch trinke ich gern.

Anonym

29. ΑΝΤΙΠΑΤΡΟΥ ΣΙΔΩΝΙΟΥ

Εὕδεις ἐν φθιμένοισιν, Ἀνάκρεον, ἐσθλὰ πονήσας,
εὕδει δ' ἡ γλυκερὴ νυκτιλάλος κιθάρη,
εὕδει καὶ Σμέρδις, τὸ Πόθων ἔαρ, ᾧ σὺ μελίσδων
βάρβιτ' ἀνεκρούου νέκταρ ἐναρμόνιον.
ἠιθέων γὰρ Ἔρωτος ἔφυς σκοπός, εἰς δὲ σὲ μοῦνον
τόξα τε καὶ σκολιὰς εἶχεν ἐκηβολίας.

Pl III^{a} 22,41 f. 40^{v}. – **2** δ' ἡ c [post] Pl ἡ P^{1} σὴ c [primo] // κιθάρα Pl **4** ἀνακρ- P^{1} **5** εἰς c εἰ P^{1} [εἰς σὲ δὲ Pl] **6** ἐκηβολίδας P.

30. ΤΟΥ ΑΥΤΟΥ

Τύμβος Ἀνακρείοντος. ὁ Τήιος ἐνθάδε κύκνος
εὕδει χὴ παίδων ζωροτάτη μανίη.
ἀκμὴν οἱ λυρόεν τι μελίζεται ἀμφὶ Βαθύλλῳ
ἵμερα, καὶ κισσοῦ λευκὸς ὄδωδε λίθος.
οὐδ' Ἀίδης σοι ἔρωτας ἀπέσβεσεν, ἐν δ' Ἀχέροντος
ὢν ὅλος ὠδίνεις κύπριδι θερμοτέρῃ.

*Pl III^{a} 22,42 f. 40^{v}. – **1** τύμπος P^{1} // ἐνθάκε P **3** λυρόεν ex -όθεν P // τι add. Huet.

31. ΔΙΟΣΚΟΡΙΔΟΥ

Σμερδίῃ ὦ ἐπὶ Θρῃκὶ τακεὶς καὶ ἐπ' ἔσχατον ὀστεῦν,
κώμου καὶ πάσης κοίρανε παννυχίδος,
τερπνότατε Μούσῃσιν Ἀνάκρεον, ὦ 'πὶ Βαθύλλῳ
χλωρὸν ὑπὲρ κυλίκων πολλάκι δάκρυ χέας,
αὐτόματαί τοι κρῆναι ἀναβλύζοιεν ἄκρητον
κὴκ μακάρων προχοαὶ νέκταρος ἀμβροσίου,
αὐτόματοι δὲ φέροιεν ἴον, τὸ φιλέσπερον ἄνθος,
κῆποι καὶ μαλακῇ μύρτα τρέφοιτο δρόσῳ,
ὄφρα καὶ ἐν Δηοῦς οἰνωμένος ἁβρὰ χορεύσῃς
βεβληκὼς χρυσέην χεῖρας ἐπ' Εὐρυπύλην.

*Laur. 32, 16. – **1** Σμερδηίῳ P^{1} -διηίῳ c em. Reiske **2** παννυχίδος c πανδοχίης ex -δυχίης P^{1} **4** κυλίκων ex κύλικον P **5** novum ep. novo lemm. instructum et Meleagro attrib. inchoant c l // σοι κ. ἀιαβλ- P^{1} **8** μαλακῇ Jac. -κῆ P^{1} -κὴ c // τρέφοιτο Jac. -τε **9** οἰνωμένος Salm. οἰνόμενος ναίων.

Ein gleiches

Stumm nun ruhst du im Tod, Anakreon, trefflicher Meister,
stumm ist die Leier, die oft hold in den Nächten gerauscht,
stumm auch Smerdis, der Frühling der Liebeswünsche, für den du
Lieder wie Nektar so süß singend der Leier entlockt.
Schußziel warst du dem Eros für Liebe zu Knaben, und stets nur
schoß er vom Bogen den Pfeil tückisch von ferne auf dich.

Antipatros von Sidon

Ein gleiches

Dies ist Anakreons Grab. Hier schlummert der Singschwan von Teos
und sein wildes Begehr, das ihn für Knaben entfacht.
Ah, da klingt eine Leier ein schmelzendes Lied von Bathyllos,
und an dem weißen Gestein duftet des Efeus Gerank ...
Selbst am Acheron nicht erlosch deine Sehnsucht: dein ganzes
Herz ist im Hades sogar brennend von Liebe erfüllt.

Antipatros von Sidon

Ein gleiches

Der bis ins innerste Mark für den thrakischen Smerdis du glühtest,
König der Ständchen, du Fürst jeglicher Feier zur Nacht,
du, der Liebling der Musen, Anakreon, der du beim Becher
über Bathyllos so oft zärtliche Tränen geweint,
mögen die Quellen von selbst des lauteren Weines dir sprudeln
und dir strömend ein Gott himmlischen Nektar verleihn,
mögen die Gärten von selbst dir Veilchen, die Blumen des Abends,
sprießen und wonniger Tau Myrten dir nähren zum Kranz!
Trunken dann wirst du den Arm nach der goldnen Eurypyle strecken
und noch bei Deo den Fuß zierlich bewegen im Tanz.

Dioskorides

32. ΙΟΥΛΙΑΝΟΥ ΑΠΟ ΥΠΑΡΧΩΝ ΑΙΓΥΠΤΙΟΥ

Πολλάκι μὲν τόδ' ἄεισα καὶ ἐκ τύμβου δὲ βοήσω·
„Πίνετε, πρὶν ταύτην ἀμφιβάλησθε κόνιν."

A: εἰς τὸν αὐτόν. – Pl III^a 22,43 f. 40^v; Ir. 98 [iunctum cum ep. 33].

33. ΤΟΥ ΑΥΤΟΥ

Πολλὰ πιὼν τέθνηκας, 'Ανάκρεον. — „'Αλλὰ τρυφήσας·
καὶ σὺ δὲ μὴ πίνων ἵξεαι εἰς 'Αίδην."

Pl III^a 22,24 f. 40^v; Ir. 98 [cf. ad 32]; Gott. phil. 29. – Tit. om. Pl **2** ἀίδαν c.

34. ΑΝΤΙΠΑΤΡΟΥ ΣΙΔΩΝΙΟΥ

Πιερικὰν σάλπιγγα, τὸν εὐαγέων βαρὺν ὕμνων
χαλκευτάν, κατέχει Πίνδαρον ἅδε κόνις,
οὗ μέλος εἰσαΐων φθέγξαιό κεν, ὡς ἀπὸ Μουσῶν
ἐν Κάδμου θαλάμοις σμῆνος ἀπεπλάσατο.

Pl III^a 22,20 f. 39^v; Gott. phil. 29. – **1–2** Suid s. εὐαγής et χαλκευτής // βαρυύμνων Pl.

35. ΛΕΩΝΙΔΟΥ

*Ἄρμενος ἦν ξείνοισιν ἀνὴρ ὅδε καὶ φίλος ἀστοῖς,
Πίνδαρος, εὐφώνων Πιερίδων πρόπολος.

*Pl III^a 22,21 f. 39^v. – In P hic [P^a] et post VII 516 [P^b]. Tit.: Platoni trib. c^b, anonymo Plut. **1** Plut. mor. 1030a et inscriptio Heracleae Pont. saec. II. [Mitteil. d. ath. Inst. 5,83] // ἄρμενος: ἤπιος P^a Pl [qui ἄρμ. suprascr.].

36. ΕΡΥΚΙΟΥ

Αἰεί τοι λιπαρῷ ἐπὶ σήματι, δῖε Σοφόκλεις,
σκηνίτης μαλακοὺς κισσὸς ἄροιτο πόδας,
αἰεί τοι βούπαισι περιστάζοιτο μελίσσαις
τύμβος Ὑμηττείῳ λειβόμενος μέλιτι,
ὡς ἄν τοι ῥείῃ μὲν ἀεὶ γάνος 'Ατθίδι δέλτῳ
κηρός, ὑπὸ στεφάνοις δ' αἰὲν ἔχῃς πλοκάμους.

*Pl III^a 22,30 f. 40^r; Suid. s. ἄλοιτο, σκηνή, βούπαις, ἄγανον. – **1** Σοφόκλεες P^1 **2** σκηνήτης P^1 // ἀπλοῖτο Stadm. ἄλοιτο **3** -στάσοιτο Suid. s. βούπ. **5** ἀεὶ γάνος Jac. ἀγανός P Suid. s. ἄγ., ἀέννασς Pl **6** ἔχεις P ἔχοις Suid. s. ἄγ. Pl em. Brunck.

Ein gleiches

Oft schon hab ich's gesungen und will's aus dem Grabe noch sagen:
„Trinkt, bevor man den Leib hier euch mit Erde umhüllt."

Julianos, Präfekt von Ägypten

Ein gleiches

Trankst du, Anakreon, auch: du starbst. – „Nach lustigem Leben!
Du aber trinkst nicht und steigst doch in den Hades hinab."

Julianos von Ägypten

Pindar

Pindar, der Musen Posaune, der kunstvoll gerundeten Hymnen
Meister und wuchtigen Schmied, hält hier die Erde im Schoß.
Hörst du die Klänge, dann meinst du, er habe die Weise gefunden,
als die Musen ihr Lied Kadmos zur Hochzeit gebracht.

Antipatros von Sidon

Ein gleiches

Freundlich war dieser den Fremden und lieb seiner eigenen Heimat,
Pindar, der Priester der schön singenden Töchter des Zeus.

Leonidas von Tarent

Sophokles

Möge der Efeu der Bühne dir, göttlicher Sophokles, ewig
sich auf dem glänzenden Mal zärtlichen Fußes ergehn,
mögen hymettischen Honig die rinderentsprossenen Bienen
ewig als Opfergeschenk über den Hügel dir streun,
daß dir schimmerndes Wachs fürs attische Täfelchen ewig
träufelt und ewig ein Kranz grün dir die Locken umsäumt.

Erykios

37. ΔΙΟΣΚΟΡΙΔΟΥ

Τύμβος ὅδ' ἔστ', ὤνθρωπε, Σοφοκλέος, ὃν παρὰ Μουσῶν
  ἱρὴν παρθεσίην ἱερὸς ὢν ἔλαχον·
ὅς με τὸν ἐκ Φλιοῦντος, ἔτι τρίβολον πατέοντα,
  πρίνινον ἐς χρύσεον σχῆμα μεθηρμόσατο
καὶ λεπτὴν ἐνέδυσεν ἁλουργίδα· τοῦ δὲ θανόντος
  εὔθετον ὀρχηστὴν τῇδ' ἀνέπαυσα πόδα. —
„Ὄλβιος, ὡς ἀγαθὴν ἔλαχες στάσιν· ἡ δ' ἐνὶ χερσὶ
  κούριμος ἐκ ποίης ἥδε διδασκαλίης;" —
Εἴτε σοὶ 'Αντιγόνην εἰπεῖν φίλον, οὐκ ἂν ἁμάρτοις,
  εἴτε καὶ 'Ηλέκτραν· ἀμφότεραι γὰρ ἄκρον.

Pl IIIa 22,31 f. 40r. – 1 τ. δ' ὅδ' ἐστιν ἄνθ. P[1] 2 ἱερὴν Pl [primo] // παρθεσίην Brunck -ενίην // ἔλαχεν Pl 4 σᾶμα P 6 τῇδ' Pl [ex τῶδ'] τῷδ' P 7 ἔλαχε P Pl [ex -ες] // ἡ Lasc. εἰ // χερσὶν c 8 ἡδὲ Pl 9 σοι Salm. σὸν.

38. ΔΙΟΔΩΡΟΥ

Θεῖος 'Αριστοφάνευς ὑπ' ἐμοὶ νέκυς, εἴ τινα πεύθῃ,
  κωμικὸν ἀρχαίης μνᾶμα χοροστασίης.

Tit.: Διοδώρου ex Διοδωρι [δ supra ι[2]] P.

39. ΑΝΤΙΠΑΤΡΟΥ ΘΕΣΣΑΛΟΝΙΚΕΩΣ

Ὁ τραγικὸν φώνημα καὶ ὀφρυόεσσαν ἀοιδὴν
  πυργώσας στιβαρῇ πρῶτος ἐν εὐεπίῃ,
Αἰσχύλος Εὐφορίωνος, 'Ελευσινίης ἑκὰς αἴης
  κεῖται κυδαίνων σήματι Τρινακρίην.

Pl IIIa 22,22 f. 39v. – 1–2 Suid. s. πυργοφόρος // φρόνημα P[1] Suid. 2 πρῶτον Pl primo 3 'Ελευσεν- P[1] 4 Ταιναρίην P[1] Pl.

40. ΔΙΟΔΩΡΟΥ

Αἰσχύλον ἥδε λέγει ταφίη λίθος ἐνθάδε κεῖσθαι
  τὸν μέγαν, οἰκείης τῆλ' ἀπὸ Κεκροπίης,
λευκὰ Γέλα Σικελοῖο παρ' ὕδατα. τίς φθόνος, αἰαῖ,
  Θησείδας ἀγαθῶν ἔγκοτος αἰὲν ἔχει;

Pl IIIb 22,14 f. 95v. – Tit. om. Pl 3 Γέλας Pl 3–4 τίς ... Suid. s. ἔγκοτον et Θησείδας // αἰαῖ Jac. αἰὲν P Suid. om. Pl.

Ein gleiches

Dies ist, o Wandrer, der Hügel des Sophokles, den ich als Gottes
Heil'ger zu heiligem Pfand selbst von den Musen empfing.
Er war's, der mich gewandelt, der einst mir, als roh ich in Phlius
noch über Stachelnuß schritt, goldenen Schimmer verliehn
und mich mit köstlichem Purpur bekleidet. Nun, da er gestorben,
ruht hier für immer mein Fuß, der wie geschaffen zum Tanz. –
„Schön ist, beglückend dein Platz! Doch trägt deine Hand einer
haarlose Maske: O sag, welche Tragödie das meint." – [Jungfrau
Welche du willst! Du magst Antigone oder Elektra
darin erkennen, es stimmt: beide sind Spitzen der Kunst.

Dioskorides

Aristophanes

Willst du es wissen, es ist Aristophanes' göttliche Hülle,
die hier unter mir ruht: klassischem Lustspiel ein Mal.

Diodoros

Aischylos

Der als erster vor allen des Sanges erhabene Weise
und in machtvollem Wort tragische Sprache geprägt,
Aischylos, er, des Euphorion Sohn, hier fern von Eleusis
liegt er und spendet im Grab Ruhm dem Trinakrialand.

Antipatros von Thessalonike

Ein gleiches

Dieser Grabstein verkündet: Der große Aischylos schlummert
fern vom kekropischen Land, das ihm das Leben geschenkt,
hier beim sizilischen Gela an schimmernden Wassern. – Wie haben
Theseus' Enkel doch stets, ach, ihre Besten gehaßt!

Diodoros

41

Ἆ μάκαρ, ἀμβροσίῃσι συνέστιε φίλτατε Μούσαις,
  χαῖρε καὶ εἰν Ἀίδεω δώμασι, Καλλίμαχε.

Pl III^{a} 22,45 f. 40^{v}. – Cum ep. 42 iunx. P **1** ἆ P ὦ Pl // ἀμβροσίῃ P.

42

Ἆ μέγα Βαττιάδαο σοφοῦ περίπυστον ὄνειαρ,
  ἦ ῥ' ἐτεὸν κεράων οὐδ' ἐλέφαντος ἔης.
τοῖα γὰρ ἄμμιν ἔφηνας, ἅτ' οὐ πάρος ἀνέρες ἴδμεν
  ἀμφί τε ἀθανάτους ἀμφί τε ἡμιθέους,
εὖτέ μιν ἐκ Λιβύης ἀναείρας εἰς Ἑλικῶνα
  ἤγαγες ἐν μέσσαις Πιερίδεσσι φέρων·
αἱ δέ οἱ εἰρομένῳ ἀμφ' ὠγυγίων ἡρώων
  Αἴτια καὶ μακάρων εἶρον ἀμειβόμεναι.

*Pl III^{a} 22,46 f. 40^{v} [cf. ad ep. 41]. – **1–2** Suid. s. ὄνειαρ // ὦ Pl **2** ἔης: ἔφυς Pl **3** ἴσμεν c **4** ἡιθεους (?) P[1] **7** οἱ Pl σοι P **8** καν P[1].

43. ΙΩΝΟΣ

Χαῖρε μελαμπετάλοις, Εὐριπίδη, ἐν γυάλοισι
  Πιερίας τὸν ἀεὶ νυκτὸς ἔχων θάλαμον·
ἴσθι δ' ὑπὸ χθονὸς ὤν, ὅτι σοι κλέος ἄφθιτον ἔσται
  ἶσον Ὁμηρείαις ἀενάοις χάρισιν.

Pl III^{a} 22,23 f. 39^{v}. – **1–2** . . . Πιερίας Suid. s. ἐν γυάλοισι // -πετάλοις Lobeck -πέπλοις // ἐν ex εἰν Pl **2** αἰεὶ P.

44

Εἰ καὶ δακρυόεις, Εὐριπίδη, εἷλέ σε πότμος,
  καί σε λυκορραῖσται δεῖπνον ἔθεντο κύνες,
τὸν σκηνῇ μελίγηρυν ἀηδόνα, κόσμον Ἀθηνῶν,
  τὸν σοφίῃ Μουσέων μιξάμενον χάριτα,
ἀλλ' ἔμολες Πελλαῖον ὑπ' ἠρίον, ὡς ἂν ὁ λάτρις
  Πιερίδων ναίῃς ἀγχόθι Πιερίδων.

Pl III^{a} 22,24 f. 39^{v}; Σ 72. – Ioni trib. Σ **3** μελίγυρυν Σ **4** σοφίη P // Μουσέων P τραγικὴν Pl Σ **6** Πιερίδων[2] P Pl -ίης Σ.

Kallimachos

Seliger, wertester Gast im Haus der ambrosischen Musen,
Heil dir, Kallimachos, auch drunten in Hades' Palast!

Anonym

Ein gleiches

Herrlicher, ruhmvoller „Traum" des sinnigen Sohnes von Battos,
wahrlich, du kamst aus dem Horn-, nicht aus dem Elfenbeintor.
Siehe, du hast uns erzählt, was nie noch wir Irdischen wußten,
von der Unsterblichen Schar und dem Heroengeschlecht.
Denn du trugest von Libyen den Dichter zu Helikons Höhen
und entführtest zum Kreis der Pieriden ihn hin.
Dort befragte er sie nach Göttern und alten Heroen,
sie aber taten ihm drauf wechselnd die „Ursprünge" kund.

Anonym

Euripides

Heil, Euripides, dir in Pieriens dunkelbelaubtem
Waldtal, wo du der Nacht ewige Kammer bewohnst.
Unter der Erde noch wisse: Nie schwindet dein ruhmvoller Name,
so wie niemals Homers ewige Schönheit vergeht.

Ion

Ein gleiches

Hat dich, Euripides, gleich ein trauriges Schicksal getroffen,
haben zum Fraße dich auch reißende Hunde geholt,
dich, die Zierde Athens, die Nachtigall, Sänger der Bühne,
der du die Grazie dem Geist sinniger Musen vereint:
nieder stiegst du zur Grube in Pella, auf daß du als Priester
der Pieriden am Ort der Pieriden auch seist.

Anonym

45. ΘΟΥΚΥΔΙΔΟΥ ΤΟΥ ΙΣΤΟΡΙΚΟΥ

Μνᾶμα μὲν Ἑλλὰς ἅπασ' Εὐριπίδου, ὀστέα δ' ἴσχει
γῆ Μακεδών, ᾗπερ δέξατο τέρμα βίου.
πατρὶς δ' Ἑλλάδος Ἑλλάς, Ἀθῆναι· πλεῖστα δὲ Μούσαις
τέρψας ἐκ πολλῶν καὶ τὸν ἔπαινον ἔχει.

Pl III[a] 22,25 f. 39[v]; vita Eurip. 1,38 et 4,41. – Anonymo trib. Pl, Thucydidi Ath. Eust., Thuc. vel Timotheo vit. **1** μνῆμα vit. **2** Μακεδόνων vit. // ᾗπερ vit. ἣ γὰρ P Pl **3** πατέρες vel πάτρα (-η) vitae // Ἑλλ. Ἑλλάς Ath. 5,187d, Eust. Il. 3,554 // μούσας Pl vit. **4** γράψας ἐκ πλείστων vit.

46

Οὐ σὸν μνῆμα τόδ' ἔστ', Εὐριπίδη, ἀλλὰ σὺ τοῦδε·
τῇ σῇ γὰρ δόξῃ μνῆμα τόδ' ἀμπέχεται.

Pl III[a] 22,26 f. 40[r]. – **1** ἔστ' Εὐριπίδη Pl Εὐρ. ἔφυ P **2** μνᾶμα c.

47

Ἅπασ' Ἀχαιὶς μνῆμα σόν γ', Εὐριπίδη·
οὔκουν ἄφωνος, ἀλλὰ καὶ λαλητέος.

Pl III[a] 22,27 f. 40[r]; Suid. s. λαλητέος. – **1** γ' om. P Suid.

48

Αἰθαλέοιο πυρὸς σάρκες ῥιπῇσι τρυφηλαὶ
ληφθεῖσαι νοτίην ὦσαν ἀπαιθόμεναι·
μοῦνα δ' ἔνεστι τάφῳ πολυδακρύῳ ὀστέα κωφὰ
καὶ πόνος εἰνοδίοις τῇδε παρερχομένοις.

*A: εἰς τὸν αὐτόν. l: ὅτι ἐκεραυνώθη ὁ τάφος Εὐριπίδου. - **1** δαιδαλέοις πυρὸς ῥ. τρ. σάρκες P em. Meineke **2** ἐπαιθ- ex ἀπ- P **3** μούνας P[1] // πολυδακρύτῳ P em. Mein.

Ein gleiches

Hellas, soweit es sich dehnt, ist Euripides' Denkmal; den Staub nur
nahm Makedonien auf, wo er das Leben beschloß.
Aber sein Heim ist Athen, das Hellas von Hellas; und freute
tausend sein Singen, es preist laut ihn auch Tausender Mund.

Thukydides der Historiker

Ein gleiches

Nicht dein Denkmal ist dies, Euripides, du bist das seine;
denn um des Males Gestein legt sich verklärend – dein Ruhm.

Anonym

Ein gleiches

Das ganze Hellas ist dein Mal, Euripides;
und stumm nicht ist dies Denkmal, nein, es spricht sogar.

Anonym

Ein gleiches (?)

... und die flammende Lohe des Feuers erfaßte das zarte
Fleisch und brannte es an, daß es die Feuchte verlor.
Stumm nun liegen allein die Knochen im traurigen Grabe,
und der Weg noch hierher kostet dem Wanderer Müh.

Anonym

49. ΒΙΑΝΟΡΟΣ ΒΙΘΥΝΟΥ

Ἁ Μακέτις σε κέκευθε τάφου κόνις· ἀλλὰ πυρωθεὶς
  Ζανὶ κεραυνείῳ γαῖαν ἀπηχθίασας.
τρὶς γὰρ ἐπαστράψας, Εὐριπίδη, ἐκ Διὸς αἰθὴρ
  ἥγνισε τὰν θνατὰν σήματος ἱστορίαν.

Pl III^{b} 22,13 f. 95^{v}. – Tit. om. Pl **2** κεραυνείῳ Steph. -ναίῳ // γαῖαν c παιαν P[1] πᾶσαν Pl // ἀπημφίασας Pl **3** ἀπαστρ- Pl **4** θνητὰν σ. ἱστορίην Pl.

50. ΑΡΧΙΜΗΛΟΥ

Τὴν Εὐριπίδεω μήτ' ἔρχεο μήτ' ἐπιβάλλου
  δύσβατον ἀνθρώποις οἶμον, ἀοιδοθέτα·
λείη μὲν γὰρ ἰδεῖν καὶ ἐπίκροτος· ἢν δέ τις αὐτὴν
  εἰσβαίνῃ, χαλεποῦ τρηχυτέρη σκόλοπος·
ἢν δὲ τὰ Μηδείης Αἰητίδος ἄκρα χαράξῃς,
  ἀμνήμων κείσῃ νέρθεν. ἔα στεφάνους.

*A: εἰς τὸν αὐτόν. l: σκωπτικόν. – Pl III^{b} 22,12 f. 95^{v}. – Tit.: Ἀρχιμήλου Brunck -ήδους P om. Pl **3** λείη Pl δεῖν P[1] δεινὴ c // ἐπίρροδος Desr. -οθος // ἢν P εἰ Pl **4** εἰσβαίνει P[1] Pl [ex -νη] em. c **5–6** om. Pl **6** στέφανος P[1].

51. ΑΔΑΙΟΥ

Οὔ σε κυνῶν γένος εἷλ', Εὐριπίδη, οὐδὲ γυναικὸς
  οἶστρος, τὸν σκοτίης Κύπριδος ἀλλότριον,
ἀλλ' Ἀίδης καὶ γῆρας· ὑπαὶ Μακέτῃ δ' Ἀρεθούσῃ
  κεῖσαι ἑταιρείῃ τίμιος Ἀρχέλεω.
σὸν δ' οὐ τοῦτον ἐγὼ τίθεμαι τάφον, ἀλλὰ τὰ Βάκχου
  βήματα καὶ σκηνὰς ἐμβάδι πειθομένας.

Pl III^{b} 22,20 f. 96^{r} [iunctum cum ep. 716]. – Tit.: Ἀδδ- P om. Pl **2** τὸ P **3** ὑπαὶ μακέτιδ' c ὑπέκβαλε· τῇ δ' Pl ὑπαίμακεν Suid. s. v. **4** κεῖται P **6** βήμ- Jac. ἥμ- // ἐμβάδι Herm. ἔμβαλε // ερειδομ- P[1].

52. ΔΗΜΙΟΥΡΓΟΥ

Ἑλλάδος εὐρυχόρου στέφανον καὶ κόσμον ἀοιδῆς,
  Ἀσκραῖον γενεὴν Ἡσίοδον κατέχω.

Pl III^{a} 22,11 f. 39^{v}. – Tit. om. Pl.

Ein gleiches

Makedonische Erde bedeckte im Grab dich, da stießt du
unter des donnernden Zeus Blitzstrahl die Erde hinweg.
Dreimal, Euripides, blitzte auf dich von Kronion der Äther,
läuternd, was noch am Grab Kunde von Sterblichem gab.

Bianor von Bithynien

Ein gleiches

Geh nicht, o Dichter, die Bahn, die Euripides einstens geschritten!
Laß vom Beginnen! Der Pfad ist für die Menschen zu schwer.
Glatt und trefflich gebahnt zwar sieht ihn das Auge; doch ist er,
wenn man ihn wirklich betritt, rauher als Dornengestrüpp.
Greifst du zur Spitze nun gar, zu Aietes' Tochter Medeia,
stürzt du vergessen in Nacht. Darum – laß ab von dem Kranz!

Archimelos

Ein gleiches

Hunde nicht brachten dich um, noch brünstige Liebe zum Weibe,
da du, Euripides, stets heimliche Lüste gehaßt,
sondern das Alter und Hades. Nun ruhst du am Rand Arethusas
in Makedonien, geehrt von Archelaos, dem Freund.
Das aber dünkt mich nimmer dein Grab; dein Grab ist des Bakchos
Tanzplatz und Bühnengebäu, das dem Kothurnos sich beugt.

Adaios

Hesiod

Ich umschließe die Krone der räumigen Hellas, die Zierde
allen Gesanges, den Sohn Askras, der Stadt: Hesiod.

Demiurgos

53

Ἡσίοδος Μούσαις Ἑλικωνίσι τόνδ' ἀνέθηκα
ὕμνῳ νικήσας ἐν Χαλκίδι θεῖον Ὅμηρον.

Pl III^a 22,12 f. 39v; Dio Chrys. 2,11; vit. Hom. p. 27,41 Wil. – In P hic [P^a] et ante VII 1 add. c [P^b] // Hesiodo trib. vit. 27, Liban. (Apol. Socr. 65), Gellius 3,11,3 **1** Ἡσίοδος ex -ον P^a // Ἑλικονιᾶσι P^a // τόνδ' Dio vit. 27 τῷδ' P^a τᾷδ' P^b τῇδ' Pl // ἀνέθηκεν Dio vit. **2** χαρκίδι P^a // δῖον vit 27.

54. ΜΝΑΣΑΛΚΟΥ

Ἄσκρη μὲν πατρὶς πολυλήιος, ἀλλὰ θανόντος
ὀστέα πληξίππων γῆ Μινυῶν κατέχει
Ἡσιόδου, τοῦ πλεῖστον ἐν ἀνθρώποις κλέος ἐστὶν
ἀνδρῶν κρινομένων ἐν βασάνῳ σοφίης.

Pl III^a 22,13 f. 39v; vit. Hom. p. 42,51,54 Wil. – Tit. om. Pl, Chersiae Orchom. trib. vit. 54 **2** Peplus 19,2 // πληξίππου vit. 51 // Μινυὰς Pepl. -ύης vit. 51 **3** ἐν Ἑλλάδι κῦδος ὀρεῖται vit. 54 // ανθρώποισι P **4** βασάνοις vit. 51.

55. ΑΛΚΑΙΟΥ

Λοκρίδος ἐν νέμεϊ σκιερῷ νέκυν Ἡσιόδοιο
Νύμφαι κρηνίδων λοῦσαν ἀπὸ σφετέρων
καὶ τάφον ὑψώσαντο· γάλακτι δὲ ποιμένες αἰγῶν
ἔρραναν ξανθῷ μιξάμενοι μέλιτι·
τοίην γὰρ καὶ γῆρυν ἀπέπνεεν ἐννέα Μουσέων
ὁ πρέσβυς καθαρῶν γευσάμενος λιβάδων.

Pl III^a 22,14 f. 39v. – Tit.: A Pl: Ἀλκαίου. l: ποιητοῦ Μιτυληναίου. c: ἢ Μεσσηνίου **1** Ἡσιόδου P^1 **2** κρηνίδων Wakefield -ιάδων **4** μιξάμεναι P^1 **5** Μουσῶν Pl.

56

Ἦν ἄρα Δημοκρίτοιο γέλως τόδε, καὶ τάχα λέξει·
„Οὐκ ἔλεγον γελόων· ‚Πάντα πέλουσι γέλως'·;
καὶ γὰρ ἐγὼ σοφίην μετ' ἀπείρονα καὶ στίχα βίβλων
τοσσατίων κεῖμαι νέρθε τάφοιο γέλως."

Pl III^a 28,6 f. 42r; Laur. 32,16. – **2** γελόων ὡς πάντα πόλουσι P^1.

Ein gleiches

Ich, der Hesiodos, weihte hier diesen des Helikons Musen,
als ich im Singen zu Chalkis den hehren Homeros besiegte.

Anonym

Ein gleiches

Askra war seine Heimat, das Saatland; doch dort, wo die Minyer
Rosse tummeln, da ruht heute des Toten Gebein,
ruht Hesiod, der Mensch mit dem strahlendsten Ruhme auf Erden,
wenn zur Erprobung des Manns Weisheit als Prüfstein erscheint.

Mnasalkes

Ein gleiches

Nymphen haben in Lokris' durchschattetem Haine den toten
Leib Hesiods mit dem Naß eigener Quellen gespült
und ihm den Hügel gehäuft; und Ziegenhirten besprengten
diesen mit Milch, worein bräunend sie Honig gemischt.
Süß ja hatte der Alte sein Lied gesungen, seitdem ihm
lautere Tropfen der neun Musen die Lippen genetzt.

Alkaios von Messene

Demokritos

Dies also war es, warum Demokritos lachte; er ruft wohl:
„Hat nicht mein Lachen gesagt: ‚Alles ist Lachen nur wert'?
Ich auch fand Massen von Weisheit, ich schuf wohl Haufen von Büchern,
sieh, und ich liege im Grab: ist das zum Lachen nicht Grund?"

Anonym

57. ⟨ΔΙΟΓΕΝΟΥΣ ΛΑΕΡΤΙΟΥ⟩

Καὶ τίς ἔφυ σοφὸς ὧδε; τίς ἔργον ἔρεξε τοσοῦτον,
ὅσσον ὁ παντοδαὴς μήνυσε Δημόκριτος;
ὃς θάνατον παρεόντα τρί' ἤματα δώμασιν ἔσχεν
καὶ θερμοῖς ἄρτων ἄσθμασιν ἐξένισεν.

Pl IIIa 28,7 f.42r; Diog. L. 9,43. – 1 ἔρρεξε P[1] 2 μάνυε P 3 παριόντα et ἔσχε Diog. 4 ἄθμασιν P // ἐξένισε Diog.

58. ΙΟΥΛΙΑΝΟΥ ΑΠΟ ΥΠΑΡΧΩΝ ΑΙΓΥΠΤΙΟΥ

Εἰ καὶ ἀμειδήτων νεκύων ὑπὸ γαῖαν ἀνάσσεις,
Φερσεφόνη, ψυχὴν δέχνυσο Δημοκρίτου
εὐμενέως γελόωσαν, ἐπεὶ καὶ σεῖο τεκοῦσαν
ἀχνυμένην ἐπὶ σοὶ μοῦνος ἔκαμψε γέλως.

Pl IIIa 28,8 f.42r. – Tit. om. Pl 1–2 ... Περσεφόνη (!) Suid. s. ἀμείδητος.

59. ΤΟΥ ΑΥΤΟΥ

Πλούτων, δέξο, μάκαρ, Δημόκριτον, ὥς κεν ἀνάσσων
αἰὲν ἀμειδήτων καὶ γελόωντα λάχοις.

Pl IIIb 26,1 f.96v. – Tit. om. Pl. 1 πλοῦτον P[1] 2 γελάοντα Pl.

60. ΣΙΜΙΟΥ

Σωφροσύνῃ προφέρων θνητῶν ἤθει τε δικαίῳ
ἐνθάδε κεῖται ἀνὴρ θεῖος Ἀριστοκλέης·
εἰ δέ τις ἐκ πάντων σοφίης μέγαν ἔσχεν ἔπαινον,
οὗτος ἔχει πλεῖστον καὶ φθόνον οὐ φέρεται.

*Pl IIIa 1,1 f.30r, Diog. L. 3,43. – Tit.: Σιμμίου P om. Pl Diog. 1 δικαίων P[1] 2 ἐνθ. δὴ κεῖται δῖος Ἀ. Diog. 4 τοῦτον Diog. // πουλὺν P Pl // φθόνος οὐχ ἕπεται Diog.

Ein gleiches

Wer war jemals so klug, wer brachte das Kunststück zustande,
das Demokritos einst, er, der allweise, gezeigt?
Hielt er den Tod doch leibhaftig drei Tag' lang im Hause und hat ihn
dort mit dem warmen Duft dampfender Brote traktiert.

Diogenes Laërtios

Ein gleiches

Herrschst du auch unter der Erde, Persephone, über die niemals
lachenden Toten, o nimm gütig Demokritos auf,
dessen Seele dir lächelt; auch deiner Mutter ja wurde
jener Kummer um dich nur durch ein Lachen zerstreut.

Julianos, Präfekt von Ägypten

Ein gleiches

Seliger Pluton, empfang den Demokritos, daß bei dem ewig
ernsten Volk deines Reichs endlich ein Lachender ist.

Julianos von Ägypten

Platon

An harmonischem Sinn und rechtlichem Fühlen ein göttlich
Großer im irdischen Volk, schlummert Aristokles hier.
Hat einer rings in der Welt der Weisheit strahlenden Nachruhm,
er hat den höchsten, und nie tastet die Mißgunst ihn an.

Simias

61

Γαῖα μὲν ἐν κόλποις κρύπτει τόδε σῶμα Πλάτωνος,
  ψυχὴ δ' ἀθάνατον τάξιν ἔχει μακάρων
υἱοῦ 'Αρίστωνος· τόν τις καὶ τηλόθι ναίων
  τιμᾷ ἀνὴρ ἀγαθὸς θεῖον ἰδόντα βίον.

*Pl IIIa 28,2 f.42r; Diog. L. 3,44. – **1** ab αῖα usque ad Πλά in ras. Pl **1–2** cf. XVI 31 // κόλπῳ Diog. **2** ἀθανάτων Pl Diog.

62

Αἰετέ, τίπτε βέβηκας ὑπὲρ τάφον ἢ τίνος, εἰπέ,
  ἀστερόεντα θεῶν οἶκον ἀποσκοπέεις; –
,,Ψυχῆς εἰμι Πλάτωνος ἀποπταμένης ἐς Ὄλυμπον
  εἰκών· σῶμα δὲ γῆ γηγενὲς 'Ατθὶς ἔχει."

A: εἰς τὸν αὐτόν· νεώτερον [sc. quam ep. 60 et 61; e Diog. L.]. – Pl IIIa 28,3 f.42r; Diog. L. 3,44. – **3** εἰς Diog. **4** γῆ om. Diog.

63. ΑΔΕΣΠΟΤΟΝ

Τὸν κύνα Διογένη, νεκυοστόλε, δέξο με, πορθμεῦ,
  γυμνώσαντα βίου παντὸς ἐπισκύνιον.

Pl IIIa 28,9 f.42r. – **1** Διογένην Pl // δεξαῖ P[1].

64. ΑΔΗΛΟΝ

Εἰπέ, κύον, τίνος ἀνδρὸς ἐφεστὼς σῆμα φυλάσσεις; –
  ,,Τοῦ Κυνός." – 'Αλλὰ τίς ἦν οὗτος ἀνὴρ ὁ Κύων; –
,,Διογένης." – Γένος εἰπέ. – ,,Σινωπεύς." – Ὃς πίθον ᾤκει; –
  ,,Καὶ μάλα· νῦν δὲ θανὼν ἀστέρας οἶκον ἔχει."

Pl IIIa 28,10 f.42r. – **4** ἀστέρος P.

Ein gleiches

Hier im Schoße der Erde ruht Platons sterbliche Hülle,
doch zu der Seligen Reich schwang sich für ewig sein Geist.
Jeder Treffliche huldigt, so fern er auch weile, dem Sohne
des Ariston, der gleich Göttern sein Dasein verbracht.

Anonym

Ein gleiches

Adler, du stehst auf dem Grab? Warum? Du schaust in den Himmel?
Sag, wessen Götterpalast sucht in den Sternen dein Blick? –
„Sinnbild bin ich der Seele des Platon; sie flog zum Olympos;
nur sein Körper zerstäubt irdisch im attischen Staub.“

Anonym

Diogenes

Totenfährmann, o nimm mich, den Hund Diogenes, zu dir,
tat ich den eitlen Stolz jeglichen Lebens doch ab.

Anonym

Ein gleiches

Hund, wer ruht in dem Grabe, auf dessen Denkmal du wachend
stehest? – „Der Hund.“ – Und wen nannten die Menschen den
[Hund? –
„Den Diogenes.“ – Heimat? – „Sinope“. – Der hauste im Fasse? –
„Richtig! Doch heute im Tod dienen ihm Sterne als Haus.“

Anonym

65. ΑΝΤΙΠΑΤΡΟΥ

Διογένευς τόδε σῆμα, σοφοῦ κυνός, ὅς ποτε θυμῷ
ἄρσενι γυμνήτην ἐξεπόνει βίοτον,
ᾧ μία τις πήρα, μία διπλοΐς, εἷς ἅμ' ἐφοίτα
σκίπων, αὐτάρκους ὅπλα σαοφροσύνας.
ἀλλὰ τάφου τοῦδ' ἐκτὸς ἴτ', ἄφρονες, ὡς ὁ Σινωπεὺς
ἐχθαίρει φαῦλον πάντα καὶ εἰν 'Αίδῃ.

Pl IIIa 28,11 f. 42r. – 1–2 ὅς . . . Suid. s. γυμνῆται 3 ᾧ μιαι P[1] // σπεῖρα [om. μία[2]] P[1] // διπλοΐς Pl δίπλιος P[1] διπλόος c 4 σκήπων c // σαοφροσύνης Pl.

66. ΟΝΕΣΤΟΥ

Βάκτρον καὶ πήρη καὶ διπλόον εἷμα σοφοῖο
Διογένευς βιότου φόρτος ὁ κουφότατος.
πάντα φέρω πορθμῆι· λέλοιπα γὰρ οὐδὲν ὑπὲρ γῆς.
ἀλλά, κύον, σαίνοις, Κέρβερε, τόν με κύνα.

Pl IIIa 28,12 et 13 f. 42r [duo epigr.]. – Tit. om. Pl 1 σοφοῖσι (?) P[1] 3 ὡς ἀπὸ τοῦ Διογένους praemis. Pl // ὑπογῆς P[1] 4 Suid. s. σαίνεσθαι.

67. ΛΕΩΝΙΔΟΥ

'Αίδεω λυπηρὲ διήκονε, τοῦτ' 'Αχέροντος
ὕδωρ ὃς πλώεις πορθμίδι κυανέῃ,
δέξαι μ', εἰ καί σοι μέγα βρίθεται ὀκρυόεσσα
βᾶρις ἀποφθιμένων, τὸν κύνα Διογένην.
ὄλπη μοι καὶ πήρη ἐφόλκια καὶ τὸ παλαιὸν
ἔσθος χὠ φθιμένους ναυστολέων ὀβολός.
πάνθ', ὅσα κὴν ζωοῖς ἐπεπάμεθα, ταῦτα παρ' Ἅιδαν
ἔρχομ' ἔχων· λείπω δ' οὐδὲν ὑπ' ἠελίῳ.

Pl IIIb 26,2 f. 96v. – 1–2 τοῦτ' . . . Suid. s. πορθμίς, 3–4 s. ὀκριόεις et βάρεις et ἀποφθίμενον, 5 . . . ἐφόλκια s. v., 7–8 s. ἐπεπάμεθα 1 τοῦ δ' Suid. 2 πυθμίδι P[1] 4 κᾶρις P[1] // ἀποφθιμένων Pl -νῳ P[1] -ίμενον c Suid. // Διογένη c Suid. 5 πλήρη Suid. 6 φθίμενος P[1] -οις c 7 πάνθ': ταῦθ' P // κὲν Suid. // ἐπεπάμεθα Pl [-μμ-], Suid. -άσμεθα P // ᾄδαν c Suid. -αι P[1] -ην Pl 8 λεῖπον Pl.

Ein gleiches

Dies ist Diogenes' Mal, des Hundsphilosophen, der einstens
sich mit tapferem Mut nackt durch das Leben gekämpft,
dem ein Ränzel, ein Stock und ein Mantel als Reisegefährten
dienten, der einz'ge Besitz seines genügsamen Sinns . . .
Fort von dem Grabe, du törichtes Volk! Denn dem Mann von Sinope
ist auch in Hades' Reich alles Gesindel verhaßt.

Antipatros von Sidon

Ein gleiches

Stab und Ränzel und Mantel, mir weisem Diogenes dienten
sie als die leichteste Fracht, die ich im Leben gehabt.
Alles nun bring ich dem Fährmann; nichts ließ ich zurück auf der Erde.
Darum, Kerberos, Hund, wedle mir Hunde Willkomm!

Honestos

Ein gleiches

Finsterer Diener des Hades, o du, der in bläulichem Nachen
ewig über die Flut hier auf dem Acheron fährt,
gönne ein Plätzchen auch mir, dem Hunde Diogenes, ist auch
heute dein furchtbarer Kahn lastend von Toten schon voll.
Fläschchen und Ränzel sind all mein Gepäck, ich trage ein altes
Kleid und den Obolos noch, Fährgeld für Tote, bei mir.
Was ich im Leben besessen, ich bringe es sämtlich zum Hades,
nichts von allem verbleibt unter der Sonne zurück.

Leonidas von Tarent

68. ΑΡΧΙΟΥ

Ἄϊδος ὦ νεκυηγέ, κεχαρμένε δάκρυσι πάντων,
ὃς βαθὺ πορθμεύεις τοῦτ' Ἀχέροντος ὕδωρ,
εἰ καί σοι βέβριθεν ὑπ' εἰδώλοισι καμόντων
ὁλκάς, μὴ προλίπῃς Διογένη με κύνα.
ὄλπην καὶ σκίπωνα φέρω καὶ διπλόον εἶμα
καὶ πήρην καὶ σοὶ ναυτιλίης ὀβολόν.
καὶ ζωὸς τάδε μοῦνον, ἃ καὶ νέκυς ὧδε κομίζω,
εἶχον· ὑπ' ἠελίου δ' οὔ τι λέλοιπα φάει.

Pl III^a 28,14 f. 42^r. – **1** κεχαρμένος P^1 **3-4**... ὁλκάς Suid. s. καμόντων **4** ὁλκούς Pl [primo] **7** μοῦνα P^1.

69. ΙΟΥΛΙΑΝΟΥ ΑΠΟ ΥΠΑΡΧΩΝ ΑΙΓΥΠΤΙΟΥ

Κέρβερε, δειμαλέην ὑλακὴν νεκύεσσιν ἰάλλων,
ἤδη φρικαλέον δείδιθι καὶ σὺ νέκυν·
Ἀρχίλοχος τέθνηκε· φυλάσσεο θυμὸν ἰάμβων
δριμὺν πικροχόλου τικτόμενον στόματος.
οἶσθα βοῆς κείνοιο μέγα σθένος, εὖτε Λυκάμβεω
νηῦς μία σοι δισσὰς ἤγαγε θυγατέρας.

Pl III^a 22,15 f. 39^v. – **1-2** Suid. s. δειμαλέος **4-6** primo om., postea add. ipse A **5** Λυκαμβέαι P^1.

70. ΤΟΥ ΑΥΤΟΥ

Νῦν πλέον ἢ τὸ πάροιθε πύλας κρατεροῖο βερέθρου
ὄμμασιν ἀγρύπνοις, τρισσέ, φύλασσε, κύον.
εἰ γὰρ φέγγος ἔλειπον ἀλυσκάζουσαι ἰάμβων
ἄγριον Ἀρχιλόχου φλέγμα Λυκαμβιάδες,
πῶς οὐκ ἂν προλίποι σκοτίων πυλεῶνας ἐναύλων
νεκρὸς ἅπας φεύγων τάρβος ἐπεσβολίης;

Pl III^a 22,16 f. 39^v; Σ 103. – Tit. om. Pl Σ **1-2** Suid. s. βέρεθρον, **3–4** s. ἀλυσκάζειν et Λυκαμβιάδες **3** ἀλισκ- Σ **4** φλέγμα P^1 φθέ- cet. **5** προλίποις P^1.

Ein gleiches

Der du, o Ferge des Hades, am Jammer von allen dich weidest
und auf des Acherons Flut über die Tiefen du fährst,
ist dein Nachen auch schon überlastet von Schatten der Toten,
laß mich zurück nicht, den Hund, den man Diogenes nennt.
Krüglein nur trag ich und Stab, den doppelten Mantel, das Ränzel,
und einen Obolos noch hab ich als Fährgeld für dich.
Auch im Leben besaß ich das gleiche wie heute als Toter,
nichts von allem verblieb unter der Sonne zurück.

Archias

Archilochos

Kerberos, der du die Toten mit furchtbarem Bellen begrüßest,
nun ist an dir diese Furcht vor einem Toten voll Graus.
Denn Archilochos starb! Gib acht! Aus dem galligen Munde
spritzt er voll giftiger Lust bissige Jamben hervor.
Was seine Stimme vermag, das sahest du, als des Lykambes
Töchter ein einziger Kahn beide zugleich dir gebracht.

Julianos, Präfekt von Ägypten

Ein gleiches

Mehr noch als früher bewache, dreiköpfiger Hund, nun mit schlaflos
blickenden Augen das Tor drunten im furchtbaren Grund.
Wenn des Lykambes Töchter den giftigen Geifer der Jamben
des Archilochos flohn und in den Tod sich gestürzt,
würden die Toten nicht leicht aus den Pforten der dunklen Behausung
alle entlaufen aus Angst vor seinem schmähenden Mund?

Julianos von Ägypten

71. ΓΑΙΤΟΥΛΙΚΟΥ

Σῆμα τόδ' Ἀρχιλόχου παραπόντιον, ὅς ποτε πικρὴν
μοῦσαν ἐχιδναίῳ πρῶτος ἔβαψε χόλῳ
αἱμάξας Ἑλικῶνα τὸν ἥμερον. οἶδε Λυκάμβης
μυρόμενος τρισσῶν ἅμματα θυγατέρων.
ἠρέμα δὴ παράμειψον, ὁδοιπόρε, μή ποτε τοῦδε
κινήσῃς τύμβῳ σφῆκας ἐφεζομένους.

Pl IIIa 22,17 f.39v. - Tit. om. Pl **1** πικρὴν c Pl [ex μι-] μι- P1 **3** οἳ δὲ P **5** τοῦδε ex τοῖδε P **6** κινήσεις Pl.

72. ΜΕΝΑΝΔΡΟΥ ΚΩΜΙΚΟΥ

Χαῖρε, Νεοκλείδα, δίδυμον γένος, ὧν ὁ μὲν ὑμῶν
πατρίδα δουλοσύνας ῥύσαθ', ὁ δ' ἀφροσύνας.

A: εἰς Ἐπίκουρον καὶ Θεμιστοκλέα. - Pl IIIa 5,4 f.30v. - Tit.: κωμικοῦ c γερμινοῦ P1 om. Pl **1** γόνος P1 **2** ῥύσατ' P.

73. ΓΕΜΙΝΟΥ

Ἀντὶ τάφου λιτοῖο θὲς Ἑλλάδα, θὲς δ' ἐπὶ ταύταν
δούρατα βαρβαρικᾶς σύμβολα ναυφθορίας
καὶ τύμβῳ κρηπῖδα περίγραφε Περσικὸν Ἄρη
καὶ Ξέρξην· τούτοις θάπτε Θεμιστοκλέα.
στάλα δ' ἁ Σαλαμὶς ἐπικείσεται ἔργα λέγουσα
τἀμά. τί με σμικροῖς τὸν μέγαν ἐντίθετε;

Pl IIIa 5,5 f.30v. - Tit.: Γερμινοῦ P1 Γερμανικοῦ Pl em. c **1** ταύτᾳ Pl **2** βαρβαρικὰ P // ναυφθορίης P1 **4** Θεμιστοκλέος Pl [primo] **6** ἐντίθεται P1.

74. ΔΙΟΔΩΡΟΥ

Τοῦτο Θεμιστοκλεῖ ξένον ἠρίον εἵσατο Μάγνης
λαός, ὅτ' ἐκ Μήδων πατρίδα ῥυσάμενος
ὀθνείην ὑπέδυ χθόνα καὶ λίθον. ἦ θέλεν οὕτως
ὁ φθόνος· αἱ δ' ἀρεταὶ μεῖον ἔχουσι γέρας.

A: εἰς τὸν αὐτόν. l: ὅτι Θεμιστοκλῆς ἐν Μαγνησίᾳ τέθαπται τῇ πρὸς Μαιάνδρῳ. - Pl IIIa 5,6 f.30v. - Tit. om. Pl **1** ξένον Jac. κενὸν **3** ἤθελεν c Pl.

Ein gleiches

Sieh hier am Meeresgestade Archilochos' Grab, der als erster
seine Gesänge ins Gift tötender Nattern getaucht,
blutig des Helikons Frieden entweihend. Das fühlte Lykambes,
als er die Stricke der drei Töchter voll Jammer beweint.
Geh drum leise vorbei, o Wandrer, und störe der Wespen
stechenden Schwarm nicht auf, der auf dem Grabe hier sitzt.

Gätulicus I

Themistokles und Epikur

Seid mir gegrüßt, Neokliden, ihr Zwillinge, die ihr die Heimat
einer vom knechtischen Joch, einer von Dummheit befreit.

Komiker Menandros

Themistokles

Statt dieses kläglichen Grabs nimm Hellas! Wirf Kiele als Sinnbild
für die Vernichtung der Macht persischer Schiffe darauf!
Mach zum Sockel der Gruft den barbarischen Heersturm und Xerxes!
Dann erhältst du das Grab, wie es Themistokles ziemt.
Salamis türme als Denkstein, der soll meine Taten berichten!
Sagt, warum macht ihr das Grab für meine Größe so klein?

Tullius Geminus

Ein gleiches

Männer Magnesias gaben Themistokles gastlich das Grab hier;
denn obwohl er sein Land gegen die Meder geschirmt,
ward nur bei Fremden ihm Erde und Mal gegeben. So hat es
Mißgunst gewollt: Verdienst wartet vergeblich auf Dank.

Diodoros

75. ΑΝΤΙΠΑΤΡΟΥ

Στασίχορον, ζαπληθὲς ἀμέτρητον στόμα Μούσης,
ἐκτέρισεν Κατάνας αἰθαλόεν δάπεδον,
οὗ, κατὰ Πυθαγόρεω φυσικὰν φάτιν, ἁ πρὶν Ὁμήρου
ψυχὰ ἐνὶ στέρνοις δεύτερον ᾠκίσατο.

Pl III^b 22,7 f. 95^v. – **1-2** Suid. s. ζαπληθές // Στασίχορον P^1 Στησ- c Pl Suid. **2** Κατάνας: κτάνας P **3** οὐ P^1 // Πυθαγόρεω c [ex -ρου], Pl -ρην (?) P^1 // φυσικὰν c [ex -κὴν], Pl -κὸν P^1 **4** ἐν P^1 Pl // ᾠκήσατο P.

76. ΔΙΟΣΚΟΡΙΔΟΥ

Ἐμπορίης λήξαντα Φιλόκριτον, ἄρτι δ' ἀρότρου
γευόμενον ξείνῳ Μέμφις ἔκρυψε τάφῳ·
ἔνθα δραμὼν Νείλοιο πολὺς ῥόος ὕδατι λάβρῳ
τἀνδρὸς τὴν ὀλίγην βῶλον ἀπημφίασε.
καὶ ζωὸς μὲν ἔφευγε πικρὴν ἅλα, νῦν δὲ καλυφθεὶς
κύμασι ναυηγὸν σχέτλιος ἔσχε τάφον.

Pl III^a 6,1 f. 31^v [Pl^a], III^b 19,1 f. 93^v [Pl^b]. – Tit.: Διοσκόρου P **2** ξείνη ex ξήνη Pl^b **3** Νείλου ὁ π. P // λαύρῳ Pl^a **4** ὀλίγαν Pl^b [primo] // ἀπημφίασεν Pl **6** ἤμασι et τάφος P^1.

77. ΣΙΜΩΝΙΔΟΥ

Οὗτος ὁ τοῦ Κείοιο Σιμωνίδου ἐστὶ σαωτήρ,
ὃς καὶ τεθνηὼς ζῶντ' ἀπέδωκε χάριν.

Tzetz. Chil. 1,632; Schol. Aristid. p. 201 Fr. – In P hic [P^a] et in marg. sup. [P^b, scr. c] **1** ὁ Κείου Σιμωνίδεω Tz Schol. **2** τεθνηὼς P^a -ειὼς P^b Tz em. Schol. // ζῶντι παρέσχε Tz Schol.

78. ΔΙΟΝΥΣΙΟΥ ΚΥΖΙΚΗΝΟΥ

Πρηΰτερον γῆράς σε καὶ οὐ κατὰ νοῦσος ἀμαυρὴ
ἔσβεσεν· εὐνήθης δ' ὕπνον ὀφειλόμενον
ἄκρα μεριμνήσας, Ἐρατόσθενες· οὐδὲ Κυρήνη
μαῖά σε πατρῴων ἐντὸς ἔδεκτο τάφων,
Ἀγλαοῦ υἱέ, φίλος δὲ καὶ ἐν ξείνῃ κεκάλυψαι
πὰρ τόδε Πρωτῆος κράσπεδον αἰγιαλοῦ.

Pl III^a 28,15 f. 42^r. – **4** μαινὰς ἐπαιτρύτων (?) P^1 μ. ἐπ' ἀτρ- c Pl em. Brunck // ἐντὸς Scal. ἐκτὸς **5** ἐν ξ.: εὐξ- P^1 **6** πὰν et αἰγιαλοῖο (?) P^1.

Stesichoros

Katanas glühender Grund gewährte dem musenerfüllten,
machtvoll tönenden Mund, Dichter Stesichoros, Ruh.
Hat Pythagoras recht mit dem Sein und Werden, Homeros'
einstige Seele erstand neu in Stesichoros' Brust.

Antipatros von Sidon

Schiffer Philokritos

Eben entsagte der Seefahrt Philokritos erst und versuchte
kaum einen Pflug, da sank fern er zu Memphis ins Grab.
Doch da erbrausten des Nilstroms gewaltige Wasser und rissen
ihm begierig des Grabs kärgliche Erde hinweg.
War er der bitteren Flut im Leben entronnen, der Arme
hat nun, von Wogen bedeckt, eines Gescheiterten Grab.

Dioskorides

Der Tote als Retter

Dieser erwies sich dem Keer Simonides treulich als Retter,
der als Gestorbener noch dankbar dem Lebenden war.

Simonides

Eratosthenes

Freundliches Alter löschte dich aus, nicht schwächende Krankheit;
doch zum geschuldeten Schlaf sankst du erst nieder, nachdem
du Erhabnes gedacht; und nicht in die Gruft deiner Väter
nahm, Eratosthenes, dann Mutter Kyrene dich auf,
dich, des Aglaos Sohn, – das Fremdland hat dich voll Liebe
an des Proteus Gestad hier in die Erde gesenkt.

Dionysios von Kyzikos

79. ΜΕΛΕΑΓΡΟΥ

Ὤνθρωφ', Ἡράκλειτος ἐγὼ σοφὰ μοῦνος ἀνευρὼν
  φαμί. – „Τὰ δ' ἐς πάτραν κρέσσονα καὶ σοφίης." –
Λάξ γὰρ καὶ τοκεῶνας, ἰὼ ξένε, δύσφρονας ἄνδρας,
  ὑλάκτευν. – „Λαμπρὰ θρεψαμένοισι χάρις." –
Οὐκ ἀπ' ἐμεῦ; – „Μὴ τρηχύς." – Ἐπεὶ τάχα καὶ σύ τι πεύσῃ
  τρηχύτερον. – „Πάτρας χαῖρε σὺ δ' ἐξ Ἐφέσου."

*1 ὤνθρωφ' Reiske -ωπ' // ἀνευρὼν c ἀνδρῶν P^1 **2** κρείσσ- c **3** πατέων Ἀσίας Schneider τοκέων ἀσίῳ **4** ὑλάκτειν λαμπρᾶς P^1 // χάρις Bouhier κά- **5** τρηχὰς P^1 // καὶ Bouh. μαὶ.

80. ΚΑΛΛΙΜΑΧΟΥ

Εἶπέ τις, Ἡράκλειτε, τεὸν μόρον, ἐς δέ με δάκρυ
  ἤγαγεν· ἐμνήσθην δ', ὁσσάκις ἀμφότεροι
ἥλιον ἐν λέσχῃ κατεδύσαμεν. ἀλλὰ σὺ μέν που,
  ξεῖν' Ἁλικαρνησεῦ, τετράπαλαι σποδιή·
αἱ δὲ τεαὶ ζώουσιν ἀηδόνες, ᾗσιν ὁ πάντων
  ἁρπακτὴς Ἀίδης οὐκ ἐπὶ χεῖρα βαλεῖ.

A: εἰς τὸν αὐτόν. l: οὐχ ἁρμόσει τοῦτο εἰς τὸν Ἐφέσιον φιλόσοφον. – Pl III^b^ 26.3 f. 96^v^; Diog. L. 9, 17. – **1** Ἡράκλειτον P^1 // δ' ἐμὲ Diog. δέ δε P^1 **2–5** ἐμνήσθην ... ἀηδόνες Suid. s. λέσχη // δ' om. Suid. **3** ἠέλιον Pl Diog.

81. ΑΝΤΙΠΑΤΡΟΥ ΣΙΔΩΝΙΟΥ

Ἑπτὰ σοφῶν, Κλεόβουλε, σὲ μὲν τεκνώσατο Λίνδος·
  φατὶ δὲ Σισυφία χθὼν Περίανδρον ἔχειν·
Πιττακὸν ἁ Μιτυλᾶνα· Βίαντα δὲ δῖα Πριήνη·
  Μίλητος δὲ Θαλῆν, ἄκρον ἔρεισμα Δίκας·
ἁ Σπάρτα Χίλωνα· Σόλωνα δὲ Κεκροπὶς αἶα,
  πάντας ἀριζάλου σωφροσύνας φύλακας.

Pl III[a] 28, 16 f. 42[r]. – **1** σὺ μὲν P^1 **2** φᾶτι P [φατὶ man. rec.] ἀμφὶ Pl // Σισυφεία Pl // ἔχει P^1 Pl **3** Μιτυλήνα Pl **4** σμίλητος Pl [primo].

82

Δωρίδος ἐκ Μούσης κεκορυθμένον ἀνέρα Βάκχῳ
  καὶ Σατύροις Σικελὸν τῇδ' Ἐπίχαρμον ἔχω.

Herakleitos von Ephesos

Wandrer, nur ich, Herakleitos, ich habe die Weisheit gefunden. –
„Mehr als die Weisheit ist wert, wie man zur Heimat sich stellt.“ –
Angebellt habe ich bissig die Eltern, die boshaften Menschen,
Fremder. – „Ein reizender Dank, den du Ernährern geschenkt.“ –
Fort jetzt! – „Sei nicht so grob!“ – Du kannst noch viel größere [Grobheit
von mir erfahren. – „Und doch grüßt dich dein Ephesos noch.“

Meleagros

Herakleitos

Als, Herakleitos, mir jemand dein Schicksal gekündet, da rührte
er mich zu Tränen. Wie oft, dachte ich, ging wohl uns zwei'n
hier im Gespräche die Sonne zur Rüste hernieder . . .! Nun bist du,
Trauter aus Halikarnass, lange schon irgendwo Staub;
doch deine Lieder, sie leben, die Nachtigallen, und niemals
legt, der alles entrückt, Hades die Hände auf sie.

Kallimachos

Die Sieben Weisen

Von den Weisen, den sieben, kamst du, Kleobulos, aus Lindos,
und des Sisyphos Land nennt Periandros als Sohn.
Pittakos hat Mytilene, und Bias die hehre Priëne,
Thales dagegen Milet, Dikes erhabene Burg,
Cheilon Sparta, und Solon des Kekrops Erde als Heimat:
alle waren zur Hut herrlicher Weisheit gesetzt.

Antipatros von Sidon

Epicharm

Dem Epicharm von Sizilien, den hier ich umschließe, hat Doriens
Muse für Satyrn und Gott Bakchos das Rüstzeug verliehn.

Anonym

83

Τόνδε Θαλῆν Μίλητος Ἰὰς θρέψασ' ἀνέδειξεν
ἀστρολόγον πάντων πρεσβύτατον σοφίῃ.

Pl IIIa 28,17 f.42r; Diog. L. 1,34. – **1** Θυλῆν P[1] **2** ἀστρολόγον P[1] Diog. -γων c Pl // σοφίη P.

84

Ἦ ὀλίγον τόδε σῆμα, τὸ δὲ κλέος οὐρανόμηκες
τοῦ πολυφροντίστου τοῦτο Θάλητος ὅρη.

Pl IIIa 28,18 f.42r; Diog. L. 1,39. – **1** ἦ ῥ' Pl **2** τῶ -τίστω Diog. // τοῦδε ex τοῦτο Pl τούτω Diog. // ὅρει Diog.

85. ⟨ΔΙΟΓΕΝΟΥΣ ΛΑΕΡΤΙΟΥ⟩

Γυμνικὸν αὖ ποτ' ἀγῶνα θεώμενον, ἠέλιε Ζεῦ,
τὸν σοφὸν ἄνδρα Θαλῆν ἥρπασας ἐκ σταδίου.
αἰνέω, ὅττι μιν ἐγγὺς ἀπήγαγες· ἦ γὰρ ὁ πρέσβυς
οὐκέθ' ὁρᾶν ἀπὸ γῆς ἀστέρας ἠδύνατο.

Pl IIIa 28,19 f.42v; Diog. L. 1,39. – Tit. om. P Pl **1** αὖ om. P Pl **2** Θαλῆ (?) P[1] // σταδίων Diog. **3** ἦ Pl ἣ P[1] ἢ c Diog.

86

Τὴν ἄδικον παύσασ' ὕβριν ποτὲ ἥδε Σόλωνα
τόνδ' ἐπέχει Σαλαμὶς θεσμοθέτην ἱερόν.

1 παύσασαν P[1] -σα c **2** ἐπέχει Jac. ἔχει P[1] ἔτ' ἔχει c. – Cf. IX 595b.

87. ⟨ΔΙΟΓΕΝΟΥΣ ΛΑΕΡΤΙΟΥ⟩

Σῶμα μὲν ἦρε Σόλωνος ἐν ἀλλοδαπῇ Κύπριον πῦρ,
ὀστὰ δ' ἔχει Σαλαμίς, ὧν κόνις ἀστάχυες·
ψυχὴν δ' ἄξονες εὐθὺς ἐς οὐρανὸν ἤγαγον· εὖ γὰρ
θῆκε νόμους αὐτοῖς ἄχθεα κουφότατα.

Diog. Laert. 1,63. – Tit. om. P **1** ἦρε Diog. **2** ὀστέα P -τᾶ Diog. em. Cobet **4** νόμοις P[1].

Thales

Joniens Erde, Milet, gab Thales Leben und Größe;
niemand kannte so gut droben die Sterne wie er.

Anonym

Ein gleiches

Klein ist das Grabmal des Thales, gewiß, doch erwäge des großen
Denkers Weltruhm, der weit gleichwie der Himmel sich dehnt.

Anonym

Ein gleiches

Einst, als sich Thales, der Weise, ein gymnisches Spiel wieder ansah,
nahmst du ihn, Helios-Zeus, jäh aus dem Stadion fort.
Recht war's, daß du hinweg ihn geführt, denn der Alte vermochte
hier von der Erde nicht mehr droben die Sterne zu sehn.

Diogenes Laërtios

Solon

Solon, den heiligen Geber der Satzung, birgt Salamis' Eiland,
das einem frevelnden Stolz einstens ein Ende gesetzt.

Anonym

Ein gleiches

Fern im kyprischen Land sank Solons Leiche ins Feuer,
Salamis hat sein Gebein, nährenden Staub für die Frucht.
Doch seine Seele stieg rasch im Wagen zum Himmel; er gab ja
gute Gesetze, und leicht war es, zu tragen die Last.

Diogenes Laërtios

88. ⟨ΤΟΥ ΑΥΤΟΥ⟩

Φωσφόρε, σοί, Πολύδευκες, ἔχω χάριν, οὕνεκεν υἱὸς
  Χίλωνος πυγμῇ χλωρὸν ἕλεν κότινον.
εἰ δ' ὁ πατὴρ στεφανοῦχον ἰδὼν ⟨τέκνον⟩ ἤμυσεν ἡσθείς,
  οὐ νεμεσητόν· ἐμοὶ τοῖος ἴτω θάνατος.

Diog. L. 1,73. – Tit. om. P **2** Χείλωνος Diog. // ἕλεν ex ἄλ- P **3** τέκνον Diog., om. P.

89. ⟨ΚΑΛΛΙΜΑΧΟΥ⟩

Ξεῖνος Ἀταρνείτης τις ἀνείρετο Πιττακὸν οὕτω
  τὸν Μιτυληναῖον, παῖδα τὸν Ὑρράδιον·
„Ἄττα γέρον, δοιός με καλεῖ γάμος· ἡ μία μὲν δὴ
  νύμφη καὶ πλούτῳ καὶ γενεῇ κατ' ἐμέ,
ἡ δ' ἑτέρη προβέβηκε. τί λώιον; εἰ δ' ἄγε, σύμ μοι
  βούλευσον, ποτέρην εἰς ὑμέναιον ἄγω."
εἶπεν· ὁ δὲ σκίπωνα, γεροντικὸν ὅπλον, ἀείρας·
  „Ἠνίδε, κεῖνοί σοι πᾶν ἐρέουσιν ἔπος
(οἱ δ' ἄρ' ὑπὸ πληγῇσι θοὰς βέμβικας ἔχοντες
  ἔστρεφον εὐρείῃ παῖδες ἐνὶ τριόδῳ),
κείνων ἔρχεο", φησί, „μετ' ἴχνια." χὠ μὲν ἐπέστη
  πλησίον· οἱ δ' ἔλεγον· „Τὴν κατὰ σαυτὸν ἔλα."
ταῦτ' ἀίων ὁ ξεῖνος ἐφείσατο μείζονος οἴκου
  δράξασθαι, παίδων κληδόνα συνθέμενος.
τὴν δ' ὀλίγην ὡς κεῖνος ἐς οἶκον ἐπήγετο νύμφην,
  οὕτω καὶ σύ γ' ἰὼν τὴν κατὰ σαυτὸν ἔλα.

*Pl IIIa 28,20 f.42v; Diog. L. 1,80; Laur. 32, 16. – Tit. om. Pl, Alcaeo trib. l, Diogeni c, Callimacho Diog. **1** ἀνήρετο Diog. **2** ὑρράδιον P[1] **3–6** Suid. s. ἄττα, 9–10 s. βέμβηξ **4** γένεϊ Suid. **5** σύμ μοι c Suid. σύν μοι P[1] Diog. μοι σὺ Pl **7** σκήπ- c Diog. **9** βέμβεκας P[1] -βηκας Suid. **10** εὐρείην P[1] **11** ἴχνεσι P[1] // ἐπέστη Pl ἐφέ- c Diog. ἐφέστην P[1] **12** τὸν P[1] **14** κληδόνι ex -να Pl **15** οἰκίον ἤγετο Diog. **16** σὺ Δίων Diog.

90

Κλεινοῖς ἐν δαπέδοισι Πριήνης φύντα καλύπτει
  ἥδε Βίαντα πέτρη, κόσμον Ἴωσι μέγαν.

Pl IIIa 28,21 f.42v; Diog. L. 1,85. – **1** κλεινῆς Diog. // δαπέδοις Πρηήνης P **2** πέτρα Diog.

Cheilon

Lichtbringer du, Polydeukes, dir hab ich zu danken, daß Cheilons
Sohn sich des Ölbaums Grün siegend im Boxen errang.
Starb auch sein Vater vor Freude, den Sohn im Kranze erblickend,
wir beklagen es nicht. Laßt mich nur sterben wie er!

Diogenes Laërtios

Rat bei der Heirat

Ein atarnischer Fremder begab sich dereinsten zu Hyrras'
Sohne Pittakos hin nach Mytilene und sprach:
„Vater, mich locken zwei Ehen; ich habe zu wählen: das eine
Mädchen ist völlig mir gleich, so an Vermögen wie Blut,
während das zweite die Höhere ist. Was dünkt dich am besten?
Rate mir: welche davon such ich zum Weibe mir aus?"
Sprach's, da hob denn der andre den Stock, die Stütze des Alters:
„Sieh diese Kinder! Von dort kriegst du den rechten Bescheid."
Jungens spielten da just, wo breit die Straßen sich kreuzten,
trieben mit peitschendem Schlag rasch ihre Kreisel umher.
„Geh diesen Kindern nur nach!" gebot er. Da trat nun der Fremde
an sie und hörte das Wort: „Nimm dir, was zu dir gehört!"
Als er die Worte vernahm, vermied er's, das Mädchen aus reichem
Hause zu frein; er verstand, was da die Kinder gemeint.
Und wie dieser ins Haus sich das ärmere Mädchen geholt hat,
also handle auch du: Nimm dir, was zu dir gehört!

Kallimachos

Bias

Den die ruhmvolle Mark Priënes geboren, den großen
Stolz des jonischen Volks, Bias bedeckt hier der Stein.

Anonym

91. ⟨ΔΙΟΓΕΝΟΥΣ ΛΑΕΡΤΙΟΥ⟩

Τῇδε Βίαντα κέκευθα, τὸν ἀτρέμας ἤγαγεν Ἑρμῆς
εἰς Ἀίδην πολιῷ γήραϊ νιφόμενον·
εἶπε γάρ, εἶπε δίκην ἑτάρου τινός· εἶτ' ἀποκλινθεὶς
παιδὸς ἐς ἀγκαλίδας μακρὸν ἔτεινεν ὕπνον.

Pl IIIa 28,22 f. 42v; Diog. L. 1,85; Apost. 4,92a. – Tit. om. P Pl 2 ἐς P // νιφ- Pl Diog. Ap. νηφ- P 3 ἑτάρου [ἑτέρου Ap.] τινός: τινος ἑτ- P[1].

92. ⟨ΤΟΥ ΑΥΤΟΥ⟩

Ἐς Σκυθίην Ἀνάχαρσις ὅτ' ἤλυθε πολλὰ μογήσας,
πάντας ἔπειθε βιοῦν ἤθεσιν Ἑλλαδικοῖς·
τὸν δ' ἔτι μῦθον ἄκραντον ἐνὶ στομάτεσσιν ἔχοντα
πτηνὸς ἐς ἀθανάτους ἥρπασεν ὦκα δόναξ.

Pl IIIa 28,23 f. 42v; Diog. L. 1,103. – Tit. om. P Pl 1 Ἀνάχαρσιν P[1] // μογήσας: πλανηθεὶς Diog. 3–4 Suid. s. ἄκραντον 4 πτηνοὺς P[1].

93

Τῆς σοφίης πάσης ἐν ἐμοὶ τέλος· ἦν δέ τι πλεῖον,
Πυθαγόρῃ τῷ 'μῷ λέγε ταῦθ', ὅτι πρῶτος ἁπάντων
ἔστιν ἀν' Ἑλλάδα γῆν. οὐ ψεύδομαι ὧδ' ἀγορεύων.

A: εἰς Φερεκύδην. l: τὸν Σύριον φιλόσοφον. – Diog. Laert. 1,120. – 3 ἀν': ἐς P[1].

94

Ἐνθάδε πλεῖστον ἀληθείας ἐπὶ τέρμα περήσας
οὐρανίου κόσμου κεῖται Ἀναξαγόρας.

Diog. Laert. 2,15; Aelian. v. h. 8,19. – 1 ἐνθάδ' ὁ Ael. // τέρματα P 2 κόσμον P[1].

95. ΔΙΟΓΕΝΟΥΣ ΛΑΕΡΤΙΟΥ

Ἠέλιον πυρόεντα μύδρον ποτὲ φάσκεν ὑπάρχειν
καὶ διὰ τοῦτο θανεῖν μέλλεν Ἀναξαγόρας·
ἀλλ' ὁ φίλος Περικλῆς μὲν ἐρύσατο τοῦτον, ὁ δ' αὐτὸν
ἐξάγαγεν βιότου μαλθακίῃ σοφίης.

Diog. Laert. 2,15; Suid. s. μύδρος et μαλθακόν [om. 3 ἀλλ' ... τοῦτον]. – 1 ποτὲ φάσκειν P[1] πότ' ἔφασκειν c 3 ἐρρύσ- Diog. // αὑτὸν Suid. αὐτὸν P Diog.

Ein gleiches

Bias berge ich hier. Schon weiß vom Reife des Alters,
ward er von Hermes dereinst leise zum Hades geführt.
Sieh, er sprach für den Freund vor Gericht, da sank er in Kindes
Arme nieder und ging ein in den ewigen Schlaf.

Diogenes Laërtios

Anacharsis

Als Anacharsis am Ende von vielerlei Reisen in Skythien
eintraf, empfahl er dem Volk griechische Sitte und Art.
Noch aber hatte er nicht das Wort im Munde vollendet,
als ein befiederter Pfeil jäh zu den Göttern ihn riß.

Diogenes Laërtios

Pherekydes

Alle Weisheit beschließt sich in mir; doch gibt es noch Größres,
sprich es dann meinem Pythagoras zu; denn er ist der erste
rings im hellenischen Land. So sag ich und sage die Wahrheit.

Anonym

Anaxagoras

Der beim Erforschen des Weltalls am nächsten zum Ziele der Wahrheit
vordrang, hier in dem Grab fand Anaxagoras Ruh.

Anonym

Ein gleiches

Als Anaxagoras einst die Lehre verkündet, die Sonne
sei ein glühender Ball, ward er zum Tode verdammt.
Zwar hat Perikles noch als Freund ihn gerettet; doch dieser,
ruhvoll wie Weisen geziemt, ging aus dem Leben hinweg.

Diogenes Laërtios

96. ⟨ΤΟΥ ΑΥΤΟΥ⟩

Πῖνέ νυν ἐν Διὸς ὤν, ὦ Σώκρατες· ἦ σε γὰρ ὄντως
καὶ σοφὸν εἶπε θεὸς καὶ θεὸν ἡ Σοφία.
πρὸς γὰρ Ἀθηναίων κώνειον ἁπλῶς μὲν ἐδέξω,
αὐτοὶ δ' ἐξέπιον τοῦτο τεῷ στόματι.

Diog. Laert. 2,46. – Tit. om. P **2** θεὸς ἡ σοφίη Diog. **3–4** Suid. s. κόνιον // κώνειον Diog. κόνιον μὲν P Suid. // μὲν Diog. σὺ P Suid.

97. ⟨ΤΟΥ ΑΥΤΟΥ⟩

Οὐ μόνον ἐς Πέρσας ἀνέβη Ξενοφῶν διὰ Κῦρον,
ἀλλ' ἄνοδον ζητῶν, ἐς Διὸς ἥτις ἄγοι,
παιδείης παρ' ἑῆς, Ἑλληνικὰ πράγματα δείξας
ὡς καλὸν ἡ σοφίη μνήσατο Σωκράτεος.

Diog. Laert. 2,58. – Tit. om. P **3** παρ' Reiske γὰρ // Ἑλλανικὰ P **4** Σωκράτεω P.

98. ⟨ΤΟΥ ΑΥΤΟΥ⟩

Εἰ καὶ σέ, Ξενοφῶν, Κραναοῦ Κέκροπός τε πολῖται
φεύγειν κατέγνων τοῦ φίλου χάριν Κύρου,
ἀλλὰ Κόρινθος ἔδεκτο φιλόξενος, ᾗ σὺ φιληδῶν
(οὕτως ἀρέσκῃ) κεῖθι καὶ μένειν ἔγνως.

Diog. Laert. 2,58. – Tit om. P **2** φευγέμεναι P **3–4** Suid. s. φιληδῶν et ᾗ νομίζεται **3** φιληδὸν P^1 **4** μένων P^1.

99. ΠΛΑΤΩΝΟΣ ΦΙΛΟΣΟΦΟΥ

Δάκρυα μὲν Ἑκάβῃ τε καὶ Ἰλιάδεσσι γυναιξὶ
Μοῖραι ἐπέκλωσαν δὴ τότε γεινομέναις·
σοὶ δέ, Δίων, ῥέξαντι καλῶν ἐπινίκιον ἔργων
δαίμονες εὐρείας ἐλπίδας ἐξέχεαν.
κεῖσαι δ' εὐρυχόρῳ ἐν πατρίδι τίμιος ἀστοῖς,
ὦ ἐμὸν ἐκμήνας θυμὸν ἔρωτι Δίων.

Pl III^a 28,24 f.42^v, Diog. Laert. 3,30. – **1–2** Suid. s. γειναμέναις **2** ἐπεκλώσαντο Suid. // ποτε Pl Diog. **3** καλὸν ἐ. ἔργον Pl **5–6** Apul. apol. 12 // ἐνὶ ex εἰν Pl.

Sokrates

Sokrates, trinke denn jetzt bei Zeus! Du wardst von der Gottheit
wirklich ein Weiser genannt und von der Weisheit ein Gott.
Denn nur zu reichen vermochte das Volk von Athen dir den Schierling;
wer ihn durch deinen Mund wirklich getrunken, sind sie.

Diogenes Laërtios

Xenophon

„Auf stieg" Xenophon wohl im persischen Lande ob Kyros,
seit der „Erziehung" jedoch ging er den Weg auch zu Zeus,
wies dann „hellenisches" Tun und Werden, und schließlich erfaßte
ihn die „Erinn'rung", wie schön „Sokrates'" Weisheit gestrahlt.

Diogenes Laërtios

Ein gleiches

Xenophon, haben wohl auch des Kekrops und Kranaos Bürger
gerichtlich dich verbannt, weil Kyros du geliebt,
gastlich empfing dich Korinth; da hat es so gut dir gefallen,
daß dort zu bleiben gerne du beschlossen hast.

Diogenes Laërtios

Dion

Tränen spannen die Moiren als Gabe schon Ilions Frauen
und der Hekabe zu, als sie das Leben erblickt.
Du aber, Dion, du prangtest im Kranze leuchtender Taten,
als ein Gott dir die Frucht glänzender Hoffnungen nahm.
Und nun liegst du, geehrt von den Bürgern, in räumiger Heimat.
O, wie hat dich mein Herz, Dion, so glühend geliebt.

Philosoph Platon

100. ΠΛΑΤΩΝΟΣ

Νῦν, ὅτε μηδὲν Ἄλεξις ὅσον μόνον εἶφ' ὅτι καλός,
ὦπται καὶ πάντῃ πᾶσι περιβλέπεται.
θυμέ, τί μηνύεις κυσὶν ὀστέον; εἶτ' ἀνιήσεις
ὕστερον. οὐχ οὕτω Φαῖδρον ἀπωλέσαμεν;

Pl III^b 26,4 f.96^v; Diog. L. 3,31; Apul. apol. 10. – **1** καλόν P^1 **2** πᾶσι περιβλέπεται c Pl παῖ περικλέπτεται P^1 πᾶς τις ἐπιστρέφεται Diog. Ap. **3** ἀνιήσει Ap.F.

101. ⟨ΔΙΟΓΕΝΟΥΣ ΛΑΕΡΤΙΟΥ⟩

Ἀλλ' εἰ μὴ Σπεύσιππον ἐμάνθανον ὧδε θανεῖσθαι,
οὐκ ἂν ἔπεισέ μέ τις τόδε λέξαι,
ὡς ἦν οὐχὶ Πλάτωνι πρὸς αἵματος· οὐ γὰρ ἀθυμῶν
κάτθανεν ἂν διά τι σφόδρα μικρόν.

Diog. L. 4,3. – Tit. om. P **2** ἔπεισέν με c **3** ὡς Diog. ὃς P [fini v. 2 add. ὃς ἦν] // αἷμα τις P^1 // οὐ Diog. ὃς P.

102. ⟨ΤΟΥ ΑΥΤΟΥ⟩

Χαλκῇ προσκόψας λεκάνῃ ποτὲ καὶ τὸ μέτωπον
πλήξας ἴαχεν „Ὦ" σύντονον, εἶτ' ἔθανεν,
ὁ πάντα παντὶ Ξενοκράτης ἀνὴρ γεγώς.

Diog. L. 4,15. – Tit. om. P **2** ἀίαχεν P // ὦ Diog. [sed ὦ ex ὢ $Diog.^P$] ὡς P **3** ὁ om. P // πάντα: -των P^1 // παντὶ P πάντῃ Diog.

103. ⟨ΑΝΤΑΓΟΡΟΥ⟩

⟨Μνήματι τῷδε Κράτητα θεουδέα καὶ Πολέμωνα
ἔννεπε κρύπτεσθαι, ξεῖνε, παρερχόμενος,⟩
ἄνδρας ὁμοφροσύνῃ μεγαλήτορας, ὧν ἀπὸ μῦθος
ἱερὸς ἤισσεν δαιμονίου στόματος·
καὶ βίοτος καθαρὸς σοφίας ἐπὶ θεῖον ἐκόσμει
αἰῶν' ἀστρέπτοις δόγμασι πειθόμενος.

Diog. L. 4,21. – Tit. et **1–2** om. P **4** ἤεισεν P ἤισε(ν) et ἴησε codd. Diog. em. Jac. **6** αἰῶν' ἀστ- P^1 αἰῶνα στρεπτοῖς c Diog.

Alexis

Nun, da ich einzig das Wort „Wie schön ist Alexis!" gesprochen,
wird er von allen begafft, überall sieht man ihn an . . .
Herz, was mußt du den Hunden den Knochen zeigen? Du wirst es
später bereuen. Ward uns Phaidros nicht auch so geraubt?

Platon

Speusippos

Wenn ich nicht wirklich es wüßte, Speusippos sei derart gestorben,
mich hätte niemand verleitet zu sagen,
daß er vom Blute des Platon nicht sei. Er durfte aus solchem
nichtigen Grunde nicht feige sich töten.

Diogenes Laërtios

Xenokrates

Als er dereinst sich die Stirn am ehernen Becken gestoßen,
stieß er ein schmerzliches „Oh!" gellend hervor und verschied:
Xenokrates, in jedem Sinn ein wahrer Mann.

Diogenes Laërtios

Polemon und Krates

Hier in gemeinsamem Grab ruht Polemon neben dem hehren
Krates. Sage, mein Freund, der du vorüber hier gehst:
Männer warens einträchtigen Sinns und edel im Herzen,
denen aus göttlichem Mund heilig die Rede geströmt.
Lauterer Wandel in Weisheit, nach ungebrochener Lehre,
hat um ihr Leben den Glanz göttlichen Daseins gelegt.

Antagoras

104. ⟨ΔΙΟΓΕΝΟΥΣ ΛΑΕΡΤΙΟΥ⟩

Ἀρκεσίλαε, τί μοι, τί τοσοῦτον ἄκρητον ἀφειδῶς
ἔσπασας, ὥστε φρενῶν ἐκτὸς ὄλισθες ἑῶν;
οἰκτείρω δ' οὐ τόσσον, ἐπεὶ θάνες, ἀλλ' ὅτι Μούσας
ὕβρισας οὐ μετρίῃ χρησάμενος κύλικι.

Diog. L. 4,45. – Tit. om. P 1–2 Suid. s. ἔσπασας // τί[2] om. Suid. // τόσον P Suid. 2 ὀλέσθαι Diog. // ἑών Suid. 3 δ' P σ' Diog.

105. ⟨ΤΟΥ ΑΥΤΟΥ⟩

Καὶ σέο, Λακύδη, φάτιν ἔκλυον, ὡς ἄρ' ἄκαιρος
Βάκχος ἑλὼν Ἀίδην ποσσὶν ἔσυρέ σ' ἄκροις.
ἦ σαφὲς ἦν· Διόνυσος ὅταν πολὺς ἐς δέμας ἔλθῃ,
λῦσε μέλη· διὸ δὴ μήτι Λυαῖος ἔφυ;

Diog. L. 4,61. – Tit. om. P 1 ἄρ' ἄκαιρος nos ἄρα καὶ σύ 2 Βάκχος Cobet -ου P -ον Diog. // ἔσυρέ σ' Waltz -ρες 3 ἔλθοι Diog. 4 λυσιμελῆ P[1].

106. ⟨ΤΟΥ ΑΥΤΟΥ⟩

„Χαίρετε καὶ μέμνησθε τὰ δόγματα" τοῦτ' Ἐπίκουρος
ὕστατον εἶπε φίλοις οἷσιν ἀποφθίμενος·
θερμὴν ἐς πύελον γὰρ ἐσήλυθε καὶ τὸν ἄκρητον
ἔσπασεν, εἶτ' ἀίδην ψυχρὸν ἐπεσπάσατο.

Diog. L. 10,16; Hesych. Mil. vit. ph. 28. – Tit. om. P 1 Ἐπικούρου P[1] 2 οἷσιν P πρῶτος cet. 3–4 Suid. s. πύελος // θερμήν: χαλκῆν Hes. // ἐσήλυθε Suid. -θεν cet. // τὸν om. P Suid. // ἄκρητον c Suid. ἄκρατ- Diog. Hes. ἄκριτ- P[1].

107. ⟨ΤΟΥ ΑΥΤΟΥ⟩

Εὐρυμέδων ποτ' ἔμελλεν Ἀριστοτέλην ἀσεβείας
γράψασθαι Δηοῦς μύστιδος ὢν πρόπολος·
ἀλλὰ πιὼν ἀκόνιτον ὑπέκφυγε. τοῦτ' ἀκονιτὶ
ἦν ἄρα νικῆσαι συκοφάσεις ἀδίκους.

Diog. Laert. 5,8; Suid. s. πρόπολοι (1–2), ἀκόνιτον (3), συκοφάσους (4). – Tit. om. P 1 Εὐρ. ποτ' ἔμελλεν Diog. μέλλων Εὐρ. ποτ' cet. // Ἀριστοτέλει P[1] -λη Suid. // ἀσεβείας om. Suid. 2 δηιοῦς et πρόσπολος P[1] 4 συκοφάσους P Suid.

Arkesilaos

Arkesilaos, sag an, warum trankst du den Wein so in Massen,
daß du der Sinne beraubt gleitend zu Boden gestürzt?
Was ich beklage, ist nicht so dein Tod wie die höhnende Kränkung,
die du durch maßlosen Trunk wider die Musen verübt.

Diogenes Laërtios

Lakydes

Man erzählte mir auch von dir, Lakydes: am Fuße
habe dich Bakchos bereits früh in den Hades geschleift.
Klar ist die Sache: Kommt Bakchos zu reichlich in unseren Körper,
löst er die Glieder; und heißt nicht er Lyaios darum?

Diogenes Laërtios

Epikuros

„Lebt denn wohl und vergeßt meine Lehren nicht!“ Dies war das [Letzte,
was Epikuros dereinst sterbend den Freunden gesagt.
Denn er war in die Wanne zu warmem Bade gestiegen,
trank noch Wein und trank sich in die Kühle des Grabs.

Diogenes Laërtios

Aristoteles

Als Eurymedon, Priester der mystischen Göttin Demeter,
den Aristoteles einst Richtern als gottlos verklagt,
mühte sich dieser um Gift und entkam so der Klage. Wie mühlos
ist er doch bösem Verdacht, der ihn bedrohte, entschlüpft!

Diogenes Laërtios

108. ⟨ΤΟΥ ΑΥΤΟΥ⟩

Καὶ πῶς, εἰ μὴ Φοῖβος ἀν' Ἑλλάδα φῦσε Πλάτωνα,
ψυχὰς ἀνθρώπων γράμμασιν ἠκέσατο;
καὶ γὰρ ὁ τοῦδε γεγὼς Ἀσκληπιός ἐστιν ἰητὴρ
σώματος ὡς ψυχῆς ἀθανάτοιο Πλάτων.

Pl III^a^ 28,4 f. 42^r^; Diog. Laert. 3,45. – Tit. om. P Pl 4 ὡς: ὦ P[1].

109. ⟨ΤΟΥ ΑΥΤΟΥ⟩

Φοῖβος ἔφυσε βροτοῖς Ἀσκληπιὸν ἠδὲ Πλάτωνα,
τὸν μέν, ἵνα ψυχήν, τὸν δ', ἵνα σῶμα σάοι·
δαισάμενος δὲ γάμον πόλιν ἤλυθεν, ἥν ποθ' ἑαυτῷ
ἔκτισε καὶ δαπέδῳ Ζηνὸς ἐνιδρύσατο.

Pl III^a^ 28,5 f. 42^r^, Diog. Laert. 3,45. – Tit. om. P Pl 1–2 Olympiod. vit. Plat. p. 388 W (τοὺς δύ' Ἀπόλλων φῦσ', Ἀσκλ. κτλ.) // ἡ δὲ P 2 Suid. s. σάου // σώματάοιε P[1] 3 ποθ' ἑαυτῷ Pl ποτ' ἑ- P ποτε αὐτῷ Diog.

110. ⟨ΤΟΥ ΑΥΤΟΥ⟩

Οὐκ ἄρα τοῦτο μάταιον ἔπος μερόπων τινὶ λέχθη,
ῥήγνυσθαι σοφίης τόξον ἀνιέμενον·
δὴ γὰρ καὶ Θεόφραστος, ἕως ἐπόνει μέν, ἄπηρος
ἦν δέμας, εἶτ' ἀνεθεὶς κάτθανε πηρομελής.

Pl III^a^ 28,25 f. 42^v^; Diog. L. 5,40. – Tit. om. P Pl 1 τιν' ἐλέχθη P Pl 3–4 Θεόφραστος . . . Suid. s. v. // ἄπ. ἦν δέμας: δέμας ἄπ. ἦν Suid. 4 πειρομελής c.

111. ⟨ΤΟΥ ΑΥΤΟΥ⟩

Λεπτὸς ἀνὴρ δέμας ἦν· εἰ μὴ προσέχῃς, ἀπόχρη μοι·
Στράτωνα τοῦτον φημί γε,
Λάμψακος ὅν ποτ' ἔφυσεν· ἀεὶ δὲ νόσοισι παλαίων
θνῄσκει λαθὼν οὐδ' ᾔσθετο.

Diog. L. 5,60. – Tit. om. P 1 ἀπόχρη μοι c -ημος P[1] -ησμοῖς Diog. 2 γε P σοι Diog. // in fine Λαμψακινόν P -κηνόν Diog. del. Jac. 3 Λαμψ. om. Diog. 4 ᾔσθ. θανάτου Diog.

Platon

Hätte nicht Phoibos dem Platon in Hellas das Leben gegeben,
hätte dann je eine Schrift menschliche Seelen geheilt?
Arzt für die Körper wohl ist Asklepios, Sohn des Apollon,
ewige Seelen jedoch finden in Platon den Arzt.

Diogenes Laërtios

Ein gleiches

Phoibos erzeugte für Menschen Asklepios einstens und Platon:
jenen dem sterblichen Leib, diesen der Seele zum Heil.
Von einer Hochzeit ging Platon hinweg in die Stadt, die er früher
selbst sich gegründet, und wohnt nun in der Halle des Zeus.

Diogenes Laërtios

Theophrast

„Hält man ihn nimmer gespannt, den Bogen der Weisheit, dann bricht
lautet das treffliche Wort aus eines Sterblichen Mund. [er,"
Stark auch ist Theophrast, solange er schaffte, geblieben,
kaum aber spannte er ab, brach er zusammen und starb.

Diogenes Laërtios

Straton

's war mal ein magerer Mann... Doch willst du nicht hören, dann laß
Ja, eben Straton meine ich, [es...
ihn, der aus Lampsakos stammte. Als stets er mit Krankheiten
da starb er still und merkt' es nicht. [kämpfte,

Diogenes Laërtios

112. ⟨ΤΟΥ ΑΥΤΟΥ⟩

Οὐ μὰ τόν, οὐδὲ Λύκωνα παρήσομεν, ὅττι ποδαλγὴς
κάτθανε· θαυμάζω τοῦτο μάλιστα δ' ἐγώ,
τὴν οὕτως ἀίδαο μακρὴν ὁδὸν εἰ πρὶν ὁ ποσσὶν
ἀλλοτρίοις βαδίσας ἔδραμε νυκτὶ μιῇ.

Pl IIIa 6,2 f. 31v; Diog. L. 5,68. – Tit. om. P Pl 3 εἰ Jac. ἀ P[1] ἁ c ᾶ Pl ἂν Diog. 4 μιᾷ Pl.

113. ⟨ΤΟΥ ΑΥΤΟΥ⟩

Ἀνεῖλεν ἀσπὶς τὸν σοφὸν Δημήτριον
ἰὸν ἔχουσα πολὺν
ἄσμηκτον, οὐ στίλβουσα φῶς ἀπ' ὀμμάτων,
ἀλλ' ἀίδην μέλανα.

A: εἰς Δημήτριον, c: τὸν Φαληρέα. – Diog. L. 5, 79. – Tit. om. P // tres versus distinx. P, secundum verbis ἰὸν ... φῶς 3 ἄσμηκτον Diog.B ἄσμικτον cet.

114. ⟨ΤΟΥ ΑΥΤΟΥ⟩

Ἤθελες ἀνθρώποισι λιπεῖν φάτιν, Ἡρακλείδη,
ὥς ῥα θανὼν ἐγένου ζωὸς ἅπασι δράκων·
ἀλλὰ διεψεύσθης, σεσοφισμένε· δὴ γὰρ ὁ μὲν θὴρ
ἦε δράκων, σὺ δὲ θήρ, οὐ σοφὸς ὢν ἑάλως.

A: εἰς Ἡρακλείδην, c: τὸν Ποντικόν. – Pl IIIa 28,26 f. 42v; Diog. L. 5,90. – Tit. om. P Pl 1 ἤλυθες P[1] 2 ὡς ἄρα P 4 ἠὲ P[1] // ἐλάλως (?) P[1].

115. ⟨ΤΟΥ ΑΥΤΟΥ⟩

Τὸν βίον ἦσθα κύων, Ἀντίσθενες. – „Ὧδε πεφυκώς,
ὥστε δακεῖν κραδίην ῥήμασιν, οὐ στόμασιν." –
Ἀλλ' ἔθανες φθισικός, τάχ' ἐρεῖ τις ἴσως. – „Τί δὲ τοῦτο;
πάντως εἰς ἀίδην δεῖ τιν' ὁδηγὸν ἔχειν."

Diog. L. 6,19; Hesych. Mil. vit. ph. 7. – Tit. om. P 1 κύον P[1] 4 ἔχει P[1].

Lykon

Ich übergehe, bei Gott, auch Lykon nicht, ihn, der an Fußgicht
einst gestorben. Ich selbst wundre mich einzig darob,
daß er, der immer mit Füßen von andern gegangen, in einer
Nacht den gewaltigen Weg bis in den Hades marschiert.

Diogenes Laërtios

Demetrios von Phaleron

Demetrios, den weisen, biß die Schlange; viel
tödliches Gift hatte sie;
aus ihrem Auge schimmerte kein Licht hervor,
sondern des Erebos Nacht.

Diogenes Laërtios

Herakleides

Du, Herakleides, begehrtest, bei Menschen den Ruf zu verbreiten,
lebend kämst du im Tod allen als Schlange zurück.
Aber du warst ein Betrüger, gelogen hast du: das Tier zwar
war eine Schlange, doch dich fand man als Toren und Tier.

Diogenes Laërtios

Antisthenes

Warst du, Antisthenes, nicht ein Hund im Leben? – „Das war ich;
doch nicht mit Zähnen, ich biß einzig mit Worten ins Herz." –
Aber du starbst an der Schwindsucht, könnt' jemand dir sagen. – „Was [soll das?
Geht man zum Hades, dann dient immer als Führer ein Hund."

Diogenes Laërtios

116. ⟨ΤΟΥ ΑΥΤΟΥ⟩

Διόγενες, ἄγε λέγε, τίς ἔλαβέ σε μόρος
ἐς Ἄϊδος; – „Ἔλαβέ με κυνὸς ἄγριον ὀδάξ.“

A: εἰς Διογένη· προκελευσματικόν. – Diog. L. 6,79; Suid. s. ἄγε et ὀδάξ. – Tit. om. P Suid. 2 εἰς Diog.

117. ⟨ΖΗΝΟΔΟΤΟΥ⟩

Ἔκτισας αὐτάρκειαν, ἀφεὶς κενεαυχέα πλοῦτον,
Ζήνων σὺν πολιῷ σεμνὸς ἐπισκυνίῳ·
ἄρσενα γὰρ λόγον εὗρες, ἐνηθλήσω δὲ προνοίᾳ
αἵρεσιν ἀτρέστου ματέρ' ἐλευθερίας.
εἰ δὲ πάτρα Φοίνισσα, τίς ὁ φθόνος; ἦν καὶ ὁ Κάδμος
κεῖνος, ἀφ' οὗ γραπτὰν Ἑλλὰς ἔχει σελίδα.

Diog. L. 7,30. – Tit. om. P 1 ἔκτισας c [ex -ίσω] Diog. -σαν P¹ 4 μητέρ' ἐλευθερίης P Suid. [s. ἄτρεστος] 5 ἦν c ἣν P¹ ὃν Suid. [s. Κάδμος] Diog. 6 γραπτῶν P¹.

118. ⟨ΔΙΟΓΕΝΟΥΣ ΛΑΕΡΤΙΟΥ⟩

Τὸν Κιτιέα Ζήνωνα θανεῖν λόγος, ὡς ὑπὸ γήρως
πολλὰ καμὼν ἐλύθη μένων ἄσιτος·
⟨οἱ δ', ὅτι προσκόψας ποτ' ἔφη χερὶ γῆν ἀλοήσας·
„Ἔρχομαι αὐτόματος. τί δὴ καλεῖς με;“⟩

Diog. L. 7,31. – Tit. om. P 1 Κιτιᾶ Diog. 2 ἐλύθη μένων Diog. ἐλ. οἱ δὲ μ. P 3–4 om. P // γῆν ἀλοήσας Valckenaer γαῖαν ἀλοίσας.

119

Ἡνίκα Πυθαγόρης τὸ περικλεὲς εὕρετο γράμμα
κεῖν', ἐφ' ὅτῳ κλεινὴν ἤγαγε βουθυσίην . . .

Pl I b 49,4 f. 86 v [iunct. cum. ep. 120]; Plut. mor. 1094 b; Athen. 10, 418 f.; Diog. L. 8,12. – Apollodoro Math. trib. Diog. Ath. Plut. (schol.), Apollodoto Plut. 1 ἡνίκε P¹ ἤνυκε c Diog. ἡνίκα c [suprascr.] Pl Plut. Ath. // εὕρατο Diog. 2 κεῖνο Plut. κλεινός Ath. // ἐφ' ᾧ Plut. Ath. // κλειτὴν Pl // ἤγετο Plut.

Diogenes

Durch welchen Tod kamst du, Diogenes,
zum Hades hin? – „Mich biß so wild ein Hund."

Diogenes Laërtios

Zenon von Kition

Zenon, graustirniger Mann, o Hehrer, du ließest des Reichtums
hohles Gepränge und zogst ihm die Genügsamkeit vor.
Finder von männlichem Wort, du schufest in Weisheit die Lehre,
draus als mutiges Kind freie Gesinnung entsprang.
Hat dich Phoinikien geboren, wer wollte es tadeln? Dort stand auch
Kadmos' Wiege, und ihm danken die Griechen die Schrift.

Zenodotos der Stoiker

Ein gleiches

Zenon von Kition starb, so heißt es, der Nahrung entsagend,
weil ihn des Alters Gebrechen vielfach quälten.
Andre erzählen, er stürzte und schlug mit der Hand auf die Erde,
sagend: „Ich komme von selbst! Was soll dein Rufen?"

Diogenes Laërtios

Pythagoras

Als Pythagoras jene berühmte Figur nun gefunden,
drum er als Opfer sodann kostbare Stiere gebracht . . .

Anonym

120. ΞΕΝΟΦΑΝΟΥΣ

Καί ποτέ μιν στυφελιζομένου σκύλακος παριόντα
φασὶν ἐποικτεῖραι καὶ τόδε φάσθαι ἔπος·
„Παῦσαι, μηδὲ ῥάπιζ', ἐπεὶ ἦ φίλου ἀνέρος ἐστὶ
ψυχή, τὴν ἔγνων φθεγξαμένης ἀίων."

Pl I^b 49,4 f.86^v [cf. ad 119]; Diog. L. 8,36; Suid. s. Ξενοφάνης et (1–3) s. στυφελίξαι. – Tit. om. Pl 1 καί ποτέ: δὴ τότε Pl 2 φασί γ' Diog. Suid. s. Ξεν. // ἐπῳκτ- P[1] 3 ἐστὶ c Diog. Suid. -ὶν P[1] Pl 4 ψυχὴν P[1] // φθεγξαμένην Suid.

121. ⟨ΔΙΟΓΕΝΟΥΣ ΛΑΕΡΤΙΟΥ⟩

Οὐ μόνος ἐμψύχων ἄπεχες χέρας, ἀλλὰ καὶ ἡμεῖς.
τίς γάρ, ὃς ἐμψύχων ἥψατο, Πυθαγόρη;
ἀλλ' ὅταν ἑψηθῇ τι καὶ ὀπτηθῇ καὶ ἁλισθῇ,
δὴ τότε καὶ ψυχὴν μὴ ἔχον ἐσθίομεν.

A: εἰς τὸν αὐτόν. l: ὡραῖον· ὅτι Πυθαγόρας διὰ Πολυκράτην ἀνεχώρησε τῆς Σάμου. – Pl III^a 28,27 f.42^v; Diog. L. 8,44. – Tit. om. P Pl 1 ἐμψύχων Pl Diog. ἀψ- P 2 Πυθαγόρα Diog. 4 μὴ: οὐκ Diog.

122. ⟨ΤΟΥ ΑΥΤΟΥ⟩

Αἰαῖ, Πυθαγόρης τί τόσον κυάμους ἐσεβάσθη
καὶ θάνε φοιτηταῖς ἅμμιγα τοῖς ἰδίοις;
χωρίον ἦν κυάμων· ἵνα μὴ τούτους δὲ πατήσῃ,
ἐξ Ἀκραγαντίνων κάτθαν' ἐνὶ τριόδῳ.

Pl III^a 28,28 f.42^v; Diog. L. 8,45. – Tit. om. P Pl 1 ἐσεβάσθης P[1] 2 θάνε Pl Diog. -ες P[1] -εν c // φοιτηταῖς Diog. φοιτοῖς P[1] φυτοῖς c δῆτα φυτοῖς Pl // ἅμιγγα P // τοὺς ἰδίους P[1] 3 χωρίων P[1].

123. ⟨ΤΟΥ ΑΥΤΟΥ⟩

Καὶ σύ ποτ', Ἐμπεδόκλεις, διερῇ φλογὶ σῶμα καθήρας
πῦρ ἀπὸ κρητήρων ἔκπιες ἀθάνατον·
οὐκ ἐρέω δ', ὅτι σαυτὸν ἑκὼν βάλες ἐς ῥόον Αἴτνης,
ἀλλὰ λαθεῖν ἐθέλων ἔμπεσες οὐκ ἐθέλων.

Pl III^a 28,29 f.42^v; Diog. L. 8,75. – Tit. om. P Pl 1 Ἐμποδ- P // διερεῖ P[1] 2 καὶ πῦρ P[1] // κρητήρων c Pl κρατ- Diog. κρήνων P[1] // ἔπιες P[1] // ἀθάνατον Meineke -των P Pl θάνατον Diog. 4 ληθεῖν Pl [primo].

Ein gleiches

Eines Tages kam er, erzählt man, dazu, wie ein Hündchen
Schläge bekam, und sprach voll des Erbarmens zum Herrn:
„Hör mit dem Prügeln doch auf, denn eines befreundeten Mannes
Seele gewahrt' ich in ihm, da ich die Stimme vernahm.“

Xenophanes

Ein gleiches

Nicht nur, Pythagoras, du enthieltest dich lebender Wesen,
wir auch tun es. Wer aß jemals ein lebendes Tier?
Denn wir kochen und braten und salzen zuvor es, und dann erst
essen wir's wirklich; jedoch Leben, das hat es nicht mehr.

Diogenes Laërtios

Ein gleiches

Ach, warum hatte Pythagoras wohl so viel Ehrfurcht vor Bohnen?
Brachten sie nicht ihm selbst samt seinen Schülern den Tod?
War da ein Feld mit Bohnen, drauf wollt er nicht treten; da schlugen
an dem Kreuzwege ihn Leute aus Akragas tot.

Diogenes Laërtios

Empedokles

Du auch, Empedokles, hast im Glutbad den Leib dir gereinigt,
hast im Krater den Trank ewigen Feuers geschmeckt.
Warfst du dich, glaub ich, auch nicht absichtlich in Ätnas Gewoge,
doch dich zu bergen gewillt, fielst du nicht-wollend hinein.

Diogenes Laërtios

124. ⟨ΤΟΥ ΑΥΤΟΥ⟩

Ναὶ μὴν Ἐμπεδοκλῆα θανεῖν λόγος, ὥς ποτ' ἀμάξης
ἔκπεσε καὶ μηρὸν κλάσσατο δεξιτερόν.
εἰ δὲ πυρὸς κρητῆρας ἐσήλατο καὶ πίε τὸ ζῆν,
πῶς ἂν ἔτ' ἐν Μεγάροις δείκνυτο τοῦδε τάφος;

Pl III^{a} 28,30 f.42^{v}; Diog. Laert. 8,75. – Tit. om. P Pl 1 Ἐμπεδοκλέα Diog. // ποτ' ἀπαμ- P[1] 3 κρατῆρας Diog. 4 ἂν ἔτ': ἔτ' ἂν P[1].

125

Εἴ τι παραλλάσσει φαέθων μέγας ἅλιος ἄστρων
καὶ πόντος ποταμῶν μείζον' ἔχει δύναμιν,
φαμὶ τοσοῦτον ἐγὼ σοφίᾳ προέχειν Ἐπίχαρμον,
ὃν πατρὶς ἐστεφάνωσ' ἅδε Συρακοσίων.

Pl III^{a} 28,31 f.42^{v}; Diog. Laert. 8,78. – 1 παραλλάσει P[1] // ἥλιος Pl 2 μεῖζον P[1].

126. ⟨ΔΙΟΓΕΝΟΥΣ ΛΑΕΡΤΙΟΥ⟩

Τὴν ὑπόνοιαν πᾶσι μάλιστα λέγω θεραπεύειν·
εἰ γὰρ καὶ μὴ δρᾷς, ἀλλὰ δοκεῖς, ἀτυχεῖς.
οὕτω καὶ Φιλόλαον ἀνεῖλε Κρότων ποτὲ πάτρη,
ὥς μιν ἔδοξε θέλειν δῶμα τύραννον ἔχειν.

*Pl III^{a} 28,32 f.42^{v}; Diog. L. 8,84; Suid. s. ὑπόνοια et (3–4) s. Φιλόλαος; Laur. 32,16. – Tit.: Philolao trib. Suid., om. P Pl 1 τ. ὑ. μάλ. πᾶσι προλέγω θ. Suid. 2 ἀτυχεῖν P Suid. 3 Φιλόλαλον P.

127. ⟨ΤΟΥ ΑΥΤΟΥ⟩

Πολλάκις Ἡράκλειτον ἐθαύμασα, πῶς ποτε τὸ ζῆν
ὧδε διαντλήσας δύσμορος εἶτ' ἔθανεν·
σῶμα γὰρ ἀρδεύουσα κακὴ νόσος ὕδατι φέγγος
ἔσβεσεν ἐκ βλεφάρων καὶ σκότον ἠγάγετο.

Pl III^{a} 28,33 f.42^{v}; Diog. L. 9,4; Hesych. Mil. vit. ph. 32. – Tit. om. P Pl 2 ἔθανε P[1] 3 ἀρδεύσασα Diog. Hes. // ὕδασι Pl 4 ἐν βλεφάροις Diog. Hes. // σκιτον P[1].

Ein gleiches

Sicher, Empedokles starb, so heißt es, weil er das rechte
Bein sich gebrochen, als einst von einem Wagen er fiel.
Sprang er ins Feuer des Kraters und trank dort das Leben, wie kommt
daß man sich heut noch sein Grab drüben in Megara zeigt? [es,

Diogenes Laërtios

Epicharmos

Wie die Sonne an Größe und Leuchtkraft den Sternen vorangeht,
wie des Ozeans Macht sämtliche Ströme besiegt,
so überragt Epicharmos, erklär ich, die andern an Weisheit,
er, den hier Syrakus, das ihn erzeugt hat, bekränzt.

Anonym

Philolaos

Allen rat ich es an, jedweden Verdacht zu beheben;
selbst der äußere Schein ohne Vergehen ist schlimm.
Also erschlug auch Kroton, die Heimat, dereinst Philolaos,
denn er erstrebte, so schien's, die Tyrannei für sein Haus.

Diogenes Laërtios

Herakleitos von Ephesos

Oft schon erstaunte es mich, wie einst Herakleitos des Lebens
Unglück getragen und wie schließlich zu Tode er kam.
Denn eine traurige Krankheit erfüllte den Leib ihm mit Wasser,
löschte den Augen das Licht und übergoß sie mit Nacht.

Diogenes Laërtios

128

Ἡράκλειτος ἐγώ. τί μ' ἄνω κάτω ἕλκετ', ἄμουσοι;
οὐχ ὑμῖν ἐπόνουν, τοῖς δέ μ' ἐπισταμένοις.
εἷς ἐμοὶ ἄνθρωπος τρισμύριοι, οἱ δ' ἀνάριθμοι
οὐδείς. ταῦτ' αὐδῶ καὶ παρὰ Φερσεφόνῃ.

*Pl III[a] 28,34 f.43[r]; Diog. L. 9,16; Hesych. Mil. vit. ph. 32. – **1** μ' ἄνω Meineke με ὤν Diog. με ὦ rel. **4** αὐδῶ: ἀνδρῶν P[1] Pl [ante corr.] // Φερσεφ- c Diog. Περσ- cet.

129. ⟨ΔΙΟΓΕΝΟΥΣ ΛΑΕΡΤΙΟΥ⟩

Ἤθελες, ὦ Ζήνων, (καλὸν ἤθελες) ἄνδρα τύραννον
κτείνας ἐκλῦσαι δουλοσύνης Ἐλέαν.
ἀλλ' ἐδάμης· δὴ γάρ σε λαβὼν ὁ τύραννος ἐν ὅλμῳ
κόψε. τί τοῦτο λέγω; σῶμα γάρ, οὐχὶ δὲ σέ.

Pl III[a] 28,35 f.43[r]; Diog. L. 9,28. – Tit. om. P Pl **1** ἤλυθες ὦ P[1] **2** ἐκλῦσαι Diog. ἀπελκύσαι P[1] ἑλκ- c ἑλκύσσαι Pl // δουλοσύνης c Pl Diog. -νας P[1] **3** δῆγμάρ σε P[1].

130. ⟨ΤΟΥ ΑΥΤΟΥ⟩

Καὶ σέο, Πρωταγόρη, φάτιν ἔκλυον, ὡς ἄρ' Ἀθηνῶν
ἔκ ποτ' ἰὼν καθ' ὁδὸν πρέσβυς ἐὼν ἔθανες·
εἵλετο γάρ σε φυγεῖν Κέκροπος πόλις· ἀλλὰ σὺ μέν που
Παλλάδος ἄστυ φύγες, Πλουτέα δ' οὐκ ἔφυγες.

Pl III[a] 28,36 f.43[r]; Diog. L. 9,56. – Tit. om. P Pl **1** σέο Sternbach σεῦ Diog. σέ P Pl // φάτιν Pl [post corr.] Diog.[F] φασὶν cet. // Ἀθηναίων Diog.

131

Πρωταγόρην λόγος ὧδε θανεῖν φέρει· ἀλλὰ γὰρ αὐτοῦ
ἤκατο σῶμα γέαν, ψυχὴ ἐνᾶλτο σοφοῖς.

1 θανεῖσθαι P[1] em. c // φέρει Reiske φέε c φάγε P[1] // αὐτοῦ Jac. οὔτι **2** γέαν Lumb γαῖαν c γαῖα P[1] // ψυχὴ ἐνᾶλτο nos ψυχὰ δ' ἄλτο.

132

Καὶ σέο, Πρωταγόρη, σοφίης ἴδμεν βέλος ὀξύ,
ἀλλ' οὐ τιτρῶσκον, +ὢν δὲ γλυκὺ κνῆσμα.

1 σέο Sternbach σὲ **2** τιτρώσκων P[1] em. c // κνῆσμα Bury κρῆμα.

Ein gleiches

Herakleitos bin ich. Was zerrt ihr an mir, Idioten,
der ich für keinen von euch, sondern für Kenner geschafft?
Einer gilt Myriaden, und Tausende eures Gelichters
nichts! Ich erklär es noch heut in der Persephone Haus.

Anonym

Zenon von Elea

Den Tyrannen ermorden (welch Hochziel!) wolltest du, Zenon,
wolltest von Knechtschaft die Stadt Elea rettend befrein.
Doch du erlagst. Dich ergriff der Tyrann und ließ dich in einem
Mörser zerstampfen – doch nein, nur deinen Körper, nicht dich.

Diogenes Laërtios

Protagoras

Du, Protagoras, hast, ein Greis, von Athen dich gewendet
(also hört' ich) und gingst bald auf der Reise zugrund.
Denn dich zwangen zur Flucht die Söhne des Kekrops; doch ob du
Pallas' Stadt auch entflohn, Pluton entflohest du nicht.

Diogenes Laërtios

Ein gleiches

Dies war Protagoras' Tod, so heißt's. Seinen Leib hält die Erde,
zu den Weisen jedoch fuhr seine Seele empor.

Anonym

Ein gleiches

Spitz, Protagoras, war gewiß auch der Speer deines Geistes,
Doch stach er nicht verletzend, sondern süß kitzelnd.

Anonym

133. ⟨ΔΙΟΓΕΝΟΥΣ ΛΑΕΡΤΙΟΥ⟩

Πτίσσετε, Νικοκρέων, ἔτι καὶ μάλα, θύλακός ἐστι·
πτίσσετ', Ἀνάξαρχος δ' ἐν Διός ἐστι πάλαι·
καὶ σὲ διαστείλασα γνάφοις ὀλίγον τάδε λέξει
ῥήματα Φερσεφόνη· „Ἔρρε, μυλωθρὲ κακέ."

Diog. L. 9,59. – Tit. om. P **1** πτήσετε P[1] πτίσσεται Diog. **2** πτήσσετ' P[1] **3** διαστείλασα γνάφοις ὀλίγον Jac. -λας γένειφει ὀ. P -λας ὀλίγον τὰ δὲ νέφη Diog. **4** Περσ- P // ἔρρεε Diog. // μίλωθρε P[1] // κακέ Aldobrand. -κή.

134

Ἐνθάδε Γοργίεω κεφαλὴ κυνικοῦ κατάκειμαι
οὐκέτι χρεμπτομένη οὔτ' ἀπομυσσομένη.

A: εἰς Γοργίαν. l: τὸν ῥήτορα. – Pl III[b] 26,5 f.96[v] – **1** Γοργίεω Scal. -γίου P[1] -γίου ἡ c Pl // κυν. κεφαλὴ Pl // κυρικοῦ P[1].

135

Θεσσαλὸς Ἱπποκράτης, Κῷος γένος, ἐνθάδε κεῖται,
Φοίβου ἀπὸ ῥίζης ἀθανάτου γεγαώς,
πλεῖστα τρόπαια νόσων στήσας ὅπλοις Ὑγιείης,
δόξαν ἑλὼν πολλὴν οὐ τύχᾳ, ἀλλὰ τέχνᾳ.

Pl III[b] 14,1 f.93[r]. – **2** ἀπορρίζης P[1] ἀπόρρ- c em. Pl **4** πολλῶν P // τύχῃ ἀ. τέχνῃ Pl.

136. ΑΝΤΙΠΑΤΡΟΥ

Ἥρωος Πριάμου βαιὸς τάφος, οὐχ ὅτι τοίου
ἄξιος, ἀλλ' ἐχθρῶν χερσὶν ἐχωννύμεθα.

Pl III[a] 13,14 f.35[v]; Σ 27. – Tit. om. Σ **1** τίου Σ **2** ἐχωνύμεθα Σ.

Anaxarchos

Stampf nur, Nikokreon, zu! Ein Sack ist's, den du zerstampfest.
Stampf! Anaxarchos verweilt längst in der Halle des Zeus.
Dich aber wird Persephone bald mit Kratzern zerreißen,
und dann hörst du ihr Wort: „Fort mit dir, Müller, du Schelm!“

Diogenes Laërtios

Kyniker Gorgias

Siehe, hier fand ich, das Haupt des Kynikers Gorgias, Ruhe,
aber ich habe hier auch Spucken und Schneuzen verlernt.

Anonym

Hippokrates

Hier in Thessalien ruht Hippokrates, Koër von Herkunft.
Phoibos, den ewigen Gott, hat er als Urahn gehabt.
Mit Hygieias Waffen bezwang er unzählige Leiden:
Weltruhm hat nicht das Glück, sondern die Kunst ihm gebracht.

Anonym

Priamos

Priamos war ich, der Heros. Mein Grab ist nur niedrig, nicht weil ich
so es verdiente: der Feind hat es so karg mir gehäuft.

Antipatros von Thessalonike

137. ΑΔΕΣΠΟΤΟΝ

Μή με τάφῳ σύγκρινε τὸν Ἕκτορα μηδ᾽ ἐπὶ τύμβῳ
μέτρει τὸν πάσης Ἑλλάδος ἀντίπαλον.
Ἰλιάς, αὐτὸς Ὅμηρος ἐμοὶ τάφος, Ἑλλάς, Ἀχαιοὶ
φεύγοντες· τούτοις πᾶσιν ἐχωννύμεθα·
εἰ δ᾽ ὀλίγην ἀθρεῖς ἐπ᾽ ἐμοὶ κόνιν, οὐκ ἐμοὶ αἶσχος·
Ἑλλήνων ἐχθραῖς χερσὶν ἐχωννύμεθα.

Pl III^a 13,15 f. 35^v. – **5** ἐπ᾽ : ἐτ P^1 // ἐμοὶ²: ἐμὸν Pl.

138. ΑΚΗΡΑΤΟΥ ΓΡΑΜΜΑΤΙΚΟΥ

Ἕκτορ Ὁμηρείῃσιν ἀεὶ βεβοημένε βίβλοις,
θειοδόμου τείχευς ἕρκος ἐρυμνότερον,
ἐν σοὶ Μαιονίδης ἀνεπαύσατο· σοῦ δὲ θανόντος,
Ἕκτορ, ἐσιγήθη καὶ σελὶς Ἰλιάδος.

Pl III^a 13,16 f. 35^v; Matr. 24 (Ir. 109). – Antipatro trib. Matr. **1** Ὁμηρείοισιν Pl [primo] **2** ἐρυμνότατον P^1 **3** ἓν P^1.

139

Ἕκτορι μὲν Τροία συγκάτθανεν οὐδ᾽ ἔτι χεῖρας
ἀντῆρεν Δαναῶν παισὶν ἐπερχομένοις·
Πέλλα δ᾽ Ἀλεξάνδρῳ συναπώλετο. πατρίδες ἄρα
ἀνδράσιν, οὐ πάτραις ἄνδρες ἀγαλλόμεθα.

Pl III^a 13,19 f. 35^v; Σ 35. – **1** Τροίη Pl Σ **2** ἀντῆρε Δ. χερσὶν Σ.

140. ΑΡΧΙΟΥ ΜΑΚΕΔΟΝΟΣ

Καὶ γενέταν τοῦ νέρθε καὶ οὔνομα καὶ χθόνα φώνει,
στάλα, καὶ ποίᾳ κηρὶ δαμεὶς ἔθανε. –
„Γεννήτωρ Πρίαμος, γᾶ δ᾽ Ἴλιον, οὔνομα δ᾽ Ἕκτωρ,
ὦνερ, ὑπὲρ πάτρας δ᾽ ὤλετο μαρνάμενος."

Pl III^a 13,17 f. 35^v. – **2** ἔθανεν Pl **3** γεννήτωρ Pl πατὴρ μὲν P **4** ὦ ξέν᾽ Pl.

Hektor

Schätz mich, den Hektor, nicht ein nach dem Grab hier, und miß [nach dem Hügel
nicht einen Helden, der ganz Hellas im Kampfe getrotzt.
Nein, mein Grab ist Homer, die Ilias, Hellas, die Griechen
auf ihrer Flucht: all das türmt sich zum Mal mir empor.
Siehst du nur wenige Erde auf mir, mir bringt's keine Schande:
feindliches, griechisches Volk hat ihn so karg mir gehäuft.

Anonym

Ein gleiches

Hektor, du warst für Homer der Held durch alle Gesänge,
festerer Wall als die Burg, die von den Göttern gebaut.
Bei dir endet der Sänger, der Maionide; du starbest,
Hektor, und mit dir zugleich ward auch die Ilias stumm.

Grammatiker Akeratos

Ein gleiches

Hektor sank hin, da sank auch Troja; er streckte nicht länger
wider des Danaervolks stürmende Söhne den Arm.
Mit Alexandros fiel Pella. So ist's: Wir Männer wohl bringen
Ruhm unserm Lande, kein Mann wird durch die Heimat berühmt.

Anonym

Ein gleiches

Nenn mir die Heimat des Toten, ihn selbst und den Vater, o Säule,
und verkünde zugleich, welchem Geschick er erlag. –
„Priamos war sein Erzeuger in Troja, sein Name war Hektor,
und für die Heimat, mein Freund, fand er im Kampfe den Tod."

Aul. Lic. Archias von Makedonien

141. ΑΝΤΙΦΙΛΟΥ ΒΥΖΑΝΤΙΟΥ

Θεσσαλὲ Πρωτεσίλαε, σὲ μὲν πολὺς ᾄσεται αἰὼν
Τροίᾳ ὀφειλομένου πτώματος ἀρξάμενον·
σᾶμα δέ τοι πτελέῃσι συνηρεφὲς ἀμφικομεῦσι
Νύμφαι ἀπεχθομένης Ἰλίου ἀντιπέρας.
δένδρεα δυσμήνιτα καί, ἥν ποτε τεῖχος ἴδωσι
Τρώιον, αὐαλέαν φυλλοχοεῦντι κόμην.
ὅσσος ἐν ἡρώεσσι τότ' ἦν χόλος, οὗ μέρος ἀκμὴν
ἐχθρὸν ἐν ἀψύχοις σῴζεται ἀκρεμόσιν.

Pl IIIa 13,3 f. 35r. – **1** Πρωτεσίλαιε P¹ **3** σῶμα Pl **4** -αν ἀπεχομ- P¹ **5–6** Suid. s. δυσμίσητα, 7–8 s. ἀκμή **5** δυσμίνητα P -ίμητα ex -ίμημα Pl -ίσητα Suid., em. Brodaeus // ἐδῶσι P¹ **6** αὐαλέην P¹ // φυλλοχεεῦντι P¹ φυλλοχοεῦσι Suid. **7** πότ' Suid.

142

Τύμβος Ἀχιλλῆος ῥηξήνορος, ὅν ποτ' Ἀχαιοὶ
δώμησαν Τρώων δεῖμα καὶ ἐσσομένων·
αἰγιαλῷ δὲ νένευκεν, ἵνα στοναχῇσι θαλάσσης
κυδαίνοιτο πάις τῆς ἁλίας Θέτιδος.

Pl IIIa 13,4 f. 35r. – **1–2** Suid. s. ῥηξήνορες.

143

Ἄνδρε δύω φιλότητι καὶ ἐν τεύχεσσιν ἀρίστω,
χαίρετον, Αἰακίδη καὶ σὺ Μενοιτιάδη.

A: εἰς Ἀχιλλέα καὶ Πάτροκλον. – Pl IIIa 13,5 f. 35r.

144. ΑΔΕΣΠΟΤΟΝ

Ἡδυεπὴς Νέστωρ Πύλιος Νηλήιος ἥρως
ἐν Πύλῳ ἠγαθέῃ τύμβον ἔχει τριγέρων.

2 Suid. s. γενεά et τριγέρων.

Protesilaos

Lange besingt dich die Zeit, Thessalier Protesilaos,
erstes Opfer, mit dem Trojas Verhängnis begann.
Nymphen umhegen dein Grab, das Ulmen im Kreise beschatten
dort, wo drüben verhaßt Ilions Feste sich hebt.
Schwer noch grollen die Bäume, und sehn sie die troische Mauer,
jäh dann rieselt ihr Laub welk und vertrocknet herab.
Welch ein Grimm wohl beseelte die Helden von damals, wenn heute
im gefühllosen Zweig noch eine Spur davon lebt!

Antiphilos von Byzanz

Achill

Dies ist das Grab des Achill, des zermalmenden, das die Achaier
auch noch dem künftigen Volk Trojas zum Schrecken erbaut.
Dicht vom Gestade her winkt es: dem Sohne der Thetis, der Göttin
drunten im Meere, ertönt rühmend die Klage der See.

Anonym

Achill und Patroklos

Euch, dem heldischen Paar, gepriesen in Liebe und Feldschlacht,
Aiakos' Enkel, und dir, Sohn des Menoitios, Heil!

Anonym

Nestor

Nestor, der Sprößling des Neleus, der holde uralte Redner,
Heros von Pylos, er ruht, heiliges Pylos, in dir.

Anonym

145. ΑΣΚΛΗΠΙΑΔΟΥ

῞Αδ' ἐγὼ ἁ τλάμων Ἀρετὰ παρὰ τῷδε κάθημαι
  Αἴαντος τύμβῳ κειρομένα πλοκάμους,
θυμὸν ἄχει μεγάλῳ βεβολημένα, εἰ παρ' Ἀχαιοῖς
  ἁ δολόφρων Ἀπάτα κρέσσον ἐμεῦ δύναται.

Pl III^{a} 13,6 f. 35^{r}; Σ 29; Laur. 91,8 [=Pl]; Peplus 7; Tzetz. Posthom. 489; Eustath. Il. 2,557. – Tit. om. Σ Laur., Aristoteli trib. Eust. **2** κειρομ- P Pl [ante corr.] κειραμ- cet. variat Pepl. **3** ἔχει P[1] // βεβαρημένα Tz // εἰ παρ' P ὡς παρ' Pepl. Tz οὕνεκ' cet. **4** κρέσσον ἐμεῦ c Pepl. Tz -να μεῦ P[1] κρεῖσσον ἐμοῦ Pl Σ κρέσσων ἐμοῦ Eust. // δύναται P Σ κέκριται cet.

146. ΑΝΤΙΠΑΤΡΟΥ ΣΙΔΩΝΙΟΥ

Σῆμα παρ' Αἰάντειον ἐπὶ Ῥοιτηίσιν ἀκταῖς
  θυμοβαρὴς Ἀρετὰ μύρομαι ἑζομένα,
ἀπλόκαμος, πινόεσσα, διὰ κρίσιν ὅττι Πελασγῶν
  οὐκ ἀρετὰ νικᾶν ἔλλαχεν, ἀλλὰ δόλος.
τεύχεα δ' ἂν λέξειεν Ἀχιλλέος· „῎Αρσενος ἀκμᾶς,
  οὐ σκολιῶν μύθων ἄμμες ἐφιέμεθα."

Pl III^{a} 13,7 f. 35^{r}; Σ 88. – **1–2** Suid. s. θυμοβαρής, 2–4 s. πινόεσσα **1** ἐπὶ Ῥοιτηίσιν Pl Suid. ἐπιρρ- P ἐπὶ Ῥοιτείῃσιν Σ **3** ἁ πλοκάμους P[1] **5** Ἀχιλλέως Σ.

147. ΑΡΧΙΟΥ

Μοῦνος ἐναιρομένοισιν ὑπέρμαχος ἀσπίδα τείνας
  νηυσὶ βαρὺν Τρώων, Αἶαν, ἔμεινας ἄρη·
οὐδέ σε χερμαδίων ὦσεν κτύπος, οὐ νέφος ἰῶν,
  οὐ πῦρ, οὐ δοράτων, οὐ ξιφέων πάταγος·
ἀλλ' αὔτως προβλής τε καὶ ἔμπεδος ὥς τις ἐρίπνα
  ἱδρυθεὶς ἔτλης λαίλαπα δυσμενέων.
εἰ δέ σε μὴ τεύχεσσιν Ἀχιλλέος ὥπλισεν Ἑλλὰς
  ἄξιον ἀντ' ἀρετᾶς ὅπλα ποροῦσα γέρας,
Μοιράων βουλῇσι τάδ' ἄμπλακεν, ὡς ἂν ὑπ' ἐχθρῶν
  μή τινος, ἀλλὰ σὺ σῇ πότμον ἕλῃς παλάμῃ.

Pl III^{a} 13,8 f. 35^{v}. – **1–2** Suid. s. ἐναίρειν, 3 s. χερμαδίῳ, 4 s. πάταγος **1** -μαχον Pl Suid. **2** Αἶαν Brunck αἰὲν // ἔμειναν P[1] **3** ὦσε Pl Suid. **6** ἱδρυνθ- Pl **8** ἀρετῆς Pl **9** ἤμπλ- Pl **10** σὺ σῇ P τεῇ Pl.

Aias

Ich, die Mannheit, die arme, hab meine Locken geschoren
und an des Aias Grab trauernd mich niedergesetzt,
tief im Herzen getroffen vom Schmerz, weil bei den Achaiern
lauernde Tücke den Sieg über mich selber gewann.

Asklepiades

Ein gleiches

Neben dem Male des Aias am Saum des rhoiteïschen Strandes
sitz ich, die Mannheit, betrübt und mit geschorenem Haar.
Asche beschmutzt mich – ich weine, daß, ach, nach dem Spruch der
nicht die Mannheit gesiegt, sondern die trügende List. [Pelasger
Spräche die Rüstung Achills, sie riefe: „Mein Ideal ist
nicht das gewundene Wort, sondern der Mut eines Manns."

Antipatros von Sidon

Ein gleiches

Einsam wehrtest du dort an den Schiffen dem troischen Anprall,
Aias, und hieltest zum Schutz über Gefallne den Schild.
Nimmer dem Krachen von Steinen, der Wolke von Pfeilen, dem Feuer
wichest du, nimmer dem Speer-, nimmer dem Schwertergeklirr.
Unerschütterlich fest, wie ein Fels im Grunde, so standst du,
ohne zu wanken, und botst feindlichem Sturme die Stirn.
Wenn die Griechen dann nicht mit der Rüstung Achills dich bewehrten
und dir die Waffen als Lohn für deinen Kampfmut versagt,
war es ein Unrecht gewiß, doch der Wille der Moiren: der Feind nicht
sollte Verhängnis dir sein, sondern die eigene Hand.

Aulus Licinius Archias

148. ΑΔΕΣΠΟΤΟΝ

Σῆμα τόδ' Αἴαντος Τελαμωνίου, ὃν κτάνε Μοῖρα,
αὐτοῦ χρησαμένα καὶ χερὶ καὶ ξίφεϊ.
οὐδὲ γὰρ ἐν θνητοῖσι δυνήσατο καὶ μεμαυῖα
εὑρέμεναι Κλωθὼ τῷδ' ἕτερον φονέα.

Pl IIIa 13,9 f. 35v; Σ 28. – **1** Αἴαντι Pl [primo] // Τελαμονίου Σ **2** χρησαμένη Pl Σ // χειρὶ Σ **3–4** Suid. s. Κλωθώ et μεμαυῖα // -σιν ἠδύνατο Suid. **4** τόνδ' Pl [primo].

149. ΛΕΟΝΤΙΟΥ ΣΧΟΛΑΣΤΙΚΟΥ

Κεῖται ἐνὶ Τροίῃ Τελαμώνιος, οὔ τινι δ' ἔμπης
ἀντιβίων ὀπάσας εὖχος ἑοῦ θανάτου·
τόσσης γὰρ Χρόνος ἄλλον ἐπάξιον ἀνέρα τόλμης
οὐχ εὑρὼν παλάμῃ θῆκεν ὑπ' αὐτοφόνῳ.

Pl IIIa 13,10 f. 35v. – **1–2** οὔτινι . . . Suid. s. ὀπάσας, 3–4 s. αὐτοφόνῳ **4** ἐπ' Suid.

150. ΤΟΥ ΑΥΤΟΥ

Αἴας ἐν Τροίῃ μετὰ μυρίον εὖχος ἀέθλων
μέμφεται οὐκ ἐχθροῖς κείμενος, ἀλλὰ φίλοις.

Pl IIIa 13,11 f. 35v.

151

Ἕκτωρ Αἴαντι ξίφος ὤπασεν, Ἕκτορι δ' Αἴας
ζωστῆρ'· ἀμφοτέρων ἡ χάρις εἰς θάνατος.

Pl IIIa 13,12 f. 35v; Laur. 91,8 nr. 50.

Ein gleiches

Aias, Telamons Sohn, liegt hier, erschlagen von Moira,
die seiner Hand sich bedient und seines eigenen Schwerts.
Denn auf der Erde hat Klotho, so sehr sie gesucht, keinen andern
Menschen zu finden vermocht, der ihm das Leben verlöscht.

Anonym

Ein gleiches

Wohl ruht Telamons Sohn in troischer Erde, doch ließ er
keinem Feinde den Ruhm, daß er zu Fall ihn gebracht.
Denn da nirgends die Zeit solch verwegenen Menschen gefunden,
gab sie ihm schließlich den Tod durch seine eigene Hand.

Leontios Scholastikos

Ein gleiches

Tausend glänzende Taten vollbrachte Aias vor Troja:
Flucht er im Tode dem Feind? Nein, er verflucht nur – den Freund.

Leontios Scholastikos

Ein gleiches

Hektor gab Aias sein Schwert, und Aias gab Hektor den Leibgurt,
und den beiden Hero'n brachte die Gabe – den Tod.

Anonym

152

Πικρὴν ἀλλήλοις Ἕκτωρ χάριν ἠδὲ φέρασπις
Αἴας ἐκ πολέμου μνῆμ᾽ ἔπορον φιλίης·
Ἕκτωρ γὰρ ζωστῆρα λαβὼν ξίφος ἔμπαλι δῶκε·
τὴν δὲ χάριν δώρων πείρασαν ἐν θανάτῳ·
τὸ ξίφος εἷλ᾽ Αἴαντα μεμηνότα, καὶ πάλι ζωστὴρ
εἵλκυσε Πριαμίδην δίφρια συρόμενον.
οὕτως ἐξ ἐχθρῶν αὐτοκτόνα πέμπετο δῶρα,
ἐν χάριτος προφάσει μοῖραν ἔχοντα μόρου.

Pl III^a 13,13 f. 35^v. – **1–2** Suid. s. φεράσπις, 4–6 s. πείρησαν, 7–8 s. αὐτοκτόνα // πιερικὴν P[1] **2** ἔφερον Suid. **3** ἕκτον γὰρ P[1] // δῶκεν Pl **4** πείρασαν Pl -ρισαν P -ρησαν Suid. **5** εἶδ᾽ P[1] // πάλιν Suid. **6** Πριαμίδης P[1].

153. ΟΜΗΡΟΥ, οἱ δὲ ΚΛΕΟΒΟΥΛΟΥ ΤΟΥ ΛΙΝΔΙΟΥ

Χαλκῆ παρθένος εἰμί, Μίδα δ᾽ ἐπὶ σήματι κεῖμαι.
ἔστ᾽ ἂν ὕδωρ τε νάῃ καὶ δένδρεα μακρὰ τεθήλῃ,
αὐτοῦ τῇδε μένουσα πολυκλαύτῳ ἐπὶ τύμβῳ
ἀγγελέω παριοῦσι, Μίδας ὅτι τῇδε τέθαπται.

Pl III^b 6,1 f. 92^r; Σ 59; Plat. Phaedr. 264d; Diog. L. 1,89; vit. Hom. p. 7, 43 Wil.; Dio Chrys. 37,38. – Tit. om. Plat. Dio, Cleobulo trib. Diog., Homero cet. **1** om. vit. 7 // Μίδου Diog. vit. 43 // σήματος ἧμαι vit. 43 **2** Long. subl. 36,2; Sext. Emp. hypot. 2,37 (1) et adv. math. 8,184 (2); Liban. 17,34 // ἔστ᾽: εὖτ᾽ Pl Σ ὄφρ᾽ Plat. Lib. // νάῃ: ῥέῃ Diog. Dio Sext. 2 Long. vit. 7 // post 2 inser. vit. 43 et (inverso) Diog.: καὶ ποταμοὶ πλήθωσι, περικλύζῃ δὲ θάλασσα | ἠέλιός τ᾽ ἀνιὼν λάμπῃ λαμπρά τε σελήνη. Alterum tantum exhib. Σ vit. 7 **3** Suid. s. αὐτοῦ et Μίδας // πολυκλαύτῳ [-αύστῳ Pl] . . . τύμβῳ: -του . . . -βου Plat. vit. 7 **4** ἀγγ.: σημανέω vit. 43 // Μίδης vit.

154

Κοινὸν ἐγὼ Μεγαρεῦσι καὶ Ἰναχίδαισιν ἄθυρμα
ἵδρυμαι, Ψαμάθης ἔκδικον οὐλομένης·
εἰμὶ δὲ Κὴρ τυμβοῦχος, ὁ δὲ κτείνας με Κόροιβος,
κεῖται δ᾽ ὧδ᾽ ὑπ᾽ ἐμοῖς ποσσὶ διὰ τρίποδα·
Δελφὶς γὰρ φάμα τόδ᾽ ἐθέσπισεν, ὄφρα γενοίμαν
τᾶς κείνου νύμφας σῆμα καὶ ἱστορίης.

A: εἰς Κόρυβον, οὗ μέμνηται Καλλίμαχος ἐν α᾽ Αἰτίων. – **1** Μεγαρεῦσι et Ἰναχίδαισιν Ruhnken μαγ- et -δεσσιν **3** τυμβοῦλος Suid. s. Κήρ **6** ἱστορίη Suid. s. Δελφοί.

Ein gleiches

Traurige Gabe gewährten sich Hektor und Aias, der Schildmann,
daß für die Freundschaft im Krieg ihnen ein Zeugnis es sei.
Hektor schenkte sein Schwert und nahm einen Leibgurt dawider;
doch was die Gabe bewirkt, ward erst im Tod ihnen kund.
Denn das Eisen durchbohrte den Aias im Wahnsinn, der Leibgurt
schleifte den Priamossohn an einem Wagen dahin.
Also empfing denn ein jeder vom Feinde verderbliche Gabe,
die, so freundlich sie schien, tödliches Schicksal verbarg.

Anonym

Midas

Liegend als eherne Mädchengestalt auf dem Grabe des Midas,
immer, solange das Wasser noch fließt und die Bäume noch grünen,
bleibend dahier auf dem Bühl seiner Gruft, die so viele beklagen,
künden werde ich jedem, der kommt: Hier ist Midas bestattet.

Homer oder *Kleobulos von Lindos*

Psamathe

Ich, die Psamathes Tod gerächt hat, hier steh ich als schöne
Zierde für Megaras Volk und Inachiden zugleich,
ich, die Ker auf dem Grabe. Koroibos erschlug mich, der wegen
jenes Dreifußes mir unter den Füßen hier liegt.
Sagte der delphische Gott im Spruch doch, ich werde als Denkmal
seiner geliebten Frau und der Geschichte erstehn.

Anonym

155

῾Ο τὸν πολυστένακτον ἀνθρώπων βίον
γέλωτι κεράσας Νικαεὺς Φιλιστίων
ἐνταῦθα κεῖμαι, λείψανον παντὸς βίου,
πολλάκις ἀποθανών, ὧδε δ' οὐδεπώποτε.

Pl III^a 6,3 f. 31^v; E 55. – **1–2** Suid. s. Φιλιστίων; Hesych. Mil. vit. ph. 70 **2** γέλητι E // κερ.: μίξας Hes. // μικαεὺς P^1 Νικαιεὺς Hes. **4** οὐπώποτε P^1 // subscr. l: καὶ κραναὴν ἀνέβαινε Φιλιστίωνος ἐρίπνην.

156. ΙΣΙΔΩΡΟΥ ΑΙΓΕΑΤΟΥ

᾿Ιξῷ καὶ καλάμοισιν ἀπ' ἠέρος αὑτὸν ἔφερβεν
Εὔμηλος λιτῶς, ἀλλ' ἐν ἐλευθερίῃ·
οὔποτε δ' ὀθνείην ἔκυσεν χέρα γαστρὸς ἕκητι·
τοῦτο τρυφὴν κείνῳ, τοῦτ' ἔφερ' εὐφροσύνην.
τρὶς δὲ τριηκοστὸν ζήσας ἔτος ἐνθάδ' ἰαύει,
παισὶ λιπὼν ἰξὸν καὶ πτερὰ καὶ καλάμους.

Pl III^a 25,1 f. 41^v, III^b 15,1 f. 93^r. – **1** αὐτὸν P // ἔφερβε P^1 **3** οὔποτ' ὀθν. P^1.

157

Τρεῖς ἐτέων δεκάδας, τριάδας δύο, μέτρον ἔθηκαν
ἡμετέρης βιοτῆς μάντιες αἰθέριοι.
ἀρκοῦμαι τούτοισιν· ὁ γὰρ χρόνος ἄνθος ἄριστον
ἡλικίης· ἔθανεν χὠ τριγέρων Πύλιος.

Pl I^b 20,1 f. 83^v, III^b 9,1 f. 92^v. – **1** δεκάδας ex -δος Pl δεκάδες P // τριάδος P^1 // ἔθηκεν P.

158

Μαρκέλλου τόδε σῆμα περικλυτοῦ ἰητῆρος,
φωτὸς κυδίστοιο τετιμένου ἀθανάτοισιν,
οὗ βίβλους ἀνέθηκεν ἐυκτιμένῃ ἐνὶ ῾Ρώμῃ
᾿Αδριανός, προτέρων προφερέστερος ἡγεμονήων,
καὶ πάις ᾿Αδριανοῖο, μέγ' ἔξοχος ᾿Αντωνῖνος,

Komiker Philistion

Nikaias Bürger einst, Philistion, der ich
des Daseins Jammer durch mein Lachen viel gedämpft,
hier lieg ich nun, ein Rest, den jedes Leben gibt.
Oft bin ich wohl gestorben, aber so noch nie.

Anonym

Jäger Eumelos

Seine Nahrung hat einst Eumelos mit Ruten und Leim sich
aus den Lüften geholt, schlicht nur und kärglich, doch frei.
Niemals küßte er Fremden dem Magen zuliebe die Hände;
Jagd nur war seine Lust, Jagd sein Vergnügen und Glück.
Neunzig Jahre verlebte er so. Nun, da er hier ausruht,
ließ er den Kindern den Leim, Netze und Ruten zurück.

Isidoros von Aigeiai

Grenze des Lebens

Drei Dekaden an Jahren und zwei Triaden, das setzten
Sternenweise als Maß irdischen Lebens mir fest.
Das genügt mir; es ist des Daseins herrlichste Blüte;
einmal starb ja doch auch Nestor, der uralte Greis.

Anonym

Arzt Markellos

Dies ist das Denkmal des großen, gepriesenen Arztes Markellos,
den als ruhmvollen Mann die unsterblichen Götter auch ehrten;
und seine Bücher stellte in herrlich errichteter Roma
Hadrian auf, der beste und größte von allen gewesnen
waltenden Fürsten, sowie sein vortrefflicher Sohn Antoninus,

ὄφρα καὶ ἐσσομένοισι μετ' ἀνδράσι κῦδος ἄροιτο
εἵνεκεν εὐεπίης, τήν οἱ πόρε Φοῖβος 'Απόλλων,
ἡρῴῳ μέλψαντι μέτρῳ θεραπήια νούσων
βίβλοις ἐν πινυταῖς Χειρωνίσι τεσσαράκοντα.

l: εἰς Μάρκελλον τὸν Σιδήτην ἰατρόν. – **2** κυδίστοιο Küster -οισι // τετιμημένου P^1 **3** ἐυκτημ- P^1 **4** 'Ανδρ- P^1 **7** ἥνεκεν c **9** βίβλος P^1 // δύο καὶ τεσσαράκοντα c.

159. ΝΙΚΑΡΧΟΥ

'Ορφεὺς μὲν κιθάρᾳ πλεῖστον γέρας εἵλετο θνητῶν,
Νέστωρ δὲ γλώσσης ἡδυλόγου σοφίῃ,
τεκτοσύνῃ δ' ἐπέων πολυίστωρ θεῖος Ὅμηρος,
Τηλεφάνης δ' αὐλοῖς, οὗ τάφος ἐστὶν ὅδε.

l: εἰς Τηλεφάνην τὸν αὐλητήν. – Pl III^a 8,1 $f.33^r$. – Tit. om. Pl **2** γλώσηις P^1 // σοφίης P **4** τηλεφάνοις Pl [primo].

160. ΑΝΑΚΡΕΟΝΤΟΣ

Καρτερὸς ἐν πολέμοις Τιμόκριτος, οὗ τόδε σᾶμα·
Ἄρης δ' οὐκ ἀγαθῶν φείδεται, ἀλλὰ κακῶν.

Pl III^a 5,1 $f.30^v$.

161. ΑΝΤΙΠΑΤΡΟΥ ΣΙΔΩΝΙΟΥ

Ὄρνι, Διὸς Κρονίδαο διάκτορε, τεῦ χάριν ἕστας
γοργὸς ὑπὲρ μεγάλου τύμβον 'Αριστομένους; –
„'Αγγέλλω μερόπεσσιν, ὁθούνεκεν, ὅσσον ἄριστος
οἰωνῶν γενόμαν, τόσσον ὅδ' ἠιθέων.
δειλαί τοι δειλοῖσιν ἐφεδρήσσουσι πέλειαι,
ἄμμες δ' ἀτρέστοις ἀνδράσι τερπόμεθα."

Pl III^a 5,2 $f.30^v$. – Tit.: gent. om. Pl **5–6** Suid. s. πελειάδες // ἐφεδρήσσουσι Pl -ρήσουσι P -ρεύουσι Suid. **6** ἀντρέστοις Pl [primo].

daß auch bei späteren Männern er Ruhm zu ernten vermöchte
ob der vorzüglichen Sprache, die Phoibos Apollon ihm schenkte.
Denn im heroischen Vers besang er, von Cheiron begeistert,
Mittel zum Heilen von Krankheit in vierzig verständigen Büchern.

Anonym

Flötist Telephanes

Orpheus gewann mit der Leier die herrlichste Ehre bei Menschen,
Nestor mit Weisheit, die süß ihm von den Lippen geströmt,
und mit dem Bau seiner Epen der göttliche Meister Homeros,
doch mit der Flöte der jetzt tote Telephanes hier.

Nikarchos I.

Krieger Timokritos

Mutig schlug sich in Schlachten Timokritos. Erde nun deckt ihn;
denn nicht den Helden verschont, sondern den Feigen der Krieg.

Anakreon

Aristomenes

Adler, du Bote des Zeus-Kronion, was stehst du so furchtbar
auf des gewaltigen Manns, auf Aristomenes' Grab? –
„Um der Welt zu verkünden, daß, wie ich selber der erste
unter den Vögeln, so er unter den Männern es ist.
Mögen sich zagende Tauben auf Gräber von Zagenden setzen,
uns sind Helden, die nicht zittern noch zagen, zur Lust.“

Antipatros von Sidon

162. ΔΙΟΣΚΟΡΙΔΟΥ

Εὐφράτην μὴ καῖε, Φιλώνυμε, μηδὲ μιήνῃς
  πῦρ ἐπ' ἐμοί· Πέρσης εἰμὶ καὶ ἐκ πατέρων,
Πέρσης αὐθιγενής, ναὶ δέσποτα· πῦρ δὲ μιῆναι
  ἡμῖν τοῦ χαλεποῦ πικρότερον θανάτου.
ἀλλὰ περιστείλας με δίδου χθονί, μηδ' ἐπὶ νεκρῷ
  λουτρὰ χέῃς· σέβομαι, δέσποτα, καὶ ποταμούς.

Pl III[a] 12,4 f. 35[r]. – 2–4 Πέρσης ... Suid. s. αὐθιγενής 2 καὶ om. P[1].

163. ΛΕΩΝΙΔΟΥ

Τίς τίνος εὖσα, γύναι, Παρίην ὑπὸ κίονα κεῖσαι; –
  „Πρηξὼ Καλλιτέλευς." – Καὶ ποδαπή; – „Σαμίη." –
Τίς δέ σε καὶ κτερέιξε; – „Θεόκριτος, ᾧ με γονῆες
  ἐξέδοσαν." – Θνῄσκεις δ' ἐκ τίνος; – „'Εκ τοκετοῦ." –
Εὖσα πόσων ἐτέων; – „Δύο κεἴκοσιν." – Ἦ ῥά γ' ἄτεκνος; –
  „Οὔκ, ἀλλὰ τριετῆ Καλλιτέλην ἔλιπον." –
Ζώοι σοι κεῖνός γε καὶ ἐς βαθὺ γῆρας ἵκοιτο. –
  „Καὶ σοί, ξεῖνε, πόροι πάντα Τύχη τὰ καλά."

Pl III[a] 11,1 f. 33[v]; Ox. Pap. IV 662 [fines tantum versuum]. – 1 οὖσα c Pl [primo] 2 -τέλους P[1] 3 γονῆες: γεγωνες vel τεγ- Pap. 5 οὖσα P // κείκοσι P[1] 7 ζώοις P[1] 8 τυχ]η Pap.

164. ΑΝΤΙΠΑΤΡΟΥ ΣΙΔΩΝΙΟΥ

Φράζε, γύναι, γενεήν, ὄνομα, χθόνα. – Καλλιτέλης μὲν
  ὁ σπείρας, Πρηξὼ δ' οὔνομα, γῆ δὲ Σάμος." –
Σᾶμα δὲ τίς τόδ' ἔχωσε; – „Θεόκριτος, ὁ πρὶν ἄθικτα
  ἁμετέρας λύσας ἅμματα παρθενίης." –
Πῶς δὲ θάνες; – „Λοχίοισιν ἐν ἄλγεσιν." – Εἰπὲ δέ, ποίην
  ἦλθες ἐς ἡλικίην. – „Δισσάκις ἑνδεκέτις." –
Ἦ καὶ ἄπαις; – „Οὔ, ξεῖνε· λέλοιπα γὰρ ἐν νεότητι
  Καλλιτέλη, τριετῆ παῖδ' ἔτι νηπίαχον." –
Ἔλθοι ἐς ὀλβίστην πολιὴν τρίχα. – „Καὶ σόν, ὁδῖτα,
  οὔριον ἰθύνοι πάντα Τύχη βίοτον."

*Ox. Pap. IV 662 [cf. ad 163]; imitando express. ap. Kaib. 248. – Tit. om. P[1] 'Αρχίου c [primo], 'Αντ. Σιδ. c [post] 3 ἔχωσε c ἔχων σε (?) P[1] ἔδειμε c in marg. 4 παρθενιαν Pap. 5 λοχίοισιν Salm. -οις P // ποιαν Pap. 7 γαι [ς suprascr.] ἐν νεότατι Pap. 8 ἔτι: τιε (?) Pap. 6 δ' ἐς c // πολιὴν c [in marg.] ἱερὴν P.

Der persische Sklave

Laß mich, Philonymos, nicht verbrennen! Beflecke das Feuer
nicht mit Euphrates! Ich bin Perser von Vätern schon her,
Herr, und als Perser geboren, und jede Befleckung des Feuers
dünkt uns noch schlimmer zu sein als der entsetzliche Tod.
Gib mich im Leichengewande der Erde und gieß auf den Toten
nichts an Wasser: mir ist heilig, o Herr, auch der Fluß.

Dioskorides

Wöchnerin Prexo

Weib unter parischer Säule, wer bist du, wer war dein Erzeuger? –
„Prexo, Kalliteles' Kind." – Heimat? – „Aus Samos' Gebiet." –
Und wer bestattete dich? – „Theokritos, dem mich die Eltern
ehlich verbanden." – Woran starbst du? – „Im Kindbett." – Wie alt? –
„Zweiundzwanzig." – Und gingst du denn kinderlos fort aus dem Leben? –
„Nein, als dreijährig Kind blieb mir Kalliteles hier." –
Mög er das Leben behalten und hoch in die Jahre gelangen! –
„Dir auch wende das Glück alles zum Guten, mein Freund!"

Leonidas von Tarent

Ein gleiches

Frau, sag Herkunft und Namen und Heimat! – „Kalliteles' Tochter,
Prexo mit Namen genannt, kam ich in Samos zur Welt." –
Doch wer richtete dir den Hügel? – „Theokritos war es,
der mir jungfräulichem Kind einstens den Gürtel gelöst." –
Und wie starbst du? – „Bei Wehen im Kindbett." – Sag mir, zu welchem
Alter kamst du? – „Ich hab zweimal elf Jahre gelebt." –
Warest du kinderlos? – „Nein. Kalliteles ließ ich, mein Fremdling,
noch als Kindlein von drei Jahren in Jugend zurück." –
Mög er zu silbernem Haar im Glücke gelangen! – „Das Schicksal
sende ins Leben auch dir, Wandrer, stets günstigen Wind!"

Antipatros von Sidon

165. [ΑΝΤΙΠΑΤΡΟΥ ΣΙΔΩΝΙΟΥ, οἱ δὲ] ΑΡΧΙΟΥ

Εἰπέ, γύναι, τίς ἔφυς. – „Πρηξώ." – Τίνος ἔπλεο πατρός; –
„Καλλιτέλευς." – Πάτρας δ' ἐκ τίνος ἐσσί; – „Σάμου." –
Μνᾶμα δέ σου τίς ἔτευξε; – „Θεόκριτος, ὅς με σύνευνον
ἤγετο." – Πῶς δ' ἐδάμης; – „Ἄλγεσιν ἐν λοχίοις." –
Εἰν ἔτεσιν τίσιν εὖσα; – „Δὶς ἕνδεκα." – Παῖδα δὲ λείπεις; –
„Νηπίαχον τρισσῶν Καλλιτέλην ἐτέων." –
Ζωῆς τέρμαθ' ἵκοιτο μετ' ἀνδράσι. – „Καὶ σέο δοίη
παντὶ Τύχη βιότῳ τερπνόν, ὁδῖτα, τέλος."

Tit. scrips. c.

166. ΔΙΟΣΚΟΡΙΔΟΥ, οἱ δὲ ΝΙΚΑΡΧΟΥ

Τὴν γοεραῖς πνεύσασαν ἐν ὠδίνεσσι Λαμίσκην
ὕστατα, Νικαρέτης παῖδα καὶ Εὐπόλιδος,
σὺν βρέφεσιν διδύμοις, Σαμίην γένος, αἱ παρὰ Νείλῳ
κρύπτουσιν Λιβύης ἠόνες εἰκοσέτιν.
ἀλλά, κόραι, τῇ παιδὶ λεχώια δῶρα φέρουσαι
θερμὰ κατὰ ψυχροῦ δάκρυα χεῖτε τάφου.

Pl IIIᵃ 11,2 f. 33ᵛ. – 3 φρέφεσιν P¹ // παρὰ Pl πρὰ P 5–6 Suid. s. λεχώια.

167. ΤΟΥ ΑΥΤΟΥ, οἱ δὲ ΕΚΑΤΑΙΟΥ ΘΑΣΙΟΥ

Ἀρχέλεώ με δάμαρτα Πολυξείνην, Θεοδέκτου
παῖδα καὶ αἰνοπαθοῦς ἔννεπε Δημαρέτης,
ὅσσον ἐπ' ὠδῖσιν καὶ μητέρα· παῖδα δὲ δαίμων
ἔφθασεν οὐδ' αὐτῶν εἴκοσιν ἠελίων.
ὀκτωκαιδεκέτις δ' αὐτὴ θάνον, ἄρτι τεκοῦσα,
ἄρτι δὲ καὶ νύμφη, πάντ' ὀλιγοχρόνιος.

Pl IIIᵃ 11,3 f. 33ᵛ. – 1 Θεοδεύκτου P 3 δὲ Brunck τε 5 -δεκέτης Pl [ex -δεκέτις] // αὐτῇ P¹. 6 Suid. s. παντολιγοχρόνιος [! sic et P¹].

Ein gleiches

Weib, wer warst du? – „Die Prexo.“ – Dein Vater? – „Kalliteles war
Welches die Heimat? – „Ich bin Samierin von Geburt.“ – [es.“ –
Und wer schuf dir dies Mal? – „Theokritos, der mich zur Frau nahm.“ –
Wie aber kamst du zu Tod? – „Als ich in Schmerzen gebar.“ –
Alter? – „Nur zweimal elf Jahre.“ – Und läßt du ein Kind auf der
„Ja, ein Söhnchen von drei Jahren; Kalliteles heißt' s.“ – [Erde? –
Möge als Mann er die Grenze des Daseins erreichen! – „O geb auch
deinem Leben das Glück, Wandrer, ein freundliches Ziel!“

[*Antipatros von Sidon* oder] *Archias*

Die Wöchnerin

Sie, des Eupolis und Nikaretes Tochter Lamiske,
hat in kläglichen Wehn nun ihre Seele verhaucht.
Libysche Ufer des Nils bedecken die Samierin, die erst
zwanzig Jahre gezählt, samt ihren Zwillingen heut. –
Die ihr der Frau die Gaben des Kindbetts bringet, ihr Mädchen,
gießt auf das kalte Grab warm eure Tränen hinab!

Dioskorides oder *Nikarchos*

Ein gleiches

Nenn mich Archeleos' Gattin Polyxena, des Theodektes
und Demaretes Kind, die so viel Böses erlitt.
Mutter auch war ich den Wehen gemäß; doch die zwanzigste Sonne
war noch verborgen, da nahm Gott mir den Knaben schon fort.
Ich aber starb schon im achtzehnten Jahr, da ich kaum erst geboren,
kaum erst vermählt war: Wie rasch ging mir doch alles dahin!

Dioskorides oder *Hekataios von Thasos*

168. ΑΝΤΙΠΑΤΡΟΥ ΘΕΣΣΑΛΟΝΙΚΕΩΣ

„Εὐχέσθω τις ἔπειτα γυνὴ τόκον,“ εἶπε Πολυξὼ
γαστέρ' ὑπὸ τρισσῶν ῥηγνυμένη τεκέων·
μαίης δ' ἐν παλάμῃσι χύθη νέκυς, οἱ δ' ἐπὶ γαῖαν
ὤλισθον κοίλων ἄρσενες ἐκ λαγόνων,
μητέρος ἐκ νεκρῆς ζωὸς γόνος. εἷς ἄρα δαίμων
τῆς μὲν ἀπὸ ζωὴν εἵλετο, τοῖς δ' ἔπορεν.

Pl III^{b} 11,1 f. 92^{v}. – Tit.: ἄδηλον Pl **4** ἄρρενες c **6** ἄπο c Pl // ζωῆς P[1].

169

Ἰναχίης οὐκ εἰμὶ βοὸς τύπος, οὐδ' ἀπ' ἐμεῖο
κλῄζεται ἀντωπὸν Βοσπόριον πέλαγος.
κείνην γὰρ τὸ πάροιθε βαρὺς χόλος ἤλασεν Ἥρης
ἐς Φάρον, ἥδε δ' ἐγὼ Κεκροπίς εἰμι νέκυς.
εὐνέτις ἦν δὲ Χάρητος· ἔπλων δ', ὅτ' ἔπλωεν ἐκεῖνος
τῇδε Φιλιππείων ἀντίπαλος σκαφέων.
Βοιίδιον δὲ καλεῦμαι ἔθ' ὡς τότε· νῦν δὲ Χάρητος
εὐνέτις ἠπείροις τέρπομαι ἀμφοτέραις.

l: εἰς τὴν δάμαλιν τὴν ἱσταμένην πέραν τοῦ Βυζαντίου ἐν Χρυσοπόλει· ἐπὶ τοῦ κίονος. – Pl III^{a} 11,4 f. 33^{v}; Dionys. Byz. 111; Hesych. Mil. FHG 4,152; Constant. Porph. them. 2,12; Codin. orig. Const. 9; Gyllius de Bosp. Thrac. 3,9. – **1–2** οὐδ' ... Suid. s. ἀντωπεῖ, 7–8 ... εὐνέτις s. Βοίδιον **3** ἤγαγεν P[1] **4** Πάφον Hes. Const. // ἥδε δ' Pl Dion. ἅδ' P[1] ἅδε δ' c ἦδε Hes. **5** ἦν δὲ: ἃ δὲ P[1] **6** τῆσδε P[1] **7** δὲ καλεῦμαι P[1] -εύμαν c Suid. Const. δ' ἤκουον Pl Cod. οὔνομα δ' ἦεν Dion. Hes. // ἔθ' ὡς τότε Hecker ἐγὼ τ. P Pl Cod. τότε ἐγὼ Suid. ἐγὼ Const. ἐμοὶ τ. Dion. Hes.

170. ΠΟΣΕΙΔΙΠΠΟΥ ⟨ἢ⟩ ΚΑΛΛΙΜΑΧΟΥ

Τὸν τριετῆ παίζοντα περὶ φρέαρ Ἀρχιάνακτα
εἴδωλον μορφᾶς κωφὸν ἐπεσπάσατο·
ἐκ δ' ὕδατος τὸν παῖδα διάβροχον ἅρπασε μάτηρ
σκεπτομένα, ζωᾶς εἴ τινα μοῖραν ἔχει.
Νύμφας δ' οὐκ ἐμίηνεν ὁ νήπιος, ἀλλ' ἐπὶ γούνοις
ματρὸς κοιμαθεὶς τὸν βαθὺν ὕπνον ἔχει.

Pl III^{a} 9,1 f. 33^{r}. – In P hic [P^{a}] et post VII 481 [P^{b}]. Tit.: Ποσ. P^{a} Pl Καλλ. P^{b} **1** παρὰ P^{a1} // Ἀρχεάν- P^{b} **2** μορφῆς P^{b} **3** ἥρπασε P^{b} Pl **4** -νη ζωῆς P^{b} **5** εμίκηνεν P^{b1} // γούνων P^{b} Pl [ex -νοις] **6** κοιμανθεὶς τὸν μακρὸν P^{a}.

Ein gleiches

„Wünsche ein Weib sich danach noch Kinder!“ sagte Polyxo,
als beim Gebären von drei Kindern der Schoß ihr zerriß;
und in die Arme der Amme sank sterbend sie nieder; zur Erde
aus der Tiefe des Leibs glitten die Knäblein hinab,
toter Mutter lebendige Frucht. Ein einziger Gott war's,
der ihr das Leben geraubt und es den andern – geschenkt.

Antipatros von Thessalonike

Chares' Gattin Boidion

Sieh nicht in mir die Gestalt des inachischen Kalbes; es nennt sich
auch der Bosporos nicht, den ich hier schaue, nach mir.
Jagte doch Hera das Kalb in grimmigem Zorne bis Pharos,
ich, die Tote, jedoch bin aus dem attischen Land.
Gattin war ich des Chares; als dieser die Schiffe des Philipp
hier zu bekämpfen erschien, fuhr ich herüber mit ihm.
Boidion heiß' ich wie sonst, doch heute als Gattin des Chares
blicke ich fröhlich auf zwei Erdkontinente hinaus.

Anonym

Im Brunnen ertrunken

Als Archianax einst, ein dreijährig Knäbchen, am Brunnen
spielte, da zog ihn des Leibs eigenes Trugbild hinab.
Rasch entriß seine Mutter den Knaben dem Wasser und forschte,
ob vom Leben ein Rest in dem Durchnäßten noch sei.
Und er befleckte sie nicht, die Nymphen; erst seit seine Mutter
auf ihre Kniee ihn nahm, ruht er im ewigen Schlaf.

Poseidippos oder *Kallimachos*

171. ΜΝΑΣΑΛΚΟΥ ΣΙΚΥΩΝΙΟΥ

Ἀμπαύσει καὶ τῇδε θοὸν πτερὸν ἱερὸς ὄρνις
  τᾶσδ' ὑπὲρ ἀδείας ἑζόμενος πλατάνου.
ὤλετο γὰρ Ποίμανδρος ὁ Μάλιος οὐδ' ἔτι νεῖται
  ἰξὸν ἐπ' ἀγρευταῖς χευάμενος καλάμοις.

Pl III^b 15,2 f. 93^r. – Tit.: gent. om. Pl **1** θοὸν: θ ex γ Pl **3–4** οὐδ'... Suid. s. νεῖται // οὐ δέ τι Pl **4** ἀγρευτῇ χ. καλάμῳ Pl.

172. ΑΝΤΙΠΑΤΡΟΥ ΣΙΔΩΝΙΟΥ

Ὁ πρὶν ἐγὼ καὶ ψῆρα καὶ ἁρπάκτειραν ἐρύκων
  σπέρματος, ὑψιπετῆ Βιστονίαν γέρανον,
ῥινοῦ χερμαστῆρος ἐύστροφα κῶλα τιταίνων
  Ἀλκιμένης πτανῶν εἶργον ἄπωθε νέφος·
καί μέ τις οὐτήτειρα παρὰ σφυρὰ διψὰς ἔχιδνα
  σαρκὶ τὸν ἐκ γενύων πικρὸν ἐνεῖσα χόλον
ἠελίου χήρωσεν· ἴδ', ὡς τὰ κατ' αἰθέρα λεύσσων
  τοὐμ ποσὶν οὐκ ἐδάην πῆμα κυλινδόμενον.

l: εἰς Ἀλκιμένην λινοθήραν ὑπὸ ἐχίδνης τελευτήσαντα. – Pl III^a 15,1 f. 35^v. – **1–7** Suid. s. ψῆρας, Βιστονία, χερμαστήρ, ἄποθεν, κῶλα, ῥινόν, οὐτήτειρα, ἐνεῖσα // **1** ψήρας P[1] **2** γεράνων P[1] **3** ἐυστροφον P[1] **4** ἔργον P[1] // νέφος P Pl [ex -φει] **7** ὡς: ε suprascr. c ὡς ex ὅς Pl // λεύσων P **8** τοὺν Pl.

173. ΔΙΟΤΙΜΟΥ, οἱ δὲ ΛΕΩΝΙΔΟΥ

Αὐτόμαται δείλῃ ποτὶ ταὔλίον αἱ βόες ἦλθον
  ἐξ ὄρεος πολλῇ νιφόμεναι χιόνι,
αἰαῖ, Θηρίμαχος δὲ παρὰ δρυῒ τὸν μακρὸν εὕδει
  ὕπνον, ἐκοιμήθη δ' ἐκ πυρὸς οὐρανίου.

Pl III^a 23,1 f. 41^r. – Tit.: Λεωνιδ P Pl **1** αὐτόματοι Pl // δείλῃ Hecker δειλαὶ // ταὔλίον P[1] τ' ὠυλίον et ταύλια c ταῦλιον Pl.

Der Jäger

Wahrlich, der heilige Vogel läßt bald sich mit eilendem Flügel
auch auf das holde Gezweig dieser Platane herab.
Tot ist Poimandros von Melos, nie kehrt er in Zukunft herwieder
und befeuchtet mit Leim nie mehr zum Jagen sein Rohr.

Mnasalkes von Sikyon

Ein gleiches

Ich, der Alkimenes, wehrte dem Star und dem Kranich, der hohen
Flugs von Bistonien kommt, einst an den Saaten den Raub,
spannte die biegsamen Sehnen der ledernen Schleuder und scheuchte
all der Vögel Gewölk rings von den Fluren hinweg.
Doch da biß mich die Natter, die Dipsas, am Knöchel und spritzte
mir ihr widriges Gift aus ihrem Rachen ins Fleisch,
daß mir die Sonne versank: Wohl gewahrt' ich, was hoch in den Lüften,
doch übersah ich den Feind, der an den Füßen mir schlich.

Antipatros von Sidon

Hirt Therimachos

Abends kamen die Kühe von selber zum Stalle gelaufen
vom Gebirge herab; Schneeflocken deckten ihr Fell.
Ach, und Therimachos schläft den ewigen Schlaf bei der Eiche,
denn ihn brachte ein Strahl himmlischen Feuers zur Ruh.

Diotimos oder *Leonidas von Tarent*

174. ΕΡΥΚΙΟΥ

Οὐκέτι συρίγγων νόμιον μέλος ἀγχόθι ταύτας
  ἁρμόζῃ βλωθρᾶς, Θηρίμαχε, πλατάνου·
οὐδέ σευ ἐκ καλάμων κεραοὶ βόες ἁδὺ μέλισμα
  δέξονται σκιερᾷ πὰρ δρυῒ κεκλιμένου.
ὤλεσε γάρ πρηστήρ σε κεραύνιος· αἱ δ' ἐπὶ μάνδραν
  ὀψὲ βόες νιφετῷ σπερχόμεναι κατέβαν.

Pl III^{a} 23,2 f.41^{r}. – **1–2** Suid. s. βλωθρή, 5–6 s. πρηστήρ **2** ἁρμόσῃ Suid. **3** καλάμων Scal. καμάτων // κερειαὶ P^1 **4** σκιεραὶ P^1 **6** νειφετῷ c.

175. ΑΝΤΙΦΙΛΟΥ

Οὕτω πᾶσ' ἀπόλωλε, γεωπόνε, βῶλος ἀρότροις,
  ἤδη καὶ τύμβους νωτοβατοῦσι βόες,
ἡ δ' ὕνις ἐν νεκύεσσι. τί τοι πλέον; ἦ πόσος οὗτος
  πυρός, ὃν ἐκ τέφρης κοὐ χθονὸς ἁρπάσετε;
οὐκ αἰεὶ ζήσεσθε, καὶ ὑμέας ἄλλος ἀρώσει
  τοίης ἀρξαμένους πᾶσι κακοσπορίης.

Pl III^{b} 10,1 f.92^{v}. – Tit.: ἄδηλον Pl **1** οὔπω P // γεωπόνος P^1 **3** ἡ δ' ὕνις P ὕννις δ' Pl // τοι P τὸ Pl **4** ἁρπάσετε Pl -εται P^1 -εαι c **5** ἀρόσσει Pl.

176. ΤΟΥ ΑΥΤΟΥ

Οὐχ ὅτι με φθίμενον κῆδος λίπεν, ἐνθάδε κεῖμαι
  γυμνὸς ὑπὲρ γαίης πυροφόροιο νέκυς·
ταρχύθην γὰρ ἐγὼ τὸ πρίν ποτε, νῦν δ' ἀροτῆρος
  χερσὶ σιδηρείῃ μ' ἐξεκύλισεν ὕνις.
ἦ ῥα κακῶν θάνατόν τις ἔφη λύσιν, ὁππότ' ἐμεῖο,
  ξεῖνε, πέλει παθέων ὕστατον οὐδὲ τάφος;

4 σιδηρείῃ c σιδηρείην P^1 // ἐξεκύλισεν Jac. -ισσεν.

177. ΣΙΜΩΝΙΔΟΥ

Σᾶμα τόδε Σπίνθηρι πατὴρ ἐπέθηκε θανόντι.

Σπινθῆρι P. Post vers. lineam vac. rel. P^1, in qua lemma ep. 178 scrips. c.

Ein gleiches

Nicht mehr stimmt deine Syrinx hier unter der hohen Platane
ihr bukolisches Lied, guter Therimachos, an.
Nicht mehr lauschen der Rohre entzückendem Ton die gehörnten
Kühe, indessen du selbst kühl an die Eiche dich lehnst.
Denn es erschlug dich der schmetternde Blitz, und es kehrten die Kühe,
fortgetrieben vom Schnee, spät erst zum Stalle zurück.

Erykios

Gräber als Acker

Bauer, fehlt's deinem Pflug so sehr denn an jeglicher Krume?
Muß dein Ochsengespann über die Gräber schon gehn?
Muß die Pflugschar die Toten schon ritzen? Wozu? Wieviel Weizen
bringt so, nicht etwa das Land, sondern die Asche dir ein?
Stirbst nicht auch du wohl einmal? Dann pflügt dich ein andrer, dich,
solch unselige Saat selbst erst die andern gelehrt. [der du

Antiphilos

Ein gleiches

Nicht weil einst mir das Grab nach meinem Verscheiden gefehlt hat,
lieg ich im Tode entblößt hier auf dem Weizengefild.
Einmal ward ich bestattet, gewiß, doch wühlte ein Bauer
mich mit dem eisernen Pflug jetzt aus der Erde herauf.
Kann man den Tod als Erlöser vom Übel bezeichnen, wenn, Wandrer,
auch das Grab nicht einmal letztes Erleiden mir ist?

Antiphilos

Der Sohn Spinther

Dieses Grabmal hier setzte dem toten Spinther der Vater.

Simonides

178. ΔΙΟΣΚΟΡΙΔΟΥ ΝΙΚΟΠΟΛΙΤΟΥ

Λυδὸς ἐγώ, ναὶ Λυδός, ἐλευθερίῳ δέ με τύμβῳ,
δέσποτα, Τιμάνθη τὸν σὸν ἔθευ τροφέα.
εὐαίων ἀσινῆ τείνοις βίον· ἢν δ' ὑπὸ γήρως
πρός με μόλῃς, σὸς ἐγώ, δέσποτα, κἠν 'Αίδῃ.

Pl III[a] 12,1 f.35[r]. – **1** Λυδὸς [bis] P Pl δοῦλος [bis] suprascr. in P Sylburg, in Pl ipse Pl **2** γροφέα P[1] **3** εὐαίων Brunck -ων' **4** κ' εἰν c.

179. ΑΔΗΛΟΝ

Σοὶ καὶ νῦν ὑπὸ γῆν, ναὶ δέσποτα, πιστὸς ὑπάρχω
ὡς πάρος, εὐνοίης οὐκ ἐπιληθόμενος,
ὥς με τότ' ἐκ νούσου τρὶς ἐπ' ἀσφαλὲς ἤγαγες ἴχνος
καὶ νῦν ἀρκούσῃ τῇδ' ὑπέθου καλύβῃ,
Μάνην ἀγγείλας, Πέρσην γένος. εὖ δέ με ῥέξας
ἕξεις ἐν χρείῃ δμῶας ἑτοιμοτέρους.

Pl III[a] 12,2 f.35[r]. – **2** ἐπιλαθ- P **3** ὃς Pl // τότ' Brunck τὸν // ἐπισφ- P **6** δμῶας supra ἄμμες scrips. Pl.

180. ΑΠΟΛΛΩΝΙΔΟΥ

'Ηλλάχθη θανάτοιο τεὸς μόρος, ἀντὶ δὲ σεῖο,
δέσποτα, δοῦλος ἐγὼ στυγνὸν ἔπλησα τάφον,
ἡνίκα σεῦ δακρυτὰ κατὰ χθονὸς ἠρία τεῦχον,
ὡς ἂν ἀποφθιμένου κεῖθι δέμας κτερίσω·
ἀμφὶ δ' ἔμ' ὤλισθεν γυρὴ κόνις. οὐ βαρὺς ἡμῖν
ἔστ' 'Αίδης· ζήσω τὸν σὸν ὑπ' ἠέλιον.

Pl III[b] 12,1 f.93[r]. – **1** θανάτου P **3–4** Suid. s. ἠρία // σεῦ δ. Pl σου δ. P[1] σοὶ δ. c καὶ δυσδ. Suid. // τεύχων Suid. **4** ἕως ἂν ἀπεφθ. Suid. **5** γυρὴ P ξυνὴ Pl.

181. ΑΝΔΡΟΝΙΚΟΥ

Οἰκτρὰ δὴ δνοφερὸν δόμον ἤλυθες εἰς 'Αχέροντος,
Δαμοκράτεια φίλα, ματρὶ λιποῦσα γόους.
ἁ δὲ σέθεν φθιμένας πολιοὺς νεοθῆγι σιδάρῳ
κείρατο γηραλέας ἐκ κεφαλᾶς πλοκάμους.

3–4 Suid. s. νεοθηγεῖ // νεοθῆγι Bouhier -ηγεῖ **4** κεφαλᾶς Brunck -λῆς.

Der Sklave

Lyder bin ich, ja Lyder; doch hast du ins Grab eines Freien
mich, den Timanthes, o Herr, der dich gepflegt hat, gesenkt.
Lebe denn lange in leidlosem Glück! Und kommst du im Alter
zu mir gegangen, ich bin, Herr, auch im Hades noch dein.

Dioskorides von Nikopolis

Ein gleiches

Herr, ich bewahre auch heut, hier unter der Erde, dir Treue
wie vordem; ich bin stets deiner Güte gedenk.
Dreimal führtest du mich aus Krankheit zum sicheren Wege,
und du gabst mir auch jetzt diesen genügenden Raum
mit der Inschrift: „Manes, ein Perser.“ Du tatest mir Gutes,
darum hast du auch stets willige Knechte im Dienst.

Anonym

Ein gleiches

Ich vertauschte mein sterbliches Los mit dem deinen und füllte,
ich, der Sklave, für dich, Herr, das abscheuliche Grab.
Als ich, Tränen vergießend, im Boden die Grube dir aushob,
um deinen Körper darein ehrend zu betten im Tod,
stürzte ringsum sich die Erde auf mich. Doch Hades ist leicht mir;
leb ich doch dort unter dir als meiner Sonne hinfort.

Apollonidas

Tochter Demokrateia

Traurig stiegst du zur dunklen Behausung des Hades, o liebe
Demokrateia, und ließt nun deiner Mutter den Schmerz.
Als du gestorben, da schor sie mit frischgeschliffenem Stahle
vom gealterten Haupt sich das ergrauende Haar.

Andronikos

182. ΜΕΛΕΑΓΡΟΥ

Οὐ γάμον, ἀλλ' Ἀίδαν ἐπινυμφίδιον Κλεαρίστα
  δέξατο παρθενίας ἅμματα λυομένα.
ἄρτι γὰρ ἑσπέριοι νύμφας ἐπὶ δικλίσιν ἄχευν
  λωτοί, καὶ θαλάμων ἐπλαταγεῦντο θύραι·
ἠῷοι δ' ὀλολυγμὸν ἀνέκραγον, ἐς δ' ὑμέναιος
  σιγαθεὶς γοερὸν φθέγμα μεθαρμόσατο.
αἱ δ' αὐταὶ καὶ φέγγος ἐδᾳδούχουν περὶ παστῷ
  πεῦκαι καὶ φθιμένᾳ νέρθεν ἔφαινον ὁδόν.

*l: εἰς Κλεαρίστην ἐπὶ παστάδι τελευτήσασαν. – Pl III^a 11,5 f.33^v. – Lemma: τελευτήσασαν Boiss. -σάσῃ **1** ἀίδην Pl // Κλεαρίστα Brunck -τη **2** -ίης ἅ. λυομένη Pl **3–4** Suid. s. λωτός, 7–8 s. πεῦκαι // νύμφης c Pl // ἤχευν ex ἄχ- Pl **4** θύρα P^1 **5** ἠῷοι Graefe -ον // ἐκ: ἐν Pl // ὑμεναίου P **7** ἐδᾳδούχοιν P^1 // παρὰ Pl.

183. ΠΑΡΜΕΝΙΩΝΟΣ

[Παρθενικῆς τάφος εἰμ' Ἑλένης, πένθει δ' ἐπ' ἀδελφῷ]
  Ἅιδης τὴν Κροκάλης ἔφθασε παρθενίην·
εἰς δὲ γόους ὑμέναιος ἐπαύσατο· τὰς δὲ γαμούντων
  ἐλπίδας οὐ θάλαμος κοίμισεν, ἀλλὰ τάφος.

l: εἰς Ἑλένην τινὰ παρθένον τελευτήσασαν [falsum]. – **1** spurius; cf. 184,1 // εἰμ' c ἐλ' (?) P^1 **3** γόους Salm. γάμους **4** τάφος c θάνατος P^1 // totum ep. damnav. c.

184. ΠΑΡΜΕΝΙΩΝΟΣ

Παρθενικῆς τάφος εἰμ' Ἑλένης, πένθει δ' ἐπ' ἀδελφοῦ
  προφθιμένου διπλᾶ μητρὸς ἔχω δάκρυα.
μνηστῆρσιν δ' ἔλιπεν κοίν' ἄλγεα· τὴν γὰρ ἔτ' οὔπω
  οὐδενὸς ἡ πάντων ἐλπὶς ἔκλαυσεν ἴσως.

l: εἰς τὴν αὐτήν. – Pl III^a 20,19 f.38^v. – **1** εἰμί λένης P^1 **2** διπλᾶ Jac. -λόα **3** ἔλιπεν Peek -πον.

Die Braut

Ehe nicht, nein, die Verlobung mit Hades erfuhr Klearista,
als sie den Gürtel gelöst, der ihre Keuschheit gewahrt.
Eben noch jubelten froh die Flöten des Abends an ihrer
bräutlichen Kammer, und noch dröhnte die Tür des Gemachs.
Doch am Morgen schon gellten die Flöten klagend, Gott Hymen
schwieg und stimmte sein Lied um in ein Jammergeschrei.
Und die nämlichen Fackeln, die leuchtend ihr Brautbett erhellten,
zeigten der Toten nun auch weisend nach unten den Weg.

Meleagros

Ein gleiches

. . . .
Rascher hat Hades jedoch Krokales Keuschheit gepflückt.
Wehruf wurde der Brautsang. Da wiegte die Wünsche des Gatten
nicht das Hochzeitsgemach, sondern die Grube zur Ruh.

Parmenion

Ein gleiches

Helenas Hügel bin ich, der Jungfrau; und da ihr der Bruder
früher gestorben, so weint doppelt die Mutter bei mir.
Doch den Freiern auch bracht sie gemeinsame Trauer; denn da sie
keinem gehörte, so klagt aller Erwartung auch gleich.

Parmenion

185. ΑΝΤΙΠΑΤΡΟΥ ΘΕΣΣΑΛΟΝΙΚΕΩΣ

Αὐσονίη με Λίβυσσαν ἔχει κόνις, ἄγχι δὲ Ῥώμης
  κεῖμαι παρθενικὴ τῇδε παρὰ ψαμάθῳ·
ἡ δέ με θρεψαμένη Πομπηίη ἀντὶ θυγατρὸς
  κλαυσαμένη τύμβῳ θῆκεν ἐλευθερίῳ,
πῦρ ἕτερον σπεύδουσα· τὸ δ' ἔφθασεν οὐδὲ κατ' εὐχὴν
  ἡμετέρην ἧψεν λαμπάδα Φερσεφόνῃ.

Pl III[a] 20,20 f. 38[v]. – **1** Ῥώμας c **2** παρθενικῇ P[1] **4** κλαυσαμένα P **6** ἁμετέραν P // Φερσεφόνῃ Waltz -νη c Pl Περσεφόνη P[1].

186. ΦΙΛΙΠΠΟΥ

Ἄρτι μὲν ἐν θαλάμοις Νικιππίδος ἡδὺς ἐπήχει
  λωτός, καὶ γαμικοῖς ὕμνος ἔχαιρε κρότοις.
θρῆνος δ' εἰς ὑμέναιον ἐκώμασεν· ἡ δὲ τάλαινα,
  οὔπω πάντα γυνή, καὶ νέκυς ἐβλέπετο.
δακρυόεις Ἀίδη, τί πόσιν νύμφης διέλυσας,
  αὐτὸς ἐφ' ἁρπαγίμοις τερπόμενος λέχεσιν;

Pl III[a] 11,6 f. 33[v]. – **1–4** Suid. s. λωτός, ἐκώμασε, κώμη **3** ἡ δὲ: ἡδὺ P[1].

187. ΤΟΥ ΑΥΤΟΥ

Ἡ γρῆυς Νικὼ Μελίτης τάφον ἐστεφάνωσε
  παρθενικῆς. Ἀίδη, τοῦθ' ὁσίως κέκρικας;

*Pl III[a] 10,3 f. 33[r]. – In P hic [P[a]] et post VII 344 [P[b]] // Simonidi trib. c[b] Pl (!) **1** post γρῆυς iterav. ἡ in P[a] librarius Σ[π] // ἐστεφάνωσεν P[b1].

188. ΑΝΤΩΝΙΟΥ ΘΑΛΛΟΥ

Δύσδαιμον Κλεάνασσα, σὺ μὲν γάμῳ ἔπλεο, κούρη,
  ὥριος, ἀκμαίης οἷά τ' ἐφ' ἡλικίης·
ἀλλὰ τεοῖς θαλάμοισι γαμοστόλος οὐχ Ὑμέναιος
  οὐδ' Ἥρης ζυγίης λαμπάδες ἠντίασαν,

Ein gleiches

Mich, die Libyerin, deckt ausonische Erde; bei Rom hier
lieg ich jungfräuliches Kind tief nun im Staube und Sand.
Gütig hatte Pompeia mich wie eine Tochter erzogen
und mich weinend ins Grab, wert einer Freien, gesenkt.
Anderes Feuer ersann sie, doch rascher war dieses; es fachte
gegen mein Wünschen den Brand für die Persephone an.

Antipatros von Thessalonike

Ein gleiches

Eben noch klang in Nikippis' Gemach die liebliche Flöte,
jauchzend im Hochzeitslärm tönte ein festliches Lied.
Doch in das Festlied schallte der Wehruf hinein, und die Arme,
ehe sie völlig noch Frau, ward schon als Tote gesehn.
Hades, tränenumgebner, was trennst du die Braut von dem Gatten?
Freut nicht auch dich eine Frau, die du ins Bett dir geraubt?

Philippos

Die junge Melite

Jungfrau war Melite noch, da kränzte schon Niko, die Alte,
ihr den Hügel. War das, Hades, gerechtes Gericht?

Philippos

Braut Kleanassa

Unglückseliges Kind Kleanassa, du standest in schöner,
blühender Jugend und warst, Mädchen, zur Hochzeit schon reif.
Doch deine Kammer betraten nicht Heras bräutliche Fackeln
noch Hymenaios, der Gott, der uns die Hochzeit bestellt.

πένθιμος ἀλλ' Ἀίδης ἐπεκώμασεν, ἀμφὶ δ' Ἐρινὺς
  φοίνιος ἐκ στομάτων μόρσιμον ἧκεν ὄπα·
ἤματι δ' ᾧ νυμφεῖος ἀνήπτετο λαμπάδι παστάς,
  τούτῳ πυρκαϊῆς, οὐ θαλάμων ἔτυχες.

1 κούρη Jac. -ρῳ 2 ὥριος Jac. -ον 4 ζυγίης: ζ ex ξ (?) P 5–6 Suid. s. Ἐριννύς, μόρσιμον, φοίνιος, 7–8 s. νυμφεῖος οἶκος 7 ἤματι δ' P -τίᾳ Suid. // παστάς: ά ex ω P 8 ναλάμων Suid.

189. ΑΡΙΣΤΟΔΙΚΟΥ ΡΟΔΙΟΥ

Οὐκέτι δή σε, λίγεια, κατ' ἀφνεὸν Ἀλκίδος οἶκον,
  ἀκρί, μελιζομέναν ὄψεται Ἀέλιος·
ἤδη γὰρ λειμῶνας ἐπὶ Κλυμένου πεπότησαι
  καὶ δροσερὰ χρυσέας ἄνθεα Περσεφόνας.

Pl III b 21,1 f. 95r. – Tit.: Ἀνύτης Pl 1 δή om. Pl // ἄκιδος Pl 2 ἀκρί Brodaeus ἄκρα // -ζομένης P1 // ἠέλιος P1 Pl 3 λειμῶνος P1 // πεπόταται Suid. s. Κλύμενος 4 Φερσεφ- c.

190. ΑΝΥΤΗΣ, [οἱ δὲ ΛΕΩΝΙΔΟΥ]

Ἀκρίδι, τᾷ κατ' ἄρουραν ἀηδόνι, καὶ δρυοκοίτᾳ
  τέττιγι ξυνὸν τύμβον ἔτευξε Μυρώ,
παρθένιον στάξασα κόρα δάκρυ· δισσὰ γὰρ αὐτᾶς
  παίγνι' ὁ δυσπειθὴς ᾤχετ' ἔχων Ἀίδας.

Pl III a 21,8 f. 39r. – 1–3 ... δάκρυ Suid. s. δρυοκοίτης // δρυοκοίτᾳ c Pl -τῳ P1 -τη Suid.

191. ΑΡΧΙΟΥ

Ἁ πάρος ἀντίφθογγον ἀποκλάγξασα νομεῦσι
  πολλάκι καὶ δρυτόμοις κίσσα καὶ ἰχθυβόλοις,
πολλάκι δὲ κρέξασα πολύθροον οἷά τις ἀχὼ
  κέρτομον ἀντῳδοῖς χείλεσιν ἁρμονίαν,
νῦν εἰς γᾶν ἄγλωσσος ἀναύδητός τε πεσοῦσα
  κεῖμαι, μιμητὰν ζᾶλον ἀνηναμένα.

Pl III a 21,1 f. 38v; Suid. s. ἀντίφθογγον (1–2), κερτόμιος (3–4), ἀντῳδή (3–6), ἀγλωττία (5–6). – 1 ἀποκλάξ- Pl 2 κίσσαι P 3 δή Pl // κράξασα Suid. s. κερτ. 4 ἁρμονία P1 5 ἐς Suid. s. ἀντ. 6 ἀνηνομένα P1.

Hades, der Tränenerreger, drang ein, und die blutge Erinnye
lieẞ aus dem Munde auf dich finster den Mordschrei ergehn.
Ach, an dem Tage, an dem die Fackel das Brautbett beleuchtet,
ward dir kein Hochzeitsgemach, sondern der Holzstoß zuteil.

Antonios Thallos

Der Heuschreck

O, nun sieht dich nicht mehr die Sonne, indes du mit Liedern
Alkis' gesegnetes Haus, zirpender Heuschreck, erfüllst.
Denn du flogest hinab zu des Klymenos Au, wo die goldne
Persephoneia am Flor tauiger Blumen sich freut.

Aristodikos von Rhodos

Grille und Heuschreck

Heuschreck, den Sänger der Flur, und Grille, die Freundin der Eichen,
bettete Myro dahier in ein gemeinsames Grab,
während jungfräuliche Tränen dem Mädchen entrollten; denn beide
waren ihr Spielzeug, doch hart nahm sie ihr Hades hinweg.

Anyte [oder *Leonidas von Tarent*]

Die Elster

Ich, eine Elster, hab früher den Hirten und Fischern und Schaffern
drinnen im Walde so oft rufend ihr Wort wiederholt
und mit vielem Geplapper in äffendem Tone gleich Echo
ihnen ihr eigenes Lied oftmals verspottend getönt.
Und nun liege ich hier ohne Stimme und Sprache am Boden,
und zum Nachtun verging, ach, mir die Freude und Kraft.

Aulus Licinius Archias

192. ΜΝΑΣΑΛΚΟΥ

Οὐκέτι δὴ πτερύγεσσι λιγυφθόγγοισιν ἀείσεις,
ἀκρί, κατ' εὐκάρπους αὔλακας ἑζομένα,
οὐδέ με κεκλιμένον σκιερὰν ὑπὸ φυλλάδα τέρψεις,
ξουθᾶν ἐκ πτερύγων ἁδὺ κρέκουσα μέλος.

Pl III^{a} 21,9 f. 38^{v}; Suid. s. λιγυφθόγγοις (1–2), ξουθή (3–4). – Tit.: Μνησ- Pl **3** σκιεράν ex -ρὴν Pl -ρὴν cet. **4** ξουθᾶν P^{1} Pl -θῶν c Suid. // ἁδὺ Brunck ἡδὺ // κράκουσα P^{1}.

193. ΣΙΜΙΟΥ

Τάνδε κατ' εὔδενδρον στείβων δρίος εἴρυσα χειρὶ
πτώσσουσαν βρομίας οἰνάδος ἐν πετάλοις,
ὄφρα μοι εὐερκεῖ καναχὰν δόμῳ ἔνδοθι θείη,
τερπνὰ δι' ἀγλώσσου φθεγγομένα στόματος.

Tit.: Σιμμίου P **1–2** Suid. s. πτώσσεις, 3 s. εὐερκεῖ // τάνδε P^{1} τᾶνδε c πᾶν δὲ Suid. // εὔδρυδρον P^{1} // δρίος Küster δρυὸς **2** πτωσσουσα P^{1} **3** με et καναχᾶν P^{1}.

194. ΜΝΑΣΑΛΚΟΥ

'Ακρίδα Δαμοκρίτου μελεσίπτερον ἅδε θανοῦσαν
ἄργιλος δολιχὰν ἀμφὶ κέλευθον ἔχει,
ἅς καί, ὅτ' ἰθύσειε πανέσπερον ὕμνον ἀείδειν,
πᾶν μέλαθρον μολπᾶς ἴαχ' ὑπ' εὐκελάδου.

***1–2** Suid. s. ἀργιλλώδης // ἅδε Suid. ᾇδε P **2** Ἄργιλος Brunck ἄρ- Suid. ἀργειλός P.

195. ΜΕΛΕΑΓΡΟΥ

'Ακρίς, ἐμῶν ἀπάτημα πόθων, παραμύθιον ὕπνου,
ἀκρίς, ἀρουραίη Μοῦσα λιγυπτέρυγε,
αὐτοφυὲς μίμημα λύρας, κρέκε μοί τι ποθεινὸν
ἐγκρούουσα φίλοις ποσσὶ λάλους πτέρυγας,
ὥς με πόνων ῥύσαιο παναγρύπνοιο μερίμνης,
ἀκρί, μιτωσαμένη φθόγγον ἐρωτοπλάνον.
δῶρα δέ σοι γήτειον ἀειθαλὲς ὀρθρινὰ δώσω
καὶ δροσερὰς στόματι σχιζομένας ψακάδας.

*Pl III^{a} 21,10 f. 39^{r}. – **1** ἀπάτημα Huet -ηλὰ /, πόθων: μύθων P^{1} **4** ἐγκρού- Opsop. ἐκκ- // φίλοις Brodaeus φίλας **8** στόματι P^{1} // ψεκάδας Pl Suid. s. γήτειον.

Der Heuschreck

O, nun zirpst du nicht mehr mit schwirrenden, rauschenden Flügeln,
während dich, Heuschreck, der Flur fruchtende Furche verbirgt.
Nicht mehr schlägst du so süß dein Lied mit den bräunlichen Flügeln,
ach, und ich hör es, im Busch schattig gelagert, nicht mehr.

Mnasalkes

Ein gleiches

Als ich im Wald mich erging, im grünen, da fing ich mir diesen,
der sich ängstlich ins Laub bakchischer Rebe gedrückt,
daß er im sichern Verschluß des Häuschens mir zirpe und holde
Lieder mir singe sein Mund, ob ihm die Zunge auch fehlt.

Simias

Ein gleiches

Dieser Tontopf umfängt des Demokritos Heuschreck mit seinen
zirpenden Flügeln im Tod hier an dem räumigen Weg.
Immer, wenn er des Abends ein Liedchen zu singen begonnen,
hallte das ganze Haus hell von dem schönen Gesang.

Mnasalkes

Ein gleiches

Heuschreck, Trost meiner Sehnsucht, der sanft du in Schlummer mich
Heuschreck, Muse der Flur, der mit den Flügeln du zirpst, [wiegest
du, die natürliche Leier, o sing mir ein freundliches Liedchen,
während dein lieber Fuß klingend die Flügel dir schlägt,
ach, erlöse mich mild vom Harm der schlaflosen Sorge,
Heuschreck, und spiele den Ton, der über Liebe uns täuscht.
Sieh, dann geb ich des Morgens stetsgrünenden Lauch dir und kleine,
perlende Tröpfchen von Tau, die dir zerstäubet mein Mund.

Meleagros

196. ΤΟΥ ΑΥΤΟΥ ΜΕΛΕΑΓΡΟΥ

Ἀχήεις τέττιξ, δροσεραῖς σταγόνεσσι μεθυσθεὶς
ἀγρονόμαν μέλπεις μοῦσαν ἐρημολάλον·
ἄκρα δ' ἐφεζόμενος πετάλοις πριονώδεσι κώλοις
αἰθίοπι κλάζεις χρωτὶ μέλισμα λύρας.
ἀλλά, φίλος, φθέγγου τι νέον δενδρώδεσι Νύμφαις
παίγνιον, ἀντῳδὸν Πανὶ κρέκων κέλαδον,
ὄφρα φυγὼν τὸν Ἔρωτα μεσημβρινὸν ὕπνον ἀγρεύσω
ἐνθάδ' ὑπὸ σκιερῇ κεκλιμένος πλατάνῳ.

Pl IIIa 21,5 f.39r. – 1-2 Suid. s. ἀγρονόμοι, 3-4 s. κῶλα 1 ἀχειης (?) P[1] 2 -νόμον Pl Suid. 4 λύρης P[1].

197. ΦΑΕΝΝΟΥ

Δαμοκρίτῳ μὲν ἐγώ, λιγυρὰν ὅκα μοῦσαν ἐνείην
ἀκρὶς ἀπὸ πτερύγων, τὸν βαθὺν ἄγον ὕπνον·
Δαμόκριτος δ' ἐπ' ἐμοὶ τὸν ἐοικότα τύμβον, ὁδῖτα,
ἐγγύθεν Ὠρωποῦ χεῦεν ἀποφθιμένᾳ.

Pl IIIb 21,4 f.95r. – 1 ὅτε c // ἐνίειν Pl 2 ὕπνον ἄγον Pl 4 ὠρούπου P // ἀποφθιμένει P[1] -να Pl.

198. ΛΕΩΝΙΔΟΥ ΤΑΡΑΝΤΙΝΟΥ

Εἰ καὶ μικρὸς ἰδεῖν καὶ ἐπ' οὔδεος, ὦ παροδῖτα,
λᾶας ὁ τυμβίτης ἄμμιν ἐπικρέμαται,
αἰνοίης, ὤνθρωπε, Φιλαινίδα· τὴν γὰρ ἀοιδὸν
ἀκρίδα, τὴν εὖσαν τὸ πρὶν ἀκανθοβάτιν,
διπλοῦς ἐς λυκάβαντας ἐφίλατο, τὴν καλαμῖτιν,
καὶ θρέψ' ὑμνιδίῳ χηραμένην πατάγῳ·
καί μ' οὐδὲ φθιμένην ἀπανήνατο, τοῦτο δ' ἐφ' ἡμῖν
τὠλίγον ὤρθωσεν σᾶμα πολυστροφίης.

Pl IIIb 21,5 f.95r. – 1-2 Suid. s. τυμβεία [om. καὶ[2] . . . παροδ.], 5 s. ἐφίλατο et καλαμίτης // εἰ καὶ μικρὸς ἰδεῖν Pl εἰ καὶ ἰ. μ. Suid. εἰ μ. ἔστιν ἰδ. P[1] εἰ μ. τις ἰδ. c [suprascr. ἐστιν] 2 τυμβείτ- c 3 ἀοιδὴν Pl [primo] 4 ἀκανθοβάτιν Pl -ταν P[1] -τιν et -την c 5 δισσοὺς Suid. s. καλ. // τὴν καλαμῖτιν [-μίτην P[1]]: καί με θανοῦσαν Pl 6 καὶ θρέψ' Jac. κ. θέτ' ἐφ' P κάτθετ' ἐφ' Pl // ὑπνιδίων Pl // χρησαμ- P[1] // λαλάγων Pl 7 ἀπαρνήσατο vel ἀπαιτήσ- P[1] 8 τούλίγον Pl // ὤρθωσε P // σῆμα πολυτρ- Pl.

Die Zikade

Trunken von perlendem Tau, o Sängerin, liebe Zikade,
läßt du auf einsamer Flur ländlich dein Singen ergehn,
zupfst mit der Säge der Füße hoch oben im Laube der Bäume
an dem bräunlichen Leib Klänge wie Lyragetön.
Komm nun, spiele, o Freundin, den Nymphen des Waldes ein neues
fröhliches Liedchen und gib Pan seine Weise zurück,
daß ich, von Liebe erlöst, den Schlummer am Mittag hier finde,
wo mich das schattige Grün dieser Platane umfängt.

Meleagros

Der Heuschreck

Wenn ich, der Heuschreck, voreinst Demokritos klingend ein Liedchen
mit den Flügeln gespielt, sank er in ruhigen Schlaf.
Als ich gestorben, da hat Demokritos mir einen Hügel,
wie er mir paßte, mein Freund, nah bei Oropos gehäuft.

Phaënnos

Ein gleiches

Wenn auch, mein eilender Freund, das über mir liegende Grabmal
winzig erscheint und kaum über den Boden sich hebt,
Wandrer, lobe Philainis. Sie war mir, dem singenden Heuschreck,
der in Dorn und Gebüsch früher sein Leben verbracht,
herzlich zwei Jahre lang gut; sie hat mich, den Gastfreund der Gräser,
der ich am rauschenden Lied selbst mich erfreute, gepflegt
und mich im Tode auch nicht vergessen: den kleinen Gedenkstein
hat sie mir freundlich gesetzt, weil ich so vieles ihr sang.

Leonidas von Tarent

199. ΤΥΜΝΕΩ

Ὄρνεον ὦ Χάρισιν μεμελημένον, ὦ παρόμοιον
ἀλκυόσιν τὸν σὸν φθόγγον ἰσωσάμενον,
ἡρπάσθης, φίλε λαιέ· σὰ δ' ἤθεα καὶ τὸ σὸν ἡδὺ
πνεῦμα σιωπηραὶ νυκτὸς ἔχουσιν ὁδοί.

l: εἰς ὄρνεον ἀδιάγνωστον. c: οἶμαι δὲ λάρον. – Pl III b 21,6 f. 95r. – 1 ὄρνιον P[1] 2 ἀλκυόσιν c Pl 3 ἡρπάσθη P[1] // φιλέλαιε P[1] Pl φίλε λάρε c em. Herrlinger.

200. ΝΙΚΙΟΥ

Οὐκέτι δὴ τανύφυλλον ὑπὸ πλάκα κλωνὸς ἑλιχθεὶς
τέρψομ' ἀπὸ ῥαδινῶν φθόγγον ἱεὶς πτερύγων·
χεῖρα γὰρ εἰς ἀρεὰν παιδὸς πέσον, ὅς με λαθραίως
μάρψεν ἐπὶ χλωρῶν ἑζόμενον πετάλων.

Pl III a 21,6 f. 39r. – 1–2 Suid. s. ῥαδινή // ὑπὸ πλάκα Pl Suid. ὑπὸ κλ- P ὑπ' ὅρπακα c 2 φθέγξομ' Suid. // ἀπορραδ- P // φθόγγων P Suid. // εἷς P[1] // στομάτων Suid. 3 ἀρεὰν [= ἀραιὰν] c ἀρετὰν P[1] ἀραιὰν Pl // λαθραίης P[1] 4 χλοερῶν Pl.

201. ΠΑΜΦΙΛΟΥ

Οὐκέτι δὴ χλωροῖσιν ἐφεζόμενος πετάλοισιν
ἁδεῖαν μέλπων ἐκπροχέεις ἰαχάν,
ἀλλά σε γαρύοντα κατήναρεν, ἠχέτα τέττιξ,
παιδὸς †ἀπηιθέου χεὶρ ἀναπεπταμένα.

Pl III b 21,7 f. 95r. – 2 ἡδεῖαν Pl 3–4 Suid. s. ἠχέτης // γηρύοντα P Suid. 4 χειρί με πεπτ- P[1] Suid. χεῖρ ἅμα πεπτ- c χειρὶ μεταπτάμενον Pl em. Brunck.

202. ΑΝΥΤΗΣ

Οὐκέτι μ' ὡς τὸ πάρος πυκιναῖς πτερύγεσσιν ἐρέσσων
ὄρσεις ἐξ εὐνῆς ὄρθριος ἐγρόμενος·
ἦ γάρ σ' ὑπνώοντα σίνις λαθρηδὸν ἐπελθὼν
ἔκτεινεν λαιμῷ ῥίμφα καθεὶς ὄνυχα.

l: εἰς τὸν αὐτὸν τέττιγα. c: ἁρμόζει δὲ καὶ εἰς ἀλεκτρυόνα. – Pl III a 21,11 f. 39r; Suid. s. ἐρέσσων, Σίνις, ῥίμφα. – 2 ὄρθροις P[1] 3 ἦ vel ἢ P[1].

Die Drossel

Vögelchen du, wie waren die Grazien dir freundlich gewogen!
O, wie tat dein Gesang den Halkyonen es gleich!
Und nun starbst du, o Drossel, nun führten dein liebliches Leben
und dein Wesen der Nacht schweigende Pfade hinweg.

Tymnes

Die Grille

O, nun sing ich nicht mehr mit zarten Flügeln, ins dichte
Laub eines Zweiges geschmiegt, fröhlich mein Lied in die Luft.
Denn ich fiel in die Hand eines schwachen Knaben, der leise
mich in dem grünen Gelaub, wo ich gesessen, ergriff.

Nikias

Ein gleiches

O, nun sitzt du hinfort nicht mehr in der schirmenden Bäume
grünem Geblätter und strömst klingend den süßen Gesang.
Ach, ein törichtes Kind traf, singende Grille, mit flacher,
offener Hand dich und schlug mitten im Zirpen dich tot.

Pamphilos

Der Hahn

O, nun erwachst du nicht mehr so frühe, schlägst nicht mit dichten
Flügeln wie ehe und scheuchst mich aus dem Bette empor.
Ach, dich erlegte ein Räuber, der heimlich im Schlaf dich beschlichen
und in die Kehle hinein jäh seine Kralle dir schlug.

Anyte

203. ΣΙΜΙΟΥ

Οὐκέτ' ἀν' ὑλῆεν δρίος εὔσκιον, ἀγρότα πέρδιξ,
ἠχήεσσαν ἱεῖς γῆρυν ἀπὸ στομάτων,
θηρεύων βαλιοὺς συνομήλικας ἐν νομῷ ὕλης·
ᾤχεο γὰρ πυμάταν εἰς Ἀχέροντος ὁδόν.

*Pl III^b 21,8 f. 95^r; Suid. s. δρίος (1–2), βαλίαν (3–4). – Tit.: Σιμμίου P Pl **1** δρύσὲς P[1] δρυὸς Pl **2** ἠχήεσσαν ἱεὶς (!) l in marg., ἠχήσεις ἀνεὶς [ἐνιεὶς Pl] cet. // στομάτων P[1] l in marg. -τος cet. **3** βαλίους : ἀγρίους Pl **4** ᾤχετο P[1] // πυμάτ' Suid.

204. ΑΓΑΘΙΟΥ ΣΧΟΛΑΣΤΙΚΟΥ

Οὐκέτι που, τλῆμον σκοπέλων μετανάστρια πέρδιξ,
πλεκτὸς λεπταλέοις οἶκος ἔχει σε λύγοις,
οὐδ' ὑπὸ μαρμαρυγῇ θαλερώπιδος Ἠριγενείης
ἄκρα παραιθύσσεις θαλπομένων πτερύγων.
σὴν κεφαλὴν αἴλουρος ἀπέθρισε· τἆλλα δὲ πάντα
ἥρπασα, καὶ φθονερὴν οὐκ ἐκόρεσσε γένυν.
νῦν δέ σε μὴ κούφη κρύπτοι κόνις, ἀλλὰ βαρεῖα,
μὴ τὸ τεὸν κείνη λείψανον ἐξερύσῃ.

*c: εἰς τὴν πέρδικα Ἀγαθίου Σχολαστικοῦ, ἣν αἴλουρος κατέφαγεν ὁ παρὰ Ῥωμαίοις λεγόμενος γάττος. – Pl III^a 21,2 f. 38^v. – **1–2** Suid. s. μετανάστρια, 3 θαλ. Ἠρ. s. θαλεροί, 3–4 s. αἰθύσσω et Ἠριγένειαν, 5–6 s. ἀπέθρισεν **1** μου Suid. // τλήμων c **2** λεπταλέοις Pl Suid. **3** μαρμαρυγαῖς Suid. s. αἰθ. **4** θαλπομένην Suid. s. Ἠρ. **5** -σεν ἄλλα τε π. Suid. **6** ἥρπασε Pl Suid. // ἐκόρησε Pl **8** μήποτε σὸν κ. Pl // κείνην (?) λ. ἐξερύσε P[1].

205. ΤΟΥ ΑΥΤΟΥ ΑΓΑΘΙΟΥ

Οἰκογενὴς αἴλουρος ἐμὴν πέρδικα φαγοῦσα
ζώειν ἡμετέροις ἔλπεται ἐν μεγάροις;
οὔ σε, φίλη πέρδιξ, φθιμένην ἀγέραστον ἐάσω,
ἀλλ' ἐπὶ σοὶ κτείνω τὴν σέθεν ἀντιβίην.
ψυχὴ γὰρ σέο μᾶλλον ὀρίνεται, εἰσόκε ῥέξω,
ὅσσ' ἐπ' Ἀχιλλῆος Πύρρος ἔτευξε τάφῳ.

Pl III^a 21,3 f. 38^v. – **1** πέρδικ' ἀνελοῦσα Pl **2** ἡμετέροις: ἡμ ex ἐν μ Pl **3** ἐᾶσα P[1] **4** κτενέω Pl **6** ἔρεξε Pl.

Das Steinhuhn

O, nun läßt du nicht mehr, mein Steinhuhn, als Jäger in Waldes
schattigem Reiche vom Mund schallend die Stimme ergehn,
um die gesprenkelten Brüder zur Waldtrift zu locken; du gingest
nun deinen letzten Weg, der in den Acheron führt.

Simias

Ein gleiches

Armes Steinhuhn, du hattest die Berge verloren, und heute
schirmen dich auch des Korbs biegsame Ruten nicht mehr.
Ach, und du dehnst nun nicht mehr am Körper die Spitzen der Flügel,
wenn sie der leuchtende Blick Erigeneias erwärmt.
Denn dir riß eine Katze den Kopf ab. Ich nahm dich ihr wieder,
eh noch ihr gieriges Maul satt sich gefressen an dir.
Nun aber möge die Erde nicht leicht, nein, schwer dich bedecken,
denn sonst wühlt dieser Feind noch deine Reste herauf.

Agathias Scholastikos

Ein gleiches

Hofft wohl die Katze des Hauses, nachdem sie mein Steinhuhn
daß sie noch länger bei mir lebend im Hause verbleibt? [gefressen,
Nein, liebes Steinhuhn, ich lasse dich nicht ohne Ehre im Tode,
nein, ich schlachte auf dir heut deine Feindin noch ab.
Denn es härmt deine Seele so lange sich, bis ich getan hab,
was auf dem Grabe Achills Pyrrhos dereinstens vollbracht.

Agathias

206. ΔΑΜΟΧΑΡΙΔΟΣ ΓΡΑΜΜΑΤΙΚΟΥ

Ἀνδροβόρων ὁμότεχνε κυνῶν, αἴλουρε κακίστη,
 τῶν Ἀκταιονίδων ἐσσὶ μία σκυλάκων.
κτήτορος Ἀγαθίαο τεοῦ πέρδικα φαγοῦσα
 λυπεῖς, ὡς αὐτὸν κτήτορα δασσαμένη.
καὶ σὺ μὲν ἐν πέρδιξιν ἔχεις νόον, οἱ δὲ μύες νῦν
 ὀρχοῦνται τῆς σῆς δραξάμενοι σπατάλης.

Pl III^a 21,4 f. 39^r. – Tit.: l: Δαμ. γρ. c: καὶ μαθητοῦ αὐτοῦ. **3** Ἀγαθίοιο Pl **4** δαισαμ- Pl.

207. ΜΕΛΕΑΓΡΟΥ

Τὸν ταχύπουν, ἔτι παῖδα συναρπασθέντα τεκούσης
 ἄρτι μ' ἀπὸ στέρνων, οὐατόεντα λαγὼν
ἐν κόλποις στέργουσα διέτρεφεν ἁ γλυκερόχρως
 Φανίον, εἰαρινοῖς ἄνθεσι βοσκόμενον.
οὐδέ με μητρὸς ἔτ' εἶχε πόθος, θνῄσκω δ' ὑπὸ θοίνης
 ἀπλήστου πολλῇ δαιτὶ παχυνόμενος.
καί μου πρὸς κλισίαις κρύψεν νέκυν, ὡς ἐν ὀνείροις
 αἰὲν ὁρᾶν κοίτης γειτονέοντα τάφον.

Pl III^b 21,9 f. 95^v. – **1–2** Suid. s. λαγὼς καθεύδων // παχύπουν P[1] **3** ἁ ex ἡ Pl **5** δ': θ' P[1] **8** κοίτῃ Pl.

208. ΑΝΥΤΗΣ ΛΥΡΙΚΗΣ

Μνᾶμα τόδε φθιμένου μενεδαΐου εἵσατο Δᾶμις
 ἵππου, ἐπεὶ στέρνον τοῦδε δαφοινὸς Ἄρης
τύψε· μέλαν δέ οἱ αἷμα ταλαυρίνου διὰ χρωτὸς
 ζέσσ', ἐπὶ δ' ἀργαλέᾳ βῶλον ἔδευσε φονᾷ.

Pl III^b 4,17 f. 91^r; Suid. s. δαφοινόν (1–3 τύψε), μενεδάιος (id.), τάλαρος (rel.). – **1** σᾶμα Suid. // μενεδαΐου Pl Suid. s. δαφ., -δαί (fine macula atram. tecto) P -δίου Suid. s. μεν. **2** ἵππῳ ex ἵππου Pl // δαφοινὸν P -ὸς Pl variat Suid. **3** ταυρινοῦ Suid. **4** ζέσσ' c ξέσσ' cet. // ἀργαλέᾳ Stadtm. -αν // ἔδυσε P // φόναι P[1] φόνῳ cet. em.. Stadtm.

Ein gleiches

Schändliche Katze, Gehilfin der menschenfressenden Rüden,
du von der Meute ein Hund, die dem Aktaion gefolgt!
Wenn du Agathias jetzt, deinem Herrn, das Steinhuhn gefressen,
ist das, als ob du den Herrn selber zum Fraß dir geholt.
Nur an Steinhühner denkst du; der Chor der Mäuse derweilen
übt sich im Tanze und schmaust lustig das Futter dir weg.

Grammatiker Damocharis

Der Hase

Als ich noch klein war, da hat man mich hurtigen Hasen, mich Langohr,
meiner Mutter geraubt, der ich die Zitzen noch sog.
Doch es hat Phanion mich am süßen, schwellenden Busen
liebend gefüttert und bot Blumen des Frühlings mir dar.
Ich vermißte nicht mehr meine Mutter. Da starb ich am allzu
reichlichen Futter, von dem mehr als zuviel ich geschmaust.
Und sie begrub mich, den Toten, dicht bei ihrem Lager, um immer
auch im Traume mein Grab neben dem Bette zu sehn.

Meleagros

Das Streitroß

Diesen Gedenkstein hat Damis dem mutigen Streitroß gewidmet,
dem im Kampfe die Brust Ares, der blutge, verletzt.
Dunkel quoll ihm ein Strahl heraus aus dem kräftigen Felle
und benetzte mit Blut traurig die Schollen im Feld.

Lyrikerin Anyte

209. ΑΝΤΙΠΑΤΡΟΥ

Αὐτοῦ σοὶ παρ' ἅλωνι, δυηπαθὲς ἐργάτα μύρμηξ,
ἠρίον ἐκ βώλου διψάδος ἐκτισάμαν,
ὄφρα σε καὶ φθίμενον Δηοῦς σταχυητρόφος αὖλαξ
θέλγῃ ἀροτραίῃ κείμενον ἐν θαλάμῃ.

Pl III^{b} 21,2 f.95^{r}; Suid. s. ἁλωάς et δυηπαθής (1–2), ἠρία (2–4). – Tit. om. Pl **2** ἐκτισάμην Pl variat Suid. **3** δηιοῦς c // σταχυηφόρος Pl.

210. ΤΟΥ ΑΥΤΟΥ

Ἄρτι νεηγενέων σε, χελιδονί, μητέρα τέκνων,
ἄρτι σε θάλπουσαν παῖδας ὑπὸ πτέρυγι,
ἀίξας ἔντοσθε νεοσσοκόμοιο καλιῆς
νόσφισεν ὠδίνων τετραέλικτος ὄφις·
καὶ σὲ κινυρομέναν ὁπότ' ἀθρόος ἦλθε δαΐζων,
ἤριπεν ἐσχαρίου λάβρον ἐπ' ἄσθμα πυρός.
ὣς θάνεν ἠλιτοεργός· ἴδ', ὡς Ἥφαιστος ἀμύντωρ
τὰν ἀπ' Ἐριχθονίου παιδὸς ἔσωσε γονάν.

Pl III^{b} 21,3 f.95^{r}. – Tit. om. Pl **1** ἀρτιγενῶν σε Pl // χελιδόνι c -δόν P^{1} -δὼν οὖσαν Pl em. Huschke **5** κινυρομένων Suid. s. v. // ἄθροως P^{1} **6** λαῦρον Suid. **7** ὣς Suid. s. ἠλιτοεργός, ὡς P καὶ Pl.

211. ΤΥΜΝΕΩ

Τῇδε τὸν ἐκ Μελίτης ἀργὸν κύνα φησὶν ὁ πέτρος
ἴσχειν, Εὐμήλου πιστότατον φύλακα.
Ταῦρόν μιν καλέεσκον, ὅτ' ἦν ἔτι· νῦν δὲ τὸ κείνου
φθέγμα σιωπηραὶ νυκτὸς ἔχουσιν ὁδοί.

212. ΜΝΑΣΑΛΚΟΥ

Αἰθυίας, ξένε, τόνδε ποδηνέμου ἔννεπε τύμβον,
τᾶς ποτ' ἐλαφρότατον χέρσος ἔθρεψε γόνυ·
πολλαῖς γὰρ νάεσσιν ἰσόδρομον ἄνυσε μᾶκος,
ὄρνις ὅπως δολιχὰν ἐκπονέουσα τρίβον.

l: εἰς αἴθυιαν ὄρνιν (falsum). – Pl III^{b} 21,10 f.95^{v}. – **1** αἰθυίης Pl Suid. s. ποδήνεμος **3** ἤνυσε P.

Die Ameise

Ameise, Schaffnerin, Ärmste, hier neben der Tenne der Drescher
hab ich in trockenem Staub dir einen Hügel gehäuft,
daß dich im pfluggeschaffenen Grab die Scholle der Deo,
die die Ähren ernährt, auch noch im Tode erfreut.

Antipatros von Sidon

Die Schwalbe

Eben erst hast du, o Schwalbe, die Jungen bekommen, und eben
hast du als Mutter sie noch unter dem Flügel gewärmt,
da, in vielfacher Windung, drang jäh eine Schlange ins Nestlein,
das die Kleinen umschloß, ach, und entriß dir die Brut.
Wiederum kam sie, auch dich, die klagende, wild zu zerreißen,
doch sie fiel in des Herds glühende Lohe hinab,
sterbend verfehlend ihr Ziel. So ward Erichthonios' Nachfahr
von dem Vater Hephaist rettend geschirmt und gerächt.

Antipatros von Sidon

Der Hund

Daß ein hurtiger Hund aus Malta, der treueste Wächter
des Eumelos, hier liegt, kündet der Stein auf dem Grab.
Bulle ward er genannt, als einst er noch lebte; jetzt halten
seine Stimme der Nacht schweigende Pfade für sich.

Tymnes

Das Rennpferd

Nenne dies, Wandrer, das Grab Aithyias, die schnell wie der Sturm-
und die rascheste war weit in den Landen ringsum. [wind
Denn sie vollendete Strecken gleich denen zahlreicher Schiffe,
da sie des Stadions Bahn flink wie ein Vogel durchmaß.

Mnasalkes

213. ΑΡΧΙΟΥ

Πρὶν μὲν ἐπὶ χλωροῖς ἐριθηλέος ἔρνεσι πεύκας
ἥμενος ἢ σκιερᾶς ἀκροκόμου πίτυος
ἔκρεκες εὐτάρσοιο δι' ἰξύος, ἀχέτα, μολπάν,
τέττιξ, οἰονόμοις τερπνότερον χέλυος.
νῦν δέ σε μυρμάκεσσιν ὑπ' εἰνοδίοισι δαμέντα
Ἄϊδος ἀπροϊδὴς ἀμφεκάλυψε μυχός.
εἰ δ' ἑάλως, συγγνωστόν, ἐπεὶ καὶ κοίρανος ὕμνων
Μαιονίδας γρίφοις ἰχθυβόλων ἔθανεν.

Pl IIIª 21,7 f. 39ʳ. – **1** Suid. s. ἐριθηλέος, 3–4 s. ἰξύν, 6 s. ἀπροϊδής, 7–8 s. Μαιονίδας // χλοεροῖς Pl Suid. // πεύκης P¹ Suid. **8** ἔθανε Suid.

214. ΤΟΥ ΑΥΤΟΥ

Οὐκέτι παφλάζοντα διαΐσσων βυθὸν ἅλμης,
δελφίς, πτοιήσεις εἰναλίων ἀγέλας,
οὐδὲ πολυτρήτοιο μέλος καλάμοιο χορεύων
ὑγρὸν ἀναρρίψεις ἅλμα παρὰ σκαφίσιν·
οὐδὲ σύ γ', ἀφρηστά, Νηρηίδας ὡς πρὶν ἀείρων
νώτοις πορθμεύσεις Τηθύος εἰς πέρατα.
ἦ γὰρ ἴσον πρηῶνι Μαλείης ὡς ἐκυκήθη
κῦμα, πολυψήφους ὦσέ σ' ἐπὶ ψαμάθους.

***1** ἅλμας c **4** -ρίψαις P em. Bouhier **5–6** Suid. s. Τηθύς, 7–8 s. πρῆνες // Νηρηίδας Suid. Νιρ- P **7–8** ante 5–6 exhib. P, transpos. Schäfer // ἦ Guyet εἰ P ἢ Suid. // πρίωνι P¹ // ᾧ Suid. **8** -ψήφους ὦσέ σ' Salm. -ψάμμους ὦσεν.

215. ΑΝΥΤΗΣ ΜΕΛΟΠΟΙΟΥ

Οὐκέτι δὴ πλωτοῖσιν ἀγαλλόμενος πελάγεσσιν
αὐχέν' ἀναρρίψω βυσσόθεν ὀρνύμενος,
οὐδὲ παρ' εὐσκάλμοιο νεὼς περικαλλέα χείλη
ποιφυξῶ τἀμᾷ τερπόμενος προτομᾷ·
ἀλλά με πορφυρέα πόντου νοτὶς ὦσ' ἐπὶ χέρσον,
κεῖμαι δὲ ⁺ῥαδινὰν τάνδε παρ' ἠιόνα.

***2** ἀρρίψω P¹ **3–4** Suid. s. ποιφύσσω // περισκαλάμοισι P¹ περὶ σκαλμοῖσι c περὶ σκαρθμοῖσι Suid. em. Reiske // νεῶ P¹ **4** ποιφύσσω P¹ Suid. -ων c em. Reiske **5** ὧς P¹.

Die Grille

Hast du dich früher ins grüne Gezweig der sprossenden Fichte
oder ins schattige Dach ragender Föhren gesetzt,
singende Grille, dann schlugst du mit zierlichbeflügelten Seiten
Klänge, die Hirten der Flur hold wie die Leier getönt.
Nun aber haben am Wege dich Ameisen tödlich bezwungen,
und des Hades Gemach hat dich nun jählings umhüllt.
Kamst du zu Tode, sei still! Es ging durch die Rätsel der Fischer
auch der König des Sangs, der Maionide, dahin.

Aulus Licinius Archias

Der Delphin

Nicht mehr schwimmst du hinfort durch des Ozeans rauschende Tiefe,
um die Fische des Meers scheuchend zu schrecken, Delphin,
nicht mehr tanzt du zum Klang der vieldurchlöcherten Flöte,
während du neben dem Schiff spritzend die Fluten erregst,
nicht mehr nimmst du wie sonst, du Schäumer, die Töchter des
auf deinen Rücken und trägst fort sie in Tethys' Gebiet. [Nereus
Denn eine Woge, so hoch wie die Spitze des Maleakapes,
warf im Aufruhr der See dich auf des Strandes Geröll.

Aulus Licinius Archias

Ein gleiches

Ach, ich tauche nicht mehr aus der Tiefe und stoße den Nacken
fröhlich über die See, wenn sie die Schiffe durchziehn.
Ach, ich blase nicht mehr an des wohlberuderten Bootes
herrliche Bordwand, erfreut über mein Bildnis am Schiff.
Denn die purpurne Flut des Meeres warf mich aufs Trockne,
und nun liege ich hier hoch an dem ragenden Strand.

Lyrikerin Anyte

216. ΑΝΤΙΠΑΤΡΟΥ ΘΕΣΣΑΛΟΝΙΚΕΩΣ

Κύματα καὶ τρηχύς με κλύδων ἐπὶ χέρσον ἔσυρεν
δελφῖνα, ξείνοις καινὸν ὅραμα τύχης.
ἀλλ' ἐπὶ μὲν γαίης ἐλέῳ τόπος· οἱ γὰρ ἰδόντες
εὐθύ με πρὸς τύμβους ἔστεφον εὐσεβέες·
νῦν δὲ τεκοῦσα θάλασσα διώλεσε. τίς παρὰ πόντῳ
πίστις, ὃς οὐδ' ἰδίης φείσατο συντροφίης;

Pl III^b 16,1 f. 93^v. – Tit. om. Pl **1** ἔσυρεν P^1 -ραν c Pl **2** καινὸν Jac. κοι- **3–6** πίστις Suid. s. τόπος **4** εὐθὺς et τύμβον Pl // εὐσεβέως (?) Pl [primo] **5** πόντῳ: πάντων (?) P^1.

217. ΑΣΚΛΗΠΙΑΔΟΥ

'Αρχεάνασσαν ἔχω, τὰν ἐκ Κολοφῶνος ἑταίραν,
ἇς καὶ ἐπὶ ῥυτίδων ὁ γλυκὺς ἕζετ' Ἔρως.
ἆ νέον ἥβης ἄνθος ἀποδρέψαντες ἐρασταὶ
πρωτοβόλου, δι' ὅσης ἤλθετε πυρκαϊῆς.

Pl III^b 11,2 f. 92^v; Athen. 13,589c; Diog. L. 3,31. – Platoni trib. Ath. Diog. **1–2** Suid. s. ῥύτορα // τὰν P τὴν cet. // ἑταίρην c Suid. Ath. **2** ἐπιρρυ- c Suid. // ὁ γλ. ἕζετ' P Pl Suid. ἕζετο δριμὺς Diog. πικρὸς ἔπεστιν Ath. **3–4** in P post 218,4 [P^a] et in marg. sup. [P^b] // ἆ P^b Ath. Diog. ἇς P^a ἣν Pl // νέον ἥ. ἄ. ἀ. ἐρασταὶ P^a ν. ἡβήσασαν ἀπ. ἐρ. Pl δειλοὶ νεότητος ἀπαντήσαντες ἐκείνης cet. **4** πρωτοβόλου c^a -λοι P^{a1} Pl -οπλόου P^b Diog. -οπόρου Ath. // δισσᾶς P^{a1} δισσῆς Pl.

218. ΑΝΤΙΠΑΤΡΟΥ ΣΙΔΩΝΙΟΥ

Τὴν καὶ ἅμα χρυσῷ καὶ ἁλουργίδι καὶ σὺν Ἔρωτι
θρυπτομένην, ἁπαλῆς Κύπριδος ἀβροτέραν
Λαΐδ' ἔχω, πολιῆτιν ἁλιζώνοιο Κορίνθου,
Πειρήνης λευκῶν φαιδροτέρην λιβάδων,
τὴν θνητὴν Κυθέρειαν, ἐφ' ᾗ μνηστῆρες ἀγαυοὶ
πλείονες ἢ νύμφης εἵνεκα Τυνδαρίδος,
δρεπτόμενοι χάριτάς τε καὶ ὠνητὴν ἀφροδίτην·
ἧς καὶ ὑπ' εὐώδει τύμβος ὄδωδε κρόκῳ,

Ein gleiches

Wilder Aufruhr der Wogen warf mich, den Delphin, auf das Festland,
wahrlich, ein Bild des Geschicks, seltsam dem Wandrer zu sehn.
Doch auf dem Lande ist Mitleid: Kaum haben mich Leute gesehen,
als sie voll gütigem Sinn gleich mich mit Erde bedeckt.
Die mich geboren, die See, sie gab mich dem Tode. Wer aber
traut einem Meere, das selbst nicht seine Kinder verschont?

Antipatros von Thessalonike

Hetäre Archeanassa

Mein ist Archeanassa, das Kolophonierdirnchen,
dem in den Runzeln sich noch Eros betörend verbirgt.
O ihr, die ihr die junge, erst maiende Blüte in ihrer
Lenzzeit gepflückt habt, durch welch Feuer wohl gingt ihr hindurch!

Asklepiades

Hetäre Laïs

Die in Purpur und Gold und in Liebe kokett sich gebrüstet
und noch feiner als selbst Kypris, die zarte, getan,
Laïs bedeck ich, die Frau vom meerumsäumten Korinthos,
die des peirenischen Quells Schimmer an Glanze besiegt,
sie, die sterbliche Kypris, die vornehme Freier in größrer
Zahl als Tyndareos' Kind in seiner Jugend umschwärmt,
deren blühende Reize und käufliche Liebe sie pflückten
und deren Hügel sogar Düfte von Safran verströmt.

ἧς ἔτι κηώεντι μύρῳ τὸ διάβροχον ὀστεῦν
  καὶ λιπαραὶ θυόεν ἄσθμα πνέουσι κόμαι·
ἧς ἔπι καλὸν ἄμυξε κάτα ῥέθος Ἀφρογένεια
  καὶ γοερὸν λύζων ἐστονάχησεν Ἔρως.
εἰ δ' οὐ πάγκοινον δούλην θέτο κέρδεος εὐνήν,
  Ἑλλὰς ἂν ὡς Ἑλένης τῆσδ' ὕπερ ἔσχε πόνον.

*Pl III[a] 11,7 f. 33[v]. – **1–12** Suid. s. θρύπτεται (1–3), ἀλιζώνου et πολιήτης (3), Πειρήνη (3–4), Κυθέρεια (5–6), δρέπεται (5–7), ὄδωδεν (8), Κηώδης (9–10), θυόεν (10), ἀμύξεις et κατὰ ῥέθος (11), λύζει (12) **2** θρυπτουμ- Pl [primo] **3–4** in P hic [P[a]] et post ep. 217,2 [P[b]] // εὐζών- Suid. s. Πειρ. **3** πολιῆτις Pl [primo] **4** λευκοτέρην λιβάδος P[b1] **5** ᾗ: ἧς Suid. s. δρέπ. **7** τε ἰωνητὴν Pl [primo] **8** ἐπ' P[1] **9** ἧς ἔτι: αἰεὶ Suid. **10** πνείουσι P[1] **11** ἧς καὶ ἔπι et Ἀφρογενείης (?) P[1] // καταρρέθος Suid.

219. ΠΟΜΠΗΙΟΥ ΝΕΩΤΕΡΟΥ

Ἡ τὸ καλὸν καὶ πᾶσιν ἐράσμιον ἀνθήσασα,
  ἡ μούνη Χαρίτων λείρια δρεψαμένη
οὐκέτι χρυσοχάλινον ὁρᾷ δρόμον Ἠελίοιο
  Λαΐς, ἐκοιμήθη δ' ὕπνον ὀφειλόμενον,
κώμους καὶ τὰ νέων ζηλώματα καὶ τὰ ποθεύντων
  κνίσματα καὶ μύστην λύχνον ἀπειπαμένη.

Pl III[a] 11,8 f. 33[v]. – **1** ἡ (?) P[1] **2** Suid. s. λείρια, 3 s. χρυσοχάλινον, 5–6 s. ζηλώματα et κνίσματα **3** δρόμον: φάος Suid.

220. ΑΓΑΘΙΟΥ ΣΧΟΛΑΣΤΙΚΟΥ

Ἕρπων εἰς Ἐφύρην τάφον ἔδρακον ἀγχικέλευθον
  Λαΐδος ἀρχαίης, ὡς τὸ χάραγμα λέγει.
δάκρυ δ' ἐπισπείσας· „Χαίροις, γύναι· ἐκ γὰρ ἀκουῆς
  οἰκτείρω σε," ἔφην, „ἣν πάρος οὐκ ἰδόμην.
ἆ πόσον ἠιθέων νόον ἤκαχες· ἀλλ' ἴδε, Λήθην
  ναίεις, ἀγλαΐην ἐν χθονὶ κατθεμένη."

Pl III[a] 11,9 f. 33[v]. – **1** ἀμφικέλευθον P[1] **4** σε: ad hiat. cf. IV 3 c 7 (οὔτε), VII 42,4 (τε), IX 521,1 (γε), XI 241,3 (σε), XII 238,3 (δέ) **5** πόσων P Suid. s. ἤκαχες // νόον P Pl [ν[1] ex σ] νόων Suid.

Heute noch ist ihr Gebein von köstlicher Myrrhe durchfeuchtet,
und aus dem leuchtenden Haar weht noch balsamisch ein Ruch.
Bei ihrem Tode zerkratzte sich Kypris ihr herrliches Antlitz,
und vor Jammer und Weh schluchzend hat Eros geweint.
Wäre ihr Bett nicht gemein die Sklavin des Geldes gewesen,
wie um Helena einst blutete Hellas für sie.

Antipatros von Sidon

Ein gleiches

Sie, die in Schönheit erblühte, die allen so lockend erschienen
und als einzige sich Lilien der Grazien gepflückt,
Laïs, sie sieht nun nicht mehr den Lauf der goldengezäumten
Heliosrosse, sie sank in den geschuldeten Schlaf.
Allem Eifern der Männer, der Lampe bei ihren Mysterien,
Festen und Liebesgekos hat sie für immer entsagt.

Pompeius Macer Junior

Ein gleiches

Als ich nach Ephyra ging, da hab ich am Wege der alten
Laïs Grabmal erblickt, wie mich die Inschrift belehrt.
Tränen ihr spendend, sprach leis ich: „Ich grüße dich. Hab ich auch
Frau, dich gesehen, dein Ruf regt mir zu Trauer das Herz. [niemals,
Ach, wieviel Männer betörte dein Reiz! Und heute? An Lethe
wohnst du, und all deine Pracht sank in die Erde hinab."

Agathias Scholastikos

221. ΑΔΕΣΠΟΤΟΝ

Ἀκμαίη πρὸς ἔρωτα καὶ ἡδέα Κύπριδος ἔργα,
Πατροφίλα, κανθοὺς τοὺς γλυκεροὺς ἔμυσας·
ἐσβέσθη δὲ τὰ φίλτρα τὰ κωτίλα χὠ μετ' ἀοιδῆς
ψαλμὸς καὶ κυλίκων αἱ λαμυραὶ προπόσεις.
Ἅιδη δυσκίνητε, τί τὴν ἐπέραστον ἑταίρην
ἥρπασας; ἦ καὶ σὴν Κύπρις ἔμηνε φρένα;

1: εἰς Πατροφίλαν ἑταίραν Βυζαντίαν. – Pl III a 11,10 f. 34r; Suid. s. μύσαντος, κωτίλη, λαμυρόν, Ἅιδης, δυσκίνητε. – 3 ἀοιδᾶς c Pl Suid. s. κωτ. 4 λανυραὶ (?) P[1] 5 ἀιδηι P[1] ἅιδηι c // τί ex τίς Pl 6 ἢ Pl Suid. s. Ἅιδης // φρένα ex -αν P.

222. ΦΙΛΟΔΗΜΟΥ

Ἐνθάδε τῆς τρυφερῆς μαλακὸν ῥέθος, ἐνθάδε κεῖται
Τρυγόνιον, σαβακῶν ἄνθεμα Σαλμακίδων,
ᾗ καλύβη καὶ δοῦμος ἐνέπρεπεν, ᾗ φιλοπαίγμων
στωμυλίη, Μήτηρ ἣν ἐφίλησε θεῶν,
ἡ μούνη στέρξασα τὰ Κύπριδος ἀμφὶ γυναικῶν
ὄργια καὶ φίλτρων Λαΐδος ἀψαμένη.
φῦε κατὰ στήλης, ἱερὴ κόνι, τῇ φιλοβάκχῳ
μὴ βάτον, ἀλλ' ἁπαλὰς λευκοΐων κάλυκας.

*1: εἰς Τρυγόνιον ἑταίραν τοῦ Σακῶν [Σαβακῶν c] ἔθνους ὁρμωμένην. – Pl III a 11,11 f. 34r. – 1–2 Suid. s. ῥέθος, 2 s. σαβακῶν 1 τρυφερῆς (ε ex η) Pl P 2 βασακῶν (?) P[1] 3 ᾗ[1]: ᾗ καὶ P[1] // δοῦπος Scal. δοῦμος 6 ἀψαμένα P[1] 8 λευκόιον P[1].

223. ΘΥΙΛΛΟΥ

Ἡ κροτάλοις ὀρχηστρὶς Ἀρίστιον, ἡ περὶ πεύκαις
καὶ Κυβέλῃ πλοκάμους ῥῖψαι ἐπισταμένη,
ἡ λωτῷ κερόεντι φορουμένη, ἡ τρὶς ἐφεξῆς
εἰδυῖ' ἀκρήτου χειλοποτεῖν κύλικας
ἐνθάδ' ὑπὸ πτελέαις ἀναπαύεται, οὐκέτ' ἔρωτι,
οὐκέτι παννυχίδων τερπομένη καμάτοις.
κῶμοι καὶ μανίαι, μέγα χαίρετε· κεῖθ' ⟨ὑπὸ τύμβῳ⟩
ἡ τὸ πρὶν στεφάνων ἄνθεσι κρυπτομένη.

*1: εἰς Ἀρίστιον ζάκορον Κυβέλης. – Pl III a 11,12 f. 34r. – 2 Κυβέλη P 5 πτελέαις ex -ας P[1] 7 ὑπὸ τύμβῳ Stadtm. om. P[1] [ἁ μυρίπνους 1 in lac.] κεύθεται ᾄδῃ Pl.

Hetäre Patrophila

Als du zur Liebe und Kypris' holdseligem Werke erblüht warst,
fiel dir das reizende Aug, liebe Patrophila, zu.
All der lockende Zauber, das lustige Leeren der Becher,
Sang und Saitengeklirr losch wie ein Licht nun dahin . . .
Ach, warum hast du uns, Hades, die wonnige Freundin genommen?
Hat Aphrodite auch dir, Harter, die Sinne berückt?

Anonym

Hetäre Trygonion

Hier ist Trygonions Grab. Wie war sie so wonnig, die Blüte
der Salmakiden, die zart sich dem Dionysos weihn.
Kybeles Tempel gefiel ihr, die Bruderschaft, Plaudern und Scherzen,
hold war die Mutter des Chors ewiger Götter dem Kind.
Doch sie liebte vor allen die fraulichen Feste der Kypris,
und in Verlockung und Reiz war sie der Laïs fast gleich ...
Laß denn, heilige Erde, am Mal der Dionysosfreundin
Dornen nicht, sondern den Kelch zarter Levkojen erblühn.

Philodemos

Priesterin Aristion

Sie, die zur Klapper getanzt, Aristion, die um die Fackeln
und um Kybeles Bild prächtig die Locken geschwenkt,
die von gebogener Flöte verzückt ward, die dreimal den Becher
voll von lauterem Wein hintereinander geleert:
hier unter Ulmen nun liegt sie zur Ruhe gebettet; nicht Liebe
noch ein nächtliches Fest regt sie zu fröhlichem Tun . . .
Rauschende Feiern, Ekstase, lebt wohl! Unter Kränzen von Blumen
barg sie sich einstens, und heut hält sie die Erde bedeckt.

Thyillos

224

Εἴκοσι Καλλικράτεια καὶ ἐννέα τέκνα τεκοῦσα
οὐδ' ἑνὸς οὐδὲ μιῆς ἐδρακόμην θάνατον·
ἀλλ' ἑκατὸν καὶ πέντε διηνυσάμην ἐνιαυτοὺς
σκίπωνι τρομερὰν οὐκ ἐπιθεῖσα χέρα.

Pl IIIa 11,13 f.34r. – Tit.: ἀδέσποτον Pl **2** οὐδ' ἑνὸς Jac. οὐδενὸς // οὐδὲ μιῆς c οὐδεμ- P¹ Pl **4** σκίπωνι P¹ σκήπ- c Pl.

225

Ψήχει καὶ πέτρην ὁ πολὺς χρόνος οὐδὲ σιδήρου
φείδεται, ἀλλὰ μιῇ πάντ' ὀλέκει δρεπάνῃ·
ὡς καὶ Λαέρταο τόδ' ἠρίον, ὃ σχεδὸν ἀκτᾶς
βαιὸν ἄπο, ψυχρῶν λείβεται ἐξ ὑετῶν.
οὔνομα μὴν ἥρωος ἀεὶ νέον· οὐ γὰρ ἀοιδὰς
ἀμβλύνειν αἰών, κἢν ἐθέλῃ, δύναται.

Pl IIIa 13,1 f.35r. – Tit.: ἀδέσποτον Pl **1** ... χρόνος Macar. 8,90; 1–2 Suid. s. ψήχειν; Apost. 15,44 // ψήξει Mac. σήψει Ap. // σίδηρον Ap. **2** μιῇ πᾶν τ' ὀλέσκει δρεπάνη P¹ **5** μὲν P.

226. ΑΝΑΚΡΕΟΝΤΟΣ ΤΗΙΟΥ

'Αβδήρων προθανόντα τὸν αἰνοβίην 'Αγάθωνα
πᾶσ' ἐπὶ πυρκαϊῆς ἥδ' ἐβόησε πόλις.
οὔ τινα γὰρ τοιόνδε νέων ὁ φιλαίματος Ἄρης
ἠνάρισεν στυγερῆς ἐν στροφάλιγγι μάχης.

Pl IIIa 5,3 f.30v; Suid. s. προθανόντα, αἰνοβίας, ἠνάρισεν. – **3** ποιόν δε P¹ // νέον Suid. s. ἠν. **4** ἠνάρισεν P -σε cet. // στυγερῇ Pl [primo] // τροφάλ- P¹.

227. ΔΙΟΤΙΜΟΥ

Οὐδὲ λέων ὡς δεινὸς ἐν οὔρεσιν ὡς ὁ Μίκωνος
υἱὸς Κριναγόρης ἐν σακέων πατάγῳ.
εἰ δὲ κάλυμμ' ὀλίγον, μὴ μέμφεο· μικρὸς ὁ χῶρος,
ἀλλ' ἄνδρας πολέμου τλήμονας οἶδε φέρειν.

l: εἰς Κριναγόραν στρατιώτην τὸν Λαρισαιέα. – Pl IIIa 5,9 f.31r. – **1** οὐ δελέων P **3** Κάλυμν' Wilam. **4** οἶδε P¹.

Die Kinderreiche

Neunundzwanzig Kinder gebar ich, die Kallikrateia,
keinen und keine davon habe ich sterben gesehn.
Aber auch hundertundfünf der Jahre hab ich vollendet,
ohne daß zitternd die Hand auf einen Stab sich gestützt.

Anonym

Laërtes

Selbst einen Felsen zernagt die Länge der Zeit, sie verschont auch
nicht das Eisen und mäht alles im nämlichen Schwung.
So auch das Grab des Laërtes, das nur noch vom strömenden Regen
hier, nicht fern vom Gestad, kühl eine Spende empfängt.
Ewig frisch aber bleibt der Name des Heros: nie breitet,
ob sie auch wollte, die Zeit Nacht über Dichters Gesang.

Anonym

Der Krieger

Der für Abdera gefallen, der kraftvolle Agathon, wurde
von dem versammelten Volk laut an den Scheitern beklagt.
Denn es hat Ares, der Gott mit dem Blutverlangen, noch niemals
solch einen Helden im Sturm grausiger Schlachten erlegt.

Anakreon von Teos

Ein gleiches

Furchtbarer wütet kein Löwe im Bergwald, als es des Mikon
Sohn Krinagoras tat, wenn es von Schilden getost.
Ward ihm sein Hügel nur klein, sei still! Klein ist auch die Heimat,
aber es wachsen darin markige Männer der Schlacht.

Diotimos (von Adramyttion?)

228

Αὐτῷ καὶ τεκέεσσι γυναικί τε τύμβον ἔδειμεν
 Ἀνδροτίων· οὔπω δ' οὐδενός εἰμι τάφος.
οὕτω καὶ μείναιμι πολὺν χρόνον· εἰ δ' ἄρα καὶ δεῖ,
 δεξαίμην ἐν ἐμοὶ τοὺς προτέρους προτέρους.

Pl IIIa 6,4 f. 31v. – Tit.: ἀδέσποτον Pl **1** αὐτῷ P // ἔδει με P[1] **2** οὐδ' ἑνὸς c.

229. ΔΙΟΣΚΟΡΙΔΟΥ

Τᾷ Πιτάνᾳ Θρασύβουλος ἐπ' ἀσπίδος ἤλυθεν ἄπνους,
 ἑπτὰ πρὸς Ἀργείων τραύματα δεξάμενος,
δεικνὺς ἀντία πάντα· τὸν αἱματόεντα δ' ὁ πρέσβυς
 παῖδ' ἐπὶ πυρκαϊὴν Τύννιχος εἶπε τιθείς·
„Δειλοὶ κλαιέσθωσαν· ἐγὼ δὲ σέ, τέκνον, ἄδακρυς
 θάψω, τὸν καὶ ἐμὸν καὶ Λακεδαιμόνιον."

*Pl IIIa 5,10 f. 31r; Plut. mor. 235a. – In P hic [Pa] et post VII 721 [Pb] **1** τὰν Πιτάναν Plut. οὐκ επι τάνας [τήνας cb] Pb **2** ἑπτά: ἐν τά (?) Pb1 **3** ἀντία Pb Plut. πρόσθια Pa Pl **4** παῖδ': θεὶς Plut. // πυρκαϊὴν Pb Plut. -ῆς Pl πυρπαϊήν Pa // Τύνιχος Pl // τιθείς Pa Pl φέρων Pb τάδε Plut. **6** καὶ[1] om. Pl [add. man. rec.].

230. ΕΡΥΚΙΟΥ ΚΥΖΙΚΗΝΟΥ

Ἁνίκ' ἀπὸ πτολέμου τρέσσαντά σε δέξατο μάτηρ,
 πάντα τὸν ὁπλισταν κόσμον ὀλωλεκότα,
αὐτά τοι φονίαν, Δαμάτριε, αὐτίκα λόγχαν
 εἶπε διὰ πλατέων ὠσαμένα λαγόνων·
„Κάτθανε, μηδ' ἐχέτω Σπάρτα ψόγον· οὐ γὰρ ἐκείνα
 ἤμπλακεν, εἰ δειλοὺς τοὐμὸν ἔθρεψε γάλα."

Pl IIIa 5,11 f. 31r. – **1** Suid. s. τρέσας, 2 s. ὁπλιστής **1** iterav. in marg. sup. sequ. pag. J vel l **2** ὁπλιστήν Pl **3** αὐτά τοι: ἄπατοι (?) P[1].

Die leere Gruft

Sich, seiner Frau und den Kindern erbaute Androtion diese
Gruft hier, doch ward ich noch nicht einem von ihnen zum Grab.
Mög ich noch lange so bleiben! Doch muß es dereinstens geschehen,
möcht ich, es kämen in mich dann auch die ersten zuerst.

Anonym

Der spartanische Vater

Leblos nach Pitana ward auf dem Schild Thrasybulos getragen;
sieben Wunden empfing er im argivischen Krieg,
sämtlich vorn auf der Brust. Als Tynnichos nun seinen blutgen
Sohn auf den Holzstoß gelegt, sagte der Alte das Wort:
„Mag man um Feiglinge weinen! Ich, Kind, will trockenen Auges
dich begraben, da mein und ein Spartaner du bist.“

Dioskorides

Die spartanische Mutter

Als du zitternd dereinst und ohne die Waffen vom Kriege
heimgekommen und dich so deine Mutter empfing,
griff sie, Demetrios, gleich zum männermordenden Speere,
stieß ihn dir jäh in des Leibs wogende Weiche und rief:
„Stirb! Kein Tadel soll Sparta berühren! Denn Sparta hat keine
Schuld, wenn einst meine Milch solch eine Memme gesäugt.“

Erykios von Kyzikos

231. ΔΑΜΑΓΗΤΟΥ

Ὧδ' ὑπὲρ Ἀμβρακίας ὁ βοαδρόμος ἀσπίδ' ἀείρας
τεθνάμεν ἢ φεύγειν εἵλετ' Ἀρισταγόρας,
υἱὸς ὁ Θευπόμπου. μὴ θαῦμ' ἔχε· Δωρικὸς ἀνὴρ
πατρίδος, οὐχ ἥβας ὀλλυμένας ἀλέγει.

*Pl III^a 5,12 f. 31^r. – In P hic [P^a] et post VII 438 [P^b] // **1-2** εἵλετ' Suid. s. βοαδρόμος // Ἀμβρακίης c^a **2** ἢ τὸ φυγεῖν P^b // εἵλετ': ἤθελεν Suid. // Ἀριστογόρας P^a Ἀρημιμένης P^b **3** ὁ Θευ- P^b τ' εὐ- P^a Θευ- ex τ' εὐπότμου Pl **4** οὐ ζωᾶς P^a [-ὰς], Pl.

232. ΑΝΤΙΠΑΤΡΟΥ

Λύδιον οὖδας ἔχει τόδ' Ἀμύντορα, παῖδα Φιλίππου,
πολλὰ σιδηρείης χερσὶ θιγόντα μάχης·
οὐδέ μιν ἀλγινόεσσα νόσος δόμον ἄγαγε Νυκτός,
ἀλλ' ὄλετ' ἀμφ' ἑτάρῳ σχὼν κυκλόεσσαν ἴτυν·

Pl III^b 4,1 f. 90^v. – Tit.: Ἀνύτης Pl **2** Suid. s. θιγεῖν // μάχας c **3** ἤγαγε Pl **4** ἀμφ' ἑτάρῳ P Suid. [s. ἴτυς], ἀμφοτέραν Pl // σχοὼν P^1 ἔχων Suid.

233. ΑΠΟΛΛΩΝΙΔΟΥ

Αἴλιος, Αὐσονίης στρατιῆς πρόμος, ὁ χρυσέοισι
στέμμασι σωρεύσας αὐχένας ὁπλοφόρους,
νοῦσον ὅτ' εἰς ὑπάτην ὠλίσθανε τέρμα τ' ἄφυκτον
εἶδεν, ἀριστείην ἐμφανίσας ἰδίην
πῆξαθ' ὑπὸ σπλάγχνοισιν ἑὸν ξίφος εἶπέ τε θνῄσκων·
„Αὐτὸς ἑκὼν ἐδάμην, μὴ νόσος εὖχος ἔχῃ."

*Pl III^a 5,13 f. 31^r. – **2** τωρεύ- P^1 **3-5** ἔγχος Suid. s. ὑπάτη // νεῦσον et ὠλίσθανεν P^1 **4** ἐμφανίσας Herwerden ἐμφανὲς εἰς **5** θ' Desr. δ' // ξίφος: ἔγχος Suid. // θνάσκων P **6** ἔχοι Pl.

Der Krieger

Hier hat der Sohn Theopomps, Aristagoras, da er den Schildrand
zu Ambrakias Schutz helfend geschwungen, den Tod
statt der Flucht sich gewählt. Das mag dich nicht wundern. Ein Dorer
denkt an des heimischen Lands, nicht an des Lebens Gefahr.

Damagetos

Ein gleiches

Lydische Erde umfängt hier Amyntor, den Sohn des Philippos,
der in der eisernen Schlacht oft seine Fäuste gerührt.
Krankheit nicht führte ihn schmerzend zum Hause des Dunkels: es
als er mit rundlichem Schild den Kameraden gedeckt. [traf ihn,

Antipatros von Sidon (?)

Freitod des Ailios

Ailios, Oberst im Heer Ausoniens, der sich mit goldnen
Ketten in Fülle den Hals über den Waffen geschmückt,
fiel in tödliche Krankheit; er sah sein sicheres Ende;
da aber zeigte er klar, was ihn an Mannheit beseelt.
Jählings stieß er das Schwert ins Herz sich und sagte im Sterben:
„Frei geb ich selbst mir den Tod, daß sich die Krankheit nicht
[rühmt.“

Apollonidas

234. ΦΙΛΙΠΠΟΥ ΘΕΣΣΑΛΟΝΙΚΕΩΣ

Αἴλιος, ὁ θρασύχειρ Ἄργους πρόμος, ὁ ψελιώσας
αὐχένα χρυσοδέτοις ἐκ πολέμου στεφάνοις,
τηξιμελεῖ νούσῳ κεκολουμένος ἔδρακε θυμῷ
ἐς προτέρην ἔργων ἄρσενα μαρτυρίην,
ὦσε δ' ὑπὸ σπλάγχνοις πλατὺ φάσγανον ἓν μόνον εἰπών·
„Ἄνδρας Ἄρης κτείνει, δειλοτέρους δὲ νόσος."

Pl III^a 5,14 f. 31^r. – 1 et 3 Suid. s. θρασύχειρ, 3–4 s. κεκολουμένος et τηξιμελεῖ 1 ὁ ψελι- c ὀψὲ δι- P^1 Pl 3 κεκωλυμ- P^1 // ἔδρακε Hecker -αμε 4 προτέρων Pl.

235. ΔΙΟΔΩΡΟΥ ΤΑΡΣΕΩΣ

Μὴ μέτρει Μάγνητι τὸ πηλίκον οὔνομα τύμβῳ
μηδὲ Θεμιστοκλέους ἔργα σε λανθανέτω·
τεκμαίρου Σαλαμῖνι καὶ ὁλκάσι τὸν φιλόπατριν,
γνώσῃ δ' ἐκ τούτων μείζονα Κεκροπίης.

Pl III^a 5,8 f. 30^v. – Tit.: gent. om. Pl 1 τύμβῳ c Pl -βου P^1.

236. ΑΝΤΙΠΑΤΡΟΥ ΘΕΣΣΑΛΟΝΙΚΕΩΣ

Οὐχὶ Θεμιστοκλέους Μάγνης τάφος, ἀλλὰ κέχωσμαι
Ἑλλήνων φθονερῆς σῆμα κακοκρισίης.

Pl III^b 4,2 f. 90^v. – Anytae trib. Pl 2 κακοκρισίης c κεκροπίης P^1 κακοτροπίης Pl.

237. ΑΛΦΕΙΟΥ ΜΙΤΥΛΗΝΑΙΟΥ

Οὔρεά μευ καὶ πόντον ὑπὲρ τύμβοιο χάρασσε
καὶ μέσον ἀμφοτέρων μάρτυρα Λητοΐδην
ἀενάων τε βαθὺν ποταμῶν ῥόον, οἵ ποτε ῥείθροις
Ξέρξου μυριόναυν οὐχ ὑπέμειναν Ἄρην·
ἔγγραφε καὶ Σαλαμῖνα, Θεμιστοκλέους ἵνα σῆμα
κηρύσσει Μάγνης δῆμος ἀποφθιμένου.

Pl III^a 5,7 f. 30^v. – Cum ep. 236 iunx. P // Tit. om. P^1 Philippo Thess. primo, Alpheo post trib. c Ἀλφείου Pl 1 μευ: μέν μευ P^1 4 Ἄρη c Pl 6 κηρύσση Pl.

Ein gleiches

Ailios, Oberst von Argos, der mutige, der sich mit goldnen
Ketten den Nacken geziert, die er im Kriege verdient,
fiel in verzehrende Krankheit. Da ward er sich plötzlich der Taten,
die er dereinstens vollbracht, männlichen Herzens bewußt.
Jählings stieß er ins Herz sich das breite Eisen und sprach nur:
„Männer erliegen dem Schwert, Feige rafft Krankheit dahin."

Philippos von Thessalonike

Themistokles

Miß nicht die Größe des Namens nach jenem Grab in Magnesia,
und vergiß auch dabei nicht des Themistokles Werk!
Schätz ihn, den Vaterlandsfreund, nach Salamis ein und den Schiffen,
und du erkennst dann: er wächst über Athen weit hinaus.

Diodoros von Tarsos

Ein gleiches

Nicht des Themistokles Grab in Magnesia bin ich, ich wurde
griechischem Fehlspruch und Neid als ein Gedenkstein gesetzt.

Antipatros von Thessalonike

Ein gleiches

Ritz' in das Grabmal mir ein die Berge, die Fluten des Meeres,
und in die Mitte hinein schreibe als Zeugen Apoll
und das tiefe Gewoge der ewigen Flüsse, das Xerxes'
tausendschiffiger Macht nicht mit dem Wasser genügt.
Ritz' auch Salamis ein ins Mal, auf dem die Magneter
laut verkünden der Welt, daß hier Themistokles ruht.

Alpheios von Mytilene

238. ΑΔΑΙΟΥ

Ἠμαθίην ὃς πρῶτος ἐς Ἄρεα βῆσα Φίλιππος,
Αἰγαίην κεῖμαι βῶλον ἐφεσσάμενος,
ῥέξας οἷ' οὔπω βασιλεὺς τὸ πρίν· εἰ δέ τις αὐχεῖ
μεῖζον ἐμεῦ, καὶ τοῦθ' αἵματος ἡμετέρου.

Pl III^{b} 4,3 f. 90^{v}. – Tit. om. Pl **1** βῆναι (?) P[1] **3** εἰ Pl οὐ P.

239. ΠΑΡΜΕΝΙΩΝΟΣ

Φθίσθαι Ἀλέξανδρον ψευδὴς φάτις, εἴπερ ἀληθὴς
Φοῖβος· ἀνικήτων ἅπτεται οὐδ' Ἀίδης.

Pl III^{a} 13,20 f. 35^{v}; Suid. s. φάτις. – **1** φθεῖσθαι P Suid.

240. ΑΔΑΙΟΥ

Τύμβον Ἀλεξάνδροιο Μακηδόνος ἤν τις ἀείδῃ,
ἠπείρους κείνου σῆμα λέγ' ἀμφοτέρας.

Pl III^{b} 4,4 f. 90^{v}. – Tit.: Παρμενίωνος Pl **2** κεινῶ (?) P[1].

241. ΑΝΤΙΠΑΤΡΟΥ ΣΙΔΩΝΙΟΥ

Μυρία τοι, Πτολεμαῖε, πατήρ, ἔπι, μυρία μάτηρ
τειρομένα θαλεροὺς ᾐκίσατο πλοκάμους·
πολλὰ τιθηνητὴρ ὀλοφύρατο, χερσὶν ἀμήσας
ἀνδρομάχοις δνοφερὰν κρατὸς ὕπερθε κόνιν·
ἁ μεγάλα δ' Αἴγυπτος ἑὰν ὠλόψατο χαίταν,
καὶ πλατὺς Εὐρώπας ἐστονάχησε δόμος·
καὶ δ' αὐτὰ διὰ πένθος ἀμαυρωθεῖσα Σελάνα
ἄστρα καὶ οὐρανίας ἀτραπιτοὺς ἔλιπεν.
ὤλεο γὰρ διὰ λοιμόν, ὅλας θοινήτορα χέρσου,
πρὶν πατέρων νεαρᾷ σκᾶπτρον ἑλεῖν παλάμᾳ·
οὐδέ σε νὺξ ἐκ νυκτὸς ἐδέξατο· δὴ γὰρ ἄνακτας
τοίους οὐκ Ἀίδας, Ζεὺς δ' ἐς Ὄλυμπον ἄγει.

*A: εἰς Πτολεμαῖον τὸν βασιλέα, c: τὸν μικρόν, l: τὸν νεώτερον τελευτήσαντα. – Pl III^{a} 7,13 f. 33^{r}. – **1–2** Suid. s. τείρει, 3–4 s. ἀμησάμενος et τιθήνας et δνοφερόν, 5 s. ἑανῷ et δάψατο, 9–10 s. θοινήτωρ // ἔπι Reiske ἐπὶ // μήτηρ Pl Suid. **4** ἀνδρομάχοις, -χοιο, -οφόνοις Suid. **5** ἑὰν ὠλόψατο Scal. ἑανῷ δάψ- // χαίτην P[1] Suid. **8–9** add. c **9** διὰ om. Suid. **10** σκῆπτρον P[1] Suid. **11** δή: δεῖ P[1].

König Philipp II.

Philipp war ich; ich führte als erster Emathien zu Ares,
nun aber hält mich im Grab Erde von Aigai bedeckt.
Wahrlich, ich tat, was kein König zuvor, und rühmt sich ein andrer
größerer Taten, er kommt sicher aus meinem Geblüt.

Adaios

Alexander der Große

Daß Alexander gestorben, ist Lüge, wenn Phoibos noch wahr spricht:
Unüberwindliche sind auch vor dem Tode gefeit.

Parmenion

Ein gleiches

Willst du das Grab Alexanders, des makedonischen, preisen,
sag dann: es bilden der Welt zwei Kontinente sein Mal.

Adaios

Ptolemaios

Endlos hat sich dein Vater und endlos die Mutter in wildem
Leide das blühende Haar, o Ptolemaios, gerauft.
Wieder und wieder im Schmerz schrie auf dein Erzieher und streute
sich mit der streitbaren Hand schmutzige Asche aufs Haupt.
Ach, die große Aigyptos zerriß sich vor Jammer die Locken,
und in Europas Haus stöhnte es weithin vor Weh.
Ja, Selene sogar ward dunkel vor Trauer und wandte
von der himmlischen Bahn und den Gestirnen sich weg.
Denn dich entführte die Pest, die alles im Lande verzehrte,
eh deine junge Hand erbend das Szepter ergriff.
Doch du gingst nicht vom Dunkel ins Dunkel; solch fürstliche Seelen
nimmt nicht Hades, sie führt Zeus zum Olympos empor.

Antipatros von Sidon

242. ΜΝΑΣΑΛΚΟΥ

Οἵδε πάτραν πολύδακρυν ἐπ' αὐχένι δεσμὸν ἔχουσαν
ῥυόμενοι δνοφερὰν ἀμφεβάλοντο κόνιν·
ἄρνυνται δ' ἀρετᾶς αἶνον μέγαν. ἀλλά τις ἀστῶν
τούσδ' ἐσιδὼν θνᾴσκειν τλάτω ὑπὲρ πατρίδος·

l: εἰς τοὺς μετὰ Λεωνίδου τελευτήσαντας ἐν Θερμοπύλαις. – Pl III^a 5,15 f. 31^r. – **1** οἶδε c **3** ἀστῶν: αὐτῶν P^1.

243. ΛΟΛΛΙΟΥ ΒΑΣΣΟΥ

Φωκίδι πὰρ πέτρῃ δέρκευ τάφον· εἰμὶ δ' ἐκείνων
τῶν ποτε μηδοφόνων μνᾶμα τριηκοσίων,
οἳ Σπάρτας ἀπὸ γᾶς τηλοῦ πέσον ἀμβλύναντες
Ἄρεα καὶ Μῆδον καὶ Λακεδαιμόνιον.
ἣν δ' ἐσορῇς ἐπ' ἐμεῖ' εὐβόστρυχον εἰκόνα θηρός,
ἔννεπε τοῦ ταγοῦ μνᾶμα Λεωνίδεω.

Pl III^b 4,12 f. 90^v. – **2** μνῆμα Pl **4** Μῆδον c μὴ δον P^1 Μήδων Pl // Λακεδαιμόνιον Boiss. -ίαν P -ίων Pl **5–6** Suid. s. ταγός // ἐπ': ὑπ' P^1 // ἐμεῖ' Jac. -εῖο // εὐβόστρ- Scal. βοόστρ- P βόστρ- Pl Suid. // θηρός Brodaeus θήρης **6** μνῆμα Suid.

244. ΓΑΙΤΟΥΛΙΚΟΥ

Δισσὰ τριηκοσίων τάδε φάσγανα θούριος Ἄρης
ἔσπασεν Ἀργείων καὶ Λακεδαιμονίων,
ἔνθα μάχην ἔτλημεν ἀνάγγελον, ἄλλος ἐπ' ἄλλον
πίπτοντες· Θυρέα δ' ἦσαν ἄεθλα δορός.

*l: εἰς τοὺς αὐτοὺς τ'. – Pl III^b 4,13 f. 90^v. – **1** βίσσα P **1–2** θούριος ... Suid. s. θοῦρον, 3–4 πίπτοντες s. ἀνάγγελον **3** ἄλλον: ἄλλω c **4** ἄεθλον P^1.

245. [ΤΟΥ ΑΥΤΟΥ]

Ὦ Χρόνε, παντοίων θνητοῖς πανεπίσκοπε δαῖμον,
ἄγγελος ἡμετέρων πᾶσι γενοῦ παθέων·
ὡς ἱερὰν σῴζειν πειρώμενοι Ἑλλάδα χώραν
Βοιωτῶν κλεινοῖς θνῄσκομεν ἐν δαπέδοις.

l: εἰς τοὺς αὐτοὺς Λακεδαιμονίους. – Pl III^a 5,16 f. 31^r; GV 27. – Tit.: Γετουλίκου Pl **1** θνητῶν Pl **3** χώραν Kaibel χῶρον P^1 χώρην c Pl.

Tod fürs Vaterland

Traurig schleppte die Heimat die Bande am Nacken; da wurden
diese die Retter, doch schloß dunkel die Erde sie ein.
Hoch aber hob sich der Ruhm ihrer Tapferkeit. Sei denn ein jeder,
der sie erblickt hier, zum Tod für seine Heimat bereit.

Mnasalkes

Die Thermopylenkämpfer

Sieh hier am Felsen von Phokis das Grab! Ich bin der Gedenkstein
jener Dreihundert, die einst Scharen von Medern vertilgt
und dann fielen – von Sparta so fern. Doch dem Sturme der Meder
auf das lakonische Volk hatten ein Ziel sie gesetzt.
Siehst du den Löwen auf mir mit der lockigen Mähne, so sage:
„Dies ist Leonidas' Mal, der sie im Kampfe geführt."

Lollius Bassus

Kampf um Thyrea

Uns dreihundert Argiver, dreihundert Spartaner ließ Ares
stürmisch die Schwerter hier ziehn. Wir aber schlugen die Schlacht,
draus keine Meldung mehr kam: wir fielen – übereinander:
Thyrea war ja als Preis unseren Speeren gesetzt.

Gätulicus I.

Die Toten von Chaironeia

Chronos, allschauender Gott, du siehst die Taten der Menschen,
künde den Völkern der Welt, was wir erduldet an Leid,
daß wir, den rettenden Kampf für die heilige Hellas versuchend,
im Boiotergebiet starben auf ruhmreichem Feld.

[*Gätulicus*]

246. ΑΝΤΙΠΑΤΡΟΥ ΣΙΔΩΝΙΟΥ

Ἰσσοῦ ἐπὶ προμολῇσιν ἁλὸς παρὰ κῦμα Κιλίσσης
ἄγριον αἱ Περσῶν κείμεθα μυριάδες,
ἔργον Ἀλεξάνδροιο Μακηδόνος, οἳ ποτ' ἄνακτι
Δαρείῳ πυμάτην οἶμον ἐφεσπόμεθα.

Pl IIIa 5,17 f. 31r. – Tit.: gent. om. Pl **1** προβολῇσιν Pl **3-4** Suid. s. οἶμος // Ἀλεξάνδρου P[1].

247. ΑΛΚΑΙΟΥ

Ἄκλαυστοι καὶ ἄθαπτοι, ὁδοιπόρε, τῷδ' ἐπὶ τύμβῳ
Θεσσαλίας τρισσαὶ κείμεθα μυριάδες,
Ἠμαθίῃ μέγα πῆμα· τὸ δὲ θρασὺ κεῖνο Φιλίππου
πνεῦμα θοῶν ἐλάφων ᾤχετ' ἐλαφρότερον.

Pl IIIa 5,10 f. 31r; Plut. Flam. 9. – **1** ἄκλαυτοι Pl // τύμβῳ: νώτῳ Plut. **2** Θεσσαλίης Plut. Ἠμαθίας Pl // post 2 inser. Plut.: Αἰτωλῶν δμηθέντες ὑπ' Ἄρεος ἠδὲ Λατίνων, / οὓς Τίτος εὐρείης ἤγαγ' ἀπ' Ἰταλίης, **6** θοὰν et ὤλετ' P.

248. ΣΙΜΩΝΙΔΟΥ

Μυριάσιν ποτὲ τῇδε τριηκοσίαις ἐμάχοντο
ἐκ Πελοποννάσου χιλιάδες τέτορες.

Pl IIIa 5,19 f. 31r; Herod. 7,228; Diod. 11,33; Aristid. or. 49. – Anonym. ap. omnes praeter P **1** διακοσ- Diod. τριηκοσίῃς Ar. **2** -ννήσου Pl Diod. Ar. // τέσσαρες Pl [primo] τέτταρες Ar.

249. ΣΙΜΩΝΙΔΟΥ

Ὦ ξεῖν', ἀγγέλλειν Λακεδαιμονίοις, ὅτι τῇδε
κείμεθα τοῖς κείνων ῥήμασι πειθόμενοι.

*Pl IIIa 5,20 f. 31r; Herod. 7,228; Lycurg. Leocr. 109; Diod. 11,33; Strab. 9,429; Suid. s. Λεωνίδης. – Anonym. ap. omnes praeter P et Ciceron. Tusc. 1,101 **1** ξένε Diod. ξέν' Str. // ἀγγέλλειν Her. ἀπάγγειλον Str. **2** ῥ. πειθ.: πειθ. νομίμοις Lyc. Diod. Str.

Die Perser bei Issos

Am Gestade von Issos beim brausenden Meere Kilikiens
liegen wir persisches Volk zu Myriaden im Grab,
Werk Alexanders, des Herrn makedonischer Lande. Auf letztem
Pfade sind wir dereinst König Dareios gefolgt.

Antipatros von Sidon

Schlacht bei Kynoskephalai

Ohne Tränen und Grab, mein fahrender Wanderer, liegen
dreißigtausend wir hier auf der thessalischen Höh.
Für Emathia waren's unendliche Schmerzen, doch Philipps
freches Geprahle entschwand rasch wie der rascheste Hirsch.

Alkaios von Messene

Die Thermopylenkämpfer

Hier einst haben die Schlacht mit mehr als dreien Millionen
Viermaltausend gekämpft: Peloponnesiervolk.

Simonides

Ein gleiches

Fremdling, bringe den Männern in Sparta die Meldung: Wir liegen
hier im Tode, getreu dem uns gegebnen Befehl.

Simonides

250. ΣΙΜΩΝΙΔΟΥ

Ἀκμᾶς ἑστακυῖαν ἐπὶ ξυροῦ Ἑλλάδα πᾶσαν
ταῖς αὐτῶν ψυχαῖς κείμεθα ῥυσάμενοι
[δουλοσύνης· Πέρσαις δὲ περὶ φρεσὶ πήματα πάντα
ἥψαμεν ἀργαλέης μνήματα ναυμαχίης.
ὀστέα δ' ἧμιν ἔχει Σαλαμίς· πατρὶς δὲ Κόρινθος
ἀντ' εὐεργεσίης μνῆμ' ἐπέθηκε τόδε].

l: εἰς τοὺς αὐτούς. – Pl III^a 5,21 f.31^r; Plut. Her. mal. 39; Aristid. or. 49; Schol. Aristid. 13,126. – Anonym. ap. omnes praeter P **1** ἀκμῆς Ar. // ἑστηκ- Pl Ar. **2** αὐτῶν : αὑτῶν P^1 Schol. ἡμῶν Pl **3–6** exhib. solus Ar.

251. ΣΙΜΩΝΙΔΟΥ

Ἄσβεστον κλέος οἵδε φίλῃ περὶ πατρίδι θέντες
κυάνεον θανάτου ἀμφεβάλοντο νέφος·
οὐδὲ τεθνᾶσι θανόντες, ἐπεί σφ' ἀρετὴ καθύπερθε
κυδαίνουσ' ἀνάγει δώματος ἐξ Ἀίδεω.

l: εἰς τοὺς αὐτοὺς μετὰ Λεωνίδου πεσόντας. – Pl III^a 5,22 f.31^r. – Tit. om. Pl **1** οἶδε c **3** -περθεν Pl **4** Ἀίδεω c -δου (?) P^1 -δα Pl.

252. ΑΝΤΙΠΑΤΡΟΥ

Οἵδ' Ἀίδαν στέρξαντες ἐνώπιον οὐχ, ἅπερ ἄλλος,
στάλαν, ἀλλ' Ἀρετὰν ἀντ' ἀρετᾶς ἔλαχον.

l: εἰς τοὺς αὐτούς. – Pl III^b 4,5 f.90^v. – Tit. om. Pl **1** οἶδ' c // ἐνώπιον Stadtm. ἐνύπνιον // οὐχάτερ P^1 οὐχ' ἅτερ c em. Pl **2** ἔλαβον Pl.

253. ΣΙΜΩΝΙΔΟΥ

Εἰ τὸ καλῶς θνῄσκειν ἀρετῆς μέρος ἐστὶ μέγιστον,
ἡμῖν ἐκ πάντων τοῦτ' ἀπένειμε τύχη·
Ἑλλάδι γὰρ σπεύδοντες ἐλευθερίην περιθεῖναι
κείμεθ' ἀγηράτῳ χρώμενοι εὐλογίῃ.

l: εἰς τοὺς αὐτούς. – Pl III^a 5,23 f.31^r; schol. Aristid. 13,132. – Tit. om. Pl **1** ἀρετᾶς c **3** ἐλευθερίαν P Pl em. schol. **4** ἐλογίῃ P^1.

Korinther bei Salamis

Als die hellenische Welt auf des Messers Schneide gestellt war,
kämpften mit unserem Blut wir hier, die Toten, es frei
[von der Knechtschaft und senkten den Persern, zur bitteren Mahnung
dieses Kampfes zur See, Qual über Qualen ins Herz.
Salamis' Erde umhüllt unsern Leib, doch Mutter Korinthos
hat dem Verdienste zum Dank dies uns als Denkstein gesetzt].

Simonides

Die Thermopylenkämpfer

Ewig leuchtet der Ruhm, womit sie die Heimat umkränzten,
während das Todesgewölk düster sie selber verhüllt.
Doch sie sind tot nicht, die Toten: im schimmernden Glanze der
schweben sie wieder empor aus der Persephone Haus. [Mannheit

Simonides

Ein gleiches

Sie, die dem Tode ins Antlitz geschaut, erhielten kein Denkmal
wie ein andrer: hier ward Mannheit der Mannheit zuteil.

Antipatros von Sidon

Ein gleiches

Ist ein rühmliches Sterben der herrlichste Lohn für den Tapfern,
uns unter allen dann hat freundlich ein Stern ihn geschenkt:
Da wir um Hellas den Kranz der Freiheit zu winden uns mühten,
sanken wir hier mit des Ruhms ewiger Krone ins Grab.

Simonides

254. ΣΙΜΩΝΙΔΟΥ

Χαίρετ', ἀριστῆες πολέμου μέγα κῦδος ἔχοντες,
κοῦροι Ἀθηναίων ἔξοχοι ἱπποσύνᾳ,
οἵ ποτε καλλιχόρου περὶ πατρίδος ὠλέσαθ' ἥβην
πλείστοις Ἑλλάνων ἀντία μαρνάμενοι.

Pl IIIa 5,24 f. 31r; GV 14 [valde mutilatum]. – 2 ἔξοσχοι P¹ // ἱπποσύνῃ P Pl -νη P¹ 4 Ἑλλάνων P Ἑλλήν- Pl del. in lap. // μαχόμενοι P¹.

254 b. ΣΙΜΩΝΙΔΟΥ

Κρὴς γενεὰν Βρόταχος Γορτύνιος ἐνθάδε κεῖμαι
οὐ κατὰ τοῦτ' ἐλθών, ἀλλὰ κατ' ἐμπορίαν.

In marg. sup. scrips. c 2 ἐμπορίαν Schneidewin -ίην.

255. ΑΙΣΧΥΛΟΥ

Κυανέη καὶ τούσδε μενεγχέας ὤλεσεν ἄνδρας
Μοῖρα πολύρρηνον πατρίδα ῥυομένους.
ζωὸν δὲ φθιμένων πέλεται κλέος, οἵ ποτε γυίοις
τλήμονες Ὀσσαίαν ἀμφιέσαντο κόνιν.

l: εἰς ἑτέρους προμάχους Θεσσαλῶν. – Pl IIIa 5,25 f. 31r. – 3 ζωοὶ c.

256. ΠΛΑΤΩΝΟΣ

Οἵδε ποτ' Αἰγαίοιο βαρύβρομον οἶδμα λιπόντες
Ἐκβατάνων πεδίῳ κείμεθ' ἐνὶ μεσάτῳ.
χαῖρε, κλυτή ποτε πατρὶς Ἐρέτρια· χαίρετ', Ἀθῆναι,
γείτονες Εὐβοίης· χαῖρε, θάλασσα φίλη.

Pl IIIa 5,28 f. 31v; Philostr. vit. Apoll. 1,24. – Tit. om. Phil. 1 οἱ δὲ c // βαθύρροον οἱ. πλέοντες Phil. 2 κείμεθα ἐν c.

257. ΑΔΗΛΟΝ

Παῖδες Ἀθηναίων Περσῶν στρατὸν ἐξολέσαντες
ἤρκεσαν ἀργαλέην πατρίδι δουλοσύνην.

Pl IIIa 5,26 f. 31r; Schol. Aristid. 13,126 et 132. – Simonidi trib. Schol. 132 2 πατρίδα P¹ // δουλοσύνην Pl -νας c [primo] -ναν P¹ c [post] Schol.

Athenische Reiter

Heil euch, ihr tapferen Männer im strahlenden Kriegsruhm, ihr Söhne
des athenischen Volks, herrliche Reiter im Kampf,
die ihr die Jugend verhaucht für der Heimat prächtige Räume,
als ihr dem mächtigen Heer vieler Hellenen getrotzt.

Simonides

Kaufmann Brotachos

Brotachos, Kreter aus Gortyn, hier lieg ich im Grabe, doch kam ich
nicht zu solch einem Zweck, sondern zum Handel hierher.

Simonides

Grab am Ossa

Die mit dem Speere die Heimat, die herdengesegnete, schützten,
Moiras finsterer Sinn raffte auch diese dahin.
Er aber lebt, der Ruhm der Toten, die duldenden Mutes
hier in des Ossas Staub einstmals die Glieder gehüllt.

Aischylos

Von Persern verschleppt

Wir verließen dereinst der Ägäis donnernde Woge,
und bei Ekbatana nun liegen wir mitten im Land.
Edle eretrische Heimat, fahr wohl! Fahr wohl auch, Euboias
Nachbar Athen! Fahr wohl, du unsre Liebe – o Meer!

Platon

Marathon

Hier haben Söhne Athens die Scharen der Perser vernichtet
und vom heimischen Land bittre Versklavung gewehrt.

Anonym

258. [ΣΙΜΩΝΙΔΟΥ]

Οἵδε παρ' Εὐρυμέδοντά ποτ' ἀγλαὸν ὤλεσαν ἥβην
μαρνάμενοι Μήδων τοξοφόρων προμάχοις
αἰχμηταί, πεζοί τε καὶ ὠκυπόρων ἐπὶ νηῶν·
κάλλιστον δ' ἀρετῆς μνῆμ' ἔλιπον φθίμενοι.

Pl IIIa 5,27 f.31r. – 1 οἶδε c // Εὐρυμέδοντί Pl // ἀγλαὰν P // ἥβαν c 3 αἰχμηταῖς P.

259. ΠΛΑΤΩΝΟΣ

Εὐβοίης γένος ἐσμὲν Ἐρετρικόν, ἄγχι δὲ Σούσων
κείμεθα· φεῦ, γαίης ὅσσον ἀφ' ἡμετέρης.

Pl IIIa 5,29 f.31v; Diog. L. 3,33; Suid. s. Ἱππίας; Schol. in Hermog. 7,1. – Tit. om. Pl 1 Εὐβοέων Suid. Schol. // εἰμὲν Sch. ἦμεν Diog. 2 αἴας Sch. // τόσσον Diog. Sch. // ἡμετέρας Sch.

260. ΚΑΡΦΥΛΛΙΔΟΥ

Μὴ μέμψῃ παριὼν τὰ μνήματά μου, παροδῖτα·
οὐδὲν ἔχω θρήνων ἄξιον οὐδὲ θανών.
τέκνων τέκνα λέλοιπα· μιῆς ἀπέλαυσα γυναικὸς
συγγήρου· τρισσοῖς παισὶν ἔδωκα γάμους,
ἐξ ὧν πολλάκι παῖδας ἐμοῖς ἐνεκοίμισα κόλποις,
οὐδενὸς οἰμώξας οὐ νόσον, οὐ θάνατον·
οἵ με κατασπείσαντες ἀπήμονα τὸν γλυκὺν ὕπνον
κοιμᾶσθαι χώρην πέμψαν ἐπ' εὐσεβέων.

Pl IIIa 1,6 f.30r. – Tit.: Καφυλίδου (!) Pl 7 Ἀπήμονα Peek.

261. ΔΙΟΤΙΜΟΥ

Τί πλέον εἰς ὠδῖνα πονεῖν, τί δὲ τέκνα τεκέσθαι,
ἢ τέκοι εἰ μέλλει παιδὸς ὁρᾶν θάνατον;
ἠιθέῳ γὰρ σῆμα Βιάνορι χεύατο μήτηρ·
ἔπρεπε δ' ἐκ παιδὸς μητέρα τοῦδε τυχεῖν.

Pl IIIa 27,1 f.41v. – 2 ἢ Hecker μὴ // μέλλει Jac. -λοι 3 σᾶμα P // Βιάνορι: ρ ex ν (?) P.

Schlacht am Eurymedon

Am Eurymedon ließen hier diese ihr blühendes Leben,
als sie im Kampfe das Heer medischer Schützen zu Land
wie auf den hurtigen Schiffen mit sausenden Speeren bezwangen.
Doch ein strahlendes Mal gab ihrem Mute der Tod.

[*Simonides*]

Von Persern verschleppt

Aus Eretria sind wir, der Stadt auf Euboia, und liegen
nahe bei Susa, so fern, ach, von der heimischen Flur.

Platon

Glücklich im Leben und Tod

Klage nicht, wenn du an meinem Gedenkstein vorbeigehst, o Wandrer!
Ob ich auch tot bin, es ist nichts zu bejammern an mir.
Kinder von Kindern ließ ich zurück; ein Weib nur besaß ich,
das mit mir alt ward, und drei Söhnen gewann ich ein Weib.
Oftmals habe ich auch auf den Knien gewiegt ihre Kinder,
und durch Krankheit und Tod hat mich kein einzger betrübt.
Opfernd gedachten sie dann meiner glücklichen Seele und sandten
schließlich zu friedlichem Schlaf mich in der Seligen Land.

Karphyllides

Der junge Bianor

Wozu Wehen noch dulden und Kinder zum Leben gebären,
wenn die Mutter dem Kind doch in die Grube muß sehn?
Sieh, hier häufte die Mutter dem jungen Bianor den Hügel.
Mußte der Mutter das Grab nicht von dem Sohne erstehn?

Diotimos (von Athen?)

262. [ΘΕΟΚΡΙΤΟΥ ΒΟΥΚΟΛΙΚΟΥ]

Αὐδήσει τὸ γράμμα, τί σᾶμά τε καὶ τίς ὑπ' αὐτῷ·
„Γλαύκης εἰμὶ τάφος τῆς ὀνομαζομένης."

l: εἰς Γλαύκην κόρην ἑταίραν οὖσαν. – Theocr. Ep. 23 (Gallavotti). – **1** αὐδήσες P ει suprascr. c // σῆμα Hiller σᾶμα // αὐτῷ c -ῶν P[1].

263. ΑΝΑΚΡΕΟΝΤΟΣ ΤΗΙΟΥ

Καὶ σέ, Κλεηνορίδη, πόθος ὤλεσε πατρίδος αἴης
θαρσήσαντα Νότου λαίλαπι χειμερίῃ.
ὥρη γάρ σε πέδησεν ἀνέγγυος, ὑγρὰ δὲ τὴν σὴν
κύματ' ἀφ' ἱμερτὴν ἔκλυσεν ἡλικίην.

Pl III[a] 19,1 f. 36[r]. – Tit.: gent. om. Pl **2** θαρσήσαντι P **3** ἀνέγκυος P **4** ἀμφ' Pl.

264. ΛΕΩΝΙΔΟΥ

Εἴη ποντοπόρῳ πλόος οὔριος· ἢν δ' ἄρ' ἀήτης,
ὡς ἐμέ, τοῖς Ἀίδεω προσπελάσῃ λιμέσι,
μεμφέσθω μὴ λαῖτμα κακόξενον, ἀλλ' ἕο τόλμαν,
ὅστις ἀφ' ἡμετέρου πείσματ' ἔλυσε τάφου.

Pl III[a] 19,2 f. 36[r]. – **1** ἣν (?) P[1] // ἀίτης Pl **2** ὡς ex σως et ἀίδεῳ P // λιμέσιν c.

265. ΠΛΑΤΩΝΟΣ

Ναυηγοῦ τάφος εἰμί, ὁ δ' ἀντίον ἐστὶ γεωργοῦ·
ὡς ἁλὶ καὶ γαίῃ ξυνὸς ὕπεστ' Ἀίδης.

Pl III[a] 19,3 f. 36[r]. – **1** ὅ Pl **2** γαίῃ: α ex η Pl.

266. ΛΕΩΝΙΔΟΥ

Ναυηγοῦ τάφος εἰμὶ Διοκλέος· οἱ δ' ἀνάγονται,
φεῦ τόλμης, ἀπ' ἐμεῦ πείσματα λυσάμενοι.

Pl III[a] 19,4 f. 36[r]. – **1** οἵ P Pl **2** ἐμεῦ nos ἐμοῦ.

Glauke

Kundtun wird es der Spruch, welch Mal dies und wen es bedeckt hält:
„Die man Glauke genannt, berg ich hier unten im Grab."

[*Theokrit der Bukoliker*]

Schiffbrüchig

Dir auch brachte den Tod, Kleanorides, Liebe zur Heimat,
da du dem Südwind getrotzt, winterlich brausendem Sturm.
Trügliche Jahreszeit brachte dich um, und es spülten die feuchten
Wogen der See dir den Hauch lieblicher Jugend hinweg.

Anakreon von Teos

Ein gleiches

Glück und günstigen Wind zur Fahrt auf dem Meere! Doch wenn dich
Sturmwind, wie mich, in den Port drunten zu Hades verschlägt,
fluch nicht der Ungastlichkeit des Meeres, verfluche die Kühnheit,
daß du das haltende Tau von meinem Grabstein gelöst.

Leonidas von Tarent

Ein gleiches

Eines Gestrandeten Grab! Und ein Landmann schlummert daneben:
Siehe, Landen und Meer ist er gemeinsam, der Tod.

Platon

Ein gleiches

Bin des gescheiterten Diokles Grab. Doch lösen von meinem
Grabstein noch Schiffer das Tau, Kecke, und fahren ins Meer.

Leonidas von Tarent

267. ΠΟΣΕΙΔΙΠΠΟΥ

Ναυτίλοι, ἐγγὺς ἁλὸς τί με θάπτετε; πολλὸν ἄνευθε
χῶσαι ναυηγοῦ τλήμονα τύμβον ἔδει.
φρίσσω κύματος ἦχον, ἐμὸν μόρον. ἀλλὰ καὶ οὕτως
χαίρετε, Νικήτην οἵτινες οἰκτίσατε.

Pl IIIa 19,5 f.36r. – 1 ἄνευθεν Pl 2 τύμβον ex τάφον (?) Pl 3 ἐμοί P[1] // αὔτως P 4 χαίνετε P[1] // οἰκτίσατε Wil. -ίρετε P οἰκτέρ- Pl.

268. ΠΛΑΤΩΝΟΣ

Ναυηγόν με δέδορκας· ὃν ἡ κτείνασα θάλασσα
γυμνῶσαι πυμάτου φάρεος ᾐδέσατο,
ἄνθρωπος παλάμῃσιν ἀταρβήτοις μ' ἀπέδυσε,
τόσσον ἄγος τόσσου κέρδεος ἀράμενος.
κεῖνο καὶ ἐνδύσαιτο καὶ εἰς Ἀίδαο φέροιτο,
καί μιν ἴδοι Μίνως τοὐμὸν ἔχοντα ῥάκος.

Pl IIIa 19,6 f.36v; E 52. – 1 ὃν οἰκτείρασα P 3 ἀταρβήταις E 4 τόσσου ἄ. P[1] // τόσσον κ. E 5 καὶ[1] Schneidewin κεν // εἰς E εἰν cet. 6 μιῶ στου μὸν P[1] // ῥάκος P[1] φάρος cet.

269. ΤΟΥ ΑΥΤΟΥ ΠΛΑΤΩΝΟΣ

Πλωτῆρες, σῴζοισθε καὶ εἰν ἁλὶ καὶ κατὰ γαῖαν·
ἴστε δὲ ναυηγοῦ σῆμα παρερχόμενοι.

Pl IIIa 19,7 f.36v; E 53. – Tit. om. E 2 σῶμα E.

270. ΣΙΜΩΝΙΔΟΥ

Τούσδε ποτ' ἐκ Σπάρτας ἀκροθίνια Φοίβῳ ἄγοντας
ἓν πέλαγος, μία νύξ, ἓν σκάφος ἐκτέρισεν.

Pl IIIa 19,8 f.36v. – 1 ἀκροθήνια Φοῖβ' ἀγαγόντας P.

Ein gleiches

Schiffer, weswegen begrabt ihr so nah mich am Meere? Landeinwärts
müßte das traurige Grab eines Gescheiterten stehn.
Schaudernd hör ich das Rollen der Wogen, die mich getötet.
Dennoch – habt Dank denn dafür, daß euch Niketas erbarmt.

Poseidippos

Ein gleiches

Sieh, ein Gescheiterter bin ich; doch die mich getötet, die Meerflut,
ließ mir in ziemender Scheu doch noch das letzte Gewand.
Aber mit räubrischer Hand hat's frevelnd ein Mensch mir entrissen,
der um den kleinen Gewinn groß sich mit Sünde belud.
Mag er, mit diesem bekleidet, zum Hades hernieder denn fahren,
daß ihn Minos im Schmuck meines Gewandes erblickt.

Platon

Ein gleiches

Schiffer, viel Glück zu Lande und Meer! Doch wisset, ihr fahrt hier
an dem Grabe und Mal eines Gescheiterten hin.

Platon

Ein gleiches

Diese, die Phoibos den Zehnten der Beute von Sparta einst brachten,
haben e i n Meer, e i n e Nacht wie auch e i n Schiff nun als Grab.

Simonides

271. ΚΑΛΛΙΜΑΧΟΥ

Ὤφελε μηδ᾽ ἐγένοντο θοαὶ νέες· οὐ γὰρ ἂν ἡμεῖς
 παῖδα Διοκλείδου Σώπολιν ἐστένομεν·
νῦν δ᾽ ὁ μὲν εἰν ἁλί που φέρεται νέκυς, ἀντὶ δ᾽ ἐκείνου
 οὔνομα καὶ κενεὸν σῆμα παρερχόμεθα.

Pl III^a 19,9 f. 36^v. – **1** ... νέες Schol. Ven. ad Il. 1,415; Schol. Eur. ad Med. 2; Schol. Arist. ad Nub. 41; Etym. M. s. ὄφελες; Matrang. An. 2,431 // νῆες Et. **4** σῆμα Brunck σᾶμα.

272. ΤΟΥ ΑΥΤΟΥ ΚΑΛΛΙΜΑΧΟΥ

Νάξιος οὐκ ἐπὶ γῆς ἔθανεν Λύκος, ἀλλ᾽ ἐνὶ πόντῳ
 ναῦν ἅμα καὶ ψυχὴν εἶδεν ἀπολλυμένην,
ἔμπορος Αἰγίνηθεν ὅτ᾽ ἔπλεε. χὠ μὲν ἐν ὑγρῇ
 νεκρός, ἐγὼ δ᾽ ἄλλως οὔνομα τύμβος ἔχων
κηρύσσω πανάληθες ἔπος τόδε· „Φεῦγε θαλάσσῃ
 συμμίσγειν Ἐρίφων, ναυτίλε, δυομένων.“

Pl III^a 19,10 f. 36^v. – **1** θάνεν P **3** ἔπλεεν P **4** ἔχων c Pl ἔχω P^1 **5–6** ut peculiare ep. habet P; signo et clausulae et initiali eraso ἄδηλον add. c, nov. lemma l **6** δυσμενέων P^1.

273. ΛΕΩΝΙΔΟΥ

Εὔρου με τρηχεῖα καὶ αἰπήεσσα καταιγὶς
 καὶ νὺξ καὶ δνοφερῆς κύματα πανδυσίης
ἔβλαψ᾽ Ὠρίωνος· ἀπώλισθον δὲ βίοιο
 Κάλλαισχρος, Λιβυκοῦ μέσσα θέων πελάγευς.
κἀγὼ μὲν πόντῳ δινεύμενος ἰχθύσι κύρμα
 οἴχημαι· ψεύστης δ᾽ οὗτος ἔπεστι λίθος.

Pl III^a 19,11 f. 36^v. – **1** ηἰπήεσσα P^1 **2** καί^2 om. P // πανσυδίης P^1 **3** ἀπώλισθεν P^1 **4** πλέων P^1 **6** οἴχευμαι P // ὕπεστι P^1.

274. ΟΝΕΣΤΟΥ ΒΥΖΑΝΤΙΟΥ

Οὔνομα κηρύσσω Τιμοκλέος εἰς ἅλα πικρὴν
 πάντῃ σκεπτομένη, ποῦ ποτ᾽ ἄρ᾽ ἐστὶ νέκυς.
αἰαῖ, τὸν δ᾽ ἤδη φάγον ἰχθύες, ἡ δὲ περισσὴ
 πέτρος ἐγὼ τὸ μάτην γράμμα τυπωθὲν ἔχω.

Pl III^b 19,7 f. 93^v. – **2** σκεπτόμενος P^1 **4** τυπωθὲν Pl τυρωθ- P^1 τορευθ- c.

Ein gleiches

Hätte es eilende Schiffe doch niemals gegeben! Dann trügen
wir um den Sohn Diokleids Sopolis heute nicht Leid.
Siehe, nun treibt er im Meer als Leichnam, wir aber gehen
nur an dem leeren Grab und seinem Namen vorbei.

Kallimachos

Ein gleiches

Nicht auf dem Lande ist Lykos von Naxos gestorben, im Meere
ging ihm sein Leben zugleich mit seinem Schiffe zugrund,
als von Aigina mit Waren er fuhr; nun treibt er im feuchten
Wasser als Leiche. Doch ich, nur nach dem Namen ein Grab,
künde ein Wort, das wahr, sehr wahr ist: Gehen die Böckchen,
Schiffer, zur Rüste, dann laß nie mit dem Meere dich ein.

Kallimachos

Ein gleiches

Euros' jähe, gewaltige Bö, die Nacht und die Woge,
die sich dunkel erhebt, wenn der Orion sich senkt,
brachten den Tod mir. Ich war Kallaischros. Mein Leben verlor ich,
als ich der libyschen See hohe Gewässer durchfuhr.
Jetzt noch treib ich dahin, gewirbelt vom Meere, und diene
rings den Fischen zum Fraß. Falsch ist der Stein hier, er lügt.

Leonidas von Tarent

Ein gleiches

Timokles' Namen verkünd ich und spähe nach sämtlichen Richten
über das salzige Meer, wo seine Leiche wohl sei.
Aber ihn fraßen bereits die Fische. Ein unnützer Marmor
bin ich und trag eine Schrift, die man vergebens gemacht.

Honestos von Byzanz

275. ΓΑΙΤΟΥΛΙΚΟΥ

Ἁ Πέλοπος νᾶσος καὶ δύσπλοος ὤλεσε Κρήτα
καὶ Μαλέου τυφλαὶ καμπτομένου σπιλάδες
Δάμιδος Ἀστυδάμαντα Κυδώνιον. ἀλλ' ὁ μὲν ἤδη
ἔπλησεν θηρῶν νηδύας εἰναλίων,
τὸν ψεύσταν δέ με τύμβον ἐπὶ χθονὶ θέντο. τί θαῦμα,
Κρῆτες ὅπου ψεῦσται καὶ Διός ἐστι τάφος;

Pl III^{a} 19,12 f.36^{v}. – Tit.: Γαιτούλλου P γέτου λίκου Pl **1** Πέλοπος νᾶσος P^1 Πελοπόννα- c -ννησος Pl // Κρῆτα P Pl [primo] **5** τί θαῦμα c Pl om. P^1.

276. ΗΓΗΣΙΠΠΟΥ

Ἐξ ἁλὸς ἡμίβρωτον ἀνηνέγκαντο σαγηνεῖς
ἄνδρα, πολύκλαυτον ναυτιλίης σκύβαλον·
κέρδεα δ' οὐκ ἐδίωξαν, ἃ μὴ θέμις, ἀλλὰ σὺν αὐτοῖς
ἰχθύσι τῇδ' ὀλίγῃ θῆκαν ὑπὸ ψαμάθῳ.
ὦ χθών, τὸν ναυηγὸν ἔχεις ὅλον· ἀντὶ δὲ λοιπῆς
σαρκὸς τοὺς σαρκῶν γευσαμένους ἐπέχεις.

1 σαγηνεῖς Bouhier σιγ- **5–6** ut peculiare ep. hab. P; signo et clausulae et initiali eraso ἄδηλον add. c, nov. lemma l // χθών Bouh. χθόν // λοιπῆς Dorville λοίμης **6** τοὺς Bouh. τοῖς.

277. ΚΑΛΛΙΜΑΧΟΥ

Τίς, ξένος ὦ ναυηγέ; Λεόντιχος ἐνθάδε νεκρὸν
εὗρεν ἐπ' αἰγιαλοῦ, χῶσε δὲ τῷδε τάφῳ
δακρύσας ἐπίκηρον ἑὸν βίον· οὐδὲ γὰρ αὐτὸς
ἥσυχος, αἰθυίῃ δ' ἶσα θαλασσοπορεῖ.

2 εὗρέ μ' Agar -ρεν // αἰγιαλοῦ Hecker -λούς // χῶσε δὲ c χώσετε P^1 **3** δακρύσας δ' P^1 **4** ἥσυχος Hemsterhuys -ον // αἰθύῃ P^1.

Ein gleiches

Die verborgenen Klippen der zackigen Malea, Pelops'
Insel und Kreta, das stets Schiffer und Schiffe bedroht,
ließen des Damis Sohn, den Kydoner Astydamas, scheitern.
Längst schon hat er des Meers Tieren die Leiber gefüllt,
mich aber bauten sie lügend als Gruft auf dem Lande. Kein Wunder!
Kreter sind Lügner; und ist dort nicht ein Grab auch für Zeus?

Gätulicus I.

Ein gleiches

Fischer zogen im Meer einen halb schon zerfressenen Leichnam,
das armselige Wrack eines Gestrandeten, hoch.
Aber sie mochten ihn nicht, den gräßlichen Netzfang; so gruben
samt den Fischen sie ihn leicht in der Düne hier ein.
Erde, du hast den Gescheiterten ganz: Du deckst auch die Fische,
die, was fehlt an dem Fleisch, ihm von dem Fleische verzehrt.

Hegesippos

Ein gleiches

Fremder, im Schiffbruch Ertrunkner, wer bist du? Leontichos fand
tot am Gestade, er hat hier dir den Hügel gehäuft [dich
und beweinte sein eignes gefahrvolles Leben. Auch er kommt
niemals zur Ruhe und fährt möwengleich über die See.

Kallimachos

278. ΑΡΧΙΟΥ ΒΥΖΑΝΤΙΟΥ

Οὐδὲ νέκυς, ναυηγὸς ἐπὶ χθόνα Θῆρις ἐλασθεὶς
κύμασιν ἀγρύπνων λήσομαι ἠιόνων.
ἦ γὰρ ἁλιρρήκτοις ὑπὸ δειράσιν, ἀγχόθι πόντου
δυσμενέος, ξείνου χερσὶν ἔκυρσα τάφου·
αἰεὶ δὲ βρομέοντα, καὶ ἐν νεκύεσσι, θαλάσσης
ὁ τλήμων ἀίω δοῦπον ἀπεχθόμενον.
μόχθων οὐδ' 'Αίδης με κατεύνασεν, ἡνίκα μοῦνος
οὐδὲ θανὼν λείῃ κέκλιμαι ἡσυχίῃ.

Pl III^{b} 19,25 f. 94^{v}. – Tit.: gent. om. Pl **1** Θῆρις Pl θηρσὶν P **3** ὑπὸ δ. P ποτὶ χοιράσιν Pl **4** ξείνων Pl // ἔκυρσε (?) P^{1} **6** ἐπερχό- Pl **7–8** ut novum ep. notat l // δ' οὐδ' Pl // κατέναυσεν P **8** λείῃ Pl τελείη ex λείη P [A ipse].

279. ΑΔΗΛΟΝ

Παῦσαι νηὸς ἐρετμὰ καὶ ἔμβολα τῷδ' ἐπὶ τύμβῳ
αἰὲν ἔτι ψυχρῇ ζωγραφέων σποδιῇ.
ναυηγοῦ τὸ μνῆμα. τί τῆς ἐν κύμασι λώβης
αὖθις ἀναμνῆσαι τὸν κατὰ γῆς ἐθέλεις;

Pl III^{a} 19,13 f. 36^{v}. – **2** ἔτι Waltz ἐπι **3** ναυηγοῖο Pl // ἐνὶ Pl.

280. ΙΣΙΔΩΡΟΥ ΑΙΓΕΑΤΟΥ

Τὸ χῶμα τύμβος ἐστίν. ἀλλὰ τὼ βόε
ἐπίσχες, οὗτος, τὰν ὕνιν τ' ἀνάσπασον·
κινεῖς σποδὸν γάρ· ἐς δὲ τοιαύταν κόνιν
μὴ σπέρμα πυρῶν, ἀλλὰ χεῦε δάκρυα.

Pl III^{a} 19,14 f. 36^{v}. – **1** ἐστίν JPl -τί P^{1} // τῷ P **2** οὕτως P^{1} // τὴν Pl // ἱενιν P^{1} // τ' om. P^{1} **3** κινεῖς : κόνιν vel κεῖνος P^{1} // τοιαύτην Pl **4** χεῦς (?) P^{1}.

281. ΗΡΑΚΛΕΙΔΟΥ

῎Απισχ', ἄπισχε χεῖρας, ὦ γεωπόνε,
μηδ' ἀμφίταμνε τὰν ἐν ἠρίῳ κόνιν.
αὐτὰ κέκλαυται βῶλος· ἐκ κεκλαυσμένας δ'
οὔτοι κοματὸς ἀναθαλήσεται στάχυς.

Pl III^{b} 19,2 f. 93^{v}. – **3** κεκλαυμένας c **4** κοματὸς Pl κόματος c κάματος ex κόμ- P^{1} // -θαλύσεται P // στάχυν P^{1}.

Ein gleiches

Theris hieß ich, ich ward nach dem Schiffbruch zum Strande getrieben,
doch auch im Tode gewährt mir das Gestade nicht Ruh.
Denn an dem feindlichen Meer unter wogenbrechenden Felsen
hat eines Fremdlings Hand mir eine Grube bestellt.
Immer noch, auch unter Toten, vernehme ich Armer das wilde,
brausende Tosen der See, das mir aufs tiefste verhaßt.
Ach, selbst Hades wiegte mein Leid nicht in Schlummer, als einzger
lieg ich im Tode auch noch ohne erquickenden Schlaf.

Archias von Byzanz

Ein gleiches

Laß doch! Male nicht stets auf dieses Grab noch, das kühle
Totenasche umhüllt, Ruder und Sporn von dem Schiff.
Ein Gescheiterter liegt hier. Was willst du, daß unter der Erde
er an das Böse noch denkt, das er vom Meere erfuhr?

Anonym

Grab als Acker

Ein Grab ist diese Erde. Freund, o halte denn
das Joch der Rinder an und zieh den Pflug zurück.
Denn Asche wühlst du auf, sieh, und in solchen Staub
streu statt der Weizenkörner lieber Tränen ein.

Isidoros von Aigeiai

Ein gleiches

Zurück, zurück mit deinen Händen, Bauersmann,
und wühle nicht die Erde auf an diesem Grab.
Von Tränen ist die Scholle feucht, und Tränenland
treibt niemals einen Ährenhalm ans Licht empor.

Herakleides von Sinope

282. ΘΕΟΔΩΡΙΔΟΥ

Ναυηγοῦ τάφος εἰμί· σὺ δὲ πλέε· καὶ γὰρ ὅθ' ἡμεῖς
ὠλλύμεθ', αἱ λοιπαὶ νῆες ἐποντοπόρουν.

Pl III b 19,26 f. 94 v. – Tit.: Ἀντιπάτρου Pl 2 ὠλλύμεθ' Pl ὀλλόμ- c ἀλλεμ- (?) P[1] // νήεσι ποντοπόροις P[1].

283. ΛΕΩΝΙΔΟΥ

Τετρηχυῖα θάλασσα, τί μ' οὐκ οἰζυρὰ παθόντα
τηλόσ' ἀπὸ ψιλῆς ἔπτυσας ἠιόνος,
ὡς σεῦ μηδ' Ἀίδαο κακὴν ἐπιειμένος ἀχλὺν
Φυλεὺς Ἀμφιμένευς ἆσσον ἐγειτόνεον;

Pl III b 19,20 f. 94 r. – 1 τετρηχυίαν P[1] 2 ψηλῆς P 3 ὅσσευ P[1] 4 Φυλεὺς Meineke Φιλλεύς.

284. ΑΣΚΛΗΠΙΑΔΟΥ

Ὀκτώ μευ πήχεις ἄπεχε, τρηχεῖα θάλασσα,
καὶ κύμαινε βόα θ', ἡλίκα σοι δύναμις·
ἢν δὲ τὸν Εὐμάρεω καθέλῃς τάφον, ἄλλο μὲν οὐδὲν
κρήγυον, εὑρήσεις δ' ὀστέα καὶ σποδιήν.

Pl III b 19,21 f. 94 v. – 2 κυμαίνει P[1] 3 ἦν P[1] // Εὐμάρεῳ P 4 εὐνήσεις P[1].

285. ΓΛΑΥΚΟΥ ΝΙΚΟΠΟΛΙΤΟΥ

Οὐ κόνις οὐδ' ὀλίγον πέτρης βάρος, ἀλλ' Ἐρασίππου,
ἣν ἐσορᾷς, αὕτη πᾶσα θάλασσα τάφος·
ὤλετο γὰρ σὺν νηί· τὰ δ' ὀστέα ποῦ ποτ' ἐκείνου
πύθεται, αἰθυίαις γνωστὰ μόναις ἐνέπειν.

Pl III b 19,3 f. 93 v. – Tit.: gent. om. Pl 1 πέτρας Pl 3 πού Pl.

Schiffbrüchig

Bin des Gescheiterten Grab. Doch du, fahr zu nur! Denn als wir
starben, zogen des Meers übrige Schiffe noch fort.

Theodoridas

Ein gleiches

Stürmische See, warum hast du mich nicht nach den traurigen Leiden
fern vom kahlen Gestad weit in die Lande gespien?
Denn dann brauchte ich, Phyleus, Amphimenes' Sohn, den das böse
Dunkel des Hades nun hüllt, nicht dir so nahe zu sein.

Leonidas von Tarent

Ein gleiches

Fort! Acht Ellen von mir, du tobende Meerflut! Dort magst du
schäumen und brüllen so viel, wie deine Kraft es erlaubt.
Willst du des Eumares Grab aber wirklich zerstören, du findest
nichts Besondres, es liegt Staub nur darin und Gebein.

Asklepiades

Ein gleiches

Nicht ein Häuflein von Steinen, nicht Erde, sondern der ganze
Ozean, den du hier siehst, bildet das Grab Erasipps.
Denn er versank mitsamt seinem Schiff, und wo sein Gebeine
heute vermodert, das ist nur noch den Möwen bekannt.

Glaukos von Nikopolis

286. ΑΝΤΙΠΑΤΡΟΥ ΘΕΣΣΑΛΟΝΙΚΕΩΣ

Δύσμορε Νικάνωρ, πολιῷ μεμαραμμένε πόντῳ,
κεῖσαι δὴ ξείνῃ γυμνὸς ἐπ' ἠιόνι
ἢ σύ γε πρὸς πέτρῃσι· τὰ δ' ὄλβια κεῖνα μέλαθρα
φροῦδ', ἀπὸ καὶ πάτρης ἐλπὶς ὄλωλε Τύρου.
οὐδὲ τί σε κτεάνων ἐρρύσατο· φεῦ, ἐλεεινέ,
ὤλεο μοχθήσας ἰχθύσι καὶ πελάγει.

Pl III b 19,4 f. 93 v. – Tit.: gent. om. Pl **1** Νικᾶνορ π. μεμορημένε Pl **3** πέτρῃσιν Pl [primo] **4** φροῦδά τε καὶ Pl φροῦδα P em. Sitzler // πάτρης Reiske πάσης.

287. ΑΝΤΙΠΑΤΡΟΥ

Καὶ νέκυν ἀπρήυντος ἀνιήσει με θάλασσα,
Λῦσιν ἐρημαίῃ κρυπτὸν ὑπὸ σπιλάδι,
στρηνὲς ἀεὶ φωνεῦσα παρ' οὔατι καὶ παρὰ κωφὸν
σῆμα. τί μ', ὤνθρωποι, τῇδε παρῳκίσατε,
ἣ πνοιῆς χήρωσε τὸν οὐκ ἐπὶ φορτίδι νηὶ
ἔμπορον, ἀλλ' ὀλίγης ναυτίλον εἰρεσίης
θηκαμένη ναυηγόν; ὁ δ' ἐκ πόντοιο ματεύων
ζωὴν ἐκ πόντου καὶ μόρον εἱλκυσάμην.

Pl III b 19,24 f. 94 v. – **3** στῆνες P[1] **5–8** ut peculiare ep. Dioscoridis notat l, reicit c **5** ἥ P[1] // ἐπὶ Schneider ἔτι.

288. ΤΟΥ ΑΥΤΟΥ ΑΝΤΙΠΑΤΡΟΥ

Οὐδετέρης ὅλος εἰμὶ θανὼν νέκυς, ἀλλὰ θάλασσα
καὶ χθὼν τὴν ἀπ' ἐμεῦ μοῖραν ἔχουσιν ἴσην.
σάρκα γὰρ ἐν πόντῳ φάγον ἰχθύες, ὀστέα δ' αὖτε
βέβρασται ψυχρῇ τῇδε παρ' ἠιόνι.

Pl III a 19,15 f. 36 v. – **3** σάρκα Pl σ. μὲν P.

Ein gleiches

Armer Nikanor, nun liegst du, beschmutzt und besudelt vom grauen
Wasser des schäumenden Meers, nackt wohl an fremdem Gestad
oder auf felsigem Riff. Dein stolzer Palast ist entschwunden,
fort deine Hoffnung, die Stadt Tyros noch wiederzusehn.
Ach, dich rettete nicht dein ganzer Reichtum, du starbest,
Ärmster, und hast für das Meer und für die Fische geschafft.

Antipatros von Thessalonike

Ein gleiches

Lysis hieß ich; ich ruhe hier unter dem einsamen Felsen,
doch die grausame See bringt noch im Tode mir Qual:
immer noch braust es mir wild am Ohr und am tauben Gedenkstein...
Menschen, sagt mir, warum habt ihr ans Meer mich gelegt,
das nicht den reichen Besitzer des Frachters, sondern den Herren
eines bescheidenen Kahns plötzlich zum Scheitern gebracht
und ihn des Odems beraubt? Im Meere sucht' ich mein Leben
zu erhalten, im Meer hab ich den Tod mir geholt.

Antipatros von Thessalonike

Ein gleiches

Keinem gehöre ich ganz als toter Körper: es haben
beide, so Erde wie Meer, treulich geteilt sich in mich.
Fische fraßen im Meere mein Fleisch, und meine Gebeine
spülten die Fluten sodann hier an das kühle Gestad.

Antipatros von Thessalonike

289. ΑΝΤΙΠΑΤΡΟΥ ΜΑΚΕΔΟΝΟΣ

Ἀνθέα τὸν ναυηγὸν ἐπὶ στόμα Πηνειοῖο
νυκτὸς ὑπὲρ βαιῆς νηξάμενον σανίδος
μούνιος ἐκ θάμνοιο θορὼν λύκος, ἄσκοπον ἄνδρα,
ἔκτανεν. ὦ γαίης κύματα πιστότερα.

Pl IIIa 19,16 f. 36v. – Tit.: τοῦ αὐτοῦ Pl [post ep. 288]. 1 Πηνεῖοιο P 3 μουνιὸς P Pl // ἐκ θαλάμοιο P[1] // λύκος om. P[1] 4 πιστότερα c πικρό- P[1] Pl.

290. ΣΤΑΤΥΛΛΙΟΥ ΦΛΑΚΚΟΥ

Λαίλαπα καὶ μανίην ὀλοῆς προφυγόντα θαλάσσης
ναυηγὸν Λιβυκαῖς κείμενον ἐν ψαμάθοις
οὐχ ἑκὰς ἠιόνων, πυμάτῳ βεβαρημένον ὕπνῳ,
γυμνόν, ἀπὸ στυγερῆς ὡς κάμε ναυφθορίης,
ἔκτανε λυγρὸς ἔχις. τί μάτην πρὸς κύματ' ἐμόχθει,
τὴν ἐπὶ γῆς σπεύδων μοῖραν ὀφειλομένην;

Pl IIIa 19,17 f. 36v. – Tit.: Τατυλίου Pl 6 σπεύδων Stadtm. φεύγων.

291. ΞΕΝΟΚΡΙΤΟΥ ΡΟΔΙΟΥ

Χαῖταί σου στάζουσιν ἔθ' ἁλμυρά, δύσμορε κούρη
ναυηγέ, φθιμένης εἰν ἁλί, Λυσιδίκη.
ἦ γὰρ ὀρινομένου πόντου δείσασα θαλάσσης
ὕβριν ὑπὲρ κοίλου δούρατος ἐξέπεσες.
καὶ σὸν μὲν φωνεῖ τάφος οὔνομα καὶ χθόνα Κύμην,
ὀστέα δὲ ψυχρῷ κλύζετ' ἐπ' αἰγιαλῷ,
πικρὸν Ἀριστομάχῳ γενέτῃ κακόν, ὅς σε κομίζων
ἐς γάμον οὔτε κόρην ἤγαγεν οὔτε νέκυν.

Pl IIIb 19,11 f. 94r. – Tit.: Ξενοκράτους Ῥ. c [primo] om. P[1], gent. om. Pl 1 δύσμορα P[1] // κούρα P 2 ναυηγοῦ Pl 3 ἣ P 4 -πεσε P[1] 5 Κύμην Salm. κύμμιν P Ταρσόν Pl 7-8 ut peculiare ep. hab. l.

Ein gleiches

An des Peneios Mündung ist Antheus nächtens gescheitert,
doch auf zerbrechlichem Brett schwamm er ans Ufer; da sprang
jäh aus dem Busche ein einsamer Wolf und riß ihn zu Tode.
O wieviel mehr als dem Land darf man den Wogen vertraun!

Antipatros von Thessalonike

Ein gleiches

Als ein Gescheiterter einst, dem Sturm und dem Rasen des grausen
Meeres entronnen, nicht fern von dem Gestade der See
nackt im libyschen Sand lag und dumpfer Schlaf ihn beschwerte,
da ihm des Schiffbruchs Not furchtbar die Kräfte erschöpft,
stach ihn die giftige Natter . . . Da rang er nun gegen die Wogen,
nur um zu Land in den Tod, der ihm verhängt war, zu gehn.

Statilius Flaccus

Ertrunken

Noch sind die Locken dir naß von der See, Lysidike, Ärmste,
die du ertrinkend im Meer, Mädchen, dein Leben verlorst.
Denn im Aufruhr der Flut, im rasenden Toben der Wogen
faßte dich Schwindel, und jäh fielst du vom bauchigen Schiff.
Ach, wohl kündet das Grab deinen Namen und Kyme, die Heimat,
doch am kalten Gestad spült dein Gebeine die Flut.
Schwer ist der Vater betrübt, Aristomachos, der dich zur Hochzeit
führen wollte und nicht lebend noch tot dich gebracht.

Xenokritos von Rhodos

292. ΘΕΩΝΟΣ ΑΛΕΞΑΝΔΡΕΩΣ

Ἀλκυόσιν, Ληναΐε, μέλεις τάχα· κωφὰ δὲ μήτηρ
μύρεθ' ὑπὲρ κρυεροῦ δυρομένη σε τάφου.

1 ἀλκυόσιν c 2 μύρετ' P^1 // κρυεροῦ Bouhier -οῖο // δυρομ- Jac. μυρ-.

293. ΙΣΙΔΩΡΟΥ ΑΙΓΕΑΤΟΥ

Οὐ χεῖμα Νικόφημον, οὐκ ἄστρων δύσις,
ἁλὸς Λιβύσσης κύματ' οὐ κατέκλυσεν,
ἀλλ' ἐν γαλήνῃ, φεῦ τάλας, ἀνηνέμῳ
πλόῳ πεδηθεὶς ἐφρύγη δίψευς ὕπο.
καὶ τοῦτ' ἀητέων ἔργον· ἆ πόσον κακὸν
ναύταισιν ἢ πνέοντες ἢ μεμυκότες.

Pl III^a 19,18 f. 36^v. – Tit.: gent. om. Pl 1 δύσεις P^1 2 Λιβήσσης P^1 // κύματ' οὐ Salm. κύματος 4 δίψης Pl 5 ἄπο σῶν (?) P^1 6 ἣ πν. P^1.

294. ΤΥΛΛΙΟΥ ΛΑΥΡΕΑ

Γρυνέα τὸν πρέσβυν, τὸν ἁλιτρύτου ἀπὸ κύμβης
ζῶντα, τὸν ἀγκίστροις καὶ μογέοντα λίνοις,
ἐκ δεινοῦ τρηχεῖα Νότου κατέδυσε θάλασσα,
ἔβρασε δ' ἐς κροκάλην πρώιον ἠιόνος,
χεῖρας ἀποβρωθέντα. τίς οὐ νόον ἰχθύσιν εἴποι
ἔμμεναι, οἳ μούνας, αἷς ὀλέκοντο, φάγον;

Pl III^a 19,19 f. 36^v. – Tit.: Τατυλλίου Λ. P Στατυλίου Pl em. Brunck 3 ἐκ om. P // τρηχεῖαν ὅτου P^1 4 εἰς Pl // ἠιόνος Huet -να 5 οὔνιον (?) P^1 6 οἱ P^1.

295. ΛΕΩΝΙΔΑ ΤΑΡΑΝΤΙΝΟΥ

Θῆριν τὸν τριγέροντα, τὸν εὐάγρων ἀπὸ κύρτων
ζῶντα, τὸν αἰθυίης πλείονα νηξάμενον,
ἰχθυοληιστῆρα, σαγηνέα, χηραμοδύτην,
οὐχὶ πολυσκάλμου πλώτορα ναυτιλίης,
ἔμπης οὔτ' Ἀρκτοῦρος ἀπώλεσεν, οὔτε καταιγὶς
ἤλασε τὰς πολλὰς τῶν ἐτέων δεκάδας·

Schiffbrüchig

Nur Halkyonen noch schauen nach dir wohl, Lenaios; doch schweigend
quält sich die Mutter und weint über dem schaurigen Grab.

Theon von Alexandria

Verdursteter Seemann

Kein Sturm, kein Sternenniedergang, kein libysch Meer
hat über Nikophem den nassen Tod gebracht;
bei stiller See, bei heitrem Wetter, als kein Hauch
das Schiff bewegt, erlag der Arme, ach, dem Durst:
Auch dies ein Werk des Windes. Welches Leid und Weh
schafft er den Schiffern, ob er aufbrüllt oder schweigt.

Isidoros von Aigeiai

Der Fischer

Gryneus, der Alte, der sich vom wogenzerstoßenen Kahne
nährte, hat stets sich um Netz und um die Angel bemüht.
Nun verschlang ihn beim stürmenden Süd die brausende Meerflut,
um ihn zum kiesigen Strand morgens zu werfen; ein Fraß
waren die Hände schon worden... Wer spricht wohl den Fischen Verstand ab,
die nur das eine zerstört, was sie ums Leben gebracht?

Tullius Laureas

Ein gleiches

Alt war Theris, uralt; er lebte von Reusen, die seine
Beute ihm wahrten, und schwamm besser als Möwen im Meer.
Richtiger Fischräuber war er, Netzwerfer, ein Höhlendurchstöbrer
und ein Schiffer, der nur wenig Geräte benutzt.
Aber er wurde kein Opfer Arkturs, auch hat seinen vielen
Lebensjahrzehnten kein Sturm jählings ein Ende gesetzt,

ἀλλ' ἔθαν' ἐν καλύβῃ σχοινίτιδι, λύχνος ὁποῖα,
 τῷ μακρῷ σβεσθεὶς ἐν χρόνῳ αὐτόματος.
σῆμα δὲ τοῦτ' οὐ παῖδες ἐφήρμοσαν οὐδ' ὁμόλεκτρος,
 ἀλλὰ συνεργατίνης ἰχθυβόλων θίασος.

*Pl III[a] 19,20 f. 36[v]. - Tit.: Λεωνίδου Pl **2** αἰθύης P[1] **3** ἰχθυσιλ- Salm. ἰχθύσι λ- **4** πολυσκ-: κ ex β P // ναυτιλίης: ι[1] ex ε vel ο P **7** ἔθαν' ἐν Steph. -νεν **8** σχρόνῳ P[1] **9** τῷδ' οὐ [ω ex ο vel ου] Pl τῷ τοῦ P[1] τούτου c // παιδὸς P[1].

296. [ΣΙΜΩΝΙΔΟΥ ΤΟΥ ΚΗΙΟΥ]

Ἐξ οὗ γ' Εὐρώπην Ἀσίας δίχα πόντος ἔνειμε
 καὶ πόλεμον λαῶν θοῦρος Ἄρης ἐφέπει,
οὐδαμά πω κάλλιον ἐπιχθονίων γένετ' ἀνδρῶν
 ἔργον ἐν ἠπείρῳ καὶ κατὰ πόντον ἅμα.
οἵδε γὰρ ἐν Κύπρῳ Μήδων πολλοὺς ὀλέσαντες
 Φοινίκων ἑκατὸν ναῦς ἕλον ἐν πελάγει
ἀνδρῶν πληθούσας· μέγα δ' ἔστεν⟨εν Ἀσὶς ὑπ' αὐτῶν⟩
 πληγεῖσ' ἀμφοτέραις χερσὶ κράτει πολέμου.

*l: εἰς τοὺς μετὰ Κίμωνος στρατευσαμένους ἐν Κύπρῳ Ἀθηναίους, ὅτε τὰς ρ' ναῦς τῶν Φοινίκων ἔλαβεν. - Diod. 11,62; Aristid. 46 et 49; Schol. Aristid. 3; Apost. 7,57a. - Simonidi trib. P Ar. 49 Schol. Ap. **1** Kaib. 768,1 // γ' P Diod. τ' cet. // -παν Ἀσίης unus P // ἔκρινε Ar. Schol. Ap. **2** πόλεμον λαῶν P πόλιας θνητῶν cet. // ἐπέχει Diod. **3** οὐδαμά P οὐδέν Diod. οὐδενί cet. // καλλίων P τοιοῦτον Diod. **4** εὔεργον ἐν (?) P[1] // ἅμα P Diod. ὁμοῦ cet. **5** Κύπρῳ P Diod. γαίῃ cet. **7** extr. om. P **8** ἀμφοτέρας P[1] // -ρᾳ χειρὶ Ar. 46.

297. ΠΟΛΥΣΤΡΑΤΟΥ

Τὸν μέγαν Ἀκροκόρινθον, Ἀχαιικὸν Ἑλλάδος ἄστρον
 καὶ διπλῆν Ἰσθμοῦ σύνδρομον ἠιόνα,
Λεύκιος ἐστυφέλιξε· δοριπτοίητα δὲ νεκρῶν
 ὀστέα σωρευθεὶς εἷς ἐπέχει σκόπελος.
τοὺς δὲ δόμον Πριάμοιο πυρὶ πρήσαντας Ἀχαιοὺς
 ἀκλαύστους κτερέων νόσφισαν Αἰνεάδαι.

Pl III[a] 19,21 f. 37[r] [Pl[a]], III[b] 4,6 f. 90[v] [Pl[b]]. - Tit. om. Pl[a] **1** Ἀχαϊκὸν Pl // ἄστρον: ο ex ω Pl **2** σύντροφον Pl[b] **3** ἐστυφέλιξε c [primo] -ξα P[1] Pl c [post] **6** Αἰακίδαι P[1].

sondern er starb in der Hütte aus Binsen, gleich einer Lampe,
die in der Länge der Zeit schließlich von selber erlischt.
Und dies Denkmal erbauten ihm weder die Frau noch die Kinder,
sondern die Innung, die auch fischte und schaffte wie er.

Leonidas von Tarent

Schlacht bei Zypern

Seit ein wogendes Meer Europa von Asien geschieden
und durch die Völker der Schritt Ares', des schnaubenden, geht,
ward kein schönerer Sieg von den Söhnen der Erde erstritten,
als sie zu Wasser ihn hier und auf dem Lande erkämpft.
Diese erschlugen bei Zypern unzählige Scharen der Meder,
hundert Schiffe zugleich, voll von phoinikischem Volk,
haben zur See sie gepackt. Doch Asia wurde an beiden
Händen getroffen und schrie auf vor der Härte des Kriegs.

[*Simonides von Keos*]

Zerstörung Korinths

Stern von Hellas, Korinthos, Achaias gewaltige Feste,
Kreuzweg am Isthmos, allwo doppelt der Strand sich erstreckt,
Lucius schlug es in Trümmer. Vom Speer sind die Leiber zerrissen,
und ein riesiger Berg faßt nun der Toten Gebein.
Die an des Priamos Haus einst Feuer gelegt, die Achaier,
ohne Tränen und Grab ließ sie Aineias' Geschlecht.

Polystratos

298. ΑΔΕΣΠΟΤΟΝ

Αἰαῖ, τοῦτο κάκιστον, ὅταν κλαίωσι θανόντα
νυμφίον ἢ νύμφην· ἡνίκα δ' ἀμφοτέρους,
Εὔπολιν ὡς ἀγαθήν τε Λυκαίνιον, ὧν ὑμέναιον
ἔσβεσεν ἐν πρώτῃ νυκτὶ πεσὼν θάλαμος,
οὐκ ἄλλῳ τόδε κῆδος ἰσόρροπον· ὡς σὺ μὲν υἱόν,
Νῖκι, σὺ δ' ἔκλαυσας, Εὔδικε, θυγατέρα.

Pl III b 20,1 f. 94 v – 3 Γλυκαίριον Pl // ὑμέναιος c 4 ἔσβη P 5 οὐκ ἄλλῳ Salm. οὐκ ἄλλος P οὐ καλῶς Pl // σὺ Bad. Ascens. ὁ 6 Νῖκι Scal. νικία.

299. ΝΙΚΟΜΑΧΟΥ

Ἅδ' ἔσθ', ἅδε Πλάταια (τί τοι λέγω;), ἅν ποτε σεισμὸς
ἐλθὼν ἐξαπίνας κάββαλε πανσυδίῃ·
λείφθη δ' αὖ μοῦνον τυτθὸν γένος· οἱ δὲ θανόντες
σᾶμ' ἐρατὰν πάτραν κείμεθ' ἐφεσσάμενοι.

1 ἔσθ' Holstein ἔστ' // ἄν P[1] 2 ἐξαπίνης c 3 νένος P[1] 4 πέτραν P[1] em. c.

300. ΣΙΜΩΝΙΔΟΥ

Ἐνθάδε Πυθώνακτα κασίγνητόν τε κέκευθε
γαῖ', ἐρατῆς ἥβης πρὶν τέλος ἄκρον ἰδεῖν.
μνῆμα δ' ἀποφθιμένοισι πατὴρ Μεγάριστος ἔθηκεν
ἀθάνατον θνητοῖς παισὶ χαριζόμενος.

Pl III b 25,1 f. 96 r. – 1 κασι γην κε κεύθει (?) P[1] κασιγνήτην τε κεκεύθει c Pl em. l 2 γᾶ Pl 3 μέγ' ἄριστος P -ον Pl em. Grotius 4 -ζόμενον P[1].

301. [ΤΟΥ ΑΥΤΟΥ ΣΙΜΩΝΙΔΟΥ]

Εὐκλέας αἶα κέκευθε, Λεωνίδα, οἳ μετὰ σεῖο
τῇδ' ἔθανον, Σπάρτης εὐρυχόρου βασιλεῦ,
πλείστων δὴ τόξων τε καὶ ὠκυπόδων σθένος ἵππων
Μηδείων τ' ἀνδρῶν δεξάμενοι πολέμῳ.

Pl III b 4,19 f. 91 r. – 1 -εᾶ γαῖα P 2 Σπάρτας Pl // βασιλεῖς P 4 τ' om. P // πόλεμον Pl.

Die Brautleute

Das ist ein furchtbarer Schmerz, wenn, ach, man den Tod des Verlobten
oder der Braut beweint; sterben sie beide jedoch,
wie die gute Lykainis und Eupolis, deren Vermählung
schon in der ersten Nacht stürzende Mauern verlöscht,
das ist ein Leid, dem ein zweites nicht gleicht. So, Eudikos, trauerst
du deiner Tochter und du, Nikis, dem Sohne nun nach.

Anonym

Platää

Das ist Platää nun! Das ...! Doch was sage ich? Das ist Platää,
das ein Erdbeben einst jäh und von Grund auf zerstört.
Nur ein Häuflein Bewohner blieb übrig ... Uns aber, den Toten,
bietet die teure Stadt als einen Denkstein — sich selbst.

Nikomachos

Die beiden Söhne

Erde umschließt hier Pythonax mitsamt seinem Bruder; sie starben,
ehe sie völlig das Ziel lieblicher Jugend erreicht.
Doch Megaristos, der Vater, gewährte den Toten ein Denkmal,
daß ein unsterblich Geschenk sterblichen Söhnen es sei.

Simonides

Die Thermopylenkämpfer

Ruhmvoll umhüllt sie die Erde, Leonidas, König von Spartas
räumigem, weitem Gefild, die hier gestorben mit dir.
Denn sie boten im Kampf mit medischen Männern der Pfeile
wimmelndem Schwarm und dem Braus stürmender Rosse die Stirn.

[*Simonides*]

302. ΣΙΜΩΝΙΔΟΥ

Τῶν αὑτοῦ τις ἕκαστος ἀπολλυμένων ἀνιᾶται·
Νικόδικον δὲ φίλοι καὶ πόλις ἥδε ποθεῖ.

Pl III b 1,1 f.90r. – **1** αὐτοῦ Pl **2** Νικόδημον P¹ // ποθεῖ Brunck πολή P¹ πολλή c Πόλη [urbs Istriae] Salm. om. Pl.

303. ΑΝΤΙΠΑΤΡΟΥ ΣΙΔΩΝΙΟΥ

Τὸν μικρὸν Κλεόδημον ἔτι ζώοντα γάλακτι,
ἴχνος ὑπὲρ τοίχων νηὸς ἐρεισάμενον,
ὁ Θρήιξ ἐτύμως Βορέης βάλεν εἰς ἁλὸς οἶδμα,
κῦμα δ' ἀπὸ ψυχὴν ἔσβεσε νηπιάχου.
Ἰνοῖ, ἀνοικτίρμων τις ἔφυς θεός, ἣ Μελικέρτεω
ἥλικος οὐκ Ἀίδην πικρὸν ἀπηλάσαο.

Pl III b 8,1 f.92r. – Tit.: gent. om. Pl **2** ἐρεισάμενον c Pl -ος P¹ **5** ἀν' οἰκτιρμον (?) et ἣ P¹ **6** ἀπηλάσαο c Pl -ατο P¹.

304. ΠΕΙΣΑΝΔΡΟΥ ΡΟΔΙΟΥ

Ἀνδρὶ μὲν Ἱππαίμων ὄνομ' ἦν, ἵππῳ δὲ Πόδαργος
καὶ κυνὶ Λήθαργος καὶ θεράποντι Βάβης·
Θεσσαλός, ἐκ Κρήτης, Μάγνης γένος, Αἵμονος υἱός·
ὤλετο δ' ἐν προμάχοις ὀξὺν Ἄρη συνάγων.

l: εἰς Ἱππαίμονα τὸν ἐκ Κρήτης Μάγνητα. – Pl III b 4,7 f.90v. – **1–2** Dio Chrys. 37, 39, Pollux 5,47, Eudoc. 96. – Tit.: gent. om. Pl **1** ὄνομ' om. Pl // ἵππων P¹ **2** θηραγρος P¹ Pl.

305. ΑΔΑΙΟΥ ΜΙΤΥΛΗΝΑΙΟΥ

Ὁ γριπεὺς Διότιμος, ὁ κύμασιν ὁλκάδα πιστὴν
κἠν χθονὶ τὴν αὐτὴν οἶκον ἔχων πενίης,
νήγρετον ὑπνώσας τὸν ἀμείλιχον ἷκτο πρὸς Ἄιδην
αὐτερέτης ἰδίῃ νηὶ κομιζόμενος.
ἣν γὰρ ἔχε ζωῆς παραμύθιον, ἔσχεν ὁ πρέσβυς
καὶ φθίμενος πύματον πυρκαϊῆς ὄφελος.

Pl III a 19,22 f.37r. – Tit.: Ἀδδ- P Pl **1** ὀλκ- c **3** ἀμείλικτον ἱκετοτο (vel ἱκσοτο) P¹ // πρὸς Ἄιδην Pl om. P¹ Ἀίδαν c **4** αὐτορέτης P¹.

Nikodikos

Jeder empfindet für sich den Schmerz um gestorbene Lieben,
doch bei Nikodikos' Tod weint mit den Freunden die Stadt.

Simonides

Kind Kleodemos

Als Kleodemos, der kleine, dem Milch das Leben noch nährte,
an den Rand eines Schiffs sich mit dem Schritte gewagt,
stürzte, ein echter Thraker, der Boreas ihn in die Wogen,
und in der strudelnden Flut brach er dem Kinde das Herz . . .
Ino, grausame Göttin! Du schirmtest ein Knäblein, so jung wie
dein Melikertes es war, nicht vor dem bitteren Tod.

Antipatros von Sidon

Krieger Hippaimon

Hat man Hippaimon den Mann, das Pferd Podargos geheißen,
wurde Lethargos der Hund, Babes der Diener genannt:
Thessaler, kretischer Rasse, Magnesier, Sprößling des Haimon.
Kämpfend mit grimmigem Mut, fiel er im vordersten Glied.

Peisandros von Rhodos

Fischer Diotimos

Diente getreulich der Kahn Diotimos, dem Fischer, zur Seefahrt,
war ihm der gleiche zu Land für seine Armut ein Haus.
Sieh, nun schläft er den ewigen Schlaf; zum bitteren Hades
fuhr er auf eigenem Schiff, selber sich rudernd, dahin:
Was ihm im Leben ein Trost, am Ende erwies es dem Alten
auch noch den letzten Dienst: Holzstoß dem Toten zu sein.

Adaios von Mytilene

306. ΑΔΕΣΠΟΤΟΝ

Ἀβρότονον Θρῄισσα γυνὴ πέλον, ἀλλὰ τεκέσθαι
τὸν μέγαν Ἕλλησίν φημι Θεμιστοκλέα.

Plut. Them. 1; Athen. 13,576 c. – 1 Ἁβρ- c // πέλον P γένος cet. 2 φασι Ath.

307. ΠΑΥΛΟΥ ΣΙΛΕΝΤΙΑΡΙΟΥ

Οὔνομά μοι . . . – „Τί δὲ τοῦτο;" – Πατρὶς δέ μοι . . . – „Ἐς τί δὲ
[τοῦτο;" –
Κλεινοῦ δ' εἰμὶ γένους. – „Εἰ γὰρ ἀφαυροτάτου;" –
Ζήσας δ' ἐνδόξως ἔλιπον βίον. – „Εἰ γὰρ ἀδόξως;" –
Κεῖμαι δ' ἐνθάδε νῦν. – „Τίς τίνι ταῦτα λέγεις;"

Pl IIIa 6,5 f. 31v; Σπ γ' 7 – Tit.: ἀδέσποτον Pl om. Σπ 1 τις δὲ P1 // ἐς τί Pl ἐστὶ P1 εἰς τί l Σπ 3 δ' om. Pl Σπ 4 λέγω c.

308. ΛΟΥΚΙΑΝΟΥ

Παῖδά με πενταέτηρον, ἀκηδέα θυμὸν ἔχοντα,
νηλειὴς Ἀίδης ἥρπασε Καλλίμαχον.
ἀλλά με μὴ κλαίοις· καὶ γὰρ βιότοιο μετέσχον
παύρου καὶ παύρων τῶν βιότοιο κακῶν.

Pl IIIa 9,2 f. 33r. – 4 βιότοιο c Pl -του P1.

309. ΑΔΕΣΠΟΤΟΝ

Ἑξηκοντούτης Διονύσιος ἐνθάδε κεῖμαι,
Ταρσεύς, μὴ γήμας. αἴθε δὲ μηδ' ὁ πατήρ.

*Pl IIIa 10,1 f. 33r; E 14. – 1 -τούτης Pl -τούσης P -τούλης E // Διόνυσειος P1 Διόνυσος Pl 2 Θαρσεύς et εἴθε E // μὴδὲ πατήρ P1.

310

Θάψεν ὅ με κτείνας κρυπτὸν φόνον· εἰ δέ με τύμβῳ
δωρεῖται, τοίης ἀντιτύχοι χάριτος.

Pl IIIa 6,6 f 31v; E 54. – 1 ὅ με: ὁ μὲν E.

Themistokles' Mutter

Ich, die Habrotonon, war nur ein thrakisches Weib, doch die Mutter,
die dem hellenischen Volk seinen Themistokles gab.

Anonym

Hellene und Christ

Fremder, ich heiße... – „Was soll's?“ – Es war meine Heimat... –
„Wozu das?“ –
Bin von hoher Geburt. – „Wär's nun ein niedrig Geschlecht?“ –
Ruhmvoll verfloß mir das Leben. – „Und wär es nun ruhmlos gewe-
Heute liege ich hier ... – „Du? Und wem sagst du das an?“ [sen?“ –

Paulos Silentiarios

Kind Kallimachos

Sorglos war noch mein Sinn, Kallimachos hieß ich. Fünf Jahre
zählte ich erst, da riß Hades mich grausam hinweg.
Aber beweine mich nicht! Denn ob auch mein Teilchen vom Leben
nur gering war, gering war auch vom Leben mein Leid.

Lukianos

Der Hagestolz

Dionysios hieß ich, gestorben im sechzigsten Jahre,
Tarser; nie nahm ich ein Weib. Hätt's auch mein Vater versäumt!

Anonym

Ermordet

Der mich ermordet, begrub mich, den Mord zu verbergen: So werde,
da er ein Grab mir gewährt, ihm auch das gleiche als Dank.

Anonym

311. ΑΔΕΣΠΟΤΟΝ

Ὁ τύμβος οὗτος ἔνδον οὐκ ἔχει νεκρόν·
ὁ νεκρὸς οὗτος ἐκτὸς οὐκ ἔχει τάφον,
ἀλλ' αὐτὸς αὑτοῦ νεκρός ἐστι καὶ τάφος.

l: εἰς τὴν γυναῖκα Λώτ· οἱ δὲ Ἕλληνες εἰς Νιόβην αὐτὸ ἀναφέρουσιν. – Pl IIIa 7,3 f. 32v; E 57; Eustath. Thess. ad Il. 24,614; Eustath. Macremb. aenigm. 209,8; Triclin. ad Soph. El. 150. – Agathiae trib. Tricl. 1 ὁ τάφος Macr. // νεκρόν P1 Pl E νέκυν cet. 2 τάφον : τ ex γ (?) P1 3 αὐτοῦ P E Macr.

312. ΑΣΙΝΙΟΥ ΚΟΥΑΔΡΑΤΟΥ

Οἱ πρὸς Ῥωμαίους δεινὸν στήσαντες Ἄρηα
κεῖνται ἀριστείης σύμβολα δεικνύμενοι·
οὐ γάρ τις μετὰ νῶτα τυπεὶς θάνεν, ἀλλ' ἅμα πάντες
ὤλοντο κρυφίῳ καὶ δολερῷ θανάτῳ.

l: εἰς τοὺς ἀναιρεθέντας ὑπὸ τοῦ τῶν Ῥωμαίων ὑπάτου Σύλα. – Pl IIIb 4,8 f. 90v. – Tit. om. Pl.

313

Ἐνθάδ' ἀπορρήξας ψυχὴν βαρυδαίμονα κεῖμαι·
οὔνομα δ' οὐ πεύσεσθε, κακοὶ δὲ κακῶς ἀπόλοισθε.

l: εἰς Τίμωνα τὸν μισάνθρωπον. – Pl IIIa 7,8 f. 32v; Plut. Anton. 70; vit. Plat. 2,146. – Timoni trib. Plut. 1 ἀπορρίξ- c ἀπορρίψ- (?) P1 2 οὔνομα δ' P Pl τοὔν- Plut. τίς δ' ὢν vit. // πεύσοισθε P.

314. ΠΤΟΛΕΜΑΙΟΥ

Μὴ πόθεν εἰμὶ μάθῃς μηδ' οὔνομα· πλὴν ὅτι θνῄσκειν
τοὺς παρ' ἐμὴν στήλην ἐρχομένους ἐθέλω.

l: εἰς τὸν αὐτὸν Τίμωνα. – Pl IIIa 7,9 f. 33r. – 1 πλὴν : πλ ex ἀλλ (?) Pl.

Rätselinschrift

Dies Grab hier schließt im Innern keinen Toten ein,
und dieser Tote hat nach außen hin kein Grab:
ach nein, es ist der Tote und sein Grab zugleich.

Anonym

Im Krieg gegen Rom

Still hier ruhen die Männer, die wider die Römer den grimmen
Kampf bestanden; ihr Mut wird noch aus Malen uns kund.
Denn kein einziger starb mit der Wunde im Rücken, sie alle
raffte auf einmal der Tod meuchlings und tückisch hinweg.

Asinius Quadratus

Menschenhasser Timon

Der ich hier liege, ich habe das widrige Leben zerrissen.
Nie wird mein Name euch kund. Geht, Elende, elend zugrunde!

Anonym

Ein gleiches

Frag nicht, von wannen ich bin und wie ich wohl heiße! Ich wünsche
eines nur: sterben soll der, der meinem Grabe sich naht.

Ptolemaios

315. ΖΗΝΟΔΟΤΟΥ, οἱ δὲ ΡΙΑΝΟΥ

Τρηχείην κατ' ἐμεῦ, ψαφαρὴ κόνι, ῥάμνον ἑλίσσοις
  πάντοθεν ἢ σκολιῆς ἄγρια κῶλα βάτου,
ὡς ἐπ' ἐμοὶ μηδ' ὄρνις ἐν εἴαρι κοῦφον ἐρείδοι
  ἴχνος, ἐρημάζω δ' ἥσυχα κεκλιμένος.
ἦ γὰρ ὁ μισάνθρωπος, ὁ μηδ' ἀστοῖσι φιληθεὶς
  Τίμων οὐδ' Ἀίδῃ γνήσιός εἰμι νέκυς.

Pl III^b 6,2 f.92^r. – Tit. om. Pl **1** ψαφαρὴν κόνιν P^1 **4** θρημάζω et κεκλισμ- P^1 **6** οὐκ P^1.

316. ΛΕΩΝΙΔΑ ἢ ΑΝΤΙΠΑΤΡΟΥ

Τὴν ἐπ' ἐμεῦ στήλην παραμείβεο μήτε με χαίρειν
  εἰπὼν μήθ' ὅστις, μὴ τίνος ἐξετάσας·
ἢ μή, τὴν ἀνύεις, τελέσαις ὁδόν. ἢν δὲ παρέλθῃς
  σιγῇ, μηδ' οὕτως, ἣν ἀνύεις, τελέσαις.

Pl III^a 7,10 f.33^r. – Leonidae tantum trib. Pl **1–2** vit. Plat. 2,52 W // τήνδε σὺ τὴν στή- vit. **2** μήθ' c Pl vit. μὴδ' P^1 // ἐξετάσας P^1 Pl -σης c εἰρόμενος vit.

317. ΚΑΛΛΙΜΑΧΟΥ

Τίμων (οὐ γὰρ ἔτ' ἐσσί), τί τοι, σκότος ἢ φάος, ἐχθρόν; –
  „Τὸ σκότος· ὑμέων γὰρ πλείονες εἰν Ἀίδῃ."

Pl III^a 7,11 f.33^r. – **1** φάος ἢ σκότος Pl **2** ὑμείων P.

318. ΚΑΛΛΙΜΑΧΟΥ

Μὴ χαίρειν εἴπῃς με, κακὸν κέαρ, ἀλλὰ πάρελθε·
  ἶσον ἐμοὶ χαίρειν ἐστὶ τὸ μὴ σὲ πελᾶν.

Pl III^b 6,3 f.92^r. – Tit. om. Pl **1** κέαρ: κάρα Pl **2** πελᾶν Graefe γε-.

319

Καὶ νέκυς ὢν Τίμων ἄγριος· σὺ δέ γ', ὦ πυλαωρὲ
  Πλούτωνος, τάρβει, Κέρβερε, μή σε δάκῃ.

Pl III^b 6,4 f.92^r. – **1** δέ γ' ὦ ex δ' ὦ P δὲ Pl [lac. rel.; δεινὲ inser. man^2] // πλαωρὲ P^1 πυλωρὲ Pl em. c **2** τάρβεο P.

Ein gleiches

Winde denn, trockene Erde, rings um mich den stachligen Kreuzdorn
oder des Brombeerstrauchs wildes, verschlungnes Gestrüpp.
Selbst ein Vogel soll nicht mit leichten Füßchen im Lenze
auf mich sich setzen, ich will einsam und stille hier ruhn.
Timon, der Menschenhasser, der Greul meiner Mitbürger, war ich,
und dem Hades sogar bin ich als Toter nicht recht.

Zenodotos von Ephesos oder *Rhianos*

Ein gleiches

Bleib hier am Grabe nicht stehn und ruf keinen Gruß mir herüber!
Stell auch nicht Fragen an mich nach meinem Vater und mir!
Oder du gehst deinen Weg nicht zu End! Doch wünsch ich, auch wenn
schweigend vorbeigehst, du sollst doch ihn zu Ende nicht gehn! [du

Leonidas von Tarent oder *Antipatros von Sidon*

Ein gleiches

Ist nach dem Tode, o Timon, dir Licht oder Dunkel verhaßter? -
„Dunkel! Denn Hades hat mehr Menschen vom Schlage wie du."

Kallimachos

Ein gleiches

Sag „Guten Tag!" nicht zu mir, geh lieber vorüber, du Nichtsnutz!
Wahrlich, ich hab guten Tag, wenn du vom Leibe mir bleibst.

Kallimachos

Ein gleiches

Auch noch als Toter im Hades ist Timon ein wilder Geselle.
Kerberos, Pförtner im Reich Plutons, gib Obacht: er beißt.

Anonym

320. ΗΓΗΣΙΠΠΟΥ

Ὀξεῖαι πάντῃ περὶ τὸν τάφον εἰσὶν ἄκανθαι
 καὶ σκόλοπες· βλάψεις τοὺς πόδας, ἢν προσίῃς·
Τίμων μισάνθρωπος ἐνοικέω. ἀλλὰ πάρελθε
 οἰμώζειν εἴπας πολλά, πάρελθε μόνον.

l: εἰς τὸν αὐτὸν Τίμωνα, τὸν μισέλληνα. – Pl III[a], 7,12 f. 33[r]. – **2** βλάψεις et προσίῃς alio atram. ex βλάψῃς et προΐῃς Pl **3–4** Plut. Anton. 70, qui ep. Callimacho trib. // ἐνοικέω Pl ἐσοι- P Plut.

321. ΑΔΕΣΠΟΤΟΝ

Γαῖα φίλη, τὸν πρέσβυν Ἀμύντιχον ἔνθεο κόλποις,
 πολλῶν μνησαμένη τῶν ἐπὶ σοὶ καμάτων.
καὶ γὰρ ἀεὶ πρέμνον σοι ἀνεστήριξεν ἐλαίης,
 πολλάκι καὶ Βρομίου κλήμασί σ' ἠγλάισεν
καὶ Δηοῦς ἔπλησε, καὶ ὕδατος αὔλακας ἕλκων
 θῆκε μὲν εὐλάχανον, θῆκε δ' ὀπωροφόρον.
ἀνθ' ὧν σὺ πρηεῖα κατὰ κροτάφου πολιοῖο
 κεῖσο καὶ εἰαρινὰς ἀνθοκόμει βοτάνας.

*l: εἰς πρεσβύτην Ἀμύντιχον γεωργὸν ἢ φυτοκόμον. – Pl III[a] 6,33 f. 32[v]. – **1** Ἀμύντηχον Pl [primo] // ἔνθεο c Pl -ετο P^1 **3** πέπλον σοι et ἐλάινης (?) P^1.

322. ΑΔΕΣΠΟΤΟΝ

Κνωσίου Ἰδομενῆος ὅρα τάφον· αὐτὰρ ἐγώ τοι
 πλησίον ἵδρυμαι Μηριόνης ὁ Μόλου.

Pepl. 15; Diod. 5,79. – **1** Κνωσσ- Pepl. // ὅρα Diod. -ᾳ P -ᾷς Pepl. // ἐγὼ τοῦ Pepl. **2** ὁ Νόλου P^1.

323. ΑΔΕΣΠΟΤΟΝ

Εἷς δύ' ἀδελφειοὺς ἐπέχει τάφος· ἓν γὰρ ἐπέσχον
 ἦμαρ καὶ γενεῆς οἱ δύο καὶ θανάτου.

Pl III[b] 2,1 f. 90[v]. – **1** εἷς Ald. Manut. εἰσ' P Δις Pl // ἀδελφειοὺς: ει ex ε Pl // ἔπασχον (?) P^1.

Ein gleiches

Stechende Disteln und Dornen umgeben das Grab mir von allen
Seiten; sobald du dich nahst, tust du die Füße dir weh.
Denn ich wohne hier, Timon, der Menschenhasser. Geh weiter!
Sag: „Die Pest über dich, wieder und wieder!" – nur geh!

Hegesippos

Gärtner Amyntichos

Nimm, o Erde, den alten Amyntichos gütig in deinen
Schoß und denke der Mühn, die er so viel dir geschenkt.
Ruhlos setzte er ja in dich die Pflanzen des Ölbaums,
oftmals schmückte er dich auch mit des Bromios Grün,
füllte mit Körnern dich an und, Furchen ziehend für Wasser,
hat er an Früchten dich reich, reich an Gemüsen gemacht.
Darum decke ihm sanft den grauen Scheitel und laß ihm
dankbar zu freundlichem Gruß Blumen erblühen im Lenz.

Anonym

Idomeneus und Meriones

Sieh hier Idomeneus' Grab, der in Knossos geboren; ihm nahe
legten sie Molos' Sohn, mich, den Meriones, hin.

Anonym

Zwei Brüder

Hier umschattet ein Grab zwei Brüder; denn schenkte ein Tag sie
beide dem Leben, ein Tag weihte sie beide dem Tod.

Anonym

324

Ἅδ' ἐγὼ ἁ περίβωτος ὑπὸ πλακὶ τῇδε τέθαμμαι,
μούνῳ ἐνὶ ζώναν ἀνέρι λυσαμένα.

Pl IIIa 11,14 f. 34r. – 1 ἐγὼ ἡ Pl 2 λυσαμένα c Pl -νη P1.

325

Τόσσ' ἔχω, ὅσσ' ἔφαγον τε καὶ ἔκπιον καὶ μετ' ἐρώτων
τέρπν' ἐδάην· τὰ δὲ πολλὰ καὶ ὄλβια πάντα λέλειπται.

*l: εἰς τὸν Σαρδανάπαλλον. – Strab. 14,672; Dio Chrys. 4,135; Steph. Byz. s. Ἀγχιάλη; Escur. 227; Amplific. ap. Ath. 8,336a; Schol. Aristoph. av. 1021; Diod. 2,23; Clem. strom. 2,491; Theodoret. Gr. aff. cur. 12,4, 1149; Florent. 32,16; Pl IIIa 7,2 (cf. XVI 27); Cram. an. Ox. 4,219; Polyb. 8,10,4, Plut. mor. 546a, Eustath. Il. 6,260 et 21,76; Suidas s. Σαρδαν. – 1 τόσσ': κεῖν' Ath. ταῦτ' Strab. Polyb. Steph. Esc. // ὅσα et ὅσ' Eust. // ἔκπιον Bothe ἔπιον P ἔφ. καὶ] ἐφύβρισα plerique // σὺν ἔρωτι Ath. // ἐρώτων P Dio ἔρωτος cet. 2 ἐδάην P Pl ἔπαθον plerique // πολλά: λοιπὰ Dio // πάντα λέλειπται c Dio Esc. Cram. τάφος ἔμαρψε P1 κεῖνα λέλ- plerique.

326. ΚΡΑΤΗΤΟΣ ΘΗΒΑΙΟΥ

Ταῦτ' ἔχω, ὅσσ' ἔμαθον καὶ ἐφρόντισα καὶ μετὰ Μουσῶν
σέμν' ἐδάην· τὰ δὲ πολλὰ καὶ ὄλβια τῦφος ἔμαρψεν.

Diog. L. 6,86; Ath. 8,337a; Pl IIIa 28,37 f. 43r; Cram. an. Ox. 4,219; Plut. mor. 546c (. . . ἐδάην). – Tit. om. Pl 1 ταῦτ': τόσσ' Pl // μετὰ τούτων Ath. 2 ἐσθλ' ἔπαθον et λοιπὰ καὶ ἡδέα Ath. // τῦφος Diog. τάφος P τύμβος Pl πάντα Ath. // λέλειπται Ath.

327

Μή σύ γε θνητὸς ἐὼν ὡς ἀθάνατός τι λογίζου·
οὐδὲν γὰρ βιότου πιστὸν ἐφημερίοις,
εἰ καὶ τόνδε Κάσανδρον ἔχει σορὸς ἥδε θανόντα,
ἄνθρωπον φύσεως ἄξιον ἀθανάτου.

*l: εἰς Κάσανδρον τὸν ὡραῖον ἐν Λαρίσσῃ κείμενον. μετεγράφη παρὰ Γρηγορίου τοῦ μακαρίτου διδασκάλου ἐξ αὐτῆς τῆς λάρνακος. – Pl IIIa 1,7 f. 30r; Laur. 32,16 – 3 ἡδὲ P1 ἥδε c em. Pl.

Einmal vermählt

Mich, die weithin bekannt war, begrub man hier unter dem Steine;
für einen einzigen Mann hab ich den Gürtel gelöst.

Anonym

Sardanapal

Mein ist, was ich gespeist, was ich fröhlich getrunken und wonnig
in der Liebe erfuhr; zerstoben, was sonst mich beglückte.

Anonym

Replik

Mein ist, was ich gelernt, was ich denkend gefunden und Hohes
von den Musen erfuhr; zerdampft ist, was sonst mich beglückte.

Krates von Theben

Kasandros

Klügle als Sterblicher nicht, wie wenn du Unsterblicher wärest!
Nichts im Leben ist fest bei einem Eintagsgeschöpf.
Sieh, auch Kasandros umschließt im Tode der Sarg hier, den Men-
der doch wert der Natur eines Unsterblichen war. [schen,

Anonym

328

Τίς λίθος οὐκ ἐδάκρυσε σέθεν φθιμένοιο, Κάσανδρε;
τίς πέτρος, ὃς τῆς σῆς λήσεται ἀγλαΐης;
ἀλλά σε νηλειὴς καὶ βάσκανος ὤλεσε δαίμων
ἡλικίην ὀλίγην εἴκοσιν ἓξ ἐτέων,
ὃς χήρην ἄλοχον θῆκεν μογερούς τε τοκῆας
γηραλέους στυγερῷ πένθεϊ τειρομένους.

Pl III^a 1,8 f. 30^r. – Cum ep. 327 iunx. P **5** θῆκε P.

329. ΑΔΕΣΠΟΤΟΝ

Μυρτάδα τὴν ἱεραῖς με Διωνύσου παρὰ ληνοῖς
ἄφθονον ἀκρήτου σπασσαμένην κύλικα
οὐ κεύθει φθιμένην βαιὴ κόνις· ἀλλὰ πίθος μοι,
σύμβολον εὐφροσύνης, τερπνὸς ἔπεστι τάφος.

Pl III^a 17,1 f. 36^r. – **1** Μορτάδα Pl **2** σπασαμ- P // κύλικος Pl **3** μοι : με P^1.

330

Τὴν σορόν, ἣν ἐσορᾷς, ζῶν Μάξιμος αὐτὸς ἑαυτῷ
θῆκεν, ὅπως ναίῃ παυσάμενος βιότου·
σύν τε γυναικὶ Καληποδίῃ τεῦξεν τόδε σῆμα,
ὡς ἵνα τὴν στοργὴν κὴν φθιμένοισιν ἔχοι.

c: ἐν τῷ Δορυλαίῳ. – Pl III^b 5,1 f. 91^r. – **3** καλῇ Πεδίῃ Peek // τεῦξε P^1 **4** κὴν Jac. κεν P^1 κ' ἐν c κἀν Pl // ἔχοι Jac. ἔχουσ' P ἔχῃ Pl.

331

Τύμβον ἐμοὶ τοῦτον γαμέτης δωρήσατο Φροῦρις,
ἄξιον ἡμετέρης εὐσεβίης στέφανον.
λείπω δ' ἐν θαλάμοις γαμέτου χορὸν εὐκλέα παίδων,
πιστὸν ἐμοῦ βιότου μάρτυρα σωφροσύνης.
μουνόγαμος θνῄσκω, δέκα δ' ἐν ζωοῖσιν ἔτι ζῶ
Νυμφικὴ εὐτεκνίης καρπὸν ἀειραμένη.

*c: εἰς Ὤρακα ἐν Φρυγίᾳ. – **1** τ. ἐς (vel ἐπ') εμοὶ τονδὲ γ. (?) P^1 // Φροῦρις Peek **2** στεφάνου (?) P^1 **5–6** novum ep. statuit l // δ' om. P^1 // ἔτη ex ἔτι P **6** νυμφικὸν Pierson -κὴ P Νυμφικὴ Peek.

Ein gleiches

Wo ist der Stein, der nicht dein Sterben beweinte, Kasandros?
  Wo der fühllose Fels, der deine Schönheit vergißt?
Jung noch standest du da, im sechsundzwanzigsten Jahre,
  als dich ein neidischer Gott grausam dem Leben entführt.
Ach, und er schuf deine Gattin zur Witwe und sandte den armen,
  alten Eltern ein Leid, das sie nun düster verzehrt.

Anonym

Trinkerin Myrtas

Myrtas hieß ich im Leben; an Bakchos' heiliger Kelter
  hab ich vom lauteren Wein Becher um Becher geleert.
Heut bin ich tot; doch deckt mich kein Krümelchen Erde; ein Wein-
  Sinnbild der heiteren Lust, ist mein vergnügliches Grab. [faß,

Anonym

Maximos und Kalepodia

Sieh diesen Sarkophag! Als Maximos lebte, da hat er
  selbst für sich selbst ihn gemacht, Wohnung im Tod ihm zu sein.
Für Kalepodia auch, seine Frau, erschuf er das Denkmal,
  daß er als Toter auch noch sie, die geliebte, besitzt.

Anonym

Phrures' Frau

Phruris, mein Ehegemahl, gewährte dereinst mir als Gabe
  dieses Grab, ein Geschenk, das meinen Züchten gebührt.
Ihm aber laß ich im Haus einen herrlichen Reigen von Kindern,
  der getreulich bezeugt, daß ich auch sittsam gelebt.
Sterb ich als Frau eines Mannes, ich, Nymphike, die ich der Ehe
  Frucht geherbstet: in zehn Lebenden lebe ich fort.

Anonym

332

Αἰνόμορον βάκχη με κατέκτανε θηροτρόφον πρὶν
οὐ κρίσει ἐν σταδίοις, γυμνασίαις δὲ κλυταῖς.

l: εἴς τινα παρὰ Βακχευτρίας ἀναιρεθέντα. c: εἰς 'Ακμονίαν. – 1 με c μεν (?) P[1] 2 κλυταῖς c κλυτοῖς P[1] Κλύτον Peek.

333

Μηδὲ καταχθονίοις μετὰ δαίμοσιν ἄμμορος εἴης
ἡμετέρων δώρων, ὧν σ' ἐπέοικε τυχεῖν,
'Αμμία, οὕνεκα Νικόμαχος θυγάτηρ τε Διώνη
τύμβον καὶ στήλην σὴν ἐθέμεσθα χάριν.

l: εἰς 'Αμμίαν παρὰ Νικομάχου τοῦ γαμβροῦ καὶ τῆς θυγατρὸς αὐτῆς Διώνης. c: εἰς 'Αδριανοὺς ἐν Φρυγίᾳ. – Pl III[b] 11,3 f. 92[v]. – 1 δαίμονος Pl.

334

Νηλεὲς ὦ δαῖμον, τί δέ μοι καὶ φέγγος ἔδειξας
εἰς ὀλίγων ἐτέων μέτρα μινυνθάδια;
ἢ ἵνα λυπήσῃς δι' ἐμὴν βιότοιο τελευτὴν
μητέρα δειλαίην δάκρυσι καὶ στοναχαῖς,
ἥ μ' ἔτεχ', ἥ μ' ἀτίτηλε καὶ ἣ πολὺ μείζονα πατρὸς
φροντίδα παιδείης ἤνυσεν ἡμετέρης;
ὃς μὲν γὰρ τυτθόν τε καὶ ὀρφανὸν ἐν μεγάροισι
κάλλιπεν, ἡ δ' ἐπ' ἐμοὶ πάντας ἔτλη καμάτους.
ἦ μὲν ἐμοὶ φίλον ἦεν ἐφ' ἁγνῶν ἡγεμονήων
ἐμπρεπέμεν μύθοις ἀμφὶ δικασπολίαις·
ἀλλά μοι οὐ γενύων ὑπεδέξατο κούριμον ἄνθος
ἡλικίης ἐρατῆς, οὐ γάμον, οὐ δαΐδας·
οὐχ ὑμέναιον ἄεισε περικλυτόν, οὐ τέκος εἶδε
δυσπότμου, ἐκ γενεῆς λείψανον ἡμετέρης

Der Dompteur

Raubtierbändiger war ich, den jählings ein Wildschwein getötet
nicht im Arenagefecht, nein, bei der hohen Dressur.

Anonym

Ammia

Auch bei den Göttern dort unten, o Ammia, soll es dir niemals
fehlen an unsrem Geschenk, das zu bekommen dir ziemt.
Ich, der Nikomachos, habe mit deiner Tochter Dione
Grab und Denkmal dir nun, um dich zu ehren, bestellt.

Anonym

Der Rechtsstudent

Unbarmherziger Daimon, o sag, warum hast du die Sonne
mir für die kurze Frist weniger Jahre gezeigt?
Wolltest du etwa erreichen, daß, wenn ich verscheide, für meine
arme Mutter viel Leid, Tränen und Jammer erstehn,
ihr, die einst mich geboren und nährte und mehr als der Vater
all die Sorge und Not meiner Erziehung gehabt?
Denn er hatte mich sterbend als Waise im Hause gelassen,
da ich noch klein war; so lag sämtliche Mühe bei ihr.
O, wie war es mir lieb, bei achtbaren Lehrern und Meistern
für die Pflege des Rechts herrlich zu glänzen im Wort!
Doch meine Mutter bekam nicht von mir die Blume der Jugend,
Flaum der Wangen, auch nicht Hochzeit und Fackeln zu sehn,
sang nicht das herrliche bräutliche Lied und sah von dem armen
Sohne kein Kindlein als Rest unsres gesamten Geschlechts,

τῆς πολυθρηνήτου· λυπεῖ δέ με καὶ τεθνεῶτα
μητρὸς Πωλίττης πένθος ἀεξόμενον
Φρόντωνος γοεραῖς ἐπὶ φροντίσιν, ἣ τέκε παῖδα
ὠκύμορον, κενεὸν χάρμα φίλης πατρίδος.

l: εἰς Φρόντωνα, υἱὸν Πωλίττης· εὑρέθη δὲ ἐν Κυζίκῳ· τὸν δὲ ποιήσαντα οὐ γινώσκω. c: ταῦτα [sc. 334/5] ἀπὸ τῆς πόλεως Κυζίκου· ζήτει καὶ τὰ ἐν τῷ ναῷ [l. III]. – Pl III b 5,2 f. 91r. – **1** καὶ om. P¹ τόδε Pl **2** μέτρια P¹ **4** στοναχῆς P¹ στολαχαῖς Pl [primo] **5** ἔτεκ' ἤματι τῆλε P¹ ἔ. ἤ. τῷδε l Pl em. Jac. **10** ἐμπρεπέειν P // δικασπολίας Pl **11** με Pl // γενείων c // κούριον P¹ Pl em. l **12** ἡλικίη ἐρατή P -η -ῇ Pl em. Salm. **13** τέκος l Pl τέκνον P¹ c // εἶδε c -δον P¹ -δεν Pl **14** δυσπότμου P Pl [ex -ος] // ἐκ om. Pl **16** Πολ- P¹ **17** Φρόντωρος et τεκα P¹.

335

Πώλιττα, τλῆθι πένθος, εὔνασον δάκρυ·
πολλαὶ θανόντας εἶδον υἱεῖς μητέρες. –
„Ἀλλ' οὐ τοιούτους τὸν τρόπον καὶ τὸν βίον,
οὐ μητέρων σέβοντας ἡδίστην θέαν.“ –
Τί περισσὰ θρηνεῖς; τί δὲ μάτην ὀδύρεαι;
εἰς κοινὸν Ἅιδην πάντες ἥξουσι βροτοί.

Pl III a 6,34 f. 32v. – **1** εὔνασαν P **2** μητέρας P¹ **4** μητέρων: τ ex γ Pl.

336

Γήραϊ καὶ πενίῃ τετρυμένος, οὐδ' ὀρέγοντος
οὐδενὸς ἀνθρώπου δυστυχίης ἔρανον,
τοῖς τρομεροῖς κώλοισιν ὑπήλυθον ἠρέμα τύμβον.
εὗρον οἰζυροῦ τέρμα μόλις βιότου,
ἠλλάχθη δ' ἐπ' ἐμοὶ νεκύων νόμος· οὐ γὰρ ἔθνῃσκον
πρῶτον, ἔπειτ' ἐτάφην, ἀλλὰ ταφεὶς ἔθανον.

Pl III a 10,2 f. 33r; Laur. 32,16. – **1** τετρυμμ- P // ἐρέγ- Laur. **4** τέρμα: ε ex ο Laur. **6** ἐτάφην c [post] Pl ἔπαφον P¹ ἔθαπτον c [primo].

das so viel Tränen erregt. Doch was mich bedrückt noch im Tode,
ist, ich habe das Leid Mutter Politta vermehrt,
die um Fronto den Frohmut verlor und ihr Kind nur zu frühem
Hingang geboren, auf das nutzlos die Stadt sich gefreut.

Anonym

Ein gleiches

Politta, still die Tränen und ertrag dein Leid.
Wie viele Mütter sahen ihrem Sohn ins Grab! –
„Doch keinem, der nach Herz und Wandel war wie er
und der der Mutter liebes Bild so achtete." –
Du weinst vergebens, klagst umsonst. Gemeinsam ist
des Hades Haus, in das die Menschen alle gehn.

Anonym

Der Selbstmörder

Als mich die Not und das Alter erschöpft und keiner der Menschen
mir ein mildes Geschenk in meinem Elend gereicht,
stieg ich mit zitternden Beinen geruhig zur Grube. Hier fand ich,
wenn auch mit Mühe, das Ziel für meines Lebens Beschwer,
aber anders als sonst bei Toten: Ich starb nicht und wurde
später begraben, nein, ich wurde begraben und starb.

Anonym

337

Μή με θοῶς, κύδιστε, παρέρχεο τύμβον, ὁδῖτα,
σοῖσιν ἀκοιμήτοις ποσσί, κελευθοπόρε·
δερκόμενος δ' ἐρέεινε, τίς ἢ πόθεν; Ἁρμονίαν γὰρ
γνώσεαι, ἧς γενεὴ λάμπεται ἐν Μεγάροις·
πάντα γάρ, ὅσσα βροτοῖσι φέρει κλέος, ἦεν ἰδέσθαι,
εὐγενίην, ἀρετήν, ἤθεα, σωφροσύνην.
τοίης τύμβον ἄθρησον· ἐς οὐρανίας γὰρ ἀταρποὺς
ψυχὴ παπταίνει σῶμ' ἀποδυσαμένη.

l: εἰς Ἁρμονίαν γυναῖκα πλουσιωτάτην καὶ σώφρονα ἐν Μεγάροις. – Pl III^b 11,4 f. 92^v. – **3** ἤ: εἰ Pl **4** γενεῆς P // ἐν μερόποις c [in marg.] Pl **5** ἢ ἐνιδέσθαι P^1 Pl **6** εὐγενείην P^1 // ἀρετήν Waltz ἐρατήν **7** οὐρανίους P.

338. ΑΔΗΛΟΝ

Ἅδε τοι, Ἀρχίου υἱὲ Περίκλεες, ἁ λιθίνα 'γὼ
ἕστακα στάλα μνᾶμα κυναγεσίας,
πάντα δέ τοι περίσαμα τετεύχαται, ἵπποι, ἄκοντες,
αἱ κύνες, αἱ στάλικες, δίκτυ' ὑπὲρ σταλίκων,
αἰαῖ, λάινα πάντα· περιτροχάουσι δὲ θῆρες·
αὐτὸς δ' εἰκοσέτας νήγρετον ὕπνον ἔχεις.

l c: εἰς Ἀρχίου υἱὸν Περικλέα, οὐ τὸν Ἀθηναῖον, ἀλλὰ τὸν ἐν Μαγνησίᾳ κείμενον. – Pl III^b 17,1 f. 93^v. – **1** λιθίν' ἄγω P^1 **2** ἕστηκα Pl // κυνηγεσίης P^1 κυναγ- c κυνηγεσίας Pl em. Brunck **3** περισῆμα P^1 περὶ σ- Pl π. σᾶμα c em. Stadtm. **5** λαιν' υπάντα P^1 // δὲ om. P^1 **6** εἰκοσέτης Pl.

339

Οὐδὲν ἁμαρτήσας γενόμην παρὰ τῶν με τεκόντων,
γεννηθεὶς δ' ὁ τάλας ἔρχομαι εἰς Ἀίδην.
ὦ μίξις γονέων θανατηφόρος· ὦ μοι ἀνάγκης,
ἥ με προσπελάσει τῷ στυγερῷ θανάτῳ.
οὐδὲν ἐὼν γενόμην· πάλιν ἔσσομαι, ὡς πάρος, οὐδέν·
οὐδὲν καὶ μηδὲν τῶν μερόπων τὸ γένος·
λοιπόν μοι τὸ κύπελλον ἀποστίλβωσον, ἑταῖρε,
καὶ λύπης λήθην τὸν Βρόμιον πάρεχε.

*l: ἄδηλον, ἐπὶ τίνι τοῦτο γέγραπται, πλὴν ὅτι ἐν τοῖς τοῦ Παλλαδᾶ ἐπιγράμμασιν εὑρέθη κείμενον· μήποτε δὲ Λουκιανοῦ ἐστιν. – Pl II^b 22,1 f. 89^r; Laur. 32, 16. – **2** ἀίδαν c **3** γεν- Pl **5** γενόμαν P **7** τό: τόδε P^1 Pl [primo] // -στίλβων P **8** λήθην Pl ὀδύνην P.

Harmonia

Geh nicht so eilig an mir, dem Grabe, vorüber, mein Wandrer,
 der du mit rüstigem Fuß, Werter, die Straße verfolgst.
Schau hier und frage nach Wer und Woher. Dann erfährst du: Harmo-
 ist es, deren Geschlecht leuchtend in Megara blüht. [nia
Alles, was Glanz einem Menschen verleiht, in mir war es sichtbar:
 Adel, ein tugendhaft Herz, Sitte und Schamhaftigkeit.
Siehe, so war diese Frau hier. Doch aufwärts zu himmlischen Pfaden
 wendet die Seele den Blick, wenn sie den Körper verläßt.

Anonym

Jäger Perikles

Hier erhebe ich mich, eine steinerne Säule, als Denkmal
 weidlichen Jagens für dich, Perikles, Archias' Sohn.
Sinnvolle Zeichen sind rings gebildet: Rosse und Spieße,
 Hunde und Stangen zum Fang und auf den Stangen das Netz.
Ach, aber alles aus Stein! Rings hüpfen die Tiere, du aber,
 Zwanzigjähriger, schläfst ohne Erwachen den Schlaf.

Anonym

Aus Nichts in Nichts

Ohne Verschulden erhielt ich von meinen Eltern das Leben;
 kaum im Leben, da zieh, ach, ich zum Hades hinab.
Liebe der Eltern, Verhängnis bist du. Wie hart ist das Schicksal,
 das dem finsteren Tod näher und näher mich bringt.
Ach, ich kam aus dem Nichts und werde ein Nichts sein wie früher,
 Nichts, wie das nichtige Volk irdischer Menschen es ist.
O, so laß denn, mein Freund, in Zukunft den Becher mir funkeln,
 und zu vergessen die Qual, reich' mir Dionysos' Wein.

Anonym

340

Νικόπολιν Μαράθωνις ἐθήκατο τῇδ' ἐνὶ πέτρῃ,
ὀμβρήσας δακρύοις λάρνακα μαρμαρέην.
ἀλλ' οὐδὲν πλέον ἔσχε. τί γὰρ πλέον ἀνέρι κήδευς
μούνῳ ὑπὲρ γαίης οἰχομένης ἀλόχου;

c: εὑρέθη ἐν Θεσσαλονίκῃ. – Pl III^b 11,5 f. 92^v. – 1 Μαραθῶνος Pl 3 τί ex τὸ Pl

341. ⟨ΠΡΟΚΛΟΥ⟩

Πρόκλος ἐγὼ γενόμην Λύκιος γένος, ὃν Συριανὸς
ἐνθάδ' ἀμοιβὸν ἑῆς θρέψε διδασκαλίης.
ξυνὸς δ' ἀμφοτέρων ὅδε σώματα δέξατο τύμβος·
αἴθε δὲ καὶ ψυχὰς χῶρος ἕεις λελάχοι.

Marin. vit. Procl. 36. – Proclo trib. Mar. 1 Λύκιος γενόμην P // γένος om. P 4 ψυχᾶς P // ἕης Mar.

342

Κάτθανον, ἀλλὰ μένω σε· μενεῖς δέ τε καὶ σύ τιν' ἄλλον·
πάντας ὁμῶς θνητοὺς εἷς Ἀίδης δέχεται.

Pl I^b 21,1 f. 83^v. – 1 κάτθανον: προύλαβον Pl [suprascr.] // μένεις Pl.

343

Πατέριον λιγύμυθον, ἐπήρατον ἔλλαχε τύμβος,
Μιλτιάδου φίλον υἷα καὶ Ἀττικίης βαρυτλήτου,
Κεκροπίης βλάστημα, κλυτὸν γένος Αἰακιδάων,
ἔμπλεον Αὐσονίων θεσμῶν σοφίης τ' ἀναπάσης,
τῶν πισύρων ἀρετῶν ἀμαρύγματα πάντα φέροντα,
ἠίθεον χαρίεντα, τὸν ἥρπασε μόρσιμος αἶσα,
οἷά τε ἀγλαόμορφον ἀπὸ χθονὸς ἔρνος ἀήτης,
εἴκοσι καὶ τέτρατον βιότου λυκάβαντα περῶντα·
λεῖψε φίλοις δὲ τοκεῦσι γόον καὶ πένθος ἄλαστον.

1 Πατ.: cf. GV 1672,6: Πατερίωνος // λιγύθυμον P em. Brunck.

Nikopolis

Als Marathonis dahier in den Marmor Nikopolis legte,
hat er den steinernen Sarg strömend mit Tränen benetzt.
Doch sie halfen ihm nichts. Was nützt einem Manne die Trauer,
stirbt ihm die Gattin und er bleibt noch allein auf der Welt?

Anonym

Proklos

Proklos war ich, ein Lykier; mich hat Syrianos erzogen,
daß ich ihm folge im Amt, das er hier lehrend geführt.
Dieses gemeinsame Grab empfing die Körper von beiden.
Sei denn ein einziger Ort auch ihren Seelen beschert!

Proklos

In Erwartung

Tot nun erwarte ich dich; bald wartest du selbst auf den andern;
denn ein Hades empfängt alles, was sterblich hier ist.

Anonym

Rechtsanwalt Paterios

Tot ist Paterios nun, der nette, der Redner, der liebe
Sohn des Miltiades und der armen Attikia, Sprößling
aus kekropischem Land, aiakidischen hohen Geschlechtes,
der mit ausonischem Recht und allem Wissen getränkt war,
sämtliche Strahlen der vier Hochtugenden in sich getragen,
er, der reizende Mann. Ihn raubte ein böses Verhängnis,
wie ein prangendes Reis der Sturm aus der Erde hinwegnimmt,
als er das vierundzwanzigste Jahr des Lebens vollendet.
Doch seinen lieben Eltern blieb endlose Klage und Trauer.

Anonym

344. ΣΙΜΩΝΙΔΟΥ

Θηρῶν μὲν κάρτιστος ἐγώ, θνατῶν δ' ὃν ἐγὼ νῦν
φρουρῶ τῷδε τάφῳ λαΐνῳ ἐμβεβαώς.

l: εἰς Λέοντά τινα, ὃν ἐφρούρει λέων μαρμάρινος. – Pl III^{b} 4,9 f.90^{v}. – **1** ἐγὼ ex ἄγω (?) P.

344 b. [ΚΑΛΛΙΜΑΧΟΥ]

'Αλλ' εἰ μὴ θυμόν γε Λέων ἐμὸν οὔνομά τ' εἶχεν,
οὐκ ἂν ἐγὼ τύμβῳ τῷδ' ἐπέθηκα πόδας.

*l: εἰς Λέοντά τινα, ὃν λέων ἐπὶ τοῦ λάρνακος ἔσκεπε λίθινος. – Pl III^{b} 4,10 f.90^{v}. – In P post ep. 350. Simonidi trib. Pl **1** οὔνοματ' P ὡς ὄνομ' Pl.

345. ⟨ΑΙΣΧΡΙΩΝΟΣ⟩

'Εγὼ Φιλαινὶς ἡ 'πίβωτος ἀνθρώποις
ἐνταῦθα γήρᾳ τῷ μακρῷ κεκοίμημαι.
μή μ', ὦ μάταιε ναῦτα, τὴν ἄκραν κάμπτων
χλεύην τε ποιεῦ καὶ γέλωτα καὶ λάσθην.
οὐ γάρ, μὰ τὸν Ζῆν', οὐ μὰ τοὺς κάτω κούρους,
οὐκ ἦν ἐς ἄνδρας μάχλος οὐδὲ δημώδης·
Πολυκράτης δὲ τὴν γενὴν 'Αθηναῖος,
λόγων τι παιπάλημα καὶ κακὴ γλῶσσα,
ἔγραψεν, οἷ' ἔγραψ'· ἐγὼ γὰρ οὐκ οἶδα.

*l: εἰς Φιλαινίδα, τὴν 'Ελεφαντίνης ἑταίραν [falsum], τὴν γράψασαν ἐν πίνακι τὰς γυναικείας μίξεις ἐκείνας, δι' ἃς καὶ κωμῳδεῖται παρὰ τῶν ἐν 'Αθήναις σοφῶν. – Pl III^{a} 10,4; f.33^{r}.; Ath. 8,335 c. – Anonymo trib. Pl, Aeschrioni Ath. **2** κεκοίμαμαι P **4** λάσθην: λέσχην Pl **5** Ζεῦν Ath. // οὐ μὰ: οὐδὲ P[1] **7** γενῆν Ath. **8** κακῆ γλώσση c **9** οἷ': ἅσσ' Ath. // -ψ' ἐγὼ γὰρ Ath. -ψεν ἐγὼ δ' P -ψεν αὐτὴ δ' Pl.

Leonidas

Unter den Tieren bin ich, von den Menschen war dieser der stärkste,
dem ich zum Hüten bestellt über dem steinernen Mal . . .

Simonides

Ein gleiches

Hätte nicht Leon den Mut und den Namen des Löwen getragen,
niemals hätte den Fuß ich auf das Grab hier gesetzt.

[*Kallimachos*]

Philainis

Philainis, ich, so viel genannt bei Weltkindern,
hier ging ich einst, vom langen Alter müd, schlafen.
Gieß, kecker Schiffmann, wenn du um das Kap segelst,
nicht Schmähung über mich und Spott- und Hohnreden.
Denn bei den Knaben drunten und bei Zeus schwör ich,
ich war nicht männertoll und nicht gemeinkäuflich.
Polykrates jedoch, der aus Athen stammte,
der bissige Bube mit dem bösen Mundwerke,
schrieb, was er schrieb. Ich selbst weiß nichts von all diesem.

Aischrion

346

Τοῦτό τοι ἡμετέρης μνημήιον, ἐσθλὲ Σαβῖνε,
ἡ λίθος ἡ μικρὴ τῆς μεγάλης φιλίης.
αἰεὶ ζητήσω σε· σὺ δ', εἰ θέμις, ἐν φθιμένοισι
τοῦ Λήθης ἐπ' ἐμοὶ μή τι πίῃς ὕδατος.

l: εἰς Σαβῖνον τὸν ὑπατικόν· θαύματος ἄξιον. – Pl III^{b} 1,2 f.90^{r}. – Lemma: τὸν ὑπ. Bergk [cf. 347], ἐν Κορίνθῳ P om. Pl **2** ἁ λ. ἁ μικρὰ P Pl em. Bouhier // ante φιλίης erasae vid. litt. φθ in Pl **3** ἀεὶ P^{1} **4** πόματος c Pl.

347

Οὗτος 'Αδειμάντου κείνου τάφος, οὗ διὰ βουλὰς
Ἑλλὰς ἐλευθερίης ἀμφέθετο στέφανον.

l: εἰς 'Αδείμαντον ἐν Κορίνθῳ. – Plut. mor. 870 f; Dio Chrys. 37,109 R. – Simonidi trib. Dio // Lemma: εἰς 'Α. τὸν ὑπατικόν P em. Bergk [cf. 346] **1** Pepl. 13 ['Οδυσσῆος pro 'Αδειμ.] // 'Αδαμ- P^{1} // κείνου om. Plut. // ὃν Plut. Pepl. // βοϋλὰς Dio -ᾶς P πᾶσα Plut. πολλὰ Pepl. **2** ἐλευθερίας Dio Plut.

348. ΣΙΜΩΝΙΔΟΥ ΤΟΥ ΚΗΙΟΥ

Πολλὰ πιὼν καὶ πολλὰ φαγὼν καὶ πολλὰ κάκ' εἰπὼν
ἀνθρώπους κεῖμαι Τιμοκρέων Ῥόδιος.

l: εἰς Τιμοκρέοντα τὸν Ῥόδιον, οὗτινος τὴν γνώμην πᾶσαν καὶ τὴν συνείδ(ησιν) εἶχεν ὁ θεῖός μου. – Pl III^{b} 5,3 f. 91^{r}; Ath. 10,415f. – Anonym. ap. Ath., gent. om. Pl **1** φαγὼν . . . πιὼν Pl **2** ἀνθρώποις P.

349. [ΣΙΜΩΝΙΔΟΥ]

Βαιὰ φαγὼν καὶ βαιὰ πιὼν καὶ πολλὰ νοσήσας
ὀψὲ μέν, ἀλλ' ἔθανον. ἔρρετε πάντες ὁμοῦ.

Pl III^{b} 5,4 f.91^{r}. – Tit. add. c om. Pl P^{1}, qui ep. 348 et 349 iunxit **1** νοήσας Pl.

350

Ναυτίλε, μὴ πεύθου, τίνος ἐνθάδε τύμβος ὅδ' εἰμί,
ἀλλ' αὐτὸς πόντου τύγχανε χρηστοτέρου.

Pl III^{b} 19,8 f.93^{v}. – **1** ἐνθάδε ex ὡνθ- Pl.

Freund Sabinos

Möge der kleine Stein ein währendes Denkmal der großen
 Freundschaft, die einst uns verband, edler Sabinos, denn sein.
Immer verlang ich nach dir; und du, wofern es verstattet,
 trink bei den Toten am Strom niemals von Lethe für mich.

Anonym

Adeimantos

Erde bedeckt hier im Grab Adeimantos, durch dessen Bemühung
 Hellas der Freiheit Kranz sich um die Schläfen gelegt.

Anonym

Timokreon

Nun, da ich vieles gegessen und vieles getrunken und viele
 Menschen verleumdet, lieg ich, Rhodos' Timokreon, hier.

Simonides von Keos

Replik

Nun, da ich wenig gegessen und wenig getrunken und vielmal
 krank war, lieg ich hier tot, wenn auch verspätet. Zieht ab!

[*Simonides*]

Schiffbrüchig

Schiffmann, frage mich nicht, für wen man mich Grab hier geschaufelt.
 Mögen die Meere sich dir sanfter nur zeigen als mir.

Anonym

351. ΔΙΟΣΚΟΡΙΔΟΥ

Οὐ μὰ τόδε φθιμένων σέβας ὅρκιον, αἵδε Λυκάμβεω,
αἳ λάχομεν στυγερὴν κληδόνα, θυγατέρες,
οὔτε τι παρθενίην ᾐσχύναμεν οὔτε τοκῆας
οὔτε Πάρον, νήσων αἰπυτάτην ἱερῶν·
ἀλλὰ καθ' ἡμετέρης γενεῆς ῥιγηλὸν ὄνειδος
φήμην τε στυγερὴν ἔφλυσεν Ἀρχίλοχος.
Ἀρχίλοχον, μὰ θεοὺς καὶ δαίμονας, οὔτ' ἐν ἀγυιαῖς
εἴδομεν οὔθ' Ἥρης ἐν μεγάλῳ τεμένει.
εἰ δ' ἦμεν μάχλοι καὶ ἀτάσθαλοι, οὐκ ἂν ἐκεῖνος
ἤθελεν ἐξ ἡμέων γνήσια τέκνα τεκεῖν.

Pl IIIa 11,15 [v. 1–6] et 16 f. 34r [v. 7–10, ἀδέσποτον]. – 1 φθιμένῳ (?) P¹ 2 αἳ λά- Pl [post] ἐλλά- P Pl [primo] 4 ἱερὰν c 6 ἤφλυσεν P 6–7 Ἀρτί- Pl [primo] 8 οὐ θήρης P¹.

352. ΑΔΕΣΠΟΤΟΝ, οἱ δὲ ΜΕΛΕΑΓΡΟΥ

Δεξιτερὴν Ἀίδαο θεοῦ χέρα καὶ τὰ κελαινὰ
ὄμνυμεν ἀρρήτου δέμνια Περσεφόνης,
παρθένοι ὡς ἔτυμον καὶ ὑπὸ χθονί· πολλὰ δ' ὁ πικρὸς
αἰσχρὰ καθ' ἡμετέρης ἔβλυσε παρθενίης
Ἀρχίλοχος· ἐπέων δὲ καλὴν φάτιν οὐκ ἐπὶ καλὰ
ἔργα, γυναικεῖον δ' ἔτραπεν ἐς πόλεμον.
Πιερίδες, τί κόρῃσιν ἐφ' ὑβριστῆρας ἰάμβους
ἐτράπετ', οὐχ ὁσίῳ φωτὶ χαριζόμεναι;

Pl IIIa 11,17 f. 34r. – Tit.: ἀδέσποτον Pl 2 Φερσεφ- Pl 4 ἔφλυσε Pl 5 Ἀρτίλ- Pl [primo] // καλὴν P¹ Pl [post] κακὴν c Pl [primo] 6 δ' om. P¹ 7 τὲ κ. ἐφυβρι-στῆρσι ἀμβ- P¹.

353. ΑΝΤΙΠΑΤΡΟΥ ΣΙΔΩΝΙΟΥ

Τῆς πολιῆς τόδε σῆμα Μαρωνίδος, ἧς ἐπὶ τύμβῳ
γλυπτὴν ἐκ πέτρης αὐτὸς ὁρῇς κύλικα.
ἡ δὲ φιλάκρητος καὶ ἀείλαλος οὐκ ἐπὶ τέκνοις
μύρεται, οὐ τεκέων ἀκτεάνῳ πατέρι·
ἓν δὲ τόδ' αἰάζει καὶ ὑπ' ἠρίον, ὅττι τὸ Βάκχου
ἄρμενον οὐ Βάκχου πλῆρες ἔπεστι τάφῳ.

Pl IIIa 17,2 f. 36r. – 1 ἔπι Lasc. 5 Βάκχῳ ex -χου Pl 6 ἅρμ- c.

Lykambes' Töchter

Wahrlich, beim Grab hier, dem Bürgen des Eides der Toten, wir Töch-
des Lykambes, um die böses Gerede sich rankt, [ter
haben den Eltern und Paros, der steilsten der heiligen Inseln,
und dem Jungfrauentum keinerlei Schande gemacht.
Schlimme Beleidigung war es und furchtbare, böse Verleumdung,
was auf unser Geschlecht häßlich Archilochos spie.
Bei Daimonen und Göttern, auf Straßen nicht, noch in der Hera
großem heiligem Hain kam uns Archilochos nah.
Wären wir Dirnen gewesen und sündige Mädchen, wie hätte
er sich grade von uns ehliche Kinder gewünscht?

Dioskorides

Ein gleiches

Traun, bei der Rechten des Hades und bei der Persephone dunklem,
unaussprechlichem Bett schwören wir heilig: wir sind
Jungfraun noch unten im Grab. Was Archilochos höhnend auf unsre
Ehre so oftmal gespritzt, böse Verleumdung nur war's.
Ach, die herrliche Sprache der Verse verwandte er nimmer
herrlichen Taten zum Preis, sondern zur Fehde mit Fraun.
Sagt, warum kehrtet ihr, Musen, die schmähenden Jamben auf Mäd-
und warum schenktet ihr solch boshaftem Mann eure Huld? [chen,

Anonym oder *Meleagros*

Trinkerin Maronis

Dies ist das Grab der Maronis, die grau war vor Alter. Man hat ihr,
schau, einen Becher aus Stein auf ihrem Male geformt.
Doch die Freundin des Weins und Schwatzes, sie weint nicht um Kin-
oder den Mann, der arm bei seinen Kindern verblieb; [der
eines nur tut ihr im Grabe noch weh: daß der Becher des Bakchos,
der auf dem Hügel ihr steht, leer ist von Bakchos' Geschenk.

Antipatros von Sidon

354. ΓΑΙΤΟΥΛΙΚΟΥ

Παίδων Μηδείης οὗτος τάφος, οὓς ὁ πυρίπνους
ζᾶλος τῶν Γλαύκης θῦμ' ἐποίησε γάμων,
οἷς αἰεὶ πέμπει μειλίγματα Σισυφὶς αἶα,
μητρὸς ἀμείλικτον θυμὸν ἱλασκομένα.

Pl III b 6,7 f. 92r. – Tit.: Γαιτουλίχου P -ίου Pl 2 ζῆλος Pl 3 μειλίγμ-: γ ex σ Pl 4 ἀμειλίκτου θ. ἱλασκομένη Pl.

355. ΔΑΜΑΓΗΤΟΥ

Τὴν ἱλαρὰν φωνὴν καὶ τίμιον, ὦ παριόντες,
τῷ χρηστῷ „χαίρειν" εἴπατε Πραξιτέλει·
ἦν δ' ὡνὴρ Μουσῶν ἱκανὴ μερὶς ἠδὲ παρ' οἴνῳ
κρήγυος. – „Ὦ χαίροις, Ἄνδριε Πραξίτελες."

l: εἰς Πραξιτέλην τὸν ἀγαλματοποιὸν [errat] τὸν ἐκ τῆς Ἄνδρου. – Pl III b 18,1 f. 93v. – Tit. om. Pl 2 σχαίρειν P[1].

356

Ζωὴν συλήσας δωρῇ τάφον· ἀλλά με κρύπτεις,
οὐ θάπτεις. τοίου καὐτὸς ὄναιο τάφου.

Pl IIIa 6,7 f. 31v. – 1 συλήσας alio atram. ex συλήλας Pl.

357

Κἂν με κατακρύπτῃς ὡς οὐδενὸς ἀνδρὸς ὁρῶντος,
ὄμμα Δίκης καθορᾷ πάντα τὰ γινόμενα.

Pl IIIa 6,8 f. 31v. – 1 κῆν Pl 2 γιγν- Pl.

358

Ἔκτανες, εἶτά μ' ἔθαπτες, ἀτάσθαλε, χερσὶν ἐκείναις,
αἷς με διεχρήσω· μή σε λάθοι Νέμεσις.

Pl IIIa 6,9 f. 31v. – 1 μ' ἔθαπτες Reiske με θάπτεις 2 νέμεσις [ὦ supra ν] Pl.

Medeias Kinder

Grab der Kinder Medeias! Der glühende Ingrimm darüber,
daß sich Glauke vermählt, hat sie zu Opfern gemacht.
Immer noch sendet, zu schwichten das Herz der grausamen Mutter,
ihnen des Sisyphos Land sühnende Gaben hinab.

Gätulicus I.

Praxiteles

Wanderer, rufet dem guten Praxiteles hier zur Erfreuung
und zur Ehre das Wort „Sei mir gegrüßet!" hinab.
War er doch fröhlich beim Wein und ein tüchtiger Diener der Musen. –
„Sei mir, Praxiteles, denn, Bürger von Andros, gegrüßt."

Damagetos

Ermordet

Nahmst mir das Leben und gabst mir ein Grab – doch nicht zum Be-
[statten,
nur zum Verbergen. Solch Grab wünsche ich später auch dir.

Anonym

Ein gleiches

Ob du auch still mich verscharrst und glaubst, daß niemand mich
[sähe,
Dikes Auge erblickt, was nur hienieden geschieht.

Anonym

Ein gleiches

Frevler, du hast mich erschlagen und gabst mir mit eben den Händen,
die mich ermordet, ein Grab. Möge dich Nemesis sehn!

Anonym

359

Εἴ με νέκυν κατέθαπτες ἰδὼν οἰκτίρμονι θυμῷ,
εἶχες ἂν ἐκ μακάρων μισθὸν ἐπ' εὐσεβίῃ·
νῦν δ' ὅτε δὴ τύμβῳ με κατακρύπτεις ὁ φονεύσας,
τῶν αὐτῶν μετέχοις, ὧνπερ ἐμοὶ παρέχεις.

Pl III^{a} 6,10 f. 31^{v}. – **4** ἐμοὶ παρέχοις c.

360

Χερσὶ κατακτείνας τάφον ἔκτισας, οὐχ ἵνα θάψῃς,
ἀλλ' ἵνα με κρύψῃς· ταὐτὸ δὲ καὶ σὺ πάθοις.

Pl III^{a} 6,12 f. 32^{r}. – **2** ταυτὶ et πάθῃς P^{1}.

361. ΑΔΗΛΟΝ

Υἷι πατὴρ τόδε σῆμα· τὸ δ' ἔμπαλιν ἦν τὸ δίκαιον·
ἦν δὲ δικαιοσύνης ὁ φθόνος ὀξύτερος.

Pl III^{a} 27,2 f. 41^{v}. – **1** ὓι P **2** ἦν P^{1}.

362. ΦΙΛΙΠΠΟΥ ΘΕΣΣΑΛΟΝΙΚΕΩΣ

Ἐνθάδε τὴν ἱερὴν κεφαλὴν σορὸς ἥδε κέκευθεν
Ἀετίου χρηστοῦ, ῥήτορος εὐπρεπέος.
ἦλθεν δ' εἰς Ἀίδαο δέμας, ψυχὴ δ' ἐς Ὄλυμπον·
[τέρπεθ' ἅμα Ζηνὶ καὶ ἄλλοισιν μακάρεσσιν.]
. . . . ἀθάνατον δὲ
οὔτε λόγος ποιεῖν οὔτε θεὸς δύναται.

Pl III^{b} 24,1 f. 96^{r}. – Tit. om. Pl **1** κεφ. ἤδε κέκευθε σωρὸς P^{1} // σορὸς: σ ex η Pl **2** ἐκπρεπ- c **3** δ'^{1} om. P^{1} // δόμους P^{1} // ἐν Ὀλύμπῳ c **4–5** corrupt. in P om. Pl **5–6** ἀθάνατον ποιεῖ δ' οὐ λόγος οὔτε θεός Pl [post v. 3].

Ein gleiches

Hättest du, tot mich findend, erbarmenden Sinns mich begraben,
würde die heilige Tat dir von den Göttern belohnt.
Da du mich aber ermordet und nun mich versteckst in der Erde,
gebe das Schicksal auch dir, was du mir selber getan.

Anonym

Ein gleiches

Gabst mit der Hand, die mich totschlug, das Grab mir, nicht mich zu bestatten,
nein, zu verstecken. So mag dir auch das gleiche geschehn!

Anonym

Der Sohn

Grab, das der Vater dem Sohn gab. Das Gegenteil wäre gerechter.
Doch die Gerechtigkeit war nicht so behende wie Neid.

Anonym

Redner Aëtios

Der Sarkophag hier umschließt das heilige Haupt des Aëtios,
der, ein trefflicher Mensch, herrlich als Redner geglänzt.
Kam in den Hades sein Leib, zum Olymp entschwebte die Seele,
⟨wo er im Kreise des Zeus und seiner Seligen nun
glücklicher Tage sich freut. Doch auf Erden⟩ unsterblich zu weilen,
kann keine Redegewalt und keine Gottheit verleihn.

Philippos von Thessalonike

363. ΑΔΗΛΟΝ

⁺Τετμενάνης ὅδε τύμβος ἐυγλύπτοιο μετάλλου
ἥρωος μεγάλου νέκυος κατὰ σῶμα καλύπτει,
Ζηνοδότου· ψυχὴ δὲ κατ' οὐρανόν, ἧχί περ Ὀρφεύς,
ἧχι Πλάτων, ἱερὸν θεοδέγμονα θῶκον ἐφεῦρεν.
ἱππεὺς μὲν γὰρ ἔην βασιλήιος ἄλκιμος οὗτος,
κύδιμος, ἀρτιεπής, θεοείκελος· ἐν δ' ἄρα μύθοις
Σωκράτεος μίμημα παρ' Αὐσονίοισιν ἐτύχθη.
παισὶ δὲ καλλείψας πατρώιον αἴσιον ὄλβον,
ὠμογέρων τέθνηκε, λιπὼν ἀπερείσιον ἄλγος
εὐγενέεσσι φίλοισι καὶ ἄστεϊ καὶ πολιήταις.

*c: εἰς Τετμενάνης υἱὸν Ζηνόδοτον, ἱππέα βασιλέως Μάρκου ἢ Ἀδριανοῦ. – **1** τετμενῆς vel -εσνῆς P^1 **3** ἡΐ P^1 **4** bis in marg. c om. P^1 // ἱερὸν et -ὸς c **5** βασιλῆος P em. Salm.

364. ΜΑΡΚΟΥ ΑΡΓΕΝΤΑΡΙΟΥ

Ἀκρίδι καὶ τέττιγι Μυρὼ τόδε θήκατο σῆμα,
 λιτὴν ἀμφοτέροις χερσὶ βαλοῦσα κόνιν,
ἵμερα δακρύσασα πυρῆς ἔπι· τὸν γὰρ ἀοιδὸν
 Ἅιδης, τὴν δ' ἑτέρην ἥρπασε Περσεφόνη.

In P hic [P^a] et iuxta VII 190 [P^b, scrips. c] **2** βαλοῦσι P^b [primo] **3** ἵμερα Reiske ἡμέρα P^{a1} ἡμ- c^a P^b **4** Περσεφώνη P^b.

365. ΖΩΝΑ ΣΑΡΔΙΑΝΟΥ, τοῦ καὶ ΔΙΟΔΩΡΟΥ

Ἀίδη ὃς ταύτης καλαμώδεος ὕδατι λίμνης
 κωπεύεις νεκύων βᾶριν ἐλαυνόδυνον,
τῷ Κινύρου τὴν χεῖρα βατηρίδος ἐκβαίνοντι
 κλίμακος ἐκτείνας δέξο, κελαινὲ Χάρον·
πλάζει γὰρ τὸν παῖδα τὰ σάνδαλα, γυμνὰ δὲ θεῖναι
 ἴχνια δειμαίνει ψάμμον ἐπ' ἠονίην.

l: εἰς Κινύρου παῖδα, ad v. 3: εἰς Κινύραν νεώτερον. – **2** κωπεύης P^1 -ῃ c [primo] -εις c [post] // ἐλαυνόδυνον Salm. ἐλῶν ὀδύνην P^1 ἐ. -ης c **3** ἐκβαίν- c ἐμβ- P^1 **4** Χαρὶν P^1 **5** θεῖναι Bouhier θῆναι.

Ritter Zenodot

Dieses prächtige Grab aus trefflich gemeißeltem Marmor
schließt den Leib eines Toten in sich, eines großen Heroen,
des Zenodot. Seine Seele fuhr aufwärts zum Himmel, wo Orpheus
und wo Platon die heilge, gottbergende Wohnstatt gefunden.
Denn er ist Ritter des Kaisers gewesen voll tapferem Mute,
ruhmreich, redegewandt und göttlich. In seinen Gesprächen
war er des Sokrates Bild im Kreise ausonischer Männer.
Sterbend als rüstiger Greis, hinterließ er den Kindern ein reiches,
glückliches Erbteil zu eigen und unermeßlichen Kummer
seinen Freunden erlauchten Geblüts, der Stadt und den Bürgern.

Anonym

Grille und Heuschreck

Dieses Denkmal hat Myro für Grille und Heuschreck errichtet,
als sie ein Häuflein von Staub über die beiden gestreut
und vor Trauer am Feuer geweint; denn die Sängerin nahm sich
Hades, der andere ward, ach, der Persephone Raub.

Marcus Argentarius

Der Sohn

Der du mit rudernder Hand auf des Schilfsees Wasser im Nachen
Tote, von Schmerzen erlöst, fort in den Hades entführst:
steigt des Kinyras Sohn vom Kahn mit der Leiter ans Ufer,
o so reiche du ihm, finsterer Charon, die Hand.
Sieh, es schreitet der Knabe nur schwankend in seinen Sandalen,
und auf dem sandigen Strand bangt es ihn, barfuß zu gehn.

Diodoros Zonas von Sardes

366. ΑΝΤΙΣΤΙΟΥ

Ἀώου προχοαί σέ, Μενέστρατε, καὶ σέ, Μένανδρε,
λαῖλαψ Καρπαθίη καὶ σὲ πόρος Σικελὸς
ὤλεσεν ἐν πόντῳ, Διονύσιε, – φεῦ πόσον ἄλγος
Ἑλλάδι – τοὺς πάντων κρέσσονας ἀθλοφόρων.

2 λαίλαψ' c // πάρος Σικελικὸς P^1 3 πόσον Salm. τό σον 4 κρείσσονας c // ἀθλοφόρους c.

367. ΑΝΤΙΠΑΤΡΟΥ

Αὔσονος Ἠγερίου μ' ἐλέει νέκυν, ᾧ μετιόντι
νύμφην ὀφθαλμοὺς ἀμβλὺ κατέσχε νέφος·
ὄμμασι δὲ πνοιὴν συναπέσβεσε μοῦνον ἰδόντος
κούρην· φεῦ καινῆς, Ἥλιε, θευμορίης.
ἔρροι δὴ κεῖνο φθονερὸν σέλας εἴθ' Ὑμέναιος
ἧψέ μιν οὐκ ἐθέλων, εἴτ' Ἀίδης ἐθέλων·

1 Αὔσονος Bouhier αὔσοος c αὔσις (?) P^1 // μ' ἐλέει Jac. με λέγει 3 ὄμματι P^1 em. c // ἰδόντος Salm. -τες 4 κούρην Salm. κοῦρον // καινῆς Desr. κείνης 5 κεῖνον P^1 em. c.

368. ΕΡΥΚΙΟΥ

Ἀτθὶς ἐγώ· κείνη γὰρ ἐμὴ πόλις, ἐκ δέ μ' Ἀθηνῶν
λοιγὸς Ἄρης Ἰταλῶν πρίν ποτ' ἐληίσατο
καὶ θέτο Ῥωμαίων πολιήτιδα· νῦν δὲ θανούσης
ὀστέα νησαίη Κύζικος ἠμφίασε.
χαίροις ἡ θρέψασα καὶ ἡ μετέπειτα λαχοῦσα
χθὼν με καὶ ἡ κόλποις ὕστατα δεξαμένη.

Pl III^b 11,6 f. 92^v. – 2 λοιγὸς P^1 λυγ- c λυγρὸς Pl 4 ἠμφίεσεν Pl.

Die drei Wettkämpfer

Dir, Menestratos, nahm des Aoos Mündung das Leben,
dir, Menandros, der Sturm auf dem Karpathischen Meer
und, Dionysios, dir die Sizilische Straße. Wie trauert,
ach, nun Hellas! Im Kampf hatten sie alle besiegt.

Antistios

Bräutigam Egerios

Traure um mich, den toten Ausonier! Egerios hieß ich.
Als ich hineinging zur Braut, hüllten mir Wolken den Blick,
und mit den Augen erlosch mir, da kaum ich das Mädchen gesehen,
auch das Leben. Welch Los, Helios, seltsam du schickst . . .!
Fluch dem neidischen Lichte der Fackeln, ob Hymenaios
ungern sie zündet, ob auch Hades sie gerne entfacht!

Antipatros von Thessalonike

Athenerin in Kyzikos

Attika ist meine Heimat; Athenerin bin ich; von dorther
hat der italische Krieg einst mich verderbend geraubt.
Bürgerin ward ich in Rom. Und jetzt nach meinem Verscheiden
hält mein bleiches Gebein Kyzikos' Insel bedeckt . . .
Erde du, Land meiner Kindheit, und du, das drauf mir geworden,
du auch, das mich im Schoß schließlich empfangen, lebt wohl!

Erykios

369. ΑΝΤΙΠΑΤΡΟΥ

Ἀντιπάτρου ῥητῆρος ἐγὼ τάφος· ἡλίκα δ' ἔπνει
  ἔργα, Πανελλήνων πεύθεο μαρτυρίης.
κεῖται δ' ἀμφήριστος, Ἀθηνόθεν εἴτ' ἀπὸ Νείλου
  ἦν γένος· ἠπείρων δ' ἄξιος ἀμφοτέρων.
ἄστεα καὶ δἄλλως ἑνὸς αἵματος, ὡς λόγος Ἕλλην·
  κλήρῳ δ' ἡ μὲν ἀεὶ Παλλάδος, ἡ δὲ Διός.

l: εἰς Ἀντίπατρον ῥήτορα. c: ἢ μᾶλλον ἱερέα. – Pl III^{b} 24,2 f. 96^{r}. – Tit. om. Pl **1** ῥήτορος P^{1} **3** εἶτ' P **5** δἄλλως [= δὴ ἄ.] Dübner δ' ἄ. // Ἕλλην P ἐστί Pl.

370. ΔΙΟΔΩΡΟΥ

Βάκχῳ καὶ Μούσῃσι μεμηλότα, τὸν Διοπείθους
  Κεκροπίδην ὑπ' ἐμοί, ξεῖνε, Μένανδρον ἔχω,
ἐν πυρὶ τὴν ὀλίγην ὃς ἔχει κόνιν· εἰ δὲ Μένανδρον
  δίζηαι, δήεις ἐν Διὸς ἢ μακάρων.

Pl III^{b} 5,5 f. 91^{r}. – **1** μεμηλότα: $μ^{2}$ ex ρ (?) P **4** δήιεις P^{1}.

371. ΚΡΙΝΑΓΟΡΟΥ

Γῆ μευ καὶ μήτηρ κικλήσκετο, γῆ με καλύπτει
  καὶ νέκυν· οὐ κείνης ἥδε χερειοτέρη.
ἔσσομαι ἐν ταύτῃ δηρὸν χρόνον· ἐκ δέ με μητρὸς
  ἥρπασεν ἠελίου καῦμα τὸ θερμότατον.
κεῖμαι δ' ἐν ξείνῃ ὑπὸ χερμάδι, μακρὰ γοηθεὶς
  Ἴναχος, εὐπειθὴς Κριναγόρου θεράπων.

Pl I^{b} 21,2 f. 83^{v}. – Tit. om. Pl **5** δ' ἐν P Pl [primo] δὲ Pl [post] **6** θεραπον P^{1}.

372. ΛΟΛΛΙΟΥ ΒΑΣΣΟΥ

Γαῖα Ταραντίνων, ἔχε μείλιχος ἀνέρος ἐσθλοῦ
  τόνδε νέκυν. ψεῦσται δαίμονες ἀμερίων·
ἦ γὰρ ἰὼν Θήβηθεν Ἀτύμνιος οὐκέτι πρόσσω
  ἤνυσεν, ἀλλὰ τεὴν βῶλον ὑπῳκίσατο·
ὀρφανικῷ δ' ἐπὶ παιδὶ λιπὼν βίον εὔνιν ἔθηκεν
  ὀφθαλμῶν. κείνῳ μὴ βαρὺς ἔσσο τάφος.

Pl III^{b} 5,12 f. 91^{v}. – Tit.: Βάσσ. om. Pl **4** ἀλλὰ τεὴν c Pl ἀλλατεῖν P^{1} **3** Ἀτύμνιον P^{1} **6** ὀφθαλμόν P.

Redner Antipatros

Siehe, ich bin das Grab des Redners Antipatros. Geistvoll
schuf er sein Werk; in ganz Hellas bezeugt man es dir.
Hier nun liegt er. Man streitet, ob einstens Athen ihn geboren
oder der Nilstrom; doch wog zwei Kontinente sein Wert.
Gleich sind die Städte zudem an Blut, so sagen die Griechen:
Jenes ist Pallas' und dies ewiges Erbe des Zeus.

Antipatros von Thessalonike

Dichter Menandros

Des Diopeithes Sohn Menandros, der Bakchos und Musen
liebte, der Bürger Athens, Wanderer, liegt unter mir.
Nur ein Häuflein von Asche blieb übrig. Doch suchst du „Menandros",
Freund, den triffst du bei Zeus oder den Seligen an.

Diodoros

Krinagoras' Diener

Mutter, so nannte ich einst eine Erde; im Tode umschließt mich
eine zweite; sie war gütig wie jene zuvor.
Lange verbleibe ich jetzt bei dieser. Der Mutter entführte
mich der heißeste Brand unseres Sonnengestirns.
Unter dem Steine der Fremde hier ruh ich, herzlich betrauert:
Inachos hieß ich und stand treu in Krinagoras' Dienst.

Krinagoras

Thebaner in Tarent

Nimm, du Erde Tarents, den Leib dieses redlichen Mannes
gütig hier auf; ein Gott hält einem Menschen nicht Wort.
Sieh, Atymnios fuhr, von Theben kommend, nicht weiter,
deine Scholle hier gibt unten ihm Wohnung und Heim.
Waise nun wurde sein Sohn, den scheidend er ohne ein hütend
Auge gelassen. – O sei, Erde des Grabes, ihm leicht!

Lollius Bassus

373. ΘΑΛΛΟΥ ΜΙΛΗΣΙΟΥ

Δισσὰ φάη, Μίλητε, τεῆς βλαστήματα γαίης,
'Ιταλὶς ὠκυμόρους ἀμφεκάλυψε κόνις,
πένθεα δὲ στεφάνων ἠλλάξαο· λείψανα δ', αἰαῖ,
ἔδρακες ἐν βαιῇ κάλπιδι κευθόμενα.
φεῦ, πάτρα τριτάλαινα. πόθεν πάλιν ἢ πότε τοίους
ἀστέρας αὐχήσεις 'Ελλάδι λαμπομένους;

l: εἰς δύο τινὰς Μιλησίους ἐν 'Ιταλίᾳ τελευτήσαντας· οἶμαι δ' ὅτι σοφούς. – Pl III^{a} 1,9 f.30^{r}. – **3** ἠλλάξω P.

374. ΜΑΡΚΟΥ ΑΡΓΕΝΤΑΡΙΟΥ

Δύσμορος ἐκρύφθην πόντῳ νέκυς, ὃν παρὰ κῦμα
ἔκλαυσεν μήτηρ μυρία Λυσιδίκη,
ψεύστην αὐγάζουσα κενὸν τάφον· ἀλλά με δαίμων
ἄπνουν αἰθυίαις θῆκεν ὁμορρόθιον
Πνυταγόρην. ἔσχον δὲ κατ' Αἰγαίην ἅλα πότμον,
πρυμνούχους στέλλων ἐκ Βορέαο κάλους·
ἀλλ' οὐδ' ὧς ναύτην ἔλιπον δρόμον, ἀλλ' ἀπὸ νηὸς
ἄλλην πὰρ φθιμένοις εἰσανέβην ἄκατον.

Pl III^{a} 19,23 f.37^{r}. – Tit: Μάρκ. om. Pl **1** ἐκρύφθην Reiske -θη **4** ἄπνοον Pl // αἰθυίαυς P^{1} // ὁμορρόθιον P Pl [superscr.] ὁμωρόφιον Pl **5** κατ' Αἰγαίην Pl καταργ- P^{1} κατ' ἀργ- c // πόντον P^{1} **6** πρυμνύχους P // κάλως Pl **8** εἰσανέβην Hecker εἰσεν-.

375. ΑΝΤΙΦΙΛΟΥ ΒΥΖΑΝΤΙΟΥ

Δώματά μοι σεισθέντα κατήριπεν, ἀλλ' ἐμὸς ἀπτὼς
ἦν θάλαμος τοίχων ὀρθὰ τιναξαμένων,
οἷς ὑποφωλεύουσαν ὑπήλυθον αἱ κακόμοιροι
ὠδῖνες, σεισμῷ δ' ἄλλον ἔμιξα φόβον.
μαῖα δέ μοι λοχίων αὐτὴ φύσις· ἀμφότεροι δὲ
κοινὸν ὑπὲρ γαίης εἴδομεν ἠέλιον.

3 οἷς Salm. αἷς // ὑποφωλεύουσαν Reiske -σαι.

Die Milesier in Italien

Sprößlinge deines Gestades, zwei strahlende Lichter, Miletos,
sanken in jähem Vergehn in den italischen Staub.
Trauer empfingst du statt Kränze, und, ach, nur Reste, die eine
kleine Urne umhüllt, konnte dein Auge noch sehn.
Arme, unglückliche Heimat, ach, wann und von wannen wohl leuchtet
dir und Hellas zum Ruhm solch ein Gestirn wieder auf?

Antonios Thallos von Milet

Der schiffbrüchige Pnytagoras

Elend fiel ich ins Meer; ich starb. Unendliche Tränen
quollen am Ufer um mich Mutter Lysidike auf,
wenn sie die leere Gruft, das Scheingrab, erblickte. Doch sterbend
ward ich Pnytagoras jäh auf eines Daimons Geheiß
schwirrender Möwen Genoß. Mein Schicksal ward die Ägäis,
als ich in Boreas' Braus achtern die Takel gespannt.
Doch die Laufbahn des Seemanns verließ ich auch so nicht, ich stieg [nur
aus meinem eigenen Schiff um in den Nachen am Styx.

Marcus Argentarius

Geburt im Erdbeben

Nieder stürzte im Beben das Haus; doch mein Zimmer blieb stehen,
ob in den Wänden auch rings senkrecht die Risse geklafft.
Da, im verschütteten Raum, verspürte ich Arme die Wehen,
und zu dem Beben hinzu kam mir ein anderer Schreck.
Wehmutter war mir Natur, nur sie. Doch zu zweien dann sahn wir
über dem Erdenbereich strahlend des Helios Licht.

Antiphilos von Byzanz

376. ΚΡΙΝΑΓΟΡΟΥ

Δείλαιοι, τί κεναῖσιν ἀλώμεθα θαρσήσαντες
ἐλπίσιν, ἀτηροῦ ληθόμενοι θανάτου;
ἦν ὅδε καὶ μύθοισι καὶ ἤθεσι πάντα Σέλευκος
ἄρτιος, ἀλλ' ἥβης βαιὸν ἐπαυρόμενος
ὑστατίοις ἐν Ἴβηρσι, τόσον δίχα τηλόθι Λέσβου
κεῖται ἀμετρήτων ξεῖνος ἐπ' αἰγιαλῶν.

Pl III b 5,13 f. 91 v. – **1** κεν αἶσιν P¹ **2** ἀτηροῦ P¹ Pl -ρῷ c // ληθόμενοι Salm. αἰθ- P αἰσθ- Pl // θανάτου P¹ -τῳ c βιότου Pl.

377. ΕΡΥΚΙΟΥ

Εἰ καὶ ὑπὸ χθονὶ κεῖται, ὅμως ἔτι καὶ κατὰ πίσσαν
τοῦ μιαρογλώσσου χεύατε Παρθενίου,
οὕνεκα Πιερίδεσσιν ἐνήμεσε μυρία κεῖνα
φλέγματα καὶ μυσαρῶν ἀπλυσίην ἐλέγων.
ἤλασε καὶ μανίης ἐπὶ δὴ τόσον, ὥστ' ἀγορεῦσαι
πηλὸν Ὀδυσσείην καὶ πάτον Ἰλιάδα.
τοιγὰρ ὑπὸ ζοφίαισιν Ἐρινύσιν ἀμμέσον ἧπται
Κωκυτοῦ κλοιῷ λαιμὸν ἀπαγχόμενος.

c [in ras.]: εἰς Παρθένιον τὸν Φωκαέα τὸν εἰς Ὅμηρον παροινήσαντα. – **2** μιαρο- et μυσαρο- c μεταρο- P¹ // χεύαστε P¹ **3** οὕνεκε Π. ἐνήμισε P¹ **4** φλέγματα P¹ φθέ- l **5** ἐπιδὴ P¹ ἐπειδὴ et ἐπίη c **6** πάτον Guyet βοτὸν P¹ βάτον l **7** ἧσται c in marg. **8** ἀπαχώμ- P¹.

378. ΑΠΟΛΛΩΝΙΔΟΥ

Ἔφθανεν Ἡλιόδωρος, ἐφέσπετο δ', οὐδ' ὅσον ὥρῃ
ὕστερον, ἀνδρὶ φίλῳ Διογένεια δάμαρ.
ἄμφω δ', ὡς συνέναιον, ὑπὸ πλακὶ τυμβεύονται,
ξυνὸν ἀγαλλόμενοι καὶ τάφον ὡς θάλαμον.

Pl III a 6,14 f. 32 r [Pl a], III b 5,6 f. 91 r [Pl b]. – **1** ἔφθανεν P Pl b κάτθανεν Pl a **3** συνέναιον ὑπὸ Jac. ὑμέν- ἐπὶ // τυμβεύοντο Pl a **4** θάλαμον c Pl θάνατον P¹.

Lesbier in Spanien

Arme, was irren wir hier, vertrauen auf törichte Hoffnung
und vergessen dabei den uns beschiedenen Tod?
Wieviel Gaben besaß er in Rede und innerem Wesen,
dieser Seleukos, doch kaum ward seiner Jugend er froh.
Bei den Iberern, am Ende der Welt, so ferne von Lesbos,
an unendlichem Strand liegt er, ein Fremdling, im Grab.

Krinagoras

Dichter Parthenios

Liegt auch Parthenios schon mit der schmutzigen Lästererzunge
unter der Erde, so gießt trotzdem noch Pech über ihn.
Hat auf die Musen er doch so oft die Flut seines Geifers
und seiner Spottelegien unreine Bosheit gespien.
Ja, er trieb seine Tollheit so weit, daß Homers Odyssee er
einen Morast, daß er Mist die Iliade genannt.
Darum würgten ihn auch mit dem Halsring die finstern Erinnyen
und umketteten ihn mitten im Schlamm des Kokyts.

Erykios

Im Tod vereint

Erst starb Heliodoros; dann, kaum eine Stunde nach diesem,
folgte dem teuren Gemahl Diogeneia, sein Weib.
Wie sie gemeinsam gelebt, eins sind sie auch unter dem Marmor,
glücklich, daß sie das Grab wie ihre Kammer vereint.

Apollonidas

379. ΑΝΤΙΦΙΛΟΥ ΒΥΖΑΝΤΙΟΥ

Εἰπέ, Δικαιάρχεια, τί σοι τόσον εἰς ἅλα χῶμα
  βέβληται μέσσου γευόμενον πελάγους;
Κυκλώπων τάδε χεῖρες ἐνιδρύσαντο θαλάσσῃ
  τείχεα· μέχρι πόσου, Γαῖα, βιαζόμεθα; –
„Κόσμου νηίτην δέχομαι στόλον· εἴσιδε Ῥώμην
  ἐγγύθεν, εἰ ταύτης μέτρον ἔχω λιμένα."

l: εἰς τὴν ἐν Δικαιαρχίᾳ θάλασσαν καὶ εἰς τὰ ἐκεῖσε νεώρια καὶ τοὺς λιμένας. – **1** Δικαιάρχεια Bouhier -χία **4** βιαζόμενα P^1 em. c **5** εἰσὶ δὲ P^1 **6** εἰ ταύτης Reiske ἐπ' αὐτῆς.

380. ΚΡΙΝΑΓΟΡΟΥ

Εἰ καὶ τὸ σῆμα λυγδίνης ἀπὸ πλακὸς
καὶ ξεστὸν ὀρθῇ λαοτέκτονος στάθμῃ,
οὐκ ἀνδρὸς ἐσθλοῦ. μὴ λίθῳ τεκμαίρεο,
ὦ λῷστε, τὸν θανόντα. κωφὸν ἡ λίθος,
τῇ καὶ ζοφώδης ἀμφιέννυται νέκυς.
κεῖται δὲ τῇδε τὠλιγηπελὲς ῥάκος
Εὐνικίδαο, σήπεται δ' ὑπὸ σποδῷ.

l: εἰς Εὐνικίδαν τινά, οὗτινος ἡ λάρναξ ἀπὸ λυγδίνης πλακὸς ἐχρημάτιζεν. – **4** ὦ c ὁ P^1 **6** τὠλιγηπελὲς Salm. τὠλιγωπ- **7** σήπεται c -τε P^1.

381. ΕΤΡΟΥΣΚΟΥ ΑΠΟ ΜΕΣΣΗΝΗΣ

Ἡ μία καὶ βιότοιο καὶ Ἄϊδος ἤγαγεν εἴσω
  ναῦς Ἱεροκλείδην, κοινὰ λαχοῦσα τέλη.
ἔτρεφεν ἰχθυβολεῦντα, κατέφλεγε τεθνηῶτα,
  σύμπλοος εἰς ἄγρην, σύμπλοος εἰς Ἀίδην.
ὄλβιος ὁ γριπεύς· ἰδίῃ καὶ πόντον ἐπέπλει
  νηὶ καὶ ἐξ ἰδίης ἔδραμεν εἰς Ἀίδην.

Pl III^a **19,24** f.37^r. – Tit.: Ἐτρούσκου Pl Ἑτερ- P **3** τεθνηῶτα Pl -νειῶτα P^1 -νηῶτα c **4** σύμπλοος ex -ον Pl // ἀγορὴν P^1 **6** νηὸς κὲξ l in marg. [del. c].

Mole von Puteoli

Dikaiarcheia, sag an: Wozu diese Mole? Gewaltig
reckt sie ins Meer sich und greift bis in die Mitte der See.
Waren's kyklopische Fäuste, die dieses Gemäuer in Meeres
Fluten erbauten? Wie weit drängst du mich, Erde, zurück? –
„Fassen muß ich die Flotte der Welt. Sieh drüben dir Rom an:
Glaubst du, ich habe den Port, der seinen Maßen genügt?“

Antiphilos von Byzanz

Eunikidas

Ob Marmor auch die Platte dieses Mals, ob auch
der Steinmetz glatt es schuf nach strengem Maß, es ist
nicht eines Guten Mal. Schließ aus dem Steine, Freund,
nicht auf den Toten; denn der Stein, womit im Tod
sich auch der Dunkle deckt, hat Sinn nicht noch Gefühl.
Armselig liegt die Hülle des Eunikidas
dahier und modert faulend unter Aschenstaub.

Krinagoras

Fischer Hierokleides

Führte den Hierokleides ein Nachen durchs Leben, der gleiche
bracht ihn zum Hades; der Kahn hatte ein doppeltes Amt:
ihn zu ernähren als Fischer und ihn zu verbrennen als Toten,
ein Gefährte der Jagd und ein Gefährte im Tod.
Glücklicher Fischer! Er fuhr mit eigenem Schiff auf dem Meere,
und mit dem eigenen Schiff lief in den Hades er ein.

Etruskos von Messina

382. ΦΙΛΙΠΠΟΥ ΘΕΣΣΑΛΟΝΙΚΕΩΣ

Ἠπείρῳ μ' ἀποδοῦσα νέκυν, τρηχεῖα θάλασσα,
σύρεις καὶ τέφρης λοιπὸν ἔτι σκύβαλον.
κἠν Ἀίδῃ ναυηγὸς ἐγὼ μόνος οὐδ' ἐπὶ χέρσου
εἰρήνην ἕξω φρικαλέης σπιλάδος.
ἢ τύμβευέ μ' ἑλοῦσα καθ' ὕδατος ἢ παραδοῦσα
γαίῃ τὸν κείνης μηκέτι κλέπτε νέκυν.

Pl IIIa 19,25 f. 37r. – Tit.: gent. om. Pl **1** νέκυν: ν ex τ, υ ex ι (?) P **5** om. P¹ adscrips. c // μ' ἑλοῦσα Bury κενοῦσα c Pl [primo] κρατοῦσα Pl [post].

383. ΦΙΛΙΠΠΟΥ

Ἠιόνιον τόδε σῶμα βροτοῦ παντλήμονος ἄθρει
σπαρτόν, ἁλιρραγέων ἐκχύμενον σκοπέλων·
τῇ μὲν ἐρημοκόμης κεῖται καὶ χῆρος ὀδόντων
κόρση, τῇ δὲ χερῶν πενταφυεῖς ὄνυχες
πλευρά τε σαρκολιπῆ, ταρσοὶ δ' ἑτέρωθεν ἄμοιροι
νεύρων καὶ κώλων ἔκλυτος ἁρμονίη.
οὗτος ὁ πουλυμερὴς εἷς ἦν ποτε. φεῦ μακαριστοί,
ὅσσοι ἀπ' ὠδίνων οὐκ ἴδον ἠέλιον.

Pl IIIa 19,26 f. 37r [Pla], IIIb 5,7 f. 91r [Plb]. – **1** ἠόνιον P ἠιόνι Pla // σῶμα Huet σῆμα **2** ἐκχύμενον Pla -ένων P ψυχόμενον Plb **4** κόρσῃ P // χερῶν P¹ Pl χειρ- c **6** ἔκλιπος Pla **7** πολλυμ- P¹.

384. ΜΑΡΚΟΥ ΑΡΓΕΝΤΑΡΙΟΥ

Ἡ Βρόμιον στέρξασα πολὺ πλέον ἢ τροφὸς Ἰνώ,
ἡ λάλος ἀμπελίνη γρῆυς Ἀριστομάχη,
ἡνίκα τὴν ἱερὴν ὑπέδυ χθόνα πᾶν τ' ἐμαράνθη
πνεῦμα πάρος κυλίκων πλεῖστον ἐπαυρομένῃ,
εἶπε ταδί· „Μινοῖ, πῆλαι, φέρε, κάλπιν ἐλαφρήν·
οἴσω κυάνεον τοὐξ Ἀχέροντος ὕδωρ·
καὐτὴ παρθένιον γὰρ ἀπώλεσα.“ τοῦτο δ' ἔλεξε
ψευδές, ἵν' αὐγάζῃ κἠν φθιμένοισι πίθον.

Pl IIIa 17,3 f. 36r. – Tit.: Μάρκ. om. Pl **1** βρόμον P¹ **3** πᾶν τ': πάντ' P Pl [primo] πᾶν δ' Pl [post] **4** ἐπαυρομένῃ Stadtm. -η **5** ταδί Scal. τάδε // Μινοῖ πῆλαι Jac. Μίνωι πάλαι **7** παρθένιον Muncker -νίην **8** κἠν c καὶ P¹ κἀν Pl.

Schiffbrüchig

Stürmische Meerflut, du hast mich als Toten der Erde gegeben,
und nun nimmst du sogar noch meinen wenigen Staub.
Muß ich im Hades noch scheitern? Nur ich? Ist nicht an des Strandes
rauh'em Geklippe einmal Ruh mir und Frieden beschert?
Entweder schenk mir ein Grab im Schoß deiner Flut, oder gib mich
wieder der Erde und stiehl dieser den Toten nicht weg.

Philippos von Thessalonike

Ein gleiches

Sieh hier am Strande den Leib des armen Menschen! Zerrissen
sind seine Teile, verstreut über die Klippen des Meers.
Dort liegt das Haupt, von Zähnen verwaist und der Haare entkleidet,
dort die Hände mit fünf Fingern und Nägeln, und hier
fleischverlassen die Rippen, da drüben die sehnenberaubten
Füße und Glieder ringsum, aus dem Gefüge gelöst.
Formte die Vielfalt der Stücke nicht einstmals ein Wesen? O selig,
wer schon bei seiner Geburt nicht mehr die Sonne erblickt!

Philippos

Die alte Trinkerin

Als Aristomache alt war, sie, die mit Trinken und Schwatzen
Bakchos so freund war, wie kaum Ino, die Amme, es war,
ging in die heilige Erde sie ein. Da ward ihr, die früher
immer die Becher geleert, trocken der Atem. Sie trat
schließlich vor Minos und sprach: „He, gib mir ein leichtes Gefäße!
Acherons finstere Flut möchte ich tragen fortan.
Denn ich ermordete auch den Verlobten.“ So sagte sie listig,
um noch im Totenbereich einmal zu sehen – ein Faß.

Marcus Argentarius

385. ΦΙΛΙΠΠΟΥ

Ἥρως Πρωτεσίλαε, σὺ γὰρ πρώτην ἐμύησας
Ἴλιον Ἑλλαδικοῦ θυμὸν ἰδεῖν δόρατος,
καὶ περὶ σοῖς τύμβοις ὅσα δένδρεα μακρὰ τέθηλε,
πάντα τὸν εἰς Τροίην ἐγκεκύηκε χόλον·
Ἴλιον ἢν ἐσίδῃ γὰρ ἀπ' ἀκρεμόνων κορυφαίων,
καρφοῦται πετάλων κόσμον ἀναινόμενα.
θυμὸν ἐπὶ Τροίῃ πόσον ἔζεσας, ἡνίκα τὴν σὴν
σῴζει καὶ στελέχη μῆνιν ἐπ' ἀντιπάλους.

2 Ἑλλαδικοῦ c -κῷ P[1] 4 ἐγκεκ- Bothe ἐκκεκ- 5 ἣν P[1].

386. ΒΑΣΣΟΥ ΛΟΛΛΙΟΥ

Ἦδ' ἐγὼ ἡ τοσάκις Νιόβη λίθος, ὀσσάκι μήτηρ·
δύσμορος, ἣ μαστῶν ⟨ὑγρὸν⟩ ἔπηξα γάλα,
Ἀίδεω πολὺς ὄλβος ἐμῆς ὠδῖνος ἀριθμός,
ἣ τέκον, ὦ, μεγάλης λείψανα πυρκαϊῆς.

l: εἰς Νιόβην τὴν ἐν Σιπύλῳ ἀπολιθωθεῖσαν, ἧστινος ἐν μιᾷ ἡμέρᾳ ἑπτὰ υἱοὶ καὶ τοσαῦται θυγατέρες ἐτελεύτησαν. – 1 ἥδ' Bouhier ἅδ' 2 ὑγρὸν add. Korsch 3 ἀριθμούς c.

387. ΒΙΑΝΟΡΟΣ

Θειονόης ἔκλαιον ἐμῆς μόρον, ἀλλ' ἐπὶ παιδὸς
ἐλπίσι κουφοτέρας ἔστενον εἰς ὀδύνας.
νῦν δέ με καὶ παιδὸς φθονερὴ κατενόσφισε Μοῖρα·
φεῦ, βρέφος, ἐψεύσθην καὶ σὲ τὸ λειπόμενον.
Περσεφόνη, τόδε πατρὸς ἐπὶ θρήνοισιν ἄκουσον·
θὲς βρέφος ἐς κόλπους μητρὸς ἀποιχομένης.

Pl III[a] 20,18 f. 38[v]. – 1 θειονόεις P // μόρον c γάμον P[1] Pl 3 φθονερὴν P // κατενόσφ- nos ἀπενόσφ- P τις ἐνόσφ- Pl // μοῖραν P 5 Φερσεφόνη Pl // ἄκουσεν P.

Protesilaos

Protesilaos, du Held, du warest der erste, der einstens
Ilions Söhnen die Kraft griechischer Lanzen gezeigt.
All die mächtigen Bäume, die grün deinen Hügel umgeben,
sind noch schwanger vom Groll gegen das troische Volk.
Wenn sie mit ragendem Wipfel die ilische Feste erkennen,
werfen sie welkend den Schmuck ihres Geblätters herab.
O, wie kochte in dir der Haß gegen Troja, wenn heute
selbst noch die Bäume dein Grimm gegen die Feinde beseelt.

Philippos

Niobe

Niobe bin ich, versteint so oft, wie ich Mutter geworden.
Furchtbares traf mich: Erstarrt ist mir im Busen die Milch.
Was ich zählte an Kindern, ist Hades' Reichtum; geboren
habe ich, ach, was die Glut mächtiger Scheiter mir ließ.

Lollius Bassus

Der einzige Sohn

Als mir Theionoë starb, da weint ich als Gatte; doch blieb mir
tröstend mein Sohn noch, und dies dämpfte mir Klage und Schmerz.
Nun aber raubte mir auch das neidische Schicksal mein Söhnlein.
Ach, ich werde mit dir, Kind, um das Letzte gebracht . . .
Höre, Persephone, denn die Bitte des trauernden Vaters:
Lege das Kindlein im Tod gütig der Mutter ans Herz!

Bianor

388. ΤΟΥ ΑΥΤΟΥ ΒΙΑΝΟΡΟΣ

Ἰχθύσι καὶ ποταμῷ Κλειτώνυμον ἐχθρὸς ὅμιλος
  ὦσεν, ὅτ' εἰς ἄκρην ἦλθε τυραννοφόνος.
ἀλλὰ Δίκα μιν ἔθαψεν· ἀποσπασθεῖσα γὰρ ὄχθη
  πᾶν δέμας ἐς κορυφὴν ἐκ ποδὸς ἐκτέρισεν·
κεῖται δ' οὐχ ὑδάτεσσι διάβροχος· αἰδομένα δὲ
  Γᾶ κεύθει τὸν ἑᾶς ὅρμον ἐλευθερίης.

Pl III^{a} 19,27 f.37^{r} [Pl^{a}], I^{b} 15,1 f.83^{r} [Pl^{b}]. – 2 τυραννοφόρος P^{1} 3 Δίκη Pl^{a} // μὲν (?) P^{1} 5 αἰδομένη ex -να Pl^{a} 6 γῆ et ἑῆς Pl^{a}.

389. ΑΠΟΛΛΩΝΙΔΟΥ

Καὶ τίς, ὃς οὐκ ἔτλη κακὸν ἔσχατον υἱέα κλαύσας;
  ἀλλ' ὁ Ποσειδίππου πάντας ἔθαψε δόμος
τέσσαρας, οὓς Ἀίδαο συνήριθμον ἥρπασεν ἦμαρ,
  τὴν πολλὴν παίδων ἐλπίδα κειραμένου.
πατρὸς δ' ὄμματα λυγρὰ κατομβρηθέντα γόοισιν
  ὤλετο· κοινή που νὺξ μία πάντας ἔχει.

Pl III^{b} 25,3 f.96^{r}; Ir. p. 100. – 2 Ποσιδίππῳ P^{1} // δέμας (?) P^{1} 4 κειράμενον c 5 πατρὶς P^{1} // γόοιο Ir.

390. ΑΝΤΙΠΑΤΡΟΥ

Κυλλήνην ὄρος Ἀρκάδων ἀκούεις·
αὕτη σῆμ' ἐπίκειτ' Ἀπολλοδώρῳ.
Πίσηθέν μιν ἰόντα νυκτὸς ὥρῃ
ἔκτεινεν Διόθεν πεσὼν κεραυνός.
τηλοῦ δ' Αἰγανέης τε καὶ Βεροίης
νικηθεὶς Διὸς ὁ δρομεὺς καθεύδει.

Pl III^{b} 5,27 f.92^{r}. – 2 αὕτη P^{1} 3 ὥρῃ Pl -ης P 4 Διωθεν P^{1} 6 Διὸς Reiske δῖος P om. Pl.

Tyrannenfeind Kleitonymos

Als zum Mord des Tyrannen Kleitonymos oben zur Burg stieg,
stürzten ihn Schergen zum Fluß und zu den Fischen hinab.
Doch ihn bestattete Dike: Vom Ufer brach eine Böschung
und begrub seinen Leib völlig, von Kopf bis zum Fuß.
Ohne daß Wasser ihn netzt, nun ruht er. Voll heiliger Ehrfurcht
birgt ihn die Erde, den Hort eigener Freiheit, im Schoß.

Bianor

Die vier Söhne

Ach, wem war nicht der Schmerz, den Sohn zu beweinen, der schlimmste?
Doch Poseidippos begrub sämtliche vier nun; sie hat
Hades an einem Tag hinweg ihm gerissen; hinweg auch
schwand ihm die Hoffnung, die er fest auf die Söhne gesetzt.
Da, in den Fluten der Tränen, erloschen des Vaters betrübte
Augen; die nämliche Nacht hüllt sie gemeinsam nun ein.

Apollonidas

Wettkämpfer Apollodoros

Den arkadischen Berg Kyllene kennst du;
dieser bildet Apollodoros' Grabmal.
Als von Pisa er kam zur nächtgen Stunde,
traf ein Blitz von der Hand des Zeus ihn tödlich.
Von Aiganea und Beroia fern nun
ruht der Läufer im Schlaf, von Zeus geschlagen.

Antipatros von Thessalonike

391. ΒΑΣΣΟΥ ΛΟΛΛΙΟΥ

Κλειδοῦχοι νεκύων, πάσας 'Αίδαο κελεύθους
φράγνυτε, καὶ στομίοις κλεῖθρα δέχοισθε, πύλαι.
αὐτὸς ἐγὼν 'Αίδας ἐνέπω· Γερμανικὸς ἄστρων,
οὐκ ἐμός· οὐ χωρεῖ νῆα τόσην 'Αχέρων.

l: εἰς Γερμανικὸν τὸν Καίσαρος [= Tiberii] ἀδελφιδοῦν, τὸν πατέρα Νέρωνος.

392. ΗΡΑΚΛΕΙΔΟΥ ΣΙΝΩΠΕΩΣ

Λαῖλαψ καὶ πολὺ κῦμα καὶ ἀντολαὶ 'Αρκτούροιο
καὶ σκότος Αἰγαίου τ' οἶδμα κακὸν πελάγευς,
ταῦθ' ἅμα πάντ' ἐκύκησεν ἐμὴν νέα· τριχθὰ δὲ κλασθεὶς
ἱστὸς ὁμοῦ φόρτῳ κἀμὲ κάλυψε βυθῷ.
ναυηγὸν κλαίοιτε παρ' αἰγιαλοῖσι, γονῆες,
Τλησιμένη κωφὴν στησάμενοι λίθακα.

Pl III^a 19,28 f.37^r. – **1** αὐτολαὶ 'Αρκτούροισι P^1 **2** Αἰγαίου c Pl ἀργ- (?) P^1 **3** πάντα κύκ. Pl **5** ut novi ep. initium exhib. P^1 **6** κωφὸν Pl.

393. ΔΙΟΚΛΕΟΥΣ ΚΑΡΥΣΤΙΟΥ

Μή με κόνι κρύψητε· τί γὰρ πάλι; μηδ' ἐπὶ ταύτης
ἠόνος οὐκ ὀνοτὴν γαῖαν ἐμοὶ τίθετε.
μαίνεται εἷς με θάλασσα καὶ ἐν χέρσοισί με δειλὸν
εὑρίσκει ῥαχίαις, οἶδέ με κὴν 'Αίδῃ.
χέρσον ἐπεκβαίνειν ⟨εἰ⟩ ἐμεῦ χάριν ὕδατι θυμός,
ἀρκεῖ μοι σταθερῇ μιμνέμεν ὡς ἄταφος.

l: εἰς τὸν αὐτὸν ναυηγὸν Τλησιμένην, οὗτινος τὰ λείψανα ἐπὶ τῶν αἰγιαλῶν καλινδεῖται ταφῆς οὐ δεόμενα. – **1** πάλαι P^1 // ταύτης Salm. -ας **2** ἠόνος Salm. -ας // τίθετε Salm. τίσετε **3** μαίνεται Brunck -τε δ' // εἷς με Salm. εἰς ἐμὲ c ἐμὲ P^1 // χεραῖσί (?) P^1 **4** κεὶν c **5** χέρσον J. G. Schneider -σῳ δ' // ἐπεκβαίνειν Jac. -ει c ἐπεβαίνει P^1 // εἰ add. Hecker **6** ἀρκεῖ μοι Harberton πάρκειμαι.

Germanicus

Pförtner des Reiches der Toten, sperrt ab die Wege zum Hades!
Fügt in die Ösen hinein, Tore, die Riegel am Schloß!
Ich, Fürst Hades, gebiet es. Germanicus eignet den Sternen,
nicht mir. Im Acheron paßt nirgends ein Fahrzeug für ihn.

Lollius Bassus

Schiffbrüchig

Sturm, die unendliche See, der Aufgang des Sternes Arkturos,
Nacht und die wogende Flut rings im Ägäischen Meer,
alles zusammen verheerte mein Schiff; schon war mir der Mastbaum
dreimal geborsten, da riß mich und die Fracht es hinab.
Weint um Tlesimenes denn, den Gescheiterten, weinet, ihr Eltern,
dort am Gestade, wo ihr nutzlos ein Mal mir erbaut.

Herakleides von Sinope

Ein gleiches

Deckt mich nicht wieder mit Staub! Wozu? Bestreut hier am Strande
nicht mich von neuem mit Sand! Tadelt die Erde auch nicht!
Gegen mich wütet das Meer; es findet mich hoch auf des Festlands
felsiger Küste und nimmt selbst noch im Hades mich wahr.
Wenn es das Wasser denn lüstet, ob meiner aufs Festland zu steigen,
ziehe ich wirklich es vor, grablos zu liegen am Strand.

Julius Diokles von Karystos

394. ΦΙΛΙΠΠΟΥ ΘΕΣΣΑΛΟΝΙΚΕΩΣ

Μυλεργάτας ἀνήρ με κὴν ζωᾶς χρόνοις
βαρυβρομήταν εἶχε δινητὸν πέτρον,
πυρηφάτον Δάματρος εὐκάρπου λάτριν,
καὶ κατθανὼν στάλωσε τῷδ᾽ ἐπ᾽ ἠρίῳ,
σύνθημα τέχνας· ὣς ἔχει μ᾽ αἰεὶ βαρύν,
καὶ ζῶν ἐν ἔργοις καὶ θανὼν ἐπ᾽ ὀστέοις.

1 κὴν P^1 κ᾽ ἦν c 2 βαρυβρομήταν εἶχε Salm. -ομῆς ἀνεῖχε // δινητὸν Salm. -τὰν 3 πυρηφάτον Guyet -του.

395. ΜΑΡΚΟΥ ΑΡΓΕΝΤΑΡΙΟΥ

Οὗτος ὁ Καλλαίσχρου κενεὸς τάφος, ὃν βαθὺ χεῦμα
ἔσφηλεν Λιβυκῶν ἐνδρομέοντα πόρων,
συρμὸς ὅτ᾽ Ὠρίωνος ἀνεστρώφησε θαλάσσης
βένθος ὑπὸ στυγερῆς οἴδματα πανδυσίης.
καὶ τὸν μὲν δαίσαντο κυκώμενον εἰν ἁλὶ θῆρες,
κωφὸν δὲ στήλη γράμμα λέλογχε τόδε.

Pl III^b 19,10 f.93^v. – Tit.: Μάρκου om. Pl 2 ἐνδρομ- P εὐδ- Pl 3 ὅτ᾽ Pl δ᾽ ὅτ᾽ P 4 πανσυδίης P^1 5 εἰν ex εἰς Pl 6 δὲ στήλη Pl δ᾽ ἐν στήλῃ c ἐν στήλῃ P^1.

396. ΒΙΑΝΟΡΟΣ ΒΙΘΥΝΟΥ

Οἰδίποδος παίδων Θήβη τάφος· ἀλλ᾽ ὁ πανώλης
τύμβος ἔτι ζώντων αἰσθάνεται πολέμων.
κείνους οὐδ᾽ Ἀίδης ἐδαμάσσατο κὴν Ἀχέροντι
μάρνανται· κείνων χὼ τάφος ἀντίπαλος,
καὶ πυρὶ πῦρ ἤλεγξαν ἐναντίον. ὢ ἐλεεινοὶ
παῖδες, ἀκοιμήτων ἁψάμενοι δοράτων.

Pl III^a 13,2 f.35^r [Pl^a], III^b 13,3 f.93^r [Pl^b]. – Tit.: gent. om. Pl 2 πολέμων: δοράτων Pl^a 3 οὐδ᾽ Pl^b οὔτ᾽ cet. // κὴν P Pl^a κεῖν᾽ Pl^b 4 ἀντίπυλος P^1.

Der Müller

Dem Müller war ich schon zur Lebenszeit ein Stein,
der sich, der fruchtenden Demeter frommer Knecht,
dumpfdonnernd drehte, zu zermalmen ihm das Korn.
Nun stellt' er nach dem Tod mich hier aufs Grab als Mal
und Handwerks Bild. So spürt er immer meine Last:
im Leben bei dem Werk, im Tod auf dem Gebein.

Philippos von Thessalonike

Der schiffbrüchige Kallaischros

Dies ist das Grab des Kallaischros; doch leer; auf dem Libyschen
riß mit gewaltiger Wucht ihn eine Welle hinab, [Meere
als bei dem drohenden Sinken Orions die tobende Windsbraut
aus der Tiefe herauf wallende Wogen gewühlt.
Dann zerfraßen ihn Tiere, indes ihn die Fluten umspülten;
doch der Grabstein dahier trägt eine trügende Schrift.

Marcus Argentarius

Die Ödipussöhne

Ödipus' Söhne wurden in Theben bestattet, doch weiter
lebt ihre Feindschaft, und noch spürt sie der Hügel als Fluch.
Selbst nicht Hades hat sie gezähmt, und an Acherons Ufern
kämpfen sie weiter; ihr Grab streitet noch fort, und den Haß
zeigten die Flammen den Flammen. Unglückliche Brüder, ihr nahmet
Waffen dereinst in die Hand, denen kein Friede erblüht.

Bianor von Bithynien

397. ΕΡΥΚΙΟΥ [ΘΕΤΤΑΛΟΥ]

Οὐχ ὅδε δείλαιος Σατύρου τάφος, οὐδ' ὑπὸ ταύτῃ,
ὡς λόγος, εὔνηται πυρκαϊῇ Σάτυρος·
ἀλλ' εἴ πού τινα πόντον ἀκούετε, πικρὸν ἐκεῖνον,
τὸν πέλας αἰγονόμου κλυζόμενον Μυκάλης,
κείνῳ δινήεντι καὶ ἀτρυγέτῳ ἔτι κεῖμαι
ὕδατι, μαινομένῳ μεμφόμενος Βορέῃ.

Pl III^a 19,29 f. 37^r. – Tit.: Θεττ. om. Pl **1** δείλαιος c Pl [primo] -αίου P^1 Pl [post] **2** εὔνασται Pl **3** ἐκείνων P^1 **4** Μικάλας P^1 **6** Βορέῃ P -ην ex -ῃ Pl.

398. ΑΝΤΙΠΑΤΡΟΥ

Οὐκ οἶδ', εἰ Διόνυσον ὀνόσσομαι ἢ Διὸς ὄμβρον
μέμψομ'· ὀλισθηροὶ δ' εἰς πόδας ἀμφότεροι.
ἀγρόθε γὰρ κατιόντα Πολύξενον ἔκ ποτε δαιτὸς
τύμβος ἔχει γλίσχρων ἐξεριπόντα λόφων·
κεῖται δ' Αἰολίδος Σμύρνης ἑκάς. ἀλλά τις ὄρφνης
δειμαίνοι μεθύων ἀτραπὸν ὑετίην.

Pl III^a 17,4 f. 36^r. – **1** εἰ P ἢ Pl // Διόνυσσον c δ' ὄνυσσον P^1 // ὀνομάσσομαι P^1.

399. ΑΝΤΙΦΙΛΟΥ

Τηλοτάτω χεύασθαι ἔδει τάφον Οἰδιπόδαο
παισὶν ἀπ' ἀλλήλων, οἷς πέρας οὐδ' Ἀίδας,
ἀλλὰ καὶ εἰς Ἀχέροντος ἕνα πλόον ἠρνήσαντο
χὠ στυγερὸς ζώει κἠν φθιμένοισιν Ἄρης.
ἠνίδε πυρκαϊῆς ἄνισον φλόγα· δαιομένα γὰρ
ἐξ ἑνὸς εἰς δισσὰν δῆριν ἀποστρέφεται.

2 πέρσας P^1 em. c **3** Ἀχέροντα P^1 em. c.

Der schiffbrüchige Satyros

Satyros' trauriges Grab ist dieses mitnichten. Denn Ruh ward
Satyros nicht, wie es heißt, selbst unter Scheitern gegönnt.
Nein, wenn je du vom Meer, vom schrecklichen Meere vernommen,
das an der Ziegentrift Mykales brausend sich bricht,
sieh, dort lieg ich noch immer im öden, strudelnden Wasser,
und meine Klage ergeht ewig ob Boreas' Wut.

Erykios

Tod im Rausch

Geb ich Dionysos schuld? Oder schelt ich den Regen Kronions?
Weiß nicht. Sie nehmen ja wohl beide dem Fuße den Halt.
Jüngst, als Polyxenos heimging vom Fest auf dem Lande, da stürzte
er von dem schlüpfrigen Hang. Siehe, nun ruht er im Grab,
weit vom aiolischen Smyrna entfernt. – O fürchte im Finstern,
wenn du berauscht bist, den Weg, welchen der Regen benetzt.

Antipatros von Thessalonike

Die Ödipussöhne

Fern voneinander mußte man Ödipus' Söhnen den letzten
Hügel errichten; es steckt ihnen auch Hades kein Ziel.
Noch des Acherons Flut durchfuhren sie beide geschieden:
der die Lebenden trieb, lebt in den Toten, der Haß.
Siehst du des Holzes zerfahrenden Brand? Er hat sich, aus einem
Funken entsprungen, in zwei feindliche Flammen zerteilt.

Antiphilos

400. ΣΕΡΑΠΙΩΝΟΣ ΑΛΕΞΑΝΔΡΕΩΣ

Τοῦτ' ὀστεῦν φωτὸς πολυεργέος. ἦ ῥά τις ἦσθα
ἔμπορος ἢ τυφλοῦ κύματος ἰχθυβόλος; –
„Ἄγγειλον θνητοῖσιν, ὅτι σπεύδοντες ἐς ἄλλας
ἐλπίδας εἰς τοίην ἐλπίδα λυόμεθα."

Pl III^a 6,15 f.32^r; Laur. 32,16 [om. v.1–2]. – Tit. om. Laur. gent. om. Pl **2** ἰχθυβόλοις P^1.

401. ΚΡΙΝΑΓΟΡΟΥ

Τήνδ' ὑπὸ δύσβωλον θλίβει χθόνα φωτὸς ἀλιτροῦ
ὀστέα μισητῆς τύμβος ὑπὲρ κεφαλῆς
στέρνα τ' ἐποκριόεντα καὶ οὐκ εὔοδμον ὀδόντων
πρίονα καὶ κώλων δούλιον οἰοπέδην,
ἄτριχα καὶ κόρσην, Εὐνικίδου ἡμιπύρωτα
λείψαν', ἔτι χλωρῆς ἔμπλεα τηκεδόνος.
χθὼν ὦ δυσνύμφευτε, κακοσκήνευς ἐπὶ τέφρης
ἀνδρὸς μὴ κούφη κέκλισο μηδ' ὀλίγη.

l: ἕτερον ἀνώνυμον εἰς Εὐνίδικον, οὗτινος τὰ ὀστᾶ ἀτημέλητα. – Pl III^b 23,1 f. 96^r. – **3** στέρνον P^1 // τ' ἐποκριόεντα l τ' ἐπεκρείκοντα P^1 τε πλεῖα δόλοιο Pl // ὀδόντα P^1 **5** ἄστριχα P^1 // Εὐνικίδου Brunck Εὐνίδικον P^1 -ιδίκου c Pl **8** κέκλισο μηδ' c Pl -ίσομαι δ' P^1.

402. ΑΝΤΙΠΑΤΡΟΥ

Χειμερίου νιφετοῖο περὶ θριγκοῖσι τακέντος
δῶμα πεσὸν τὴν γραῦν ἔκτανε Λυσιδίκην·
σῆμα δέ οἱ κωμῆται ὁμώλακες οὐκ ἀπ' ὀρυκτῆς
γαίης, ἀλλ' αὐτὸν πύργον ἔθεντο τάφον.

Schiffbrüchig

Dies ist Gebein eines tätigen Manns. Sag, warst du ein Kaufmann,
oder hast du im blind wogenden Meere gefischt? –
„Melde dem sterblichen Volk: Wir jagen wohl ruhlos nach andern
Zielen und steuern zuletzt alle zu solch einem Ziel."

Serapion von Alexandria

Eunikidas

Mit vertrockneter Erde preßt über verhaßtem Gesichte
hier ein Grab das Gebein eines Verbrechers hinab,
preßt ihm die schwielige Brust, die stinkende Säge der Zähne,
seine Beine, vom Band sklavischer Fesseln umschnürt,
und den geschorenen Schädel, es preßt des Eunikidas Reste,
halb nur verbrannt und grün noch von Verwesung bedeckt.
O, die du übel dich paarst mit diesem Greuel von Menschen,
lege dich, Erde, nicht leicht, leg dich nicht wenig auf ihn.

Krinagoras

Häuschen als Grabhügel

Als an Lysidikes Haus auf dem Dache der Winterschnee taute,
brach es zusammen und gab jählings der Alten den Tod.
Doch die Nachbarn im Dorf, sie gruben nicht Erde zum Hügel,
sondern häuften ihr gleich türmend das Häuschen als Grab.

Antipatros von Thessalonike

403. ΜΑΡΚΟΥ ΑΡΓΕΝΤΑΡΙΟΥ

Ψύλλος, ὁ τὰς ποθινὰς ἐπιμισθίδας αἰὲν ἑταίρας
πέμπων ἐς τὰ νέων ἡδέα συμπόσια,
οὗτος ὁ θηρεύων ἀπαλόφρονας ἐνθάδε κεῖται,
αἰσχρὸν ἀπ' ἀνθρώπων μισθὸν ἐνεγκάμενος.
ἀλλὰ λίθους ἐπὶ τύμβον, ὁδοιπόρε, μήτε σὺ βάλλε
μήτ' ἄλλον πείσῃς. σῆμα λέλογχε νέκυς.
φεῖσαι δ', οὐχ ὅτι κέρδος ἐπῄνεσεν, ἀλλ' ὅτι κοινὰς
θρέψας μοιχεύειν οὐκ ἐδίδαξε νέους.

l: εἰς Ψύλλον τινὰ προαγωγόν, ὃν ἡ κοινὴ συνήθεια καλεῖ μαυλιστήν. – Pl III^{a} 6,35 f. 32^{v}. – Tit.: Μάρκου om. Pl **1** ποθενὰς Pl **5** μήτε c Pl μή τι [τὸ?] P^{1}.

404. ΖΩΝΑ ΣΑΡΔΙΑΝΟΥ

Ψυχράν σευ κεφαλᾶς ἐπαμήσομαι αἰγιαλῖτιν
θῖνα κατὰ κρυεροῦ χευάμενος νέκυος·
οὐ γάρ σευ μήτηρ ἐπιτύμβια κωκύουσα
εἶδεν ἁλίξαντον σὸν μόρον εἰνάλιον,
ἀλλά σ' ἐρημαῖοί τε καὶ ἄξεινοι πλαταμῶνες
δέξαντ' Αἰγαίης γείτονες ἠιόνος.
ὥστ' ἔχε μὲν ψαμάθου μόριον βραχύ, πουλὺ δὲ δάκρυ,
ξεῖν', ἐπεὶ εἰς ὀλοὴν ἔδραμες ἐμπορίην.

Pl III^{b} 19,12 f. 94^{r}. – Tit.: Ζανοῦ Σ. Pl **3** σευ Pl σου P **4** ἁλίξαντον Jac. ἁλιξάντων P ἀλεξάντη Pl **6** δέξονται γαίης P Pl em. Reiske // ἠιόνος l -νες P^{1} Pl **7** ψαμάθους P^{1}.

405. ΦΙΛΙΠΠΟΥ

Ὦ ξεῖνε, φεῦγε τὸν χαλαζεπῆ τάφον
τὸν φρικτὸν Ἱππώνακτος, οὗ τε χἀ τέφρα
ἰαμβιάζει Βουπάλειον ἐς στύγος,
μή πως ἐγείρῃς σφῆκα τὸν κοιμώμενον,
ὃς οὐδ' ἐν Ἅιδῃ νῦν κεκοίμικεν χόλον
σκάζουσι μέτροις ὀρθὰ τοξεύσας ἔπη.

Pl III^{b} 22,5 f. 95^{v}. – Tit.: Φιλίππου P^{1} Μιμνέρμου οἱ δὲ Φιλίππου c om. Pl **3** ἐς στύγος c Pl ἐστυγὸς P^{1} **5** κεκοίμικεν Pl -μηκεν P.

Der Bordellwirt

Psyllos, der liebesbereite Hetären für klingende Münzen
immer zum frohen Bankett schwärmender Knaben geschickt,
der nach zartem Verlangen bei Männern gesucht hat, hier ruht er;
schmutzigen Lohn und Gewinn heimste er ein von der Welt.
Trotzdem, wirf keinen Stein auf den Hügel ihm, Wandrer, und treib
keinen andern dazu; der ist begraben und tot. [auch
Schon' ihn! Nicht weil er ein großes Vermögen gewonnen, nein, weil er
Dirnen gehalten und so Männer vor Ehbruch geschützt.

Marcus Argentarius

Schiffbrüchig

Über dein Haupt hin häuf ich den kühlen Sand des Gestades,
Toter, und streue ihn dir rings auf das kalte Gebein.
Ach, nicht sah deine Mutter, wie sterbend im wogenden Meere
du versankest, und hat Tränen am Grab dir geweint,
nein, verlassene Flächen des ungastfreundlichen Strandes
am Ägäischen Meer nahmen dich Scheiternden auf.
Nimm denn den wenigen Sand und die reichlichen Tränen, du Fremder.
Sieh, nun hast du die Fahrt, Kaufmann, zum Tode gemacht.

Diodoros Zonas von Sardes

Hipponax

O fliehe, Wandrer, hier des Wortehaglers Grab,
Hipponax' Hügel, dessen Asche drunten noch
gehässige Verse schleudert wider Bupalos!
Flieh, daß du nicht die eingeschlafne Wespe weckst,
die selbst im Hades nicht den Grimm beschwichtigt hat
und pfeilgerade ihre Hinkejamben schießt!

Philippos

406. ΘΕΟΔΩΡΙΔΑ

Εὐφορίων, ὁ περισσὸν ἐπιστάμενός τι ποῆσαι,
  Πειραϊκοῖς κεῖται τοῖσδε παρὰ σκέλεσιν.
ἀλλὰ σὺ τῷ μύστῃ ῥοιὴν ἢ μῆλον ἄπαρξαι
  ἢ μύρτον· καὶ γὰρ ζωὸς ἐὼν ἐφίλει.

l: εἰς τὸν Εὐφορίωνος τάφον τοῦ μύστου τῶν Ἑλληνικῶν μυθολογημάτων ἢ τελεσιουργημάτων. – **3** σὺ Reiske σοὶ // ἀπάρξαι P^1.

407. ΔΙΟΣΚΟΡΙΔΟΥ

Ἥδιστον φιλέουσι νέοις προσανάκλιμ' ἐρώτων,
  Σαπφώ, σὺν Μούσαις, ἦ ῥά σε Πιερίη
ἢ Ἑλικὼν εὔκισσος ἴσα πνείουσαν ἐκείναις
  κοσμεῖ, τὴν Ἐρέσῳ Μοῦσαν ἐν Αἰολίδι·
ἢ καὶ Ὑμὴν Ὑμέναιος ἔχων εὐφεγγέα πεύκην
  σὺν σοὶ νυμφιδίων ἵσταθ' ὑπὲρ θαλάμων·
ἢ Κινύρεω νέον ἔρνος ὀδυρομένῃ Ἀφροδίτῃ
  σύνθρηνος μακάρων ἱερὸν ἄλσος ὁρῇς.
πάντῃ, πότνια, χαῖρε θεοῖς ἴσα· σὰς γὰρ ἀοιδὰς
  ἀθανάτας ἔχομεν νῦν ἔτι θυγατέρας.

1 προσανάκλιμ' Salm. -ιν' **4** Ἐρεσῷ P // ἐν add. c **5** Ὑμὴν Reiske ὑμῖν **7** Κινύρεο P^1 // ὀδυρομένῃ Brunck -η // Ἀφροδίτη P^1 **9** ἴσα· σὰς γὰρ Tyrwhitt γὰρ ἴσας P^1 ἴσας γὰρ c // ἀοιδᾶς c.

408. ΛΕΩΝΙΔΑ

Ἀτρέμα τὸν τύμβον παραμείβετε, μὴ τὸν ἐν ὕπνῳ
  πικρὸν ἐγείρητε σφῆκ' ἀναπαυόμενον.
ἄρτι γὰρ Ἱππώνακτος ὁ καὶ τοκεῶνε βαΰξας
  ἄρτι κεκοίμηται θυμὸς ἐν ἡσυχίῃ.
ἀλλὰ προμηθήσασθε· τὰ γὰρ πεπυρωμένα κείνου
  ῥήματα πημαίνειν οἶδε καὶ εἰν Ἀίδῃ.

Pl IIIª 22,18 f.40r. – Tit.: Λεωνίδου Pl **2** ἀναπαυόμενοι P^1 **3** τοκέων εἰα P τ. ἔο [ex ια] Pl em. Headlam // βαΰξας om. P^1 **6** πημαίνειν ex ποιμ- Pl.

Dichter Euphorion

Bei den piräischen Schenkeln fand hier Euphorion Ruhe,
er, der über das Maß Werke zu schaffen verstand.
Wanderer, weihe dem Mysten ein Opfer von Apfel, Granate
oder Myrte; er hat stets sie im Leben geliebt.

Theodoridas

Sappho

Holde Zuflucht der Liebe für Herzen der Jugend, o Sappho,
du, der Musen Gespiel: Helikons Efeubereich
und Piërien huldigt dir Geist vom Geiste der Musen,
Kind aus aiolischem Land, Muse von Eresos du.
Hymen, Gott Hymenaios, zu Häupten des bräutlichen Bettes
steht im Gemach er und schwingt hell seine Fackel bei dir.
Weinend mit Kypris, die klagt ob Kinyras' blühendem Sohne,
siehst du den heiligen Hain nun bei der Seligen Schar.
Göttlich sei stets deine Freude! Uns aber verblieb noch bis heute
dein unsterbliches Kind, Hehre, dein göttliches Lied.

Dioskorides

Hipponax

Geht ihr am Grabe vorbei, seid leise, damit ihr die böse
Wespe, die Ruhe hier fand, in ihrem Schlummer nicht stört.
Denn des Hipponax Zorn, der die eigenen Eltern nicht schonte,
kam erst soeben in Ruh, sank erst soeben in Schlaf.
Darum – nehmt euch in acht! Denn seine brennenden Worte
wissen im Tartaros noch bitterlich wehe zu tun.

Leonidas von Tarent

409. ΑΝΤΙΠΑΤΡΟΥ [ΘΕΣΣΑΛΟΝΙΚΕΩΣ]

Ὄβριμον ἀκαμάτου στίχον αἴνεσον Ἀντιμάχοιο,
ἄξιον ἀρχαίων ὀφρύος ἡμιθέων,
Πιερίδων χαλκευτὸν ἐπ' ἄκμοσιν, εἰ τορὸν οὖας
ἔλλαχες, εἰ ζαλοῖς τὰν ἀγέλαστον ὄπα,
εἰ τὰν ἄτριπτον καὶ ἀνέμβατον ἀτραπὸν ἄλλοις
μαίεαι· εἰ δ' ὕμνων σκᾶπτρον Ὅμηρος ἔχει,
καὶ Ζεύς τοι κρέσσων Ἐνοσίχθονος, ἀλλ' Ἐνοσίχθων
τοῦ μὲν ἔφυ μείων, ἀθανάτων δ' ὕπατος·
καὶ ναετὴρ Κολοφῶνος ὑπέζευκται μὲν Ὁμήρῳ,
ἀγεῖται δ' ἄλλων πλάθεος ὑμνοπόλων.

3 εἰ : εἰς (?) P[1] **4** ἀγέλωστον P[1] **5** εἰ καὶ τὰν P[1] // ἄτριπτον Salm. ἄτρεπτον **9** ὑποζευκταὶ P[1].

410. ΔΙΟΣΚΟΡΙΔΟΥ

Θέσπις ὅδε, τραγικὴν ὃς ἀνέπλασα πρῶτος ἀοιδὴν
κωμήταις νεαρὰς καινοτομῶν χάριτας,
Βάκχος ὅτε βριθὺν κατάγοι χορόν, ᾧ τράγος ἄθλων
χὠττικὸς ἦν σύκων ἄρριχος ἆθλον ἔτι.
εἰ δὲ μεταπλάσσουσι νέοι τάδε, μυρίος αἰὼν
πολλὰ προσευρήσει χἄτερα· τἀμὰ δ' ἐμά.

1 ἀνέπλασα Salm. -σε **2** νεαρᾶς P[1] **3** βριθὺν Tucker τριθῦν P[1] τριτθὺν c **4** ἆθλον Heinsius -ος **5** εἰ Desr. οἱ **6** πρὸ σεῦ φήσει P em. Reiske // τἀμὰ Meineke τ' ἄλλα.

411. ΤΟΥ ΑΥΤΟΥ

Θέσπιδος εὕρεμα τοῦτο· τὰ δ' ἀγροιῶτιν ἀν' ὕλαν
παίγνια καὶ κώμους τούσδε τελειοτέρους
Αἰσχύλος ἐξύψωσεν, ὁ μὴ σμιλευτὰ χαράξας
γράμματα, χειμάρρῳ δ' οἷα καταρδόμενα,
καὶ τὰ κατὰ σκηνὴν μετεκαίνισεν. ὢ στόμα πάντων
δεξιὸν ἀρχαίων ἦσθά τοι ἡμιθέων.

1 τὰ Reiske τὸ **3** ἐξύψωσε νομης μια ευ ταχαράξας P em. Salm. **6** δεξ.: ἄξιον Reiske // τοι nos τις // cf. 409,2, IX 64,8.

Dichter Antimachos

Rühmt des Antimachos Fleiß und den Vers, der mächtigen Schwunges
  würdig dem trotzigen Stolz alter Heroen sich fügt
und auf dem Amboß der Musen geschmiedet wurde, wenn euer
  Ohr sich geschärft hat, wenn gern ernste Gesänge es hört
und ihr Pfade begehrt, die nie noch ein andrer betreten.
  Liegt auch das Szepter des Sangs fest bei Homeros und steht
über Poseidons Gewalt die Stärke Kronions: Poseidon,
  wenn auch schwächer, er bleibt doch der Unsterblichen Fürst.
Also weicht auch der Wohner von Kolophon zwar dem Homeros,
  aber er schreitet der Schar anderer Sänger voran.

Antipatros von Sidon

Thespis

Ich bin Thespis; ich habe die tragische Dichtung erfunden,
  als ich für Bauern im Dorf neues Vergnügen ersann.
Bakchos führte da noch einen derben Chor, und zum Preise
  ward ihm ein Bock und ein Korb attischer Feigen geschenkt.
Änderten Neue es um, es geben die vielen Äonen
  vielem noch andre Gestalt: aber was mein ist, ist mein.

Dioskorides

Aischylos

Dies die Erfindung des Thespis. Die Spiele aus bäurischer Umwelt
  und aus trunkenem Schwarm hob zum Vollendeten dann
Aischylos türmend empor. Nicht mühsam in zierlichen Versen,
  nein, wie ein reißender Strom brausend ergoß er das Wort.
Neu auch schuf er die Bühne. O Künder des ganzen Geschlechtes
  alter Heroen, du hast traun dich als Meister gezeigt.

Dioskorides

412. ΑΛΚΑΙΟΥ ΜΕΣΣΗΝΙΟΥ

Πᾶσά τοι οἰχομένῳ, Πυλάδη, κωκύεται Ἑλλὰς
ἄπλεκτον χαίταν ἐν χροΐ κειραμένα·
αὐτὸς δ' ἀτμήτοιο κόμας ἀπεθήκατο δάφνας
Φοῖβος, ἑὸν τιμῶν ᾗ θέμις ὑμνοπόλον·
Μοῦσαι δ' ἐκλαύσαντο, ῥόον δ' ἔστησεν ἀκούων
Ἀσωπὸς γοερῶν ἦχον ἀπὸ στομάτων·
ἔλληξεν δὲ μέλαθρα Διωνύσοιο χορείης,
εὖτε σιδηρείην οἶμον ἔβης Ἀίδεω.

l: εἰς Πυλάδην, οὐ τὸν Ὀρέστου φίλον τὸν θαυμαζόμενον, ἀλλὰ τὸν ὑποκριτὴν τῆς νέας τραγῳδίας ἢ κωμῳδίας, ἢ τὸν τὰ Διονύσια κατορχούμενον. – Pl III[b] 22,16 f. 95[v]. – Tit.: gent. om. Pl **1** τοι c σοι P[1] Pl // Πυλάδῃ P[1] **2** ἐν om. P **4** ᾗ Pl ἡ [ἥ ?] P[1] ἥ c // ὑμνοπόλων P[1] **6** γοερὸν P.

413. ΑΝΤΙΠΑΤΡΟΥ

Οὐχὶ βαθυστόλμων Ἱππαρχία ἔργα γυναικῶν,
τῶν δὲ Κυνῶν ἑλόμαν ῥωμαλέον βίοτον·
οὐδέ μοι ἀμπεχόναι περονήτιδες, οὐ βαθύπελμος
εὔμαρις, οὐ λιπόων εὔαδε κεκρύφαλος,
οὐλὰς δὲ σκίπωνι συνέμπορος ἅ τε συνῳδὸς
δίπλαξ καὶ κοίτας βλῆμα χαμαιλεχέος.
ἀμὶ δὲ Μαιναλίας κάρρων εἶμειν Ἀταλάντας
τόσσον, ὅσον σοφία κρέσσον ὀρειδρομίας.

Pl III[b] 11,11 f. 92[v]. – Tit.: Θεσσαλονικέως add. c om. P[1] Pl **1** -στόλμων Jac. -στόλων P -ζώνων [ζ ex σ] Pl **2** ἑλόμην c **3–4** οὐ β. εὔμ. Suid. s. εὐμάρεια // οὐ: οὐ δὲ P // -πελμος Salm. -πεπλος **5** οὐλὰς Hecker οὖδας // σκήπωνι c **6** βλή μάχομαι λεχέος P[1] **7** φαμὶ Korsch ἅμι P ἄμμι Pl // κρέσσων Pl // εἶμειν [infin. Rhod.; = εἶναι] Korsch ἅμιν **8** σοφίῃ P // ὀριδρομίας Pl ὀρειδρομίης P.

414. ΝΟΣΣΙΔΟΣ ΤΗΣ ΜΕΛΟΠΟΙΟΥ

Καὶ καπυρὸν γελάσας παραμείβεο καὶ φίλον εἰπὼν
ῥῆμ' ἐπ' ἐμοί. Ῥίνθων εἰμ' ὁ Συρακόσιος,
Μουσάων ὀλίγη τις ἀηδονίς· ἀλλὰ φλυάκων
ἐκ τραγικῶν ἴδιον κισσὸν ἐδρεψάμεθα.

Pl III[a] 6,16 f. 32[r]. – Tit.: τῆς μ. om. P[1] Pl **2** εἶμ' P // Συρακόσιος P[1] Συρηκ- c Pl **3** φλυάκων c φνυάκ- (?) P[1] καλύκων Pl **4** κισσὸν c Pl κρεσσον P[1].

Sänger Pylades

Tränen vergießt ganz Hellas, o Pylades, über dein Scheiden,
ach, und bis auf die Haut schnitt es das wallende Haar.
Phoibos nahm selber den Lorbeer vom nie noch geschorenen Haupte,
um seinem Sänger, wie recht, ziemende Ehre zu weihn.
Klagend standen die Musen, Asopos hemmte die Wogen,
als er aus ihrem Mund Jammern und Seufzen vernahm.
Doch in Dionysos' Haus nun fanden die Tänze ein Ende,
seit du den eisernen Pfad nieder zum Acheron gingst.

Alkaios von Messene

Philosophin Hipparchia

Wahrlich, ich hab nicht das Tun der Frauen im langen Gewande,
sondern der Kynikerschar kraftvolles Dasein erwählt,
ich, die Hipparchia hieß. Nicht Kleider mit Spangen, nicht dicke
Sohlen, kein duftendes Netz hat mich zu reizen vermocht,
sondern die Decke am Boden, der Ranzen, des Stockes Geleite
und, im Einklang damit, schließlich das Doppelgewand.
Mainalon sah Atalante, doch rag ich so hoch über diese,
wie die Weisheit den Sieg über den Berglauf verdient.

Antipatros von Sidon

Dichter Rhinthon

Gehst du vorüber, dann lache hellauf und rufe ein freundlich
Wort mir entgegen: ich bin Rhinthon von Stadt Syrakus.
Nachtigall bin ich der Musen, zwar klein nur, doch hab ich mit heitren
tragischen Spielen mir einst eigenen Efeu gepflückt.

Lyrikerin Nossis

415. ΚΑΛΛΙΜΑΧΟΥ

Βαττιάδεω παρὰ σῆμα φέρεις πόδας εὖ μὲν ἀοιδὴν
  εἰδότος, εὖ δ' οἴνῳ καίρια συγγελάσαι.

l: εἴς τινα Βάττου υἱὸν (ἢ Βαττιάδην add. c) ποιητήν.

416

Εὐκράτεω Μελέαγρον ἔχω, ξένε, τὸν σὺν Ἔρωτι
  καὶ Μούσαις κεράσανθ' ἡδυλόγους Χάριτας.

2 κεράσανθ' Bouhier -ντ'.

417. ΜΕΛΕΑΓΡΟΥ

Νᾶσος ἐμὰ θρέπτειρα Τύρος· πάτρα δέ με τεκνοῖ
  Ἀτθὶς ἐν Ἀσσυρίοις ναιομένα Γαδάροις·
Εὐκράτεω δ' ἔβλαστον ὁ σὺν Μούσαις Μελέαγρος
  πρῶτα Μενιππείοις συντροχάσας Χάρισιν.
εἰ δὲ Σύρος, τί τὸ θαῦμα; μίαν, ξένε, πατρίδα κόσμον
  ναίομεν, ἓν θνατοὺς πάντας ἔτικτε Χάος.
πουλυετὴς δ' ἐχάραξα τάδ' ἐν δέλτοισι πρὸ τύμβου·
  γήρως γὰρ γείτων ἐγγύθεν Ἀίδεω.
ἀλλά με τὸν λαλιὸν καὶ πρεσβύτην σὺ προσειπὼν
  χαίρειν εἰς γῆρας καὐτὸς ἵκοιο λάλον.

Pl III[a] 6,17 f.32r. – 3 ὁ: ᾧ (?) P[1] 4 πρῶτα: πρὸς τὰ P[1] // μενιππείοις c μὲν ἱπ- P[1] μὲν ἱππείαις Pl 8 γῆρας γ. γεῖτον Pl 9 σὺ om. P.

418. ΤΟΥ ΑΥΤΟΥ ΜΕΛΕΑΓΡΟΥ

Πρώτα μοι Γαδάρων κλεινὰ πόλις ἔπλετο πάτρα,
  ἤνδρωσεν δ' ἱερὰ δεξαμένα με Τύρος·
εἰς γῆρας δ' ὅτ' ἔβην, ἁ καὶ Δία θρεψαμένα Κῶς
  κἀμὲ θετὸν Μερόπων ἀστὸν ἐγηροτρόφει.
Μοῦσαι δ' εἰν ὀλίγοις με, τὸν Εὐκράτεω Μελέαγρον
  παῖδα, Μενιππείοις ἠγλάισαν Χάρισιν.

l: οὗτος ὁ Μελέαγρος ἐν Κῷ τῇ νήσῳ καταγηράσας ἐτελεύτησεν. – 2 δεξαμένα c -νη P[1] 3 ἁ add. Hecker // θρεψαμένα c -νη P[1] 6 μελητείοις P em. Holstein.

Kallimachos

Gehst an dem Male des Sohnes von Battos vorüber; vortrefflich
sang er, und trefflich beim Wein hat er mit Freunden gelacht.

Kallimachos

Meleagros

Freund, ich umschließe des Eukrates Sohn Meleagros, der Eros
und die Musen mit hold plaudernden Grazien vereint.

Anonym

Ein gleiches

Tyros hat mich erzogen, doch Gadara war meine Heimat,
jenes neue Athen in der Assyrier Land.
Ich, des Eukrates Sohn, Meleagros, der Musen Gefährte,
hab mit den Grazien Menipps früh schon den Wettlauf versucht.
War ich ein Syrer, was tut's? Die Welt ist der Sterblichen Heimat,
und ein Chaos gebar sämtliche Menschen, mein Freund.
Greis schon war ich, da ritzte ich dies auf die Tafel am Grabe;
Nachbar des Alters zu sein, heißt auch, vom Tode nicht weit.
Wenn du mich aber noch grüßt, mich plauderseligen Alten,
wünsch ich, dann mögest auch du plaudernden Alters dich freun.

Meleagros

Ein gleiches

Gadaras ruhmvolle Stadt war zuerst meine Heimat; die heil'ge
Tyros empfing mich sodann, die mich zum Manne gereift.
Als ich zu Tagen gekommen, da ward ich ein Meroperbürger:
Kos, die den Zeus schon gesäugt, nährte im Alter auch mich.
Doch die Musen beschenkten mich, Eukrates' Sohn Meleagros,
was sie nur wenigen tun, hold mit den Grazien Menipps.

Meleagros

419. ΤΟΥ ΑΥΤΟΥ ΜΕΛΕΑΓΡΟΥ

Ἀτρέμας, ὦ ξένε, βαῖνε· παρ' εὐσεβέσιν γὰρ ὁ πρέσβυς
εὕδει κοιμηθεὶς ὕπνον ὀφειλόμενον,
Εὐκράτεω Μελέαγρος, ὁ τὸν γλυκύδακρυν Ἔρωτα
καὶ Μούσας ἱλαραῖς συστολίσας Χάρισιν·
ὃν θεόπαις ἤνδρωσε Τύρος Γαδάρων θ' ἱερὰ χθών·
Κῶς δ' ἐρατὴ Μερόπων πρέσβυν ἐγηροτρόφει.
ἀλλ' εἰ μὲν Σύρος ἐσσί, „Σαλάμ", εἰ δ' οὖν σύ γε Φοῖνιξ,
„Αὐδονίς", εἰ δ' Ἕλλην, „Χαῖρε", τὸ δ' αὐτὸ φράσον.

l: εἰς τὸν αὐτὸν Μελέαγρον, τὸν ἀγαθὸν ποιητήν, τὸν συναγωγέα τῶν ἐπιγραμμάτων. – Pl IIIa 22,55 f. 41r. – **1** καῖνε παν P[1] **4** Μούσαις P // σὺ στολίσας c **5** δ' ἱερὴ Pl **6** δ' om. P[1] **8** αὐδονίς Scal. ναὶ διός P[1] Pl νάιδιος c.

420. ΔΙΟΤΙΜΟΥ ΑΘΗΝΑΙΟΥ ΤΟΥ ΔΙΟΠΕΙΘΟΥΣ

Ἐλπίδες ἀνθρώπων, ἐλαφραὶ θεαί – οὐ γὰρ ἂν ὧδε
Λέσβον' ὁ λυσιμελὴς ἀμφεκάλυψ' Ἀίδης,
ὅς ποτε καὶ βασιλῆι συνέδραμε καὶ μετ' Ἐρώτων –,
χαίρετε, κουφόταται δαίμονες ἀθανάτων.
αὐλοὶ δ' ἄφθεγκτοι καὶ ἀπευθέες, οἷς ἐνέπνευσε,
κεῖσθ', ἐπεὶ οὐ θιάσους, οὐ χορὸν οἶδ' Ἀχέρων.

*Pl IIIa 6,18 f. 32r. – Tit.: Ἀθ. τ. Δ. c [in ras.] Διοτίμου tantum Pl **2** Λέσβον' c -ον P[1] Pl **5** ἄφεγκτοι (?) P[1] **6** οὐ θ. οὐ χ. Boiss. οὐθ' ἱερὸς P Pl [ἱρ-] οὐκ ᾠδὰς οὐχ ὅρον schol. Wech. οὐκ ᾠ. οὐ μέτρον schol. Bern. et Wech. // οἶδ': οὐδ' P[1].

421. [ΤΟΥ ΑΥΤΟΥ] ΜΕΛΕΑΓΡΟΥ

Πτανέ, τί σοι σιβύνας, τί δὲ καὶ συὸς εὔαδε δέρμα;
καὶ τίς ἐὼν στάλας σύμβολον ἐσσὶ τίνος;
οὐ γὰρ Ἔρωτ' ἐνέπω σε – τί γὰρ νεκύεσσι πάροικος
Ἵμερος; αἰάζειν ὁ θρασὺς οὐκ ἔμαθεν –
οὐδὲ μὲν οὐδ' αὐτὸν ταχύπουν Χρόνον· ἔμπαλι γὰρ δὴ
κεῖνος μὲν τριγέρων, σοὶ δὲ τέθηλε μέλη.
ἀλλ' ἄρα, ναί, δοκέω γάρ, ὁ γᾶς ὑπένερθε σοφιστὰς
ἐστί, σὺ δ' ὁ πτερόεις τοὔνομα τοῦδε λόγος.

Ein gleiches

Leise nur schreite einher, mein Freund! Im Chore der Frommen
schläft entschlummert der Greis hier den geschuldeten Schlaf,
Eukrates' Sohn Meleagros. Er hat mit den Musen und heitren
Grazienschwestern den süß weinenden Eros vereint.
Gadaras heiliges Land und die göttliche Tyros erzog ihn,
Merops' liebliches Kos hat ihn im Alter ernährt.
„Audonis" grüß ich Phoiniker; doch bist du ein Grieche, dann [„Chaire";
wenn du ein Syrer, „Salâm". Sag dann das gleiche auch mir!

Meleagros

Flötist Lesbon

Hoffnungen, Götter für Menschen! Wie seid ihr doch flüchtig! Nie [hätte
Hades, der Glieder zerstört, sonst uns den Lesbon geraubt,
ihn, des Königs Gefährten, den einstigen Freund der Eroten.
Fahr denn, du leichteste Schar unter Unsterblichen, wohl . . .!
Flöten, die er geblasen, nun liegt ihr in schweigender Stille;
denn in Acherons Tal gibt es nicht Feste noch Chor.

Diotimos von Athen, Sohn des Diopeithes

Meleagros

Fittichträger, was tust du mit Spieß und Haut eines Ebers?
Sag, wer bist du und wem schmückst du symbolisch das Mal?
Eros kannst du nicht sein. Wie käm' dieser Gott zu den Toten?
Ihm, dem kecken Gesell, ist keine Trauer bekannt.
Doch du scheinst mir auch nicht der flüchtig enteilende Chronos.
Ist er uralt doch, und du schimmerst wie blühender Lenz.
Aber – ja wahrlich, ich hab's: ein Weiser ist drunten der Tote;
du, das geflügelte Wort, kündest den Namen uns an.

Λατῴας δ' ἄμφηκες ἔχεις γέρας ἔς τε γέλωτα
  καὶ σπουδὰν καί που μέτρον ἐρωτογράφον.
ναὶ μὲν δὴ Μελέαγρον ὁμώνυμον Οἰνέος υἱῷ
  σύμβολα σημαίνει ταῦτα συοκτασίας.
χαῖρε καὶ ἐν φθιμένοισιν, ἐπεὶ καὶ Μοῦσαν Ἔρωτι
  καὶ Χάριτας σοφίαν εἰς μίαν ἡρμόσαο.

Pl III^{a} 22,56 f.41^{r}. – Tit. om. Pl **1** σιβύνας Graefe -νης P -νη Pl **2** ἐσσὶ P^{1} Pl ἐσσὶ δὲ c **6** τεθέλη P^{1} **7** γᾶς Graefe γῆς // ὑπένερθε Opsop. ὕπερθε **8** ἐστί Brunck ἐσσί **9** Λατῴας Graefe ἀλίῳ αἱ **10** σπουδαὶ P^{1} **12** συοκτασίας Graefe -ίης **14** ἡρμόσω (?) P^{1}.

422. ΛΕΩΝΙΔΑ ΤΑΡΑΝΤΙΝΟΥ

Τί στοχασώμεθά σου, Πεισίστρατε, χῖον ὁρῶντες
  γλυπτὸν ὑπὲρ τύμβου κείμενον ἀστράγαλον;
ἦ ῥά γενὴν ὅτι Χῖος; ἔοικε γάρ. ἦ ῥ' ὅτι παίκτας
  ἦσθά τις, οὐ λίην δ', ὠγαθέ, πλειστοβόλος;
ἢ τὰ μὲν οὐδὲ σύνεγγυς, ἐν ἀκρήτῳ δὲ κατέσβης
  Χίῳ; ναὶ δοκέω, τῷδε προσηγγίσαμεν.

Pl III^{a} 6,19 f.32^{r}. – Tit.: gent. om. Pl **3** γενὴν Headlam γε μὴν // πύκτας P^{1} **4** δ' om. P^{1} **5** ἢ τὰ μὲν c Pl εἰ τά μενον P^{1} // κατέσβης Pl -βη P.

423. ΑΝΤΙΠΑΤΡΟΥ ΣΙΔΩΝΙΟΥ

Τὰν μὲν ἀεὶ πολύμυθον, ἀεὶ λάλον, ὦ ξένε, κίσσα
  φάσει, τὰν δὲ μέθας σύντροφον ἅδε κύλιξ,
τὰν Κρῆσσαν δὲ τὰ τόξα, τὰ δ' εἴρια τὰν φιλοεργόν,
  ἄνδεμα δ' αὖ μίτρας τὰν πολιοκρόταφον·
τοιάνδε σταλοῦχος ὅδ' ἔκρυφε Βιττίδα τύμβος
  Τιμέα ἄχραντον νυμφιδίαν ἄλοχον.
ἀλλ', ὦνερ, καὶ χαῖρε καὶ οἰχομένοισιν ἐς Ἅιδαν
  τὰν αὐτὰν μύθων αὖθις ὅπαζε χάριν.

*Pl III^{a} 11,18 f.34^{r}; in P p. 270. – Tit.: gent. om. Pl **1** iterav. p. 271 c [P^{b}] // λάλος Pl // κίσσαν P^{a} **2** φάσει Pl φρά- P **3** τὴν φιλ. Pl // φιλοεργάν P^{1} **6** Τιμέα ἄχ. Graefe τιμελάχ- c Pl τή μελ αχ- P^{1}.

Und du trägst der Latoa zweischneidiges Sinnbild: für Lachen
und für Ernst, aber auch Liebesgedichten als Maß.
Ja, er ist's, Meleagros, gleichnamig dem Sohne des Oineus,
den dies Sinnbild der Jagd auf einen Eber hier meint.
Sei mir im Tod noch gegrüßt, du, der du die Musen und Grazien
und den Eros zum Bund sinniger Weisheit vereint.

Meleagros

Symbolische Grabschrift

Sag, worauf sollen wir schließen, Peisistratos, wenn auf dem Grabmal
einen Würfel wir sehn mit einem Chier als Wurf?
Daß du ein Bürger von Chios? So scheint's. – Oder daß du ein Spieler
warest, mein Lieber, dem nichts Großes zu würfeln gelang? –
Oder trifft's wieder nicht zu, und du starbest, weil du den Chier
lauter getrunken? Ich glaub, diesesmal traf ich es recht.

Leonidas von Tarent

Ein gleiches

Wandrer, die Elster verrät, daß ich ruhlos geschwatzt und geplaudert,
dieser Becher besagt, daß ich mich gerne berauscht.
Kreterin nennt mich der Bogen, vom Fleiße kündet die Wolle,
und daß grau schon mein Haar, meldet vom Kopftuch das Band.
So war Bittis, die hier im Grab mit der Säule nun schlummert
und die mädchenhaft rein Gattin des Timeas ward.
Sei denn, o Wandrer, gegrüßt und gönne der Toten im Hades
ebenso freundlichen Gruß, wie sie dir selbst ihn entbeut.

Antipatros von Sidon

424. ΤΟΥ ΑΥΤΟΥ ΑΝΤΙΠΑΤΡΟΥ

Μαστεύω, τί σευ Ἄγις ἐπὶ σταλίτιδι πέτρᾳ,
Λυσιδίκα, γλυπτὸν τόνδ' ἐχάραξε νόον·
ἀνία γὰρ καὶ κημὸς ὅ τ' εὐόρνιθι Τανάγρᾳ
οἰωνὸς βλαστῶν, θοῦρος ἐγερσιμάχας,
οὐχ ἅδεν οὐδ' ἐπέοικεν ὑπωροφίαισι γυναιξίν,
ἀλλὰ τά τ' ἠλακάτας ἔργα τά θ' ἱστοπόδων. –
„Τὰν μὲν ἀνεγρομέναν μέ ποτ' εἴρια νύκτερος ὄρνις,
ἀνία δ' αὐδάσει δώματος ἀνίοχον·
ἱππαστὴρ δ' ὅδε κημὸς ἀείσεται οὐ πολύμυθον,
οὐ λάλον, ἀλλὰ καλᾶς ἔμπλεον ἀσυχίας."

1 τί σευ Reiske τίς εὐ // Ἄγις Bosch αγὴς // σταλήτιδι P em. Lobeck // πέτρᾳ Reiske -η P^1 -ῃ c **5** γυναιξί P^1 **6** ἠλακάτας P^1 ἠλεκ- c **8** ἀνίοχον Jac. ἡν- **9** ἱππατὴρ P^1 **10** ἀσυχίας Jac. ἡσυχίης.

425. ΤΟΥ ΑΥΤΟΥ ΑΝΤΙΠΑΤΡΟΥ

Μὴ θάμβει, μάστιγα Μυροῦς ἐπὶ σάματι λεύσσων,
γλαῦκα, βιόν, χαροπὰν χᾶνα, θοὰν σκύλακα.
τόξα μὲν αὐδάσει με πανεύτονον ἀγέτιν οἴκου,
ἁ δὲ κύων τέκνων γνήσια καδομέναν·
μάστιξ δ' οὐκ ὀλοάν, ξένε, δεσπότιν, ἀλλ' ἀγέρωχον
δμωσί, κολάστειραν δ' ἔνδικον ἀμπλακίας·
χὰν δὲ δόμων φυλακὰν μελεδήμονα· τὰν δ' ἅ⟨μα κεδνὰν⟩
γλαῦξ ἅδε γλαυκᾶς Παλλάδος ἀμφίπολον.
τοιοῖσδ' ἀμφ' ἔργοισιν ἐγάθεον· ἔνθεν ὅμευνος
τοιάδ' ἐμᾷ στάλᾳ σύμβολα τεῦξε Βίτων.

l: εἰς Μυρώ, καὶ αὐτὸ αἰνιγματῶδες· γλαῦξ γὰρ ἐπὶ τῷ λάρνακι ἐπίσημον καὶ σκύλαξ καὶ τόξα καὶ μάστιξ. – **1** σάματι Jac. σήμ- **2** χαροπὸν P^1 // χ' ἄνα P^1 τᾶνδε c **3** με τὰν εὔτ- c μετ' ἂν εὐτόν- P^1 em. Salm. **6** ἀμπλακίας Brunck -ίης **7** χᾶν δὲ P^1 τᾶνδε c // φυλακὰν Schulze φύλακα // ἅμα κεδνὰν Stadtm. ἅ **8** ἀμφίπολοι P^1 **9** τοίασδ' (?) P^1 **10** Βίτων c βίοτον P^1.

426. ΤΟΥ ΑΥΤΟΥ ΑΝΤΙΠΑΤΡΟΥ

Εἰπέ, λέον, φθιμένοιο τίνος τάφον ἀμφιβέβηκας,
βουφάγε; τίς τᾶς σᾶς ἄξιος ἦν ἀρετᾶς; –
„Υἱὸς Θευδώροιο Τελευτίας, ὃς μέγα πάντων
φέρτερος ἦν, θηρῶν ὅσσον ἐγὼ κέκριμαι.

Ein gleiches

Forschend, Lysidike, such ich den Sinn der gemeißelten Zeichen,
die in den Marmor der Gruft Agis dir rätselnd geritzt.
Zügel und Maulkorb und Hahn, den Tanagra unter den vielen
Hühnern ernährte und der mutige Kämpfe beginnt:
Solches gebührt sich doch nicht und gefällt nicht den häuslichen Frauen,
sondern der Webstuhl allein oder des Rockens Geschäft. –
„Daß ich früh mich zum Spinnen erhob, sagt der nächtliche Sänger;
daß ich im Hause gebot, deuten die Zügel dir an;
und der Maulkorb für Pferde verkündet, nie hab ich geplaudert
oder geschwatzt, ich hab freundliche Stille gewahrt."

Antipatros von Sidon

Ein gleiches

Wundre dich nicht, auf dem Male der Myro den Hund, den behenden,
Peitsche, helläugige Gans, Eule und Bogen zu sehn.
Daß ich kraftvoll den Haushalt gelenkt, verkündet der Bogen;
daß ich die Kinder umsorgt, wie sich geziemte, der Hund;
nicht die grausame Herrin bezeichnet die Peitsche, nein, Wandrer,
sondern die ernste, die stets Sklaven gebührend bestraft;
daß ich im Hause gewacht, sagt die Gans; die Eule bedeutet,
daß der blauäugigen Frau Pallas ich treulich gedient.
Das aber machte mir Freude, und darum hat mir der Gatte
Biton hier auf das Mal diese Symbole gesetzt.

Antipatros von Sidon

Ein gleiches

Löwe, wen deckt dieses Grab, das hier du getreulich behütest?
Rinderverschmauser, wer war wert des Symboles der Kraft? –
„Des Theodoros Sohn Teleutias, der unter Männern
so der gewaltigste war wie unter Tieren ich selbst.

οὐχὶ μάταν ἕστακα, φέρω δέ τι σύμβολον ἀλκᾶς
ἀνέρος· ἦν γὰρ δὴ δυσμενέεσσι λέων.“

*1: εἴς τινα υἱὸν Θεοδώρου, οὗτινος ἐπὶ τῷ τάφῳ σύμβολον ἵστατο λέων. – 1 τίνος Jac. προς P[1] τί πρὸς c 2 τὰς σάς P[1] 3 Τελευτίας Reiske -ιᾷ 5 δέ τι P[1] δ' ἔτι c // σύμβολων (ω ex o seu α) P.

427. ΤΟΥ ΑΥΤΟΥ ΑΝΤΙΠΑΤΡΟΥ

Ἁ στάλα, φέρ' ἴδω, τίν' ἔχει νέκυν. ἀλλὰ δέδορκα
γράμμα μὲν οὐδέν που τμαθὲν ὕπερθε λίθου,
ἐννέα δ' ἀστραγάλους πεπτηότας· ὧν πίσυρες μὲν
πρᾶτοι 'Αλεξάνδρου μαρτυρέουσι βόλον,
οἱ δὲ τὸ τᾶς νεότατος ἐφάλικος ἄνθος, ἔφηβον,
εἷς δ' ὅ γε μανύει Χῖος ἀφαυρότερον.
ἦ ῥα τόδ' ἀγγέλλοντι· „Καὶ ὁ σκάπτροισι μεγαυχὴς
χὠ θάλλων ἥβᾳ τέρμα τὸ μηδὲν ἔχει“;
ἢ τὸ μὲν οὔ; δοκέω δὲ ποτὶ σκοπὸν ἰθὺν ἐλάσσειν
ἰόν, Κρηταιεὺς ὥς τις ὀιστοβόλος·
ἧς ὁ θανὼν Χῖος μέν, 'Αλεξάνδρου δὲ λελογχὼς
οὔνομ', ἐφηβείῃ δ' ὤλετ' ἐν ἁλικίᾳ.
ὡς εὖ τὸν φθίμενον νέον ἄκριτα καὶ τὸ κυβευθὲν
πνεῦμα δι' ἀφθέγκτων εἶπέ τις ἀστραγάλων.

2 που P[1] πω c // δμαθεν P em. Salm. // ὑπερ P[1] em. c 3 πεπτηότας P[1] -ηῶτας c 5 νεοτατας P[1] // ἐφάλικος Stadtm. ἐφηλ- 8 χὠ c θὼ P[1] 9 ἐλεύσσειν P[1] 10 ἰόν P[1] ἴων c // ὥς τις Reiske ὧτος 12 ἐφημείῃ P[1] // θ' ὤλετ' c θώλετ' P[1] em. Reiske // ἐναλιγκίῃ P[1] 14 αφλεκτῶν (?) P[1].

428. ΜΕΛΕΑΓΡΟΥ

Ἁ στάλα, σύνθημα τί σοι γοργωπὸς ἀλέκτωρ
ἕστα, καλλαΐνᾳ σκαπτοφόρος πτέρυγι,
ποσσὶν ὑφαρπάζων νίκας κλάδον; ἄκρα δ' ἐπ' αὐτᾶς
βαθμῖδος προπεσὼν κέκλιται ἀστράγαλος.
ἦ ῥά γε νικάεντα μάχᾳ σκαπτοῦχον ἄνακτα
κρύπτεις; ἀλλὰ τί σοι παίγνιον ἀστράγαλος;

Nicht bedeutungslos stehe ich hier; von der Stärke des Helden
bin ich ein Sinnbild: er war Löwe im Kampf mit dem Feind."

Antipatros von Sidon

Ein gleiches

Halt, wen deckt dieses Grab? Laß sehen! Doch ich bemerke
nirgends ein Zeichen von Schrift rings auf der Fläche des Steins.
Nur neun Würfel, die fielen. Die vier, die als erste hier liegen,
werden beim wirklichen Spiel Wurf „Alexanders" genannt.
Jene bedeuten die Blüte des menschlichen Lebens: „Ephebe".
Dieser letzte hier heißt „Chier"; der Wurf ist gering. –
Ob sie wohl etwa besagen: „Auch wer mit dem Szepter sich brüstet
oder in Jugend erblüht, erntet am Ende das Nichts"?
Oder ist anders der Sinn ...? Ich hab's! Wie ein kretischer Schütze
schieße ich, glaub ich, den Pfeil mitten ins Ziel nun hinein:
Chier war der Gestorbne, er hat Alexandros geheißen,
und als Ephebe bereits fiel er dem Tode anheim.
Wie geschickt man den Würfeln trotz Stummheit Sprache verliehen:
Sinnlos starb er, gleichwie sinnlos der Würfel auch fällt.

Antipatros von Sidon

Antipatros von Sidon

Säule, was stellt wohl auf dir der munterblickende Hahn vor,
dessen Füße des Siegs Palme umfassen, indes
sich über schillernden Schwingen ein Szepter erhebt? Auf dem Sockel
liegt ein Würfel am Rand, eben zu fallen bereit.
Ruht also hier ein Fürst, der ein Szepter getragen und siegreich
war in der Schlacht? Doch worauf spielt dieser Würfel dann an?

πρὸς δέ, τί λιτὸς ὁ τύμβος; ἐπιπρέπει ἀνδρὶ πενιχρῷ
  ὄρνιθος κλαγγαῖς νυκτὸς ἀνεγρομένῳ.
οὐ δοκέω· σκᾶπτρον γὰρ ἀναίνεται. ἀλλὰ σὺ κεύθεις
  ἀθλοφόρον νίκαν ποσσὶν ἀειράμενον.
οὐ ψαύω καὶ τᾷδε. τί γὰρ ταχὺς εἴκελος ἀνὴρ
  ἀστραγάλῳ; νῦν δὴ τὠτρεκὲς ἐφρασάμαν·
φοῖνιξ μὲν νίκαν ἐνέπει πάτραν τε μεγαυχῆ
  ματέρα Φοινίκων, τὰν πολύπαιδα Τύρον·
ὄρνις δ', ὅττι γεγωνὸς ἀνήρ καί που περὶ Κύπριν
  πρᾶτος κὴν Μούσαις ποικίλος ὑμνοθέτας·
σκᾶπτρα δ' ἔχει σύνθημα λόγου· θνᾴσκειν δὲ πεσόντα
  οἰνοβρεχῆ προπετὴς ἐννέπει ἀστράγαλος.
καὶ δὴ σύμβολα ταῦτα, τὸ δ' οὔνομα πέτρος ἀείδει,
  'Αντίπατρον, προγόνων φύντ' ἀπ' ἐρισθενέων.

2 ἕστα κελαίνᾳ P[1] ἕστακε λαΐνᾳ c em. Salm. // σκαπτρο- c 3 ἄκρα c -ας P[1] // αυτὰς P[1] 8 κλαγγαῖς c -γῆς P[1] 10 αιολοφόρον c -λοφρων P[1] em. Bouhier 11 ψαύω c ψάω P[1] // τᾷδε Graefe τῆδε 12 νῦν δε δὴ τ. ἐφράσαμεν P[1] 13 μεγαλαυχεῖ P[1] 14 πατέρα P[1] 16 κὴν Dorville ἦν // -θέταις P em. Salm. 17 δὲ πρὸ πεσ. P[1] 20 φύν ταμ' P em. Dorv.

429. ΑΛΚΑΙΟΥ [ΜΙΤΥΛΗΝΑΙΟΥ]

Δίζημαι κατὰ θυμόν, ὅτου χάριν ἁ παροδῖτις
  δισσάκι φεῖ μοῦνον γράμμα λέλογχε πέτρος
λαοτύποις σμίλαις κεκολαμμένον. ἆρα γυναικὶ
  τᾷ χθονὶ κευθομένᾳ Χιλιὰς ἦν ὄνομα;
τοῦτο γὰρ ἀγγέλλει κορυφούμενος εἰς ἓν ἀριθμός.
  ἢ τὸ μὲν εἰς ὀρθὰν ἀτραπὸν οὐκ ἔμολεν,
ἁ δ' οἰκτρὸν ναίουσα τόδ' ἠρίον ἔπλετο Φειδίς;
  νῦν Σφιγγὸς γρίφους Οἰδίπος ἐφρασάμαν.
αἰνετὸς οὐκ δισσοῖο καμὼν αἴνιγμα τύποιο,
  φέγγος μὲν ξυνετοῖς, ἀξυνέτοις δ' ἔρεβος.

*Pl III[a] 11 19 f. 34[v]. - Tit.: gentile om. P[1] Pl add. c 1 ἁ: ὁ P[1] // παροδίτας P[1] -της c 2 φεῖ Oehler φῖ // πέτρος P[1] λίθος c Pl 3 σμήλαις Pl // ἦ ῥα Pl 7 ἡ Pl // Φειδίς Lobeck φιδίς 8 γρῖφος P[1] // ἐφρασάμην P[1] Pl em. c 9 οὐκ οδι ποῖο (?) P[1].

Wär dann der Hügel auch klein? – Der eignet doch eher dem Armen,
der beim Krähen des Hahns noch in der Nacht sich erhebt.
Nicht wahrscheinlich! Das Szepter verwehrt's! – Dann birgst du wohl [einen
Kämpfer in Spielen, der Sieg sich mit den Füßen errang.
Nein, damit treff ich es auch nicht. Was hat wohl ein Läufer mit einem
Würfel zu tun? – Doch jetzt fiel mir das Richtige ein:
Sieg zwar bedeutet die Palme, jedoch auch die Heimat, die stolze
Mutter phoinikischen Volks: Tyros, an Kindern so reich.
Und aus dem Hahne erschließt man den Sänger, den Fürsten der Liebe
und den Dichter, der gut sich auf die Musen verstand.
Doch das Szepter bedeutet die Wortkunst; der fallende Würfel
sagt, er fand seinen Tod, als er im Trunke gestürzt.
Dies erzählen die Zeichen; der Stein aber kündet den Namen:
er, Antipatros ist's, Sproß eines mächtgen Geschlechts.

Meleagros

Das doppelte Phi

Ich überdenke im Geist, warum der Meißel des Künstlers
einzig ein doppeltes Phei hier diesem Steine am Weg
als Beschriftung gegeben. War etwa das weibliche Wesen,
das diese Erde bedeckt, Chilias einstens genannt?
Denn das bedeutet die Inschrift als Zahl in ihrem Ergebnis.
Oder ging ich vielleicht doch nicht den richtigen Weg,
und der Name der Frau in dem traurigen Grabe war Pheidis?
Ja, das Rätsel der Sphinx, Ödipus, hab ich gelöst.
Fein, wie aus doppeltem Zeichen der Meister dies Rätsel gebildet,
für den Klugen ein Licht, doch für den Dummen – nur Nacht.

Alkaios von Messene

430. ΔΙΟΣΚΟΡΙΔΟΥ

Τίς τὰ νεοσκύλευτα ποτὶ δρυῒ τᾷδε καθᾶψεν
 ἔντεα; τῶ πέλτα Δωρὶς ἀναγράφεται;
πλάθει γὰρ Θυρεᾶτις ὑφ' αἵματος ἅδε λοχιτᾶν,
 χἀμὲς ἀπ' Ἀργείων τοὶ δύο λειπόμεθα.
πάντα νέκυν μάστευε δεδουπότα, μή τις ἔτ' ἔμπνους
 λειπόμενος Σπάρτᾳ κῦδος ἔλαμψε νόθον.
ἴσχε βάσιν. νίκα γὰρ ἐπ' ἀσπίδος ὧδε Λακώνων
 φωνεῖται θρόμβοις αἵματος Ὀθρυάδα,
χὠ τόδε μοχθήσας σπαίρει πέλας. ἆ πρόπατορ Ζεῦ,
 στύξον ἀνικάτω σύμβολα φυλόπιδος.

l: ἕτερον αἰνιγματῶδες ἐπὶ σκύλοις νεκρῶν ἤγουν πέλτῃ καὶ λόγχῃ καί τισιν ἄλλοις. c: καὶ ταῦτα ἐπὶ τῷ τάφῳ τῶν τριακοσίων τῶν μετὰ Ὀθρυάδου πεσόντων· ὑπολαμβάνω δ', ὅτι παρὰ τῷ Θουκυδίδῃ κεῖται ἡ ἱστορία ἐν τῇ τετάρτῃ βίβλῳ [cap. 56]. – **1** τᾷδε Reiske τῇδε // καθῆψεν c **2** τῶ Brunck τὼ **3** ἅδε Meineke ἁ δὲ P[1] ἆδε c // λοχείταν P[1] **7** ὧδε Brunck ἆδε **8** θρίμβοις P[1] em. c **9** πρόπατορ Mein. -τερ **10** ἀνικάτω Jac. -του.

431. ΑΔΗΛΟΝ [οἱ δὲ ΣΙΜΩΝΙΔΟΥ]

Οἵδε τριηκόσιοι, Σπάρτα πατρί, τοῖς συναρίθμοις
 Ἰναχίδαις Θυρέαν ἀμφὶ μαχεσσάμενοι,
αὐχένας οὐ στρέψαντες, ὅπᾳ ποδὸς ἴχνια πρᾶτον
 ἁρμόσαμεν, ταύτᾳ καὶ λίπομεν βιοτάν.
ἄρσενι δ' Ὀθρυάδαο φόνῳ κεκαλυμμένον ὅπλον
 καρύσσει· „Θυρέα, Ζεῦ, Λακεδαιμονίων."
αἰ δέ τις Ἀργείων ἔφυγεν μόρον, ἧς ἀπ' Ἀδράστου·
 Σπάρτᾳ δ' οὐ τὸ θανεῖν, ἀλλὰ φυγεῖν θάνατος.

Pl III[b] 4,14 f. 90[v]. – Tit. om. Pl **2** Ἰναχίδας P **3** στέψ- P[1] // ἴχνια πρῶτον Pl ἴχνος ἄπρατον P[1] ἴχνος ἃ πρατὸν c **4** βίοτον P[1] **7** ἦν ex ἧς Pl ἧς P.

432. ΔΑΜΑΓΗΤΟΥ

Ὦ Λακεδαιμόνιοι, τὸν ἀρήιον ὔμμιν ὁ τύμβος
 Γύλλιν ὑπὲρ Θυρέας οὗτος ἔχει φθίμενον,
ἄνδρας ὃς Ἀργείων τρεῖς ἔκτανε καὶ τόδ' ἐπεῖπεν·
 „Τεθναίην Σπάρτας ἄξια μησάμενος."

Pl III[a] 5,30 f. 31[v]. – **3** ἄνδρας Reiske -α Pl -α δ' P // τόδε γ' εἶπεν P Pl em. Stadtm.

Kampf um Thyrea

Sagt, wer hängte denn hier an die Eiche die frisch erst errungnen
feindlichen Waffen? Und wen kündet der dorische Schild?
Denn vom Blute der Krieger schwimmt rings hier Thyreas Boden,
und vom argivischen Heer blieben wir zwei nur zurück.
Prüfe die sämtlichen Toten, ob etwa einer noch atmet
und mit gestohlenem Ruhm Sparta zum Glanze verhalf.
Halt! Da prahlt eine Schrift auf dem Schild vom Sieg der Lakoner,
die mit geronnenem Blut schrieb des Othryades Hand;
und daneben noch zuckt er, der Täter. – O Ahnherr Kronion,
stoß die Trophäe des Heers, das nicht gesiegt hat, hinweg!

Dioskorides

Ein gleiches

Wir Dreihundert, o Sparta, du Heimat, bestanden dreihundert
Männer von Inachos' Volk, als man um Thyrea stritt.
Keiner wandte den Nacken: Wo immer wir alle die Füße
fest in den Boden gedrückt, ließen das Leben wir auch.
Triefend vom Blute der Männer, verkündet Othryades' Waffe:
„Thyrea – zeuge es Zeus! – ist nun spartanisch und bleibt's."
Kam ein Argiver davon, er ist ja ein Sproß des Adrastos;
uns Spartanern ist Flucht, nicht aber Sterben der Tod.

Anonym [oder *Simonides*]

Ein gleiches

Lakedaimonisches Volk, in diesem Grabe ruht Gyllis,
der, ein tapferer Held, kämpfend für Thyrea fiel.
Drei der argivischen Männer erschlug er. „Mag ich denn sterben,"
sagte er, „wenn ich nur jetzt Spartas mich würdig gezeigt."

Damagetos

433. ΤΥΜΝΕΩ

Τὸν παραβάντα νόμους Δαμάτριον ἔκτανε μάτηρ
ἁ Λακεδαιμονία τὸν Λακεδαιμόνιον.
θηκτὸν δ' ἐν προβολᾷ θεμένα ξίφος εἶπεν, ὀδόντα
ὀξὺν ἐπιβρύκουσ', οἷα Λάκαινα γυνά·
„Ἔρρε, κακὸν σκυλάκευμα, κακὰ μερίς, ἔρρε ποθ' Ἅιδαν,
ἔρρε· τὸν οὐ Σπάρτας ἄξιον οὐδ' ἔτεκον."

Pl III^a 5,31 f. 31^v. – **1–2** Plut. mor. 240 f, Tzetz. [an. Ox. 4,43] **2** τὸν Λ. ἡ Λ. Tz. **3–4** ἐπιβρ. Suid. s. θηκτόν; εἶπεν . . . s. βρύκουσα, 5–6 s. ἔρρε **3** θεικτὸν P^1 // προβόλῳ Suid. **4** γύναι P^1 **5–6** Plut. mor. 241a ut novum ep. praemissis: ἔρρε, κακὸν φίτυμα, διὰ σκότος, οὗ διὰ μῖσος | Εὐρώτας δειλαῖς μηδ' ἐλάφοισι ῥέοι. // ἔρρε κακόν: ἀχρεῖον Plut. // πότ' ἀΐδαν P^1 **6** τὸ μὴ Σπ. Plut. // οὐδ' ἔτεκον P Plut. ὧν ἔτ. Suid. ἐτρέφομεν Pl.

434. ΔΙΟΣΚΟΡΙΔΟΥ

Εἷς δήων πέμψασα λόχους Δημαινέτη ὀκτὼ
παῖδας ὑπὸ στήλῃ πάντας ἔθαπτε μιᾷ.
δάκρυα δ' οὐκ ἔρρηξ' ἐπὶ πένθεσιν, ἀλλὰ τόδ' εἶπεν
μοῦνον· „Ἰὼ Σπάρτα, σοὶ τέκνα ταῦτ' ἔτεκον."

Pl III^a 5,32 f. 31^v. – **1** δηίων P **3** εἶπε ex -εν Pl **4** ἰὼ schol. Bern. ὦ P Pl.

435. ΝΙΚΑΝΔΡΟΥ

Εὐπυλίδας, Ἐράτων, Χαῖρις, Λύκος, Ἆγις, Ἀλέξων,
ἓξ Ἰφικρατίδα παῖδες, ἀπωλόμεθα
Μεσσάνας ὑπὸ τεῖχος· ὁ δ' ἕβδομος ἄμμε Γύλιππος
ἐν πυρὶ θεὶς μεγάλαν ἦλθε φέρων σποδιάν,
Σπάρτᾳ μὲν μέγα κῦδος, Ἀλεξίππᾳ δὲ μέγ' ἄχθος
ματρί· τὸ δ' ἓν πάντων καὶ καλὸν ἐντάφιον.

1 Εὐπυλίδας P^1 'Ερπ- superscr. c **3** ἄμμε Brunck -μι **4** ἐμπυρὶ P^1 **5** ἄχθος c ἄχθους P^1.

Die spartanische Mutter

Tot schlug die Mutter den Sohn Demetrios, der das Gesetz brach,
eine spartanische Frau einen spartanischen Mann.
Knirschend mit scharfen Zähnen wie Frauen in Sparta, im Ausfall
mit dem geschliffenen Schwert, rief sie die Worte ihm zu:
„Fort, du schändlicher Hund, fort, schändliches Stück, in den Hades!
Fort! Wer Spartas nicht wert, hat mich als Mutter auch nicht."

Tymnes

Ein gleiches

Acht der Söhne entsandte Demainete wider die Feinde
und begrub diese acht alle im nämlichen Grab.
Doch sie vergoß keine Tränen und klagte auch nimmer; sie sprach nur:
„Heil dir, Sparta! für dich trug ich die Kinder im Schoß."

Dioskorides

Die sechs Spartanersöhne

Unter den Mauern Messenes erlagen wir: Agis, Alexon,
Chairis, Eupylidas und Lykos und Eraton auch,
sechs Iphikratidassöhne. Da legte der siebte, Gylippos,
uns auf die Scheiter und trug heimwärts die Fülle des Staubs,
Sparta zur Fülle des Ruhms, Alexippa, der Mutter, zu Leides
Fülle. Nun eint uns ein Mal. Gibt es ein schöneres wohl?

Nikandros

436. ΗΓΗΜΟΝΟΣ

Εἴποι τις παρὰ τύμβον ἰὼν ἀγέλαστος ὁδίτας
τοῦτ' ἔπος· „Ὀγδώκοντ' ἐνθάδε μυριάδας
Σπάρτας χίλιοι ἄνδρες ἐπέσχον λήματι Περσῶν
καὶ θάνον ἀστρεπτεί· Δώριος ἁ μελέτα."

*l: εἰς τοὺς ἐκ Λακεδαίμονος μετὰ Λεωνίδου χιλίους, οἵτινες ἐπέσχον ἐν Θερμοπύλαις Περσῶν ὀγδοήκοντα μυριάδας. – Tit.: Ἡγεμ- P em. Huschke 1 οδὶ τασι P[1] 3 ἄγημα τὸ Desr. αἷ ματὸ 4 ἁ Jac. αὖ.

437. ΦΑΕΝΝΟΥ

Οὐκ ἔτλας, ὤριστε Λεωνίδα, αὖτις ἱκέσθαι
Εὐρώταν χαλεπῷ σπερχόμενος πολέμῳ·
ἀλλ' ἐπὶ Θερμοπύλαισι τὸ Περσικὸν ἔθνος ἀμύνων
ἐδμάθης, πατέρων ἁζόμενος νόμιμα.

Pl IIIa 5,33 f. 31v. – 1 αὖτις Pl αὖθις P 4 ἐδμάσθης Lasc.

438. ΔΑΜΑΓΗΤΟΥ

Ὤλεο δὴ Πατρέων περὶ ληίδα καὶ σύ, Μαχάτα,
δριμὺν ἐπ' Αἰτωλοῖς ἀντιφέρων πόλεμον,
πρωθήβας· χαλεπὸν γὰρ Ἀχαιικὸν ἄνδρα νοῆσαι
ἄλκιμον, εἰς πολιὰν ὅστις ἔμεινε τρίχα.

Pl IIIa 5,34 f. 31v. – 1 Πατρέων Scal. πατέρων // παρὰ Pl // Μαχάτα c μαχατά P[1] -ητά Pl 3 ἀχαϊκὸν c χαϊκ- P[1] em. Pl.

439. ΘΕΟΔΩΡΙΔΑ

Οὕτω δὴ Πύλιον τὸν Ἀγήνορος, ἄκριτε Μοῖρα,
πρώιον ἐξ ἥβας ἔθρισας Αἰολέων,
Κῆρας ἐπισσεύασα βίου κύνας. ὦ πόποι, ἀνὴρ
οἷος ἀμειδήτῳ κεῖται ἕλωρ Ἀίδῃ.

l: εἰς Πύλιον τὸν υἱὸν Ἀγήνορος τοῦ νεωτέρου. – Pl IIIb 5,15 f. 91v. – 2 ἥβης Pl 3 ἐπισσεύσασα P.

Die Thermopylenkämpfer

Kommt ein Wandrer am Hügel des Grabes vorüber, dann sag er
ernst: „Hier hielten dereinst tausend spartanische Mann
achthunderttausend der Perser in mutigem Kampf auf und starben,
ohne nach rückwärts zu sehn: Das ist spartanische Zucht!“

Hegemon

Leonidas

Heim zum Eurotas zu kehren, verfolgt von erdrückender Kriegsmacht,
brachtest du nicht übers Herz, tapfrer Leonidas du.
Nein, bei den Thermopylen im Kampf gegen persische Völker
sankst du danieder, getreu dem, was die Väter geübt.

Phaënnos

Krieger Machatas

Also starbest auch du für Patrais Verwüstung, Machatas,
in dem furchtbaren Krieg wider aitolisches Volk
noch in der Jugend. Schwer ist's, einen starken Achaier zu sehen,
der ein Alter erreicht, da ihm der Scheitel ergraut.

Damagetos

Aioler Pylios

Also den Sohn des Agenor, den Aioler Pylios, hast du,
da er ein Jüngling noch war, launische Moira, gemäht,
hetzend auf ihn die Keren, des Lebens Hunde. Welch guter
Mann, ach, fiel da dem nie lächelnden Hades zum Raub!

Theodoridas

440. ΛΕΩΝΙΔΑ ΤΑΡΑΝΤΙΝΟΥ

'Ηρίον, οἷον νυκτὶ καταφθιμένοιο καλύπτεις
  ὀστέον, οἵην, γαῖ', ἀμφέχανες κεφαλήν,
πολλὸν μὲν ξανθαῖσιν ἀρεσκομένου Χαρίτεσσι,
  πολλοῦ δ' ἐν μνήμῃ πᾶσιν 'Αριστοκράτευς.
ᾔδει 'Αριστοκράτης καὶ μείλιχα δημολογῆσαι,
  ⟨στρεβλὴν οὐκ ὀφρὺν ἐσθλὸς ἐφελκόμενος·
ᾔδει καὶ Βάκχοιο παρὰ κρητῆρος ἄδηριν⟩
  ἰθῦναι κείνην εὐκύλικα λαλιήν·
ᾔδει καὶ ξείνοισι καὶ ἐνδήμοισι προσηνέα
  ἔρδειν. γαῖ' ἐρατή, τοῖον ἔχεις φθίμενον.

* Pl III^b 5,16 f. 91^v. – **2** οἷαν Pl // γαῖ' c γὰρ P^1 γᾶ Pl // ἀμφ' ἔχον ἐς P^1 **3** πολλὸν c -ῶν (?) P^1 -αῖς Pl // ἀρεσκομένου Jac. -ην Pl -όμενον P **4** πολλοῦ δ' ἐν Scal. -ὸν δὲ P^1 Pl -ῶν δὲ c // μνήμη Pl **6–7** om. P **8** ἰθὺν ἐκείνην P em. Pl // εὐκύλικα Pl // λαλιήν Pl λασίην P Pl [primo] **9** κὲν ξείνοις κ' [καὶ c] ἐνδάμοις P em. Pl **10** ἔρδειν γᾶ Pl // ἐρατὴ c -ῇ P^1 -ὰ Pl // ἔχεις c -ει P^1 -οις ex -εις Pl.

441. ΑΡΧΙΛΟΧΟΥ

'Υψηλοὺς Μεγάτιμον 'Αριστοφόωντά τε Νάξου
  κίονας, ὦ μεγάλη γαῖ', ὑπένερθεν ἔχεις.

1 Μεγατίμιον P em. Jac. **2** ὦ c ᾧ P^1 // γαῖ' Jac. γᾶ.

442. [ΣΙΜΩΝΙΔΟΥ]

Εὐθυμάχων ἀνδρῶν μνησώμεθα, τῶν ὅδε τύμβος,
  οἳ θάνον εὔμηλον ῥυόμενοι Τεγέαν
αἰχμηταὶ πρὸ πόληος, ἵνα σφίσι μὴ καθέληται
  'Ελλὰς ἀποφθιμένου κρατὸς ἐλευθερίαν.

Pl III^b 4,16 f. 90^v. – **4** -νοις κάρτος ἐλευθερίας Pl.

Der edle Aristokrates

Wessen Totengebein umhüllst du mit nächtigem Dunkel,
Hügel, und welch ein Haupt schlangest du, Erde, hinab!
Er, der so teuer gewesen den blonden Grazien, so teuer
dem Gedenken der Welt, er, Aristokrates ist's.
Wußt Aristokrates nicht, vor dem Volke gefällig zu sprechen,
ohne als adliger Mann stolz seine Brauen zu ziehn?
Wußte er nicht, den Gang der Unterhaltung bei Bakchos'
Bechern zu steuern, so daß stets er dem Streite gewehrt?
Wußte er nicht, den Fremden und Heimischen Dienste zu leisten?
Holde Erde, so war dieser, der Tote im Grab.

Leonidas von Tarent

Aristophon und Megatimos

Naxos' ragende Säulen, Aristophon und Megatimos,
hältst du drunten im Schoß, mächtige Erde, nun fest.

Archilochos

Die Tegeaten

Denken wir immer der Helden, die hier in der Gruft ruhn! Sie schirm-
Tegeas lammreiche Trift, kämpften und starben für sie. [ten
Denken wir ihrer, auf daß nicht Hellas, nachdem nun zur Erde
niedergefahren ihr Haupt, ihnen die Freiheit entreißt.

[*Simonides*]

443. ΣΙΜΩΝΙΔΟΥ

Τῶνδέ ποτ' ἐν στέρνοισι τανυγλώχινας ὀιστοὺς
  λοῦσεν φοινίσσᾳ θοῦρος Ἄρης ψακάδι.
ἀντὶ δ' ἀκοντοδόκων ἀνδρῶν μνημεῖα θανόντων
  ἄψυχ' ἐμψύχων ἅδε κέκευθε κόνις.

l: εἰς τοὺς πεσόντας παρ' Εὐρυμέδοντα ποταμὸν Ἕλληνας. – **1** ποτ' ἐν Meineke ποτὲ **2** ψακαδα (?) P^1.

444. ΘΕΑΙΤΗΤΟΥ

Χείματος οἰνωθέντα τὸν Ἀνταγόρεω μέγαν οἶκον
  ἐκ νυκτῶν ἔλαθεν πῦρ ὑπονειμάμενον·
ὀγδώκοντα δ' ἀριθμὸν ἐλεύθεροι ἄμμιγα δούλοις
  τῆς ἐχθρῆς ταύτης πυρκαϊῆς ἔτυχον.
οὐκ εἶχον διελεῖν προσκηδέες ὀστέα χωρίς·
  ξυνὴ δ' ἦν κάλπις, ξυνὰ δὲ τὰ κτέρεα·
εἷς καὶ τύμβος ἀνέστη· ἀτὰρ τὸν ἕκαστον ἐκείνων
  οἶδε καὶ ἐν τέφρῃ ῥηιδίως Ἀίδης.

Pl III^a 6,36 f.32^v. – **3** ἄμιγγα P **5** οὐδ' Pl **7** τὸν: τιν' Gow.

445. ΠΕΡΣΟΥ ΘΗΒΑΙΟΥ

Μαντιάδας, ὦ ξεῖνε, καὶ Εὔστρατος, υἷες Ἐχέλλου,
  Δυμαῖοι, κραναῇ κείμεθ' ἐνὶ ξυλόχῳ,
ἄγραυλοι γενεῆθεν ὀροιτύποι. οἱ δ' ἐπὶ τύμβῳ
  μανυταὶ τέχνας δουροτόμοι πελέκεις.

Pl III^b 5,17 f.91^v. – Tit.: gent. om. P^1 Pl **1** Μαντιάδης et Ἀχέλλου Pl **2** Δυμαίῃ Pl **3** ὀρειτ- Pl **4** μηνυταὶ τέχνης Pl.

446. ΗΓΗΣΙΠΠΟΥ

Ἑρμιονεὺς ὁ ξεῖνος, ἐν ἀλλοδαπῶν δὲ τέθαπται,
  Ζωίλος, Ἀργείαν γαῖαν ἐφεσσάμενος,
ἅν ἐπί οἱ βαθύκολπος ἀμάσατο δάκρυσι νύμφα
  λειβομένα παῖδές τ' εἰς χρόα κειράμενοι.

1 ὁ c ὦ P^1 // ἀλλοδαπῶν P^1 -πῇ c **2** ἐφεσσ- Meineke ἐπιεσσ- P^1 ἐπ' ἑσσ- c.

Der Männer Nachruhm

Tief in der Brust dieser Männer hat Ares, der wilde, den langen
spitzen Pfeilen dereinst blutig bereitet das Bad.
Sie aber liegen nicht hier, die dem Eisen sich stellten, die Toten:
Lebenden, auch noch im Tod, wahrt das Gedächtnis dies Grab.

Simonides

Opfer des Brandes

Heimlich im Winter zur Nacht ist in des Antagoras großem
Hause, als Wein es betäubt, unten ein Feuer entbrannt.
Sieh, da wurde der Holzstoß, der vielgehaßte, nun achtzig
Menschen, unterschiedslos Freien und Sklaven, zuteil.
Kein Verwandter vermocht, die Gebeine zu scheiden; gemeinsam
war drum die Urne, gemein waren die Ehren für sie.
Allen erhob sich ein Hügel; und dennoch, im Staub noch hat Hades
ohne besondere Müh jeden von ihnen erkannt.

Theaitetos von Kyrene

Die Holzhauer

Wandrer, wir Söhne Echells, Eustrat und Mantiades, einstens
Bürger von Dyme, wir ruhn hier unter rauhem Gestrüpp,
Bergholzhauer von Vätern schon her. Die fällenden Äxte
die auf dem Grabe hier stehn, sprechen von unserm Beruf.

Perses von Theben

In der Fremde gestorben

Zoïlos hieß er, der Fremde, er kam von Hermione; fern hier
liegt er begraben, und doch deckt ihn argivischer Staub.
Denn ihn streuten ihm weinend die tiefgewandete Gattin
und seine Kinder, die nun bis auf die Haut sich geschert.

Hegesippos

447. ΚΑΛΛΙΜΑΧΟΥ

Σύντομος ἦν ὁ ξεῖνος· ὃ καὶ στίχος οὐ μακρὰ λέξων
„Θῆρις Ἀρισταίου Κρὴς" ἐπ' ἐμοὶ δολιχός.

Pl III^a 2,4 f.30^v. – **1** στίχος: τάφος suprascr. man.^{2} in Pl // λέξων c -ω P^1 Pl **2** ὑπ' Pl // δόλιχος c.

448. ΛΕΩΝΙΔΑ ΤΑΡΑΝΤΙΝΟΥ

Πραταλίδα τὸ μνᾶμα Λυκαστίω, ἄκρον ἐρώτων
εἰδότος, ἄκρα μάχας, ἄκρα λινοστασίας,
ἄκρα χοροιτυπίας. χθόνιοι . . .
τοῦτον Κρηταιεῖ Κρῆτα παρῳκίσατε;

1 μνᾶμα Brunck μνῆμα // Λυκάστω P^1 -ῳ c em. Salm. **2** λινοστασίας Brunck -ίης **3** χοροιτυπίας Meineke -ίης // lacunam explet Meineke: θεοί, εὖ παρὰ Μίνῳ (alii aliter) **4** Κρηταιεῖ Brunck -εῖς c Κρήτην εἰς P^1.

449

Πραταλίδᾳ παιδεῖον Ἔρως πόθον, Ἄρτεμις ἄγραν,
Μοῦσα χορούς, Ἄρης ἐγγυάλιξε μάχαν.
πῶς οὐκ εὐαίων ὁ Λυκάστιος, ὃς καὶ ἔρωτι
ἄρχε καὶ ἐν μολπᾷ καὶ δορὶ καὶ στάλικι;

1 Πραταλίδα παιδίον P em. Brunck **4** δορᾷ (?) P^1.

450. ΔΙΟΣΚΟΡΙΔΟΥ

Τῆς Σαμίης τὸ μνῆμα Φιλαινίδος· ἀλλὰ προσειπεῖν
τλῆθί με καὶ στήλης πλησίον, ὦνερ, ἴθι.
οὐκ εἴμ' ἡ τὰ γυναιξὶν ἀναγράψασα προσάντη
ἔργα καὶ Αἰσχύνην οὐ νομίσασα θεόν,
ἀλλὰ φιλαιδήμων, ναὶ ἐμὸν τάφον. εἰ δέ τις ἡμέας
αἰσχύνων λαμυρὴν ἔπλασεν ἱστορίην,
τοῦ μὲν ἀναπτύξαι χρόνος οὔνομα, τἀμὰ δὲ λυγρὴν
ὀστέα τερφθείη κληδόν' ἀπωσαμένης.

l^a: εἰς Φιλαινίδα τὴν Σαμίαν, οὐ τὴν ἀσελγῆ, τὴν ἑταίραν Ἐλεφαντίνης. c^b: εἰς Φιλαινίδα. – In P hic [P^a] et iuxta VII 343 [P^b] **1** μνᾶμα P^b **3** πρὸς ἄντα P^{a1} **6** λαμυρὰν P^{a1} **7** λυγρὴν Meineke -ρά.

Der wortkarge Theris

Knapp war die Rede des Fremden; drum scheint mir das kärgliche
„Theris aus Kreta, der Sohn des Aristaios“ zu lang. [Verschen

Kallimachos

Kreter Pratalidas

Dies des Pratalidas Mal; er stammt aus Lykastos. Ein Meister
war er in Liebe und Schlacht, Meister im Jagen mit Netz
und ein Meister im Chortanz. Ihr Götter, habt ihr dem Kreter
drunten beim kretischen Mann ehrlich auch Heimrecht geschenkt?

Leonidas von Tarent

Ein gleiches

Liebe zu Knaben gab Eros Pratalidas ein und die Musen
Tanzkunst, Artemis Jagd, Ares die Lust an der Schlacht.
Konnte an Glück es da fehlen dem Mann aus Lykastos, dem ersten
so in Liebe und Sang wie auch bei Weidwerk und Kampf?

Anonym

Philainis

Dies ist das Mal der Philainis von Samos; doch gönne, o Wandrer,
mir einen Gruß und tritt nah an die Säule heran.
Ich nicht habe die Werke, die Frauen entehren, beschrieben,
ich nicht war es, der Scham nicht eine Gottheit gedünkt.
Sittsam hab ich gelebt, bei meinem Grabe! Wenn jemand
mir zur Schmach eine Schrift voller Gemeinheit verfaßt,
o, so enthülle die Zeit seinen Namen, daß meine Gebeine,
frei von dem häßlichen Ruf, endlich im Grabe sich freun.

Dioskorides

451. ΚΑΛΛΙΜΑΧΟΥ

Τῇδε Σάων ὁ Δίκωνος Ἀκάνθιος ἱερὸν ὕπνον
κοιμᾶται. θνῄσκειν μὴ λέγε τοὺς ἀγαθούς.

Pl III^{a} 1,10 f.30^{r}. – 1 ὁ Ἀκάνθιος P 2 θνάσκειν P.

452. ΛΕΩΝΙΔΑ

Μνήμης Εὐβούλοιο σαόφρονος, ὦ παριόντες,
πίνωμεν· κοινὸς πᾶσι λιμὴν Ἀίδης.

Pl III^{a} 6,20 f.32^{r}. – Tit.: Λεωνιδ P.

453. ΚΑΛΛΙΜΑΧΟΥ

Δωδεκέτη τὸν παῖδα πατὴρ ἀπέθηκε Φίλιππος
ἐνθάδε, τὴν πολλὴν ἐλπίδα, Νικοτέλην.

Pl III^{a} 20,1 f.38^{r}. – 1 δωδεκέτη P[1] Pl -ην c.

454. ΤΟΥ ΑΥΤΟΥ

Τὸν βαθὺν οἰνοπότην Ἐρασίξενον ἡ δὶς ἐφεξῆς
ἀκρήτου προποθεῖσ' ᾤχετ' ἔχουσα κύλιξ.

Ath. 10, 436e. – Anonym. ap. Ath. 1 τὸν c οὐ P[1] Ath. 2 προποθεῖσ' P φανερῶς Ath.

455. ΛΕΩΝΙΔΟΥ

Μαρωνὶς ἡ φίλοινος, ἡ πίθων σποδός,
ἐνταῦθα κεῖται γρηῦς, ἧς ὑπὲρ τάφου
γνωστὸν πρόκειται πᾶσιν Ἀττικὴ κύλιξ.
στένει δὲ καὶ γᾶς νέρθεν, οὐχ ὑπὲρ τέκνων
οὐδ' ἀνδρός, οὓς λέλοιπεν ἐνδεεῖς βίου,
ἓν δ' ἀντὶ πάντων, οὕνεχ' ἡ κύλιξ κενή.

*Pl III^{a} 17,5 f.36^{r}. – In P hic [P^{a}] et iuxta VII 356 [P^{b}] 2 γρῆυς Pl // ὑπερ P^{b} 3 γνωστὴ Pl 4 γῆς Pl // ὑπέρ γε τ. P^{a} 5 οὐκ: οὐδ' P^{a} // ἔλειπεν P.

Der edle Saon

Saon, des Dikon Sohn, der Akanthier, schlummert den heil'gen
Schlaf hier. Nenn es nicht Tod, ging der Gerechte zur Ruh.

Kallimachos

Abstinenzler Eubulos

Trinken wir auf das Gedächtnis des Mäßigkeitsfreundes Eubulos,
Wandrer! Uns allen gemein wartet der Hades als Port.

Leonidas von Tarent

Knabe Nikoteles

Hier hat Philippos den Sohn im zwölften Jahre bestattet.
Ach, auf Nikoteles war all seine Hoffnung gesetzt.

Kallimachos

Trinker Erasixenos

Zweimal nur tat Erasixenos einst, der gewaltige Zecher,
mit seinem Humpen Bescheid: flugs da nahm dieser ihn mit.

Kallimachos

Die Trinkerin

Hier liegt Maronis, die die Fässer ausgekratzt,
und oben auf dem Grab der alten Trinkerin
steht, allen wohlbekannt, ein attischer Becher da.
Noch tief im Erdschoß seufzt sie – um die Kinder nicht
noch um den Mann, die sie zurück im Elend ließ,
statt allem schmerzt sie eins nur: daß ihr Becher leer.

Leonidas von Tarent

456. ΔΙΟΣΚΟΡΙΔΟΥ

Τὴν τίτθην Ἱέρων Σειληνίδα, τήν, ὅτε πίνοι
ζωρόν, ὑπ' οὐδεμιῆς θλιβομένην κύλικος,
ἀγρῶν ἐντὸς ἔθηκεν, ἵν' ἡ φιλάκρητος ἐκείνη
καὶ φθιμένη ληνῶν γείτονα τύμβον ἔχοι.

Pl III^a 17,6 f.36^r. – 1 τιτθὴν P Pl [primo] 4 φθιμένην P^1 // ληνὸν et ἔχει P.

457. ΑΡΙΣΤΩΝΟΣ

Ἀμπελὶς ἡ φιλάκρητος, ἐπὶ σκίπωνος ὁδηγοῦ
ἤδη τὸ σφαλερὸν γῆρας ἐρειδομένη,
λαθριδίη Βάκχοιο νεοθλιβὲς ἧκ' ἀπὸ ληνοῦ
πῶμα Κυκλωπείην πλησομένη κύλικα·
πρὶν δ' ἀρύσαι μογερὰν ἔκαμεν χέρα· γραῦς δὲ παλαιὴ
νηῦς ὑποβρύχιος ζωρὸν ἔδυ πέλαγος.
Εὐτέρπη δ' ἐπὶ τύμβον ἀποφθιμένης θέτο σῆμα
λάινον οἰνηρῶν γείτονα θειλοπέδων.

*1 σκήπωνος c 3 ἧκ' Pauw ἠδ' P^1 ἠδ' c 4 κύκλῳ πιεῖν P em. Hecker // πλησαμένη P em. Brunck 6 νηῦς Meineke ὡς ναῦς 8 θηλοπέδων P em. Bouhier.

458. ΚΑΛΛΙΜΑΧΟΥ

Τὴν Φρυγίην Αἴσχρην, ἀγαθὸν γάλα, πᾶσιν ἐν ἐσθλοῖς
Μίκκος καὶ ζωὴν οὖσαν ἐγηροκόμει
καὶ φθιμένην ἀνέθηκεν, ἐπεσσομένοισιν ὁρᾶσθαι
ἡ γρηῦς μαστῶν ὡς ἀπέχει χάριτας.

1 Αἴσχρην Reiske αἰσχρὴν // πᾶσιν Bentl. παισὶν 3 ἐπεσσυμ- P^1 4 γρηῦς: γρῆυς ὡς c // χάριτι P^1.

459. ΤΟΥ ΑΥΤΟΥ ΚΑΛΛΙΜΑΧΟΥ

Κρηθίδα τὴν πολύμυθον, ἐπισταμένην καλὰ παίζειν,
δίζηνται Σαμίων πολλάκι θυγατέρες,
ἡδίστην συνέριθον ἀείλαλον· ἡ δ' ἀποβρίζει
ἐνθάδε τὸν πάσαις ὕπνον ὀφειλόμενον.

Pl III^b 11 12 f.93^r. – 2 δίζονται Pl // Σαμίην P^1 3 ἡδίστην Meineke -ταν.

Ein gleiches

Seine Amme Seilenis, die, wenn es um Puren gegangen,
nie eine Kanne gescheut, was für ein Maß es auch war,
bettete Hieron hier im eignen Besitztum. Der Trink'rin
sollt' auch im Tode das Grab nah bei den Kufen noch sein.

Dioskorides

Ein gleiches

Ob auch vor Alter bereits die weinfrohe Ampelis schwankte
und auf der Straße sich schon auf einen Stecken gestützt,
schlich sie zur Butte des Bakchos, die Kanne kyklopischen Maßes
sich mit dem frischen Most heimlich zu füllen als Trunk.
Doch vor dem Schöpfen erlahmte die kraftlose Hand ihr; da stürzte,
morsch wie ein sinkender Kahn, sie in die Fluten des Weins.
Aber Euterpe setzte der Toten beim sonnigen Platze,
wo die Trauben man dörrt, steinern ein Denkmal aufs Grab.

Ariston

Amme Aischra

Aischra, treffliche Milch aus Phrygien, bekam schon im Leben
alles von Mikkos, was je Gutes dem Alter gebührt,
auch ein Standbild im Tod, daß künftige Menschen erkennen,
wie er der Alten gedankt für ihre nährende Brust.

Kallimachos

Freundin Krethis

Krethis, die Märchen so viel und gefällige Spiele gewußt hat,
die beim Spinnen das Werk stets mit Geplauder versüßt,
suchen die Mädchen von Samos so oft nun vergebens: sie schlummert
hier in jenem von uns allen geschuldeten Schlaf.

Kallimachos

460. ΚΑΛΛΙΜΑΧΟΥ

Εἶχον ἀπὸ σμικρῶν ὀλίγον βίον, οὔτε τι δεινὸν
ῥέζων οὔτ' ἀδικῶν οὐδένα. Γαῖα φίλη,
Μικύλος εἴ τι πονηρὸν ἐπῄνεσα, μήτε σὺ κούφη
γίνεο μήτ' ἄλλοι δαίμονες, οἵ μ' ἔχετε.

Pl IIIa 25,2 f.41v. – 3 Μείκυλος P Μίκ- Pl em. Jac. 4 γίγνεο Pl // μήθ' ἵλεῳ Wil. // οἱ μέτεχε P[1].

461. ΜΕΛΕΑΓΡΟΥ

Παμμῆτορ γῆ, χαῖρε· σὺ τὸν πάρος οὐ βαρὺν εἰς σὲ
Αἰσιγένην καὐτὴ νῦν ἐπέχοις ἀβαρής.

Pl IIIa 1,11 f.30r. – 2 Λυσιγένην Scal. (?) Αἰσαγ- Peek // καὐτὸν Scal. (?).

462. ΔΙΟΝΥΣΙΟΥ

Ἀγχιτόκον Σατύραν Ἀίδας λάχε, Σιδονία δὲ
κρύψε κόνις, πάτρα δ' ἐστονάχησε Τύρος.

Pl IIIa 6,26 f.32r. – In P hic [Pa] et post VII 728 [Pb]. Anonym. ap. Pl 1 Σατύραν ca cb -ρων P[1] Σάτυρον Pl // Σινία Pb[1] 2 κρύψε Pb Pl κρύφε Pa[1] ἔκρυφε ca // ἐστενάχησε Pa.

463. ΛΕΩΝΙΔΑ

Αὖτα Τιμόκλει', αὖτα Φιλώ, αὖτα Ἀριστώ,
αὖτα Τιμαιθώ, παῖδες Ἀριστοδίκου,
πᾶσαι ὑπ' ὠδῖνος πεφονευμέναι· αἷς ἔπι τοῦτο
σᾶμα πατὴρ στάσας κάτθαν' Ἀριστόδικος.

Pl IIIa 11,20 f.34r. – Tit.: Λεωνίδου Pl 1-2 αὐτὰ [quater] P Pl em. Reiske 3 ἐπὶ P // τοῦτο Pl τούτῳ P [ex τουτο].

Der gute Mikylos

Hab ich von Wen'gem auch karg nur gelebt, ich Mikylos hab doch
nie etwas Böses getan, keinen verwundet. Hab je
ich etwas Schlechtes gebilligt, dann sei mir, o Erde, und seid, ihr
anderen Götter, die jetzt über mich walten, nicht leicht.

Kallimachos

Aisigenes

Sei, Mutter Erde, gegrüßt! Wie Aisigenes nie dich bedrückt hat,
also bedrücke auch du jetzt den Aisigenes nicht.

Meleagros

Die junge Frau

Satyre, nah dem Gebären, sank hin in den Hades; es hat sie
Sidon mit Erde bedeckt, Tyros, die Heimat, beklagt.

Dionysios (von Rhodos?)

Die jungen Mütter

Dies ist Aristo, dies Philo, und diese da ist Timokleia,
dies Timaitho: es sind Töchter des Aristodik,
sämtlich in Wehen gestorben; und als dann der Vater den Kindern
diesen Denkstein gesetzt, folgte auch Aristodik.

Leonidas von Tarent

464. ΑΝΤΙΠΑΤΡΟΥ

Ἦ πού σε χθονίας, Ἀρετημιάς, ἐξ ἀκάτοιο
  Κωκυτοῦ θεμέναν ἴχνος ἐπ' ἀιόνι,
οἰχόμενον βρέφος ἄρτι νέῳ φορέουσαν ἀγοστῷ
  ᾤκτειραν θαλεραὶ Δωρίδες εἰν Ἀίδᾳ
πευθόμεναι τέο κῆρα· σὺ δὲ ξαίνουσα παρειὰς
  δάκρυσιν ἄγγειλας κεῖν' ἀνιαρὸν ἔπος·
„Διπλόον ὠδίνασα, φίλαι, τέκος ἄλλο μὲν ἀνδρὶ
  Εὔφρονι καλλιπόμαν, ἄλλο δ' ἄγω φθιμένοις."

*Pl III^{b} 11,14 f. 93^{r}. - **1** ἥ c ἡ P[1] // Ἀρετημίας Pl -τιμίας c -τίμιαδ' P[1] // ἐκάτοιο P **2** θεμένην P[1] // ἠιόνι Pl **3** νέῳ P[1] Pl νέον c **5** τέο: τὴν (?) P[1] // ξένος σαπαρειὰς P[1] **6** ἄγγειλας κεῖν' P ἐξεῖπες φεῦ Pl **7** ὠδίνουσα P // φίλον Pl **8** ἐγὼ P[1].

465. ΗΡΑΚΛΕΙΤΟΥ

Ἁ κόνις ἀρτίσκαπτος, ἐπὶ στάλας δὲ μετώπων
  σείονται φύλλων ἡμιθαλεῖς στέφανοι·
γράμμα διακρίναντες, ὁδοιπόρε, πέτρον ἴδωμεν,
  λυγρὰ περιστέλλειν ὀστέα φατὶ τίνος.
„Ξεῖν', Ἀρετημιάς εἰμι· πάτρα Κνίδος· Εὔφρονος ἦλθον
  εἰς λέχος· ὠδίνων οὐκ ἄμορος γενόμαν·
δισσὰ δ' ὁμοῦ τίκτουσα τὸ μὲν λίπον ἀνδρὶ ποδηγὸν
  γήρως, ἓν δ' ἀπάγω μναμόσυνον πόσιος."

Pl III^{b} 11,15 f. 93^{r}. – Tit.: Ἡρακλείτου Hecker -ήτου P -είδου Pl **1** μετώπῳ Pl **2** σεύονται et ἡμιθανεῖς Pl **4** λυγρὰ Pl λευρὰ c λευκὰ c in marg., λύρα P[1] // ὀστέα P[1] **5** Ἀρετιμίας P **6** ἐς Pl **8** ἓν Jac. ὃν // μνημόσ- Pl.

466. ΛΕΩΝΙΔΑ

Ἆ δείλ' Ἀντίκλεις, δειλὴ δ' ἐγὼ ἡ τὸν ἐν ἥβης
  ἀκμῇ καὶ μοῦνον παῖδα πυρωσαμένη,
ὀκτωκαιδεκέτης ὃς ἀπώλεο, τέκνον· ἐγὼ δὲ
  ὀρφάνιον κλαίω γῆρας ὀδυρομένη.

Mutter und Kind

Als, Aretemias, du aus dem Kahne im Lande der Schatten
an des Kokytos Gestad eben die Füße gesetzt
und du im jungen Arm das gestorbene Kindlein noch hieltest,
klagten im Totenbereich dorische Frauen ob dir,
da sie dein Schicksal erfuhren. Du aber zerfurchtest mit Tränen
dir die Wangen und hast traurig die Worte gesagt:
„Zwillinge hab ich geboren; ein Kindlein ließ ich dem Gatten
Euphron, ihr Lieben, und eins bring ich zum Acheron mit.“

Antipatros von Sidon

Ein gleiches

Frisch ist die Erde gehäuft, halbwelk erst flattern der Kränze
Blätter, von Lüften bewegt, noch an der Stirne des Mals.
Laß die Inschrift uns lesen, o Wandrer, den Stein uns betrachten,
wessen traurig Gebein er zu verdecken besagt.
„Freund, Aretemias bin ich, von Knidos, Gattin des Euphron;
Wehen auch hab ich gekannt: Zwillinge bracht ich zur Welt.
Eines der Kinderchen ließ ich dem Gatten als Stütze im Alter,
und zum Gedächtnis an ihn nehm ich das andere mit.“

Herakleitos von Halikarnass

Der Sohn

Ärmster Antikles du, und ich Ärmste, die ihren einzgen
Sohn in Jugend und Kraft hab auf die Scheiter gelegt!
Tot nun bist du, mein Kind, gestorben im achtzehnten Jahre.
Klagend wein’ ich; nun ist traurig mein Alter verwaist.

βαίην εἰς Ἀΐδος σκιερὸν δόμον· οὔτε μοι ἠὼς
 ἡδεῖ᾽ οὔτ᾽ ἀκτὶς ὠκέος ἠελίου.
ἆ δείλ᾽ Ἀντίκλεις μεμορημένε, πένθεος εἴης
 ἰητὴρ ζωῆς ἔκ με κομισσάμενος.

Pl III^b 25,4 f. 96^r. – 1 τόν: τιν᾽ P^1 // ἥβης c Pl [post] -ῃ P^1 Pl [primo] 3 ἀπώλετο P 5 βαίνειν Pl 6 ἠελίοιο P^1 8 ζωὴν Pl // ἔκ με κ. Salm. εὖγε κ. Pl μ᾽ [ex ω] εἰς κεκομησά- P [μ᾽ εἰς με κομισσ. man. rec.].

467. ΑΝΤΙΠΑΤΡΟΥ

Τοῦτό τοι, Ἀρτεμίδωρε, τεῷ ἐπὶ σάματι μάτηρ
 ἴαχε δωδεκέτη σὸν γοόωσα μόρον·
„Ὤλετ᾽ ἐμᾶς ὠδῖνος ὁ πᾶς πόνος εἰς σποδόν, εἰς πῦρ
 ὤλεθ᾽ ὁ παμμέλεος γειναμένου κάματος·
ὤλετ᾽ ἀπευθεῖ μοι τέρψις σέθεν· ἐς γὰρ ἄκαμπτον,
 ἐς τὸν ἀνόστητον χῶρον ἔβης ἐνέρων,
οὐδ᾽ ἐς ἐφηβείαν ἐλθών, τέκος· ἀντὶ δὲ σεῖο
 στάλα καὶ κωφὰ λείπεται ἄμμι κόνις."

Pl III^b 25,5 f. 96^r. – 1 σήματι μήτηρ Pl 2 δωδεκέτην c // γοίωσα P^1 γοάουσα Pl 3 σποδόν Canter πόνον // εἰς^2 om. P 4 ὤλετο παμμένεος Pl // γεινομ- P 5 ἀπευθεῖ μοι P^1 -θής μοι Pl [ὤλετο] ἁ ποθινὰ c 6 εστὶν P^1 7 ἐφηβείαν Brunck -είην // ἐλθών Pl -θεῖν P^1 ἦλθες c.

468. ΜΕΛΕΑΓΡΟΥ

Οἰκτρότατον μάτηρ σε, Χαρίξενε, δῶρον ἐς Ἅιδαν
 ὀκτωκαιδεκέταν ἐστόλισεν χλαμύδι.
ἦ γὰρ δὴ καὶ πέτρος ἀνέστενεν, ἀνίκ᾽ ἀπ᾽ οἴκων
 ἄλικες οἰμωγᾷ σὸν νέκυν ἠχθοφόρευν.
πένθος δ᾽, οὐχ ὑμέναιον ἀνωρύοντο γονῆες·
 αἰαῖ τὰς μαστῶν ψευδομένας χάριτας
καὶ κενεὰς ὠδῖνας. ἰὼ κακοπάρθενε Μοῖρα,
 στεῖρα γονᾶς στοργὰν ἔπτυσας εἰς ἀνέμους.
τοῖς μὲν ὁμιλήσασι ποθεῖν πάρα, τοῖς δὲ τοκεῦσι
 πενθεῖν, οἷς δ᾽ ἀγνώς, πευθομένοις ἐλεεῖν.

Pl III^b 25,6 f. 96^r. – Tit. om. Pl 2 -την ἐστόλισε Pl 3 ἢ P 4 οἰμωγῇ P // ἠχθοφόρευν P^1 -ρουν c ἀχθοφόρευν Pl 5 γονῆες P γυναῖκες Pl 8 σπεῖρα γονὰς P Σπειρογόνας Pl em. Graefe 9–10 om. Pl // ὁμιλήσασι Salm. -σας // ποθέειν c 10 τοῖς δ᾽ ἀγνῶς P em. Graefe // ἐλθεῖν P^1.

Wär ich im düsteren Hause des Hades! Wie sind mir der Sonne
eilende Strahlen, wie ist Eos mir heute verhaßt!
Ärmster Antikles du, vom Schicksal Geschlagner! O sei mir
Arzt meines Kummers und nimm mich aus dem Leben hinweg!

Leonidas von Tarent

Ein gleiches

An deinem Grabe rief klagend die Mutter, o Artemidoros,
als dich im zwölften Jahr jählings der Tod ihr entriß:
„Hin, in Asche zerstob das Weh des Gebärens, im Feuer
hin ging eitel die Müh, die sich dein Vater gemacht.
Hin die Freude an dir, für immer verschlossen: du schrittest
in die Tiefe, von wo Flucht es und Heimkehr nicht gibt.
Selbst nicht zum Jüngling blühtest du auf. Uns blieb nur statt deiner,
Kind, eine Säule, es blieb, ach, nur ein fühlloser Staub."

Antipatros von Sidon

Ein gleiches

Dich, Charixenos, schmückte im achtzehnten Jahre die Mutter
mit der Chlamys und gab schmerzlich dem Hades dich hin.
Wahrlich, es stöhnte sogar der Fels, als deine Gefährten
nun deine Leiche von Haus klagend von dannen gebracht.
Deine Eltern erhoben statt Hochzeitsgesängen ein Grablied.
Ach, dich nährte umsonst mütterlich wartend die Brust,
ach, vergebens die Wehen... O Moira, verderbliche Jungfrau,
unfruchtbare, du schlugst Muttergefühl in den Wind...
Sehnsucht nur blieb den Gefährten und Trauer den Eltern, doch Mit-
denen, die nie dich gekannt und es allein nur gehört. [leid

Meleagros

469. ΧΑΙΡΗΜΟΝΟΣ

Εὔβουλόν μ' ἐτέκνωσεν Ἀθηναγόρης περὶ πάντων
 ἥσσονα μὲν μοίρᾳ, κρέσσονα δ' εὐλογίᾳ.

1 δ' ἐτέκν- P em. Peek 2 μοῖραν P[1] // κρέσσοναι P // initium ep. desider. Jac.

470. ΜΕΛΕΑΓΡΟΥ

Εἶπον ἀνειρομένῳ, τίς καὶ τίνος ἐσσί. – „Φίλαυλος
 Εὐκρατίδεω." – Ποδαπὸς δ' εὔχε' ⟨ἔμεν;–„Θριασεύς⟩." –
Ἔζησας δὲ τίνα στέργων βίον;–„Οὐ τὸν ἀρότρου,
 οὐδὲ τὸν ἐκ νηῶν, τὸν δὲ σοφοῖς ἕταρον." –
Γήραϊ δ' ἢ νούσῳ βίον ἔλλιπες; – „Ἤλυθον Ἅιδαν
 αὐτοθελεί, Κείων γευσάμενος κυλίκων." –
Ἦ πρέσβυς; – „Καὶ κάρτα."– Λάβοι νύ σε βῶλος ἐλαφρὴ
 σύμφωνον πινυτῷ σχόντα λόγῳ βίοτον.

Pl III b 5,18 f.91 v. – Antipatro trib. Pl 2 Εὐκρατίδεω Pl Εὐκραντ- P[1] παῖς Εὐκρατίδεω· καὶ c in textu παῖς Εὐ. c in marg. // εὔχε' ἔ.; Θ. Pl εὔχεαι P 6 Κείων Jac. κείνων 7 ἢ c // ἐλαφρὰ Pl.

471. ΚΑΛΛΙΜΑΧΟΥ

Εἴπας „Ἥλιε, χαῖρε" Κλεόμβροτος Ὡμβρακιώτης
 ἥλατ' ἀφ' ὑψηλοῦ τείχεος εἰς Ἀίδην,
ἄξιον οὐδὲν ἰδὼν θανάτου κακόν, ἀλλὰ Πλάτωνος
 ἓν τὸ περὶ ψυχῆς γράμμ' ἀναλεξάμενος.

*Pl III b 26,6 f.96 v; Sext. Emp. adv. math. 1,48; Ammon. in Porphyrii Isag. p. 3; Cram. an. Par. 4,403,16; Schol. Dion. Thrac. [an. Bekker] p. 725,27; Schol. Aristot. p. 7,16 et 13,39 (Brand); Ir. 104. – Callimacho trib. P Schol. Dion. Cram. Choer. Cicero Tusc. 1,84; anonymo cet. 1 Choerob. 2,125,18 et 128,15 (Hilg.) // εἴπας P Pl εἰπὼν Pl [suprascr.] Schol. Ar. 13 om. Schol. Dion. // Κλεόμβροστος P[1] // ὠμβρακιώτης c [-ας P[1]] Pl Ἀμβρ- Cram. Schol. Ar. Ἀμπρ. Pl [primo] Sext. Schol. Dion. 2 ἥλλατ' c Cram. Sext. // ὑψηλοῖο τείχεως ἐς Cram. // Ἀίδαν P 3 ἄξ. οὔτι παθὼν Schol. Ar. Schol. Dion. Cram. // κακόν: τέλος Sext. // ἀλλὰ: ἢ τὸ P 4 ἐν τῷ P Cram.

Ein gleiches

Ich, Athenagoras' Sohn Eubulos, stand andern an Lebens
  Länge wohl nach, an Ruhm habe ich alle besiegt.

Chairemon

Der Selbstmörder

Hör und gib Antwort: Wer bist du? Wer war dein Vater? – „Philaulos,
  des Eukratidas Sohn." – Heimat? – „Aus Thria." – Wovon
hast du nach eigenem Wunsch dein Leben erhalten?–„Vom Pflug nicht,
  noch auch vom Schiffe, ich hab Weisheit bei Weisen gesucht." –
Gab dir das Alter den Tod oder Krankheit? – „Ich eilte freiwillig
  nieder zum Hades; ich hab keïschen Becher geleert." –
Warst du schon alt? – „Ja, sehr." – So möge die Erde dir leicht sein,
  da sich harmonisch bei dir Leben und Lehre verband.

Meleagros

Ein gleiches

„Sonne, leb wohl!" So sprach Kleombrotos, Bürger Ambrakias,
  und von der Mauer Gesims sprang er zum Hades hinab.
Ach, ihn bedrückte kein Leid, das zum Tod ihn getrieben, er hatte
  nur die Platonische Schrift „Über die Seele" studiert.

Kallimachos

472. ΛΕΩΝΙΔΑ

Μυρίος ἦν, ὤνθρωπε, χρόνος πρὸ τοῦ, ἄχρι πρὸς ἠῶ
ἦλθες, χὠ λοιπὸς μυρίος εἰς Ἀίδην.
τίς μοῖρα ζωῆς ὑπολείπεται, ἢ ὅσον ὅσσον
στιγμὴ καὶ στιγμῆς εἴ τι χαμηλότερον;
μικρή σευ ζωὴ τεθλιμμένη· οὐδὲ γὰρ αὐτὴ
ἡδεῖ', ἀλλ' ἐχθροῦ στυγνοτέρη θανάτου.
ἐκ τοίης ὤνθρωποι ἀπηκριβωμένοι ὀστῶν
ἁρμονίης ὑψοῦντ' ἠέρα καὶ νεφέλας·
ὤνερ, ἴδ', ὡς ἀχρεῖον, ἐπεὶ περὶ νήματος ἄκρον
εὐλὴ ἀκέρκιστον λῶπος ἐφεζομένη·
τοῖον τὸ ψαλάθρειον ἀπεψιλωμένον οἷον
πολλῷ ἀραχναίου στυγνότερον σκελετοῦ.
ἠοῦν ἐξ ἠοῦς ὅσσον σθένος, ὤνερ, ἐρευνῶν
εἴης ἐν λειτῇ κεκλιμένος βιοτῇ·
αἰὲν τοῦτο νόῳ μεμνημένος, ἄχρις ὁμιλῇς
ζωοῖς, ἐξ οἵης ἡρμόνισαι καλάμης.

Pl III b 5,8 f. 91r [om. v. 7–16]. – Tit. om. Pl **1** χρ. πρὸ τοῦ P πρὸ τοῦ χρ. Pl **2** χωλοποιὸς Pl **3** ὅσον Pl ὅσσον P **4** εἰ Lasc. ἡ // post **6** inser. ep. 472 b P Pl; quod corr. c **7** ὥνθρωπε P em. Herm. **8** ὑψίστ' (?) P¹ ὕψος τ' c em. Herm. // νεφέλη P¹ **9** ἄκρον c ὅρκων (?) P¹ **11** οἷον τὸ ψαλάθριον P em. Herm. **12** πολλῷ Meineke -ῶν // ἀραχναῖον P¹ **13** ἠοῦν Jac. ἢ οὖν **15** τοῦτον σῷ P¹ τούτων σῷ c em. Herm. **16** ζωοῖς Mein. ζωῆς // ἡρμονίσας P¹ ἡρμό- c em. Mein.

472 b. ΤΟΥ ΑΥΤΟΥ ΛΕΩΝΙΔΑ

Χειμέριον ζωὴν ὑπαλεύεο, νεῖο δ' ἐς ὅρμον,
ὡς κἠγὼ Φείδων ὁ Κρίτου, εἰς Ἀίδην.

Pl III b 5,8 f. 91r [cf. ad 472]. – **2** κἀγὼ Pl.

473. ΑΡΙΣΤΟΔΙΚΟΥ

Δαμὼ καὶ Μάθυμνα τὸν ἐν τριετηρίσιν ὥραις
Εὔφρονα λυσσατὰν ὡς ἐπύθοντο νέκυν,
ζωὰν ἀρνήσαντο, τανυπλέκτων δ' ἀπὸ μιτρᾶν
χερσὶ δεραιούχους ἐκρεμάσαντο βρόχους.

1 ὥραις Hecker ἦρα **4** δεραιούχους Toup δὲ διουχος P¹ δὲ διούχους c.

Pessimismus

Ewige Zeiten vergingen, o Sterblicher, eh du zum Lichte
kamest, und ewige Zeit wartet im Hades auf dich.
Was für ein Teilchen noch bleibt dir zum Leben? So viel wie ein Pünkt-
oder sofern es ein Maß kleiner als Pünktchen noch gibt. [chen
Kurz ist dein Leben und schmal, und das Wenige beut keine Freude,
sondern ist bitterer noch als der unselige Tod.
Doch die Menschen, gebildet aus solchem Gefüge von Knochen,
heben sich hoch in die Luft bis zu den Wolken empor.
Und wozu wohl, o Mensch? Am Ende des Fadens der Tage
sitzt der Wurm an dem Kleid, das dir kein Weber gewebt.
Haarlos und hautlos der Kopf! Wie häßlich! Viel weniger häßlich
dünkt mich die Spinne zu sein, die man zur Mumie gemacht.
Darum bemühe, o Mensch, tagaus und tagein dich nach Kräften,
daß du genügsam und still dieses dein Leben verbringst,
und soweit du zu Lebenden kommst, beherzige immer,
welch zerbrechlichem Stoff du dein Gefüge verdankst.

Leonidas von Tarent

Selbstmörder Pheidon

Fliehe die Stürme des Lebens und fahr in den Hafen! Ich Pheidon,
Sohn des Kritos, ich bin auch in den Hades geeilt.

Leonidas von Tarent

Selbstmord der Bakchen

Als Methymna und Demo den Tod des Euphron erfuhren,
der sich beim Feste der drei Jahre im Rasen bewährt,
sagten sie los sich vom Leben: sie machten mit eigenen Händen
aus dem geflochtenen Band Schlingen und hängten sich auf.

Aristodikos

474. ΑΔΗΛΟΝ

Εἷς ὅδε Νικάνδρου τέκνων τάφος· ἓν φάος ἀοῦς
ἄνυσε τὰν ἱερὰν Λυσιδίκας γενεάν.

2 Λυσιδίκας Bouhier Λύσ-.

475. ΔΙΟΤΙΜΟΥ

Νυμφίον Εὐαγόρην πολὺ πενθεροῦ ἡ Πολυαίνου
Σκυλλὶς ἀν' εὐρείας ἦλθε βοῶσα πύλας,
παῖδα τὸν Ἡγεμάχειον ἐφέστιον. οὐδ' ἄρ' ἐκείνη
χήρη πατρῴους αὖθις ἐσῆλθε δόμους,
δαιμονίη, τριτάτῳ δὲ κατέφθιτο μηνὶ δυσαίων
οὐλομένῃ ψυχῆς δύσφρονι τηκεδόνι.
τοῦτο δ' ἐπ' ἀμφοτέροισι πολύκλαυτον φιλότητος
ἕστηκεν λείῃ μνῆμα παρὰ τριόδῳ.

*5 δυσαίων c -ῳ P[1] 6 οὐλομένῃ Bouhier -η 7 πολύκλαυτος (?) P[1] 8 λείη P // μνᾶμα P em. Reiske. - Cf. Gow.: Class. Rev. 5,1955,238.

476. ΜΕΛΕΑΓΡΟΥ

Δάκρυά σοι καὶ νέρθε διὰ χθονός, Ἡλιοδώρα,
δωροῦμαι, στοργᾶς λείψανον, εἰς Ἀίδαν,
δάκρυα δυσδάκρυτα· πολυκλαύτῳ δ' ἐπὶ τύμβῳ
σπένδω μνᾶμα πόθων, μνᾶμα φιλοφροσύνας.
οἰκτρὰ γάρ, οἰκτρὰ φίλαν σε καὶ ἐν φθιμένοις Μελέαγρος
αἰάζω, κενεὰν εἰς Ἀχέροντα χάριν.
αἰαῖ, ποῦ τὸ ποθεινὸν ἐμοὶ θάλος; ἅρπασεν Ἅιδας,
ἅρπασεν· ἀκμαῖον δ' ἄνθος ἔφυρε κόνις.
ἀλλά σε γουνοῦμαι, Γᾶ παντρόφε, τὰν πανόδυρτον
ἠρέμα σοῖς κόλποις, μᾶτερ, ἐναγκάλισαι.

*1: θαυμαστὸν καὶ πάθους μεστὸν ὅλον τὸ ἐπίγραμμα. - Pl III a 11,22 f. 34 v; Laur. 32,16 [v. 7-10 et 3-4]. - 1 νέρθεν ὑπὸ Pl 2 Ἀίδην Pl 4 πόθῳ P[1] 10 ματέρ' Pl.

Nikandros' Kinder

Siehe, ein Hügel hier hält Lysidikes und des Nikandros
heilige Kinder umhüllt, wie sie ein Morgen auch nahm.

Anonym

Die Jungvermählte

Skyllis, das Kind Polyains, voll Schmerz um Euagoras, ihren
Gatten, den Sohn Hegemachs, eilte durchs mächtige Tor
klagend zum Haus ihres Schwiegers, der Heimat des Mannes. Die Arme
kehrte als Witwe nicht mehr heim in ihr väterlich Haus,
kläglich ging ihr das Leben im dritten der Monde zugrunde,
da der quälende Gram tödlich das Herz ihr verzehrt.
Und zum Gedächtnis für beide ward hier an dem ebenen Kreuzweg
dieses traurige Mal zärtlicher Liebe erbaut.

Diotimos (von Adramyttion?)

Die geliebte Heliodora

Tränen, die Reste der Liebe, dir schenke ich, Heliodora,
unter der Erde sie noch tief in den Hades hinein,
Tränen, bitter vergossen; am feuchten Hügel verström ich
sie meiner Sehnsucht als Mal, Mal meines innigen Glücks.
Klagend, klagend um dich, du Teure, stöhnt Meleagros
dir bei den Schatten am Styx noch seinen nichtigen Dank.
Ach, das Reis meiner Liebe, wo ist es? Ein Raub für den Hades,
Raub ist es worden, und Staub trübt nun der Blume den Reiz.
Dich aber bitte ich, Erde, o schließ die von allen Beklagte,
Allesernährende du, sanft an dein mütterlich Herz!

Meleagros

477. ΤΥΜΝΕΩ

Μή σοι τοῦτο, Φιλαινί, λίην ἐπικάρδιον ἔστω,
εἰ μὴ πρὸς Νείλῳ γῆς μορίης ἔτυχες,
ἀλλά σ' Ἐλευθέρνης ὅδ' ἔχει τάφος· ἔστι γὰρ ἴση
πάντοθεν εἰς Ἀίδην ἐρχομένοισιν ὁδός.

Pl III^{a} 11,23 f. 34^{v}. – In P hic et iuxta VII 343. **1** ἐπικαίριον P Pl em. Jac. **3** ἐλευθερίης P Pl em. Reiske.

478. ΛΕΩΝΙΔΟΥ

Τίς ποτ' ἄρ' εἶ; τίνος ἆρα παρὰ τρίβον ὀστέα ταῦτα
τλήμον' ἐν ἡμιφαεῖ λάρνακι γυμνὰ μένει;
μνῆμα δὲ καὶ τάφος αἰὲν ἀμαξεύοντος ὁδίτεω
ἄξονι καὶ τροχιῇ λειτὰ παραξέεται.
ἤδη σευ καὶ πλευρὰ παρατρίψουσιν ἅμαξαι,
σχέτλιε, σοὶ δ' οὐδεὶς οὐδ' ἐπὶ δάκρυ βαλεῖ.

Pl III^{b} 5,19 f. 91^{v}. – **1** εἶ Pl ἢ P **2** γυμναμενη P^{1} **4** λιτὰ Pl **5** σευ nos σου // ἅμαξαι c **6** βαλείβει (?) P^{1}.

479. ΘΕΟΔΩΡΙΔΑ

Πέτρος ἐγὼ τὸ πάλαι γυρὴ καὶ ἄτριπτος ἐπιβλὴς
τὴν Ἡρακλείτου ἔνδον ἔχω κεφαλήν·
αἰών μ' ἔτριψεν κροκάλαις ἴσον· ἐν γὰρ ἀμάξῃ
παμφόρῳ αἰζηῶν εἰνοδίη τέταμαι.
ἀγγέλλω δὲ βροτοῖσι, καὶ ἄστηλός περ ἐοῦσα,
θεῖον ὑλακτητὴν δήμου ἔχουσα κύνα.

Pl III^{b} 5,20 f. 91^{v}. – **2** τὸν P^{1} // δ' ἔνδον c // ἔχον Pl **3** ἔτριψε Pl // καλαῖς P // ἀμάξῃ c **5** ἀγγέλω P^{1} **6** δῆμον P^{1}.

480. ΛΕΩΝΙΔΑ

Ἤδη μευ τέτριπται ὑπεκκεκαλυμμένον ὀστεῦν
ἁρμονίῃ τ', ὦνερ, πλὰξ ἐπικεκλιμένη·
ἤδη καὶ σκώληκες ὑπὲκ σοροῦ αὐγάζονται
ἡμετέρης. τί πλέον γῆν ἐπιεννύμεθα;

Ägypterin in Kreta

Nimm, Philainis, es nicht zu sehr dir zu Herzen, daß nicht du
den dir gebührenden Teil Erde am Nile bekamst,
daß Eleutherne dich hier im Grab hält: Geht man zum Hades,
ist's, woher es auch sei, immer der nämliche Weg.

Tymnes

Grabschändung

Sag, wer bist du? Von wem in halbzerbrochenem Sarge
liegen hier arm und bloß diese Gebeine am Weg?
Sorg- und bedachtlos schürfen beständig des fahrenden Kärrners
Wagenachse und Rad Hügel und Denkmal dir an.
Ach, bald werden die Karren dir gar noch die Rippen zerknacken,
Ärmster, und keiner vergießt nur eine Träne um dich.

Leonidas von Tarent

Herakleitos von Ephesos

Hoch einst ragte ich auf, ein runder, fülliger Felsblock,
heut noch trag ich das Haupt des Herakleitos in mir.
Furchend schliff mich die Zeit gleich Kieseln; denn hier an der Straße
fall ich dem schweren Gefährt sterblicher Menschen anheim.
Menschen, hört es: Und ob ich nicht Säule mehr scheine, ich trage
in mir den göttlichen Hund, der auf den Pöbel gebellt.

Theodoridas

Grabschändung

Halb schon liegt es zutag, mein Gebein, aus den Fugen geriet schon
oben die Platte, man trat, Wandrer, darauf und zertrat's.
Sichtbar auch werden bereits die Würmer, die unten aus meinem
Sarge sich winden. Was hilft's, daß mich die Erde bedeckt?

ἦ γὰρ τὴν οὔπω πρὶν ἰτὴν ὁδὸν ἐτμήξαντο
ἄνθρωποι κατ' ἐμῆς νισσόμενοι κεφαλῆς.
ἀλλά, πρὸς ἐγγαίων 'Αϊδωνέος Ἑρμεία τε
καὶ Νυκτός, ταύτης ἐκτὸς ἴτ' ἀτραπιτοῦ.

Pl III^b 5,21 f.92^r. – 2 ἁρμονίῃ τ' Brunck -ης // πλάξ τ' Pl 3 κωλῆνες Pl 4 ἐπιέννύμένα P^1 5 ἦ P // οὔτω Pl // πρὶν ἰτὴν Lehrs πρινὴ τὴν P^1 -νὶ τὴν c πρηνῆ Pl // ὁδω (?) P^1 6 νισσό- Meineke νιό- P^1 νειό- c νεισσό- Pl.

481. ΦΙΛΙΤΑ ΣΑΜΙΟΥ

Ἁ στάλα βαρύθουσα λέγει τάδε· „Τὰν μινύωρον,
τὰν μικκὰν 'Αίδας ἅρπασε Θειοδόταν."
χἀ μικκὰ τάδε πατρὶ λέγει πάλιν· „Ἴσχεο λύπας,
Θειόδοτε· θνατοὶ πολλάκι δυστυχέες."

1 μινύωρον c -ώριον P^1 3 χαμμικα P^1 χ' ἁμμικὰ c em. Bouhier 4 πολλάκι Reiske πολλά.

482. ΑΔΗΛΟΝ

Οὔπω τοι πλόκαμοι τετμημένοι οὐδὲ σελάνας
τοὶ τριετεῖς μηνῶν ἀνιοχεῦντο δρόμοι,
Κλεύδικε, Νικασὶς ὅτε σὰν περὶ λάρνακα μάτηρ,
τλῆμον, ἐπ' αἰακτᾷ πόλλ' ἐβόα στεφάνᾳ
καὶ γενέτας Περί⟨κλειτος⟩· ἐπ' ἀγνώτῳ δ' 'Αχέροντι
ἡβάσεις ἥβαν, Κλεύδικ', ἀνοστοτάταν.

4 ἐπαιακτᾶ P^1 ἐπ' αἰακτῷ c em. Stadtm. // στεφάνᾳ Stadtm. -νῳ 5 Περίκλειτος suppl. Dorville.

483. ΑΔΗΛΟΝ

'Αίδη ἀλλιτάνευτε καὶ ἄτροπε, τίπτε τοι οὕτω
Κάλλαισχρον ζωᾶς νήπιον ὠρφάνισας;
ἔσται μὰν ὅ γε παῖς ἐν δώμασι Φερσεφονείοις
παίγνιον, ἀλλ' οἴκοι λυγρὰ λέλοιπε πάθη.

Pl III^a 9,3 f.33^r. – 1 ἀλλιτ- c ἀλιτ- P^1 Pl // τοιοῦτο P Pl em. Salm. 2 ὀρφ- P 3 ἐνὶ Pl // Φερσεφονείας ex -είης Pl 4 οικεῖ (?) P^1.

Siehe, es hat nun das Volk einen nie noch betretenen Fußweg
sich gebahnt; man geht über dem Kopfe mir hin.
O, ich beschwöre euch jetzt bei den Göttern unter der Erde,
Hades, Hermes und Nacht: geht von dem Pfade hier weg!

Leonidas von Tarent

Das Kind

Also sagte die Säule bedrückt: „Wie jung und wie klein doch
war Theodote noch, als sie der Hades geraubt!"
Also die Kleine sodann zum Vater: „Laß deine Trauer!
Unglück, Theodotos, kommt oft zu den Menschen ins Haus."

Philitas von Samos

Ein gleiches

Ach, noch waren dir nicht die Locken geschnitten, zum dritten
Jahre noch hatte der Mond nicht seine Bahnen gefüllt,
als Nikasis, die Mutter, und Perikleitos, der Vater,
armer Kleodikos, dich jammernd am Raine bereits
vor deiner Urne beweinten. ... Am fernen Acheron blüht nun
deine Jugend und bringt nie dich, Kleodikos, heim.

Anonym

Ein gleiches

Unerbittlicher du, unbeugsamer Hades, weswegen
hast du Kallaischros, das Kind, also ums Leben gebracht?
Ach, in Persephones Halle zwar dient nun der Junge als Spielzeug,
aber im Hause zurück ließ er unendliches Leid.

Anonym

484. ΔΙΟΣΚΟΡΙΔΟΥ

Πέντε κόρας καὶ πέντε Βιὼ Διδύμωνι τεκοῦσα
ἄρσενας οὐδὲ μιᾶς οὐδ' ἑνὸς ὠνάσατο,
ἣ μέγ' ἀρίστη ἐοῦσα καὶ εὔτεκνος οὐχ ὑπὸ παίδων,
ὀθνείαις δ' ἐτάφη χερσὶ θανοῦσα Βιώ.

1 et 4 Βιὼ Heringa βίῳ 2 ὠνάσατο Salm. ὠνόσ- 3 ἣ Meineke ἡ // μέγ' Reiske μὲν // ἐοῦσα Jac. οὖσα.

485. ΤΟΥ ΑΥΤΟΥ

Βάλλεθ' ὑπὲρ τύμβου πολιὰ κρίνα καὶ τὰ συνήθη
τύμπαν' ἐπὶ στήλῃ ῥήσσετ' Ἀλεξιμένευς
καὶ περιδινήσασθε μακρῆς ἀνελίγματα χαίτης
Στρυμονίην, ἄφετοι θυιάδες, ἀμφὶ πόλιν,
ἣ γλυκερὰ πνεύσαντος ἐφ' ὑμετέραισιν ἀυταῖς
πολλάκι πρὸς μαλακοὺς τοῦδ' ἐχόρευε νόμους.

Pl III b 5,22 f.92r. – 1 βάλλεο P¹ 2 ρήσετ' P¹ // Ἀλεξιμένευς Pl [ex Ἀναξιμένενυς] Ἀλεξαμένους P [ex Ἀλεξομ-] 4 θυάδες Pl // ἀμφὶ πόλιν P [primo] Pl Ἀμφίπ- P [post] 5 πνεύσαντος Lasc. -τες // ἡμετέροισιν P -σι Pl em. Hecker // ἀυταῖς Heck. ἀδάπταις P Pl ἀήταις c in marg. 6 τοῦδ' Lasc. τούσδ' // ἐχόρευσε Pl.

486. ΑΝΥΤΗΣ ΜΕΛΟΠΟΙΟΥ

Πολλάκι τῷδ' ὀλοφυδνὰ κόρας ἐπὶ σάματι Κλεινὼ
μάτηρ ὠκύμορον παῖδ' ἐβόασε φίλαν,
ψυχὰν ἀγκαλέουσα Φιλαινίδος, ἃ πρὸ γάμοιο
χλωρὸν ὑπὲρ ποταμοῦ χεῦμ' Ἀχέροντος ἔβα.

Pl III b 25,8 f.96v. – In P hic et iuxta VII 343. 1 σήματι P // κλεινὰ P Pl em. Reiske 2 ἐβόησε Pl.

487. ΠΕΡΣΟΥ ΜΑΚΕΔΟΝΟΣ

Ὤλεο δὴ πρὸ γάμοιο, Φιλαίνιον, οὐδέ σε μάτηρ
Πυθιὰς ὡραίους ἤγαγεν εἰς θαλάμους
νυμφίου· ἀλλ' ἐλεεινὰ καταδρύψασα παρειὰς
τεσσαρακαιδεκέτιν τῷδ' ἐκάλυψε τάφῳ.

Pl III b 25,9 f.96v. – Tit.: gent. om. Pl 2 ἐς Pl 4 τεσσαρακ- Pl τεσσερεκ- P¹ τεσσαρεκ- c.

Die verlassene Bio

Hatte Bio dem Didymon auch fünf Töchter, fünf Söhne
liebend geboren, ihr hat keine und keiner genützt.
Kinderreich war sie, geachtet, und doch, nicht Söhne, nein, fremde
Hände betteten nun Bio im Tode zur Ruh.

Dioskorides

Der Bakchenfreund

Streut weiße Lilien aufs Grab und rühret wie sonst die vertrauten
Pauken mit schmetterndem Schlag bei Aleximenes' Mal.
Laßt sie wirbeln, die Locken des langen Haares, Thyiaden,
und im Kreise umschweift rasend am Strymon die Stadt.
Oft ja, wenn er so süß zu eurem Jauchzen geblasen,
tanzte nach seiner Musik zärtlichen Weisen die Stadt.

Dioskorides

Die Braut

Oft rief Kleino, die Mutter, voll Jammer am Grabe der Tochter
nach ihrem teuren, so früh von ihr gegangenen Kind,
rief der Philainis Seele zurück, die vor ihrer Hochzeit
über die Wasser des fahl fließenden Acheron ging.

Lyrikerin Anyte

Ein gleiches

Vor deiner Hochzeit nun starbst du, Philainion, eh dich in Reife
Mutter Pythias noch bräutlich zur Kammer geführt.
Ach, sie zerfleischte sich selbst erbarmungswürdig die Wangen,
da du im vierzehnten Jahr nieder zur Grube schon stiegst.

Perses von Makedonien

488. ΜΝΑΣΑΛΚΟΥ

Αἰαῖ, Ἀριστοκράτεια, σὺ μὲν βαθὺν εἰς Ἀχέροντα
οἴχεαι ὡραίου κεκλιμένα πρὸ γάμου,
ματρὶ δὲ δάκρυα σᾷ καταλείπεται, ἅ σ' ἐπὶ τύμβῳ
πολλάκι κεκλιμένας κωκύει ἐκ κεφαλᾶς.

Pl IIIb 25,2 f.96r – Tit. om. Pl **3** ἅ σ' Reiske ὡς P[1] ἃς c ἄς Pl **4** κεκλιμένα P.

489. ΣΑΠΦΟΥΣ

Τιμάδος ἅδε κόνις, τὰν δὴ πρὸ γάμοιο θανοῦσαν
δέξατο Φερσεφόνας κυάνεος θάλαμος,
ἃς καὶ ἀποφθιμένας πᾶσαι νεοθᾶγι σιδάρῳ
ἅλικες ἱμερτὰν κρατὸς ἔθεντο κόμαν.

Pl IIIa 11,24 f.34v; Σ 113. – **3** νεοθαγεῖ P νεόθηγι Pl -ηγέϊ Σ Pl [man.[2]] em. Salm. // σιδάρῳ c -ήρῳ P[1] Pl χαλκῷ Σ Pl [man.[2]].

490. ΑΝΥΤΗΣ

Παρθένον Ἀντιβίαν κατοδύρομαι, ἇς ἐπὶ πολλοὶ
νυμφίοι ἱέμενοι πατρὸς ἵκοντο δόμον,
κάλλευς καὶ πινυτᾶτος ἀνὰ κλέος· ἀλλ' ἐπιπάντων
ἐλπίδας οὐλομένα Μοῖρ' ἐκύλισε πρόσω.

Pl IIIb 20,6 f.95r. – **1** Ἀντιβίην κ. ἧς Pl // ἔπι c **3** πινύτατος P[1] -τῆτος c Pl // ἀγακλέος Pl **4** οὐλομένη Pl // ἐκύλισε Steph. -ισσε.

491. ΜΝΑΣΑΛΚΟΥ

Αἰαῖ παρθενίας ὀλοόφρονος, ἇς ἄπο φαιδρὰν
ἔκλασας ἁλικίαν, ἱμερόεσσα Κλεοῖ·
κὰδ δέ σ' ἀμυξάμεναι περὶ δάκρυσιν αἵδ' ἐπὶ τύμβῳ
λᾶες Σειρήνων ἕσταμες εἰδάλιμοι.

Pl IIIb 20,7 f.95r. – Ep. 490 et 491 unum ep. esse putat in scholio c **1** ἀπὸ c Pl **2** ἁλικίαν c ἡλ- P[1] ἁλικίην Pl **3** αμυξαμένα P[1].

Ein gleiches

Wehe, Aristokrateia, du stiegest zu Acherons Tiefen,
niedergetreten, bevor blühend die Hochzeit noch kam.
Tränen nur blieben der Mutter zurück; oft steht sie am Grabe,
nieder sinkt ihr das Haupt, ach, und sie jammert um dich.

Mnasalkes

Ein gleiches

Dies die Asche der Timas. Sie starb vor dem bräutlichen Feste,
und Persephone nahm sie in ihr dunkles Gemach.
Alle Gefährtinnen schnitten mit frischgeschliffener Schere
sich ihr liebliches Haar bei ihrem Tode vom Haupt.

Sappho

Ein gleiches

Um Antibia klag ich, die Jungfrau. Wie viele Freier
kamen zum Vater ins Haus, die sie begehrten, gelockt
von dem Ruf ihrer Schönheit und Klugheit. Doch was sie an Hoffnung
alle getragen, das riß Moira verderbend hinweg.

Anyte

Die junge Kleo

Wehe der Jungfrauschaft, der übelberatnen, ob der du
deinen schimmernden Mai, liebliche Kleo, zerbrachst.
Wir aber stehen und weinen, zerfurcht die Wangen von Tränen,
steinern hier über dem Grab als der Sirenen Gebild.

Mnasalkes

492. ΑΝΥΤΗΣ [ΜΙΤΥΛΗΝΑΙΑΣ]

Οἰχόμεθ', ὦ Μίλητε, φίλη πατρί, τῶν ἀθεμίστων
τὰν ἄνομον Γαλατᾶν ὕβριν ἀναινόμεναι,
παρθενικαὶ τρισσαὶ πολιήτιδες, ἃς ὁ βιατὰς
Κελτῶν εἰς ταύτην μοῖραν ἔτρεψεν Ἄρης.
οὐ γὰρ ἐμείναμεν αἷμα τὸ δυσσεβὲς οὐδ' Ὑμέναιον,
νυμφίον ἀλλ' Ἀίδην κηδεμόν' εὑρόμεθα.

Pl III^{b} 20,9 f. 95^{r}. – Tit. om. Pl **1** ᾠχόμεθ' Pl **2** τὴν ἄ. Γαλατῶν Pl // ἀναινόμεθα P^1 **3** ἅς Bad. Ascensius ὧν // βίατος P βιαστὸς Pl em. Jac. **5** ὑμεναίου P^1 Pl em. c **6** νυμφίου c // εὐράμεθα Pl.

493. ΑΝΤΙΠΑΤΡΟΥ [ΘΕΣΣΑΛΟΝΙΚΕΩΣ]

Οὐ νούσῳ Ῥοδόπα τε καὶ ἁ γενέτειρα Βοΐσκα
οὐδ' ὑπὸ δυσμενέων δούρατι κεκλίμεθα,
ἀλλ' αὐταί, πάτρας ὁπότ' ἔφλεγεν ἄστυ Κορίνθου
γοργὸς Ἄρης, Ἀίδαν ἄλκιμον εἰλόμεθα.
ἔκτανε γὰρ μάτηρ με διασφακτῆρι σιδάρῳ,
οὐδ' ἰδίου φειδὼ δύσμορος ἔσχε βίου,
ἄψε δ' ἐναυχένιον δειρᾷ βρόχον· ἦς γὰρ ἀμείνων
δουλοσύνας ἁμῖν πότμος ἐλευθέριος.

Pl III^{b} 20,10 f. 95^{r}. – Tit.: gentile om. Pl **1** Ῥοδόπη c // Βοΐσκα Pl -κη c Βοΐσην P^1 **7** -ὰν βρόχῳ P [-χα P^1] // ἦν Pl // ἀμείνω P **8** ἅμμιν Pl.

494. ΑΔΕΣΠΟΤΟΝ

Ἐν πόντῳ Σώδαμος ὁ Κρὴς θάνεν, ᾧ φίλα, Νηρεῦ,
δίκτυα καὶ τὸ σὸν ἦν κεῖνο σύνηθες ὕδωρ,
ἰχθυβολεὺς ὁ περισσὸς ἐν ἀνδράσιν, ἀλλὰ θάλασσα
οὔ τι διακρίνει χείματος οὐδ' ἁλιεῖς.

Pl III^{b} 19,15 f. 94^{r}. – Athenodoro trib. Pl **1** Σώδαμις Pl // ᾧ Reiske ὦ // φίλα Hecker -λε // Νιρεῦ P **4** οὔ τι Pl οὐδὲ P.

Die drei Milesierinnen

Heimat, du liebes Milet, nun sind wir gestorben; wir flohen
vor dem schändlichen Hohn ruchloser Galater fort,
wir, die Töchter von Bürgern, drei Mädchen. Der Ares der Kelten
trieb uns gewaltsam in dies letzte Verhängnis hinein.
Denn wir warteten nicht auf frevle Ermordung und Liebe,
nein, in Hades erstand Gatte und Schutz uns zugleich.

Anyte

Die zwei Korintherinnen

Rhodope war ich; mich raffte zusammen mit Mutter Boïska
nicht der Feinde Geschoß, auch keine Krankheit hinweg,
selber haben wir einst, als der furchtbare Ares die Heimat,
unser Korinthos, verbrannt, mutig den Tod uns erwählt.
Denn es tötete mich die Mutter mit mordendem Stahle,
aber sie schonte dabei auch nicht den eigenen Leib,
sondern die Arme, sie hat um den Hals sich die Schlinge gewunden:
schöner als Knechtschaftslos schien uns freiwilliger Tod.

Antipatros von Sidon

Ertrunken

Kreter Sodamos ertrank in dem Meer. Er liebte die Netze,
und dein feuchtes Bereich war ihm, o Nereus, vertraut,
ihm, dem geschicktesten Fischer der Welt. Doch brausen die Stürme,
nehmen die Wogen der See keinen, auch Fischer nicht, aus.

Anonym

495. ΑΛΚΑΙΟΥ ΜΕΣΣΗΝΙΟΥ

Στυγνὸς ἐπ᾽ Ἀρκτούρῳ ναύταις πλόος, ἐκ δὲ Βορείης
λαίλαπος Ἀσπασίῳ πικρὸν ἔτευξε μόρον,
οὗ στείχεις παρὰ τύμβον, ὁδοιπόρε· σῶμα δὲ πόντος
ἔκρυψ᾽ Αἰγαίῳ ῥαινόμενον πελάγει.
ἠιθέων δακρυτὸς ἅπας μόρος· ἐν δὲ θαλάσσῃ
πλεῖστα πολυκλαύτου κήδεα ναυτιλίης.

Pl III b 19,13 f. 94r. – Tit.: gent. om. Pl **1** -ρω ναύταις c -ρων αὔτοις P¹ -ρῳ ναῦται Pl // βαρείης Pl **2** Ἀσπασίῳ Pl ἄσπασι᾽ ὡς P¹ -ιος c // ἔτευξα P **3** πόντος: τύμβος P¹ **4** ῥαινόμενος P **5-6** ut peculiare ep. hab. P¹.

496. ΣΙΜΩΝΙΔΟΥ

Ἠερίη Γεράνεια, κακὸν λέπας, ὤφελεν Ἴστρον
τῆλε καὶ ἐκ Σκυθέων μακρὸν ὁρᾶν Τάναϊν
μηδὲ πέλας ναίειν Σκειρωνικὸν οἶδμα θαλάσσης
ἄγκεα νειφομένης ἀμφὶ Μεθουριάδος.
νῦν δ᾽ ὁ μὲν ἐν πόντῳ κρυερὸς νέκυς, οἱ δὲ βαρεῖαν
ναυτιλίην κενεοὶ τῇδε βοῶσι τάφοι.

1 Ἴστρου c **4** ἄγκεα Salm. ἀγνέα // νειφομένης Jac. -νας // Μεθουριάδος Salm. μὲ θ- c με θουριάδας P¹ **6** βοοῶσι P.

497. ΔΑΜΑΓΗΤΟΥ

Καί ποτε Θυμώδης, τὰ παρ᾽ ἐλπίδα κήδεα κλαίων,
παιδὶ Λύκῳ κενεὸν τοῦτον ἔχευε τάφον·
οὐδὲ γὰρ ὀθνείην ἔλαχεν κόνιν, ἀλλά τις ἀκτὴ
θινιὰς ἢ νήσων ποντιάδων τις ἔχει·
ἔνθ᾽ ὅ γέ που πάντων κτερέων ἄτερ ὀστέα φαίνει
γυμνὸς ἐπ᾽ ἀξείνου κείμενος αἰγιαλοῦ.

2 κενεὴν P¹ **3** ὠθνείην P¹ **4** θινιάς Meineke νιάς P [η supra ι add. l] // τις: μιν Peek.

Ein gleiches

Seefahrt ist unter Arkturos den Schiffern verderblich. Ein bittres
Ende bei Boreas' Sturm fiel dem Aspasios zu.
Gehst du, o Wanderer, auch am Grab hier vorüber, den Körper
deckt das Ägäische Meer, das ihn mit Wogen umspült.
Jedes zu frühe Verscheiden wird Tränen erregen, im Meere
aber die schreckliche Fahrt kostet des Leides zu viel.

Alkaios von Messene

Ein gleiches

Wenn Geraneia, der schlimme, der ragende Fels, doch bei fernen
Skythen den Istros und dich mächtigen Tanaïs säh!
Wenn des Skeironischen Meeres Gewog doch so nahe nicht wäre
bei den Tälern, wo rings schneeig Methurias liegt!
Nun aber treibt er in Wogen, der schaurige Leichnam, und dieses
leere Grab offenbart: Schwer ist im Meere die Fahrt.

Simonides

Ein gleiches

Auch Thymodes, in Trauer ob unerwartetem Leide,
häufte dereinst seinem Sohn Lykos dies ledige Grab.
Denn ihm wurde kein Staub in der Fremde, er ruht wohl auf einer
sandigen Insel der See oder am Ufer des Meers.
Ohne Feier und Ehre nun liegt er nackt an dem öden,
einsamen Strande, und bleich schimmert wohl dort sein Gebein.

Damagetos

498. ΑΝΤΙΠΑΤΡΟΥ

Δᾶμις ὁ Νυσαεύς, ἐλαχὺ σκάφος ἔκ ποτε πόντου
  Ἰονίου ποτὶ γᾶν ναυστολέων Πέλοπος
φορτίδα μὲν καὶ πάντα νεὼς ἐπιβήτορα λαὸν
  κύματι καὶ συρμῷ πλαζομένους ἀνέμων
ἀσκηθεῖς ἐσάωσε· καθιεμένης δ' ἐπὶ πέτραις
  ἀγκύρης ψυχρῶν κάτθανεν ἐκ νιφάδων
ἠμύσας ὁ πρέσβυς. ἴδ', ὡς λιμένα γλυκὺν ἄλλοις
  δούς, ξένε, τὸν Λήθης αὐτὸς ἔδυ λιμένα.

Pl III^b 19,16 f. 94^r. – **1** νησαεύς P -αιεύς Pl em. Jac. **3** λαῶν P^1 **5** ἀσκηθὴς P^1 // πέτρας P^1 **6** ψυχῶν P^1 **7** ἠμύσας Pl ἡ μέας P **8** ἔδυς P.

499. ΘΕΑΙΤΗΤΟΥ

Ναυτίλοι ὦ πλώοντες, ὁ Κυρηναῖος Ἀρίστων
  πάντας ὑπὲρ Ξενίου λίσσεται ὔμμε Διός,
εἰπεῖν πατρὶ Μένωνι, παρ' Ἰκαρίαις ὅτι πέτραις
  κεῖται ἐν Αἰγαίῳ θυμὸν ἀφεὶς πελάγει.

Pl III^a 19,30 f. 37^r. – **1** Ἀρίστων ex Ἀρίων Pl **3** παπρὶ P^1 // Μένωνι Pl Μέωνι P.

500. ΑΣΚΛΗΠΙΑΔΟΥ

Ὦ παρ' ἐμὸν στείχων κενὸν ἠρίον, εἶπον, ὁδῖτα,
  εἰς Χίον εὖτ' ἂν ἵκῃ, πατρὶ Μελησαγόρῃ,
ὡς ἐμὲ μὲν καὶ νῆα καὶ ἐμπορίην κακὸς Εὖρος
  ὤλεσεν, Εὐίππου δ' αὐτὸ λέλειπτ' ὄνομα.

Pl III^a 19,31 f. 37^r. – **1** στεῖχον P^1 **4** εὐ ἵππου P.

501. ΠΕΡΣΟΥ

Εὔρου χειμέριαί σε καταιγίδες ἐξεκύλισαν,
  Φίλλι, πολυκλύστῳ γυμνὸν ἐπ' ἠιόνι,
οἰνηρῆς Λέσβοιο παρὰ σφυρόν· αἰγίλιπος δὲ
  πέτρου ἁλιβρέκτῳ κεῖσαι ὑπὸ πρόποδι.

l: οὗτος ὁ Φιλλὶς ἐν Μιτυλήνῃ ἐναυάγησεν. – Pl III^a 19,32 f. 37^r. – **1** -λισσαν P **2** Φίλλι Meineke Φιλλί // πολυκλύστῳ Hecker -κλαύτῳ.

Seemann Damis

Damis von Nysa hat einst sein kleines Schifflein von Joniens
Meere zum Peloponnes lenkend gesteuert, und als
Woge und brausender Sturm den Kahn und der Reisenden ganzes
Volk auf dem Schiffe verschlug, brachte er glücklich und heil
alles hindurch; doch da der Anker zum Felsen sich senkte,
streckte im eisigen Schnee endlich der Alte sich aus
und entschlief nun für immer. Sieh, Fremdling, er schenkte den andern
freundlichen Hafen und fand selbst an der Lethe den Port.

Antipatros von Sidon

Ertrunken

Die ihr hier fahret, ihr Schiffer, Ariston, der Bürger Kyrenes,
fleht beim gastlichen Zeus alle zusammen euch an:
Kündet es Menon, dem Vater, er liegt bei Ikarias Felsen,
und im Ägäischen Meer schwand ihm sein Leben dahin.

Theaitetos von Kyrene

Ein gleiches

Wanderer, der du bei meinem, ach, leeren Grabe vorbeigehst,
wenn du nach Chios gelangst, tu Melesagoras kund:
Tückisch verschlang seinen Sohn samt Schiff und Ladung der Euros,
und der Name allein blieb von Euhippos zurück.

Asklepiades

Ein gleiches

Winterlich brausende Stürme des Euros haben, o Phillis,
nackt herauf dich gespült auf das umrauschte Gestad
an die Spitze von Lesbos, dem rebenbekränzten. Nun liegst du
hier an des steilen Bergs wogenumflutetem Fuß.

Perses

502. ΝΙΚΑΙΝΕΤΟΥ

Ἠρίον εἰμὶ Βίτωνος, ὁδοιπόρε· εἰ δὲ Τορώνην
λείπων εἰς αὐτὴν ἔρχεαι Ἀμφίπολιν,
εἰπεῖν Νικαγόρᾳ, παίδων ὅτι τὸν μόνον αὐτῷ
Στρυμονίης Ἐρίφων ὤλεσε πανδυσίη.

*Pl IIIa 19,33 f. 37v. – 2 λειπὼν c // Ἀμφίπολον P^1 4 πανσυδίῃ P^1.

503. ΛΕΩΝΙΔΑ

Ἀρχαίης ὦ θινὸς ἐπεστηλωμένον ἄχθος,
εἴποις, ὅντιν' ἔχεις ἢ τίνος ἢ ποδαπόν. –
„Φίντων' Ἑρμιονῆα Βαθυκλέος, ὃν πολὺ κῦμα
ὤλεσεν, Ἀρκτούρου λαίλαπι χρησάμενον."

Pl IIIa 19,34 f. 37v. – Tit.: Λεωνίδου Pl 1 ἀρχαίας P^1 2 ποδαπός P.

504. ΤΟΥ ΑΥΤΟΥ

Πάρμις ὁ Καλλιγνώτου ἐπακταῖος καλαμευτής,
ἄκρος καὶ κίχλης καὶ σκάρου ἰχθυβολεύς
καὶ λάβρου πέρκης δελεάρπαγος ὅσσα τε κοίλας
σήραγγας πέτρας τ' ἐμβυθίους νέμεται,
ἄγρης ἐκ πλωτῆς ποτ' ἰουλίδα πετρήεσσαν
δακνάζων ὀλοὴν ἐξ ἁλὸς ἀράμενος
ἔφθιτ'· ὀλισθηρὴ γὰρ ὑπὲκ χερὸς ἀίξασα
ᾤχετ' ἐπὶ στεινὸν παλλομένη φάρυγα.
χὠ μὲν μηρίνθων καὶ δούνακος ἀγκίστρων τε
ἐγγὺς ἀπὸ πνοιὴν ἧκε κυλινδόμενος,
νήματ' ἀναπλήσας ἐπιμοίρια· τοῦ δὲ θανόντος
Γρίπων ὁ γριπεὺς τοῦτον ἔχωσε τάφον.

Pl IIIa 19,35 f. 37v. – 1 Πάρμος P^1 // ἐπάκτειος P -τιος δς Pl em. Brunck 4 ἐνβυθ- P Pl [primo] 5 πλωτῆς Stadtm. πρώτης // ποτ' Scal. ὅτ' 6 ὀλοὰν P 8 παλλομένα P // φάρυγγα Pl 11 μνήματ' ἀ. ἐπιμοίριον P // τοῦ δέ: τῆδε P^1 12 Γρίπων ὁ Scal. γρίπωνος // γριππεύς P.

Ein gleiches

Bin der Hügel des Biton, o Wandrer: Wenn dich die Straße
von Torone hinweg fort nach Amphipolis führt,
tu dem Nikagoras kund: Nun hat ihm beim Sinken der Böckchen
auch noch das letzte Kind Sturm auf dem Strymon geraubt.

Nikainetos

Ein gleiches

Säule am alten Gestade, o sag mir, wen du bedeckest,
nenn seinen Vater und tu auch seine Heimat mir kund. –
„Phinton, des Bathykles Sohn aus Hermione, hat eine schwere
Woge erschlagen beim Sturm, den der Arkturos erregt.“

Leonidas von Tarent

Am Fisch erstickt

Parmis, der Sohn Kallignots, der Angler am Ufer des Meeres,
der so trefflich gefischt Drossel und Seepapagei
wie den gefräßigen Barsch, den Köderverschlinger, und alles,
was in der Tiefe des Meers Klüfte und Klippen bewohnt,
biß von der Beute dereinst einen klüftebewohnenden Lippfisch,
den er zu seinem Verderb aus dem Gewässer geholt.
Ach, da fand er den Tod. Denn zappelnd entglitt aus den Händen
ihm der glatte und fuhr ihm in die Enge des Schlunds.
Nieder fiel Parmis und wälzte am Boden bei Schnur sich und Rute
und den Angeln und hat schließlich sein Leben verhaucht,
da sich erfüllt der Moira Gespinst. Doch Gripon, der Fischer,
hat dem Gestorbenen drauf hier diesen Hügel gehäuft.

Leonidas von Tarent

505. ΣΑΠΦΟΥΣ

Τῷ γριπεῖ Πελάγωνι πατὴρ ἐπέθηκε Μενίσκος
κύρτον καὶ κώπαν, μνᾶμα κακοζοΐας.

Pl III^a 4,1 f. 30^v. – **1** γριππεῖ P // ἐπέθηκε c -ηκ' P^1 ἀνέθηκε Pl // Μενίσκος Pl βερί- c ἐμερί- P^1 **2** κακοζωᾶς P κοζοΐας [ω supra οι] Pl [κα- praemis. $man.^2$].

506. ΛΕΩΝΙΔΑ

Κὴν γῇ καὶ πόντῳ κεκρύμμεθα· τοῦτο περισσὸν
ἐκ Μοιρέων Θάρσυς Χαρμίδου ἠνύσατο.
ἦ γὰρ ἐπ' ἀγκύρης ἔνοχον βάρος εἰς ἅλα δύνων
Ἰόνιόν θ' ὑγρὸν κῦμα κατερχόμενος
τὴν μὲν ἔσωσ', αὐτὸς δὲ μετάτροπος ἐκ βυθοῦ ἔρρων,
ἤδη καὶ ναύταις χεῖρας ὀρεγνύμενος,
ἐβρώθην· τοῖόν μοι ἐπ' ἄγριον εὖ μέγα κῆτος
ἦλθεν, ἀπέβροξεν δ' ἄχρις ἐπ' ὀμφαλίου.
χἤμισυ μὲν ναῦται, ψυχρὸν βάρος, ἐξ ἁλὸς ἡμῶν
ἤρανθ', ἥμισυ δὲ πρίστις ἀπεκλάσατο·
ᾐόνι δ' ἐν ταύτῃ κακὰ λείψανα Θάρσυος, ὦνερ,
ἔκρυψαν· πάτρην δ' οὐ πάλιν ἱκόμεθα.

Pl III^b 19,19 f. 94^r. – **1** καὶ P κὴν Pl // κεκράμμ- P^1 **2** θρασὺς P **3** ἢ P **4** Ἰόνιόν Pl ρόν- P^1 ῥών- c **7** εὖ Schäfer ἐς **8** ἀπέβροξεν c -ριξεν (?) P^1 -ρυξεν Pl // ἀχριδ' P^1 **11** θράσυος P.

507. ΣΙΜΩΝΙΔΟΥ

Ἄνθρωπ', οὐ Κροίσου λεύσσεις τάφον, ἀλλὰ γὰρ ἀνδρὸς
χερνήτεω· μικρὸς τύμβος, ἐμοὶ δ' ἱκανός.

Pl III^a 6,21 f. 32^r. – Alexandro (Aetolo ?) trib. Pl; cum ep. 507b iunx. P **1** ἄνθρωπος K. (?) P^1 // λεύσεις P.

507b

Οὐκ ἐπιδὼν νύμφεια λέχη κατέβην τὸν ἄφυκτον
Γόργιππος ξανθῆς Φερσεφόνης θάλαμον.

Cf. ad ep. 507. **1** επίδον c // κατέβην c -βη P^1 **2** θάλαμον Salm. -ος.

Fischer Pelagon

Hier auf des Pelagon Grab, des Fischers, hat Vater Meniskos
Ruder und Reusen gestellt, dürftigen Lebens Symbol.

Sappho

Schiffer Tharsys

Erde und Wasser bedeckt uns zugleich. An Charmides' Sohne
Tharsys haben dies Wort reichlich die Moiren erfüllt.
Als in die Fluten ich tauchte zur haltenden Schwere des Ankers,
wo sich des Jonischen Meers feuchtes Gewoge ergeht,
hab ich den Anker gelöst, doch als aus der Tiefe ich kehrte
und ich die Hände bereits zu den Gefährten gestreckt,
ward ich verschlungen; wild stürzte ein riesiges Seeungeheuer
auf mich los und riß bis an den Nabel mich ab.
Halb nur zogen die Freunde als kalten, unnützen Ballast
mich aus dem Meere, und halb schluckte das Tier mich hinab.
Hier an diesem Gestade begruben sie, Wandrer, des Tharsys
traurige Reste; nach Haus kehre ich nie mehr zurück.

Leonidas von Tarent

Der Arme

Kroisos' Gruft nicht siehst du, hier liegt nur ein armer Geselle.
Klein ist das Grab wohl, mein Freund, aber mir selber genügt's.

Simonides

Der Bräutigam

Eh ich das Ehebett sah, stieg jäh ich, Gorgippos, zur harten
Kammer hernieder, wo du, blonde Persephone, haust.

Anonym

508. [ΣΙΜΩΝΙΔΟΥ]

Παυσανίαν ἰητρὸν ἐπώνυμον, Ἀγχίτεω υἱόν,
τόνδ' Ἀσκληπιάδην πατρὶς ἔθαψε Γέλα,
ὃς πλείστους κρυεραῖσι μαραινομένους ὑπὸ νούσοις
φῶτας ἀπέστρεψεν Φερσεφόνης θαλάμων.

Pl III^b 14,2 f. 93^r; Diog. L. 8,61. – Tit.: om. Pl, Empedocli trib. Diog. **1** Ἀγχίτου Diog. **2** φῶτ' Ἀ. π. ἔθρεψε Diog. // Γέλα Diog. πέλας P κόνις Pl **3** ὃς πολλοὺς μογεροῖσι μ. καμάτοισι Diog. **4** ἀπέστρεψε Diog. // Φερσεφόνης P -νας Diog. Περσεφόνας Pl // ἀδύτων Diog.

509. ΤΟΥ ΑΥΤΟΥ

Σῆμα Θεόγνιδός εἰμι Σινωπέος, ᾧ μ' ἐπέθηκεν
Γλαῦκος ἑταιρείης ἀντὶ πολυχρονίου.

510. ΤΟΥ ΑΥΤΟΥ

Σῶμα μὲν ἀλλοδαπὴ κεύθει κόνις, ἐν δέ σε πόντῳ,
Κλείσθενες, Εὐξείνῳ μοῖρ' ἔκιχεν θανάτου
πλαζόμενον· γλυκεροῦ δὲ μελίφρονος οἴκαδε νόστου
ἤμπλακες οὐδ' ἵκευ Χῖον ἐπ' ἀμφιρύτην.

Pl III^b 19,22 f. 94^v. – **1** σῆμα P **4** ἤμβροτες Pl // ἐπ' P ἐς Pl.

511. ΤΟΥ ΑΥΤΟΥ

Σῆμα καταφθιμένοιο Μεγακλέος εὖτ' ἂν ἴδωμαι,
οἰκτείρω σε, τάλαν Καλλία, οἷ' ἔπαθες.

1 Μεγακλέος Bouhier μέγα κλέος.

512. ΤΟΥ ΑΥΤΟΥ

Τῶνδε δι' ἀνθρώπων ἀρετὰν οὐχ ἵκετο καπνὸς
αἰθέρα δαιομένας εὐρυχόρου Τεγέας,
οἳ βούλοντο πόλιν μὲν ἐλευθερίᾳ τεθαλυῖαν
παισὶ λιπεῖν, αὐτοὶ δ' ἐν προμάχοισι θανεῖν.

Pl III^b 4,11 f. 90^v. – Tit. om. Pl **2** δαιομένας Hiller -νης // Τεγέας Schneidewin -έης **3** τεθαλυῖαν ex -υίαι P.

Arzt Pausanias

Anchites' Sohn, den Arzt Pausanias, würdig des Namens,
aus des Asklepios Blut, legte hier Gela ins Grab,
seine Heimat. So viele, in schaudererregender Krankheit
siechende Männer entriß einst er Persephones Haus.

[*Simonides*]

Freund Theognis

Denkstein bin ich am Grab von Theognis, dem Bürger Sinopes;
Glaukos stellte mich auf, treulicher Freundschaft ein Mal.

Simonides

Der schiffbrüchige Kleisthenes

Fremde Erde umgibt deinen Leib; du irrtest im Meere,
das man das Gastliche nennt, als das Verhängnis dich traf.
Nicht war, Kleisthenes, dir die holde Heimkehr beschieden;
Chios, das Eiland im Meer, hast du nie wiedergesehn.

Simonides

Megakles

Wenn ich den Denkstein am Grab des toten Megakles betrachte,
ach, wie beklage ich dann, Kallias, Ärmster, dein Leid.

Simonides

Kampf um Tegea

Ob dem Mut dieser Männer hat Feuer nicht Tegeas weite
Räume ergriffen und Rauch hoch in den Äther gesandt.
Wollten sie frei doch und blühend die Stadt ihren Kindern bewahren,
fänden sie selber darob vorn auch im Kampfe den Tod.

Simonides

513. ΤΟΥ ΑΥΤΟΥ

Φῆ ποτε Πρωτόμαχος, πατρὸς περὶ χεῖρας ἔχοντος,
ἡνίκ' ἀφ' ἱμερτὴν ἔπνεεν ἡλικίην·
„Ὦ Τιμηνορίδη, παιδὸς φίλου οὔποτε λήσῃ
οὔτ' ἀρετὴν ποθέων οὔτε σαοφροσύνην."

Pl IIIb 19,23 f. 94v. – 1 Πρόμαχος P Τίμαρχος Pl em. Hecker.

514. ΣΙΜΩΝΙΔΟΥ

Αἰδὼς καὶ Κλεόδημον ἐπὶ προχοῇσι Θεαίρου
ἀενάου στονόεντ' ἤγαγεν εἰς θάνατον
Θρηικίῳ κύρσαντα λόχῳ· πατρὸς δὲ κλεεννὸν
Διφίλου αἰχμητὴς υἱὸς ἔθηκ' ὄνομα.

515. ΣΙΜΩΝΙΔΟΥ

Αἰαῖ, νοῦσε βαρεῖα, τί δὴ ψυχαῖσι μεγαίρεις
ἀνθρώπων ἐρατῇ πὰρ νεότητι μένειν;
ἣ καὶ Τίμαρχον γλυκερῆς αἰῶνος ἄμερσας
ἠίθεον, πρὶν ἰδεῖν κουριδίην ἄλοχον.

Pl IIIa 20,16 f. 38v. – 2 ἐρατῇ Jac. -τᾷ Pl ἀρετᾷ P // νεότ- ex νεόστ- Pl.

516. ΤΟΥ ΑΥΤΟΥ

Οἱ μὲν ἐμὲ κτείναντες ὁμοίων ἀντιτύχοιεν,
Ζεῦ Ξένι'· οἱ δ' ὑπὸ γᾶν θέντες ὄναιντο βίου.

Pl IIIa 6,11 f. 31v. – In P hic [Pa] et ante VII 77. 2 βίον Pa1.

517. ΚΑΛΛΙΜΑΧΟΥ

Ἠῷοι Μελάνιππον ἐθάπτομεν, ἠελίου δὲ
δυομένου Βασιλὼ κάτθανε παρθενικὴ
αὐτοχερί· ζώειν γὰρ ἀδελφεὸν ἐν πυρὶ θεῖσα
οὐκ ἔτλη. δίδυμον δ' οἶκος ἐσεῖδε κακὸν
πατρὸς Ἀριστίπποιο· κατήφησεν δὲ Κυρήνη
πᾶσα τὸν εὔτεκνον χῆρον ἰδοῦσα δόμον.

Pl IIIa 20,17 f. 38v. – 5 κατήφησε Pl 6 εὔτεκνον c -νων Pl -τακτον P1.

Der Sohn

In den Armen des Vaters verhauchte Protomachos seiner
Jugend liebliche Lust; siehe, da sprach er zu ihm:
„Nie, Timenorides, wird dir in Zukunft die Sehnsucht nach deines
teuren Sohnes Verdienst und seiner Tugend vergehn.“

Simonides

Ein gleiches

Ehre führte auch einst Kleodemos zu traurigem Tode
dort, wo in ruhloser Flut sich der Theairos ergießt.
Als eine thrakische Horde ihn traf, da hat seines Vaters
Diphilos Namen der Sohn herrlich im Kampfe verklärt.

Simonides

Der junge Timarchos

Grausame Krankheit, weswegen mißgönnst du den Seelen der Menschen,
daß ihnen bleibend die Kraft lieblicher Jugend besteht?
Ach, nun raubtest du auch dem Jüngling Timarchos das süße
Leben, bevor er ein Weib zu seiner Gattin erwählt.

Simonides

Der Ermordete

Gib meinem Mörder, o Zeus, du Schirmer der Gäste, ein gleiches;
dem aber, der mich begrub, schenke im Leben Genuß.

Simonides

Die Schwester Basilo

Morgens bestatteten wir Melanippos; beim Sinken der Sonne
gab mit jungfräulicher Hand Basilo selbst sich den Tod.
Denn sie verschmähte das Leben, nachdem sie den Bruder den
übergeben. So sah doppelten Kummer das Haus [Flammen
Aristippos', des Vaters, und ganz Kyrene beweinte
sein nun verwaistes und einst kindergesegnetes Haus.

Kallimachos

518. ΚΑΛΛΙΜΑΧΟΥ

Ἀστακίδην τὸν Κρῆτα, τὸν αἰπόλον, ἥρπασε Νύμφη
ἐξ ὄρεος, καὶ νῦν ἱερὸς Ἀστακίδης.
οὐκέτι Δικταίῃσιν ὑπὸ δρυσίν, οὐκέτι Δάφνιν
ποιμένες, Ἀστακίδην δ' αἰὲν ἀεισόμεθα.

Pl IIIa 23,3 f.41v. – 3 οὐκέτι[1] Salm. οὐκ ει P οἰκεῖ Pl.

519. ΚΑΛΛΙΜΑΧΟΥ

Δαίμονα τίς δ' εὖ οἶδε τὸν αὔριον, ἀνίκα καὶ σέ,
Χάρμι, τὸν ὀφθαλμοῖς χθιζὸν ἐν ἀμετέροις,
τᾷ ἑτέρᾳ κλαύσαντες ἐθάπτομεν; οὐδὲν ἐκείνου
εἶδε πατὴρ Διοφῶν χρῆμ' ἀνιαρότερον.

Pl IIIb 5,24 f.92r – 1 ἡνίκα Pl 2 ἡμετέροις Pl 3 τῇ ἑτέρῃ Pl 4 ἀνιαρ- Suid. s. v., ἀνιηρ- P Pl.

520. ΤΟΥ ΑΥΤΟΥ ΚΑΛΛΙΜΑΧΟΥ

Ἢν δίζῃ Τίμαρχον ἐν Ἄϊδος, ὄφρα πύθηαι
ἤ τι περὶ ψυχῆς ἢ πάλι, πῶς ἔσεαι,
δίζεσθαι φυλῆς Πτολεμαΐδος υἱέα πατρὸς
Παυσανίου· δήεις δ' αὐτὸν ἐν εὐσεβέων.

Pl IIIb 1,7 f.90v. – Tit.: Καλλιμάχου Pl 2 ἔσεται Pl.

521. ΤΟΥ ΑΥΤΟΥ ΚΑΛΛΙΜΑΧΟΥ

Κύζικον ἢν ἔλθῃς, ὀλίγος πόνος Ἱππακὸν εὑρεῖν
καὶ Διδύμην· ἀφανὴς οὔτι γὰρ ἡ γενεή·
καί σφιν ἀνιηρὸν μὲν ἐρεῖς ἔπος, ἔμπα δὲ λέξαι
τοῦθ', ὅτι τὸν κείνων ὧδ' ἐπέχω Κριτίην.

Pl IIIa 6,22 f.32r. – 1 ἢν ἐθέλῃς P 3 λέξον Pl 4 ὧδ' ἐπέχω c ἔχω P[1] υἱὸν ἔχω Pl // Κριτίαν Pl.

Astakides

Unsern kretischen Hirten Astakides raubte die Nymphe
aus dem Gebirge; so ward dieser ein Heiliger nun.
Nie mehr, nie mehr erheben wir Hirten im Eichwald von Dikte
fürder von Daphnis ein Lied, nur von Astakides noch.

Kallimachos

Der junge Charmis

Morgen! Wer kennt wohl genau den Daimon Morgen? Dich, Charmis,
den wir am gestrigen Tag vor unsrem eigenen Aug
leibhaft noch sahen, wir trugen dich heute schon weinend zu Grabe.
Das ist das furchtbarste Leid, das Vater Diophon sah.

Kallimachos

Seelenkenner Timarchos

Suchst du Timarchos im Hades, um über das Wesen der Seele
oder dein künftiges Sein Kunde zu holen von ihm,
frag nach Pausanias' Sohn, dem Bürger vom Stamm Ptolemaïs,
und du triffst ihn gewiß unter den Seligen an.

Kallimachos

Kritias von Kyzikos

Wenn du nach Kyzikos kommst, ist Hippakos unschwer zu finden,
ebenso Didyme auch; denn das Geschlecht ist bekannt.
Was du dort meldest, ist schmerzlich, doch magst du gleichwohl es verkünden:
Kritias, den sie erzeugt, deckt meine Erde hier zu.

Kallimachos

522. ΤΟΥ ΑΥΤΟΥ

„Τιμονόη.“ τίς δ' ἐσσί; μὰ δαίμονας, οὔ σ' ἂν ἐπέγνων,
εἰ μὴ Τιμοθέου πατρὸς ἐπῆν ὄνομα
στήλῃ καὶ Μήθυμνα τεὴ πόλις. ἦ μέγα φημὶ
χῆρον ἀνιᾶσθαι σὸν πόσιν Εὐθυμένη.

Pl III^a 11,25 f. 34^v. – **1** Τιμονίη P // οὖς ἂν P^1 **3** ἦ ex ἧ Pl.

523. ΚΑΛΛΙΜΑΧΟΥ

Οἵτινες Ἀλείοιο παρέρπετε σῆμα Κίμωνος,
ἴστε τὸν Ἱππαίου παῖδα παρερχόμενοι.

1 ἀλίοιο P em. Salm.

524. ΤΟΥ ΑΥΤΟΥ

Ἦ ῥ' ὑπὸ σοὶ Χαρίδας ἀναπαύεται; – „Εἰ τὸν Ἀρίμμα
τοῦ Κυρηναίου παῖδα λέγεις, ὑπ' ἐμοί.“ –
Ὦ Χαρίδα, τί τὰ νέρθε; – „Πολὺς σκότος.“ – Αἱ δ' ἄνοδοι τί; –
„Ψεῦδος.“ – Ὁ δὲ Πλούτων; – „Μῦθος.“ – Ἀπωλόμεθα. –
„Οὗτος ἐμὸς λόγος ὔμμιν ἀληθινός· εἰ δὲ τὸν ἡδὺν
βούλει, Πελλαίου βοῦς μέγας εἰν Ἀίδῃ.“

Pl III^a 6,23 f. 32^r. – **3–6** ut peculiare ep. hab. l [εἰς τὸν αὐτόν] et c [τοῦ αὐτοῦ] **3** πολὺ Pl **6** εἰς Ἀίδην Pl.

525. ΤΟΥ ΑΥΤΟΥ

Ὅστις ἐμὸν παρὰ σῆμα φέρεις πόδα, Καλλιμάχου με
ἴσθι Κυρηναίου παῖδά τε καὶ γενέτην.
εἰδείης δ' ἄμφω κεν· ὁ μέν κοτε πατρίδος ὅπλων
ἦρξεν, ὁ δ' ἤεισεν κρέσσονα βασκανίης.
οὐ νέμεσις· Μοῦσαι γάρ, ὅσους ἴδον ὄμματι παῖδας
μὴ λοξῷ, πολιοὺς οὐκ ἀπέθεντο φίλους.

l: εἰς Καλλίμαχον τὸν Κυρηναῖον ποιητήν, τὸν γράψαντα τὰ Αἴτια. c: εἰς ἑαυτόν. – Pl III^a 22,47 f. 40^v. – **3** ἠδείης P // κοτέν P ποτὲ Pl em. Jac. **4** ἤεισε κρείσσ- Pl **5–6** schol. Hes. Theog. 81 et Oxy. pap. 17 (1927) 2079,37 // ἴδον ὀμμ- P Pl ἴ. ὀθμ- pap. βλέμματι εἶδον sch. **6** μὴ λοξῷ schol. ἄχρι βίου P Pl periit in pap. // οὐ κατέθ- P^1.

Timonoë

„Tímonoë." – Wer bist du? Ich kennte dich nicht, bei den Göttern,
nennte als Vater der Stein nicht den Timotheos auch
und Methymna als Heimat. – O wahrlich, Euthymenes, deinen
ach nun verwitweten Mann, traf da ein furchtbares Leid.

Kallimachos

Kimon von Elis

Die ihr vorüber hier geht am Grabe des Kimon aus Elis,
wißt, an Hippaios' Sohn führt euch die Straße vorbei.

Kallimachos

Auskunft über den Hades

Sag', ruht Charidas hier in dem Grab? – ‚Sofern an Arimmas'
Sohn aus Kyrene du denkst, sicher, der ruht unter mir.' –
Toter, wie ist es da unten? – „Sehr dunkel!" – Wie steht's mit der [Rückkehr? –
„Lüge!" – Und Pluton? Sag an! – „Fabel!" – Dann ist's mit uns aus. –
„Das ist die schmucklose Wahrheit; doch willst du sie mundgerecht [haben:
Hier wird ein mächtiger Ochs einen Pellaier taxiert."

Kallimachos

Kallimachos' Vater

Der meinem Grabe du nahst, vernimm, ich bin von Kyrene,
und Kallimachos hieß Vater und Sohn mir zugleich.
Beide dürftest du kennen: der eine führte der Heimat
Heere, der andere sang jeglichem Neide zum Trotz.
Wundre dich nimmer! Auf wem schon als Knaben das Auge der Musen
freundlich geruht hat, der hat auch noch als Greis ihre Huld.

Kallimachos

526. ΝΙΚΑΝΔΡΟΥ ΚΟΛΟΦΩΝΙΟΥ

Ζεῦ πάτερ, Ὀθρυάδα τίνα φέρτερον ἔδρακες ἄλλον,
ὃς μόνος ἐκ Θυρέας οὐκ ἐθέλησε μολεῖν
πατρίδ' ἐπὶ Σπάρταν, διὰ δὲ ξίφος ἤλασε πλευρᾶν
δοῦλα καταγράψας σκῦλα κατ' Ἰναχιδᾶν;

Pl III b 4,20 f. 91 r; cod. Gotting. ph. 29 f. 138. – Tit.: gent. om. Pl 3 πλευρῶν Pl Gott. 4 καταγράψας P Pl Gott. (!) // Ἰναχιδᾶν ex -δῶν Pl.

527. ΘΕΟΔΩΡΙΔΑ

Θεύδοτε, κηδεμόνων μέγα δάκρυον, οἵ σε θανόντα
κώκυσαν μέλεον πυρσὸν ἀναψάμενοι,
αἰνόλινε, τρισάωρε, σὺ δ' ἀντὶ γάμου τε καὶ ἥβης
κάλλιπες ἡδίστῃ ματρὶ γόους καὶ ἄχη.

Pl III b 20,2 f. 94 v. – Tit.: Θεοδωρίδου Pl 1 κηδεμόνες Pl // οἵ σε Salm. ἐσσὲ P εἰς σὲ Pl // θανόντων P 3 αἰλινόλινε P δηνό- Pl em. Salm.

528. ΤΟΥ ΑΥΤΟΥ

Εὐρύσορον περὶ σῆμα τὸ Φαιναρέτης ποτὲ κοῦραι
κέρσαντο ξανθοὺς Θεσσαλίδες πλοκάμους
πρωτοτόκον καὶ ἄποτμον ἀτυζόμεναι περὶ νύμφην·
Λάρισσαν δὲ φίλην ἤκαχε καὶ τοκέας.

Pl III b 11,16 f. 93 r. – 1 τό: τα P[1] 4 τοκῆας Pl.

529. ΤΟΥ ΑΥΤΟΥ

Τόλμα καὶ εἰς Ἀίδαν καὶ ἐς οὐρανὸν ἄνδρα κομίζει,
ἅ καὶ Σωσάνδρου παῖδ' ἐπέβασε πυρᾶς
Δωρόθεον· Φθίᾳ γὰρ ἐλεύθερον ἦμαρ ἰάλλων
ἐρραίσθη Σηκῶν μεσσόθι καὶ Χιμέρας.

Pl III b 4,21 f. 91 r. – 2 ἐπίβασε πυρῆς P 4 Χιμάρας Pl.

Kampf um Thyrea

Hast du schon Bessren gesehn als Othryades, Vater Kronion?
Sieh, von Thyreas Feld wollt er als einziger nicht
heimwärts nach Sparta sich wenden: er stieß sich das Schwert in die
als er die Inschrift gemalt: „Beute von Inachos' Stamm!" [Seite,

Nikandros von Kolophon

Sohn Theodotos

O du Leid deiner Lieben, Theodotos! Weinend umstanden
sie den traurigen Stoß, den sie dir Totem entfacht.
Armer, du gingest zu früh und ließest der zärtlichen Mutter
statt deiner Jugend und Eh' Kummer und Seufzer zurück.

Theodoridas

Wöchnerin Phainarete

Um das gewaltige Mal am Grab der Phainarete schoren
Mädchen thessalischen Lands einst sich das blonde Gelock
und beweinten die Arme, im ersten Kindbett Gestorbne.
Eltern hat sie und ihr liebes Larissa betrübt.

Theodoridas

Der Freiheitskämpfer

Kühnheit führt einen Mann in den Hades wie in den Himmel;
auf das Scheitergerüst bracht sie Dorotheos auch,
Sohn des Sosandros. Für Phthia die Freiheit erstrebend, fiel zwischen
Sekoi und Chimera er tödlich getroffen am Weg.

Theodoridas

530. ΑΝΤΙΠΑΤΡΟΥ ΘΕΣΣΑΛΟΝΙΚΕΩΣ

Μούναν σὺν τέκνοις, νεκυοστόλε, δέξο με, πορθμεῦ,
τὰν λάλον· ἀρκεῖ σοι φόρτος ὁ Ταντάλίδης·
πληρώσει γαστὴρ μία σὸν σκάφος· εἴσιδε κούρους
καὶ κούρας, Φοίβου σκῦλα καὶ Ἀρτέμιδος.

Pl III^{a} 7,4 f. 32^{v}. - Tit.: gent. om. Pl 2 τὰν: τὸν P[1] // Ταντάλίδος Pl 4 κοῦρος P[1] // σκῦλλα P.

531. ΑΝΤΙΠΑΤΡΟΥ ΘΕΣΣΑΛΟΝΙΚΕΩΣ

Αὐτά τοι τρέσσαντι παρὰ χρέος ὤπασεν ᾆδαν
βαψαμένα κοίλων ἐντὸς ἄρη λαγόνων
μάτηρ, ἅ σ' ἔτεκεν, Δαμάτριε· φᾶ δὲ σίδαρον
παιδὸς ἑοῦ φύρδαν μεστὸν ἔχουσα φόνου,
ἀφριόεν κοναβηδὸν ἐπιπρίουσα γένειον,
δερκομένα λοξαῖς οἷα Λάκαινα κόραις·
„Λεῖπε τὸν Εὐρώταν, ἴθι Τάρταρον· ἁνίκα δειλὰν
οἶσθα φυγάν, τελέθεις οὔτ' ἐμὸς οὔτε Λάκων."

2 Suid. s. Ἄρης, 3–4 φᾶ... s. φύρδην et φᾶ δὲ σίδαρον, 5 s. ἀφριόεν et κόναβος, 6 s. λοξή, 7–8 s. Εὐρώταν 2 κοίλαν P 8 τελέθεις c -ει P[1] -ειν Suid.

532. ΙΣΙΔΩΡΟΥ ΑΙΓΕΑΤΟΥ

Ἔκ με γεωμορίης Ἐτεοκλέα πόντιος ἐλπὶς
εἵλκυσεν, ὀθνείης ἔμπορον ἐργασίης.
νῶτα δὲ Τυρσηνῆς ἐπάτευν ἁλός· ἀλλ' ἅμα νηὶ
πρηνιχθεὶς κείνης ὕδασιν ἐγκατέδυν
ἀθρόον ἐμβρίσαντος ἀήματος. οὐκ ἄρ' ἀλωὰς
αὑτὸς ἐπιπνείει κεἰς ὀθόνας ἄνεμος.

Pl III^{b} 19,27 f. 94^{v}. - Tit.: gent. om. Pl 3 ἀλλά με P 5 ἐμβρίσ- Steph. ἐκβ. 6 αὐτὸς P ωὑτὸς Pl.

533. ΔΙΟΝΥΣΙΟΥ ΑΝΔΡΙΟΥ

Καὶ Διὶ καὶ Βρομίῳ με διάβροχον οὐ μέγ' ὀλισθεῖν,
καὶ μόνον ἐκ δοιῶν καὶ βροτὸν ἐκ μακάρων.

1 ὀλίσθειν P[1] 2 βροτὸν Reiske -τῶν.

Niobe

Mich nur, die immer geschwatzt, lad ein, du Fährmann der Toten,
samt meinen Kindern! Als Fracht reicht dir des Tantalos Stamm.
Ja, ein Schoß schon füllt dir den Kahn. Sieh Knaben und Mädchen,
alle schossen mir nun Phoibos und Artemis tot.

Antipatros von Thessalonike

Die spartanische Mutter

Die dich zum Leben gebar, Demetrios, gab dich dem Tode,
stieß dir, weil wider die Pflicht angstvoll du flohest, den Stahl
selbst in die Weichen hinein. Noch hielt sie das Schwert in den Händen,
das von des eigenen Sohns Blute gefärbt war, da schrie
sie ihm entgegen, indes die Lippen ihr schäumten, die Zähne
knirschten, ihr Auge so wild sah wie in Sparta ein Weib:
„Fort vom Eurotas! Hinweg! Zum Hades! Da feig du geflohen,
bist du mein Sohn nicht und kannst auch ein Spartaner nicht sein.“

Antipatros von Thessalonike

Der schiffbrüchige Eteokles

Fort vom Bauernberuf zur Fahrt nach den Gütern der Fremde
zog mich, Eteokles, einst hoffnungerweckend die See.
So befuhr ich den Rücken des weiten Tyrrhenischen Meeres,
aber ich sank mit dem Schiff jäh in die Fluten hinab,
als ein gewaltiger Sturm hereinbrach. Ich sehe, auf Tennen
weht nicht der nämliche Wind wie in die Segel am Schiff.

Isidoros von Aigeiai

Im Rausch und Regen

Wenn ich gefallen, von Zeus und Bakchos befeuchtet, was Wunder?
Ich allein gegen zwei! Und gegen Götter ein Mensch!

Dionysios von Andros

534. ⟨ΑΛΕΞΑΝΔΡΟΥ⟩ ΑΙΤΩΛΟΥ, ⟨οἱ δὲ⟩ ΑΥΤΟΜΕΔΟΝΤΟΣ

Ἄνθρωπε, ζωῆς περιφείδεο μηδὲ παρ' ὥρην
ναυτίλος ἴσθι· καὶ ὣς οὐ πολὺς ἀνδρὶ βίος.
δείλαιε Κλεόνικε, σὺ δ' εἰς λιπαρὴν Θάσον ἐλθεῖν
ἠπείγευ, Κοίλης ἔμπορος ἐκ Συρίης,
ἔμπορος, ὦ Κλεόνικε· δύσιν δ' ὑπὸ Πλειάδος αὐτὴν
ποντοπορῶν αὐτῇ Πλειάδι συγκατέδυς.

Pl III^{b} 19,5 f. 93^{v}. – Tit.: Αἰτωλοῦ Αὐτομ- P Θεοκρίτου Pl em. Jac. 3–6 om. Pl **5** ὑποπληάδων P em. Graefe **6** -πόρῳ ναύτῃ P em. Pierson // συνκατ- P.

535. ΜΕΛΕΑΓΡΟΥ

Οὐκέθ' ὁμοῦ χιμάροισιν ἔχειν βίον, οὐκέτι ναίειν
ὁ τραγόπους ὀρέων Πὰν ἐθέλω κορυφάς.
τί γλυκύ μοι, τί ποθεινὸν ἐν οὔρεσιν; ὤλετο Δάφνις,
Δάφνις, ὃς ἡμετέρῃ πῦρ ἔτεκε κραδίῃ.
ἄστυ τόδ' οἰκήσω, θηρῶν δέ τις ἄλλος ἐπ' ἄγρην
στελλέσθω· τὰ πάροιθ' οὐκέτι Πανὶ φίλα.

Pl III^{a} 7,7 f. 32^{v}; Σ 79. – **2** ὀρέων πᾶν ἐθέλω P ἐθέλω Πὰν ὀρ. Pl Σ **3** μου Pl Σ **4** ἔτεκεν κραδίη Σ **5** ἐπάγρῃ P.

536. ΑΛΚΑΙΟΥ [ΜΙΤΥΛΗΝΑΙΟΥ]

Οὐδὲ θανὼν ὁ πρέσβυς ἐῷ ἐπιτέτροφε τύμβῳ
βότρυν ἀπ' οἰνάνθης ἥμερον, ἀλλὰ βάτον
καὶ πνιγόεσσαν ἄχερδον ἀποστύφουσαν ὁδιτῶν
χείλεα καὶ δίψει καρφαλέον φάρυγα.
ἀλλά τις Ἱππώνακτος ἐπὴν παρὰ σῆμα νέηται,
εὐχέσθω κνώσσειν εὐμενέοντα νέκυν.

Pl III^{a} 22,19 f. 40^{r}. – Tit.: gent. om. Pl **1** ἐῷ [ex σῷ] ἐνιτέτρ- Pl **2** οἰνάνθης Pl -θας ex -θης P **3** ὁδιτῶν c Pl ὁδίταν P^{1} ὀδόντων c in marg. **4** καρφαλέον ex -αρέον Pl.

Der schiffbrüchige Kleonikos

Schone dein Leben, o Mensch, und geh in die See nicht zur Unzeit.
Ist nicht auch so schon die Frist kurz nur uns allen gesetzt?
Ach, Kleonikos, du Armer, von Koilesyrien fuhrest
du als Kaufmann hinweg Thasos, dem blühenden, zu,
du, Kleonikos, der Kaufmann. Doch als die Plejade sich senkte,
sankest du, Fahrer zur See, mit der Plejade hinab.

Alexandros von Aitolien oder *Automedon*

Pan

Nein, dies Leben mit Ziegen, ich will's nicht mehr haben; nicht wohnen
weiter auf bergigen Höhn mag ich bockfüßiger Pan.
Bieten die Berge mir künftig noch Schönes und Liebes? Ach, Daphnis,
Daphnis, der droben das Herz heiß mir entflammt hat, – ist tot.
Hier in der Stadt will ich wohnen; ein anderer möge sich rüsten,
Tiere zu jagen; was Pan freute, das liebt er nicht mehr.

Meleagros

Hipponax

Nicht im Tode einmal will der Alte der freundlichen Traube
Nahrung geben; am Grab hegt er statt Reben – nur Dorn,
herbe Holzbirnen nur, die dem Wandrer die Lippen verziehen
und die Kehle wie Glut brennen ihm lassen vor Durst.
Drum, wenn einer am Mal des Hipponax vorbeigeht, dann wünsch er,
daß der Tote versöhnt endlich im Grabe nun schläft.

Alkaios von Messene

537. ΦΑΝΙΟΥ ΓΡΑΜΜΑΤΙΚΟΥ

Ἠρίον οὐκ ἐπὶ πατρί, πολυκλαύτου δ᾽ ἐπὶ παιδὸς
Λῦσις ἄχει κενεὴν τήνδ᾽ ἀνέχωσε κόνιν,
οὔνομα ταρχύσας, ἐπεὶ οὐχ ὑπὸ χεῖρα τοκήων
ἤλυθε δυστήνου λείψανα Μαντιθέου.

Pl IIIb 5,25 f.92r. – Theophani trib. Pl 1 πολυκλαύστου Pl 2 Λῦσις ex Λύσιος Pl // ἄχει P ἔχων [ex ἄχει ?] Pl.

538. ΑΝΥΤΗΣ

Μάνης οὗτος ἀνὴρ ἦν ζῶν ποτε· νῦν δὲ τεθνηκὼς
ἶσον Δαρείῳ τῷ μεγάλῳ δύναται.

Pl IIIb 12,2 f.93r. – Tit. om. Pl 2 ἴσον Pl.

539. ΠΕΡΣΟΥ ΠΟΙΗΤΟΥ

Οὐ προϊδών, Θεότιμε, κακὴν δύσιν ὑετίοιο
Ἀρκτούρου κρυερῆς ἥψαο ναυτιλίης,
ἥ σε, δι᾽ Αἰγαίοιο πολυκλήιδι θέοντα
νηί, σὺν οἷς ἑτάροις ἤγαγεν εἰς Ἀίδην.
αἰαῖ, Ἀριστοδίκη δὲ καὶ Εὔπολις, οἵ σ᾽ ἐτέκοντο,
μύρονται κενεὸν σῆμα περισχόμενοι.

Pl IIIb 19,28 f.94v. – Theophani trib. Pl 5 οἷς P.

540. ΔΑΜΑΓΗΤΟΥ

Πρός σε Διὸς Ξενίου γουνούμεθα, πατρὶ Χαρίνῳ
ἄγγειλον Θήβην, ὦνερ, ἐπ᾽ Αἰολίδα
Μῆνιν καὶ Πολύνικον ὀλωλότε, καὶ τόδε φαίης,
ὡς οὐ τὸν δόλιον κλαίομεν ἄμμι μόρον,
καίπερ ὑπὸ Θρῃκῶν φθίμενοι χερός, ἀλλὰ τὸ κείνου
γῆρας ἐν ἀργαλέῃ κείμενον ὀρφανίῃ.

Pl IIIa 6,24 f.32r [Pla], IIIb 5,26 f.92r [Plb]. – 1 σε add. Canter // Διὸς : Ζηνὸς Plb 3 μήνην Plb // Πολύνεικον Pla 5 θνητῶν Pla.

Verschollen

Nicht seinem Vater zur Gruft – aus Leid ob dem ruhlos beweinten
Sohne hat Lysis den Staub leer hier zum Hügel gehäuft.
Nur einen Namen begrub er; denn, ach, die Asche des armen
Sohnes Mantitheos kam niemals den Eltern zur Hand.

Grammatiker Phanias

Sklave Manes

Dieser war Manes im Leben, ein Sklave; doch heute im Tode
ist er Dareios, dem höchst mächtigen Könige, gleich.

Anyte

Der schiffbrüchige Theotimos

Sorglos über das schlimme Versinken des feuchten Arkturos,
hast du die grausige Fahrt, o Theotimos, gewagt,
die dich mit deinen Gefährten im vielgeruderten Schiffe
auf der Ägäis Gewog fort in den Hades geführt.
Doch Aristodike nun und Eupolis, deine Erzeuger,
jammern; umfängt doch ihr Arm, ach, nur ein nichtiges Mal.

Dichter Perses

Die ermordeten Brüder

Wandrer, wir flehen bei Zeus, dem Schützer des Gastrechts, o melde
in der aiolischen Stadt Theben dem Vater Charin,
daß Polynikos und Menis nun tot sind, und künde ihm weiter:
Was wir mit Tränen beweint, ist nicht der tückische Mord,
dem wir zum Opfer gefallen durch Thrakerhände – wir weinen,
daß er, der Alternde, selbst schmerzlich verlassen nun ist.

Damagetos

541. ΤΟΥ ΑΥΤΟΥ

Ἔστης ἐν προμάχοις, Χαιρωνίδη, ὧδ' ἀγορεύσας·
  „Ἢ μόρον ἢ νίκαν, Ζεῦ, πολέμοιο δίδου“,
ἡνίκα τοι περὶ Τάφρον Ἀχαιίδα τῇ τότε νυκτὶ
  δυσμενέες θρασέος δῆριν ἔθεντο πόνου.
ναὶ μὴν ἀλλ' ἐρατή σε διακριδὸν Ἆλις ἀείδει,
  θερμὸν ἀνὰ ξείνην αἷμα χέαντα κόνιν.

Pl IIIa 5,35 f.31v. – 1 προμάχοισι P[1] 3 τάφον P 5 ἐρατή Lumb ἀρετή // Ἆλις Scal. ἁ- P ἅ- ex ἄ- Pl // ἀείδη P 6 χέαντο P.

542. ΦΛΑΚΚΟΥ

Ἕβρου χειμερίοις ἀταλὸς κρυμοῖσι δεθέντος
  κοῦρος ὀλισθηροῖς ποσσὶν ἔθραυσε πάγον,
τοῦ παρασυρομένοιο περιρραγὲς αὐχέν' ἔκοψεν
  θηγαλέον ποταμοῦ Βιστονίοιο τρύφος.
καὶ τὸ μὲν ἡρπάσθη δίναις μέρος, ἡ δὲ τεκοῦσα
  λειφθὲν ὕπερθε τάφῳ μοῦνον ἔθηκε κάρα·
μυρομένη δὲ τάλαινα· „Τέκος, τέκος,“ εἶπε, „τὸ μέν σου
  πυρκαϊή, τὸ δέ σου πικρὸν ἔδαψεν ὕδωρ.“

Pl IIIa 19,36 f.37v. – 1 δεθέντος ex δὲ θ- P πεδηθεὶς Pl 3 ἔκοψε Pl 6 τάφῳ Reiske τάφου 7 μυρομένα P 8 ἔδαψεν Herwerden ἔθα-.

543. ΑΔΕΣΠΟΤΟΝ

Πάντα τις ἀρήσαιτο φυγεῖν πλόον, ὁππότε καὶ σύ,
  Θεύγενες, ἐν Λιβυκῷ τύμβον ἔθευ πελάγει,
ἡνίκα σοι κεκμηὸς ἐπέπτατο φορτίδι νηὶ
  οὖλον ἀνηρίθμων κεῖνο νέφος γεράνων.

Pl IIIa 19,37 f.37v. – 1 τίς ἀρνήσαιτο P.

Krieger Chaironides

Unter den Ersten im Kampf, Chaironides, standest du betend:
„Zeus, gib jetzt mir den Sieg oder den Tod in der Schlacht!"
damals, als in dem Dunkel der Nacht am Achaiischen Graben
mutig der Feind des Gefechts blutiges Ringen begann.
Dich nun wahrlich besingt man im lieblichen Elis vor allen,
da in der Fremde dein Blut warm sich der Erde vermischt.

Damagetos

Vom Fluß enthauptet

Starr im Froste des Winters lag Hebros; da brach einem zarten
Knaben, der über ihn glitt, unter den Füßen das Eis.
Als er im Strome dahintrieb, zerschnitt ihm den Hals eine scharfe
Scholle, die los sich gelöst in dem bistonischen Fluß.
Strudel erfaßten den Körper und rissen ihn weiter; das Haupt nur,
das auf dem Eise verblieb, legte die Mutter ins Grab.
Weinend stöhnte die Arme. „Mein Kind, mein Kind du", so sprach sie,
halb hat die bittere Flut, halb dich das Feuer verzehrt."

Statilius Flaccus

Der schiffbrüchige Theogenes

Möge denn jeder geloben, sich fern aller Seefahrt zu halten,
seit in dem Libyschen Meer du auch, Theogenes, starbst.
Denn eine dichte Wolke unzähliger Kraniche senkte
sich, ermüdet vom Flug, auf deinen Frachter herab.

Anonym

544. ΑΔΕΣΠΟΤΟΝ

Εἰπέ, ποτὶ Φθίαν εὐάμπελον ἥν ποθ' ἵκηαι
καὶ πόλιν ἀρχαίαν, ὦ ξένε, Θαυμακίαν,
ὡς δρυμὸν Μαλεαῖον ἀναστείβων ποτ' ἔρημον
εἶδες Λάμπωνος τόνδ' ἐπὶ παιδὶ τάφον
Δερξίᾳ, ὅν ποτε μοῦνον ἕλον δόλῳ οὐδ' ἀναφανδὸν
κλῶπες ἐπὶ Σπάρταν δῖαν ἐπειγόμενον.

1 ἥν πόθ' P 2 Θαυμακίαν Holstein -ίδαν 3 ἔρεμνον (?) P[1].

545. ΗΓΗΣΙΠΠΟΥ

Τὴν ἐπὶ πυρκαϊῆς ἐνδέξιά φασι κέλευθον
Ἑρμῆν τοὺς ἀγαθοὺς εἰς Ῥαδάμανθυν ἄγειν·
ᾗ καὶ Ἀριστόνοος, Χαιρεστράτου οὐκ ἀδάκρυτος
παῖς, ἡγησίλεω δῶμ' Ἄϊδος κατέβη.

Pl III[a] 1,12 f.30[r].

546. ΑΔΕΣΠΟΤΟΝ

Εἶχε κορωνοβόλον πενίης λιμηρὸν Ἀρίστων
ὄργανον, ᾧ πτηνὰς ἠκροβόλιζε χένας
ἦκα παραστείχων δολίην ὁδόν, οἷος ἐκείνας
ψεύσασθαι λοξοῖς ὄμμασι φερβομένας.
νῦν δ' ὁ μὲν εἰν Ἀίδῃ· τὸ δέ οἱ βέλος ὀρφανὸν ἦχου
καὶ χερός· ἡ δ' ἄγρη τύμβον ὑπερπέταται.

Pl III[b] 17,3 f.93[v]. – 1 κόρων ὀβολὸν P Pl em. Steph. 2 χίνας P χῆν- Pl em. Steph. 3 παραστίχων P // ἐκείνας Scal. ἐκεῖνος 5 ἦχον P 6 -πέτεται Pl.

547. ΛΕΩΝΙΔΟΥ ΑΛΕΞΑΝΔΡΕΩΣ

Τὰν στάλαν ἐχάραξε Βιάνωρ οὐκ ἐπὶ ματρὶ
οὐδ' ἐπὶ τῷ γενέτᾳ, πότμον ὀφειλόμενον,
παρθενικᾷ δ' ἐπὶ παιδί· κατέστενε δ' οὐχ Ὑμεναίῳ,
ἀλλ' Ἀίδᾳ νύμφαν δωδεκέτιν κατάγων.

Pl III[a] 27,3 f.41[v]. – Tit.: gentile om. Pl 1 ἐγχάραξε P[1] 2 πότμον P τύμβον Pl.

Der ermordete Derxias

Wanderer, kommst du dereinst zur rebengesegneten Phthia
  und nach der alten Stadt, die man Thaumakia nennt,
sag dann, du habest beim Gang durch den einsamen Eichwald Maleias
  Derxias' Grab, den einst Lampon erzeugte, gesehn.
Als er zur göttlichen Sparta allein seinen Weg ging, da schlugen
  Räuber, nicht Auge in Aug, sondern mit Tücke ihn tot.

Anonym

Aristonoos

Von dem Holzstoß nach rechts führt Hermes die redlichen Seelen
  (also sagt man) den Weg zu Rhadamanthys hinab.
Ihn ging Chairestratos' Sohn Aristonoos nun zu der Völker
  Führer, zu Hades, ins Haus, reichlich von Tränen gefolgt.

Hegesippos

Jäger Ariston

Eine Schleuder für Vögel, das dürftige Werkzeug der Armut,
  führte Ariston, womit streichende Gänse er schoß.
Sachte ging er auf heimlichem Pfad, sie leis zu beschleichen,
  wenn sie mit ängstlichem Aug Futter sich suchen im Feld.
Nun aber wohnt er im Hades, und nimmermehr zischen Geschosse
  aus seiner Hand, und es fliegt über den Grabstein das Wild.

Anonym

Die Braut

Nicht seiner Mutter hat hier Bianor die Grabschrift gegeben,
  nicht seinem Vater – ihr Tod wär ein natürlich Geschehn.
Nein, seine Tochter, die Jungfrau, zwölf Jahre alt, gab er mit Seufzen
  nicht Hymenaios zur Hand, sondern dem Hades als Braut.

Leonidas von Alexandria

548. ΤΟΥ ΑΥΤΟΥ ΛΕΩΝΙΔΟΥ

Τίς Δάμων Ἀργεῖος ἐπ' ἠρίῳ; ἆρα σύναιμος
ἐστὶ Δικαιοτέλους; – „Ἐστὶ Δικαιοτέλους." –
Ἠχὼ τοῦτ' ἐλάλησε πανύστατον, ἦ τόδ' ἀληθές,
κεῖνος ὅδ' ἐστὶν ἀνήρ; – „Κεῖνος ὅδ' ἐστὶν ἀνήρ."

Pl IIIa 6,25 f. 31v. – 1 Δάμων Scal. (?) [isopsephiae causa] Δαίμων // ἆρα P ἦ ῥα Pl 3 η P ἦ Pl.

549. ΤΟΥ ΑΥΤΟΥ

Πέτρος ἔτ' ἐν Σιπύλῳ Νιόβη θρήνοισιν ἐάζει
ἑπτὰ δὶς ὠδίνων μυρομένη θάνατον·
λήξει δ' οὐδ' αἰῶνι γόον. τί δ' ἀλαζόνα μῦθον
φθέγξατο, τὸν ζωῆς ἅρπαγα καὶ τεκέων;

Pl IIIa 7,5 f. 32v. – 1 ἐάζει Radinger [metri et isopsephiae causa] αἰά- 3 γόου Pl.

550. ΤΟΥ ΑΥΤΟΥ ΛΕΩΝΙΔΟΥ

Ναυηγὸς γλαυκοῖο φυγὼν Τρίτωνος ἀπειλὰς
Ἀνθεὺς Φθειώτην οὐ φύγεν αἰνόλυκον·
Πηνειοῦ παρὰ χεῦμα γὰρ ὤλετο. φεῦ τάλαν, ὅστις
Νηρεΐδων Νύμφας ἔσχες ἀπιστοτέρας.

Pl IIIa 19,38 f. 37v. – 2 Φθειώτην Piccolomini [isopsephiae causa] Φθιώ- 4 νύμφαις P1 // ἔσχεν P.

551. ΑΓΑΘΙΟΥ ΣΧΟΛΑΣΤΙΚΟΥ

Λητόιος καὶ Παῦλος ἀδελφεὼ ἄμφω ἐόντε
ξυνὴν μὲν βιότου συζυγίην ἐχέτην,
ξυνὰ δὲ καὶ Μοίρης λαχέτην λίνα καὶ παρὰ θῖνα
Βοσπορίην ξυνὴν ἀμφεβάλοντο κόνιν.
οὐδὲ γὰρ ἀλλήλοιν ζώειν ἀπάνευθε δυνάσθην,
ἀλλὰ συνετρεχέτην καὶ παρὰ Φερσεφόνην.
χαίρετον, ὦ γλυκερὼ καὶ ὁμόφρονε· σήματι δ' ὑμέων
ὤφελεν ἱδρῦσθαι βωμὸς Ὁμοφροσύνης.

Pl IIIa 3,1 f. 30v. – 1 Λητώιος P 6 ξυντρεχ- Pl 8 -φροσύνας Pl.

Damon von Argos

Damon von Argos im Grab hier? Doch welcher? Ist es ein Bruder
des Dikaioteles? Ja? – „Des Dikaioteles, ja.“ –
Sprach mir die letzten Worte nur Echo nach? Oder ist's Wahrheit?
Wirklich? Es ist dieser Mann? – „Wirklich, es ist dieser Mann.“

Leonidas von Alexandria

Niobe

Niobe weint noch als Fels am Sipylosberg ob den vierzehn
toten Kindern; um sie will sie zerfließen vor Weh.
Nie wird ihr Klagen vergehn. Warum sprach sie auch prahlend die
die sie ums Leben gebracht und ihr die Kinder geraubt? [Worte,

Leonidas von Alexandria

Vom Wolf zerrissen

Antheus entging wohl im Schiffbruch der Drohung des schimmernden
doch in Phthiotis entging nicht er dem furchtbaren Wolf. [Triton,
Denn am Peneios traf ihn der Tod. – Du Armer, den treulich
die Nereïde beschützt, ach, und die Nymphe verriet.

Leonidas von Alexandria

Die beiden Brüder

Mit Letoios, dem Bruder, hat Paulos in treuer Gemeinschaft
gleich das Leben geführt, ja, es hat Moira den Zwei'n
gleich auch die Fäden bemessen, und endlich am Bosporosstrande
hat ein gemeinsames Grab gleich auch sie beide umfaßt.
Denn es konnte nicht einer getrennt von dem anderen leben,
sie marschierten zu zweit bis in Persephones Haus.
Seid mir, ihr Guten, gegrüßt, einträchtige Brüder! Der Eintracht
müßte auf euerem Grab man einen Altar erbaun.

Agathias Scholastikos

552. ΑΓΑΘΙΟΥ ΣΧΟΛΑΣΤΙΚΟΥ

Ὦ ξένε, τί κλαίεις; – „Διὰ σὸν μόρον.“ – Οἶσθα, τίς εἰμι; –
„Οὐ μὰ τόν, ἀλλ᾽ ἔμπης οἰκτρὸν ὁρῶ τὸ τέλος.
ἐσσὶ δὲ τίς;“ – Περίκλεια. – „Γυνὴ τίνος;“ – Ἀνδρὸς ἀρίστου,
ῥήτορος, ἐξ Ἀσίης, οὔνομα Μεμνονίου. –
„Πῶς δέ σε Βοσπορίη κατέχει κόνις;“ – Εἴρεο Μοῖραν,
ἥ μοι τῆλε πάτρης ξεῖνον ἔδωκε τάφον. –
„Παῖδα λίπες;“ – Τριέτηρον, ὃς ἐν μεγάροισιν ἀλύων
ἐκδέχεται μαζῶν ἡμετέρων σταγόνα. –
„Αἴθε καλῶς ζώοι.“ – Ναί, ναί, φίλος, εὔχεο κείνῳ,
ὄφρα μοι ἡβήσας δάκρυ φίλον σταλάοι.

1: εἰς Περίκλειαν c: τὴν ἰδίαν μητέρα κειμένην ἐν Βυζαντίῳ.– Pl IIIa 11,21 f. 34v. – 5 Βοσπόρη P 6 πάτριος P.

553. ΔΑΜΑΣΚΙΟΥ ΦΙΛΟΣΟΦΟΥ

Ζωσίμη, ἡ πρὶν ἐοῦσα μόνῳ τῷ σώματι δούλη,
καὶ τῷ σώματι νῦν ηὗρον ἐλευθερίην.

Pl IIIa 12,3 f. 35r; GV 1714. – 2 εὗρεν P Pl. – Subscr. in lap. ⟨μ(ηνὸς)⟩ Περιτ(ίου), ἔτ(ους) ωμθ΄.

554. ΦΙΛΙΠΠΟΥ ΘΕΣΣΑΛΟΝΙΚΕΩΣ

Λατύπος Ἀρχιτέλης Ἀγαθάνορι παιδὶ θανόντι
χερσὶν ὀιζυραῖς ἡρμολόγησε τάφον·
αἰαῖ πέτρον ἐκεῖνον, ὃν οὐκ ἐκόλαψε σίδηρος,
ἀλλ᾽ ἐτάκη πυκινοῖς δάκρυσι τεγγόμενος.
φεῦ, στήλη, φθιμένῳ κούφη μένε, κεῖνος ἵν᾽ εἴπῃ·
„Ὄντως πατρῴη χεὶρ ἐπέθηκε λίθον.“

Pl IIIa 27,4 f. 41v. – Tit.: gent. om. Pl 6 χεῖρ᾽ P.

555. ΙΩΑΝΝΟΥ ΠΟΙΗΤΟΥ

Ἐς πόσιν ἀθρήσασα παρ᾽ ἐσχατίης λίνα μοίρης
ᾔνεσα καὶ χθονίους, ᾔνεσα καὶ ζυγίους,
τοὺς μέν, ὅτι ζωὸν λίπον ἀνέρα, τοὺς δ᾽, ὅτι τοῖον.
ἀλλὰ πατὴρ μίμνοι παισὶν ἐφ᾽ ἡμετέροις.

Pl IIIa 11,26 f. 34v [cf. ad ep. 555 b]. – Tit.: Ἰ. π. τοῦ Βαρβουκάλλου Pl.

Agathias' Mutter

Tränen, Fremdling? Warum? – „Ob deinem Verscheiden." – Du [kennst mich? –
„Nein, doch seh ich, du gingst in einen kläglichen Tod.
Sag, wer du bist!" – Perikleia. – „Dein Gatte?" – Memnonios hieß er,
Rhetor aus Asien; er war wirklich ein trefflicher Mann. –
„Erde am Bosporos deckt dich? Wie kommt das?" – Frage die Moira,
die in der Fremde ein Grab fern von der Heimat mir gab. –
„Ließ'st einen Sohn du zurück?" – Drei Jahre erst zählt er; im Hause
irrt er umher und sehnt nun sich nach Milch meiner Brust. –
„Mög es ihm gut gehn im Leben!" – Ja ja, Freund, und sag ihm die
liebreich träufle er mir einst eine Träne als Mann! [Bitte,

Agathias Scholastikos

Sklavin Zosime

War ich, die Zosime, früher alleine dem Leibe nach Sklavin,
auch dem Leibe nach hab jetzt ich die Freiheit erlangt.

Philosoph Damaskios

Der Steinmetzsohn

Steinmetz Architeles hat seinem toten Sohn Agathanor,
mocht auch die Hand ihm vor Schmerz zittern, das Grab hier gebaut.
Weh ob dem Marmor darauf! Der Meißel nicht hat ihn gestaltet,
sondern es gab ihm die Flut netzender Tränen die Form. –
Säule, ach bleibe ihm leicht, dem Toten, auf daß er gestehe:
„Wirklich, des Vaters Hand hat diesen Stein mir gesetzt."

Philippos von Thessalonike

Die Hausmutter

Moiras Faden zerriß mir; doch als meinen Gatten ich ansah,
pries ich die Götter der Erd, pries ich die Götter der Eh:
Sie schufen so meinen Mann, und jene ließen ihn leben.
Bleib er als Vater denn noch unseren Kindern zurück.

Dichter Johannes Barbukallos

555b. ΤΟΥ ΑΥΤΟΥ

Τοῦτο σαοφροσύνας ἀντάξιον εὗρεο, Νοστώ·
δάκρυά σοι γαμέτας σπεῖσε καταφθιμένᾳ.

Pl III^a 11,27 f. 34^v. – Cum ep. 555 iunx. P^1, seiunx. c 1 εὗρε ὀνοστώ P^1.

556. ΘΕΟΔΩΡΟΥ ΤΟΥ ΑΝΘΥΠΑΤΟΥ

Νηλειὴς Ἀίδης· ἐπὶ σοὶ δ' ἐγέλασσε θανόντι,
Τίτυρε, καὶ νεκύων θῆκέ σε μιμολόγον.

l: εἰς Σάτυρον τὸν μιμολόγον. – Pl III^b 6,8 f. 92^r.

557. ΚΥΡΟΥ ΠΟΙΗΤΟΥ

Τρεῖς ἐτέων δεκάδες Μαίης χρόνος, ἐς τρία δ' ἄλλα
ἔτρεχεν· ἀλλ' Ἀίδης πικρὸν ἔπεμψε βέλος,
θηλυτέρην δ' ἥρπαξε ῥόδων καλύκεσσιν ὁμοίην,
πάντ' ἀπομαξαμένην ἔργα τὰ Πηνελόπης.

Pl III^a 11,28 f. 34^v. – 1 Μαύης P 3 ἥρπαξεν P 4 ἀπομιξ- (?) P^1.

558. ΑΔΕΣΠΟΤΟΝ

Αιδης μὲν σύλησεν ἐμῆς νεότητος ὀπώρην,
κρύψε δὲ παππῴῳ μνήματι τῷδε λίθος.
οὔνομα Ῥουφῖνος γενόμην, παῖς Αἰθερίοιο,
μητρὸς δ' ἐξ Ἀγάθης, ἀλλὰ μάτην γενόμην.
ἐς γὰρ ἄκρον μούσης τε καὶ ἥβης ἧκον ἐλάσσας,
φεῦ, σοφὸς εἰς Ἀίδην καὶ νέος εἰς ἔρεβος.
κώκυε καὶ σὺ βλέπων τάδε γράμματα μακρόν, ὁδῖτα·
δὴ γὰρ ἔφυς ζῴων ἢ πάις ἠὲ πατήρ.

c: εὑρέθη ἐν Προύσῃ. – Pl III^a 20,2 f. 38^r. 2 παππαίῳ P 3 πάϊς Pl 4 Ἀγάθης Grotius ἀγαθῆς 5 ἧκον P ἄνθος ex ἧκον Pl.

Ein gleiches

Dies war der würdige Dank für deine Züchtigkeit, Nosto:
bei deinem Tode entbot Spenden von Tränen dein Mann.

Johannes Barbukallos

Komiker Satyros

Hades ist hart, doch er lachte, o Tityros, über dich Toten,
daß er zum Komiker dich unter den Schatten gemacht.

Prokonsul Theodoros

Maia

Drei Jahrzehnte hat Maia gelebt, drei fernere Jahre
ging sie noch weiter, da sandt Hades sein herbes Geschoß,
ach, und raffte sie hin, die schön war wie Knospen von Rosen
und in all ihrem Tun ganz der Penelope glich.

Dichter Kyros

Der junge Rufinos

Hades hat mir die Früchte der Jugendjahre entrissen,
hier in der Ahnen Gruft hält sie ein Marmor bedeckt.
Gaben Aitherios auch und Agathe liebend mir Leben,
ach, sie gaben umsonst mich, den Rufinos, dem Licht.
Kaum zum Gipfel der Weisheit und Blüte gekommen, ging, ach, ich
weise zum Hades und schritt blühend zum Erebos fort . . .
Wanderer, weine auch du laut auf beim Anblick der Inschrift,
denn von Sterblichen bist Sohn oder Vater auch du.

Anonym

559. ΘΕΟΣΕΒΕΙΑΣ

Εἶδεν Ἀκεστορίη τρία πένθεα· κείρατο χαίτην
πρῶτον ἐφ' Ἱπποκράτει καὶ δεύτερον ἀμφὶ Γαληνῷ·
καὶ νῦν Ἀβλαβίου γοερῷ περὶ σήματι κεῖται
αἰδομένη μετὰ κεῖνον ἐν ἀνθρώποισι φανῆναι.

l: εἰς Ἀβλάβιόν τινα, ἰατρὸν περίφημον. – Pl IIIª 14,1 f.35ᵛ. – Tit.: Θεοσεβίας Pl.

560. ΠΑΥΛΟΥ ΣΙΛΕΝΤΙΑΡΙΟΥ

Εἰ καὶ ἐπὶ ξείνης σε, Λεόντιε, γαῖα καλύπτει,
  εἰ καὶ ἐρικλαύτων τῆλε θάνες γονέων,
πολλά σοι ἐκ βλεφάρων ἐχύθη περιτύμβια φωτῶν
  δάκρυα δυστλήτῳ πένθεϊ δαπτομένων.
πᾶσι γὰρ ἦσθα λίην πεφιλημένος οἷά τε πάντων
  ξυνὸς ἐὼν κοῦρος, ξυνὸς ἐὼν ἕταρος.
αἰαῖ, λευγαλέη καὶ ἀμείλιχος ἔπλετο Μοῖρα,
  μηδὲ τεῆς ἥβης, δύσμορε, φεισαμένη.

Pl IIIª 20,3 f.38ʳ [Plª], IIIᵇ 20,3 f.94ᵛ [Plᵇ]. – 1–2 om. Plª 2 τῆλ' ἔθ- Pl 3 φλεφάρων P // χύθη Plᵇ 6 ἑταῖρος Plᵇ 7 ἔπλετο Plª -εο P Plᵇ.

561. ΙΟΥΛΙΑΝΟΥ ΑΠΟ ΥΠΑΤΩΝ ΑΙΓΥΠΤΙΟΥ

Ἡ Φύσις ὠδίνασα πολὺν χρόνον ἀνέρα τίκτεν
  ἄξιον εἰς ἀρετὴν τῶν προτέρων ἐτέων,
τὸν Κρατερὸν σοφίην τε καὶ οὔνομα, τὸν καὶ ἀνιγροῖς
  κινήσαντα γόῳ δάκρυον ἀντιπάλοις.
εἰ δὲ νέος τέθνηκεν, ὑπέρτερα νήματα Μοίρης
  μέμφεο βουλομένης κόσμον ἄκοσμον ἔχειν.

Pl IIIª 26,3 f.41ᵛ. – 1 ἀνέρ' ἔτικτεν P Pl em. Ludwich 4 δάκρυα P.

Arzt Ablabios

Drei Begräbnisse mußt Akestoria sehen: sie schor sich
erstlich das Haar um Hippokrates ab und dann um Galenos,
und nun wirft sie sich hin vor Ablabios' traurigem Grabmal,
ach, und schämt sich, nach diesem sich wieder vor Menschen zu zeigen.

Theosebeia

Der junge Leontios

Wenn in der Fremde dich auch die Erde, Leontios, einhüllt,
wenn du auch ferne vom Schmerz weinender Eltern verstarbst,
dennoch, dir rannen aufs Grab unzählige Tränen vom Auge
lebender Menschen, die jetzt quälender Kummer verzehrt.
Warst du doch allen so lieb, so maßlos teuer, als wärst du
allen gemeinsam ein Sohn, allen gemeinsam ein Freund.
Ach, wie erbarmungsohne und grausam war doch die Moira,
selbst deine junge Gestalt, Armer, verschonte sie nicht.

Paulos Silentiarios

Redner Krateros

Lange kreißte Natur, dann gab einem Manne sie Leben,
dessen Größe dem Maß früherer Zeiten entsprach.
Krateros war es, der „Starke“ an Namen wie Kunst, dessen Klage
selbst dem grimmigsten Feind Tränen ins Auge gelockt.
Starb er so jung schon, dann zürne den mächtigen Fäden der Moira,
welche die prangende Welt prachtlos zu machen gewünscht.

Konsul Julianos von Ägypten

562. ΙΟΥΛΙΑΝΟΥ ΑΠΟ ΥΠΑΤΩΝ ΑΙΓΥΠΤΙΟΥ

Ὦ φθέγμα Κρατεροῖο, τί σοι πλέον, εἴ γε καὶ αὐδῆς
ἔπλεο καὶ σιγῆς αἴτιον ἀντιπάλοις;
ζῶντος μὲν γὰρ ἅπαντες ἐφώνεον· ἐκ δὲ τελευτῆς
ὑμετέρης ἰδίην αὖθις ἔδησαν ὄπα.
οὔτις γὰρ μετὰ σεῖο μόρον τέτληκε τανύσσαι
ὦτα λόγοις, Κρατερῷ δ' ἓν τέλος ἠδὲ λόγοις.

Pl III[a] 26,4 f. 41[v]. – **1** γε Pl τε P **4** ἰδίην . . . ὄπα c om. P[1].

563. ΠΑΥΛΟΥ ΣΙΛΕΝΤΙΑΡΙΟΥ

Σιγᾷς, Χρυσεόμαλλε, τὸ χάλκεον, οὐκέτι δ' ἡμῖν
εἰκόνας ἀρχεγόνων ἐκτελέεις μερόπων
νεύμασιν ἀφθόγγοισι· τεὴ δ', ὄλβιστε, σιωπὴ
νῦν στυγερὴ τελέθει, τῇ πρὶν ἐθελγόμεθα.

l: εἰς ζωγράφον [i. e. mimum] τινὰ εὐφυῆ καὶ καλούμενον Χρυσόμαλλον. – Pl III[b] 6,9 f. 92[r]. – **3** σιωπῇ (?) P[1].

564. ΑΔΕΣΠΟΤΟΝ

Τῇδέ ποτ' ἀκτερέιστον ἐδέξατο γαῖα χανοῦσα
Λαοδίκην δῄων ὕβριν ἀλευομένην.
σῆμα δ' ἀμαλδύναντος ἀνωίστοιο χρόνοιο
Μάξιμος ἔκδηλον θῆκ' Ἀσίης ὕπατος,
καὶ κούρης χάλκειον ἐπεὶ τύπον ἐφράσατ' ἄλλῃ
κείμενον ἀκλειῶς, τῷδ' ἐπέθηκε κύκλῳ.

Pl III[b] 11,9 f. 92[v]. – **2** δηίων Pl **5** ἄλλη P[1].

565. ΙΟΥΛΙΑΝΟΥ ΑΠΟ ΥΠΑΤΩΝ

Αὐτὴν Θειοδότην ὁ ζωγράφος. αἴθε δὲ τέχνης
ἤμβροτε καὶ λήθην δῶκεν ὀδυρομένοις.

l: εἰς τὴν Θεοδότης εἰκόνα. – Pl III[a] 11,29 f. 34[v]. – Tit.: Ἰουλ. Αἰγυπτίου Pl.

Ein gleiches

Du, des Krateros Stimme, was hilft es dir, daß du die Gegner
einst zum Reden sowohl wie auch zum Schweigen gebracht?
Als du am Leben noch warst, da pflegten sie alle zu sprechen;
seit du gestorben, ist auch stumm nun ihr eigener Mund.
Siehe, nach deinem Verscheiden wünscht niemand mehr Reden zu [hören:
Krateros starb, es starb mit ihm die Rede dahin.

Konsul Julianos von Ägypten

Pantomime Chrysomallos

Chrysomallos, du schweigst – in ehernem Schweigen; aus deinen
stummen Gebärden enthüllt fürder sich nicht mehr das Bild
früherer Menschen vor uns. O du, wie ist uns dein Schweigen,
das uns bisher so entzückt, heute, o Sel'ger, verhaßt.

Paulos Silentiarios

Priamostochter Laodike

Als Laodike einst vor der Feinde Gewalttat geflüchtet,
nahm sie in gähnender Kluft weihlos die Erde hier auf.
Still und langsam zerstörten die Zeiten das Denkmal, bis neuen
Schimmer ihm Maximus dann, Konsul von Asien, geschenkt.
Fern war das eherne Bild des jungfräulichen Mädchens; er fand es
glanzlos da liegen und wies hier auf der Rundung ihm Platz.

Anonym

Das lebenswahre Bild

Dies ist Theodote selbst. O wäre das Können des Malers
schlechter gewesen, dem Leid wäre Vergessen geschenkt!

Konsul Julianos von Ägypten

566. ΜΑΚΗΔΟΝΙΟΥ ΥΠΑΤΟΥ

Γαῖα καὶ Εἰλήθυια, σὺ μὲν τέκες, ἡ δὲ καλύπτεις·
χαίρετον· ἀμφοτέραις ἤνυσα τὸ στάδιον.
εἶμι δὲ μὴ νοέων, πόθι νίσομαι· οὐδὲ γὰρ ὑμέας
ἢ τίνος ἢ τίς ἐὼν οἶδα πόθεν μετέβην.

Pl IIIa 9,4 f. 33r. – Tit.: Μακεδ- (om. ὑπ.) Pl 1 Εἰλείθ- Pl // ἡ δὲ P 2 ἀμφοτέρας P[1] 3 εἶμι Brunck εἰμὶ // νείσσομαι Pl.

567. ΑΓΑΘΙΟΥ ΣΧΟΛΑΣΤΙΚΟΥ

Κανδαύλου τόδε σῆμα· Δίκη δ' ἐμὸν οἶτον ἰδοῦσα
οὐδὲν ἀλιτραίνειν τὴν παράκοιτιν ἔφη.
ἤθελε γὰρ δισσοῖσιν ὑπ' ἀνδράσι μηδὲ φανῆναι,
ἀλλ' ἢ τὸν πρὶν ἔχειν ἢ τὸν ἐπιστάμενον.
ἦν ἄρα Κανδαύλην παθέειν κακόν· οὐ γὰρ ἂν ἔτλη
δεῖξαι τὴν ἰδίην ὄμμασιν ἀλλοτρίοις.

Pl IIIa 7,1 f. 32v; Σ 109; Laur. 32,16. – Tit. om. Σ Laur. 3 δυσσοῖσιν Σ 5 ἔτλη: ἔδει Σ.

568. ΑΓΑΘΙΟΥ ΣΧΟΛΑΣΤΙΚΟΥ

Ἑπτά με δὶς λυκάβαντας ἔχουσαν ἀφήρπασε δαίμων,
ἣν μούνην Διδύμῳ πατρὶ Θάλεια τέκεν.
ἆ Μοῖραι, τί τοσοῦτον ἀπηνέες οὐδ' ἐπὶ παστοὺς
ἠγάγετ' οὐδ' ἐρατῆς ἔργα τεκνοσπορίης;
οἱ μὲν γὰρ γονέες με γαμήλιον εἰς Ὑμέναιον
μέλλον ἄγειν, στυγεροῦ δ' εἰς Ἀχέροντος ἔβην.
ἀλλά, θεοί, λίτομαι, μητρός γε γόους πατέρος τε
παύσατε τηκομένων εἵνεκ' ἐμεῦ φθιμένης.

Pl IIIb 20,4 f. 94v. – Tit. om. Pl 2 θάλειαν P 3 ἆ Salm. αἱ P ὦ Pl 4 ἠγάγετ' (!) [ex ἤγετ'] Pl ἤγετε P 5 τοκέες Pl 7 γε P τε Pl 8 τακομ- et φθιμένας P.

Rätsel des Lebens

Erde und Eilethyia – du gabst mir das Leben, du deckst mich –
seid mir gegrüßt! Mein Lauf ist nun beendet bei euch.
Fort jetzt geh ich. Wohin . . . ? Ich weiß nicht – und weiß nicht: Wer
Wer mein Vater? Woher kam ich herüber zu euch . . . ? [bin ich?

Konsul Makedonios

Kandaules

Dies ist das Grab des Kandaules. Als Dike mein Schicksal gesehen,
sagte sie selbst, es sei schuldlos daran meine Frau.
Denn sie wünschte es nicht, zwei Männern auch nur sich zu zeigen,
wollte den ersten als Mann oder den, der sie geschaut.
Böses mußte daher Kandaules treffen; er durfte
nie seine eigene Frau zeigen vor anderer Blick.

Agathias Scholastikos

Die Braut

Ob auch als einzige Tochter dereinst mich Thaleia dem Vater
Didymos schenkte, der Tod nahm mich im vierzehnten Jahr.
Moiren, ihr harten, was gönntet ihr nicht mir die bräutliche Kammer,
nicht die Freude am Werk, Kinder zu zeugen im Bett?
Eben wollten die Eltern zum Hymen der Hochzeit mich führen,
doch zu der finsteren Flut Acherons ging ich hinab.
O, nun hemmet, ihr Götter, ich flehe, die Klagen des Vaters
und der Mutter, die, ach, ob meinem Tode vergehn.

Agathias Scholastikos

569. ΑΓΑΘΙΟΥ ΣΧΟΛΑΣΤΙΚΟΥ

Ναὶ λίτομαι, παροδῖτα, φίλῳ κατάλεξον ἀκοίτῃ,
εὖτ' ἂν ἐμὴν λεύσσῃς πατρίδα Θεσσαλίην·
„Κάτθανε σὴ παράκοιτις, ἔχει δέ μιν ἐν χθονὶ τύμβος,
αἰαῖ, Βοσπορίης ἐγγύθεν ἠιόνος·
ἀλλά μοι αὐτόθι τεῦχε κενήριον ἐγγύθι σεῖο,
ὄφρ' ἀναμιμνήσκῃ τῆς ποτε κουριδίης."

Pl III^b 11,7 f. 92^v. – **2** εὖ τὰν ἐ. λεύσῃ P.

570. ΑΔΕΣΠΟΤΟΝ

Δουλκίτιον μὲν ἄνακτες ἄκρον βιότοιο πρὸς ὄλβον
ἤγαγον ἐξ ἀρετῆς καὶ κλέος ἀνθυπάτων·
ὡς δὲ Φύσις μιν ἔλυσεν ἀπὸ χθονός, ἀθάνατοι μὲν
αὐτὸν ἔχουσι θεοί, σῶμα δὲ σηκὸς ὅδε.

Pl III^a 1,2 f. 30^r.

571. ΛΕΟΝΤΙΟΥ ΣΧΟΛΑΣΤΙΚΟΥ

'Ορφέος οἰχομένου τάχα τις τότε λείπετο Μοῦσα·
σεῦ δέ, Πλάτων, φθιμένου παύσατο καὶ κιθάρη·
ἦν γὰρ ἔτι προτέρων μελέων ὀλίγη τις ἀπορρὼξ
ἐν σαῖς σῳζομένη καὶ φρεσὶ καὶ παλάμαις.

Pl III^a 16,1 f. 35^v. – **1** τίς ποτε Pl **2** σοῦ Pl **3** ἦν P.

572. ΑΓΑΘΙΟΥ ΣΧΟΛΑΣΤΙΚΟΥ

Οὐχ ὁσίοις λεχέεσσιν ἐτέρπετο λάθριος ἀνὴρ
λέκτρον ὑποκλέπτων ἀλλοτρίης ἀλόχου·
ἐξαπίνης δὲ δόμων ὀροφὴ πέσε, τοὺς δὲ κακούργους
ἔσκεπεν ἀλλήλοις εἰσέτι μισγομένους.
ξυνὴ δ' ἀμφοτέρους κατέχει παγίς, εἰν ἑνὶ δ' ἄμφω
κεῖνται συζυγίης οὐκέτι παυόμενοι.

Pl III^a 18,1 f. 36^r. – **3** ἀλλάπίνης P **6** κεῖνται ex κεῖται Pl.

Die Gattin

Wahrlich, Wandrer, ich bitte, o sag meinem lieben Gemahle,
wenn du Thessalien, das Land, das mich geboren, erblickst:
„Deine Gattin ist tot! Nicht fern vom Bosporosstrande
schließt verhüllend ein Grab, ach, in der Erde sie ein.
Gönne mir dort nun ein Grab, ein leeres, bei dir in der Nähe,
daß es dich immer gemahnt an deine einstige Frau.“

Agathias Scholastikos

Prokonsul Dulcitius

Höchstem menschlichem Glück und der Würde der Prokonsuln hoben
Fürsten Dulcitius einst ob seiner Tüchtigkeit zu.
Als ihn Natur von der Erde erlöst, empfingen ihn selber
ewige Götter, den Leib nahm dies Gehege hier auf.

Anonym

Kitharöde Platon

Damals, als Orpheus geschieden, verblieb uns wohl noch eine Muse,
aber, Platon, mit dir ist auch die Zither verstummt.
Denn lebendig noch war in deinen Gedanken und Händen
ein versiegender Rest ältester Lieder bewahrt.

Leontios Scholastikos

Die Ehebrecher

Sündiger Liebe erfreute sich heimlicherweise ein Böser,
der eines anderen Manns Bette verstohlen betrog.
Plötzlich stürzte das Dach des Hauses hernieder, begrabend
das verworfene Paar, während es noch sich umfing.
Beide umschließt nun die Falle gemeinsam, sie kamen in einem
Grabe beide zur Ruh, ewig verbunden in eins.

Agathias Scholastikos

573. ΛΕΟΝΤΙΟΥ ΣΧΟΛΑΣΤΙΚΟΥ

Χειρεδίου τόδε σῆμα, τὸν ἔτρεφεν Ἀτθὶς ἄρουρα
εἰκόνα ῥητήρων τῆς προτέρης δεκάδος,
ῥηιδίως πείθοντα δικασπόλον· ἀλλὰ δικάζων
οὔποτε τῆς ὀρθῆς οὐδ' ὅσον ἐτράπετο.

Pl IIIa 26,1 f. 41v. – **4** οὐδ' Brunck οὐθ'.

574. ΑΓΑΘΙΟΥ ΣΧΟΛΑΣΤΙΚΟΥ

Θεσμοὶ μὲν μεμέληντο συνήθεες Ἀγαθονίκῳ,
Μοῖρα δὲ δειμαίνειν οὐ δεδάηκε νόμους·
ἀλλά μιν ἁρπάξασα σοφῶν ἤμερσε θεμίστων
οὔπω τῆς νομίμης ἔμπλεον ἡλικίης.
οἰκτρὰ δ' ὑπὲρ τύμβοιο κατεστονάχησαν ἑταῖροι
κείμενον οὗ θιάσου κόσμον ὀδυρόμενοι·
ἡ δὲ κόμην τίλλουσα γόῳ πληκτίζετο μήτηρ,
αἰαῖ, τὸν λαγόνων μόχθον ἐπισταμένη.
ἔμπης ὄλβιος οὗτος, ὃς ἐν νεότητι μαρανθεὶς
ἔκφυγε τὴν βιότου θᾶσσον ἀλιτροσύνην.

Pl IIIa 20,4 f. 38r. – **6** οὗ Pl τὸν P **8** τῶν [ex τον?] P.

575. ΛΕΟΝΤΙΟΥ ΣΧΟΛΑΣΤΙΚΟΥ

Σῆμα Ῥόδης· Τυρίη δὲ γυνὴ πέλεν, ἀντὶ δὲ πάτρης
ἵκετο τήνδε πόλιν κηδομένη τεκέων.
αὕτη ἀειμνήστοιο λέχος κόσμησε Γεμέλλου,
ὃς πάρος εὐνομίης ἴδμονα θῆκε πόλιν.
γρηῦς μὲν μόρον εὗρεν, ὄφελλε δὲ μυρία κύκλα
ζώειν· τῶν ἀγαθῶν οὐ δεχόμεσθα κόρον.

l: εἰς Ῥόδην, τὴν γυναῖκα Γεμέλλου, τὴν Τυρίαν ἐν Βυζαντίῳ τελευτήσασαν. – Pl IIIa 11,30 f. 34v. – **3** αὔτη P **5** γρῆϋς Pl.

Advokat Cheiredios

Dies ist Cheiredios' Mal. Ihn brachte die attische Erde
als ein Abbild der zehn früheren Redner hervor.
Leicht überzeugte er einst den Richter; selbst Richter geworden,
hat er jedoch keinen Schritt sich von dem Rechten entfernt.

Leontios Scholastikos

Rechtsstudent Agathonikos

Stets war Agathonikos um Lehren des Rechtes beflissen,
Moira dagegen hat nie Scheu vor Gesetzen gekannt:
Ach, er hatte noch nicht das gebührende Alter vollendet,
da entzog sie ihn schon raubend der Weisheit des Rechts.
Traurig beklagten die Freunde ihn über dem Grabe und weinten
ihm, dem Toten, dem Schmuck ihrer Vereinigung, nach.
Jammernd raufte die Mutter ihr Haar und schlug sich den Busen,
wissend, wie schwer ihn ihr Leib einst, ach, zum Leben gebracht.
Doch glückselig nun ist er, der, noch in der Blüte verwelkend,
so den Sünden der Welt rascher als andre entfloh.

Agathias Scholastikos

Die Gattin des Rechtsprofessors

Grabmal der Rhode. Sie tauschte die Heimat Tyros und suchte
diese Stadt auf, um hier sich um die Kinder zu mühn.
Zierde war sie dem Bett des nimmervergeßnen Gemellos,
der dereinst in der Stadt Rechtswissenschaften gelehrt.
Alt erst fand sie den Tod; doch wünscht man, sie wäre noch tausend
Jahre geblieben; denn nie hat man an Guten genug.

Leontios Scholastikos

576. ΙΟΥΛΙΑΝΟΥ ΑΠΟ ΥΠΑΤΩΝ

Κάτθανες, ὦ Πύρρων; – „Ἐπέχω." – Πυμάτην μετὰ μοῖραν
φῂς ἐπέχειν; – „Ἐπέχω· σκέψιν ἔπαυσε τάφος."

Pl III^{a} 28,38 f. 43^{r} – Tit.: Ἰουλ. tantum Pl **1** κάτθανεν P **2** ἐπέχω Pl -χη P.

577. ΤΟΥ ΑΥΤΟΥ

Ὅστις με τριόδοισι μέσαις τάρχυσε θανόντα,
λυγρὰ παθὼν τύμβου μηδ' ὀλίγοιο τύχοι,
πάντες ἐπεὶ Τίμωνα νέκυν καλέουσιν ὁδῖται
καὶ μόρος ἄμμι μόνοις ἄμμορος ἡσυχίης.

Pl III^{b} 6,5 f. 92^{r}. – In P hic [P^{a}] et iuxta VII 315 [P^{b}]. Tit. om. Pl **2** τύχοι P^{b} [superscr.] Pl τύχῃ P^{a} P^{b} **3** πατέουσιν c^{a} // ὁδῖτα P^{a1}.

578. ΑΓΑΘΙΟΥ ΣΧΟΛΑΣΤΙΚΟΥ

Τὸν κρατερὸν Πανοπῆα τὸν ἀγρευτῆρα λεόντων,
τὸν λασιοστέρνων κέντορα παρδαλίων,
τύμβος ἔχει· γλαφυρῆς γὰρ ἀπὸ χθονὸς ἔκτανε δεινὸς
σκορπίος οὐτήσας ταρσὸν ὀρεσσιβάτην.
αἰγανέη δὲ τάλαινα σίγυνά τε πὰρ χθονὶ κεῖται,
αἰαῖ, θαρσαλέων παίγνια δορκαλίδων.

Pl III^{b} 17,2 f. 93^{v}. – **2** παρδ- [ex πορδ-?] P πορδ- Pl.

579. ΛΕΟΝΤΙΟΥ ΣΧΟΛΑΣΤΙΚΟΥ

Πέτρου ὁρᾷς ῥητῆρος ἀεὶ γελόωσαν ὀπωπήν,
ἐξόχου εἰν ἀγοραῖς, ἐξόχου ἐν φιλίῃ.
ἐν δὲ Διωνύσου θηεύμενος ὤλετο μοῦνος,
ὑψόθεν ἐκ τέγεος σὺν πλεόνεσσι πεσών,
βαιὸν ἐπιζήσας, ὅσον ἤρκεσε. τοῦτον ἔγωγε
ἄγριον οὐ καλέω, τὸν δὲ φύσει θάνατον.

l: εἰς Πέτρον ῥήτορα ἀπὸ στέγους πεσόντα καὶ τελευτήσαντα. – Pl III^{a} 26,2 f. 41^{v}.

Philosoph Pyrrhon

Starbst du denn, Pyrrhon? – „Ich weiß nicht." – Du weißt es nicht
[jetzt nach dem letzten
Stündlein? – „Ich weiß nicht. Das Grab brachte mein Zweifeln zur
[Ruh."

Konsul Julianos von Ägypten

Menschenhasser Timon

Wer mich hier, als ich gestorben, so mitten im Kreuzweg beerdigt,
treff ihn das Unglück! Kein Stück soll er bekommen von Grab!
Wer auch vorbeikommt, der ruft mich doch an, den „verewigten
Ewige Ruh? Keine Spur! Mir bringt sie Unruhe nur. [Timon".

Julianos von Ägypten

Löwenjäger Panopeus

Löwenjäger voll Urkraft ist Panopeus einstens gewesen,
Panther mit zottiger Brust hat er mit Speeren durchbohrt.
Tot nun ruht er im Grab: aus dem Erdloch stach ihn ein schlimmer
Skorpion in den Fuß, als er die Berge bestieg.
Hier im Staube nun liegen der arme Spieß und die Lanzen,
ach, und in fröhlichem Mut spielt mit den Waffen – das Reh.

Agathias Scholastikos

Redner Petros

Siehe hier Petros, den Redner, mit immer lächelndem Antlitz,
ihn, der sich trefflich im Wort, trefflich in Freundschaft bewährt.
Als in des Bakchos Theater er zusah und plötzlich mit vielen
hoch vom Dache gestürzt, kam er als einziger um.
Kurz nur lebte er noch, aber grade genügend. Das nenn ich
keinen gewaltsamen, nein, einen natürlichen Tod.

Leontios Scholastikos

580. ΙΟΥΛΙΑΝΟΥ ΑΙΓΥΠΤΙΟΥ

Οὔποτέ με κρύψεις ὑπὸ πυθμένα νείατον αἴης
  τόσσον, ὅσον κρύψαι πάνσκοπον ὄμμα Δίκης.

Pl IIIa 6,13 f.32r [iunctum cum ep. 581] – Tit.: gent. om. Pl.

581. ΙΟΥΛΙΑΝΟΥ ΑΙΓΥΠΤΙΟΥ

Ἀντὶ φόνου τάφον ἄμμι χαρίζεαι· ἀλλὰ καὶ αὐτὸς
  ἴσων ἀντιτύχοις οὐρανόθεν χαρίτων.

Pl IIIa 6,13 [cf. ad ep. 580].

582. ΤΟΥ ΑΥΤΟΥ ΙΟΥΛΙΑΝΟΥ

Χαῖρέ μοι, ὦ ναυηγέ, καὶ εἰς Ἀίδαο περήσας
  μέμφεο μὴ πόντου κύμασιν, ἀλλ' ἀνέμοις.
κεῖνοι μέν σ' ἐδάμασσαν, ἁλὸς δέ σε μείλιχον ὕδωρ
  ἐς χθόνα καὶ πατέρων ἐξεκύλισε τάφους.

Pl IIIa 19,39 f.37v. – **3** σε δάμασαν P Pl [-σσαν] em. Steph. **4** ἐξεκύλισσε P.

583. ΑΓΑΘΙΟΥ ΣΧΟΛΑΣΤΙΚΟΥ

Ἀβάλε μηδ' ἐγένοντο γάμοι, μὴ νύμφια λέκτρα·
  οὐ γὰρ ἂν ὠδίνων ἐξεφάνη πρόφασις.
νῦν δ' ἡ μὲν τριτάλαινα γυνὴ τίκτουσα κάθηται,
  γαστρὶ δὲ δυσκόλπῳ νεκρὸν ἔνεστι τέκος·
τρισσὴ δ' ἀμφιλύκη δρόμον ἤνυσεν, ἐξότε μίμνει
  τὸ βρέφος ἀπρήκτοις ἐλπίσι τικτόμενον.
κούφη σοὶ τελέθει γαστήρ, τέκος, ἀντὶ κονίης·
  αὕτη γάρ σε φέρει, καὶ χθονὸς οὐ χατέεις.

Pl IIIa 9,5 f.33r. – **5** ἤνυσεν l Pl -σε P^1 **7** ἀντὶ δὲ κ. P **8** αὐτη P.

Der Ermordete

Niemals begräbst du so tief mich im untersten Grunde der Erde,
daß du dem spähenden Blick Dikes mich wirklich verbirgst.

Julianos von Ägypten

Ein gleiches

Gönnest mir gnädig ein Grab, um meine Ermordung zu sühnen.
Gönne der Himmel dir selbst später die nämliche Gunst!

Julianos von Ägypten

Der Schiffbrüchige

Sei mir gegrüßt, Gescheiterter du! Und kommst du zum Hades,
schilt nicht die Wogen der See, zürne den Winden allein.
Diese bezwangen dein Leben; das freundliche Wasser des Meeres
hat dich ans Ufer, zur Gruft, sieh, deiner Väter gespült.

Julianos von Ägypten

Die Wöchnerin

Gäb es die Heirat doch nicht, und gäb es doch nie mehr ein Brautbett,
ach, dann wär auch kein Grund für die Geburtswehen da.
Hier aber sitzt zur Entbindung ein Weib, das wir doppelt bedauern:
tot ist das Kind, das ihr Schoß unheilbeladen behält.
Dreimal schon graute der Morgen heran, seit das Kindlein sich säumet
vor der Geburt, die doch sinnlose Hoffnung nur ist.
Leicht wird der Mutterleib dir, du Kleines, wohl leichter als Erde:
sieh, er trägt dich, dir tut keinerlei Erdenstaub not.

Agathias Scholastikos

584. ΙΟΥΛΙΑΝΟΥ ΑΙΓΥΠΤΙΟΥ

Πλώεις ναυηγόν με λαβὼν καὶ σήματι χώσας;
πλῶε Μαλειάων ἄκρα φυλασσόμενος,
αἰεὶ δ' εὐπλοΐην μεθέποις, φίλος· ἢν δέ τι ῥέξῃ
ἄλλο Τύχη, τούτων ἀντιάσαις χαρίτων.

Pl IIIª 19,40 f. 37ᵛ. – **3** ἣν et ῥέξει P **4** τοίων Pl.

585. ΤΟΥ ΑΥΤΟΥ ΙΟΥΛΙΑΝΟΥ

Μύγδων τέρμα βίοιο λαχὼν αὐτόστολος ἦλθεν
εἰς 'Αίδην, νεκύων πορθμίδος οὐ χατέων.
ἣν γὰρ ἔχε ζώων βιοδώτορα, μάρτυρα μόχθων,
ἄγραις εἰναλίαις πολλάκι βριθομένην,
τήνδε καὶ ἐν θανάτῳ λάχε σύνδρομον, εὖτε τελευτὴν
εὕρετο συλλήξας ὁλκάδι καιομένῃ.
οὕτω πιστὸν ἄνακτι πέλεν σκάφος, οἶκον ἀέξον
Μύγδονι καὶ σύμπλουν ἐς βίον, ἐς θάνατον.

Pl IIIª 4,2 f. 30ᵛ. – **1** ἦλθε P **7** πέλε Pl **8** Μύγδου P.

586. ΤΟΥ ΑΥΤΟΥ ΙΟΥΛΙΑΝΟΥ

Οὔτι σε πόντος ὄλεσσε καὶ οὐ πνείοντες ἀῆται,
ἀλλ' ἀκόρητος ἔρως φοιτάδος ἐμπορίης.
εἴη μοι γαίης ὀλίγος βίος· ἐκ δὲ θαλάσσης
ἄλλοισιν μελέτω κέρδος ἀελλομάχον.

Pl IIIª 19,41 f. 37ᵛ; Laur. 32,16 [om. tit. et v. 1–2].

587. ΤΟΥ ΑΥΤΟΥ ΙΟΥΛΙΑΝΟΥ ΑΙΓΥΠΤΙΟΥ

Χθών σε τέκεν, πόντος δὲ διώλεσε, δέκτο δὲ θῶκος
Πλουτῆος· κεῖθεν δ' οὐρανὸν εἰσανέβης.
οὐχ ὡς ναυηγὸς δὲ βυθῷ θάνες, ἀλλ' ἵνα πάντων
κλήροις ἀθανάτων, Πάμφιλε, κόσμον ἄγῃς.

c: εἰς Πάμφιλον φιλόσοφον ἐν ναυαγίῳ τελευτήσαντα. – Pl IIIª 19,42 f. 37ᵛ.

Der Schiffbrüchige

Segelst du wieder, nachdem du mich Toten vom Schiffbruch begraben?
Segle, doch nimm dich in acht vor dem Maleiagebirg!
Allzeit glückliche Fahrt, mein Freund! Doch meint es das Schicksal
anders mit dir, dann genieß auch diese nämliche Gunst.

Julianos von Ägypten

Fischer Mygdon

Als sich dem Mygdon das Leben geneigt, da brauchte er Charons
Kahn nicht – mit eigenem Schiff fuhr er zu Hades' Gestad.
Den er im Leben besessen als Nährer und Zeugen der Arbeit,
der mit Beute des Meers oftmals beschwert war, der Kahn
war auch sein Reisegefährte im Tode, als er am Ende
mit dem brennenden Boot selber zerfiel und verging.
Sieh, so treu war das Schiff seinem Herrn: Es mehrte die Güter
Mygdons und fuhr als Genoß mit ihm im Leben und Tod.

Julianos von Ägypten

Der Schiffbrüchige

See nicht, noch brausende Winde vertilgten dich, sondern des Kauf-
unbezähmbarer Drang, der in die Weite ihn lockt. [manns
Mir mag die Erde gewähren, bescheiden zu leben, zu Meeres
sturmumkämpftem Gewinn treibe die andern das Herz.

Julianos von Ägypten

Philosoph Pamphilos

Erde hat dich geboren, das Meer dich getötet und Plutons
Haus dich empfangen; von dort stiegst du zum Himmel empor.
Nicht ob dem Schiffbruch verschlang dich das Meer. Du, Pamphilos,
als eine Zier für das Reich sämtlicher Götter bestimmt. [warest

Julianos von Ägypten

588. ΠΑΥΛΟΥ ΣΙΛΕΝΤΙΑΡΙΟΥ

Δαμόχαρις Μοίρης πυμάτην ὑπεδύσατο σιγήν.
φεῦ, τὸ καλὸν Μούσης βάρβιτον ἠρεμέει,
ὤλετο γραμματικῆς ἱερὴ βάσις. ἀμφιρύτη Κῶς,
καὶ πάλι πένθος ἔχεις οἷον ἐφ' Ἱπποκράτει.

l: εἰς Δαμόχαριν τὸν γραμματικόν, τὸν Κῷον, τὸν φίλον καὶ μαθητὴν Ἀγαθίου. – Pl III^{a} 22,57 f.41^{r} [Pl^{a}], III^{b} 5,9 f.91^{v} [Pl^{b}]. – **1** σιγήν: γαῖαν Pl^{b} **4** πάλιν Suid. s. ἀμφιρύτη.

589. ΑΓΑΘΙΟΥ ΣΧΟΛΑΣΤΙΚΟΥ

Μηδὲν ἀπαγγείλειας ἐς Ἀντιόχειαν, ὁδῖτα,
μὴ πάλιν οἰμώξῃ χεύματα Κασταλίης,
οὕνεκεν ἐξαπίνης Εὐστόργιος ἔλλιπε μοῦσαν
θεσμῶν τ' Αὐσονίων ἐλπίδα μαψιδίην,
ἑβδόματον δέκατόν τε λαχὼν ἔτος· ἐς δὲ κονίην
ἠμείφθη κενεὴν εὔσταχυς ἡλικίη.
καὶ τὸν μὲν κατέχει χθόνιος τάφος, ἀντὶ δ' ἐκείνου
οὔνομα καὶ γραφίδων χρώματα δερκόμεθα.

Pl III^{a} 22,58 f.41^{r}. – **1** ἐς om. P^{1} **6** ἠμείφθην et ἡλικίην Pl [primo] **7** δὲ κείνου Pl [cf. VII 595,3, IX 797,1].

590. ΙΟΥΛΙΑΝΟΥ ΑΙΓΥΠΤΙΟΥ

Κλεινὸς Ἰωάννης. – „Θνητὸς λέγε." – Γαμβρὸς ἀνάσσης.
„Θνητὸς ὅμως." – Γενεῆς ἄνθος Ἀναστασίου. –
„Θνητοῦ κἀκείνου." – Βίον ἔνδικος. οὐκέτι τοῦτο
θνητὸν ἔφης· ἀρεταὶ κρείσσονές εἰσι μόρου.

l: εἰς Ἰωάννην, τὸν γαμβρὸν Εὐφημίας, γυναικὸς Ἰουστίνου [errat]. – Pl III^{a} 1.3 f.30^{r}. – **3** βίου P.

Dichter Damocharis

Ach, Damocharis sank ins letzte Schweigen der Moira;
nun ist des Musengesangs herrliche Leier verstummt.
Hin ist der heilige Schutz der Grammatik; und wiederum trägst du,
meèrumflossenes Kos, wie bei Hippokrates Leid.

Paulos Silentiarios

Rechtsstudent Eustorgios

Hüte dich sorglich, o Wandrer, in Antiocheia zu künden
– da der Kastalische Quell sonst wieder aufschreit vor Weh –,
jäh sei Eustorgios fort vom Orte der Musen gegangen
und des ausonischen Rechts Hoffnungen seien zerstört.
Siebzehn Jahre nur gab ihm das Schicksal, da wandelte seine
fruchtende Jugend sich schon um in vergänglichen Staub.
Jetzt bedeckt ihn die Erde im Grab, statt seiner erblicken
Namen und Farben wir nur, die uns ein Pinsel gemalt.

Agathias Scholastikos

Des Kaisers Bruder Johannes

Edler Johannes. – „Der ‚sterbliche' sag." – Der Kaiserin Eidam. –
„Dennoch ein Sterblicher." – Sproß aus Anastasios' Stamm. –
„Der auch sterblich gewesen." – Gerecht war sein Leben . . . Nun
nicht mehr ‚sterblich' hinzu: Tugend ist stärker als Tod. [fügst du

Julianos von Ägypten

591. ΤΟΥ ΑΥΤΟΥ ΙΟΥΛΙΑΝΟΥ

Ὑπατίου τάφος εἰμί· νέκυν δ' οὔ φημι καλύπτειν
τόσσου τόσσος ἐὼν Αὐσονίων προμάχου·
γαῖα γὰρ αἰδομένη λιτῷ μέγαν ἀνέρα χῶσαι
σήματι τῷ πόντῳ μᾶλλον ἔδωκεν ἔχειν.

l: εἰς Ὑπάτιον c: τὸν ἀνεψιὸν Ἀναστασίου τοῦ βασιλέως· οὗτος ὁ ταλαίπωρος παρὰ Ἰουστινιανοῦ τοῦ βασιλέως ἀπεσφάγη ἐν πριγκήπῳ· ἦν δὲ ἀνεψιὸς Ἀναστασίου τοῦ πρῴην βασιλεύσαντος· τοῦτον ἔστεψεν ὁ δῆμος καὶ μὴ βουλόμενον ἐν τῷ ἱπποδρομίῳ· καὶ διὰ τοῦτο ταῦτ' ἔπαθεν· ἐρρίφη δὲ ἐν τῇ θαλάσσῃ ἀπὸ προστάξεως Ἰουστινιανοῦ καὶ ταφῆς οὐκ ἔτυχεν. – Pl III^{a} 19,43 f. 37^{v}.

592. ⟨ΤΟΥ ΑΥΤΟΥ⟩

Αὐτὸς ἄναξ νεμέσησε πολυφλοίσβοιο θαλάσσης
κύμασιν Ὑπατίου σῶμα καλυψαμένοις·
ἤθελε γάρ μιν ἔχειν γέρας ὕστατον οἷα θανόντα,
καὶ μεγαλοφροσύνης κρύψε θάλασσα χάριν.
ἔνθεν, πρηΰνόου κραδίης μέγα δεῖγμα, φαεινὸν
τίμησεν κενεῷ σήματι τῷδε νέκυν.

Tit.: Juliano trib. Reiske, Stadtm., Thiele alii; cf. ad ep. 593. **1** -φλοίσβοισι P em. Salm. **2** -ψάμενος P^1 em. c **5** δεῖμα P em. Salm.

593. ΑΓΑΘΙΟΥ ΣΧΟΛΑΣΤΙΚΟΥ

Τὰν πάρος ἀνθήσασαν ἐν ἀγλαΐᾳ καὶ ἀοιδᾷ,
τὰν πολυκυδίστου μνάμονα θεσμοσύνας,
Εὐγενίαν κρύπτει χθονία κόνις· αἱ δ' ἐπὶ τύμβῳ
κείραντο πλοκάμους Μοῦσα, Θέμις, Παφίη.

*c: ἦν αὕτη ἀδελφὴ Ἀγαθίου. – Pl III^{a} 11,31 f. 34^{v}; Kaibel 512 [v. 3-4]. – Tit.: Ἀγαθίου Pl τοῦ αὐτοῦ Ἀγαθίου Σχ. [i. e. eiusdem, qui in lemm. nomin.] c **3** χθονίη Pl.

594. ΙΟΥΛΙΑΝΟΥ ΑΙΓΥΠΤΙΟΥ

Μνῆμα σόν, ὦ Θεόδωρε, πανατρεκὲς οὐκ ἐπὶ τύμβῳ,
ἀλλ' ἐνὶ βιβλιακῶν μυριάσιν σελίδων,
αἷσιν ἀνεζώγρησας ἀπολλυμένων ἀπὸ λήθης
ἁρπάξας νοερῶν μόχθον ἀοιδοπόλων.

Pl III^{b} 22,17 f. 96^{r}. – Tit.: gent. om. Pl **1** ἐνὶ τ. Pl **2** ἐν Pl **4** νοερὸν ex -ρῶν Pl.

Freiheitskämpfer Hypatios

Bin des Hypatios Gruft, doch umfange ich kleine den großen
Streiter Ausoniens nicht, und ich behaupt es auch nicht.
Scheute die Erde sich doch mit ärmlichem Male den mächtgen
Mann zu bedecken, und gab lieber das Meer ihm als Grab.

Julianos von Ägypten

Ein gleiches

Selbst den Kaiser empörten die Wogen des rauschenden Meeres,
die des Hypatios Leib hüllend umschlungen in sich.
Denn er wünschte voll Großmut, ihm nun, da er tot war, die letzten
Ehren zu gönnen – die See schlug diese Gnade ihm ab.
Ihm, dem erlauchten Toten, gab drum er zum schönen Beweise
milden, freundlichen Sinns dies Kenotaphion hier.

⟨Julianos von Ägypten⟩

Agathias' Schwester

Sie, die in prangender Pracht und in herrlichem Sange einst blühte,
die in Recht und Gesetz leuchtende Kenntnis besaß,
ach, Eugenie birgt nun der Staub der Erde, und Muse,
Themis und Kypris am Grab schnitten die Locken sich ab.

Agathias Scholastikos

Grammatiker Theodoros

Nicht auf dem Grabe hier ist dein wirkliches Mal, Theodoros,
nein, auf der riesigen Zahl Blätter von Büchern erbaut,
drin du die Arbeit von weisen, versunkenen Dichtern aus ihrem
langen Vergessen geführt und sie aufs neue belebt.

Julianos von Ägypten

595. ΤΟΥ ΑΥΤΟΥ ΙΟΥΛΙΑΝΟΥ

Κάτθανε μὲν Θεόδωρος· ἀοιδοπόλων δὲ παλαιῶν
πληθὺς οἰχομένη νῦν θάνεν ἀτρεκέως.
πᾶσα γὰρ ἀμπνείοντι συνέπνεε, πᾶσα δ' ἀπέσβη
σβεννυμένου· κρύφθη δ' εἰν ἑνὶ πάντα τάφῳ.

Pl III^{a} 22,59 f. 41^{r}. – **3** ἀμπν- Reiske ἀποπν- P ἐμπν- Pl.

596. ΑΓΑΘΙΟΥ ΣΧΟΛΑΣΤΙΚΟΥ

Ναὶ μὰ τὸν ἐν γαίῃ πύματον δρόμον, οὔτε μ' ἄκοιτις
ἔστυγεν οὔτ' αὐτὸς Θεύδοτος Εὐγενίης
ἐχθρὸς ἑκὼν γενόμην· ἀλλὰ φθόνος ἤέ τις ἄτη
ἡμέας ἐς τόσσην ἤγαγεν ἀμπλακίην.
νῦν δ' ἐπὶ Μινῴην καθαρὴν κρηπῖδα μολόντες
ἀμφότεροι λευκὴν ψῆφον ἐδεξάμεθα.

c Pl: ἐπὶ Θεοδότῳ τῷ γαμβρῷ, ἐπ' ἔχθρᾳ τετελευτηκότι τῆς ἰδίας γαμετῆς, τοῦ αὐτοῦ [τοῦ αὐτοῦ (i. e. poetae; ad τῷ γαμβρῷ spect.) om. Pl]. – Pl III^{a} 1,13 f. 30^{r}.

597. ΙΟΥΛΙΑΝΟΥ ΑΠΟ ΥΠΑΤΩΝ ΑΙΓΥΠΤΙΟΥ

Ἡ γλυκερὸν μέλψασα καὶ ἄλκιμον, ἡ θρόον αὐδῆς
μούνη θηλυτέρης στήθεσι ῥηξαμένη
κεῖται σιγαλέη· τόσον ἔσθενε νήματα Μοίρης,
ὡς λιγυρὰ κλεῖσαι χείλεα Καλλιόπης.

Pl III^{a} 16,2 f. 36^{r}. – Tit.: ὑπάτων: υπ (!) P ὑπάρχων Pl **2** θηλυτέροις Pl.

598. ΤΟΥ ΑΥΤΟΥ ΙΟΥΛΙΑΝΟΥ

Οὔτι φύσις θήλεια καὶ οὐ πολιοῖο καρήνου
ἀδρανίη φωνῆς σῆς κατέλυσε βίην·
ἀλλὰ μόλις ξυνοῖσι νόμοις εἴξασα τελευτῆς,
φεῦ φεῦ, Καλλιόπη, σὴν κατέλυσας ὄπα.

l: εἰς τὴν αὐτὴν Καλλιόπην c: τὴν τραγῳδόν. – Pl III^{a} 16,3 f. 36^{r} [Pl^{a}], III^{b} 22,18 f. 96^{r} [Pl^{b}]. – **1** οὔτε P **4** κατέλυσεν Pl^{b}.

Ein gleiches

Tot nun ist Theodoros; die längst schon versunkene Menge
  alter Dichter, sie starb jetzt erst in Wahrheit dahin.
Alle lebten im Leben mit ihm, und alle erloschen,
  als er erlosch: so sank alles ins nämliche Grab.

Julianos von Ägypten

Agathias' Schwager

Ich Theodotos schwör es beim letzten Gang in die Erde,
  nie hat die Frau mich gehaßt, nie bin ich selbst auch mit Fleiß
Feind Eugenies gewesen; nein, Eifersucht oder ein Unstern
  haben uns einstens den Weg solcher Verirrung geführt.
Da wir nun endlich zu Minos' unfehlbarem Throne gekommen,
  ward auch ein lösender Spruch über uns beide gefällt.

Agathias Scholastikos

Sängerin Kalliope

Süß war ihr Sang und gewaltig. Doch sie, deren Frauenstimme
  einzigartig im Lied strömend dem Busen entklang,
liegt nun verstummt. – Was vermag doch das Schicksal und seine Gespinste,
  daß es den klingenden Mund dieser Kalliope schloß!

Konsul Julianos von Ägypten

Ein gleiches

Nicht des Weibes Natur noch die Schwäche ergrauenden Hauptes
  hatten die Stärke verlöscht, die deine Stimme besaß.
Erst als endlich des Todes gemeinsamer Satzung du folgtest,
  ach, Kalliope, losch auch deine Stimme dahin.

Julianos von Ägypten

599. ΤΟΥ ΑΥΤΟΥ ΙΟΥΛΙΑΝΟΥ

Οὔνομα μὲν Κάλη, φρεσὶ δὲ πλέον ἠὲ προσώπῳ,
κάτθανε· φεῦ, Χαρίτων ἐξαπόλωλεν ἔαρ.
καὶ γὰρ ἔην Παφίῃ πανομοίιος, ἀλλὰ συνεύνῳ
μούνῳ, τοῖς δ' ἑτέροις Παλλὰς ἐρυμνοτάτη.
τίς λίθος οὐκ ἐγόησεν, ὅτ' ἐξήρπαξεν ἐκείνην
εὐρυβίης 'Αίδης ἀνδρὸς ἀπ' ἀγκαλίδων;

Pl III^a 11,32 f. 34^v. – **3** Παφίη P.

600. ΤΟΥ ΑΥΤΟΥ ΙΟΥΛΙΑΝΟΥ

῞Ωριος εἷλέ σε παστάς, ἀώριος εἷλέ σε τύμβος,
εὐθαλέων Χαρίτων ἄνθος, 'Αναστασίη.
σοὶ γενέτης, σοὶ πικρὰ πόσις κατὰ δάκρυα λείβει,
σοὶ τάχα καὶ πορθμεὺς δάκρυ χέει νεκύων·
οὐ γὰρ ὅλον λυκάβαντα διήνυσας ἄγχι συνεύνου,
ἀλλ' ἑκκαιδεκέτιν, φεῦ, κατέχει σε τάφος.

Pl III^a 20,5 f. 38^r. – Paulo Sil. trib. Pl **1** ὥριος εἶχέ Pl // παστάς ex παρστάς P **4** δακρυχέει Pl.

601. ΤΟΥ ΑΥΤΟΥ ΙΟΥΛΙΑΝΟΥ

Φεῦ φεῦ, ἀμετρήτων χαρίτων ἔαρ ἡδὺ μαραίνει
ἀμφὶ σοὶ ὠμοφάγων χεῖμα τὸ νερτερίων.
καὶ σὲ μὲν ἥρπασε τύμβος ἀπ' ἠελιώτιδος αἴγλης
πέμπτον ἐφ' ἑνδεκάτῳ πικρὸν ἄγουσαν ἔτος,
σὸν δὲ πόσιν γενέτην τε κακαῖς ἀλάωσεν ἀνίαις,
οἷς πλέον ἠελίου λάμπες, 'Αναστασίη.

Pl III^a 20,6 f. 38^r. – Eratosthenі trib. Pl.

Schöne

„Schöne“ hieß sie und war noch schöner an Geiste als Antlitz;
als sie gestorben, da schwand, ach, auch der Chariten Lenz.
Paphia glich sie in allem, doch nur für den eigenen Gatten;
anderen war sie jedoch Pallas' umfestete Burg.
Welch einem Steine nicht stieg das Jammern auf, als der gewaltge
Hades sie nun ihrem Mann jäh aus den Armen entriß?

Julianos von Ägypten

Die jungvermählte Anastasia

Sah dich das Brautbett zur Zeit, das Grab umfing dich zur Unzeit,
Anastasia du, Blume im Charitenkranz.
Bitter weint nun der Vater und bitter der Gatte, vielleicht gar
weint der Fährmann am Styx auch eine Zähre um dich.
Denn du verbrachtest noch nicht ein ganzes Jahr bei dem Gatten,
als dich im sechzehnten Jahr, ach, schon die Erde umgab.

Julianos von Ägypten

Ein gleiches

Ach, der wonnige Lenz deiner zahllosen Reize verwelkte
unter dem grimmigen Frost, der aus dem Hades dich traf.
Und es riß dich das Grab hinweg aus dem Glanze der Sonne,
als du nach elfen noch fünf bittere Jahre gelebt,
ach, und trübte vor Kummer dem Gatten und Vater die Augen,
die, Anastasia, dein Glanz mehr als die Sonne erfreut.

Julianos von Ägypten

602. ΑΓΑΘΙΟΥ ΣΧΟΛΑΣΤΙΚΟΥ

Εὐστάθιε, γλυκερὸν μὲν ἔχεις τύπον, ἀλλά σε κηρὸν
δέρκομαι, οὐδ' ἔτι σοι κεῖνο τὸ λαρὸν ἔπος
ἕζεται ἐν στομάτεσσι· τεὴ δ' εὐάνθεμος ἥβη,
αἰαῖ, μαψιδίη νῦν χθονός ἐστι κόνις.
πέμπτου καὶ δεκάτου γὰρ ἐπιψαύσας ἐνιαυτοῦ
τετράκις ἓξ μούνους ἔδρακες ἠελίους·
οὐδὲ τεοῦ πάππου θρόνος ἤρκεσεν, οὐ γενετῆρος
ὄλβος. πᾶς δὲ τεὴν εἰκόνα δερκόμενος
τὴν ἄδικον Μοῖραν καταμέμφεται, οὕνεκα τοίην,
ἃ μέγα νηλειής, ἔσβεσεν ἀγλαΐην.

l: εἰς Εὐστάθιόν τινα νέον πεντεκαιδεκέτην τελευτήσαντα. c: ἦν δὲ οὗτος παῖς Εὐσταθίου ἀπὸ ὑπάρχων τοῦ μεγάλου. – Pl III^{a} 20,7 f. 38^{r}. – **2** οὐδ' ἔτι Lasc. οὐδέ τι **3** ἐνι c **10** ἁ c ἃ Cram. an. Par. 4,84.

603. ΙΟΥΛΙΑΝΟΥ ΑΠΟ ΥΠΑΤΩΝ ΑΙΓΥΠΤΙΟΥ

Ἄγριός ἐστι Χάρων. – „Πλέον ἤπιος." – Ἥρπασεν ἤδη
τὸν νέον. – „Ἀλλὰ νόῳ τοῖς πολιοῖσιν ἴσον." –
Τερπωλῆς δ' ἀπέπαυσεν. – „Ἀπεστυφέλιξε δὲ μόχθων." –
Οὐκ ἐνόησε γάμους. – „Οὐδὲ γάμων ὀδύνας."

l: εἰς Ἰωάννην τινὰ τὸν νέον καὶ ἀτελῆ τελευτήσαντα. – Pl III^{a} 20,8 f. 38^{r}. – Tit.: ἀπὸ ὑπάρχων Pl **3** δ' om. Pl.

604. ΠΑΥΛΟΥ ΣΙΛΕΝΤΙΑΡΙΟΥ

Λέκτρα σοι ἀντὶ γάμων ἐπιτύμβια, παρθένε κούρη,
ἐστόρεσαν παλάμαις πενθαλέαις γενέται.
καὶ σὺ μὲν ἀμπλακίας βιότου καὶ μόχθον Ἐλευθοῦς
ἔκφυγες, οἱ δὲ γόων πικρὸν ἔχουσι νέφος.
δωδεκέτιν γὰρ μοῖρα, Μακηδονίη, σε καλύπτει,
κάλλεσιν ὁπλοτέρην, ἤθεσι γηραλέην.

l: εἰς κόρην τινὰ Μακεδονίαν δωδεκέτιν τελευτήσασαν. c: ἦν δὲ θυγάτηρ τοῦ αὐτοῦ Παύλου ἡ Μακεδονία. – Pl III^{a} 20,9 f. 38^{r}. – **3** ἀμπλακίαις P **5** μοῖρα P ἄρουρα ex μοῖρα Pl // Μακηδονική Pl.

Präfektensohn Eustathios

Hübsch wohl sind deine Züge, Eustathios, aber ich sehe
dich nur in Wachs, es spielt nicht mehr das reizende Wort
dir um die Lippen wie einst. Die freundliche Blüte der Jugend,
ach, ist heute nur noch Erde und flüchtiger Staub.
Als sich das fünfzehnte Jahr des Lebens dir kreisend vollendet,
hast du nur viermalsechs Sonnen darüber gesehen.
Ach, nicht retteten dich des Ahnherrn Thron noch des Vaters
Reichtum. Ein jeder, der hier dieses dein Bildnis erblickt,
tadelt voll Unmut die Moire, die wider gerechtes Erkennen
mitleidsohne die Pracht solch einer Schönheit verlöscht.

Agathias Scholastikos

Der junge Mann

Grausam ist Charon. – „Nein, gütig vielmehr.“ – Er raubte gerade
ihn, der so jung war. – „An Geist war er den Alten schon gleich.“ –
Aber er nahm ihm die Freude. – „Entriß ihn den Übeln. “– Er hatte
noch nicht die Ehe gekannt. – „Und nicht der Ehe Verdruß.“

Konsul Julianos von Ägypten

Paulos' Tochter

Statt eines Brautbetts haben, jungfräuliches Mädchen, der Toten
Bette mit zitternder Hand dir deine Eltern besorgt.
Ach, du selber entgingst wohl den Übeln des Seins und Eleuthos
Wehen, sie aber wölkt bittere Klage nun ein.
Wurdest du zwölfjährig doch vom Tode umhüllt, Makedonie,
du, an Schönheit so jung und an Charakter schon alt.

Paulos Silentiarios

605. ΙΟΥΛΙΑΝΟΥ ΑΠΟ ΥΠΑΤΩΝ ΑΙΓΥΠΤΙΟΥ

Σοὶ σορὸν εὐλάιγγα, Ῥοδοῖ, καὶ τύμβον ἐγείρει
  ῥύσιά τε ψυχῆς δῶρα πένησι νέμει
ἀντ' εὐεργεσίης γλυκερὸς πόσις, ὅττι θανοῦσα
  ὠκύμορος κείνῳ δῶκας ἐλευθερίην.

l: εἰς Ῥοδώ, τὴν γυναῖκα Διοφάνους, νέαν τελευτήσασαν. – Pl III^a 11,33 f. 34^v.

606. ΠΑΥΛΟΥ ΣΙΛΕΝΤΙΑΡΙΟΥ

Πρηΰς, ἐλευθερίην ἐπιειμένος, ἡδὺς ἰδέσθαι,
  ἐν βιότῳ προλιπὼν υἱέα γηροκόμον,
τύμβον ἔχει Θεόδωρος ἐπ' ἐλπίδι κρέσσονι μοίρης,
  ὄλβιος ἐν καμάτοις, ὄλβιος ἐν θανάτῳ.

c: εἰς Θεόδωρον. l [ad v. 3]: εἰς Θεόδωρον, εὐσεβῆ ἄνδρα. – Pl III^a 1,14 f. 30^v.
3 κρείσσ- Pl.

607. ΠΑΛΛΑΔΑ ΑΛΕΞΑΝΔΡΕΩΣ

Ψυλλὼ πρεσβυγενὴς τοῖς κληρονόμοις φθονέσασα
  αὐτὴ κληρονόμος τῶν ἰδίων γέγονεν·
ἁλλομένη δὲ τάχος κατέβη δόμον εἰς Ἀίδαο,
  ταῖς δαπάναις τὸ ζῆν σύμμετρον εὑρομένη.
πάντα φαγοῦσα βίον συναπώλετο ταῖς δαπάναισιν·
  ἥλατο δ' εἰς Ἀίδην, ὡς ἀπεκερμάτισεν.

Pl III^a 11,34 f. 34^v. – Tit.: gent. om. Pl 1 ψύλλω P^1 ψύλλα l Pl em. Jac. 4 εὑραμ- Pl.

608. ΕΥΤΟΛΜΙΟΥ ΣΧΟΛΑΣΤΙΚΟΥ ΙΛΛΟΥΣΤΡΙΟΥ

Υἱέος ὠκυμόρου θάνατον πενθοῦσα Μενίππη
  κωκυτῷ μεγάλῳ πνεῦμα συνεξέχεεν·
οὐδ' ἔσχεν παλίνορσον ἀναπνεύσασα γοῆσαι,
  ἀλλ' ἅμα καὶ θρήνου παύσατο καὶ βιότου.

Pl III^a 11,35 f. 34^v. – Tit.: Εὐτ. tantum Pl.

Obit anus, abit onus

Rhodo, dein lieber Gemahl gab dir einen prächtigen Steinsarg
und einen Hügel, er hat Armen Geschenke gemacht,
um deine Seele zu lösen, aus Dankbarkeit, weil du so früh schon
hingeschieden und ihm wieder die Freiheit geschenkt.

Konsul Julianos von Ägypten

Der arme Theodoros

Freundlich und edel im Wesen, gefällig im Äußern und einen
Sohn hinterlassend, der ihn trefflich im Alter gestützt,
sank Theodoros ins Grab mit der Hoffnung auf besseres Schicksal:
glücklich in Arbeit und Müh, aber auch glücklich im Tod.

Paulos Silentiarios

Erbin ihrer selbst

Da sie, die alte Psyllo, voll Mißgunst der Erben gedachte,
hat sie zur Erbin sich selbst ob ihren Gütern gemacht.
Denn sie führte ein Leben, das ganz ihren Mitteln sich schickte,
dann aber war sie im Sprung flink in des Hades Palast.
Immerzu aß sie, und als sie dann fort war, war fort auch die Habe;
sprang sie zum Hades doch erst, als sie die Habe – verputzt.

Palladas von Alexandria

Mutter Menippe

Leid trug Menippe ob ihrem so früh verstorbenen Sohne,
plötzlich mit gellendem Schrei stieß sie den Odem mit aus.
Ach, sie konnte nicht mehr mit wiederkehrendem Hauche
klagen, sondern beschloß Jammer und Leben zugleich.

Eutolmios Scholastikos Illustrios

609. ΠΑΥΛΟΥ ΣΙΛΕΝΤΙΑΡΙΟΥ

Ἀττικὸς ἐς ξυνήν με παναγρέος ἐλπίδα Μοίρης
θυμῷ θαρσαλέῳ ζῶν ἐλάχηνε τάφον
παίζων ἐξ ἀρετῆς θανάτου φόβον. ἀλλ' ἐπὶ δηρὸν
ἠέλιος σοφίης μιμνέτω ἠελίῳ.

1 παναγρέος Salm. -έοις.

610. ΠΑΛΛΑΔΑ ΑΛΕΞΑΝΔΡΕΩΣ

Ἥρπασέ τις νύμφην, καὶ τὸν γάμον ἥρπασε δαίμων
ψυχῶν συλήσας τερπομένην ἀγέλην.
εἷς γάμος εἰκοσιπέντε τάφους ἔπλησε θανόντων,
πάνδημος δὲ νεκρῶν εἷς γέγονεν θάλαμος.
νύμφη Πενθεσίλεια πολύστονε, νυμφίε Πενθεῦ,
ἀμφοτέρων ὁ γάμος πλούσιος ἐν θανάτοις.

Pl III^{a} 11,37 f.34^{v}. – Tit.: gent. om. Pl 2 τερπομένων Pl 4 νεκρῶν Reiske -ῶν.

611. ΕΥΤΟΛΜΙΟΥ ΣΧΟΛΑΣΤΙΚΟΥ ΙΛΛΟΥΣΤΡΙΟΥ

Παρθενικὴν Ἑλένην μετ' ἀδελφεὸν ἄρτι θανόντα
δειλαίη μήτηρ κόψατο διπλασίως.
μνηστῆρες δ' ἐγόησαν ἴσον γόον· ἦν γὰρ ἑκάστῳ
θρηνεῖν τὴν μήπω μηδενὸς ὡς ἰδίην.

Pl III^{a} 20,10 f.38^{r}. – Tit.: Εὐτ. tantum Pl 3 δὲ γό- c.

612. ΑΓΑΘΙΟΥ ΣΧΟΛΑΣΤΙΚΟΥ

Φεῦ φεῦ, τὴν δεκάτην Ἑλικωνίδα, τὴν λυραοιδὸν
Ῥώμης καὶ Φαρίης, ἥδε κέκευθε κόνις.
ὤλετο φορμίγγων τερετίσματα, λῆξαν ἀοιδαί,
ὥσπερ Ἰωάννῃ πάντα συνολλύμενα.
καὶ τάχα θεσμὸν ἔθηκαν ἐπάξιον ἐννέα Μοῦσαι,
τύμβον Ἰωάννης ἀνθ' Ἑλικῶνος ἔχειν.

Pl III^{a} 16,4 f.36^{r}. – 4 Ἰωάννη P^{1} -νας c -νᾳ Pl 5 ἔθηκεν P^{1} 6 Ἰωάννας Pl.

Attikos

Tapfer grub Attikos selbst mich Grab in den Tagen des Lebens,
harrend der Moira, der nie jemand entronnen, mit mir.
Mutig verspottete er die Furcht vor dem Tode. Doch bleibe,
wünsch ich, der Weisheit Licht lang noch dem Lichte bewahrt!

Paulos Silentiarios

Verschüttete Hochzeitsgesellschaft

Wie man das Bräutchen geraubt, so raubte die Hochzeit ein Daimon,
der eine fröhliche Schar Seelen von hinnen geführt.
Nur eine einzige Hochzeit gab fünfundzwanzig an Gräbern,
nur ein bräutlich Gemach wurde zum Friedhof für sie.
Bräutchen Penthesileia, du Arme, o Bräutigam Pentheus,
eure Hochzeit, wie war wirklich sie trächtig – an Tod.

Palladas von Alexandria

Braut Helena

Als nach dem Bruder sogleich die jungfräuliche Helena hinschied,
stieß ihre Mutter im Leid doppeltes Jammern hervor.
Gleich war die Klage der Freier; es konnte ja jeder, da keinem
sie noch gehörte, ob ihr weinen, als wäre sie sein.

Eutolmios Scholastikos Illustrios

Sängerin Johanna

Ach, die zehnte der Musen, die Rom und Alexandria
singen und klingen gehört, hüllt nun die Erde hier ein.
Tot ist das Rauschen der Leier, versiegt und zerronnen die Lieder:
Starben sie alle zugleich auch mit Johanna hinweg?
Sämtliche neun Pieriden beschlossen wohl bindend, zu wohnen
statt auf des Helikons Höhn nun bei Johanna im Grab.

Agathias Scholastikos

613. ΔΙΟΓΕΝΟΥΣ ΕΠΙΣΚΟΠΟΥ ΑΜΙΣΟΥ

Σοὶ τόδε, Διόγενες, θαλερῆς μνημήιον ἥβης
Πόντῳ ἐν Εὐξείνῳ θήκατο Φρὺξ γενέτης,
φεῦ, πάτρης ἑκὰς ὅσσον· ἄγεν δέ σε νεῦμα Θεοῖο
πατρὸς ἀδελφειῷ πένθος ὀφειλόμενον,
ὅς σε περιστείλας ἱερῇ παλάμῃ τε καὶ εὐχῇ
γείτονα τῆς μακάρων θῆκε χοροστασίης.

Pl III[a] 20,11 f, 38[v]. – Tit.: Ἀμισοῦ Pl Ἀμησοῦ P.

614. ΑΓΑΘΙΟΥ ΣΧΟΛΑΣΤΙΚΟΥ

Ἑλλανὶς τριμάκαιρα καὶ ἁ χαρίεσσα Λάμαξις
ἤστην μὲν πάτρας φέγγεα Λεσβιάδος·
ὄκκα δ᾽ Ἀθηναίῃσι σὺν ὁλκάσιν ἐνθάδε κέλσας
τὰν Μυτιληναίαν γᾶν ἀλάπαξε Πάχης,
τᾶν κουρᾶν ἀδίκως ἠράσσατο, τὼς δὲ συνεύνως
ἔκτανεν ὡς τήνας τῇδε βιησόμενος.
ταὶ δὲ κατ᾽ Αἰγαίοιο ῥόου πλατὺ λαῖτμα φερέσθην
καὶ ποτὶ τὰν κραναὰν Μοψοπίαν δραμέτην·
δάμῳ δ᾽ ἀγγελέτην ἀλιτήμονος ἔργα Πάχητος,
μέσφα μιν εἰς ὀλοὴν κῆρα συνηλασάτην.
τοῖα μέν, ὦ κούρα, πεπονήκατον· ἄψ δ᾽ ἐπὶ πάτραν
ἥκετον, ἐν δ᾽ αὐτᾷ κεῖσθον ἀποφθιμένα·
εὖ δὲ πόνων ἀπόνασθον, ἐπεὶ ποτὶ σᾶμα συνεύνων
εὔδετον ἐς κλεινᾶς μνᾶμα σαοφροσύνας·
ὑμνεῦσιν δ᾽ ἔτι πάντες ὁμόφρονας ἡρωίνας,
πάτρας καὶ ποσίων πήματα τισαμένας.

*1 τρισμά- P[1] em. c **5** τὰν κούραν P em. Reiske **6** δὴ add. Stadtm. **7** Αἰγοίοιο P[1] **10** μιν Salm. μὲν **12** αὐτῷ P em. Salm. **13** πότις ἅμα P[1] πόσις ἅ. c em. Salm. **14** κλίνας P[1] **15** ἁμνεῦσιν P[1].

615. ΑΔΕΣΠΟΤΟΝ

Εὐμόλπου φίλον υἱὸν ἔχει τὸ Φαληρικὸν οὖδας
Μουσαῖον, φθίμενον σῶμ᾽ ὑπὸ τῷδε τάφῳ.

Pl III[b] 22,1 f. 95[v]; Diog. Laert. prooem. 3; Schol. Ald. Aristoph. ran. 1033; Vind. phil. Gr. 311; Laur. 59,17. – **2** Μουσαίων φθιμένων P [primo].

Des Bischofs Neffe

Dies hat, Diogenes, dir als Mal deiner blühenden Jugend
am Euxinischen Meer Phryx, dein Erzeuger, gesetzt,
ach, so weit von der Heimat. Es führte der Wille der Gottheit
dich herüber als Schmerz, den du dem Oheim bewahrt.
Doch mit segnender Hand und frommem Gebet dich bestattend,
weihte er dir einen Platz nah bei der Seligen Chor.

Diogenes, Bischof von Amisos

Zwei Heldenfrauen von Lesbos

Sie, die sel'ge Hellanis, und mit ihr die schöne Lamaxis
waren dem heimischen Land Lesbos ein strahlendes Licht.
Als mit athenischen Schiffen hier Paches dereinstens gelandet
und Mytilenes Gebiet wüstend verheerte, da kam
schlimme Liebe ihn an zu beiden: er mordete ihre
Männer, um so mit Gewalt sich ihren Frauen zu nahn.
Die aber fuhren auf tiefen und weiten ägäischen Wassern
rasch nach Mopsopia fort, hin zu dem bergigen Land
und entdeckten dem Volk die schändlichen Taten des Paches,
bis sie ihm endlich den Tag seines Verderbens gebracht.
Also habt ihr getan, ihr Frauen; dann kehrtet ihr wieder
zu der Heimat, und dort liegt ihr begraben im Tod.
Früchte trug euer Tun: denn ihr schlummert beim Male der Gatten
und seid selber ein Mal leuchtender Reinheit und Zucht.
Heut noch besingen euch alle als Heldinnen gleichen Gefühles,
die für kränkende Tat Heimat und Gatten gerächt.

Agathias Scholastikos

Sänger Musaios

Des Eumolpos teuersten Sohn, den toten Musaios,
schließt der Hügel hier ein in der phalerischen Flur.

Anonym

616

Ὧδε Λίνον Θηβαῖον ἐδέξατο γαῖα θανόντα,
Μούσης Οὐρανίης υἱὸν ἐυστεφάνου.

Pl III b 22,2 f. 95 v; Diog. Laert. prooem. 4; Vind. phil. 311; Laur. 59,17. – 1 ἥδε Pl.

617

Θρήικα χρυσολύρην τῇδ' Ὀρφέα Μοῦσαι ἔθαψαν,
ὃν κτάνεν ὑψιμέδων Ζεὺς ψολόεντι βέλει.

Pl III b 22,3 f. 95 v; Diog. Laert. prooem. 5; Vind. phil. 311 et 153; Mutin. 2 D 15. – 1 Pepl. 48,1 2 Alcidam. Ulix. 24.

618

Ἄνδρα σοφὸν Κλεόβουλον ἀποφθίμενον καταπενθεῖ
ἥδε πάτρα Λίνδος πόντῳ ἀγαλλομένη.

Diog. Laert. 1,93. – 1 ἀποφθιμένου P[1].

619

Πλούτου καὶ σοφίας πρύτανιν πατρὶς ἥδε Κόρινθος
κόλποις ἀγχίαλος γῆ Περίανδρον ἔχει.

Diog. Laert. 1,96. – 2 ἀγχίαλος Jac. -άλοις.

620. ΔΙΟΓΕΝΟΥΣ ΛΑΕΡΤΙΟΥ

Μήποτε λυπήσῃ σε τὸ μή σε τυχεῖν τινος, ἀλλὰ
τέρπεο πᾶσιν ὁμῶς, οἷσι δίδωσι θεός·
καὶ γὰρ ἀθυμήσας ὁ σοφὸς Περίανδρος ἀπέσβη,
οὕνεκεν οὐκ ἔτυχεν πρήξιος, ἧς ἔθελεν.

Diog. L. 1,97; Suid. s. Περίανδρος; Laur. 32,16 (om. tit. et v. 3–4). – 2 οἷσι ex οἷσσι Laur. 3 ἀπέσβει P 4 ἔτυχει Diog. -χε Suid. // ἧς Diog. Suid. ἣν P[1] ἧν c.

Sänger Linos

Linos von Theben, den Toten, den Sohn der herrlich umkränzten
Muse Urania, nahm gütig die Erde hier auf.

Anonym

Sänger Orpheus

Musen begruben hier Orpheus, den Thraker mit goldener Leier,
den der waltende Zeus traf mit dem Flammengeschoß.

Anonym

Kleobulos, der Weise

Daß Kleobulos, der Weise, hinweg nun gegangen, betrauert
Lindos, die Heimat, die stets stolz auf die Meerflut geblickt.

Anonym

Periandros, der Weise

Der über Reichtum und Weisheit gebot, Periandros, ihn hält hier
seine Heimat Korinth nahe am Meere im Schoß.

Anonym

Ein gleiches

Gräme dich nie über etwas, was nicht sich erfüllte, doch freu dich
über jedes Geschenk, das dir die Gottheit gewährt.
Auch Periandros, der Weise, schied einst im Kleinmut von hinnen,
da sich ihm nicht der Erfolg, den er erhoffte, erfüllt.

Diogenes Laërtios

621. ΑΔΕΣΠΟΤΟΝ

Ἐνθάδ' ἐγὼ Σοφοκλῆς στυγερὸν δόμον Ἄϊδος ἔσβην
κάμμορος, εἶδατι Σαρδῴῳ σελίνοιο γελάσκων.
ὣς μὲν ἐγών, ἕτεροι δ' ἄλλως, πάντες δέ τε πάντως.

l: εἰς Σοφοκλέα, οὐ τὸν τὰς τραγῳδίας γράψαντα, ἀλλά τινα ἄλλον. Pl: εἰς τὸν αὐτόν [post VII 21]. – Pl III^b 22,11 f. 95^v. – **1** ἔσβην P ἦλθον Pl **2** εἶδέ τι Pl **3** ὡς μ. ἐγώ P.

622. ΑΝΤΙΦΙΛΟΥ ΒΥΖΑΝΤΙΟΥ

Βόρχος ὁ βουποίμην ὅτ' ἐπὶ γλυκὺ κηρίον εἷρπεν
αἰγίλιπα σχοίνῳ πέτρον ἐπερχόμενος,
εἵπετό οἱ σκυλάκων τις ὁ καὶ βοσίν, ὃς φάγε λεπτὴν
σχοῖνον ἀνελκομένῳ χραινομένην μέλιτι·
κάππεσε δ' εἰς Ἀίδαο· τὸ δ' ἀτρυγὲς ἀνδράσιν ἄλλοις
κεῖνο μέλι ψυχῆς ὤνιον εἰρύσατο.

Pl I^b 38,1 f. 85^v. – Tit.: gent. om. Pl **1** Κόρχος et ἧρπεν P^1 **5** ἀτρυτες P^1.

623. ΑΙΜΙΛΙΑΝΟΥ

Ἕλκε, τάλαν, παρὰ μητρὸς ὃν οὐκέτι μαστὸν ἀμέλξεις,
ἕλκυσον ὑστάτιον νᾶμα καταφθιμένης·
ἤδη γὰρ ξιφέεσσι λιπόπνοος· ἀλλὰ τὰ μητρὸς
φίλτρα καὶ εἰν Ἀίδῃ παιδοκομεῖν ἔμαθεν.

Pl III^a 11,38 f. 35^r. – **1** μαζὸν Pl // ἀνέλξ- P **2** ὑστάστιον P **3** -πνυος P **4** καὶ εἰν Pl κ' ἦν εἰς [εἰς punctis del.] P // παιδοτοκεῖν P.

624. ΔΙΟΔΩΡΟΥ

Ἔρροις, Ἰονίοιο πολυπτοίητε θάλασσα,
νηλὴς Ἀίδεω πορθμὲ κελαινοτάτου,
ἣ τόσσους κατέδεξο. τίς ἂν τεά, κάμμορε, λέξαι
αἴσυλα δυστήνων αἶσαν ὀπιζόμενος;
Αἰγέα καὶ Λαβέωνα σὺν ὠκυμόροισιν ἑταίροις
νηί τε σὺν πάσῃ βρύξας ἁλὶ ῥοθίῃ.

Pl III^b 19,9 f. 93^v. – **2** νηλειὴς ex νηλὴς Pl **3** ἣ τοὺς σοὺς P **5** Αἰγέα Huet ἄλγεα // λαβέων ὁ σὸν P λ. ὅσον Pl em. Brunck **6** ἁλιρροθίῃ P^1 -ίῃ c em. Jones (cf. IX 267,5).

Im sardonischen Lachen

Sophokles war ich; hier eilte ich Armer mit Lachen zum finstern
Hause des Hades; ich hatte sardinischen Eppich gegessen.
So starb ich, ein andrer wohl anders, doch jedenfalls jeder.

Anonym

Borchos der Honigdieb

Während Borchos, der Hirt, zu süßen Waben hinabstieg
und dann am schroffen Gestein hoch mit dem Seile sich zog,
war ihm der Hund seiner Herde gefolgt und fraß ihm das dünne,
honigbefeuchtete Seil, als er nach oben klomm, durch.
Nieder stürzt' er zum Hades: Wohl nahm er den Honig, der andern
Menschen versagt war, doch gab gleich er sein Leben dafür.

Antiphilos von Byzanz

Die sterbende Mutter

Saug nur am Busen der Mutter; er gibt dir nicht fürder zu trinken;
saug nur die letzte Milch, Armes, der Sterbenden weg.
Unter den Streichen der Schwerter entflieht ihr der Geist schon; und dennoch,
Mutterliebe ernährt auch noch im Hades ihr Kind.

Ämilianus

Schiffbrüchig

Fluch über dich, du Flut des furchtbaren Jonischen Meeres,
die du zu Acherons Nacht grausam danieder uns ziehst
und schon so viele verschlungen. Wer nennte uns all deine Frevel,
Elendes, wenn er das Los trauriger Schiffer bedenkt?
Aigeus und Labeon rissest du samt den Gefährten und ihrem
ganzen Schiffe zu früh nun in die tosende See.

Diodoros

625. ΑΝΤΙΠΑΤΡΟΥ [ΣΙΔΩΝΙΟΥ]

Εἰδότα κὴπ' Ἄτλαντα τεμεῖν πόρον εἰδότα Κρήτης
κύματα καὶ Πόντου ναυτιλίην Μέλανος,
Καλλιγένευς Διόδωρον Ὀλύνθιον ἴσθι θανόντα
ἐν λιμένι πρῴρης νύκτερον ἐκχύμενον,
δαιτὸς ἐκεῖ τὸ περισσὸν ὅτ' ἤμεεν. ἆ πόσον ὕδωρ
ὤλεσε τὸν τόσσῳ κεκριμένον πελάγει.

5 ἐκεῖ Jac. ἐπεί.

626. ΑΔΕΣΠΟΤΟΝ

Ἐσχατιαὶ Λιβύων Νασαμωνίδες, οὐκέτι θηρῶν
ἔθνεσιν ἠπείρου νῶτα βαρυνόμεναι
ἦχος ἐρημαίαισιν ἔπι πτύρεσθε λεόντων
ὠρυγαῖς ψαμάθους ἄχρις ὑπὲρ Νομάδων,
φῦλον ἐπεὶ νήριθμον ἐν ἰχνοπέδαισιν ἀγρευθὲν
ἐς μίαν αἰχμηταῖς Καῖσαρ ἔθηκεν ὁ παῖς·
αἱ δὲ πρὶν ἀγραύλων ἐγκοιτάδες ἀκρώρειαι
θηρῶν νῦν ἀνδρῶν εἰσὶ βοηλασίαι.

3 ἦχος c -οι P^1 // ἐπιπτύρεσθε c ἐπιπύσεσθε P^1 em. Desr. 5 ἀνίρηθμον P em. Salm.

627. ΔΙΟΔΩΡΟΥ

Ἡμιτελῆ θάλαμόν τε καὶ ἐγγύθι νυμφικὰ λέκτρα,
κοῦρε, λιπὼν ὀλοὴν οἶμον ἔβης Ἀίδου·
Θύνιον Ἀστακίην δὲ μάλ' ἤκαχες, ἣ σε μάλιστα
οἰκτρὰ τὸν ἡβητὴν κώκυεν ἠίθεον
Ἱππάρχου κλαίουσα κακὸν μόρον, εἴκοσι ποίας
μοῦνον ἐπεὶ βιότου πλήσαο καὶ πίσυρας.

Pl III^b 20,5 f. 95^r. – 3 Θώνιον Pl 5 ut novi ep. initium not. l, neg. c 6 ἐπιβιό- P.

Im Hafen ertrunken

Der im Atlantischen Meer zu steuern verstand, der des Schwarzen
Meeres Bahnen gekannt wie auch um Kreta die Flut,
er, Diodor von Olynthos, der Sohn des Kalligenes, wisse,
starb nun im Hafen. Er fiel nachts von dem Buge hinab,
als er sich dort von der Fülle des Mahles entleerte. – Wie wenig
Wasser, ach, tötete ihn, den so viel Meere erprobt!

Antipatros von Thessalonike

Vernichtung der Löwen

Nasamonische Lande im fernen Libyen, euch plagen
nicht mehr des wilden Getiers Schwärme auf bergigen Höhn,
und ihr fürchtet fortan bis über die Wüste Numidiens
nicht mehr der Löwen Gebrüll, das in der Öde erscholl.
Denn ihr zahlloses Volk hat Cäsar, der junge, in Fallen
eingefangen und drauf vor seine Fechter gebracht.
Doch auf den Gipfeln, wo einst die wilden Tiere im Freien
hausten, da hütet der Mensch jetzt auf der Weide das Rind.

Anonym

Bräutigam Hipparchos

Jüngling, du ließest die Kammer, halb fertig schon, ließest das nahe
bräutliche Lager und gingst traurig zum Hades den Weg.
Thynion brachtest du Leid, dem Mädchen von Astakos; jammernd
schrie sie vor wildem Weh um ihren jungen Genoss
und beweinte Hipparchs unglückliches Schicksal; zwei Dutzend
Sommer hattest du erst in deinem Leben erfüllt.

Diodoros (Zonas?)

628. ΚΡΙΝΑΓΟΡΟΥ

Ἠρνήσαντο καὶ ἄλλαι ἑὸν πάρος οὔνομα νῆσοι
ἀκλεές, ἐς δ' ἀνδρῶν ἦλθον ὁμωνυμίην·
κληθείητε καὶ ὔμμες Ἐρωτίδες· οὐ νέμεσίς τοι
Ὀξείαις ταύτην κλῆσιν ἀμειψαμέναις.
παιδὶ γάρ, ὃν τύμβῳ Δίης ὑπεθήκατο βώλου,
οὔνομα καὶ μορφὴν αὐτὸς ἔδωκεν Ἔρως.
ὦ χθὼν σηματόεσσα καὶ ἡ παρὰ θινὶ θάλασσα,
παιδὶ σὺ μὲν κούφη κεῖσο, σὺ δ' ἡσυχίη.

Pl IIIa 20,12 f. 38v. – **3** ὔμμες Steph. ἄμ- **4** ὄξει P¹ ἔξει c Pl [lac. inter ἔξει et ταύτ. rel.] em. Guyet **5** ὑπεθήκατο Hecker -τε **7** ut novi ep. initium not. l, refut. c // χθὼν Lasc. χθὸν.

629. ΑΝΤΙΠΑΤΡΟΥ

Ἦ χθαμαλὴν ὑπέδυς ὁ τόσος κόνιν; εἴς σέ τις ἀθρῶν,
Σώκρατες, Ἑλλήνων μέμψεται ἀκρισίην·
νηλέες, οἳ τὸν ἄριστον ἀπώλεσαν, οὐδὲ ἓν αἰδοῖ
δόντες. τοιοῦτοι πολλάκι Κεκροπίδαι.

Pl IIIa 28,1 f. 42r. – **1** ἤ Pl ἥ P¹ ἢ c // ὑπέδυ P¹ // εἴ σε τίς P **3** νηλέες P¹ Pl -εις l -εεῖς c // οὐδὲ ἐν ἄιδου P -ὲν ἐν ᾅδ- Pl em. Brunck **4** τοιοῦτοι Pl οἱ τοσσοῦ- P.

630. ΑΝΤΙΦΙΛΟΥ ΒΥΖΑΝΤΙΟΥ

Ἤδη που πάτρης πελάσας σχεδὸν „Αὔριον“, εἶπον,
„ἡ μακρὴ κατ' ἐμοῦ δυσπλοΐη κοπάσει.“
οὔπω χεῖλος ἔμυσε, καὶ ἦν ἴσος Ἄϊδι πόντος,
καί με κατέτρυχεν κεῖνο τὸ κοῦφον ἔπος.
πάντα λόγον πεφύλαξο τὸν αὔριον· οὐδὲ τὰ μικρὰ
λήθει τὴν γλώσσης ἀντίπαλον Νέμεσιν.

Pl IIIa 19,44 f. 37v; Laur. 32,16. – Tit.: gent. om. Pl **2** δυσπλοΐην P **4** -έτρυχε P. **6** λήθη τ. γλώττης Laur.

Kind Eros

Andere Inseln schon legten den früheren ruhmlosen Namen
ab und haben dafür neu sich nach Männern benannt.
Darum mögt denn auch ihr Erotides heißen. Wer schilt es,
wenn ihr, Oxeien, euch nun diese Benennung erwählt?
Denn dem Kinde, das Diës mit Schollen von Erde hier deckte,
hatte ja Eros höchstselbst Namen und Schönheit geschenkt.
Du aber, Erde des Grabes, und Meer du hier am Gestade:
Sei du dem Kinde nun leicht, sei du ihm ruhig im Grab.

Krinagoras

Sokrates

Welch ein niedriger Hügel verbirgt dich Großen! Der Griechen
Blindheit tadelt man stets, Sokrates, denkt man an dich.
Grausame, die ihren Besten ermordeten, ohne ein Spürchen
Scham zu zeigen. So war oft es, des Kekrops Geschlecht.

Antipatros von Thessalonike

Ertrunken

Als ich bereits dem Gestade der Heimat mich nahte, da rief ich:
„Morgen vollend ich gewiß diese beschwerliche Fahrt."
Kaum aber schloß ich den Mund, da glich schon die Meerflut dem [Hades.
Ach, das flüchtige Wort stürzte mich jäh in den Tod.
Darum sprich niemals von „morgen"! Sei klug! Die Feindin der Zunge,
Nemesis, hört's und vergißt nicht das geringste Versehn.

Antiphilos von Byzanz

631. ΑΠΟΛΛΩΝΙΔΟΥ

Ἦν ἄρα Μιλήτου Φοιβήιον ⟨ἠόν'⟩ ἵκησθε,
λέξατε Διογένει πένθιμον ἀγγελίην,
παῖς ὅτι οἱ ναυηγὸς ὑπὸ χθονὶ κεύθεται Ἄνδρου
Δίφιλος Αἰγαίου κῦμα πιὼν πελάγευς.

Pl IIIa 19,45 f.37v. – 1 ἦν P // ἠόν' Stadtm. om. P ὅρμον Pl 3 οἱ Pl οἱ ὑπὸ [ὑπὸ punctis del.] P 4 πελάγους Pl.

632. ΔΙΟΔΩΡΟΥ

Κλίμακος ἐξ ὀλίγης ὀλίγον βρέφος ἐν Διοδώρου
κάππεσεν, ἐκ δ' ἐάγη καίριον ἀστράγαλον
δινηθεὶς προκάρηνος· ἐπεὶ δ' ἴδε θεῖον ἄνακτα
ἀντόμενον, παιδνὰς αὐτίκ' ἔτεινε χέρας.
ἀλλὰ σὺ νηπιάχου δμωός, κόνι, μήποτε βρίθειν
ὀστέα, τοῦ διετοῦς φειδομένη Κόρακος.

Pl IIIb 8,2 f.92v. – 3 δ' Pl om. P.

633. ΚΡΙΝΑΓΟΡΟΥ

Καὶ αὐτὴ ἤχλυσεν ἀκρέσπερος ἀντέλλουσα
Μήνη πένθος ἑὸν νυκτὶ καλυψαμένη,
οὕνεκα τὴν χαρίεσσαν ὁμώνυμον εἶδε Σελήνην
ἄπνουν εἰς ζοφερὸν δυομένην Ἀίδην.
κείνῃ γὰρ καὶ κάλλος ἑοῦ κοινώσατο φωτὸς
καὶ θάνατον κείνης μίξεν ἑῷ κνέφεϊ.

5 κείνῃ Guyet -νη.

634. ΑΝΤΙΦΙΛΟΥ ΒΥΖΑΝΤΙΟΥ

Νεκροδόκον κλιντῆρα Φίλων ὁ πρέσβυς ἀείρων
ἐγκλιδόν, ὄφρα λάβοι μισθὸν ἐφημέριον,
σφάλματος ἐξ ὀλίγοιο πεσὼν θάνεν· ἦν γὰρ ἕτοιμος
εἰς Ἀίδην, ἐκάλει δ' ἡ πολιὴ πρόφασιν·
ὃν δ' ἄλλοις ἐφόρει νεκυοστόλον, αὐτὸς ἐφ' αὑτῷ
ἀσκάντην ὁ γέρων ἀχθοφορῶν ἔλαθεν.

1: εἰς γέροντα νεκροφόρον βαστάζοντα τὸν κράβατον καὶ ἐξολισθόντα τεθνηκότα. – Pl IIIa 10,5 f.33v. – Tit.: gent. om. Pl 2 ἐγκλιδόν Hecker ἔνδον P ἔνδοθεν Pl 3 ἦν P 4 πρόφασις P 5 ὃν Pl τὸν P // ἐπαυτῷ P.

Ein gleiches

Wenn ihr vielleicht nach Milet zum Strande des Phoibos gelanget,
sagt dem Diogenes dann dort das betrübende Wort:
Schiffbrüchig wurde sein Sohn; er, Diphilos, trank von Ägäis'
Meereswasser und liegt heute auf Andros im Grab.

Apollonidas

Sklavenkind Korax

Als in dem Haus Diodors ein Knäblein, ein kleines, von kleiner
Treppe stürzte, da brach tödlich ein Wirbel ihm aus,
während kopfüber es fiel; denn es hatte, sobald es den hohen
Hausherrn bemerkte, nach ihm gleich seine Händchen gestreckt.
Sei drum nicht schwer dem Gebein des Sklavenkindes, o Erde,
schone den Korax, der zwei Jahre erst eben gezählt.

Diodoros

Selene

Dunkel wurde sogar der Mond, sobald er bei Abends
Einbruch heraufstieg, und barg trauernd im Dämmer sein Leid,
als er erkannte, es war seine Namensschwester, die holde,
schöne Selene, ins Reich finsterer Schatten getaucht.
Und wie er einst ihr den Zauber des eigenen Lichtes gegeben,
teilte er, da sie entschwand, nun auch das Dunkel mit ihr.

Krinagoras

Leichenträger Philon

Eine Bahre für Tote trug Philon, der Alte, gebeugten
Leibes dahin, des Tags Lohn zu verdienen; da glitt
leicht er nur aus; er stürzte und starb. Denn reif für den Hades
war er, und nur einen Grund suchte das bleichende Haar.
Sieh, so schleppte der Alte die Bürde, die andern gegolten,
ohne zu wissen, für sich selber als Totengestell.

Antiphilos von Byzanz

635. ΤΟΥ ΑΥΤΟΥ

Ναῦν Ἱεροκλείδης ἔσχεν σύγγηρον, ὁμόπλουν
τὴν αὐτὴν ζωῆς καὶ θανάτου σύνοδον,
πιστὴν ἰχθυβολεῦντι συνέμπορον· οὔτις ἐκείνης
πώποτ' ἐπέπλωσεν κῦμα δικαιοτέρη.
γήραος ἄχρις ἔβοσκε πονευμένη, εἶτα θανόντα
ἐκτέρισεν, συνέπλω δ' ἄχρι καὶ Ἀίδεω.

Pl Ib 32,1 f. 85r. – Maecii ap. Pl 3 οὔ τις ἐκεῖνος P 6 ἄχρις ἀίδεω P ἄχρι καὶ εἰς Ἀίδην Pl em. Jac.

636. ΚΡΙΝΑΓΟΡΟΥ

Ποιμὴν ὦ μάκαρ, εἴθε κατ' οὔρεος ἐπροβάτευον
κἠγὼ ποιηρὸν τοῦτ' ἀνὰ λευκόλοφον,
κριοῖς ἀγητῆρσι ποτ' ἐβληχημένα βάζων,
ἢ πικρῇ βάψαι νήοχα πηδάλια
ἅλμῃ. τοιγὰρ ἔδυν ὑποβένθιος· ἀμφὶ δὲ ταύτην
θῖνά με ῥοιβδήσας Εὖρος ἐφωρμίσατο.

3 κριοῖς Salm. κρεοῖς // ποτὲ βλ- P em. Reiske 4 πικρῇ Emper. πι μικρῇ 6 ἐφωρμ- Jac. ἐφημ-.

637. ΑΝΤΙΠΑΤΡΟΥ

Πύρρος ὁ μουνερέτης ὀλίγῃ νεῒ λεπτὰ ματεύων
φυκία καὶ τριχίνης μαινίδας ἐκ καθέτου,
ἠιόνων ἀποτῆλε τυπεὶς κατέδουπε κεραυνῷ·
νηῦς δὲ πρὸς αἰγιαλοὺς ἔδραμεν αὐτομάτη
ἀγγελίην θείῳ καὶ λιγνύϊ μηνύουσα
καὶ φράσαι Ἀργῴην οὐκ ἐπόθησε τρόπιν.

Pl Ib 32,2 f. 85r. – 1 μουνορ- P // νεῒ Scal. νηὶ 2 καθέτης P 6 φράσαι Jac. -σεν // οὐκ Jac. κοὐκ P δ' οὐκ Pl.

Fischer Hierokleides

Hierokleides hatte ein Schiff. Das trug ihn durchs Leben,
ward mit ihm älter und fuhr auch in den Tod noch mit ihm
als ein treuer Gefährte beim Fangen der Fische. Noch niemals
strich ein redlicher Schiff über die Wellen als dies.
Bis zum Alter ernährte es ihn durch Arbeit, zu Grabe
bracht es den Toten und fuhr schließlich zum Hades mit ihm.

Antiphilos

Schiffbrüchig

Glücklicher Hirte, o hätte auch ich im Gebirge, im Grase
dieses schimmernden Hangs, immer die Schafe bewacht,
hätte mit blökenden Widdern, den Leitern der Herde, geplaudert,
statt in das bittere Meer Steuer des Schiffes getaucht.
Darum sank ich dahin in die Tiefe des Wassers, dann spülte
mich der brausende Ost hier am Gestade ans Land.

Krinagoras

Fischer Pyrrhos

Einsam im kleinen Kahne fuhr Pyrrhos; mit härener Angel
fischte er Mainen sowie schmächtige Äschen am Grund.
Weit vom Strande entfernt traf plötzlich der Blitz ihn: er stürzte;
leer ans Gestade zurück eilte von selber der Kahn
und erzählte den Vorfall durch Qualm und Schwefel und brauchte,
um es zu sagen, gewiß nicht von der Argo den Kiel.

Antipatros von Thessalonike

638. ΚΡΙΝΑΓΟΡΟΥ

Παίδων ἀλλαχθέντι μόρῳ ἔπι τοῦτ' ἐλεεινὴ
μήτηρ ἀμφοτέρους εἶπε περισχομένη·
„Καὶ νέκυν οὐ σέο, τέκνον, ἐπ' ἤματι τῷδε γοήσειν
ἤλπισα καὶ ζωοῖς οὐ σὲ μετεσσόμενον
ὄψεσθαι· νῦν δ' οἱ μὲν ἐς ὑμέας ἠμείφθησαν
δαίμονες, ἄψευστον δ' ἵκετο πένθος ἐμοί."

l: εἰς γυναῖκα δύο τέκνα ἔχουσαν, ὧν τὸ ἓν ἠσθένει, τὸ δ' ἕτερον ὑγιὲς ἦν· τοῦ μὲν οὖν ἀσθενοῦντος ἐγερθέντος ὁ ὑγιὴς τέθνηκεν. – 1 ἔπι Reiske ἐπι 4 οὐ ex οὐς P.

639. ΑΝΤΙΠΑΤΡΟΥ

Πᾶσα θάλασσα θάλασσα. τί Κυκλάδας ἢ στενὸν Ἕλλης
κῦμα καὶ Ὀξείας ἠλεὰ μεμφόμεθα;
ἄλλως τοὔνομ' ἔχουσιν. ἐπεὶ τί με, τὸν προφυγόντα
κεῖνα, Σκαρφαιεὺς ἀμφεκάλυψε λιμήν;
νόστιμον εὐπλοΐην ἀρῴτό τις· ὡς τά γε πόντου
πόντος, ὁ τυμβευθεὶς οἶδεν Ἀρισταγόρης.

Pl IIIa 19,46 f. 37v. – 1 Κυκλάδος P.

640. ΤΟΥ ΑΥΤΟΥ

Ῥιγηλὴ ναύταις Ἐρίφων δύσις, ἀλλὰ Πύρωνι
πουλὺ γαληναίη χείματος ἐχθροτέρη·
νῆα γὰρ ἀπλοΐῃ πεπεδημένου ἔφθασε ναύταις
ληιστέων ταχινὴ δίκροτος ἐσσυμένη,
χεῖμα δέ μιν προφυγόντα γαληναίῳ ὑπ' ὀλέθρῳ
ἔκτανον· ἆ λυγρῆς δειλὲ καχορμισίης.

2 πουλὺ Dorville -λῆς 3 ἀλιπλόη P em. Salm. // πεπεδημένου Dorv. -νην 4 ἐσσυμ- Salm. ἐσσομ- 6 ἔκτανον Jac. -νεν.

Austausch der Lose

Jammernd über die Kinder, die jäh ihre Lose gewechselt,
sprach eine Mutter das Wort, während sie beide umschlang:
„Ach, nicht hab ich geglaubt, dich müßte ich heute als Toten,
Kind, beklagen, und dich dürfte ich heute noch hier
unter den Lebenden sehn. Nun haben die Götter wohl euer
Schicksal vertauscht, doch mir nahte gewißlich das Leid.“

Krinagoras

Im Hafen ertrunken

Meer bleibt überall Meer. Was klagen wir töricht Kykladen,
Helle's enges Gewog und die Oxeien nur an?
Fälschlich heißen sie so. Warum sonst verschlang mich, der jenen
Breiten ich glücklich entrann, hier in Skarphaia der Port?
Bete ein jeder um Fahrt, die wieder nach Hause ihn bringe!
See bleibt See; im Grab ist's Aristagoras kund.

Antipatros von Thessalonike

Tod durch Piraten

Schaudernd erleben die Schiffer das Sinken der Böckchen, doch Pyron
wurde die ruhige See schlimmer denn Sturm auf dem Meer.
Als eine Flaute ihn bannte, da schoß eine Räuberdière
rudergetrieben im Flug an seinen Segler heran:
Ihn, der dem Sturme entflohn, erschlug man bei heiterem Meere.
Ärmster, dir brachte, in See ruhig zu ankern, den Tod.

Antipatros von Thessalonike

641. ΑΝΤΙΦΙΛΟΥ

Σῆμα δυωδεκάμοιρον ἀφεγγέος ἠελίοιο,
τοσσάκις ἀγλώσσῳ φθεγγόμενον στόματι,
εὖτ' ἂν θλιβομένοιο ποτὶ στενὸν ὕδατος ἀὴρ
αὐλὸν ἀποστείλῃ πνεῦμα διωλύγιον,
θῆκεν Ἀθήναιος δήμῳ χάριν, ὡς ἂν ἐναργὴς
εἴη κὴν φθονεραῖς ἠέλιος νεφέλαις.

c: ζήτει τὴν τοῦ ἐπιγράμματος ἔννοιαν, ὅτι δύσληπτος. – Pl IV b 21, 1 f. 100 v. – Tit. om. Pl 2 τοσσ- Jac. τρισσ- // φθεγγόμενος P 6 κῆν P.

642. ΑΠΟΛΛΩΝΙΔΟΥ

Σύρου καὶ Δήλοιο κλύδων μέσος υἷα Μενοίτην
σὺν φόρτῳ Σαμίου κρύψε Διαφανέος
εἰς ὅσιον σπεύδοντα πλόου τάχος· ἀλλὰ θάλασσα
ἐχθρὴ καὶ νούσῳ πατρὸς ἐπειγομένοις.

l: εἰς Μενοίτην, τὸν Σάμιον ναυηγὸν υἱὸν Διοφάνους. – 1 Σύρου Reiske Ἕβρου // Δήλοιο ex δείλ- P 2 κρῦψε P.

643. ΚΡΙΝΑΓΟΡΟΥ

Ὑμνίδα τὴν Εὐάνδρου ἐράσμιον αἰὲν ἄθυρμα
οἰκογενές κούρην αἱμύλον εἰναέτιν,
ἥρπασας, ὦ ἄλλιστ' Ἀίδη, τί πρόωρον ἐφιεὶς
μοῖραν τῇ πάντως σεῖό ποτ' ἐσσομένῃ;

l: εἰς παιδίσκην Ὑμνίδα, τὴν παίστριαν, τὴν Εὐάνδρου. – Pl III b 11, 10 f. 92 v. – 2 οἰναέτιν P ἐννα- Pl em. Salm. 3 αλλιστ' P[1] ἄλιστ' c ἄλληστ' Pl 4 τὴν ... ἐσσομένην P Pl em. Dorv. // σοὶ πόθ' P.

644. ΒΙΑΝΟΡΟΣ ΓΡΑΜΜΑΤΙΚΟΥ

Ὕστατον ἐθρήνησε τὸν ὠκύμορον Κλεαρίστη
παῖδα καὶ ἀμφὶ τάφῳ πικρὸν ἔπαυσε βίον·
κωκύσασα γὰρ ὅσσον ἐχάνδανε μητρὸς ἀνίη,
οὐκέτ' ἐπιστρέψαι πνεύματος ἔσχε τόνους.
θηλύτεραι, τί τοσοῦτον ἐμετρήσασθε τάλαιναι
θρῆνον, ἵνα κλαύσητ' ἄχρι καὶ Ἀίδεω;

Pl III a 11, 36 f. 34 v.

Die Wasseruhr

Zwölfmal ist es geteilt, dies Sinnbild verschwundener Sonne,
ebensooftmal am Tag spricht's ohne Zunge zu uns,
wenn sich die Luft, vom Wasser gepreßt an die feine Kanüle,
mit einem gellenden Pfiff weithin erschallend entlädt.
Gab's Athenaios der Stadt, er wollte, daß, wenn auch die Wolke
neidisch den Himmel verhängt, strahlend die Sonne ihr scheint.

Antiphilos

Der schiffbrüchige Menoites

Zwischen Syros und Delos verschlang die Flut den Menoites,
des Diaphanes Sohn, samt dem befrachteten Schiff,
da ihn die Liebe zur Eile gedrängt: Selbst dem, der den kranken
Vater zu sehen begehrt, will es nicht hold sein, das Meer.

Apollonidas

Kind Hymnis

Hymnis, die Tochter Euanders, im Hause geboren, dies ewig
reizende Spielzeug von neun Jahren, dies schmeichelnde Kind,
grausamer Hades, du hast es geraubt. Warum hast du so früh ihr
dieses Schicksal gesandt? War sie nicht doch einmal dein?

Krinagoras

Mutter Kleariste

Einmal beweinte sie noch den frühverstorbenen Knaben,
dann bei dem Kinde am Grab schloß Kleariste das Weh
ihres Lebens. Denn schreiend, wie Mutterverzweiflung nur konnte,
bracht sie den strömenden Hauch nicht mehr im Wechsel zurück. –
Frauen, ihr zarten, warum bemeßt ihr im Leide die Klage
derart, daß ihr sogar bis in den Hades euch weint?

Grammatiker Bianor

645. ΚΡΙΝΑΓΟΡΟΥ

Ὦ δύστην' ὄλβοιο Φιλόστρατε, ποῦ σοι ἐκεῖνα
  σκῆπτρα καὶ αἱ βασιλέων ἄφθονοι εὐτυχίαι,
αἷσιν ἐπῃώρησας ἀεὶ βίον ἢ ἐπὶ Νείλῳ
  ⟨ἢ ἐν Ἰου⟩δαίοις ὢν περίοπτος ὅροις;
ὀθνεῖοι καμάτους τοὺς σοὺς διεμοιρήσαντο,
  σὸς δὲ νέκυς ψαφαρῇ κείσετ' ἐν Ὀστρακίνῃ.

*1: εἰς Φιλόστρατόν τινα πλούσιον καὶ εὐτυχῆ ἐπὶ ξένης τελευτήσαντα. – Pl III^{b} 5,10 f. 91^{v}. – **3** falsum ord. (4,3) litteris mut. P // ἢ ex ἦ Pl **4** ζῇς ἐν Ἰουnos ... δαίοις P Pl [κεῖσαι Ἰου Ald. Man. in P] // ὅροις Pl ὄρρις P.

646. ΑΝΥΤΗΣ ΜΕΛΟΠΟΙΟΥ

Λοίσθια δὴ τάδε πατρὶ φίλῳ περὶ χεῖρε βαλοῦσα
  εἶπ' Ἐρατὼ χλωροῖς δάκρυσι λειβομένα·
„Ὦ πάτερ, οὔ τοι ἔτ' εἰμί, μέλας δ' ἐμὸν ὄμμα καλύπτει
  ἤδη ἀποφθιμένης κυάνεον θάνατος."

Pl III^{b} 25,7 f. 96^{v}. – Tit.: μελ. om. Pl **1** δὴ om. P **4** κυάνεον Jac. -ος.

647. [ΣΙΜΩΝΙΔΟΥ, οἱ δὲ] ΣΙΜΙΟΥ

Ὕστατα δὴ τάδ' ἔειπε φίλαν ποτὶ ματέρα Γοργὼ
  δακρυόεσσα δέρας χερσὶν ἐφαπτομένα·
„Αὖθι μένοις παρὰ πατρί, τέκοις δ' ἐπὶ λῴονι μοίρᾳ
  ἄλλαν σῷ πολιῷ γήραϊ καδεμόνα."

Pl III^{a} 20,13 f. 38^{v}. – Tit.: Σιμμίου P, Samii ap. Pl **1** δὴ om. P // φίλην π. μητ· P **2** δέρας Stadtm. δέρης **3** λώιον P^{1} **4** καδομέναν P^{1} Pl κηδομένην c em. Salm.

648. ΛΕΩΝΙΔΑ ΤΑΡΑΝΤΙΝΟΥ

Ἐσθλὸς Ἀριστοκράτης, ὅτ' ἀπέπλεεν εἰς Ἀχέροντα,
  εἶπ' ὀλιγοχρονίης ἁψάμενος κεφαλῆς·
„Παίδων τις μνήσαιτο καὶ ἐδνώσαιτο γυναῖκα,
  εἰ καί μιν δάκνοι δυσβίοτος πενίη·

Philosoph Philostratos

Armes Opfer des Reichtums! Wo ist, Philostrat, nun das Szepter,
wo die Fülle der Gunst, die du bei Fürsten gehabt
und daran du beständig dein Leben geknüpft – ein Berühmter,
sei's am Ufer des Nil, sei's im judaiischen Land?
Fremde verteilten einander die Früchte deiner Bemühung,
und in Ostrakinas Sand bettet man einst deinen Leib.

Krinagoras

Das Kind

Dies sprach Erato noch, den geliebten Vater umarmend,
als das Letzte, und hell strömten die Tränen hervor:
„Vater, nun bin ich nicht mehr. Schon dunkelt's, schon deckt mir das [blaue
Auge der düstere Tod, der mich dem Leben entführt."

Lyrikerin Anyte

Ein gleiches

Dies war das Letzte, was Gorgo zur lieben Mutter voll Tränen
sagte, indes mit dem Arm sie ihren Nacken umschlang:
„Bleibe beim Vater! Gebier zu besserem Lose ein andres
Mädchen, das Stütze dir ist, wenn dir die Schläfe ergraut."

[*Simonides* oder] *Simias*

Der Hagestolz

Als Aristokrates nun, der edle, zum Acheron fortfuhr,
hob er die Hand an das bald sinkende Haupt und begann:
„Jeder denke an Kinder und nehme ein Weib sich zur Gattin,
ob auch Armut im Haus traurig sein Leben bedrückt.

ζωὴν στυλώσαιτο· κακὸς δ' ἄστυλος ἰδέσθαι
οἶκος. ὁ δ' ἂν λῷστος τἀνέρος ἐσχαρεὼν
εὐκίων φαίνοιτο καὶ ἐν πολυκαέι ὄγκῳ
ἐνστῇ αὐγάζων δαλὸν ἐπεσχάριον."
ᾔδει 'Αριστοκράτης τὸ κρήγυον· ἀλλὰ γυναικῶν,
ὤνθρωπ', ἤχθαιρεν τὴν ἀλιτοφροσύνην.

Pl III^a 1,15 f. 30^v. – **4** δυσβίοστος c **5** στυλήσ- et ἰδέσθω P **6** ἂν Casaub. αὖ **9** novum ep. design. l **10** ὤνθρωπ' Brunck ἄν- // ἀλισωφρ- P.

649. ΑΝΥΤΗΣ ΜΕΛΟΠΟΙΟΥ

'Αντί τοι εὐλεχέος θαλάμου σεμνῶν θ' ὑμεναίων
μάτηρ στῆσε τάφῳ τῷδ' ἐπὶ μαρμαρίνῳ
παρθενικὰν μέτρον τε τεὸν καὶ κάλλος ἔχοισαν,
Θερσί· ποτιφθεγκτὰ δ' ἔπλεο καὶ φθιμένα.

Pl III^b 20,8 f. 95^r. – Tit. om. Pl **2** ἔπι μαρμαρίναν Pl **3** ἔχουσαν Pl.

650 [ΦΛΑΚΚΟΥ ἢ] ΦΑΛΑΙΚΟΥ

Φεῦγε θαλάσσια ἔργα, βοῶν δ' ἐπιβάλλευ ἐχέτλῃ,
εἴ τί τοι ἡδὺ μακρῆς πείρατ' ἰδεῖν βιοτῆς·
ἠπείρῳ γὰρ ἔνεστι μακρὸς βίος· εἰν ἁλὶ δ' οὔ πως
εὐμαρὲς εἰς πολιὴν ἀνδρὸς ἰδεῖν κεφαλήν.

Pl III^a 19,47 f. 38^r; Laur. 32,16. – Tit.: Φακέλλου Pl om. Laur. **1** θαλάσια Pl // ἐπιβάλλετ' P **2** ἡδὺ πέλει μακρὰν ἰδ. βιοτὴν Laur. **3** πως Laur. πως ex πᾶς man.[2] in Pl πᾶσ' P.

650 b. ΣΙΜΩΝΙΔΟΥ

Τούσδ' ἀπὸ Τυρρηνῶν ἀκροθίνια Φοίβῳ ἄγοντας
ἓν πέλαγος, μία ναῦς, εἷς τάφος ἐκτέρισεν.

Cf. ad VII 270. – **1** ἀκροθήνια P.

Halt verleih er dem Dasein; ein haltloses Haus ist ein übler
  Anblick. Aber ein Herd, sicheren Säulen vertraut,
ist ein Segen dem Mann; im reichlich geschütteten Vorrat
  kann er dann stehn und vergnügt schaun in die flackernde Glut.“ –
Ach, 'Aristokrates wußte, was gut war, aber er haßte
  doch in der Seele der Fraun üble Gesinnung, mein Freund.

Leonidas von Tarent

Braut Thersis

Statt dir das bräutliche Bett und die heilige Hochzeit zu rüsten,
  ließ deine Mutter dir hier über dem Marmor des Grabs
eine Statue setzen von deiner Größe und Schönheit,
  Thersis. Auch noch im Tod könnte man sprechen mit dir.

Lyrikerin Anyte

Das Leben zur See

Flieh das Wirken zur See und führe mit Rindern den Pflugsterz,
  wünschst du des Lebens Ziel weit in der Ferne zu sehn.
Heimisch ist langes Leben zu Land nur; doch schwer ist's, bei Men-
  auf dem Meere ein Haupt silbern von Locken zu sehn. [schen

[*Statilius Flaccus* oder] *Phalaikos*

Gescheitert

Diese, die Phoibos den Zehnten der Beute Etruriens brachten,
  hält nun e i n Meer, e i n Schiff und e i n e Grube im Schoß.

Simonides

651. ΕΥΦΟΡΙΩΝΟΣ

Οὐχ ὁ τρηχὺς ἔλαιος ἐπ' ὀστέα κεῖνα καλύπτει
οὐδ' ἡ κυάνεον γράμμα λαβοῦσα πέτρη·
ἀλλὰ τὰ μὲν Δολίχης τε καὶ αἰπεινῆς Δρακάνοιο
Ἰκάριον ῥήσσει κῦμα περὶ κροκάλαις·
ἀντὶ δ' ἐγὼ ξενίης Πολυμήδεος ἡ κεινὴ χθὼν
ὠγκώθην Δρυόπων διψάσιν ἐν βοτάναις.

1 ἔλαιος Meineke σελιθαῖος 4 ῥήσει P[1] em. l 5 κενεὴ Reiske κεινή.

652. ΛΕΩΝΙΔΑ ΤΑΡΑΝΤΙΝΟΥ

Ἠχήεσσα θάλασσα, τί τὸν Τιμάρεος οὕτως
πλώοντ' οὐ πολλῇ νηὶ Τελευταγόρην
ἄγρια χειμήνασα καταπρηνώσαο πόντῳ
σὺν φόρτῳ, λάβρον κῦμ' ἐπιχευαμένη;
χὼ μέν που καύηξιν ἢ ἰχθυβόροις λαρίδεσσιν
τεθρήνητ' ἄπνους εὑρεῖ ἐν αἰγιαλῷ·
Τιμάρης δὲ κενὸν τέκνου κεκλαυμένον ἀθρῶν
τύμβον δακρύει παῖδα Τελευταγόρην.

*Pl III b 19,14 f. 94r. – Tit.: gent. om. Pl 1 ἠχήεσσα Pl καχ ... εεσσα P[1] αναχί supra χ ... ε scrips. l // οὕτω Pl 2 Τελεστ- Pl 5 ἢ om. P // ἰχθυφόροις P // λαρίδεσσι Pl 7 κενεὸν P 8 Τελεστ- Pl.

653. ΠΑΓΚΡΑΤΟΥΣ

Ὤλεσεν Αἰγαίου διὰ κύματος ἄγριος ἀρθεὶς
Λὶψ Ἐπιηρείδην Ὑάσι δυομέναις
αὐτὸν ἐῇ σὺν νηὶ καὶ ἀνδράσιν· ᾧ τόδε σῆμα
δακρύσας κενεὸν παιδὶ πατὴρ ἔκαμεν.

l: εἰς ναυηγὸν Ἐπιηρείδην, υἱὸν Τιμάνδρου. – Pl III b 19,17 f. 94r. – Tit.: Παγκρατίου Pl 2 υἱάσι P 3 αὐτή οἱ P αὐτῇ οἱ Pl em. Meineke 4 δακρύσας: an Τίμανδρος?

Ein gleiches

Nicht der Ölbaum, der wilde, bedeckt hier die sterblichen Reste,
 nicht dieser Felsen, aus dem dunkel die Inschrift noch spricht.
Nein, wo Doliche liegt und Drakanons Gipfel sich heben,
 spült das Ikarische Meer über die Kiesel sie hin.
Nicht Polymedes hab ich zu Gast hier, ich bin nur ein Hügel,
 den man in Dryoperlands durstiger Steppe gehäuft.

Euphorion

Ein gleiches

Brausende See, was hat Teleutagoras, Sohn des Timares,
 der mit dem kleinen Schiff über dich hinfuhr, getan,
daß du in wütendem Sturm mit verschlingender Welle ihn trafest
 und ihn mitsamt seiner Fracht jäh in die Tiefe gestürzt?
Fischefressende Möwen und Eisvögel haben gewißlich
 an dem weiten Gestad um den Entseelten geklagt.
Doch Timares betrachtet den leeren, umjammerten Hügel
 seines Kindes und weint um Teleutagoras' Tod.

Leonidas von Tarent

Ein gleiches

Als die Hyaden sich senkten, stand wild der Südwest auf und brachte
 Epiëreides den Tod tief im Ägäischen Meer,
ihm mitsamt seinem Schiff und mitsamt seinen Männern. Nun stellte
 dies Kenotaph seinem Sohn weinend der Vater hier auf.

Pankrates

654. ΛΕΩΝΙΔΑ ΤΑΡΑΝΤΙΝΟΥ

Αἰεὶ λησταὶ καὶ ἁλιφθόροι οὐδὲ δίκαιοι
  Κρῆτες. τίς Κρητῶν οἶδε δικαιοσύνην;
ὡς καὶ ἐμὲ πλώοντα σὺν οὐκ εὐπίονι φόρτῳ
  Κρηταιεῖς ὦσαν Τιμόλυτον καθ' ἁλὸς
δείλαιον. κἠγὼ μὲν ἁλιζώοις λαρίδεσσι
  κέκλαυμαι, τύμβῳ δ' οὐχ ὕπο Τιμόλυτος.

Pl III b 19,18 f. 94r. – Tit.: gent. om. Pl **4** καθ' ἁλὸς Pl κ. αἶδου c καθά δ' ου P[1].

655. ΤΟΥ ΑΥΤΟΥ

Ἀρκεῖ μοι γαίης μικρὴ κόνις· ἡ δὲ περισσὴ
  ἄλλον ἐπιθλίβοι πλούσια κεκλιμένον
στήλη, τὸ σκληρὸν νεκρῶν βάρος. εἴ με θανόντα
  γνώσοντ', Ἀλκάνδρῳ τοῦτο τί Καλλιτέλευς;

Pl III b 5,11 f. 91v. – **2** κεκλιμένον ex -νη Pl **3** novum ep. (655_{3-4} et 656) design. l // εἴ Reiske οἱ P οἵ Pl **4** γνώσονθ' P // τοῦθ' ὅτι P Pl em. Hecker.

656. ΤΟΥ ΑΥΤΟΥ ΛΕΩΝΙΔΟΥ

Τὴν ὀλίγην βῶλον καὶ τοῦτ' ὀλιγήριον, ὦνερ,
  σῆμα ποτίφθεγξαι τλάμονος Ἀλκιμένευς,
εἰ καὶ πᾶν κέκρυπται ὑπ' ὀξείης παλιούρου.
  καὶ βάτου ἦν ποτ' ἐγὼ δήιος Ἀλκιμένης.

c: εἰς Ἀλκιμένην μαχητήν [cf. 4: δήιος]; cf. ad ep. 655, 3. – Pl IIIa 5,36 f. 31v. – **3** εἰ om. P // κέκρυπτ' ὑπ' P **4** καί: fort. ναί [cf. IX 653, 6].

657. ΤΟΥ ΑΥΤΟΥ ΛΕΩΝΙΔΟΥ

Ποιμένες, οἳ ταύτην ὄρεος ῥάχιν οἰοπολεῖτε
  αἶγας κεὐείρους ἐμβοτέοντες ὄις,
Κλειταγόρῃ, πρὸς Γῆς, ὀλίγην χάριν, ἀλλὰ προσηνῆ
  τίνοιτε χθονίης εἵνεκα Φερσεφόνης.
βληχήσαιντ' ὄιές μοι, ἐπ' ἀξέστοιο δὲ ποιμὴν
  πέτρης συρίζοι πρηέα βοσκομέναις·

Tod durch Piraten

Kreter sind Räuber von je, Piraten; nie denken sie rechtlich.
Hat man bei Kretern einmal etwas Gerechtes gesehn?
So haben Kreter auch mich, den Timolytos, als ich mit karger
Ladung die Wogen durchfuhr, elend hinuntergestürzt.
Laut nun klagen um mich die Möwen, die Vögel des Meeres,
hier in dem Grabe jedoch schlummert Timolytos nicht.

Leonidas von Tarent

Der genügsame Alkandros

Gebt mir nur Erde ein wenig! Ein ragender Grabstein, für Tote
eine beschwerliche Last, mag einen anderen Leib
prunkvoll im Tode bedrücken! Was frommt's mir Alkandros, dem
des Kalliteles, denn, wenn man mein Sterben erfährt? [Sohne

Leonidas von Tarent

Gärtner Alkimenes

Grüße das niedrige Mal und den niedrigen Hügel, o Wandrer,
drunter Alkimenes nun Ruhe gefunden vom Leid,
grüß ihn, wenn er auch ganz bedeckt ist mit stachligen Dornen;
ich, der Alkimenes, war früher den Dornen ein Feind.

Leonidas von Tarent

Hirt Kleitagoras

Die ihr den Rücken des Berges so einsam umwandelt, ihr Hirten,
weidenden Ziegen zur Hut, wolligen Schafen gesellt,
seid bei der Erde gebeten und bei der Persephone drunten:
Gebt dem Kleitagoras nun kleine, doch freundliche Gunst.
Laßt mich der Schafe Geblök vernehmen! Auf zackigem Steinsitz
blase der Hirte sein Lied über die Grasenden hin!

εἴαρι δὲ πρώτῳ λειμώνιον ἄνθος ἀμέρξας
 χωρίτης στεφέτω τύμβον ἐμὸν στεφάνῳ,
καί τις ἀπ' εὐάρνοιο καταχραίνοιτο γάλακτι
 οἰός, ἀμολγαῖον μαστὸν ἀνασχόμενος,
κρηπῖδ' ὑγραίνων ἐπιτύμβιον. εἰσὶ θανόντων,
 εἰσὶν ἀμοιβαῖαι κἀν φθιμένοις χάριτες.

l: εἰς Κλειταγόρου τινὸς τάφον παρά τινα ἀκρώρειαν κειμένου, ἐν ᾗ ποιμένες μετὰ προβάτων διατρίβουσι. c: νομίζω δέ, ὅτι ἐν Ἐφέσῳ κεῖται ταῦτα. – Pl III^a 23,4 $f.41^r$. – **2** κεὐήρους P κευμάλους Pl em. Salm. // ἐμβοτ- Scal. ἐμβατ- **4** τίνυτε P^1 **6** -μένοις P **7** ἀμέρξας Scal. -ρσας **9** ἀπευάρνοις P // γάλακτος Pl **10** οἰός ex οἶος Pl οἶος P // ἀνασχώμ- P **12** -βαῖοι et χάριτος P^1.

658. ΘΕΟΚΡΙΤΟΥ, οἱ δὲ ΛΕΩΝΙΔΟΥ ΤΑΡΑΝΤΙΝΟΥ

Γνώσομαι, εἴ τι νέμεις ἀγαθοῖς πλέον ἢ καὶ ὁ δειλὸς
 ἐκ σέθεν ὡσαύτως ἶσον, ὁδοιπόρ', ἔχει.
„Χαιρέτω οὗτος ὁ τύμβος", ἐρεῖς, „ἐπεὶ Εὐρυμέδοντος
 κεῖται τῆς ἱερῆς κοῦφος ὑπὲρ κεφαλῆς."

Theocr. Ep. 15 (Gallavotti). – **1–2** cum ep. 657, sed **3–4** cum ep. 659 iunx. P **1** νέμεις D^2 νέμοις cet. **2** ἔχεις K.

659. ⟨ΘΕΟΚΡΙΤΟΥ, οἱ δὲ ΛΕΩΝΙΔΟΥ ΤΑΡΑΝΤΙΝΟΥ⟩

Νήπιον υἱὸν ἔλειπες, ἐν ἡλικίῃ δὲ καὶ αὐτός,
 Εὐρύμεδον, τύμβου τοῦδε θανὼν ἔτυχες.
σοὶ μὲν ἕδρη θείοισι παρ' ἀνδράσι, τὸν δὲ πολῖται
 τιμησεῦντι πατρὸς μνώμενοι ὡς ἀγαθοῦ.

Theocr. Ep. 7 (Gall.) [cf. ad ep. 658]. – **1** ἐν ἀλικίᾳ D ἐναλίγκια K **2** Εὐρύμελον K **3** ἕδρα θ. μετ' ἀ. K **4** τιμασ- K // ἀγαθός P^1.

660. ΛΕΩΝΙΔΟΥ ΤΑΡΑΝΤΙΝΟΥ

Ξεῖνε, Συρακόσιός τοι ἀνὴρ τόδ' ἐφίεται Ὄρθων·
 „Χειμερίας μεθύων μηδαμὰ νυκτὸς ἴοις·
καὶ γὰρ ἐγὼ τοιοῦτον ἔχω μόρον, ἀντὶ δὲ πολλῆς
 πατρίδος ὀθνείαν κεῖμαι ἐφεσσάμενος."

Theocr. Ep. 9 (Gall.). – Theocrito trib. K **1** τις ἀ. τ. ἐφίετο K // Ὄνθων ex Ὄρθων P **2** χειμερίης K **3** πότμον ἀ. δ. πολλᾶς K **4** ὀθνείων K.

Wenn der Frühling erwacht, dann pflücke der Landmann der Wiese
Blumen und schmücke mir still mit einem Kranze das Grab.
Pressend hebe ein Hirt das strotzende Euter an einem
lämmergesegneten Schaf, daß er mit Milch mir den Fuß
meines Males bespritze; denn auch bei Verstorbenen gibt es,
auch bei den Toten noch gibt's Dank für erwiesenen Dienst.

Leonidas von Tarent

Eurymedon

Wandrer, jetzt werd ich erkennen, ob Gute du höher bewertest
oder ob Böse du auch ebenso ehrest wie sie.
„Hügel, sei mir gegrüßt," so sprich, „Eurymedon ist es,
dessen heiliges Haupt lind deine Erde bedeckt."

Theokrit oder *Leonidas von Tarent*

Ein gleiches

Noch ein Kind war dein Sohn, Eurymedon, als du hinweggingst
und dich blühenden Mann hier dieser Hügel umfing.
Thronst du nun selber im Kreis der göttlichen Männer – dein Söhnlein
ehren die Bürger fortan, für deine Güte ein Dank.

⟨*Theokrit* oder *Leonidas von Tarent*⟩

Im Rausch und Sturm

Wanderer, höre den Rat des syrakusanischen Orthon:
bist du trunken vom Wein, geh nicht in stürmischer Nacht.
Denn dies gab mir den Tod. Nun deckt nicht die Erde der reichen
Heimat mich zu, ein Grab hüllt in der Fremde mich ein.

Leonidas von Tarent

661. ΤΟΥ ΑΥΤΟΥ ΛΕΩΝΙΔΟΥ

Εὐσθένεος τὸ μνῆμα· φυσιγνώμων ὁ σοφιστής,
δεινὸς ἀπ' ὀφθαλμοῦ καὶ τὸ νόημα μαθεῖν.
εὖ μιν ἔθαψαν ἑταῖροι ἐπὶ ξείνης ξένον ὄντα,
χὑμνοθέτης αὐτῷ δαιμονίως φίλος ἦν.
πάντων, ὧν ἐπέοικεν, ἔχει τεθνεὼς ὁ σοφιστής·
καίπερ ἄκικυς ἐὼν εἶχ' ἄρα κηδεμόνας.

Theocr. Ep. 11 (G). – Theocrito trib. K **3** ἔθαψαν l -ψεν P[1] ἔγραψαν K **4** χυμνοθέτας P χώμνοθέτης K // αὐτῷ Hecker -τοῖς P D -τῆς K // δαιμονίως in marg. Paris. 2721 -ίοις P ἀλιμωνως K // ἦν K ὧν P **5** τῶν P[1].

662. ΛΕΩΝΙΔΟΥ

Ἡ παῖς ᾤχετ' ἄωρος ἐν ἑβδόμῳ ἤδ' ἐνιαυτῷ
εἰς Ἀίδην πολλῆς ἡλικίης προτέρη,
δειλαίη, ποθέουσα τὸν εἰκοσάμηνον ἀδελφὸν
νήπιον ἀστόργου γευσάμενον θανάτου.
αἰαῖ, λυγρὰ παθοῦσα Περιστέρη, ὡς ἐν ἑτοίμῳ
ἀνθρώποις δαίμων θῆκε τὰ δεινότατα.

Pl IIIa 20,14 [v. 1–4] et 15 f. 38v [5–6]; Theocr. Ep. 16 (G). – Theocrito trib. K **2** πολλῆσιν K πολιῆς Pl **3** ποθέοισα K **5** λυγρὰ π.: ἐλεεινὰ παθοῖσα K **6** ἀνθρώπους P[1] // λυγρότατα K.

663. ΤΟΥ ΑΥΤΟΥ ΛΕΩΝΙΔΟΥ

Ὁ μικκὸς τόδ' ἔτευξε τᾷ Θραΐσσᾳ
Μήδειος τὸ μνᾶμ' ἐπὶ τᾷ ὁδῷ κἠπέγραψε „Κλείτας".
ἑξεῖ τὰν χάριν ἁ γυνὰ ἀντ' ἐκείνων
ὧν τὸν κῶρον ἔθρεψε. τί μάν; ἔτι χρησίμα τελευτᾷ.

Theocr. Ep. 20 (G). – Theocrito trib. K **1** Θράσσαι c **2** Μνήδ-... κἠνέγρ- K **3** ἕξει P // τὴν χ. ἡ γυνὴ ἀντὶ τήνων K **4** κοῦρον K // ἔθρεψε τιμᾶν P ἔθρεψ' ἔτι μὴν K em. Schäfer // χρησίμη καλεῖται K.

Physiognom Eusthenes

Dies ist Eusthenes' Grab. Ein Lehrer der Physiognomik,
las er geschickt aus dem Aug' einen Charakter heraus.
Freunde bestatteten ihn, den Fremden, auf fremdem Gebiete;
auch der die Verse hier schrieb, hat ihn von Herzen geliebt.
Was sich dem Toten gebührte, hat alles der Meister empfangen,
und ob arm auch, er fand sorgende Hände im Tod.

Leonidas von Tarent

Die Schwester

Ach, im siebenten Jahr verließ uns dies Mädchen; zu frühe
und den Gespielen voran ging sie zu Hades' Palast.
Trug sie, die Arme, doch Sehnsucht nach ihrem Bruder im Herzen,
der im zwanzigsten Mond bitter das Sterben geschmeckt.
Welch ein Kummer für dich, Peristera! Ach, und wie leicht doch
sendet den Menschen ein Gott Schmerzen und Qualen herab.

Leonidas von Tarent

Amme Kleita

Wißt, der kleine Medeios hat dies Grabmal
seiner thrakischen Amme gebaut am Weg und beschrieben: Kleita.
So erhält diese Frau den Dank des Knaben
für die treuliche Pflege. Mit Recht! Sie war nützlich bis ans Ende.

Leonidas von Tarent

664. ⟨ΛΕΩΝΙΔΟΥ⟩

Ἀρχίλοχον καὶ στᾶθι καὶ εἴσιδε τὸν πάλαι ποιητὰν
τὸν τῶν ἰάμβων, οὗ τὸ μυρίον κλέος
διῆλθε κἠπὶ νύκτα καὶ ποτ' ἀῶ.
ἦ ῥά νιν αἱ Μοῖσαι καὶ ὁ Δάλιος ἠγάπευν Ἀπόλλων,
ὡς ἐμμελής τ' ἐγένετο κἠπιδέξιος
ἔπεά τε ποιεῖν πρὸς λύραν τ' ἀείδειν.

Theocr. Ep. 21 (G). – Tit. om. P, sed cf. tit. ep. 665; Theocrito trib. K **3** πότ' P πρὸς K **4** ῥάννιν P ῥά μιν K // Μοῦσαι P // Λάιος K **5** κάπιδ- K.

665. ΤΟΥ ΑΥΤΟΥ ΛΕΩΝΙΔΟΥ

Μήτε μακρῇ θαρσέων ναυτίλλεο μήτε βαθείῃ
νηί· κρατεῖ παντὸς δούρατος εἷς ἄνεμος.
ὤλεσε καὶ Πρόμαχον πνοιὴ μία, κῦμα δὲ ναύτας
ἀθρόον ἐς κοίλην ἐστυφέλιξεν ἅλα.
οὐ μὴν οἱ δαίμων πάντῃ κακός· ἀλλ' ἐνὶ γαίῃ
πατρίδι καὶ τύμβου καὶ κτερέων ἔλαχεν
κηδεμόνων ἐν χερσίν, ἐπεὶ τρηχεῖα θάλασσα
νεκρὸν πεπταμένους θῆκεν ἐπ' αἰγιαλούς.

*c: ζήτει, μήποτε δύο εἰσὶν ἐπιγράμματα ἀνθ' ἑνός. – Tit. scrips. c **1** ναυτίλλεο Salm. -ίλεο **3** μία Brunck ἅμα // κ. δ' ἐν αὖτὰ P[1] em. c **6** ἔλαχεν Reiske -ες **7** ἐπεὶ Guyet ἐπι.

666. ΑΝΤΙΠΑΤΡΟΥ ΘΕΣΣΑΛΟΝΙΚΕΩΣ

Οὗτος ὁ Λειάνδροιο διάπλοος, οὗτος ὁ πόντου
πορθμὸς ὁ μὴ μούνῳ τῷ φιλέοντι βαρύς·
ταῦθ' Ἡροῦς τὰ πάροιθεν ἐπαύλια, τοῦτο τὸ πύργου
λείψανον· ὁ προδότης ὧδ' ἐπέκειτο λύχνος.
κοινὸς δ' ἀμφοτέρους ὅδ' ἔχει τάφος, εἰσέτι καὶ νῦν
κείνῳ τῷ φθονερῷ μεμφομένους ἀνέμῳ.

Pl III[a] 7,6 f. 32[v]; Matr. 24 [Ir. p. 86]. – Sidonio trib. Matr., gent. om. Pl **1** Λεάνδ- P **5** κοινοὺς P.

Archilochos

Steh hier stille und schau den Archilochos an, den alten Sänger,
den Jambendichter, dessen Ruhm zehntausendfach
zum Morgen- und zum Abendland gedrungen.
Traun, die Musen und Phoibos, der Delier, liebten ihn von Herzen,
so voller Wohllaut war er und so trefflich konnt
er Verse machen und zur Leier singen.

Leonidas von Tarent

Der schiffbrüchige Promachos

Segelst du über das Meer, trau weder dem langen noch tiefen
Schiff; ein einziger Sturm richtet ob jeglichem Kiel.
In einer einzigen Bö starb Promachos auch mit den Schiffern,
denn in den gähnenden Schlund riß sie gemeinsam die See.
Dennoch ward ihm der Gott nicht gänzlich zum Feinde; es wurden
ihm ja im heimischen Land Ehren der Toten und Grab
von befreundeter Hand; denn die rauhen Wogen des Meeres
trugen den Leichnam darauf her an den offenen Strand.

Leonidas von Tarent

Hero und Leandros

Hier schwamm Leandros hindurch, und hier ist die Enge des Meeres,
die dem Verliebten den Tod brachte, und ihm nicht allein.
Hier ist das Häuschen der Hero, hier liegen die Trümmer des Turmes,
drin die Lampe vordem, eine Verräterin, stand.
Beide bedeckt nun gemeinsam dies Grab, doch zürnen sie heut noch
ihm, der ihnen das Glück einstens mißgönnte, dem Sturm.

Antipatros von Thessalonike

667. ΑΔΕΣΠΟΤΟΝ

Τίπτε μάτην γοόωντες ἐμῷ παραμίμνετε τύμβῳ;
οὐδὲν ἔχω θρήνων ἄξιον ἐν φθιμένοις.
λῆγε γόων καὶ παῦε, πόσις, καί, παῖδες ἐμεῖο,
χαίρετε καὶ μνήμην σῴζετ' Ἀμαζονίης.

l: εἰς Ἀμαζωνίδα, τὴν θαυμασίαν γυναῖκα. c: ἐν τῷ ναῷ τῆς ἁγίας Ἀναστασίας ἐν Θεσσαλονίκῃ. – Pl IIIa 11,40 f. 35r. – 4 μνήμων P[1].

668. ΛΕΩΝΙΔΟΥ

Οὐδ' εἴ μοι γελόωσα καταστορέσειε Γαλήνη
κύματα καὶ μαλακὴν φρῖκα φέροι Ζέφυρος,
νηοβάτην ὄψεσθε· δέδοικα γὰρ οὓς πάρος ἔτλην
κινδύνους ἀνέμοις ἀντικορυσσόμενος.

Pl IIIa 19,48 f. 38r. – 1 γαλήνην P 4 -σσάμενος Pl.

669. ΠΛΑΤΩΝΟΣ

Ἀστέρας εἰσαθρεῖς, Ἀστὴρ ἐμός· εἴθε γενοίμην
οὐρανός, ὡς πολλοῖς ὄμμασιν εἰς σὲ βλέπω.

*Pl IIIa 6,27 f. 32r; Diog. L. 3,29; Apul. apol. 10; Apostol. 4,12a; Ir. p. 103; Vind. 311 f. 77r [iunct. cum ep. 670]. – 1 ἐσαθρεῖς Vind. εἰσάθρει P[1] Pl.

670. ΤΟΥ ΑΥΤΟΥ

Ἀστὴρ πρὶν μὲν ἔλαμπες ἐνὶ ζωοῖσιν Ἑῷος·
νῦν δὲ θανὼν λάμπεις Ἕσπερος ἐν φθιμένοις.

Pl IIIa 6,28 f. 32r; Laur. 91,8; Diog., Ap., Apost., Ir., Vind., ut ad ep. 669. – Tit. ἄλλο Pl 1 πρὶν μέν: μὴν π. Apost. μὲν π. Laur.

671. ΑΔΗΛΟΝ, οἱ δὲ ΒΙΑΝΟΡΟΣ

Πάντα Χάρων ἄπληστε, τί τὸν νέον ἥρπασας αὔτως
Ἄτταλον; οὐ σὸς ἔην, κἂν θάνε γηραλέος;

Pl IIIa 6,30 f. 32v. – Tit. om. Pl 1 αὔτως Pl 2 κ' εἰ Pl // θάνεν P[1].

Amazonia

Warum klagt ihr vergebens und weilt mir so lange am Grabe?
Etwas, was Tränen verdient, drückt auch im Tode mich nicht.
Laß von den Klagen drum ab, sei stille, mein Gatte! Lebt wohl nun,
ihr meine Kinder, und wahrt treu Amazonias Bild.

Anonym

Absage an die Seefahrt

Ob auch lächelnd Galene die Wogen mir glättet, ob unter
Zephyrs Atem die See leicht nur erschauert, ihr seht
nie mich ein Schiff mehr besteigen. Noch graut's mir, denk ich der
die ich bestanden, als einst wider die Stürme ich stritt. [Fährden,

Leonidas von Alexandria

Der geliebte Aster

Schaust nach den Sternen empor, mein Stern. O wär ich mit tausend
Augen der Himmel, ich säh nieder mit ihnen auf dich.

Platon

Ein gleiches

Morgenstern warst du dereinst, der unter den Lebenden strahlte;
nun bei den Toten im Tod strahlst du als Abendgestirn.

Platon

Knabe Attalos

Unersättlicher Charon, was nahmst du so kalt uns den jungen
Attalos? War er nicht dein, wenn er im Alter noch starb?

Anonym oder *Bianor*

672. ΑΔΕΣΠΟΤΟΝ

Χθὼν μὲν ἔχει δέμας ἐσθλόν, ἔχει κλυτὸν οὐρανὸς ἦτορ
Ἀνδρέω, ὃς Δαναοῖσι καὶ Ἰλλυριοῖσι δικάσσας
οὐχ ὁσίων κτεάνων καθαρὰς ἐφυλάξατο χεῖρας.

l: ἐν Κορίνθῳ γέγραπται. – 2 δικάσας P em. Reiske.

673. ΑΔΗΛΟΝ

Εἰ γένος εὐσεβέων ζώει μετὰ τέρμα βίοιο
ναιετάον κατὰ θεσμὸν ἀνὰ στόμα φωτὸς ἑκάστου,
Ἀνδρέα, σὺ ζώεις, οὐ κάτθανες, ἀλλά σε χῶρος
ἄμβροτος ἀθανάτων ἁγίων ὑπέδεκτο καμόντα.

Pl III a 1,5 f. 30r. – 2 θυμὸν Pl.

674. ΑΔΡΙΑΝΟΥ

Ἀρχιλόχου τόδε σῆμα, τὸν ἐς λυσσῶντας ἰάμβους
ἤγαγε Μαιονίδῃ Μοῦσα χαριζομένη.

Pl III b 22,4 f. 95r. – Tit. om. Pl.

675. ΛΕΩΝΙΔΟΥ

Ἄτρομος ἐκ τύμβου λύε πείσματα ναυηγοῖο·
χἠμῶν ὀλλυμένων ἄλλος ἐνηοπόρει.

c: ἰσόψηφον. – Pl III a 19,49 f. 38r.

676. ΑΔΗΛΟΝ

Δοῦλος Ἐπίκτητος γενόμην καὶ σῶμ' ἀνάπηρος
καὶ πενίην Ἶρος καὶ φίλος ἀθανάτοις.

Pl III a 28,39 f. 43r; Gell. 2, 18; Macr. sat. 1,11,44; Joh. Chrys. hom. 13. – Epicteto trib. Gell. Macr., Leonidae Al. Pl 1 δοῦλος μὲν Ἐ. Chrys. // σῶμα ἀ. Chrys. σώματι πηρὸς Gell. Macr. 2 ἀθανατος P[1] -άτων Chrys.

Richter Andreas

Erde umfängt des Andreas erlauchten Körper, der Himmel
aber den edlen Geist. Illyrern und Danaern sprach er
Recht und hielt seine Hände stets rein von schnödem Gewinne.

Anonym

Ein gleiches

Leben die Scharen der Frommen noch jenseits der Grenze des Lebens,
da sie nach heiligem Brauch im Munde der Irdischen wohnen,
sieh, dann bist du nicht tot, Andreas, du lebst, und die ew'ge
Stätte unsterblicher Guten empfing dich am Ende der Mühen.

Anonym

Archilochos

Dies ist Archilochos' Mal. Zu wütenden, bissigen Jamben
hat ihn die Muse geführt, weil sie Homeros – geliebt.

Kaiser Hadrian

Gescheitert

Löse die Seile getrost vom Mal des gescheiterten Mannes:
Auch als der Tod mich gefaßt, segelten andre noch fort.

Leonidas von Alexandria

Epiktetos

Ich Epiktetos war Sklave, am Körper ein elender Krüppel,
war wie Iros so arm und den Unsterblichen – lieb.

Anonym

677. ⟨ΣΙΜΩΝΙΔΟΥ⟩

Μνῆμα τόδε κλεινοῖο Μεγιστία, ὅν ποτε Μῆδοι
Σπερχειὸν ποταμὸν κτεῖναν ἀμειψάμενοι,
μάντιος, ὃς τότε κῆρας ἐπερχομένας σάφα εἰδὼς
οὐκ ἔτλη Σπάρτης ἡγεμόνας προλιπεῖν.

Herod. 7,228; Ir. 293. - Tit. om. P, laud. Her. Ir. **1** κλειτοῖο Her. //Μεγιστίου P.

678. ΑΔΕΣΠΟΤΟΝ

Πληρώσας στρατιὴν Σωτήριχος ἐνθάδε κεῖμαι,
ὄλβον ἐμῶν καμάτων γλυκεροῖς τεκέεσσιν ἐάσας.
ἦρξα δ' ἐν ἱππήεσσι, Γερήνιος οἷά τε Νέστωρ,
ἐξ ἀδίκων τε πόνων κειμήλιον οὐδὲν ἔτευξα.
τοὔνεκα καὶ μετὰ πότμον ὁρῶ φάος Οὐλύμποιο.

2 ἐμῶν ex ἐμὸν P **5** 'Ολύμπου P em. Bouhier.

679. ΤΟΥ ΑΓΙΟΥ ΣΩΦΡΟΝΙΟΥ ΠΑΤΡΙΑΡΧΟΥ

Τύμβε, τίς ἢ πόθεν, ἦν δ' ἔτι παῖς τίνος; ἔργα καὶ ὄλβον
νεκροῦ, ὃν ἔνδον ἔχεις, ἔννεπε, κευθόμενον. –
„Οὗτος 'Ιωάννης, Κύπριος γένος, υἱὸς ἐτύχθη
εὐγενέος Στεφάνου· ἦν δὲ νομεὺς Φαρίης.
κτήμασι μὲν πολύολβος ὅλων πλέον, ὧν τρέφε Κύπρος,
ἐκ πατέρος πατέρων ἐξ ὁσίων τε πόνων·
ἔργα δὲ θέσκελα πάντα λέγειν, ἅπερ ἐν χθονὶ τεῦξεν,
οὐδ' ἐμοῦ ἐστι νόου οὐδ' ἑτέρων στομάτων·
πάντα γὰρ ἄνδρα παρῆλθε φαεινοτάταις ἀρετῇσι
δόξαντα κρατέειν ταῖς ἀρεταῖς ἑτέρων.
τοῦ καὶ κάλλεα πάντα, τάπερ πτόλις ἔλλαχεν αὔτη,
εἰσὶ φιλοφροσύνης κόσμος ἀρειοτάτης."

A[1]: εἰς τὸν ἅγιον 'Ιωάννην, τὸν πάπαν 'Αλεξανδρείας, τὸν 'Ελεήμονα. – Pl III^{a} 1,16 f. 30^{v}. – **1** δὲ τί Pl // ὄλβου P **2** νεκροῦ Scal. -ός **5** κτήματα Pl // πλέον ὧν Lasc. πλεόνων **7** ut novi ep. initium not. A[1] **11** πόλις Pl **12** ἀρειοτάτας P -ότατος Pl em. Salm.

Seher Megistias

Dies ist das Mal des berühmten Megistias; medischem Volke,
das den Spercheios durchschritt, fiel er zum Opfer dereinst.
Ob er als Seher auch damals die kommenden Lose erkannte,
Spàrtas Führer und Herrn ließ er trotzdem nicht im Stich.

Simonides

Heerführer Soterichos

Krieger hab ich gesammelt, nun lieg ich Soterichos tot hier,
habe die Frucht meiner Mühen den lieben Kindern gelassen.
Reiter hab ich geführt gleichwie der gerenische Nestor,
nie aber hab ich mir Schätze durch unrechte Werke erworben;
darum sehe ich auch im Tode das Licht des Olympos.

Anonym

Patriarch Johannes

Grab, wen birgst du im Innern? Wo war des Verstorbenen Heimat?
Wer sein Vater? O sag Taten und Schicksal uns an!
„Dies ist Johannes von Kypros; den edlen Stephanos nannte
er seinen Vater; er war Hirt in der pharischen Stadt.
Reicher war er an Gütern als alle, die Kypros ernährte,
von den Vorfahren her und seinem heiligen Werk.
All seine göttlichen Taten auf Erden zu nennen, vermöchte
weder mein eigener Geist noch auch der anderen Mund.
Überragte er doch mit strahlenden Tugenden jeden,
der mit seinem Verdienst scheinbar die andern besiegt.
Auch was alles die Stadt hier an Zierden und Schönheit erhalten,
zeigt mit dem leuchtenden Schmuck seine unendliche Huld."

Patriarch Sophronios

680. ΣΩΦΡΟΝΙΟΥ ΠΑΤΡΙΑΡΧΟΥ

Ἀρχὸς Ἰωάννης Φαρίης ἀρετῶν ἱερήων
ἐνθάδε νῦν μετὰ τέρμα φίλῃ παρὰ πατρίδι κεῖται·
θνητὸν γὰρ λάχε σῶμα, καὶ εἰ βίον ἄφθιτον ἕξει
ἀθανάτους πρήξεις τε κατὰ χθόνα ῥέξεν ἀπείρους.

Pl III^a 1,17 f. 30^v. – 3 ἕξει P ἔσχεν Pl 4 χθονὸς P^1.

681. ΠΑΛΛΑΔΑ ΑΛΕΞΑΝΔΡΕΩΣ

Οὐκ ἀπεδήμησας τιμῆς χάριν, ἀλλὰ τελευτῆς,
καὶ χωλός περ ἐὼν ἔδραμες εἰς Ἀίδην,
Γέσσιε Μοιράων τροχαλώτερε· ἐκ προκοπῆς γάρ,
ἧς εἶχες κατὰ νοῦν, ἐξεκόπης βιότου.

Pl III^a 6,31 f. 32^v.

682. ΤΟΥ ΑΥΤΟΥ

Γέσσιος οὐ τέθνηκεν ἐπειγόμενος παρὰ Μοίρης·
αὐτὸς τὴν Μοῖραν προὔλαβεν εἰς Ἀίδην.

Pl III^a 6,32 f. 32^v.

683. ΠΑΛΛΑΔΑ ΑΛΕΞΑΝΔΡΕΩΣ

„Μηδὲν ἄγαν“ τῶν ἑπτὰ σοφῶν ὁ σοφώτατος εἶπεν·
ἀλλὰ σὺ μὴ πεισθείς, Γέσσιε, ταῦτ’ ἔπαθες·
καὶ λόγιός περ ἐὼν ἀλογώτατον ἔσχες ὄνειδος
ὡς ἐπιθυμήσας οὐρανίης ἀνόδου.
οὕτω Πήγασος ἵππος ἀπώλεσε Βελλεροφόντην
βουληθέντα μαθεῖν ἀστροθέτους κανόνας·
ἀλλ’ ὁ μὲν ἵππον ἔχων καὶ θαρσαλέον σθένος ἥβης,
Γέσσιος οὐδὲ χεσεῖν εὔτονον ἦτορ ἔχων.

Pl II^a 48,1 f. 28^v. – In P hic [P^a] et post XI 282 [P^b]. Tit.: gent. om. P^b Pl. 1 σοφώτερος P^b Pl 2 τοῦτ’ P^b Pl 8 χεσεῖν P^b χέσειν Pl om. P^a [χέσειν man. rec.].

Ein gleiches

Führer von Pharias Priestern, Johannes, der Tugenden Meister,
liegt nun am Ziele dahier im lieben heimischen Lande.
Denn er war sterblich an Leib, ob er ewig auch lebt in der Zukunft
und unsterbliche Taten auch zahllos auf Erden vollbracht hat.

Patriarch Sophronios

Archon Gessios

Nicht zu Würden und Ehren, zum Tode bist du gegangen,
trotz deinem hinkenden Bein liefst du zum Hades hinab,
Gessios, flinker als Moiren. Beförderung wolltest du haben,
und die Beförderung kam, doch – aus dem Leben hinaus.

Palladas von Alexandria

Ein gleiches

Gessios starb; doch hat ihn nicht Moira gezwungen zu sterben,
nein, er kam mit dem Tod selbst noch der Moira zuvor.

Palladas von Alexandria

Ein gleiches

„Alles mit Maßen!" gebot von den Sieben der weiseste Weise.
Folgtest ihm, Gessios, nicht; hast nun den Schaden dafür.
Trotz deines sinnigen Geistes erträgst du nun sinnlose Schande,
weil du zum Himmel hinauf dich zu erheben gewünscht.
Also zerschellte der Pegasos auch den Bellerophontes,
als er der Sterne Gesetz kennenzulernen begehrt.
Doch der hatte ein Roß und die mutige Stärke der Jugend,
du aber, Gessios, hast nicht mal zu scheißen die Kraft.

Palladas von Alexandria

684. ΤΟΥ ΑΥΤΟΥ

Μηδεὶς ζητήσῃ μερόπων ποτὲ καὶ θεὸς εἶναι
 μηδ' ἀρχὴν μεγάλην, κόμπον ὑπερφίαλον.
Γέσσιος αὐτὸς ἔδειξε· κατηνέχθη γὰρ ἐπαρθεὶς
 θνητῆς εὐτυχίης μηκέτ' ἀνασχόμενος.

l^a: εἰς τὸν αὐτὸν Γέσσιον, τὸν ἄρχοντα. – Pl II^a 48,2 f. 28^v. – In P hic [P^a] et post XI 282 [P^b]. **1** ζητήσει P^a **2** -ῆς μεγάλης Pl **4** θνητοῖς P^a // μηδὲν Pl // -ομενης l^a.

685. ΤΟΥ ΑΥΤΟΥ

Ζητῶν ἐξεῦρες βιότου τέλος εὐτυχίης τε
 ἀρχὴν ζητήσας πρὸς τέλος ἐρχομένην.
ἀλλ' ἔτυχες τιμῆς, ὦ Γέσσιε, καὶ μετὰ μοῖραν
 σύμβολα τῆς ἀρχῆς ὕστατα δεξάμενος.

1 ἐξεῦρες βιότου Salm. -εν βίου.

686. ΤΟΥ ΑΥΤΟΥ

Γέσσιον ὡς ἐνόησεν ὁ Βαύκαλος ἄρτι θανόντα
 χωλεύοντα πλέον, τοῖον ἔλεξεν ἔπος·
„Γέσσιε, πῶς, τί παθὼν κατέβης δόμον Ἄϊδος εἴσω
 γυμνός, ἀκήδεστος, σχήματι καινοτάφῳ;"
τὸν δὲ μέγ' ὀχθήσας προσέφη καὶ Γέσσιος εὐθύς·
 „Βαύκαλε, τὸ στρῆνος καὶ θάνατον παρέχει."

Pl II^a 48,3 f. 28^v. – In P hic [P^a] et post XI 282 [P^b]. **1** βουκόλος P^{a1} **2** χωλεύων τὰ P^b **3** Ἄιδος εἴσω P^a εἰς Ἀίδαο cet. **4** -ευτος σχ. κεῖνο τάφῳ P^a **5** καὶ om. P^b Pl.

687. ΤΟΥ ΑΥΤΟΥ

Τὴν Ἀμμωνιακὴν ἀπάτην ὅτε Γέσσιος ἔγνω
 τοῦ ξενικοῦ θανάτου ἐγγύθεν ἐρχόμενος,
τὴν ἰδίην γνώμην κατεμέμψατο καὶ τὸ μάθημα
 καὶ τοὺς πειθομένους ἀστρολόγοις ἀλόγοις.

Pl II^a 48,5 f. 28^v. – In P hic [P^a] et post XI 282 [P^b]. **3** ἰδίαν P^b Pl // τότ' ἐμέμψατο P^a **4** πευθομ- ἀστρολόγους P^a // ἀλόγους P^b.

Ein gleiches

Niemals versuche der Mensch, ein Gott zu werden, er suche
nie eines mächtigen Amts übergewaltigen Glanz.
Gessios selber beweist es: er hob sich und stürzte hernieder,
weil er vergängliches Glück nicht mehr zu fassen vermocht.

Palladas

Ein gleiches

Suchend hast du das Ziel des Glücks und des Lebens gefunden,
denn du suchtest das Amt, das zu dem Ziele geführt.
Ja, du bekamest die Würde; denn, Gessios, nach deinem Tode
wurden die Zeichen des Amts dir noch als Letztes zuteil.

Palladas

Ein gleiches

Eben war Gessios tot; als Baukalos diesen, der mehr noch
hinkte als früher, erblickt, sprach er die Worte zu ihm:
„Gessios, wie und warum erscheinst du so ohne Bestattung,
seltsam als Toter und nackt hier in des Hades Palast?“
Ihm erwiderte Gessios drauf mit traurigem Herzen:
„Baukalos, auch in den Tod hat schon der Ehrgeiz geführt.“

Palladas

Ein gleiches

Gessios stand vor dem Tode in fremdem Lande, und als er
merkte, ihn hatte bestimmt Ammons Orakel getäuscht,
schalt er den eigenen Plan und die Wissenschaft samt jenen Leuten,
die da glauben, was je ein Astrologe erlog.

Palladas

688. ΤΟΥ ΑΥΤΟΥ

Οἱ δύο Κάλχαντες τὸν Γέσσιον ὤλεσαν ὅρκοις
  τῶν μεγάλων ὑπάτων θῶκον ὑποσχόμενοι.
ὢ γένος ἀνθρώπων ἀνεμώλιον, αὐτοχόλωτον,
  ἄχρι τέλους βιότου μηδὲν ἐπιστάμενον.

c[a]: οὗτος ὁ Γέσσιος ἄρχων ἦν ἐν μέρει τινὶ Ἀλεξανδρείας. – Pl II[a] 48,4 f. 28[v] (v. 1–2); II[a] 48,2 (v. 3–4, adnex. ad ep. 684); I[b] 9,1 f. 82[v] (v. 3–4). – In P hic (v. 1–4) et post XI 282 (v. 3–4 subiunct. ep. 684 et v. 1–2 ut pecul. ep.). 4 μέχρι P[b] Pl.

689. ΑΔΗΛΟΝ

Ἐνθάδε σῶμα λέλοιπεν Ἀπελλιανὸς μέγ' ἄριστος·
ψυχὴν δ' ἐν χείρεσσιν ἑὴν παρακάτθετο Χριστῷ.

1 ἔλειπεν P em. Ruhnken // Ἀπελλανὸς P em. man. rec. 2 παρακάτθετο Guyet -θεο.

690. ΑΔΗΛΟΝ

Οὐδὲ θανὼν κλέος ἐσθλὸν ἀπώλεσας ἐς χθόνα πᾶσαν,
  ἀλλ' ἔτι σῆς ψυχῆς ἀγλαὰ πάντα μένει,
ὅσσ' ἔλαχές τ' ἔμαθές τε φύσει, μῆτιν πανάριστε·
  τῷ ῥα καὶ ἐς μακάρων νῆσον ἔβης, Πυθέα.

Pl III[b] 1,6 f. 90[r]. – 3 ὅσσ' l ὡς P[1] Pl // τ' om. P // πανάριστε ex -τη Pl.

691. ΑΔΕΣΠΟΤΟΝ

Ἄλκηστις νέη εἰμί· θάνον δ' ὑπὲρ ἀνέρος ἐσθλοῦ
Ζήνωνος, τὸν μοῦνον ἐνὶ στέρνοισιν ἐδέγμην,
ὃν φωτὸς γλυκερῶν τε τέκνων προὔκριν' ἐμὸν ἦτορ,
οὔνομα Καλλικράτεια, βροτοῖς πάντεσσιν ἀγαστή.

Pl III[a] 11,41 f. 35[r]. – 1 Ἄλκιστις P // θανὼν P[1] 3 πρόκρινεν P προὔκρ- c em. Pl.

Ein gleiches

Gessios haben mit Schwüren die beiden Kalchas erschlagen,
die ihm verheißend den Thron mächtiger Konsuln gelobt.
Nichtiges Menschengeschlecht, du Opfer der eignen Verirrung,
bis zu dès Lebens Beschluß weißt du und lernst du auch nichts.

Palladas

Christ Apellianos

Hier hat den Körper gelassen der treffliche Apellianos,
aber in Christi Hände entbot er vertrauend die Seele.

Anonym

Sophist Pytheas

Tot auch verlorest du nicht den leuchtenden Ruhm auf der ganzen
Erde; im Glanze noch bleibt, was die Natur an Genie,
was du an Geiste dir selber geschenkt, du Überbegabter.
Gingst du nicht, Pytheas, auch drum zu der Seligen Land?

Anonym

Die neue Alkestis

Bin eine neue Alkestis; ich starb um des herrlichen Mannes
Zenon willen, den einzig in meinem Herzen ich hegte,
den meine Seele noch mehr als das Licht und die Kindlein geliebt hat,
Kallikrateia geheißen, ringsum von den Menschen bewundert.

Anonym

692. ΑΝΤΙΠΑΤΡΟΥ [οἱ δὲ ΦΙΛΙΠΠΟΥ] ΘΕΣΣΑΛΟΝΙΚΕΩΣ

Γλύκων, τὸ Περγαμηνὸν Ἀσίδι κλέος,
ὁ παμμάχων κεραυνός, ὁ πλατὺς πόδας,
ὁ καινὸς Ἄτλας αἵ τ' ἀνίκατοι χέρες
ἔρροντι· τὸν δὲ πρόσθεν οὔτ' ἐν Ἰταλοῖς
οὔθ' Ἑλλάδι τροπωτὸν οὔτ' ἐν Ἀσίδι
ὁ πάντα νικῶν Ἀίδης ἀνέτραπεν.

Tit.: Φιλ. Θεσσ. A^1, cet. praemis. c 2 κεραυρός P^1 5 τροπωτὸν Baiter τὸ πρῶτον.

693. ΑΠΟΛΛΩΝΙΔΟΥ

Γλῆνιν παρῃονῖτις ἀμφέχω χερμὰς
πικρῇ κατασπασθέντα κύματος δίνῃ,
ὅτ' ἰχθυάζετ' ἐξ ἄκρης ἀπορρῶγος·
χῶσαν δέ μ', ὅσσος λαὸς ἦν συνεργήτης·
Πόσειδον, οὓς σὺ σῴζε καὶ γαληναίην
αἰὲν διδοίης ὁρμιηβόλοις θῖνα.

2 πικρῇ Bouhier -ὴ // καταπασθ- P^1 em. c 4 ὅσσοι P^1 em. c 5 Πόσειδον οὓς c ... δόνους P^1 [lac. praemissa].

694. ΑΔΑΙΟΥ

Ἢν παρίῃς ἥρωα – Φιλοπρήγμων δὲ καλεῖται –
πρόσθε Ποτειδαίης κείμενον ἐν τριόδῳ,
εἰπεῖν, οἷον ἐπ' ἔργον ἄγεις πόδας· εὐθὺς ἐκεῖνος
εὑρήσει σὺν σοὶ πρήξιος εὐκολίην.

Tit.: Ἀδδ- P 2 ποτ' ἰδαίης κείμενος P em. Salm. 3 ἐκεῖνος Salm. -νο.

695. ΑΔΕΣΠΟΤΟΝ

Ὁρᾷς πρόσωπον Κασσίας τῆς σώφρονος.
εἰ καὶ τέθνηκε, ταῖς ἀρεταῖς γνωρίζεται
ψυχῆς τὸ κάλλος μᾶλλον ἢ τοῦ σώματος.

l: εἰς Κασσίαν τὴν σώφρονα. – Pl III^b 11,8 f.92^v. – 1 Κασίας P Κασσίης Pl 3 ἢ τοῦ προσώπου P ἢ προσόψεως Peek.

Wettkämpfer Glykon

Der Pergamon und Asien höchsten Ruhm gebracht,
er, Blitz im Allkampf, Glykon mit dem breiten Fuß
und unbesiegter Faust, der neue Atlas, ach,
er ist nicht mehr. Den niemand im ital'schen Land,
in Hellas oder Asien noch zu Boden warf,
der Allbesieger Hades hat auch ihn gestürzt.

Antipatros [oder *Philippos*] *v. Thess.*

Fischer Glenis

Wir Kieselsteine decken hier am Strand Glenis,
den bittre Wogen wirbelnd einst hinabrissen,
als er vom schroffen Felsgestein sein Netz senkte.
Berufsgefährten häuften uns zum Grabhügel.
O schütze sie, Poseidon, und vergönn ihnen,
daß stets beim Fischen ruhig sei das Seeufer.

Apollonidas

Heros Philopregmon

Kommst du an Poteidaia vorbei, wo am Kreuzweg der Heros
Philopregmon im Grab Ruhe fand, sage ihm dann,
was für ein Werk dich bewegt; er findet, mit dir sich beratend,
rasch ein Mittel, daß dir leicht dein Beginnen gelingt.

Adaios

Die fromme Kassia

Du siehst das Antlitz hier der keuschen Kassia.
Ob sie gleich tot ist, ihrer Seele Schönheit zeigt
noch mehr als die des Leibes ihre Tugenden.

Anonym

696. ΑΡΧΙΟΥ [ΜΙΤΥΛΗΝΑΙΟΥ]

Αἰωρῇ θήρειον ἱμασσόμενος δέμας αὔραις,
τλᾶμον, ἀορτηθεὶς ἐκ λασίας πίτυος,
αἰωρῇ· Φοίβῳ γὰρ ἀνάρσιον εἰς ἔριν ἔστης
πρῶνα Κελαινίτην ναιετάων, Σάτυρε.
σεῦ δὲ βοὰν αὐλοῖο μελίβρομον οὐκέτι Νύμφαι,
ὡς πάρος, ἐν Φρυγίοις οὔρεσι πευσόμεθα.

Pl III^b 7,1 f.92^r. – Tit.: gent. om. Pl **1** θηρίον P // δόμα σαύραις P [primo] **4** Κελαινήτην P -νῖτιν Pl em. Brunck **6** τὼς et πευσόμενον P.

697. ΧΡΙΣΤΟΔΩΡΟΥ

Οὗτος Ἰωάννην κρύπτει τάφος, ὅς ῥ' Ἐπιδάμνου
ἄστρον ἔην, ἣν πρὶν παῖδες ἀριπρεπέες
ἔκτισαν Ἡρακλῆος· ὅθεν καὶ μέρμερος ἥρως
αἰεὶ τῶν ἀδίκων σκληρὸν ἔκοπτε μένος.
εἶχε δ' ἀπ' εὐσεβέων προγόνων ἐρικυδέα πάτρην
Λυχνιδόν, ἣν Φοῖνιξ Κάδμος ἔδειμε πόλιν·
ἔνθεν λύχνος ἔην Ἑλικώνιος, οὕνεκα Κάδμος
στοιχείων Δαναοῖς πρῶτος ἔδειξε τύπον.
εἰς ὑπάτους δ' ἀνέλαμψε καὶ Ἰλλυριοῖσι δικάζων
Μούσας καὶ καθαρὴν ἐστεφάνωσε Δίκην.

Pl III^a 1,4 f.30^r. – **2** πρὶν P δὴ Pl **3** μέρμερον P **5** ἀπευσεβῶν P **6** Λυχναδόν Pl **7** ut novi ep. initium exhib. l, refut. c.

698. ΤΟΥ ΑΥΤΟΥ ΧΡΙΣΤΟΔΩΡΟΥ

Αὐτὸς Ἰωάννης Ἐπιδάμνιος ἐνθάδε κεῖται,
τηλεφανὴς ὑπάτων κόσμος ἀειφανέων,
ὁ γλυκύ μοι Μουσέων πετάσας φάος, ὁ πλέον ἄλλων
εὐρύνας ξενίου δαίμονος ἐργασίην
παμφόρβην παλάμην κεκτημένος, ἥντινα μούνην
οὐκ ἴδε δωτίνης μέτρον ὁριζόμενον.

Marsyas

Droben schwankt nun dein Tierleib, gepeitscht von den Winden, du
in eines Pinienbaums struppige Äste gehängt. [Armer,
Droben schwankt er: du ludest Apollon zum ungleichen Kampfe
in Kelainais Gebirg, Satyr, darin du gehaust.
Ach, nun hören wir Nymphen nicht mehr die liebliche Stimme
deiner Flöte wie sonst hier auf den phrygischen Höhn.

Aulus Licinius Archias

Konsul Johannes

Dies ist das Grab des Johannes, der für Epidamnos der Stern war.
Herakles' Söhne dereinst, Männer erlauchten Geblüts,
waren die Gründer der Stadt; drum setzte der wachsame Heros
stets auch der rohen Gewalt Unrechtgesinnter ein Ziel.
Lychnidos' ruhmvolle Stadt, vom Phoinikier Kadmos gegründet,
war seine Heimat, in der fromm schon die Väter gelebt.
Deshalb war er ein Licht des Helikons; war es doch Kadmos,
der als erster der Schrift Züge den Danaern wies.
Hell war sein Glanz unter Konsuln, und als er Illyrern Gericht hielt,
wand er dem lauteren Recht wie auch den Musen den Kranz.

Christodoros

Ein gleiches

Den Epidamnos geboren, Johannes, hier steht er, des ewig
schimmernden Konsulats weithin erschimmernder Schmuck,
der über mich das liebliche Licht der Musen gebreitet
und des gastlichen Geists Wirken vor allen genährt.
Hat seine Hand doch jeden gespeist, und kannte als einz'ge
sie doch niemals ein Maß, das ihre Gaben begrenzt.

αἰπυτάτην δ' ηὔξησε ⟨νόμοις πα⟩τρίοισιν ἀπήνην
  φαιδρύνας καθαρῆς ἔργα Δικαιοσύνης.
ὢ πόποι, οὐκ ἔζησε πολὺν χρόνον, ἀλλ' ἐνιαυτοὺς
  μοῦνον ἀναπλήσας τεσσαράκοντα δύο
ᾤχετο μουσοπόλοισι ποθὴν πάντεσσιν ἐάσας,
  οὓς ἐπόθει πατέρων φέρτερα γειναμένων.

c [post tit.]: τοῦ μεγάλου ποιητοῦ καὶ περιωνύμου· οὗτος Αἰγύπτιος ἦν ἀπό τινος πόλεως ὀνομαζομένης Κοπτοῦ. – **1** κεῖται Reiske κεῖμαι **3** Μουσέων et ὃ² Guyet -σάων et ὃς **5** παμφόρμην P¹ **6** δωτίνης Jac. -ης // μέτριον P¹ em. c **7** lac. suppl. Reiske // ἀπήνην Reiske ὑπ- **12** γειναμ- Salm. γινομ-.

699. ΑΔΕΣΠΟΤΟΝ

Ἰκάρου ὢ νεόφοιτον ἐς ἠέρα πωτηθέντος
  Ἰκαρίη πικρῆς τύμβε κακοδρομίης,
ἀβάλε μήτε σε κεῖνος ἰδεῖν μήτ' αὐτὸς ἀνεῖναι
  Τρίτων Αἰγαίου νῶτον ὑπὲρ πελάγευς.
οὐ γάρ σοι σκεπανή τις ὑφόρμισις οὔτε βόρειον
  ἐς κλίτος οὔτ' ἀγὴν κύματος ἐς νοτίην.
ἔρροις, ὢ δύσπλωτε, κακόξενε· σεῖο δὲ τηλοῦ
  πλώοιμι, στυγεροῦ ὅσσον ἀπ' Ἀίδεω.

1 -φυτον c **5** σοὶ σκ- c σοικ- P¹ // οὔτε Reiske οὐδὲ // βόρειον Salm. -ος **6** ἀγην P¹ ἄγειν c em. Reiske.

700. ΔΙΟΔΩΡΟΥ ΓΡΑΜΜΑΤΙΚΟΥ

Ἴστω νυκτὸς ἐμῆς, ἧ μ' ἔκρυφεν, οἰκία ταῦτα
  λάινα Κωκυτοῦ τ' ἀμφιγόητον ὕδωρ,
οὔτι μ' ἀνήρ, ὃ λέγουσι, κατέκτανεν ἐς γάμον ἄλλης
  παπταίνων. τί μάτην οὔνομα Ῥουφιανός;
ἀλλά με Κῆρες ἄγουσι μεμορμέναι. οὐ μία δήπου
  Παῦλα Ταραντίνη κάτθανεν ὠκύμορος.

1 ἔκρυφεν Salm. -υψεν **2** τ' add. Reiske **3** κατέκτανεν Salm. -νε **4** Ῥουφῖνος P em. Hecker.

Höher noch hob er sein hohes Amt durch heim'sche Gesetze,
die dem lauteren Recht strahlende Wirkung verliehn.
Ach, er lebte nicht lange; er hatte nur eben der Jahre
zweiundvierzig erfüllt, als er von hinnen entschwand.
Sämtlichen Musenverehrern, die mehr als die eigenen Eltern
er voll Sehnen geliebt, ließ er die Sehnsucht zurück.

Christodoros

Dem Schiffbrüchigen

O Ikaria, Eiland, du Grab jenes Ikaros, welcher
traurigen Fluges die Bahn neu in die Lüfte sich brach,
hätte doch dieser dich niemals gesehn und hätte ihn Triton
von des Ägäischen Meers Rücken für immer verbannt!
Denn du beutst keine rettende Bucht, nicht nördlich am Ufer
noch am südlichen Strand, wo das Gewoge sich bricht.
Fluch dir, du Unglück der Schiffer, Ungastliche! Wie vom verhaßten
Hades ziehe mein Schiff ferne von dir seine Fahrt!

Anonym

Paula

Hier, wo die Nacht mich umhüllt, mag's wissen die steinerne Hausung
und im Kokytos die Flut, dran sich der Wehruf erhebt:
Mich erschlug nicht mein Mann, wie man sagt, weil frech er nach
Weibe verlangte. Wie falsch klagt man Rufianos an! [andrem
Nein, mich entführten die Keren des Schicksals. Gewiß ist es Paula
von Tarent nicht allein, die einmal jählings verschied.

Grammatiker Diodoros von Tarsos

701. ΤΟΥ ΑΥΤΟΥ ΔΙΟΔΩΡΟΥ

Ἰφθίμῳ τόδ' ἐπ' ἀνδρὶ φίλη πόλις ἤνεσ' Ἀχαιῷ
γράμμα παρ' εὐύδρου νάμασιν Ἀσκανίης·
κλαῦσε δέ μιν Νίκαια· πατὴρ δ' ἐπί οἱ Διομήδης
λάινον ὑψιφαῆ τόνδ' ἀνέτεινε τάφον,
δύσμορος, αἰάζων ὀλοὸν κακόν. ἦ γὰρ ἐῴκει
υἱέα οἱ τίνειν ταῦτα κατοιχομένῳ.

Pl III^{b} 5,14 f. 91^{v}. – **1** τῷδ' P // ἤνεσ' P ᾖν- Pl **3** μιν Νί- Pl μενί- P **4** ὑψιταφῆ P[1]
6 υἱέα οἱ Salm. υἱέι ᾧ.

702. ΑΠΟΛΛΩΝΙΔΟΥ

Ἰχθυοθηρητῆρα Μενέστρατον ὤλεσεν ἄγρη
δούνακος ἐξαμίτης ἐκ τριχὸς ἑλκομένη,
εἶδαρ ὅτ' ἀγκίστρου φόνιον πλάνον ἀμφιχανοῦσα
ὀξείην ἐρυθρὴ φυκὶς ἔφριξε πάγην,
ἀγνυμένη δ' ὑπ' ὀδόντι κατέκτανεν ἅλματι λάβρῳ
ἐντὸς ὀλισθηρῶν δυσαμένη φαρύγων.

Pl III^{b} 3,1 f. 90^{v}. – **1** -θηρήτειρα P[1] **2** ἐξαμίτης J. G. Schneider -μίης **3** εἰ δ' ἄρ P
4 ἐρυθρὴν P **5** ἀγρυμένη P // ὑποδύντα Pl.

703. ΜΥΡΙΝΟΥ

Θύρσις ὁ κωμήτης, ὁ τὰ νυμφικὰ μῆλα νομεύων,
Θύρσις ὁ συρίζων Πανὸς ἴσον δόνακι,
ἔνδιος οἰνοπότης σκιερὰν ὑπὸ τὰν πίτυν εὕδει·
φρουρεῖ δ' αὐτὸς ἑλὼν ποίμνια βάκτρον Ἔρως.
ὦ Νύμφαι, Νύμφαι, διεγείρατε τὸν λυκοθαρσῆ
βοσκόν, μὴ θηρῶν κύρμα γένηται Ἔρως.

Pl III^{a} 23,5 f. 41^{v}. – **3** οἰνοπότης [ex -τη] Pl -τῃ P // τὴν ex τὰν Pl **4** βάκτραν P[1]
5–6 om. P **6** γένηται Brunck γένηθ' ὁ.

Krieger Achaios

Für den tapfren Achaios hat hier seine Heimat die Inschrift
an des Askanischen Sees schönem Gewässer besorgt:
Ihn beweinte Nikaia; und der ihn erzeugt, Diomedes,
hat aus ragendem Stein schimmernd das Mal ihm gesetzt,
ach, und das Unglück beklagt, der Arme. Es ziemte ja eher,
daß ihm beim Tode der Sohn solcherlei Ehren erwies.

Diodoros von Tarsos

Am Fisch erstickt

Fischer Menestratos starb an der Beute, die mit des Rohres
sechsmalgewickelter Schnur er zum Gestade geholt,
als eine rötliche Äsche nach mordendem, schwimmendem Köder
schnappte und zappelnd des Dorns spitzigen Haken geschluckt.
Da er mit Zähnen sie biß, erstickte sie ihn; denn im Sprunge
drang sie ihm jäh in des Schlunds schlüpfrige Höhlung hinein.

Apollonidas

Eros als Hirt

Thyrsis, der Hirte vom Dorf, der die Schafe der Nymphen behütet,
Thyrsis, der lieblich wie Pan auf der Syringe auch spielt,
schläft unter schattiger Pinie am hellen Mittag den Rausch aus,
und die Herden bewacht Eros, den Stab in der Hand.
Nymphen, Nymphen, weckt auf den wölfentrotzenden Schäfer,
daß einem reißenden Tier Eros zum Opfer nicht fällt.

Myrinos

704

Ἐμοῦ θανόντος γαῖα μιχθήτω πυρί.
οὐδὲν μέλει μοι· τἀμὰ γὰρ καλῶς ἔχει.

Pl IIIª 6,29 f. 32ʳ; Stob. Ecl. 2,7,13. – 1 Suet. Ner. 38; Dio Cass. 58,23; Suid. s. Τιβέριος; Cram. an. Par. 1,398,29; Append. prov. 2,56 2 Julian. or. 8,242b //οὐθὲν Stob. Jul.

705. ΑΝΤΙΠΑΤΡΟΥ

Στρυμόνι καὶ μεγάλῳ πεπολισμένον Ἑλλησπόντῳ
ἠρίον Ἠδωνῆς Φυλλίδος, Ἀμφίπολι,
λοιπά τοι Αἰθοπίης Βραυρωνίδος ἴχνια νηοῦ
μίμνει καὶ ποταμοῦ τἀμφιμάχητον ὕδωρ·
τὴν δέ ποτ' Αἰγείδαις μεγάλην ἔριν ὡς ἁλιανθὲς
τρῦχος ἐπ' ἀμφοτέραις δερκόμεθ' ἠιόσιν.

1 πεπολησμ- P em. Reiske 2 ἀμφιπόλει P em. Bentley 3 Αἰθιόπης et νηῷ P em. Bentl. 5 Αἰγείδαις Wesseling -δεσιν // ἁλιανθὲς Boivin -θείς.

706. ΔΙΟΓΕΝΟΥΣ

Ἰλιγγίασε Βάκχον ἐκπιὼν χανδὸν
Χρύσιππος, οὐδ' ἐφείσατο
οὐ τῆς στοᾶς, οὐχ ἧς πάτρας, οὐ τῆς ψυχῆς,
ἀλλ' ἦλθε δῶμ' ἐς Ἀίδεω.

Diog. Laert. 7, 184. – 1 εἰλιγγ- P 3 πάτρης Diog.

707. ΔΙΟΣΚΟΡΙΔΟΥ

Κἠγὼ Σωσιθέου κομέω νέκυν, ὅσσον ἐν ἄστει
ἄλλος ἀπ' αὐθαίμων ἡμετέρων Σοφοκλῆν,
Σκίρτος ὁ πυρρογένειος. ἐκισσοφόρησε γὰρ ὡνὴρ
ἄξια Φλιασίων, ναὶ μὰ χορούς, Σατύρων
κἠμὲ τὸν ἐν καινοῖς τεθραμμένον ἤθεσιν ἤδη
ἤγαγεν εἰς μνήμην πατρίδ' ἀναρχαΐσας,

Nach mir die Sintflut

Nach meinem Tode geh die Welt in Flammen auf!
Was schiert es mich? Ich hab das bessre Teil erwählt.

Anonym

Amphipolis

Grab der Edonerin Phyllis, Amphipolis, das man am Strymon
und dem mächtigen Meer Helle's dereinstens erbaut,
was von dir übrig, sind Spuren vom Tempel der lichten Brauronis
und die Wasser des Stroms, wo es von Kämpfen nun tobt.
Einst den Aigiden ein Grund gewaltigen Streites, erscheinst du
heut wie ein purpurner Flick zwischen dem Doppelgestad.

Antipatros von Thessalonike

Philosoph Chrysippos

Chrysippos wurde schwindlig, als den Weinbecher
zu oft er leerte; da vergaß
er Stoa, seine Heimat und das Erdleben
und ging hinab in Hades' Haus.

Diogenes Laërtios

Dichter Sositheos

Wie in der Stadt mein Bruder am Grabe des Sophokles waltet,
also stehe auch ich, Skirtos der Rotbart, zur Wacht
hier auf Sositheos' Grab. Denn würdig phliasischer Satyrn
– wahrlich, Chöre, ihr wißt's – trug er von Efeu den Kranz.
Mir, den der neuere Brauch schon völlig durchtränkte, mir brachte
er durch klassische Kunst neu meine Heimat zu Sinn.

καὶ πάλιν εἰσώρμησα τὸν ἄρσενα Δωρίδι Μούσῃ
ῥυθμόν, πρός τ' αὐδὴν ἑλκόμενος μεγάλην
εὔαδέ μοι θύρσων τύπος αὖ χερὶ καινοτομηθεὶς
τῇ φιλοκινδύνῳ φροντίδι Σωσιθέου.

1 ἐναστη P[1] 2 ἄλλος et Σοφοκλῆν Brunck -ον et -ῆς 3 σκιρτὸς P em. Reiske // πυρρογ- Salm. πυρριγ- 6 ἀναρχαΐας P[1] 7 πάλιν Reiske πόλιν 9 εὔαδέ μοι θύρσων Jac. ἑπτά δέ μοι ἐρσων // αὖ nos οὐ.

708. ΤΟΥ ΑΥΤΟΥ ΔΙΟΣΚΟΡΙΔΟΥ

Τῷ κωμῳδογράφῳ, κούφη κόνι, τὸν φιλάγωνα
κισσὸν ὑπὲρ τύμβου ζῶντα Μάχωνι φέροις·
οὐ γὰρ ἔχεις κηφῆνα παλίμπλυτον, ἀλλά τι τέχνης
ἄξιον ἀρχαίης λείψανον ἠμφίεσας.
τοῦτο δ' ὁ πρέσβυς ἐρεῖ· „Κέκροπος πόλι, καὶ παρὰ Νείλῳ
ἔστιν ὅτ' ἐν Μούσαις δριμὺ πέφυκε θύμον."

*Ath. 6, 241 f [anonym.]. – 2 ζῶντι Ath. // μάχωνα P[1] μάκωνα A[1] em. Ath. 3 ἔχει σφῆναγε P // ἀλλ' ἄρα Ath. // τέχνᾳ P 4 ἀμφίεσαι Ath. 5 τοῦτο δ' ὁ Ath. του τοδὲ P 6 θυμός P φυτόν Ath. em. Bouhier.

709. ΑΛΕΞΑΝΔΡΟΥ

Σάρδιες ἀρχαῖαι, πατέρων νομός, εἰ μὲν ἐν ὑμῖν
ἐτρεφόμαν, κερνᾶς ἦν τις ἂν ἢ μακελᾶς
χρυσοφόρος ῥήσσων καλὰ τύμπανα· νῦν δέ μοι Ἀλκμὰν
οὔνομα καὶ Σπάρτας εἰμὶ πολυτρίποδος
καὶ Μούσας ἐδάην Ἑλικωνίδας, αἵ με τυράννων
θῆκαν Δασκύλεω μείζονα καὶ Γύγεω.

*Plut. exil. 2 [tit. om.]. – 1 Σάρδιαι P[1] // ἀρχαῖος Plut. // νομός Salm. νόμος 2 -μην κέλσας Plut. // ἦν τις ἂν ἢ Salm. η στισαν ἢ P ἥ τις ἀνὴρ Plut. // βακέλας Ursin. μα- 3 ρήσων P[1] // Ἀλκμὰν Plut. ἄλλο P 4 οὔνομα καὶ Plut. οὔνομ' ἐκ P // πολυτρίποδος P πολίτης Plut. 5 Ἑλληνίδας Plut. 6 δυσκ- P[1] // κρείσσονα Plut.

Wieder tanzt' ich zum männlichen Takt für die dorische Muse,
und mir gefiel das Getön, das bei den Thyrsen sich jetzt
kunstvoll erneute und das zur erhabenen Sprache hin führte
dank des Sositheos Geist und seinem mutigen Sinn.

Dioskorides

Dichter Machon

Schmücke, du leichter Staub, mit lebendigen Ranken des Efeus,
der an Spielen sich freut, Machons, des Komikers, Grab.
Denn du birgst keine Drohne, die zehrt von fremdem Besitze,
nein, du umschließt einen Rest würdig der früheren Kunst.
Also spricht dieser Alte: „O Heimat des Kekrops, der Musen
würziger Thymian wächst auch wohl zuweilen am Nil."

Dioskorides

Alkman

Sardes, Sitz meiner Väter, du alte, wär dort ich erwachsen,
wär ich nun Opfergehilf oder als Goldträger gar
Wächter am Gitter und schlüge die schönen Pauken. Heut heiß' ich
Alkman, hab Sparta, wo rings Dreifüße glänzen, als Heim
und bin Helikons Musen vertraut, und sie führten mich höher,
als Tyrannengewalt Gyges und Daskyles hob.

Alexandros von Aitolien

710. ΗΡΙΝΝΗΣ [ΜΙΤΥΛΗΝΑΙΑΣ]

Στᾶλαι καὶ Σειρῆνες ἐμαὶ καὶ πένθιμε κρωσσέ,
ὅστις ἔχεις 'Αίδα τὰν ὀλίγαν σποδιάν,
τοῖς ἐμὸν ἐρχομένοισι παρ' ἠρίον εἴπατε χαίρειν,
αἴτ' ἀστοὶ τελέθωντ' αἴθ' ἑτεροπτόλιες·
χὤτι με νύμφαν εὖσαν ἔχει τάφος, εἴπατε καὶ τό·
χὤτι πατήρ μ' ἐκάλει Βαυκίδα, χὤτι γένος
Τηλία, ὡς εἰδῶντι· καὶ ὅττι μοι ἁ συνεταιρὶς
Ἤρινν' ἐν τύμβῳ γράμμ' ἐχάραξε τόδε.

*2 τᾶν c πᾶν P[1] 3 ἐμὸν Salm. ἐμοῖς 4 τελέθων ταὶ θετέρῳ πόλιος P em. Reiske 6 Βαυκίδα Heringa βρυκ- 7 Τηνία ὡς εἰδῶντι Heringa τηνι δώσει δων τι // συνεταρὶς P em. Bouhier.

711. ΑΝΤΙΠΑΤΡΟΥ

Ἤδη μὲν κροκόεις Πιτανάτιδι πίτνατο νύμφᾳ
Κλειναρέτᾳ χρυσέων παστὸς ἔσω θαλάμων,
καδεμόνες δ' ἤλποντο διωλένιον φλόγα πεύκας
ἅψειν ἀμφοτέραις ἀνσχόμενοι παλάμαις,
Δημὼ καὶ Νίκιππος· ἀφαρπάξασα δὲ νοῦσος
παρθενικὰν Λάθας ἄγαγεν ἐς πέλαγος·
ἀλγειναὶ δ' ἐκάμοντο συνάλικες, οὐχὶ θυρέτρων
ἀλλὰ τὸν 'Αίδεω στερνοτυπῆ πάταγον.

1 κρικόεις et νύμφα P[1] 3 καδεμόνες c καὶ δόμ•ν ες P[1] // πεύκας Reiske -κης 5 ἀφαρπάξασα Reiske ἐφ- 7 ἐκάμοντο Salm. -μαντο 8 πάταγον Salm. θάλαμον.

712. ΗΡΙΝΝΗΣ

Νύμφας Βαυκίδος εἰμί· πολυκλαύταν δὲ παρέρπων
στάλαν τῷ κατὰ γᾶς τοῦτο λέγοις 'Αίδᾳ·
„Βάσκανός ἐσσ', 'Αίδα." τὰ δέ τοι καλὰ σάμαθ' ὁρῶντι
ὠμοτάταν Βαυκοῦς ἀγγελέοντι τύχαν,

Die jungvermählte Baukis

Säulen und meine Sirenen und du, leidbringende Urne,
die du den kärglichen Rest modernder Asche umfängst,
grüßet mir alle, die kommen und hier an dem Hügel vorbeigehn,
ob sie Heimische sind oder aus anderer Stadt.
Sagt, daß ich ebenvermählt ins Grab stieg, daß mich der Vater
Baukis genannt hat und daß Telos die Heimat mir war.
Laßt sie alle es wissen – auch daß mir die Freundin Erinna
diese Worte aufs Mal über dem Hügel gesetzt.

Erinna

Braut Kleinárete

Safranfarben schon hing vor Kleináretes Brautbett der Vorhang
in dem goldnen Gemach offen in Pitane da.
Freudig hofften die Schwieger, Nikippos und Demo, in jeder
Hand eine Fackel, schon bald hell zu entfachen das Licht,
ach, da raffte die Krankheit das züchtige Mädchen von hinnen
und entführte es jäh in der Vergessenheit Meer.
Schmerzvoll stehn die Gefährten; sie schlagen nicht lachend die Türe,
nein, im Trauergeschrei schlagen sie klagend die Brust.

Antipatros von Sidon

Die jungvermählte Baukis

Baukis, die ebenvermählte, bedeck ich. Am tränenbenetzten
Denkstein rufe, mein Freund, Hades die Worte hinab:
„Hades, wie neidisch du bist!“ Denn schau nur die Bilder! Die schönen
künden das herbe Geschick, das er der Bauko beschied.

ὡς τὰν παῖδ', ὑμέναιος ἐφ' αἷς ἀείδετο πεύκαις,
ταῖσδ' ἐπὶ καδεστὰς ἔφλεγε πυρκαϊᾷ·
καὶ σὺ μέν, ὦ Ὑμέναιε, γάμων μολπαῖον ἀοιδὰν
ἐς θρήνων γοερὸν φθέγμα μεθαρμόσαο.

*2 'Αίδα P 3 ταμεθορῶντι P^1 τὰ μεθ' ὁρ- c em. Jac. 4 ὠμοτάταν Salm. ὄμματα τὰ // τύχαν Salm. -ᾳ 5 ὡς Salm. ὃς // ἀείδ- Schneidewin ἥδ- 6 ταῖσδ' Jac. τᾶνδ' // καδιστας P^1 κηδεστὴς c // πυρκαϊᾷ Jac. -ᾶς 7 μολπαίαν P^1 -αῖαν c em. Bergk // ἀυδάν P^1 8 μεθαρμ- Bergk μεθηρμ-.

713. ΑΝΤΙΠΑΤΡΟΥ

Παυροεπὴς Ἤριννα καὶ οὐ πολύμυθος ἀοιδαῖς,
ἀλλ' ἔλαχεν Μούσας τοῦτο τὸ βαιὸν ἔπος.
τοιγάρτοι μνήμης οὐκ ἤμβροτεν οὐδὲ μελαίνης
Νυκτὸς ὑπὸ σκιερῇ κωλύεται πτέρυγι,
αἱ δ' ἀναρίθμητοι νεαρῶν σωρηδὸν ἀοιδῶν
μυριάδες λήθῃ, ξεῖνε, μαραινόμεθα.
λωίτερος κύκνου μικρὸς θρόος ἠὲ κολοιῶν
κρωγμὸς ἐν εἰαριναῖς κιδνάμενος νεφέλαις.

l: εἰς Ἤρινναν τὴν Λεσβίδα ποιήτριαν. – Pl III^a 22,54 f.41^r; Σ 61. – 5 ἀναρίθματοι c 7–8 Suid. s. λώιον // ἠὲ : ἡ δε P.

714. ΑΔΕΣΠΟΤΟΝ

Ῥήγιον, Ἰταλίης τεναγώδεος ἄκρον, ἀείδω
αἰεὶ Θρινακίου γευομένην ὕδατος,
οὕνεκα τὸν φιλέοντα λύρην, φιλέοντα δὲ παῖδας
Ἴβυκον εὐφύλλῳ θῆκεν ὑπὸ πτελέῃ,
ἡδέα πολλὰ παθόντα· πολὺν δ' ἐπὶ σήματι κισσὸν
χεύατο καὶ λευκοῦ φυταλιὴν καλάμου.

Pl III^b 22,8 f.95^v. – 1 -ίη σταγανώδεος P^1 -ίης στεγ- l em. Pl 2 γευομένης Pl 5 ἡδέα P τῇδέ τε Pl // ἐπὶ Reiske ὑπὸ // σήμτι Pl 6 καλαμην P^1.

Ach, mit der Fackel, bei der man dem Mädchen das Brautlied ge-
[sungen,
ward ihr vom Schwieger der Stoß, der sie verzehrte, entflammt.
O, da stimmtest auch du, Hymenaios, das klingende Brautlied
in des Totengesangs klagende Weisen ihr um.

Erinna

Dichterin Erinna

Wenige Verse nur schrieb und wenige Lieder Erinna,
aber dies kleine Gedicht haben die Musen geweiht.
Darum wird man auch nie ihren Namen vergessen, und niemals
hüllen der dunklen Nacht schattende Flügel sie ein.
Wir aber heut, Myriaden von neuen Sängern, wir fallen,
Scharen um Scharen, mein Freund, bald dem Vergessen anheim.
Süßer als Krächzen der Dohlen, von dem im Frühling die Wolken
hallen, ertönt des Schwans kurzer, bezaubernder Sang.

Antipatros von Sidon

Ibykos

Rhegion preis ich am Ende des sumpfdurchnäßten Italiens,
das Thrinakias Flut ununterbrochen genießt.
Birgt es den Ibykos doch unter dichtem Ulmengeblätter,
ihn, der die Leier geliebt, der auch die Knaben geliebt
und viel Wonne erfuhr. Die Fülle des Efeus und Rohres
treibt noch über dem Grab schimmernd die Schossen empor.

Anonym

715. ΛΕΩΝΙΔΟΥ

Πολλὸν ἀπ' Ἰταλίης κεῖμαι χθονὸς ἔκ τε Τάραντος
πάτρης· τοῦτο δέ μοι πικρότερον θανάτου.
τοιοῦτος πλανίων ἄβιος βίος· ἀλλά με Μοῦσαι
ἔστερξαν, λυγρῶν δ' ἀντὶ μελιχρὸν ἔχω.
οὔνομα δ' οὐκ ἤμυσε Λεωνίδου· αὐτά με δῶρα
κηρύσσει Μουσέων πάντας ἐπ' ἠελίους.

Pl III[a] 22,60 f. 41[r] [Pl[a]], III[b] 22,9 f. 91[v] [Pl[b]]. – Tit. om. Pl[a] **4** λυγρῶν P Pl[b] [ex -ρὸν] -ρὸν Pl[a] // μελιχρῶν c.

716. ΔΙΟΝΥΣΙΟΥ ΡΟΔΙΟΥ

Πρώιος, ἀλλὰ ποθεινός, ὅσοι πόλιν Ἰαλύσοιο
ναίομεν, εἰς Λήθης πικρὸν ἔδυς πέλαγος
δρεψάμενος σοφίην ὀλίγον χρόνον· ἀμφὶ δὲ τύμβῳ
σεῖο καὶ ἄκλαυτοι γλαῦκες ἔθεντο γόον,
Φαινόκριτ'· οὐδὲν ὅμοιον ἐπεσσομένοισιν ἀοιδὸς
φθέγξεται, ἀνθρώπους ἄχρι φέρωσι πόδες.

Tria ep. distinx. l: 716, 1–4; 716, 5–717, 2; 717, 3–6; em. c. – Pl III[b] 22,19 f. 96[r]. – Tit.: gent. om. Pl **1** Ἰαλυσοῖο P Ἠλυσίοιο Pl **5** ὁμοῖον et ἀοιδοῖς P.

717. ΑΔΕΣΠΟΤΟΝ

Νηιάδες καὶ ψυχρὰ βοαύλια, ταῦτα μελίσσαις
οἶμον ἐπ' εἰαρινὴν λέξατε νισσομέναις,
ὡς ὁ γέρων Λεύκιππος ἐπ' ἀρσιπόδεσσι λαγωοῖς
ἔφθιτο χειμερίῃ νυκτὶ λοχησάμενος,
σμήνεα δ' οὐκέτι οἱ κομέειν φίλον· αἱ δὲ τὸν ἄκρης
γείτονα ποιμένιαι πολλὰ ποθοῦσι νάπαι.

Cf. ad ep. 716. – **2** ἐπ' et νισσομέναις Reiske ὑπ' et νισομένοις **5** οἰκομέειν P[1].

Dichter Leonidas

Fern von Italien lieg ich und fern von der Erde der Heimat,
 von Tarent – das ist bittrer mir noch als der Tod.
Ach, solch schweifendes Leben kann Leben nicht heißen. Doch liebten
 mich die Musen, ein Trost, der mir den Kummer versüßt.
Und des Leonidas Name vergeht nicht; die Gaben der Musen
 werden mir Herolde sein bis an das Ende der Zeit.

Leonidas von Tarent

Dichter Phainokritos

Jung, doch beweint von uns allen, soviel in Ialysos wohnen,
 sankst du ins bittere Meer Lethes hinunter; nur kurz
pflücktest, Phainokritos, du die Blumen der Weisheit. Da klagten
 selbst die Eulen, die nie weinen, am Grabe um dich.
Ach, kein Sänger wird je so herrlich vor späten Geschlechtern
 singen, solange ein Fuß noch einen Irdischen trägt.

Dionysios von Rhodos

Jäger Leukippos

Kühle Triften und ihr, Najaden, o kündet den Bienen,
 die in den Frühling die Fahrt nun unternehmen, das Wort:
Tot ist der alte Leukippos, gestorben, als er den flinken
 Hasen im Winter zur Nacht listige Fallen gestellt,
und er umwartet nicht mehr ihre Körbe. Nun trauern der Hirten
 waldige Täler voll Weh über den Nachbarn der Höh.

Anonym

718. ΝΟΣΣΙΔΟΣ

Ὦ ξεῖν', εἰ τύ γε πλεῖς ποτὶ καλλίχορον Μιτυλάναν
τᾶν Σαπφοῦς χαρίτων ἄνθος ἐναυσόμενος,
εἰπεῖν, ὡς Μούσαισι φίλαν τήνᾳ τε Λοκρὶς γᾶ
τίκτε μ' ἴσαν χὤς μοι τοὔνομα Νοσσίς, ἴθι.

*l: εἰς Νοσσίδα, τὴν ἑταίραν Σαπφοῦς τῆς Μιτυληναίας [errat]. – 1 Μιτυλάναν Toup -λίναν 2 τᾶν Bouhier τὰν // ἄνθος: αἶθος Edmunds 3 ἅ τε Boiss. αιτε // Λοκρὶς γᾶ Brunck λόκρισσα 4 τίκτεν Bouh. -ειν // ἴσαις aeol. serm. = εἰδώς.

719. ΛΕΩΝΙΔΑ ΤΑΡΑΝΤΙΝΟΥ

Τέλληνος ὅδε τύμβος· ἔχω δ' ὑπὸ βώλακι πρέσβυν
τῆνον τὸν πρᾶτον γνόντα γελοιομελεῖν.

1 ὑποβώλεω P em. Reiske.

720. ΧΑΙΡΗΜΟΝΟΣ

Κλεύας Οὐτυμοκλεῖος ὑπὲρ Θυρεᾶν δόρυ τείνας
κάτθανες ἀμφίλογον γᾶν ἀποτεμνόμενος.

1 κλευασου τοί μοι κλειος P em. Hecker 2 ἀποτεμνόμενος Boeckh ἀμφιτ-.

721. ΤΟΥ ΑΥΤΟΥ

Τοῖς Ἄργει Σπάρτῃ τ' ἴσαι χέρες, ἶσα δὲ τεύχη
συμβάλομεν· Θυρέαι δ' ἦσαν ἄεθλα δορός.
ἄμφω δ' ἀπροφάσιστα τὸν οἴκαδε νόστον ἀφέντες
οἰωνοῖς θανάτου λείπομεν ἀγγελίαν.

Pl III^{b} 4,15 f. 90^{v}. – 1 Ἄργει P Ἀργείοις Pl // Σπάρτῃ τ' Schäfer παρθεν P om. Pl [lac rel.] 2 συμβάλομεν P [primo] Pl σύμβολα μὲν P [post] // Θυρέαι Jac. -εαὶ Pl -εοl c -έα Pl // δόρυ P.

Dichterin Nossis

Fremdling, fährst du vielleicht zur sangfrohen Stadt Mytilene,
um dir am lieblichen Lied Sapphos das Herz zu erfreun,
sag dort: Ihr war ich gleich, mich liebten die Musen, geboren
ward ich in Lokroi und hab Nossis geheißen. Nun geh!

Nossis

Komiker Tellen

Hier ist Tellen begraben; ich halt in der Erde den Alten,
der als erster durch Sang Lachen zu regen verstand.

Leonidas von Tarent

Kampf um Thyrea

Kleuas, Etymokles' Sohn, um Thyrea hobst du die Lanze
und gewannest im Tod dieses umstrittene Land.

Chairemon

Ein gleiches

Gleich an Fäusten und Waffen bekämpften wir Männer von Sparta
uns mit Argivern; es war Thyrea Preis in dem Kampf.
Hart verwarfen wir beide die Rückkehr nach Hause; die letzte
Kunde von unserem Tod stellten wir Vögeln anheim.

Chairemon

722. ΘΕΟΔΩΡΙΔΑ

Δηρίφατον κλαίω Τιμοσθένη, υἷα Μολοσσοῦ,
ξεῖνον ἐπὶ ξείνῃ Κεκροπίᾳ φθίμενον.

1 δηριφάγον P em. Salm. 2 Κεκροπίδην Peek.

723. ΑΔΕΣΠΟΤΟΝ

Ἁ πάρος ἄδμητος καὶ ἀνέμβατος, ὦ Λακεδαῖμον,
καπνὸν ἐπ' Εὐρώτᾳ δέρκεαι Ὠλένιον
ἄσκιος· οἰωνοὶ δὲ κατὰ χθονὸς οἰκία θέντες
μύρονται· μήλων δ' οὐκ ἀίουσι λύκοι.

Pl III[a] 24,1 f.41[v]. – 1 εὔδμητος ex ἄδμ- Pl 4 λύκους P^1.

724. ΑΝΥΤΗΣ ΜΕΛΟΠΟΙΟΥ

Ἥβᾳ μέν σε, Πρόαρχ', ἔνεσαν, πάι, δῶμά τε πατρὸς
Φειδία ἐν δνοφερῷ πένθει ἔθου φθίμενος·
ἀλλὰ καλόν τοι ὕπερθεν ἔπος τόδε πέτρος ἀείδει,
ὡς ἔθανες πρὸ φίλας μαρνάμενος πατρίδος.

1 ἥβᾳ Olearius ἥβα // πρόαρχε ἔσαν P em. Heringa et Desr. // παίδων ἄτε P em. Jac. et Desr. // πατρὸς Graefe μα-.

725. ΚΑΛΛΙΜΑΧΟΥ

Αἴνιε, καὶ σὺ γὰρ ὧδε, Μενέκρατες, οὐκέτι πουλὺς
ἦσθα. τί σε, ξείνων λῷστε, κατειργάσατο;
ἦ ῥα τὸ καὶ Κένταυρον; – „Ὅ μοι πεπρωμένος ὕπνος
ἦλθεν, ὁ δὲ τλήμων οἶνος ἔχει πρόφασιν."

2 λῷστε Zedel ὥστε 3 ἥρατο P em. Zed.

Soldat Timosthenes

Um den gefallenen Sohn des Molossos, Timosthenes, klag ich,
der im kekropischen Land, fremd in der Fremde, verstarb.

Theodoridas

Sparta

Niemals warst du besiegt, Lakedaimon, und niemals erstiegen –
heut zieht olenischer Rauch an des Eurotas Gestad.
Schattenlos bist du; am Boden erbauen die Vögel voll Klagen
sich ihre Nester; kein Wolf hört mehr der Schafe Geblök.

Anonym

Knabe als Krieger

Krieger schon warst du als Knabe, Proarchos. Da brachte in deines
Vaters Pheidias Haus düstere Trauer dein Tod.
Herrlich singt dir jedoch der Denkstein hier oben die Worte:
Für deine Heimat im Kampf starbst du in Liebe dahin.

Lyrikerin Anyte

Trinker Menekrates

Lieber Bürger von Ainos, Menekrates, so in den besten
Jahren ja warst du nicht mehr: Was aber brachte dich um?
Etwa, was den Kentauren? – „Mir kam der beschiedene Schlummer,
aber dem armen Wein gibt man nun einmal die Schuld.“

Kallimachos

726. ΛΕΩΝΙΔΑ

Ἑσπέριον κἠῷον ἀπώσατο πολλάκις ὕπνον
ἡ γρηῦς πενίην Πλατθὶς ἀμυνομένη·
καί τι πρὸς ἠλακάτην καὶ τὸν συνέριθον ἄτρακτον
ἤεισεν πολιοῦ γήραος ἀγχίθυρος
καί τι παριστίδιος δινευμένη ἄχρις ἐπ' ἠοῦς
κεῖνον Ἀθηναίης σὺν Χάρισιν δόλιχον,
ἢ ῥικνῇ ῥικνοῦ περὶ γούνατος ἄρκιον ἱστῷ
χειρὶ στρογγύλλουσ' ἱμερόεσσα κρόκην.
ὀγδωκονταέτις δ' Ἀχερούσιον ηὔγασεν ὕδωρ
ἡ καλὴ καλῶς Πλατθὶς ὑφηναμένη.

*1 κἠῷον ἀπώ- Salm. μ' ἠῷον ἀνώ- 4 ἀγχίθυρος Hecker -ον 5 δινv- Reiske δειν- // ἀπηοῦς P em. Salm. 6 σὺν Χ. δόλιχον Bouhier τὸν Χ. δολιχόν 7 novum ep. instit. P, iunx. Toup // ἢ Meineke ἡ // ῥικνῇ Jac. -νή 8 -υλάουσ' P em. Reiske // ἱμερ- Bouh. ἡ μερ-.

727. ΘΕΑΙΤΗΤΟΥ

Τὰν γνώμαν ἐδόκει Φιλέας οὐ δεύτερος ἄλλου
εἶμεν, ὁ δὲ φθονερὸς κλαιέτω, ἔστε θάνῃ.
ἀλλ' ἔμπας δόξας κενεὰ χάρις· εἰν Ἀίδᾳ γὰρ
Μίνω Θερσίτας οὐδὲν ἀτιμότερος.

*1 δεύτερον ἄλλον P^1 3–4 εἰν . . . Suid. s. ἀτιμότερον // ἀίδᾳ Suid. -α cet. 4 Μίνω c μείνω P^1 μιν ὁ Suid. // Θερσίτας P^1 -της cet. // ἀτιμότερον P^1.

728. ΚΑΛΛΙΜΑΧΟΥ

Ἱερέη Δήμητρος ἐγώ ποτε καὶ πάλιν Καβείρων,
ὦνερ, καὶ μετέπειτα Δινδυμήνης
ἡ γρηῦς γενόμην, ἡ νῦν κόνις, ἡ νο...
πολλῶν προστασίη νέων γυναικῶν.
καί μοι τέκν' ἐγένοντο δύ' ἄρσενα, κἠπέμυσα κείνων
εὐγήρως ἐνὶ χερσίν. ἕρπε χαίρων.

1 πάλιν Salm. -ι 2 Δινδυμήνης Brunck -μίνης 3 γρηῦς c // ἡ 'ν ὀ⟨τλοις Ἐλευθοῦς⟩ Mair 4 πριστασίην ἐῶν (?) P^1 5 -σα κείνων Pfeiffer -σ' ἐκείνων 6 χερσίν c -σί P^1.

Weberin Platthis

Oft hat Platthis, die Alte, den Schlummer des Abends und Morgens
sich vertrieben und hat so sich der Armut erwehrt.
Fröhlich sang sie ein Liedchen bei Rocken und helfender Spindel,
ob sie auch nahe dem Tor bleichenden Alters schon stand.
Fröhlich sang sie am Webstuhl, indes sie im Schutze der Grazien
bis zum Morgen die Bahn Pallas Athenes durchlief
oder mit zitternder Hand am zitternden Kniee den Faden,
der für den Webstuhl genügt, nicht ohne Anmut gespult.
Erst im achtzigsten Jahr gewahrte sie Acherons Wasser,
Platthis, die gute, die gut ihre Gewebe gewirkt.

Leonidas von Tarent

Der weise Phileas

Phileas galt wohl als Mann, der keinem an Weisheit gewichen,
ob ein neidischer Mensch drob auch zu Tode sich grämt.
Aber der Leumund nützte ihn nichts; denn drunten im Hades
ist Thersites um nichts minder als Minos geehrt.

Theaitetos von Kyrene

Die Priesterin

Einstmals dient' ich Demeter als Priesterin, später den Kabiren
und am Ende der Dindymene, Wandrer,
ich, die Alte, die Staub nun Gewordene; früher aber war ich
hohe Führerin vieler junger Frauen.
Auch zwei Kinder gebar ich, zwei männliche, und in ihren Armen
schlief ich altersfroh ein. Nun zieh in Frieden!

Kallimachos

729. ΤΥΜΝΕΩ

Εὐήθη Τρύτωνος ἐπ' οὐκ ἀγαθαῖς ἐλοχεύθη
κληδόσιν· οὐ γὰρ ἂν ὧδ' ὤλετο δαιμονίη
ἀρτιτόκος· τὰ δὲ πολλὰ κατήγαγεν ἓν βρέφος Ἅιδην
σὺν κείνῃ· δεκάτην δ' οὐχ ὑπερῆρεν ἕω.

Pl III b 11,13 f. 93 r; Matr. 24 [Ir. 89]. – Tit. om. Pl, Callimacho trib. Matr. **1** εὐήθη στρυτ. P¹ -θης τρύτ. c Pl em. Brunck // οὐκ' ἐπ' Pl // ἐλοχεύθην P **2** ἂν om. P **3** κατήγαγεν ἓν Pl κατάγηεν P // Ἅιδαν P **4** κλεινῇ P // δ' om. P.

730. ΠΕΡΣΟΥ

Δειλαία Μνάσυλλα, τί τοι καὶ ἐπ' ἠρίῳ οὗτος
μυρομένᾳ κούραν γραπτὸς ἔπεστι τύπος
Νευτίμας, ἇς δή ποκ' ἀπὸ ψυχὰν ἐρύσαντο
ὠδῖνες; κεῖται δ' οἷα κατὰ βλεφάρων
ἀχλύι πλημύρουσα φίλας ὑπὸ ματρὸς ἀγοστῷ,
αἰαῖ, Ἀριστοτέλης δ' οὐκ ἀπάνευθε πατὴρ
δεξιτερᾷ κεφαλὰν ἐπεμάσσατο. κῶ μέγα δειλοί,
οὐδὲ θανόντες ἑῶν ἐξελάθεσθ' ἀχέων.

*c: εἰς Μνάσαλλαν καὶ Νεοτίμαν, τὴν αὐτῆς θυγατέρα. l [ad v. 3]: καὶ ταῦτα εἰς Μνάσαλλαν. – **1** οὗτος: ο² ex ω P **2** μυρομένα κούρα P em. Hecker **3** ἅς P **4** βλεφάρων c **5** ὑπὸ c ἀπο P¹ // ματρὸς Brunck μητρὸς.

731. ΛΕΩΝΙΔΑ

„Ἄμπελος ὡς ἤδη κάμακι στηρίζομαι αὐτῷ
σκηπανίῳ· καλέει μ' εἰς Ἀίδην Θάνατος.
δυσκώφει μή, Γόργε. τί τοι χαριέστερον ἢ τρεῖς
ἢ πίσυρας ποίας θάλψαι ὑπ' ἠελίῳ;"
ὧδ' εἴπας οὐ κόμπῳ ἀπὸ ζωὴν ὁ παλαιὸς
ὤσατο κὴς πλεόνων ἦλθε μετοικεσίην.

l: εἰς γέροντα βάκτρῳ στηριζόμενον ὡς ἐπὶ καμάκῳ (!) ἄμπελος. – **1** κάμακι Salm. καμάτῳ (!) **2** σκηπανίῳ P¹ -πονίῳ l.

Die Wöchnerin

Trytons Tochter Euethe gebar unter schlimmem Verhängnis;
denn sonst wäre sie so elend nicht nach der Geburt
gleich verschieden. Ihr einz'ges, am zehnten Morgen gestorbnes
Kindlein entführte so viel Hoffnungen mit ihr ins Grab.

Tymnes

Ein gleiches

Arme Mnasylla, warum dies Bild deiner Tochter Neutima
noch auf dem Grab? und warum jammerst du selbst noch darauf
über dein Kind, dem einst die Wehen das Leben genommen?
Will es nicht scheinen, es deckt Todesgewölke ihr Aug,
während sie selbst in den Arm der liebenden Mutter sich hinstreckt?
Auch Aristoteles, ach, der sie erzeugte, ist nah,
und er schlägt sich das Haupt mit der Rechten . . . Unglückliche Men-
ob ihr auch tot seid, es bleibt stets euch lebendig das Leid. [schen,

Perses

Selbstmörder Gorgos

„Pfähle stützen die Reben, ich muß mich im Alter auf meinen
Stock schon stützen; der Tod ruft mich zum Hades hinab.
Sei kein Tor, lieber Gorgos! Was frommt es dir, wenn du der Sommer
drei oder viere auch noch unter der Sonne dich wärmst?"
Also sagte der Alte. Er schwatzte nicht, warf dieses Leben
von sich und ging in das Haus, drinnen die meisten schon sind.

Leonidas von Tarent

732. ΘΕΟΔΩΡΙΔΑ

Ὤιχευ ἔτ' ἀσκίπων, Κινησία, Ἑρμόλα υἱέ,
ἐκτίσων Ἀίδῃ χρεῖος ὀφειλόμενον
γήρᾳ ἔτ' ἄρτια πάντα φέρων· χρήστην δὲ δίκαιον
εὑρών σε στέργει παντοβίης Ἀχέρων.

1 ὤχευε τασκίπων P em. Salm. // Κ. ἑρμοῦ ἄγριε P em. Dittenberger 3 γηραιὲ τἄρτια P em. Reiske 4 Ἀχέρων Salm. ἀχέων.

733. ΔΙΟΤΙΜΟΥ

Αἱ νόμιμοι δύο γρῆες ὁμήλικες ἦμεν, Ἀναξὼ
καὶ Κληνώ, δίδυμοι παῖδες Ἐπικράτεος,
Κληνὼ μὲν Χαρίτων ἱερή, Δήμητρι δ' Ἀναξὼ
ἐν ζωῇ προπολεῦσ'· ἐννέα δ' ἠελίων
ὀγδωκονταέτεις ἐπιλείπομεν ἐς τόδ' ἱκέσθαι
τῆς μοίρης· ἐτέων δ' οὐ φθόνος, οἷς ὁσίη.
καὶ πόσιας καὶ τέκνα φιλήσαμεν· αἱ δὲ παλαιαὶ
πρῶθ' ἡμεῖς Ἀίδην πρηῢν ἀνυσσάμεθα.

1 αἰνόμινοι P em. Salm. // ἦμεν Bouhier ἡ μὲν 2 -κρατέως P em. Reiske 4 προπόλεως P em. Jac. 6 οἷς ὁσίη Peek ἰσοσίη 8 ἀνυσσάμ- Hermann ἀνιάμ-.

734. ΑΔΗΛΟΝ

Ἆ ξέν', ὅρα, τεῖδ' ἐστί... – „Τί γάρ;" – Νέκυς, ᾧ ποτὶ παίδων
τῶν ἀγαθῶν... – „Τὺ τίς;" – Ἦν Ἀρχιγέρων ὁ γέρων.–
„Ἀλλά, φίλος γ' ὦ πρέσβυ, γένοιτό τευ ὄλβια τέκνα
ἐλθεῖν καὶ λευκᾶς ἐς δρόμον ἁλικίας."

1 ἆ ξέν' ὅρα Hecker ἣ ξεν ὁ λα // τεῖδ': τι τυ τειδ P 2 τὺ τίς nos [ex τι τυ v. 1] ἡ δ' 4 λευκῆς ... ἡλικίης P em. Hecker. – Cf. Peek 1, 1848.

Bankier Kinesias

Stablos noch warst du, da gingst du zum Hades, Kinesias, Sprößling
des Hermolaos, hinab, ihm zu bezahlen die Schuld.
Aufrecht noch waren die Glieder trotz Alters. Als redlichen Schuldner
nahm, der alles bezwingt, Acheron liebend dich auf.

Theodoridas

Die zwei Priesterinnen

Wir zwei redlichen Frauen, gleichalt, Anaxo und Kleno
aus des Epikrates Haus, Zwillinge waren wir zwei.
Charitenpriesterin wurde die Kleno im Leben, Anaxo
diente Demeter; nur neun Sonnen noch haben gefehlt,
und wir hätten im achtzigsten Jahr unser Schicksal vollendet,
und man gönnt ja, was Gott jedem an Jahren bestimmt.
Liebe schenkten wir beide den Gatten und Kindern, wir starben
alt und als erste, und sieh, Hades war mild uns gesinnt.

Diotimos (von Adramyttion?)

Der Erzalte

Sieh, Freund, hier ist . . . – „Was gibt's?“ – Einen Toten, dem von den guten
Kindern . . . – „Wer warst du?“– Ich war einstens der alte Erzalt. –
„Nun, so wünsch ich denn auch, mein lieber Alter, den Kindern,
daß sie glückselig die Bahn bleichenden Alters empfängt.

Anonym

735. ΔΑΜΑΓΗΤΟΥ

Ὑστάτιον, Φώκαια, κλυτὴ πόλι, τοῦτο Θεανὼ
εἶπεν ἐς ἀτρύγετον νύκτα κατερχομένη·
„Οἴμοι ἐγὼ δύστηνος· Ἀπέλλιχε, ποῖον, ὅμευνε,
ποῖον ἐπ' ὠκείῃ νηὶ περᾷς πέλαγος;
αὐτὰρ ἐμεῦ σχεδόθεν μόρος ἵσταται. ὡς ὄφελόν γε
χειρὶ φίλην τὴν σὴν χεῖρα λαβοῦσα θανεῖν."

Pl III^a 11,39 f. 35^r. – **1** ὕστατον P **2** εἶπες P **4** οἰκείῃ P // περεῖς P -ρῆς Pl em. Jac. **5** μόνος P **6** βαλοῦσα Pl.

736. ΛΕΩΝΙΔΑ ΤΑΡΑΝΤΙΝΟΥ

Μὴ φθείρευ, ὤνθρωπε, περιπλάνιον βίον ἕλκων,
ἄλλην ἐξ ἄλλης εἰς χθόν' ἀλινδόμενος,
μὴ φθείρευ· κενεή σε περιστέψαιτο καλιή,
ἣν θάλποι μικκὸν πῦρ ἀνακαιόμενον,
εἰ καί σοι λειτή γε καὶ οὐκ εὐάλφιτος εἴη
φυστὴ ἐνὶ γρώνῃ μασσομένη παλάμαις,
ἢ καί σοι γλήχων ἢ καὶ θύμον ἢ ὁ πικρὸς
ἀδυμιγὴς εἴη χόνδρος ἐποψίδιος.

3 φθείρ' ἐν κενεῇ P em. Salm. // καλιῇ P **5** λειτή nos [cf. VI 355, 4] λιτή **6** Suid. s. φυστὴ μάζα // φύστῃ P **7** θυμὸν P^1.

737. ΑΔΕΣΠΟΤΟΝ

Ἐνθάδ' ἐγὼ ληστῆρος ὁ τρισδείλαιος ἄρηι
ἐδμήθην· κεῖμαι δ' οὐδενὶ κλαιόμενος.

1 ληστῆρος Brunck ληστῆος.

738. ΘΕΟΔΩΡΙΔΑ

Κληῖδες πόντου σε καὶ ἐσχατιαὶ Σαλαμῖνος,
Τίμαρχ', ὑβριστής τ' ὤλεσε Λὶψ ἄνεμος
νηί τε σὺν φόρτῳ τε· κόνιν δέ σου ἀμφιμέλαιναν
δέξαντ' οἰζυροί, σχέτλιε, κηδεμόνες.

Pl III^b 19,6 f. 93^v. – **3–4** om. Pl **3** δέ σου A^1 [in P] δεου P^1.

Die Seemannsfrau

Stadt, ruhmreiches Phokaia, dies eine noch sagte Theano,
eh sie zur Öde der Nacht schließlich hinuntergewallt:
„Ach, ich ärmste der Frauen! Auf welch einem Meere, auf welchem
fährst du im eigenen Schiff, Gatte Apellichos, nun,
fährst du im eilenden Schiff, Gatte Apellichos, nun,
faßte ich nur mit der Hand deine geliebteste Hand!"

Damagetos

Genügsamkeit

Mach es dir, Menschlein, nicht schwer und führ nicht ein unstetes
treib nicht von Lande zu Land stets dich voll Mühen umher! [Leben,
Mach's dir nicht schwer! Laß lieber ein Hüttlein auch leer dich um-
drin voll wärmender Glut flackernd ein Feuerchen brennt, [geben,
wenn deine Hände auch nur bescheidenen Kuchen aus wenig
ausgezeichnetem Mehl wenden und kneten im Trog,
wenn auch Thymian nur, Polei oder herbes, in Mischung
mild sich gebendes Salz Zukost zum Brote dir ist.

Leonidas von Tarent

Vom Räuber erschlagen

Ach, ich dreimal Unsel'ger! Hier ward ich durch Räubers Gewalttat
niedergeschlagen und lieg tot nun, von keinem beweint.

Anonym

Gescheitert

Salamis' äußerste Grenzen, die Schlüssel des Meeres, Timarchos,
und der schlimme Südwest haben Verderben gebracht
dir, dem Schiff und der Fracht. Doch nahmen die trauernden Lieben
deinen düsteren Staub, Ärmster, in wartende Hut.

Theodoridas

739. ΦΑΙΔΙΜΟΥ

Αἰάζω Πολύανθον, ὃν εὐνέτις, ὦ παραμείβων,
νυμφίον ἐν τύμβῳ θῆκεν Ἀρισταγόρη
δεξαμένη σποδιήν τε καὶ ὀστέα – τὸν δὲ δυσαὲς
ὤλεσεν Αἰγαίου κῦμα περὶ Σκίαθον –,
δύσμορον ὀρθρινοί μιν ἐπεὶ νέκυν ἰχθυβολῆες,
ξεῖνε, Τορωναίων εἵλκυσαν ἐς λιμένα.

2 Ἀρισταγόρη Heringa -ην 5 μιν Reiske μὲν.

740. ΛΕΩΝΙΔΑ

Αὐτὰ ἐπὶ Κρήθωνος ἐγὼ λίθος, οὔνομα κείνου
δηλοῦσα· Κρήθων δ' ἐγχθόνιος σποδιά.
ὁ πρὶν καὶ Γύγῃ παρισεύμενος ὄλβον, ὁ τὸ πρὶν
βουπάμων, ὁ πρὶν πλούσιος αἰπολίοις,
ὁ πρίν – τί πλείω μυθεῦμ' ἔτι; πᾶσι μακαρτός,
φεῦ, γαίης ὅσσης ὅσσον ἔχει μόριον.

Pl IIIb 5,23 f.92r. – 1 ἐπεὶ P 2 ἐν χθονίοις P Pl em. Kaibel [cf. GV 2006,4] // σποδιάν P 4 βουπάμμων Pl 5 μυθεῦμαι ὁ P 6 γαίης ὅσσης P οὗτος γαίης Pl.

741. ΚΡΙΝΑΓΟΡΟΥ

Ὀθρυάδην, Σπάρτης τὸ μέγα κλέος, ἢ Κυνέγειρον
ναύμαχον ἢ πάντων ἔργα κάλει πολέμων·
Ἄρεος αἰχμητὴς Ἰταλὸς παρὰ χεύμασι Ῥήνου
κλινθεὶς ἐκ πολλῶν ἡμιθανὴς βελέων
αἰετὸν ἁρπασθέντα φίλου στρατοῦ ὡς ἴδ' ὑπ' ἐχθροῖς,
αὖτις ἀρηιφάτων ἄνθορεν ἐκ νεκύων·
κτείνας δ', ὅς σφ' ἐκόμιζεν, ἑοῖς ἀνεσώσατο ταγοῖς,
μοῦνος ἀήττητον δεξάμενος θάνατον.

Pl Ib 4,3 f.82r. – 1 ἢ . . . ρον P[1] [lac. rel.] 2 καλιπτολ- Pl 3 novum ep. instit. P 3–4 in P iterav. in marg. A[1] // Ῥήνου c [superscr.] Pl ῥείλου (?) P[1] Νείλου c [in textu] A[1] 6 αὖθις P 7 ὅς Lasc. ὁ.

Ein gleiches

Polyanthos beklag ich, ihn, den Aristagora, seine
Gattin, als jungen Gemahl, Wandrer, ins Grab hier gesenkt.
Doch sie empfing nur die Reste, die toten. Die Flut der Ägäis
hatte bei Skiathos ihm brausend Verderben gebracht.
Fischer zogen alsdann am Morgen den Armen als Leiche
in den Hafen, mein Freund, nah bei Torone herein.

Phaidimos

Der reiche Krethon

Grabstein bin ich am Hügel des Krethon, doch kann ich nur Krethons
Namen verkünden, er selbst liegt in der Erde als Staub.
Einst, da maß er an Gütern mit Gyges sich, einstmals besaß er
Herden von Rindern, dereinst füllten ihm Ziegen die Au,
einst ... was rede ich noch? Er, glücklich gepriesen von allen,
ach, von welch einem Land hat er nun – welch einen Teil!

Leonidas von Tarent

Der Römer in Deutschland

Nenne den Stolz der Spartaner, Othryades, nenn Kynegeiros'
Seekampf, nenne den Ruhm sämtlicher Taten im Krieg:
ein italischer Held lag, halbentseelt und von vielen
tödlichen Wunden bedeckt, schon an den Fluten des Rheins;
kaum aber sah er den Adler der Freunde in feindlichen Händen,
aus der Gefallenen Schar sprang er noch einmal empor,
schlug den Erbeuter zu Boden und brachte den Adler zum Führer:
Also fand er allein unüberwunden den Tod.

Krinagoras

742. ΑΠΟΛΛΩΝΙΔΟΥ

Οὐκέτι, Τιμόκλεια, τεῶν φάος ὤλεσας ὅσσων
 κούρους δοιοτόκῳ νηδύι γειναμένη·
ὄμμασι δ' ἐν πλεόνεσσιν ἀθρεῖς πυριθαλπὲς ὄχημα
 ἠελίου προτέρης οὖσα τελειοτέρη.

1 τεῶν Salm. τεὸν 2 δοιο- Salm. δυο- 3 ἀθρεῖς Salm. ἀθροῖς.

743. ΑΝΤΙΠΑΤΡΟΥ

Εἴκοσιν Ἑρμοκράτεια καὶ ἐννέα τέκνα τεκοῦσα
 οὔθ' ἑνὸς οὔτε μιῆς αὐγασάμην θάνατον.
οὐ γὰρ ἀπωίστευσεν ἐμοὺς υἱῆας Ἀπόλλων,
 οὐ βαρυπενθήτους Ἄρτεμις εἷλε κόρας·
ἔμπαλι δ' ἁ μὲν ἔλυσεν ἐμῶν ὠδῖνα μολοῦσα,
 Φοῖβος δ' εἰς ἥβαν ἄρσενας ἀγάγετο
ἀβλαβέας νούσοισιν. ἴδ', ὡς νίκημι δικαίως
 παισί τε καὶ γλώσσῃ σώφρονι Ταντλίδα.

3 υἱήνασ' P[1] 4 εἷλε Salm. ἦλε 8 τε add. Salm. // Ταντλίδα Salm. -δη P[1] -δας l.

744. ⟨ΔΙΟΓΕΝΟΥΣ⟩

Ἐν Μέμφει λόγος ἐστὶ προμαθεῖν τὴν ἰδίην
Εὔδοξόν ποτε μοῖραν παρὰ τοῦ καλλίκερω
ταύρου· κοὐδὲν ἔλεξεν. βοῒ γὰρ πόθεν λόγος;
φύσις οὐκ ἔδωκε μόσχῳ λάλον Ἄπιδι στόμα.
παρὰ δ' αὐτὸν λέχριος στὰς ἐλιχμήσατο στολὴν
προφανῶς τοῦτο διδάσκων· „Ἀποδύσῃ βιοτὴν
ὅσον οὔπω.“ διὸ καί οἱ ταχέως ἦλθε μόρος
δεκάκις πέντε τε καὶ τρεῖς ἐσιδόντι Πλειάδας.

Pl I[b] 21,4 f.84[r]; Diog. L. 8,91. – Tit.: Crinagorae trib. P, om. Pl, suum dic. Diog. – Verba sunt in P: Ἐν Μέμφει λόγος ἐστὶ μαθεῖν ἰδίην ποτὲ μοίρην | Εὔδοξον παρὰ τοῦ καλλίκερω ταύρου· | κοὐδὲν ἔλεξε· πόθεν; βοῒ γὰρ λόγον οὐ πόρε φύτλη | οὐδὲ λάλον μόσχῳ Ἄπιδι στόμα· | ἀλλὰ παρ' αὐτὸν λέχριος στὰς ἐληχμήσατο στῶλον | προφανῶς, τοῦτο διδάσκων· „Ἀποδύσῃ βιοτὴν | ὅσσον οὔπω.“ διὸ καί οἱ ταχέως ἦλθε μόρος, δεκάκις | πέντε καὶ τρεῖς εἰσιδόντα παῖδας. Verba sunt ap. Pl: 1–3 eadem quae in P; 4: οὐδὲ λάλον μόσχῳ Ἄπιδι στόμα· ἀλλὰ παρ' αὐτὸν | λέχρια κεῖνος στάς, προφανῶς ἐλιχμήσατο λώπην· | δηλῶν ὡς ἀποδύσει δὴ βιοτὴν ὅσον οὔπω. | καὶ δή οἱ ταχέως ἐπελήλυθεν αὐτίκα πότμος, | ἠελίους δεκάκις πέντ' ἠδὲ τρεῖς ἐσιδόντι. Nos genuinos versus Diogenis posuimus 8 τε Boiss. ἐπὶ Diog.

Größere Vollkommenheit

Sieh, Timokleia, nun sind die Augen dir nimmermehr lichtlos,
seit deine Lenden den zwei Knaben das Leben geschenkt.
Ja, vollkommner noch bist du als früher, da jetzt du der Sonne
flammenden Wagen mit mehr Augen als vorher gewahrst.

Apollonidas

Die Kinderreiche

Neunundzwanzig Kinder gebar ich, die Hermokrateia;
keinen und keine davon habe ich sterben gesehn.
Nicht hat Apollon mit Pfeilen die Söhne mir tödlich getroffen,
nicht hat Artemis mir qualvoll die Töchter geraubt.
Nein, die Göttin erschien und brachte in Wehen mir Hilfe,
während den Knaben Apoll blühende Reife geschenkt
und sie vor Krankheit geschützt. Ich habe des Tantalos Tochter
wie an Kindern, so auch still mit der Zunge besiegt.

Antipatros von Sidon

Mathematiker Eudoxos

Von dem Stier mit schönen Hörnern
ward Eudoxos, wie es heißt,
in der Memphisstadt sein Schicksal
schon im voraus einst gesagt.
Zwar, er sprach nichts. Woher käme
auch die Sprache einem Stier?
Die Natur hat Apis eben
keinen Mund geschenkt, der spricht;
doch er beugte sich zu diesem,
er beleckte ihm das Kleid
und erklärte dadurch deutlich:
„Binnen kurzem wirst du schon
dir das Leben ausziehn.“ Siehe,
ihm erschien auch bald der Tod,
als er dreiundfünfzig Male
die Plejaden erst gesehn.

Diogenes Laërtios

745. ΑΝΤΙΠΑΤΡΟΥ ΣΙΔΩΝΙΟΥ

Ἴβυκε, λῃσταί σε κατέκτανον ἔκ ποτε νήσου
βάντ' ἐς ἐρημαίην ἄστιβον ἠιόνα,
ἀλλ' ἐπιβωσάμενον γεράνων νέφος, αἵ τοι ἵκοντο
μάρτυρες ἄλγιστον ὀλλυμένῳ θάνατον·
οὐδὲ μάτην ἰάχησας, ἐπεὶ ποινῆτις Ἐρινὺς
τῶνδε διὰ κλαγγὴν τίσατο σεῖο φόνον
Σισυφίην κατὰ γαῖαν. ἰὼ φιλοκερδέα φῦλα
λῃστέων, τί θεῶν οὐ πεφόβησθε χόλον;
οὐδὲ γὰρ ὁ προπάροιθε κανὼν Αἴγισθος ἀοιδὸν
ὄμμα μελαμπέπλων ἔκφυγεν Εὐμενίδων.

Pl III^{a} 22,48 f. 40^{v}. – Tit.: gent. om. Pl **2** βάντ' ἐς Steph. βάντες **3** ἀλλ' P πόλλ' Pl // -βωσαμένων P^{1} **5** Ἐριννὺς Pl **7** novum ep. instit. P **8** πεφόβησε P **9** ἀοιδῶν P.

746. [ΠΥΘΑΓΟΡΟΥ]

Ὧδε μέγας κεῖται Ζάν, ὃν Δία κικλήσκουσιν.

A: εἰς τάφον τοῦ Διὸς ἐν Κρήτῃ. – Pl III^{b} 13,1 f. 93^{r}; Porphyr. v. Pyth. 17; Cyrill. c. Julian. 10 [Migne 76,1028]; Joh. Chrys. hom. 3; Laur. 31, 28. – In P bis iterav. A^{1} [P^{b}, P^{c}]. Tit. om. Pl, Gemino trib. Laur., Pythagorae cet. **1** ὧδε μ. κ. Ζ.: ἐνθάδε Ζὰν κεῖται Chrys. // μέγας: θανὼν Porph. // Ζάν: βοῦς P^{c} // κικλήσκουσι P^{bc}.

747. ΛΙΒΑΝΙΟΥ

Ἰουλιανὸς μετὰ Τίγριν ἀγάρροον ἐνθάδε κεῖται,
ἀμφότερον, βασιλεύς τ' ἀγαθὸς κρατερός τ' αἰχμητής.

Pl III^{b} 6,6 f. 92^{r}; Σ 5: Zosim. 3,34. – Tit.: Juliani ap. Pl, om. Σ Zos. **1** ἀγόρρ- Zos. **2** τ'^{2} om. P.

748. ΑΝΤΙΠΑΤΡΟΥ ΣΙΔΩΝΙΟΥ

Τίς τόδε μουνόγληνος ἅπαν δωμήσατο Κύκλωψ
λάινον Ἀσσυρίης χῶμα Σεμιράμιος;
ἢ ποῖοι χθονὸς υἷες ἀνυψώσαντο Γίγαντες
κείμενον ἑπταπόρων ἀγχόθι Πληιάδων
ἀκλινές, ἀστυφέλικτον, Ἀθωέος ἶσον ἐρίπνᾳ
φυρηθὲν γαίης εὐρυπέδοιο βάρος;
δᾶμος ἀεὶ μακαριστός, ὃς ἄνστασιν Ἡρακλείης
οὐρανίων νεφέων τεῦξεν ἐπ' εὐρυάλων.

*l: εἰς τὴν πόλιν Ἡράκλειαν. – Pl IV^{b} 18 (εἰς πόλεις), 1 f. 99^{v}. – **2** Σεμιράμεος P **3** υἷες Lasc. υἱέες **7** ἄστεσιν: fort. ἄνστασιν i. e. ἀνάστασιν // Ἡρακλείης P [ο supra ης add. l] Pl **8** νεφέων τ. ἐπ' om. P^{1} Pl, in lac. add. l // εὐρυάλων om. Pl.

Ibykos

Räuber erschlugen dich einst, o Ibykos, als du des Eilands
leeres, von menschlicher Spur ödes Gestade betratst.
Kraniche hörten dich schreien; sie kamen als Zeugen und sahen,
welch einen grausamen Tod dir das Verderben gebracht.
Nicht umsonst war der Ruf. Erinnyen, die strafenden, haben
dank der Vögel Geschrei deine Ermordung gerächt
in des Sisyphos Land. – Goldgierige Horde der Räuber,
warum hattet ihr nicht Furcht vor der Himmlischen Zorn?
Auch nicht Aigisthos ist einst dem Auge der dunkelumhüllten
Eumeniden entflohn, als er den Sänger erschlug.

Antipatros von Sidon

Zeus

Hier ist der große Zan, den Zeus man auch nennt, begraben.

[*Pythagoras*]

Kaiser Julian

Hinter dem reißenden Tigris liegt hier Julianos begraben,
er, ein trefflicher König und kraftvoller Schwinger der Lanze.

Libanios

Herakleia

War's ein Kyklope, ein Einaug, der diesen gewaltigen Hügel
ganz aus Steinen gefügt, gleich dem Semiramisbau?
Haben die Söhne der Erde, Giganten, ihn türmend geschaffen?
Fast bis zum Siebengestirn, zu den Plejaden, empor,
sturmfest, nicht zu erschüttern, ein Fels des Athoeus, aus weiter,
ebener Erde herauf ragt er, ein lastender Berg . . .
Selig für immer das Volk, das Herakleia den Aufstieg
zu dem räumigen Reich himmlischer Wolken gewirkt.

Antipatros von Sidon

BUCH VIII

Die Werke Gregors von Nazianz sind in zahlreichen Handschriften erhalten. Allein die Oxforder Bibliothek besitzt 22, von denen am wichtigsten der Clarcianus 12 (10. Jh.) mit 128 Epigrammen unseres VIII. Buches ist. 15 Handschriften besitzt die Pariser Nationalbibliothek, wovon der Parisinus 992 (15. Jh.) und Parisinus 991 (16. Jh.) die wichtigsten sind. Sie alle überragt der Mediceus VII 10 (11. Jh.), der alle Epigramme des VIII. Buches außer 1 und 226 enthält und als einziger auch die Nr. 176–254 aufweist. Bedeutsam daneben der Ambrosianus 433 H 45 sup., der in seinem zweiten Teil (11.Jh.) die Gedichte Gregors mit oft willkürlichen Lesarten bringt[1].

Der Palatinus bietet die Epigramme auf S. 326–358. Wie der Titel[2] besagt, handelt es sich nur um einen Auszug aus Gregors Dichtungen. Im ganzen sind hier 260[3] Gedichte mit 1042 Versen zusammengetragen. Doch ist die Numerierung sehr zweifelhaft. Denn in anderen Handschriften wird eine große Anzahl unserer Gedichte zusammengefaßt. So treten z.B. Nr. 2–11b, 59–71, 171–174, 221–229, 231–245, 248–254 manchmal als je ein Epigramm auf, von kleineren Gruppen ganz abgesehen. Aber auch im Palatinus hat der Lemmatist die von dem ersten Schreiber gegebene Abteilung vielfach geändert, so daß die Abtrennung häufig dem willkürlichen Gutachten ausgesetzt ist und die Zahl der Gedichte sich kaum wirklich feststellen läßt. Von den Epigrammen des VIII. Buches stehen 68 noch an anderer Stelle des Palatinus, und zwar S. 695–704, also im XV. Buch.

Daß diese Gedichte schon in der Anthologie des Kephalas standen, ist nicht anzunehmen. Denn weder das Scholion S. 81 des Palatinus[4] noch der alte Index[5] erwähnen sie. Zwar ist die Bucheinteilung im Palatinus erst modern, so daß Buch VIII mit VII zusammenhängt; so konnte Wolters darauf hinweisen, daß Gregors Epitaphienpoesie,

---

[1] Von den genannten liegen nach dem Vorbild von Waltz hier zugrunde: der Mediceus, Ambrosianus und die Parisini 991 und 992. [2] Er ist von l geschrieben; aber schon vorher hatte A die gleichen Worte an den oberen Rand gesetzt und hinzugefügt: μέρος τι τῶν ἐπιτυμβίων ἐπιγραμμάτων. [3] Einschließlich 11 b, 52 b, 67 b, 85 b, 230 b, c. [4] s. Band 1 S. 235. [5] Einführung S. 92.

weil sie unmittelbar an die Epitaphienpoesie des VII. Buches herangerückt ist, nicht gesondert aufgezählt zu werden brauchte. Doch tragen die Epigramme einen eigenen Titel am Kopf, und die Bedeutung, die Gregor bei den christlichen Sammlern genoß, sowie der Umfang dieser Gedichtsammlung hätten eine Erwähnung doch wohl gefordert. Zudem fällt auf, daß die Syllogae minores keines dieser Epigramme anführen und Planudes nur eines (Nr. 1) aufnahm.

Geschrieben ist das VIII. Buch von Schreiber A. Durchgesehen wurde der Text vom Korrektor, der nicht allzuviel (im ganzen 13) Verbesserungen hinzufügte. Die Lemmata stammen in der Hauptsache von l, nur 14 von A und 4 von c. Sie sind durchweg wertlos und hier nur in besonderen Fällen wiedergegeben. Die Gedichte auf S. 695 bis 704 hat nach Preisendanz J geschrieben.

Die Anordnung der Epigramme ist sorgfältig erwogen. Es lassen sich zwei große Gruppen unterscheiden: die erste (1–165) betrifft bestimmte Personen, der Rest behandelt allgemeine Stoffe. Innerhalb des ersten Teiles sind die Gedichte nach den Personen, denen sie gelten, zusammengestellt. Sie sind durchweg Epitaphien im engeren Sinne. Nur wenige enthalten Gebete oder Betrachtungen. Im zweiten Teil werden zwei Themen behandelt: die Unsitte des Bankettierens in der Kirche und die z. Z. Gregors besonders grassierende Grabschändung. Innerhalb der Unterteile sind die Gedichte derart geordnet, daß mit den umfangreichsten begonnen und mit den kürzesten geschlossen wird[1], was der Schreiber offenbar schon in seiner Vorlage fand. Das gibt uns hier und da einen Wink über die Abtrennung der einzelnen Epigramme.

Alle Gedichte sind letzten Endes persönliche Bekenntnisse aus dem Leben Gregors. Deshalb muß hier auch sein Leben, soweit es zum Verständnis der Epigramme nötig ist, skizziert werden.

Gregors Vater, ebenfalls Gregor, geboren 274 zu Arianz, einem Landgut bei Nazianz, gestorben 374, gehörte zunächst den Hypsistariern an. Diese bildeten eine aus orientalischen Religionen und dem Judentum gemischte Sekte, die Sabbat und Speisenunterschiede beobachtete, Gott als den „Höchsten" (ὕψιστος) verehrte, aber auch Feuer und

[1] Vgl. besonders Nr. 2–11 b an Basilios, 106–117 an Martinianos, 131–138 an Amphilochios, 176–254 gegen Grabschänder.

Licht für heilig hielt. Unter dem Einfluß seiner schwärmerisch frommen, aus vornehmem Hause stammenden Gattin Nonna wurde er 325 Christ und vier Jahre später Bischof von Nazianz. Aus der Ehe entsprangen zwei Söhne, Gregor und Kaisarios († 369), sowie eine Tochter, Gorgonia (†370). Der junge Gregor, geboren 329/30 zu Arianz, besuchte zunächst die Schule zu Nazianz, darauf die zu Kaisareia (Kappadokien), wo er mit Basilios, dem späteren Bischof von Kaisareia, bekannt wurde. Dann begab er sich mit seinem Bruder nach Kaisareia in Palästina; beide vertauschten aber bald darauf die dortige Hochschule mit der in Alexandria. Im Jahre 348 fuhr Gregor allein in einer stürmischen Seefahrt nach Athen, wo drei Jahre später auch Basilios erschien. Die folgenden Studienjahre bildeten nachher Gregors schönste Erinnerungen. Nach zehnjährigem Aufenthalt in Athen kehrte Gregor nach Arianz zurück. Kurz darauf erfolgte seine Taufe. Dann, i.J. 361, wurde er auf Wunsch seines Vaters, doch gegen seinen eigenen Willen, zum Priester geweiht und stand nun seinem Vater als Koadjutor zur Seite. Im J. 372 ernannte Basilios ihn (wieder gegen seinen Wunsch) zum Bischof von Sabina, doch trat Gregor dieses Amt nie an. Nach dem Tode seines Vaters verwaltete er das Episkopat von Nazianz, ohne sich jedoch zum Bischof weihen zu lassen. Fünf Jahre später wurde er zur Reorganisation der christlichen Gemeinde in Konstantinopel berufen, wo die Arianer fast sämtliche Kirchen besaßen. Dort wurde er auch 381 als Erzbischof von Ostrom eingesetzt. Doch veranlaßten ihn die sofort eintretenden Schwierigkeiten und Ränke, bald wieder abzudanken. Im Juni verließ er Konstantinopel und übernahm von neuem die Verwaltung des Episkopats von Nazianz. Endlich, i.J. 383, wurde dort Eulalios als Bischof eingeführt. Darauf zog sich Gregor nach Arianz zurück, wo er 389/90 starb. In diesen letzten Jahren von Arianz dürften seine sämtlichen Gedichte entstanden sein.

In der Form bedient sich Gregor meist, in 240 Fällen, des elegischen Distichons. Im großen ganzen hält er sich also an diejenige, die ihm in seiner Studienzeit als die klassische bekannt geworden war. Auch seine Begriffswelt ist trotz des Christentums im alten heidnischen Denken gut zu Hause. Überall finden sich mythologische Anspielungen. Daß diese literarische Staffage sind, ist klar; sie zeigen aber, daß das Christentum sich schon so stark fühlte, daß es das noch vorhandene, aber bereits abklingende Heidentum nicht mehr zu fürchten brauchte und daß der klassizistische Gedanke bis zur Justinianischen Renaissance auch im Christentum, wenigstens in seinen gebildeten Kreisen, nie ganz abgerissen ist. Ein schlechtes Licht fällt allerdings aus den dauernden Grabschändungen. Teils raubte man die den Toten mitgegebenen Kostbarkeiten, teils entfernte man die vorhandenen Gebeine, um den eigenen Toten in die Gruft zu betten, teils brach man auch den Marmor an fremden Gräbern ab, um ihn entweder zu verkaufen oder um daraus, in etwas zweifelhafter Frömmigkeit, Kapellen und Martyrien zu errichten. Hiergegen eifert Gregor ebenso wie gegen die Unsitte des Bankettierens in der Kirche. Wie man nämlich in heidnischer Zeit Schmausereien und Volksfeste zu Ehren eines Gottes veranstaltet hatte, so feierte man jetzt den Gedächtnistag eines Heiligen in der ihm geweihten Kirche, wobei es oft zu recht unziemlichen Orgien kam.

Auffallend in der Sammlung ist die große Zahl der das gleiche Thema behandelnden Gedichte. So hat Gregor je ein Dutzend an Basilios, Martinianos, Kaisarios und seinen Vater gerichtet, an seine Mutter gar 53 und gegen die Grabschänder 86. Auffallend ferner die häufigen Wiederholungen. Damit hängen andere Fragen zusammen: Wurden die Epigramme wirklich in Steine gemeißelt? Oder sind sie in Büchern veröffentlicht worden? Hat Gregor sie selbst publiziert? Sind sie echt? Die Echtheit einzelner wird von verschiedenen Forschern bestritten. Entschieden unecht ist Nr. 1, da die darin genannten Personen erst nach Gregor gestorben sind. Ein berechtigter Zweifel besteht auch für 226, das nur im Palatinus überliefert ist. Andere Epigramme dagegen, vor allem die, in denen er etwas aufdringlich sein eigenes Lob singt[1], haben zwar Zweifel laut werden lassen, können ihm aber aus diesem einzigen Grund nicht ohne weiteres abgesprochen werden. Nicht auf Steinen standen gewiß die Gedichte gegen Orgien in der Kirche. Dagegen lassen sich diejenigen gegen Grabschändung trotz der großen Zahl doch auf den verschiedenen Gräbern denken, zumal wir Verfluchungen von Grabräubern schon aus früherer Zeit reichlich besitzen. Auch von den anderen Epitaphien mag das eine oder andere auf einem Grabmal gestanden haben, der größte Teil davon ist jedoch als literarisch zu werten. Daß Gregor die Gedichte

[1] 75, 77, 82, 165 (?).

selbst veröffentlicht hat, möchte man wegen der zahlreichen Wiederholungen nicht annehmen. Dann dürften sie also von seinen Freunden nach seinem Tod gesammelt und publiziert worden sein. Das muß aber, wie die auf Stein erhaltene Nachahmung des Ep. 108 zeigt, bald nach Gregors Tod geschehen sein, und die Sammlung selbst muß rasch weite Verbreitung gefunden haben.

Daß Gregor literarisch außerordentlich belesen war, wird allgemein anerkannt. Seine Kenntnisse reichen von Homer und Hesiod, den großen Tragikern und Pindar bis zu Kallimachos; aber auch die Dichtung der nachchristlichen Jahrhunderte ist ihm vertraut, so Oppian und Quintus Smyrnäus. Unwillkürlich stellt sich daher die Frage, ob Gregor auch die Anthologie bzw. ihre frühen Vorläufer gekannt habe. Obwohl schon Ludwich i. J. 1887[1] diese Frage aufgeworfen und bejaht hat, ohne allerdings seine Behauptung ausreichend zu begründen, fehlt auch heute noch eine zusammenfassende Arbeit darüber. Freilich gestalten sich die Untersuchungen insofern recht schwierig, als nicht immer einwandfrei festzustellen ist, ob Gregors Bekanntschaft mit einem Epigramm wirklich auf der Kenntnis der Anthologie oder auf der einer Sonderausgabe des betreffenden Dichters beruht bzw. ob die von Gregor übernommenen Phrasen, worauf Rudberg hinweist, zum poetischen Gemeingut zu rechnen sind[2]. Mag man von den in Frage kommenden Gedichten auch verschiedene wegstreichen, so bleiben doch noch so viele Belege übrig, daß sie Gregors Kenntnis des Meleagros- und des Philipposkranzes bzw. der aus beiden mutmaßlich verfertigten Epitome[3] zur starken Wahrscheinlichkeit machen.

Ausgaben: Grundlegend ist die kommentierte Ausgabe von L. A. Muratori: Anecdota Graeca, Padua 1709; Neudruck in Opere del Proposto L. A. Muratori, Arezzo 1771, Bd. 12 (in beiden fehlen die Ep. 1–11 und 226). Wertvoll daneben Migne: Patrologia Graeca, wo Bd. 37 p. 1445–1451 unter Carmina historica die Ep. 77–84, Bd. 38 am Anfang die übrigen bringt (es fehlen die Ep. 1 und 226).

Literatur: Pellegrino, M.: La poesia di S. Gregorio Naz., Milano 1932. – Wyss, B.: Gregor v. Naz. (Mus. Helvet. 6, 1949, 177). – Keydell, R.: Die literarhistor. Stellung der Gedichte Gregors v. Naz. (Atti dell'VIII Congresso intern. di Studi byzantini), Palermo 1951. – Werhahn, H. M.: Gregorii Naz. Σύγκρισις βίων (Klass.-phil. Stud. Heft 15), 1953 (wo weitere Literatur). – Salvatore, A.: Tradizione e originalità negli epigrammi di Gregorio Naz., Napoli (1960), ebenfalls mit reicher Literaturangabe. – Hauser-Meury, Mar. Madel.: Prosopographie zu den Schriften Gregors v. Naz., Bonn 1960.

Siglis

tomo I praemissis hic accedunt:

Ambr.	=	Ambrosianus 433 H 45 sup. (v.p. 442)
Carm.	=	Gregorii carmina historica (Migne Patrol. Graec. t. 37)
codd.	=	Ambr., Med., Par. 991 et 992
Epigr.	=	Gregorii epigrammata (Migne Patr. Gr. t. 38)
Epit.	=	Gregorii epitaphia (Migne Patr. Gr. t. 38)
Med.	=	Mediceus VII 10 (v. p. 442)
Par. 991	=	Parisinus 991 (v.p. 442)
Par. 992	=	Parisinus 992 (v.p. 442)
Mur.	=	Muratori.

[1] Rhein. Mus. 42, 233. [2] Ich führe das gefundene Material hier an: Ep. 15 stützt sich auf VII 619 (anonym), Ep. 16 auf VII 163 (Leonidas v. Tar.), Ep. 29 auf VII 337 (anonym) und Ep. 66 auf VII 520 (Kallimachos). Ep. 85 hielt schon Stadtmüller für eine Nachahmung von VII 228 (anonym, wohl aus dem Meleagroskranz). Ep. 119 hängt von VII 271 (Kallimachos) ab. Ep. 122 setzt nach Salvatore die Kenntnis von VII 12 (anonym), 182 (Meleagros), 186 (Philippos) und vielleicht auch von XII 12 (Statilius Flaccus) voraus. Ep. 126 blickt auf VII 361 (anonym) zurück. Ep. 127 kennt nach Salvatore VII 188 (Antonios Thallos). Ep. 128 ist nach Jacobs und Stadtmüller eine Nachbildung von IX 39 (Musikios). Ep. 131 geht von XVI 31 (Speusippos) und Ep. 147 nach Salvatore von VII 715 (Leonidas v. Tar.) aus. Bei Abfassung des Ep. 180 schwebten, wie Jacobs glaubt, Gregor die Verse IX 45 (Statilius Flaccus) vor. Ep. 188 führen Meineke und Dübner auf VII 525 (Kallimachos) zurück (dazu Pfeiffer Call. 2 p. 86). Ep. 192 ist nach Keydell von VII 540 (Damagetos) beeinflußt, und Ep. 201 hat nach Jacobs VII 268 (Platon) gekannt. VII 266 (Leonidas v. Tar.) wird nach Stadtmüller von Gregor (II 54c) nachgeahmt; von IX 125 (anonym) benutzt er (Migne 37, 759, 45) fast wörtlich Vers 4f., nach Davids kannte Gregor (carm. 1, 2, 31, 1) das Ep. IX 359 (Poseidippos?), und nach Ludwich kannte er (carm. 2, 1, 22, 17; 2, 1, 15, 1; 1, 2, 29, 4) die Ep. IX 708 (Philippos), X 1 (Leonidas v. Tar.) und XI 408 (Lukillios). [3] s. Bd. 1 S. 73.

H. ΕΚ ΤΩΝ ΕΠΩΝ
ΤΟΥ ΑΓΙΟΥ ΓΡΗΓΟΡΙΟΥ ΤΟΥ ΘΕΟΛΟΓΟΥ

1

Ἐνθάδε τύμβος ἔχει θεοειδέας ἀνέρας ἐσθλούς,
θεῖον Ἰωάννην, τὸν πάνυ Θευδόσιον,
ὧν ἀρετὴ πολύολβος ἐς οὐρανοῦ ἄντυγας ἦλθε
καὶ φωτὸς μετόχους δεῖξεν ἀκηρασίου.

A: ἐπιτύμβιον εἰς Ἰω⟨άννην⟩ καὶ Θεοδόσιον. – Pl III^{b} 1,3 f.90^{r} [nullo lemm.]. – **3** ἄντυγος P // ἦλθεν Pl **4** μετόχου P.

2

Σῶμα δίχα ψυχῆς ζώειν πάρος ἢ ἐμὲ σεῖο,
Βασίλιε, Χριστοῦ λάτρι φίλ', ᾠιόμην·
ἀλλ' ἔτλην καὶ ἔμεινα. τί μέλλομεν; οὔ μ' ἀναείρας
θήσεις ἐς μακάρων σήν τε χοροστασίην;
μή με λίπῃς, μή, τύμβον ἐπόμνυμι· οὔποτε σεῖο
λήσομαι, οὐδ' ἐθέλων. Γρηγορίοιο λόγος.

*A: τοῦ ἐν ἁγίοις πατρὸς ἡμῶν Γρηγορίου τοῦ Θεολόγου. c: εἰς τὸν μέγαν Βασίλιον, τὸν Καισαρείας ἐπίσκοπον τῆς ἐν Καππαδοκίᾳ. – Epit. 119,1. – In P hic [P^{a}] et p. 696 [P^{b}] **1** ζώειν P^{a1} codd. ζώην c^{a} P^{b} **2** Βασίλειε P^{b} **3** μὰν ἀείρας P^{a} **4** ἐήν P^{a}.

3

Ἡνίκα Βασιλίοιο θεόφρονος ἥρπασε πνεῦμα
ἡ Τριὰς ἀσπασίως ἔνθεν ἐπειγομένου,
πᾶσα μὲν οὐρανίη στρατιὴ γήθησεν ἰόντι,
πᾶσα δὲ Καππαδοκῶν ἐστονάχησε πόλις·
οὐκ οἶον, κόσμος δὲ μέγ' ἴαχεν· „Ὤλετο κῆρυξ,
ὤλετο εἰρήνης δεσμὸς ἀριπρεπέος."

Epit. 119,7. – **4** ἐστονάχισε P.

VIII. AUSZUG AUS DEN DICHTUNGEN DES HEILIGEN GREGOR DES THEOLOGEN

Johannes und Theodosios

Dieser Hügel umfaßt gottähnliche, treffliche Männer:
hehrer Johannes sowie großer Theudosios, euch,
deren gesegnete Tugend die Wölbung des Himmels erreichte
und des lauteren Lichts beide euch teilhaft gemacht.

[*Gregor von Nazianz*]

Basilios der Große

Eher, Basilios, glaubt ich, bestünde ein Leib ohne Seele
als ich selbst ohne dich, teuerster Diener des Christ.
Aber ich trug es und lebte. Doch nun? O führe mich aufwärts
zu der Seligen Chor, wo du verweilest. Laß nicht
(bei deinem Grab!) mich allein. Ich kann dich ja nimmer vergessen,
selbst nicht, wenn ich es wollt. Das ist Gregorios' Wort.

Gregor von Nazianz

Ein gleiches

Da die Dreifaltigkeit nun den Atem Basilios raubte
und der Erhabne von hier freudig und eilends sich schied,
jauchzten im himmlischen Heer wohl alle ihm fröhlich entgegen,
in Kappadokien jedoch klagten sie alle vor Schmerz.
Mehr noch, es stöhnte die Welt und jammerte: „Tot ist der Herold,
tot er, dem dieses Land strahlenden Frieden verdankt."

Gregor von Nazianz

4

Κόσμος ὅλος μύθοισιν ὑπ᾽ ἀντιπάλοισιν ἀεικῶς
σείεται, ὁ Τριάδος κλῆρος ὁμοσθενέος·
αἰαῖ, Βασιλίου δὲ μεμυκότα χείλεα σιγᾷ.
ἔγρεο· καὶ στήτω σοῖσι λόγοισι σάλος
σαῖς τε θυηπολίῃσι· σὺ γὰρ μόνος ἶσον ἔφηνας
καὶ βίοτον μύθῳ καὶ βιότητι λόγον.

Epit. 119,13. – 3 σιγᾷ Par. 1760 σιγῇ cet.

5

Εἷς θεὸς ὑψιμέδων· ἕνα δ᾽ ἄξιον ἀρχιερῆα
ἡμετέρη γενεὴ εἶδέ σε, Βασίλιε,
ἄγγελον ἀτρεκίης ἐριηχέα, ὄμμα φαεινὸν
Χριστιανοῖς, ψυχῆς κάλλεσι λαμπόμενον,
Πόντου Καππαδοκῶν τε μέγα κλέος· εἰσέτι καὶ νῦν,
λίσσομ᾽, ὑπὲρ κόσμου ἵστασο δῶρ᾽ ἀνάγων.

Epit. 119,19. – In P hic [Pᵃ] et p. 696 [Pᵇ]. 2 -ρῃ γενεῇ et Βασίλειε Pᵇ 3 ἱεριηχέα Pᵃ 4 κάλλεϊ Pᵇ.

6

Ἐνθάδε Βασιλίοιο Βασίλιον ἀρχιερῆα
θέντο με Καισαρέες, Γρηγορίοιο φίλον,
ὃν περὶ κῆρι φίλησα· Θεὸς δέ οἱ ὄλβια δοίη
ἄλλα τε καὶ ζωῆς ὡς τάχος ἀντιάσαι
ἡμετέρης. τί δ᾽ ὄνειαρ ἐπὶ χθονὶ δηθύνοντα
τήκεσθ᾽ οὐρανίης μνωόμενον φιλίης;

Epit. 119,25. – In P hic [Pᵃ] et p. 696 [Pᵇ]. 1 Βασιλίοι Β. Pᵇ 2 Γρηγορίοι Pᵇ 3 περι κήρι Pᵃ 5 δηνθύνοντα Pᵃ.

7

Τυτθὸν ἔτι πνείεσκες ἐπὶ χθονί, πάντα δὲ Χριστῷ
δῶκας ἄγων, ψυχήν, σῶμα, λόγον, παλάμας,
Βασίλιε, Χριστοῖο μέγα κλέος, ἕρμ᾽ ἱερήων,
ἕρμα πολυσχίστου νῦν πλέον ἀτρεκίης.

Epit. 119,31. – In P hic [Pᵃ] et p. 696 [Pᵇ]. 3 βασίλιαχρ- Pᵃ βασίλειε χρ- Pᵇ.

Ein gleiches

Wie das Weltall, darin gleichstark die Dreieinigkeit waltet,
schmählich vom hadernden Wort überall zittert und wankt!
Wehe, Basilios' Lippen sind fest nun verschlossen und schweigen.
O, wach auf und gebeut endlich dem Schwanken durch dein
Reden und Opfern ein Halt! Nur du ja hast dich im Handeln
gleich deinem Reden, im Wort gleich deinem Handeln gezeigt.

Gregor von Nazianz

Ein gleiches

Droben waltet ein Gott; und wir Menschen hier sahen nur einen
würdigen Erzpriester heut walten: Basilios, dich
lauten Verkünder der Wahrheit, dich strahlendes Auge der Christen,
dessen Seele und Herz schimmernd in Schönheit geglänzt,
dich, Kappadokiens und Pontos' erhabene Leuchte. Steh auf drum,
bitt ich, und gib dein Geschenk weiter zum Segen der Welt.

Gregor von Nazianz

Ein gleiches

Mich, des Basilios Sohn, Erzpriester Basilios, trug man
in Kaisareia zu Grab, mich, des Gregorios Freund,
den ich im Herzen geliebt. So möge denn Gott ihm verleihen,
Glück zu genießen und bald dieses mein Leben zu sehn.
Denn was könnte es frommen, auf Erden zu säumen und lange
sich zu verzehren, wenn man himmlische Liebe begehrt?

Gregor von Nazianz

Ein gleiches

Leise noch atmetest du auf Erden, da brachtest du alles
Christus als Gabe, den Leib, Seele und Hände und Wort,
Christi erhabene Leuchte, Basilios, Stütze der Priester,
Stütze – heut mehr noch als je – für eine Wahrheit, die bricht.

Gregor von Nazianz

8

Ὦ μύθοι, ὦ ξυνὸς φιλίης δόμος, ὦ φίλ' Ἀθῆναι,
ὦ θείου βιότου τηλόθε συνθεσίαι,
ἴστε τόδ', ὡς Βασίλειος ἐς οὐρανόν, ὡς ποθέεσκεν,
Γρηγόριος δ' ἐπὶ γῆς χείλεσι δεσμὰ φέρων.

Epit. 119,35. – In P hic [Pa] et p. 696 [Pb]. 1 μῦθοι Pb // ξῦνος Pa 2 τηλόθι Pb 3 ἐς om. Pb // ποθέεσκε Pb.

9

Καισαρέων μέγ' ἄεισμα, φαάντατε ὦ Βασίλειε,
βροντὴ σεῖο λόγος, ἀστεροπὴ δὲ βίος·
ἀλλὰ καὶ ὣς ἕδρην ἱερὴν λίπες· ἤθελεν οὕτω
Χριστός, ὅπως μίξῃ ὡς τάχος οὐρανίοις.

Epit. 119,39. – In P hic [Pa] et p. 696 [Pb]. 1 ὦ om. Pb.

10

Βένθε' ἅπαντ' ἐδάης τὰ πνεύματος, ὅσσα τ' ἔασιν
τῆς χθονίης σοφίης· ἔμπνοον ἱρὸν ἔης.
ὀκτάετες λαοῖο θεόφρονος ἡνία τείνας,
τοῦτο πόνων τῶν σῶν, ὦ Βασίλει', ὀλίγον.

Epit. 119,43. – In P hic [Pa] et p. 696 [Pb]. 1 βένθε' ἅπ- Pa βένθεος ἅπ- Pb βένθεα πάντ' codd. // ἔασιν Par. 39 et 993 -σι codd. ἔασσι Pa -ιν Pb 2 ἔης om. Pa 3 ὀκτάετες Pb -αετης Pa -τῆ codd. 4 πόνων Desr. μόνον // Βασίλειε λόγων Pa.

11

Χαίροις, ὦ Βασίλειε, καὶ εἰ λίπες ἡμέας, ἔμπης·
Γρηγορίου τόδε σοι γράμμ' ἐπιτυμβίδιον,
μῦθος ὅδ', ὃν φιλέεσκες· ἔχεις χρέος, ὦ Βασίλειε,
τῆς φιλίης καίτοι δῶρον ἀπευκτότατον.

Epit. 119,47. – In P hic [Pa] et p. 697 [Pb]. 3 ἔχοις P // χερὸς Pa 4 καίτοι Jac. καὶ σοὶ // ἀπευκτατον Pa.

Ein gleiches

Liebes Athen, Gespräche, gemeinsame Wohnung der Freundschaft,
göttliches Leben, nach dem fern unser Träumen noch ging:
hört's, Basileios ist heut, wie er selber es wünschte, im Himmel,
und auf Erden noch weilt Gregor mit Ketten am Mund.

Gregor von Nazianz

Ein gleiches

Ruhm und Preis Kaisareias, du leuchtendes Licht Basileios,
Blitz war durchs Leben dein Gang, Donner dein hallendes Wort.
Und du verließest trotzdem deine heilige Stätte; so hat es
Christus geboten, auf daß rasch du den Himmel erlangst.

Gregor von Nazianz

Ein gleiches

Alle Tiefen des Geistes und sämtliche irdische Weisheit
hast du umfangen, du warst lebender Tempel für uns.
Hast acht Jahre die Zügel des gläubigen Volkes gehalten,
Basileios, und doch war's dein bescheidenstes Werk.

Gregor von Nazianz

Ein gleiches

Sei denn gegrüßt, Basileios, auch wenn du uns heute verlassen!
Das ist die Inschrift, mit der Gregor das Grabmal dir schmückt,
dies das Wort, das du liebtest. Du hast, Basileios, die Gabe,
die, so schrecklich sie ist, dennoch der Freundschaft obliegt.

Gregor von Nazianz

11b

Γρηγόριος, Βασίλειε, τεῇ κόνι τήνδ' ἀνέθηκα
τῶν ἐπιγραμματίων, θεῖε, δυωδεκάδα.

Epit. 119,51. – In P hic [Pa] et p. 696 [Pb]. Cum ep. 11 iunx. Pa codd., seiunx. Pb. 1 κόνι τήνδ' P κονίῃ codd. 2 ἐπιγαμμάτων Pa.

12

Ἔνθ' ἑκατονταέτης, ζωῆς βροτέης καθύπερθε,
Πνεύματι καὶ θώκῳ τεσσαρακονταέτης,
μείλιχος, ἡδυεπής, λαμπρὸς Τριάδος ὑποφήτης,
νήδυμον ὕπνον ἔχω Γρηγορίοιο δέμας,
ψυχὴ δὲ πτερόεσσα λάχεν Θεόν. ἀλλ' ἱερῆες
ἀζόμενοι κείνου καὶ τάφον ἀμφέπετε.

A: τοῦ αὐτοῦ εἰς τὸν ἑαυτοῦ πατέρα. – Epit. 55. – 1 καθύπερθεν codd. 5 θεὸν λάχεν codd. 6 ἐξόμενοι Ambr. // ἀμφέπ- Mur. ἀμφιέπ-.

13

Ἔκ με πικρῆς ἐκάλεσσε Θεὸς μέγας ἀγριελαίης·
ποίμνης ἡγεμόνα θῆκε τὸν οὐδ' ὀίων
ἔσχατον, ἐκ πλευρῆς δὲ θεόφρονος ὄλβον ἔνειμεν.
γῆρας δ' ἐς λιπαρὸν ἱκόμεθ' ἀμφότεροι·
ἱρὸς ἐμῶν τεκέων ἀγανώτατος· εἰ δὲ τελευτὴν
ἔτλην Γρηγόριος, οὐ μέγα· θνητὸς ἔην.

Epit . 56. – 1 ἀγριελαίου Med. 3 ἔνειμε codd. 4 δ' add. Jac.

14

Εἴ τις ὄρους καθύπερθεν ἁγνῆς ὀπὸς ἔπλετο μύστης
Μωσῆς, καὶ μεγάλου Γρηγορίοιο νόος,
ὅν ποτε τηλόθ' ἐόντα χάρις μέγαν ἀρχιερῆα
θήκατο· νῦν δ' ἱερῆς ἐγγὺς ἔχει Τριάδος.

Epit. 57.

Ein gleiches

Ich, Gregorios, war es, der deiner Asche, du hehrer
Basileios, nun dies Dutzend Gedichte geweiht.

Gregor von Nazianz

Gregors Vater

Hundert Jahre verlebt' ich, weit mehr als ein menschliches Dasein,
vierzig verbracht ich im Amt und in dem Heiligen Geist.
Freundlich in Wesen und Wort, ein Künder dreieiniger Gottheit,
schlaf ich hier ruhigen Schlaf, ich, des Gregorios Leib,
doch meine Seele flog fort und erwählte den Himmel. Ihr Priester,
scheut die Gottheit und nehmt auch meines Grabes euch an.

Gregor von Nazianz

Ein gleiches

Gott, der Allmächt'ge, berief mich aus wildem und bitterem Ölbaum;
mich, ein Lamm nicht einmal, gab er der Herde zum Haupt
und entbot mir das Glück durch gotterkennende Rippe.
Also haben wir zwei seliges Alter erreicht.
Priester wurde mein Sohn, der mildeste aller. Doch starb ich,
kann es dich wundern? Auch ich, Gregor, ich war nur ein Mensch.

Gregor von Nazianz

Ein gleiches

Wie auf der Höhe des Berges einst Moses durch heilige Stimme
Weihe empfangen, so auch Gregors erhabener Geist.
Fern war die Gnade ihm noch, doch sie schuf ihn zum waltenden
und nun lebt er bei dir, heil'ge Dreifaltigkeit, fort. [Bischof,

Gregor von Nazianz

15

Αὐτὸς νηὸν ἔρεψα Θεῷ καὶ δῶχ' ἱερῆα
Γρηγόριον καθαρῇ λαμπόμενον Τριάδι,
ἄγγελον ἀτρεκίης ἐριηχέα, ποιμένα λαῶν,
ἠίθεον σοφίης ἀμφοτέρης πρύτανιν.

Epit. 58,1. – 1 δῶκ' P 3 λαῷ Med.

16

Τέκνον ἐμόν, τὰ μὲν ἄλλα πατρὸς καὶ φέρτερος εἴης,
τὴν δ' ἀγανοφροσύνην ἄξιος· οὔ τι πλέον
εὔξασθαι θέμις ἐστί· καὶ ἐς βαθὺ γῆρας ἵκοιο,
τοίου κηδεμόνος, ὦ μάκαρ, ἀντιάσας.

Epit. 58,5. – 1 idem Carm. 2,2,5,11.

17

Οὐκ ὄις, εἶτ' ὀίων προφερέστατος, αὐτὰρ ἔπειτα
ποιμήν, εἶτα πατὴρ καὶ νομέων νομέας,
θνητοὺς ἀθάνατόν τε Θεὸν μέγαν εἰς ἓν ἀγείρων,
κεῖμαι Γρηγόριος, Γρηγορίου γενέτης.
ὄλβιος, εὐγήρως, εὔπαις θάνον, ἀρχιερῆος
ἀρχιερεύς τε πατήρ, Γρηγόριος· τί πλέον;

Epit. 59 et 60,1–2. – 1–2 Carm. 2,2,45,217 [ubi ἐξ ὀίων δὲ pro αὐτὰρ ἔπειτα] 2 νομέως νομέων Ambr.

18

Οὔτι μὲν ἐς πολύκαρπον ἀλωὴν ὄρθριος ἦλθον,
ἔμπα δὲ τῶν προτέρων πλείονα μισθὸν ἔχω
Γρηγόριος, ποιμήν τε καλὸς καὶ πλείονα ποίμνην
Χριστῷ ἀναθρέψας ἤθεσι μειλιχίοις.

1 [ad v. 3]: εἰς τὸν αὐτὸν πατέρα. – Epit. 60,3–61,2.

Ein gleiches

Habe ich Gott einen Tempel erbaut, ich gab ihm auch Gregor
als einen Priester, den du, reine Dreieinheit erhellt,
als einen Hirten der Völker und lauten Verkünder der Wahrheit,
der in der Weisheit als Mann beide Gebiete beherrscht.

Gregor von Nazianz

Ein gleiches

Kind, übertriff deinen Vater in allem und jedem, doch zeige
dich seiner Milde nur gleich. Daß man dir höhere wünscht,
wär eine Sünde vor Gott. Und komme zum Gipfel des Alters,
ward dir, du Seliger, doch solch ein Berater zuteil.

Gregor von Nazianz

Ein gleiches

War ich kein Lamm erst, ich wurde zum führenden Lamme, zum
dann zum Vater und drauf über die Hirten ein Hirt. [Hirten,
Sterblichen gab ich die Einheit und Einheit dem ewigen Gotte,
ich, der im Grabe hier ruht, Gregor, der Gregor erzeugt,
selig gestorben und glücklich in Alter und Kindern, ein Bischof
mit einem Bischof als Sohn, Gregor. Wünscht einer sich mehr?

Gregor von Nazianz

Ein gleiches

Kam ich auch nicht schon am Morgen zum fruchtbaren Weinberg, ich
mehr doch gewonnen als die, die ihn schon vor mir erreicht. [habe
Trefflich war ich als Hirt, ich Gregor, und habe mit sanftem
Wesen die Herde vermehrt, die ich für Christus gehegt.

Gregor von Nazianz

19

Οὐχ ὁσίης ῥίζης μὲν ἐγὼ θάλος, εὐαγέος δὲ
συζυγίης κεφαλὴ καὶ τεκέων τριάδος
ποίμνης ἡγεμόνευσα ὁμόφρονος· ἔνθεν ἀπῆλθον
πλήρης καὶ χθονίων κουρανίων ἐτέων.

Epit. 61,3. – 4 ἔπεων l.

20

Γρηγόριος, τὸ δὲ θαῦμα, χάριν καὶ πνεύματος αἴγλην
ἔνθεν ἀειρόμενος ῥῖψ' ἐπὶ παιδὶ φίλῳ.

Epit. 62. – 1 τόδε P.

21

Τυτθὴ μάργαρός ἐστιν, ἀτὰρ λιθάκεσσιν ἀνάσσει·
τυτθὴ καὶ Βηθλέμ, ἔμπα δὲ χριστοφόρος.
ὣς δ' ὀλίγην μὲν ἐγὼ ποίμνην λάχον, ἀλλὰ φερίστην
Γρηγόριος, τὴν σύ, παῖ φίλε, λίσσομ' ἄγοις.

Epit. 63. – 2 Βηθλέμ' P -λεέμ Med. 3 ὡς P 4 σύ: σοί Ambr.

22

Ποιμενίην σύριγγα τεαῖς ἐν χερσὶν ἔθηκα
Γρηγόριος· σὺ δέ μοι, τέκνον, ἐπισταμένως
σημαίνειν· ζωῆς δὲ θύρας πετάσειας ἅπασιν,
ἐς δὲ τάφον πατέρος ὥριος ἀντιάσαις.

Epit. 64 – 1 ποιμενικὴν Med. Par. 991 // ἐνὶ codd.

23

Στράψε μέν, οἷς τὸ πάροιθεν ἐν οὔρεϊ Χριστὸς ἀμείφθη,
στράψε δὲ Γρηγορίου τοῦ καθαροῖο νόῳ,
τῆμος ὅτ' εἰδώλων ἔφυγε ζόφον· ὡς δ' ἐκαθάρθη,
ᾗσι θυηπολίαις λαὸν ὃν εἰσέτ' ἄγει.

Epit. 65. – 1 -ψε μέν P -ψεν ἐν codd. 3 τῆμοστ' εἰδ. P // ὥς δεκαθ- P.

Ein gleiches

Bin ich aus gläubiger Wurzel auch nimmer entsprossen, ich wurde
doch einer heiligen Eh wie auch drei Kindern das Haupt
und das Haupt einer Herde von treulichem Sinne. Dann schied ich,
reich an Jahren, die ich Erde und Himmel geweiht.

Gregor von Nazianz

Ein gleiches

Welch ein Wunder! Als Gregor von hinnen fuhr, goß er des Geistes
Gnade und strahlenden Glanz auf seinen teueren Sohn.

Gregor von Nazianz (?)

Ein gleiches

Klein nur ist sie, die Perle, doch Königin über die Steine;
klein auch ist Bethlehem nur, doch es gebar uns den Christ.
So erhielt ich, ich Gregor, nur eine geringe, doch gute
Herde zum Lose: mein Kind, sei du, ich bitte, ihr Haupt.

Gregor von Nazianz

Ein gleiches

Ich, der Gregorios, habe die Hirtenflöte in deine
Hände gelegt; mein Kind, gib mit verständigem Sinn
deine Befehle und öffne du allen die Pforten des Lebens.
Ist deine Zeit dann erfüllt, komme zum Vater ins Grab.

Gregor von Nazianz

Ein gleiches

Blitze erschienen den Männern, als Christ auf dem Berg sich verklärte;
Blitze erschienen auch einst, läuternd Gregorios' Geist,
da er der finsteren Macht der Götzen entschlüpfte. Gereinigt
steht er mit Opfern fortan seiner Gemeinde nun vor.

Gregor von Nazianz

24

Παντός σοι μύθοιο καὶ ἔργματος ἦεν ἄριστον
ἦμαρ κυριακόν· πένθεϊ πένθος ἅπαν,
μῆτερ ἐμή, τίουσα μόναις ὑπόεικες ἑορταῖς·
εὐφροσύνης, ἀχέων ἵστορα νηὸν ἔχεις·
χῶρος ἅπας δάκρυσι τεοῖς σφρηγίζετο, μῆτερ·
μούνῳ δὲ σταυρῷ πήγνυτο καὶ δάκρυα.

A: εἰς τὴν μητέρα ἐκ τοῦ θυσιαστηρίου προσληφθεῖσαν. l: εἰς τὴν ἰδίαν μητέρα Νόνναν καλουμένην. – Epit. 66,1. – **1** ἄριστον P ἔρεισμα codd. **3** ὑπόεικε Ambr. **4** ἔχες codd.

25

Οὔποτε σεῖο τράπεζα θυηδόχος ἔδρακε νῶτα,
οὐδὲ διὰ στομάτων ἦλθε βέβηλον ἔπος,
οὐδὲ γέλως μαλακῇσιν ἐφίζανε, μύστι, παρειαῖς.
σιγήσω κρυφίους σεῖο, μάκαιρα, πόνους.
καὶ τὰ μὲν ἔνδοθι τοῖα, τὰ δ' ἔκτοθι πᾶσι πέφανται·
τοὔνεκα καὶ θείῳ σῶμ' ἀπέλειπες ἕδει.

l: τοῦ αὐτοῦ εἰς τὴν αὐτὴν μητέρα Νόνναν. – Epit. 66,7. – **4** κρ. μάκαιρα σεῖο P **5** τὰ δ' P δὲ codd.

26

Πῶς ἐλύθη Νόννης καλὰ γούνατα, πῶς δὲ μέμυκεν
χείλεα, πῶς ὄσσων οὐ προχέει λιβάδας;
ἄλλοι δ' αὖ βοόωσι παρ' ἠρίον· ἡ δὲ τράπεζα
οὐκέτ' ἔχει καρποὺς τῆς μεγάλης παλάμης·
χῶρος δ' ἐστὶν ἔρημος ἁγνοῦ ποδός, οἱ δ' ἱερῆες
οὐκέτ' ἐπὶ τρομερὴν κρατὶ βαλοῦσι χέρα.
χῆραι δ' ὀρφανικοί τε, τί ῥέξετε; παρθενίη δὲ
καὶ γάμος εὐζυγέων, κέρσατ' ἄπο πλοκάμους,
τοῖσιν ἀγαλλομένη κρατὸς φέρε πάντα χαμᾶζε,
τῆμος ὅτ' ἐν νηῷ ῥικνὸν ἀφῆκε δέμας.

*l: τοῦ αὐτοῦ εἰς τὴν αὐτήν, ad v. 7: εἰς τὴν αὐτήν. – Epit. 67. – **2** προχέει Par. -εις P Med. πρόχει Ambr. **9** κράτος Ambr. κάρτος cet. em. Mur. **10** ἐκ νηῷ P.

Gregors Mutter

Immer, in Worten und Werken, erschloß sich das Höchste und Schönste
dir im Tage des Herrn. Alles, was Leid ist, du hast's,
Mutter, durch deines geehrt und hast ihm entsagt nur am Festtag:
deine Freude, dein Harm wird von der Kirche bezeugt.
Hier war jedweder Platz durch deine Tränen besiegelt,
Mutter, und einzig am Kreuz sind deine Tränen versiegt.

Gregor von Nazianz

Ein gleiches

Nie hat der Weihrauchaltar deinen Rücken gesehen, und niemals
ist ein unheilig Wort dir aus dem Munde geschlüpft,
niemals umzog dir ein Lachen die zarten Wangen, Geweihte.
Daß ich, du seliges Weib, schweige von heimlicher Zucht!
Innen geschah es, für dich; doch das Äußre war allen erkennbar.
Sieh, drum birgt deinen Leib nun auch das göttliche Haus.

Gregor von Nazianz

Ein gleiches

Ach, nun lösten sich Nonnas holdselige Knie, nun schlossen
sich ihre Lippen, versiegt ist ihr im Auge das Naß.
Andere seufzen nunmehr an ihrem Grab, und der Altar
spürt hinfort ihrer Hand fruchtendes Wirken nicht mehr.
Von ihrem heiligen Fuß ist verwaist nun die Stätte, kein Priester
legt seine zitternde Hand ihr noch in Zukunft aufs Haupt.
Witwen und Waisen, was werdet ihr tun? Ihr Mädchen, ihr Frauen,
die ihr in Züchten vermählt, schneidet die Locken ihr ab,
die sie noch schmückten, derweil das Haupt zur Erde sie neigte
und den hageren Leib drin in der Kirche verließ.

Gregor von Nazianz

27

Σάρρα σοφὴ τίουσα φίλον πόσιν· ἀλλὰ σύ, μῆτερ,
πρῶτα Χριστιανόν, εἶθ' ἱερῆα μέγαν
σὸν πόσιν ἐσθλὸν ἔθηκας ἀπόπροθι φωτὸς ἐόντα.
Ἄννα, σὺ δ' υἷα φίλον καὶ τέκες εὐξαμένη
καὶ νηῷ μιν ἔδωκας ἁγνὸν θεράποντα Σαμουήλ·
ἡ δ' ἑτέρη κόλποις Χριστὸν ἔδεκτο μέγαν·
Νόννα δ' ἀμφοτέρων ἔλαχε κλέος, ὑστάτιον δὲ
νηῷ λισσομένη πάρθετο σῶμα φίλον.

l ad v. 1 et 5: εἰς τὴν αὐτήν. – Epit. 68. – **1** ποσί Ambr. **2** Χριστιανῶν P **5** Σαμουήλ: γαμοῦσα Ambr.

28

Ἐμπεδόκλεις, σὲ μὲν αὐτίκ' ἐτώσια φυσιόωντα
καὶ βροτὸν Αἰτναίοιο πυρὸς κρητῆρες ἔδειξαν·
Νόννα δ' οὐ κρητῆρας ἐσήλατο, πρὸς δὲ τραπέζῃ
τῇδέ ποτ' εὐχομένη καθαρὸν θύος ἔνθεν ἀέρθη,
καὶ νῦν θηλυτέρῃσι μεταπρέπει εὐσεβέεσσι,
Σουσάννῃ Μαριάμ τε καὶ Ἄνναις, ἕρμα γυναικῶν.

Epit. 69. – **1–2** repet. in Carm. 2,2,7,281 **2** κρατῆρες codd. // ἔδειξαν (!) P **3** κρατῆρας codd. // ἐσήλατο Ambr. ἥλλατο cet. // καὶ δὲ τραπέζῃ codd.

29

Ἥρακλες, Ἐμπεδότιμε, Τροφώνιε, εἴξατε μύθων,
καὶ σύ γ', Ἀρισταίου κενεαυχέος ὀφρὺς ἄπιστε·
ὑμεῖς μὲν θνητοὶ καὶ οὐ μάκαρες παθέεσσι·
θυμῷ δ' ἄρρενι Νόννα βίου τμήξασα κέλευθον,
χριστοφόρος, σταυροῖο λάτρις, κόσμοιο περίφρων,
ἥλατ' ἐπουρανίην εἰς ἄντυγα, ὡς ποθέεσκεν,
τρὶς μάκαρ ἐν νηῷ σῶμ' ἀποδυσαμένη.

Epit. 70. – **1–3** repet. in Carm. 2,2,7,286 [ubi λήξατε μύθων] **1** Ἡράκλης P // λήξατε μύθους Ambr. **4** βίου codd. β. τε P **6** ἥλλατ' P **7** σῶμ': πάντ' Med.

Ein gleiches

Weise hielt Sara den Gatten, den teuren, in Ehren; den deinen,
da er noch fern war dem Licht, hast du zum Christen gemacht,
Mutter, und schließlich den edlen zum herrschenden Priester erhoben.
Anna, du brachtest den Sohn, den du erfleht hast, zur Welt,
und deinen Samuel gabst du dem Tempel als heiligen Diener;
doch die andre empfing Christus, den Herrscher, im Schoß.
Nonna dagegen erlangte den Ruhm dieser beiden und schenkte
betend der Kirche zuletzt noch ihren eigenen Leib.

Gregor von Nazianz

Ein gleiches

Rasch, Empedokles, zeigte der feurige Krater des Ätnas,
daß du dich eitel gerühmt und daß du nur sterblich gewesen.
Nonna dagegen sprang nicht in den Krater, nein, hier beim Altare
fuhr sie als lauteres Opfer im Beten von hinnen nach oben,
und nun glänzt sie im Kreis der frommen weiblichen Wesen
– der Susanna, Maria, der Annen – als Hort für die Frauen.

Gregor von Nazianz

Ein gleiches

Herakles, Empedotimos, Trophonios, du, Aristaios
mit deinem schlauen Betrug, du Prahler, fort aus den Mythen!
Sterbliche seid ihr gewesen, nicht selig geworden durch Leiden.
Nonna dagegen, die männlich den Weg durch das Leben sich bahnte,
die dem Kreuze gedient und die Welt als Christin verachtet,
schwang sich zum Himmelsgewölbe, so wie sie gewünscht, in der
dreimal selig hinauf, als sie den Körper verließ. [Kirche

Gregor von Nazianz

30

Γρηγόριον βοόωσα παρ' ἀνθοκόμοισιν ἀλωαῖς
ἤντεο, μῆτερ ἐμή, ξείνης ἄπο νισσομένοισι,
χεῖρας δ' ἀμπετάσασα φίλας τεκέεσσι φίλοισι,
Γρηγόριον βοόωσα· τὸ δ' ἔζεεν αἷμα τεκούσης
ἀμφοτέροις ἐπὶ παισί, μάλιστα δὲ θρέμματι θηλῆς·
τοὔνεκα καὶ σὲ τόσοις ἐπιγράμμασι, μῆτερ, ἔτισα.

Epit. 71. – 2 ξείνεις P^1 // νισσο- Par. νισο- P νευσομένοισιν Med. ξείνισσα] πονησομένοισιν Ambr. 3 δ' om. codd. 4 ἔξεεν Med. Ambr. 5 θηνῆς P.

31

Ἄλλη μὲν κλεινή τις ἐνοικιδίοισι πόνοισιν,
ἄλλη δ' ἐκ χαρίτων ἠδὲ σαοφροσύνης,
ἄλλη δ' εὐσεβίης ἔργοις καὶ σαρκὸς ἀνίαις,
δάκρυσιν, εὐχωλαῖς, χερσὶ πενητοκόμοις·
Νόννα δ' ἐν πάντεσσιν ἀοίδιμος· εἰ δὲ τελευτὴν
τοῦτο θέμις καλέειν, κάτθανεν εὐχομένη.

Epit. 73. – 1 κλινη τίς P // ἐν οἰκ- codd. 3 ἔργον P.

32

Τέκνον ἐμῆς θηλῆς, ἱερὸν θάλος, ὥς σε ποθοῦσα,
οἴχομαι εἰς ζωήν, Γρηγόρι', οὐρανίην·
καὶ γὰρ πόλλ' ἐμόγησας ἐμὸν κομέων πατέρος τε
γῆρας, ἃ καὶ Χριστοῦ βίβλος ἔχει μεγάλη.
ἀλλά, φίλος, τοκέεσσιν ἐφέσπεο, καί σε τάχιστα
δεξόμεθ' ἡμετέροις φάεσι προφρονέως.

Epit. 72. – 1 ὡς ἐπόθευσα P 6 om. Ambr. // φαέσι P.

Ein gleiches

„Gregor!“ riefst du, o Mutter, als einst du an blumenbekränzten
Beeten den Kindern begegnet, die fern aus der Fremde gekommen,
und deine lieben Arme so weit für die lieben geöffnet.
„Gregor!“ riefst du. Es wallte dein mütterlich Blut dir für deine
beiden Söhne, zumal für jenen, den selbst du genährt hast.
Mutter, drum hab ich dir auch so viel Epigramme gespendet.

Gregor von Nazianz

Ein gleiches

Manche wurde berühmt durch emsige Arbeit im Hause,
manche durch freundlichen Sinn und ihre sittsame Zucht,
manche durch Frömmigkeitswerke, durch Fleischeskasteiung, durch [Tränen,
Beten und hilfreiche Hand, die sie den Armen gezeigt.
Nonna gelangte zu Ehren durch all diese Taten und starb dann
– falls man mit Tod dies benennt – mitten im Beten dahin.

Gregor von Nazianz

Ein gleiches

Kind meines Busens, wie tust du, seitdem ich ins himmlische Leben
fortgegangen, mir leid, Gregor, du heiliges Reis.
Mühvoll hast du mein Alter und das deines Vaters umwartet,
was in dem großen Buch Christi verzeichnet nun steht.
O, so folg deinen Eltern, dann bieten wir baldigst, mein Teurer,
hier in unserem Licht dir einen frohen Willkomm.

Gregor von Nazianz

33

Ψυχὴ μὲν πτερόεσσα πρὸς οὐρανὸν ἤλυθε Νόννης,
σῶμα δ' ἄρ' ἐκ νηοῦ Μάρτυσι παρθέμεθα.
Μάρτυρες, ἀλλ' ὑπόδεχθε θύος μέγα, τὴν πολύμοχθον
σάρκα καὶ ὑμετέροις αἵμασιν ἑσπομένην,
αἵμασιν ὑμετέροισιν, ἐπεὶ ψυχῶν ὀλετῆρος
δηναιοῖσι πόνοις κάρτος ἔπαυσε μέγα.

Epit. 76,1.

34

Οὐ μόσχων θυσίην σκιοειδέα οὐδὲ χιμάρρων
οὐδὲ πρωτοτόκων Νόνν' ἀνέθηκε Θεῷ·
ταῦτα νόμος προτέροισιν, ὅτ' εἰκόνες· ἡ δ' ἄρ' ἑαυτὴν
δῶκεν ὅλην· βιότῳ μάνθανε καὶ θανάτῳ.

Epit. 76,7. – 4 ὅλῳ codd.

35

Εὐχομένη βοόωσα παρ' ἁγνοτάτῃσι τραπέζαις
Νόννα λύθη, φωνὴ δ' ἐδέθη καὶ χείλεα καλὰ
γηραλέης. τί τὸ θαῦμα; Θεὸς θέλεν ὑμνήτειραν
γλῶσσαν ἐπ' εὐφήμοισι λόγοις κληῖδα βαλέσθαι·
καὶ νῦν οὐρανόθεν μέγ' ἐπεύχεται ἡμερίοισιν.

Epit. 78,1. – 2 ἐδέθη καὶ codd. ἔθηκε P 5 ἡμετέροισιν codd.

36

Εὐχωλαῖς καὶ πόντον ἐκοίμισε Νόννα θεουδὴς
οἷς τεκέεσσι φίλοισι, καὶ ἐκ περάτων συνάγειρεν
ἀντολίης δύσιός τε, μέγα κλέος, οὐ δοκέοντας
μητρὸς ἔρως· νοῦσόν τε πικρὴν ἀποέργαθεν ἀνδρὸς
λισσομένη, τὸ δὲ θαῦμα, λίπεν βίον ἔνδοθι νηοῦ.

Epit. 78,6. – 2 οἷς P ὡς codd. // φίλοις codd. 3 μεγα κλεος (!) P [errat Waltz] 4 ἀποέργαθον P 5 λισσομένης Ambr. // τὸ δὲ codd. τόκε P.

Ein gleiches

Himmelwärts schwebte auf Flügeln die Seele der Nonna, ihr Körper
fand an der Kirche Portal nah bei den Märtyrern Ruh.
Märtyrer, nehmt denn das Opfer, das große, dies Fleisch, das unsagbar
vieles gelitten und stets euerem Blute gefolgt,
eurem heiligen Blut. Denn sie hat nun des Seelenverderbers
große Kraft durch die Qual endloser Jahre besiegt.

Gregor von Nazianz

Ein gleiches

Nonna spendete Gott nicht eitel ein Kälbchen als Opfer,
keine Ziege und kein erstlich geborenes Kind.
Satzung der Alten war dies in Zeiten der Bilder. Nein, Nonna
gab sich selber ihm ganz, nämlich im Leben und Tod.

Gregor von Nazianz

Ein gleiches

Betend mit hallendem Ruf am heiligen Altar, ist Nonna
frei nun geworden, gebunden ward einzig die Stimme und schöne
Lippe der Greisin. Kein Wunder! Gott wollte den Mund, der so oftmal
seine Hymnen gesungen, beim preisenden Worte verschließen.
Sieh, nun betet sie heiß für uns Eintagswesen im Himmel.

Gregor von Nazianz

Ein gleiches

Betend beschwichtigte einst, dem Gotte gleich, Nonna die Wogen
für ihre Kinder, die teuren, und Liebe zur Mutter hat diese
unvermutet – welch Lob! – vom Ende des Morgens und Abends
wieder zusammengeführt; sie selber verscheuchte die böse
Krankheit des Gatten durch Beten und – wundersam! – starb in der
[Kirche.

Gregor von Nazianz

37

Πολλάκις ἔκ με νόσων τε καὶ ἀργαλέων ὀρυμαγδῶν
σεισμῶν τε κρυερῶν καὶ ἄγρια κυμαίνοντος
οἴδματος ἐξεσάωσας, ἐπεὶ Θεὸν ἵλαον εἶχες·
ἀλλὰ σάω καὶ νῦν με, πάτερ, μεγάλῃσι λιτῇσι
καὶ σύ, τεκοῦσα, μάκαιρα, ἐν εὐχωλῇσι θανοῦσα.

Epit. 81. – 1 ὀρυμαγδῶν ex ἀρ- [ἀμ-, ἀν-?] P 2 σισμῶν P[1] 5 τέκουσα P.

38

Νόνναν, ἐπουρανίοισιν ἀγαλλομένην φαέεσσι
καὶ ῥίζης ἱερῆς πτόρθον ἀειθαλέα,
Γρηγορίου ἱερῆος ὁμόζυγα καὶ πραπίδεσσιν
εὐαγέων τεκέων μητέρα, τύμβος ἔχω.

A: ἐλεγεῖα εἰς τὴν μητέρα. – Epit. 74.

39

Εὐχαί τε στοναχαί τε φίλαι καὶ νύκτες ἄυπνοι
καὶ νηοῖο πέδον δάκρυσι δευόμενον
σοί, Νόννα, ζαθέην τοίην βιότοιο τελευτὴν
ὤπασαν, ἐν νηῷ ψῆφον ἑλεῖν θανάτου.

Epit. 75. – 1 Carm. 2,2,1,237 3 Νόνναν P.

40

Μούνη σοὶ φωνὴ περιλείπετο, Νόννα φαεινή,
πάντ' ἄμυδις ληνοῖς ἐνθεμένη μεγάλης,
ἐκ καθαρῆς κραδίης ἁγνὸν θύος· ἀλλ' ἄρα καὶ τὴν
ὑστατίην νηῷ λεῖπες ἀειρομένη.

Epit. 82. – 1 μούνη P Νόννα codd. 2 πᾶν θ' ἄμ. P em. Boiss. coll. M 385, μ 413 // μεγάλης Jac. -λη P -λοίς codd. 3 τή P.

Ein gleiches

Wieder und wieder schon hast du aus Krankheit und furchtbaren [Wirren,
aus erschrecklichem Beben und wildem, brausendem Aufruhr
wogender See mich gerettet, da Gott dir gnädig gesinnt war.
O, so rette auch jetzt mich, mein Vater, mit heißen Gebeten,
rette mich, Mutter, auch du, du sel'ge, die betend gestorben.

Gregor von Nazianz

Ein gleiches

Nonna, die lichte im Glanz von himmlischem Schimmer, das schöne,
allzeit blühende Reis aus einem heiligen Stamm,
Gregors, des Priesters, Gefährtin, die Mutter von Kindern, in denen
lauter die Herzen gepocht, halt ich, das Grab hier, bedeckt.

Gregor von Nazianz

Ein gleiches

Seufzer des Herzens, Gebete, die schlaflosen Nächte und jener
Estrich der Kirche, auf den feucht deine Tränen getropft,
haben dir, Nonna, ein solches hochheiliges Ende beschieden,
daß dein Todesgeschick sich in der Kirche erfüllt.

Gregor von Nazianz

Ein gleiches

Nur deine Stimme blieb übrig, du Strahlende, als du in heil'ger
Kelter nun allem entsagt und es als frommes Geschenk
lauteren Herzens geweiht. Und die Stimme noch ließt du als letztes,
Nonna, im Kirchraum zurück, als du zum Himmel entschwebt.

Gregor von Nazianz

41

Οὐδὲ θάνεν νηοῖο θυώδεος ἔκτοθι Νόννα,
  φωνὴν δὲ προτέρην ἥρπασε Χριστὸς ἄναξ
λισσομένης· πόθεεν γὰρ ἐν εὐχωλῇσι τελέσσαι
  τόνδε βίον πάσης ἁγνότερον θυσίης.

Epit. 83.

42

Νόνν' ἱερή, σὺ δὲ πάντα Θεῷ βίον ἀντείνασα
  ὑστάτιον ψυχὴν δῶκας ἁγνὴν θυσίην·
τῇδε γὰρ εὐχομένη ζωὴν λίπες· ἡ δὲ τράπεζα,
  μῆτερ ἐμή, τῷ σῷ δῶκε κλέος θανάτῳ.

Epit. 84,1.

43

Τῆσδε πατὴρ μὲν ἐμὸς λάτρις μέγας ἦε τραπέζης,
  μήτηρ δ' εὐχομένη πὰρ ποσὶ λῆξε βίου,
Γρηγόριος Νόννα τε μεγακλέες. εὔχομ' ἄνακτι
  τοῖαν ἐμοὶ ζωὴν καὶ τέλος ἀντιάσαι.

Epit. 84,5–6 et 85. – **3** μεγακλέος P.

44

„Πολλά, τράπεζα φίλη, Νόννης καὶ δάκρυ' ἐδέξω·
  δέχνυσο καὶ ψυχήν, τὴν πυμάτην θυσίην,"
εἶπε, καὶ ἐκ μελέων κέαρ ἔπτατο· ἓν δ' ἄρα μοῦνον,
  παῖδ', ἐπόθει, τεκέων τὸν ἔτι λειπόμενον.

Epit. 86. – **3** ἓν Jac. ἐν **4** ad τὸν product. cf. 78,1.

45

Ἔνθα ποτ' εὐχομένης τόσσον νόος ἔπτατο Νόννης,
  μέσφ' ὅτε καὶ ψυχὴ ἔσπετ' ἀειρομένῳ,
εὐχομένης δὲ νέκυς ἱερῇ παρέκειτο τραπέζῃ,
  γράψατ' ἐπερχομένοις θαῦμα τόδ', εὐσεβέες.

Epit. 87. – **1** εὐχομένη codd. **3** ἱερῇ add. l **4** εὔσεβες P.

Ein gleiches

Fern nicht vom duftenden Weihrauch der Kirche ist Nonna gestorben,
nur ihre Stimme zuerst raubte ihr Christus, der Herr,
während des Betens. Er wünschte, es schwände ihr Leben, das aller
Opfer erhabenstes war, mitten im Beten dahin.

Gregor von Nazianz

Ein gleiches

Heilige Nonna, du brachtest dein ganzes Leben dem Himmel,
reichtest als hehres Geschenk schließlich die Seele ihm hin.
Betend verließest du hier das irdische Dasein. O meine
Mutter, dieser Altar gab deinem Tode den Glanz.

Gregor von Nazianz

Ein gleiches

Treu hat mein Vater bereits diesen Altar umwartet, und betend
fand meine Mutter dereinst zu seinen Füßen den Tod:
Gregor war es und Nonna, die weitberühmten. O gebe
Gott mir, zu leben wie er und zu verscheiden wie sie.

Gregor von Nazianz

Ein gleiches

„Viele Tränen empfingst du von Nonna, geliebtester Altar;
nimm denn als Opfer zuletzt nun ihre Seele auch hin.“
Also sprach sie, da flog ihr das Herz aus dem Leibe; nur eines
tat ihr noch leid: das Kind, das sie als letztes besaß.

Gregor von Nazianz

Ein gleiches

Wo sich beim Beten der Geist der Nonna so hoch einst emporschwang,
bis dem entschwebenden auch endlich die Seele gefolgt,
während der Betenden Leib am heiligen Altar zurückblieb,
schreibt für die künftige Welt, Fromme, dies Wunder nun auf.

Gregor von Nazianz

46

Τίς θάνεν, ὡς θάνε Νόννα, παρ' εὐαγέεσσι τραπέζαις
  τῶν ἱερῶν σανίδων χερσὶν ἐφαπτομένη;
τίς λύσεν εὐχομένης Νόννης τύπον; ὡς ἐπὶ δηρὸν
  ἤθελεν ἔνθα μένειν καὶ νέκυς εὐσεβέων.

Epit. 88.

47

Ἔνθα ποτ' εὐχομένῃ Νόννῃ Θεὸς εἶπεν ἄνωθεν·
  „Ἔρχεο." ἡ δ' ἐλύθη σώματος ἀσπασίως,
χειρῶν ἀμφοτέρων τῇ μὲν κατέχουσα τράπεζαν,
  τῇ δ' ἔτι λισσομένη· „Ἵλαθι, Χριστὲ ἄναξ."

Epit. 89. – 1 -νη Νόννη P 4 δ' ἐπιλισσομένη codd.

48

Ῥίζης εὐσεβέος γενόμην καὶ σὰρξ ἱερῆος
  καὶ μήτηρ· Χριστῷ σῶμα, βίον, δάκρυα,
πάντ' ἐκένωσα φέρουσα· τὸ δ' ἔσχατον, ἔνθεν ἀέρθην
  νηῷ γηραλέον Νόννα λιποῦσα δέμας.

Epit. 91. – 1 εὐγενέος Med. 3 ἐκείνωσα P 4 γηραλέην P.

49

Πίστις Ἐνὼχ μετέθηκε καὶ Ἠλίαν, ἐν δὲ γυναιξὶ
  μητέρ' ἐμὴν πρώτην· οἶδε τράπεζα τόδε,
ἔνθεν ἀναιμάκτοισιν ὁμοῦ θυέεσσιν ἀέρθη
  εἰσέτι λισσομένη σώματι Νόννα φίλη.

Epit. 92. – 1 Ἡλίαν P 2 μῆτερ' ἐμὴ P 3 ἀναιμάκτῃσιν codd.

50

Οὐ νόσος οὐδέ σε γῆρας ὁμοίιον, οὔ σέ γ' ἀνίη,
  καίπερ γηραλέην, μῆτερ ἐμή, δάμασεν·
ἀλλ' ἄτρωτος, ἄκαμπτος ἁγνοῖς ὑπὸ ποσσὶ τραπέζης
  εὐχομένη Χριστῷ, Νόνν', ἀπέδωκας ὄπα.

Epit. 93. – 1 ἀνείη P.

Ein gleiches

Wer ist wie Nonna gestorben, am Tische Gottes, indessen
noch die Hand des Altars heilige Platte gefaßt?
Und wer löste das Bild der betenden Nonna? Sie wollte
lange als frommes Gebild dort auch im Tode noch sein.

Gregor von Nazianz

Ein gleiches

Einst hat hier Nonna gebetet; da rief zu ihr Gott aus der Höhe
„Komm!“ und erlöste sie rasch zu ihrer Freude vom Leib.
Sieh, da hielt ihre Hand sich fest noch am Altar, die andre
tat noch ein stilles Gebet: „Gnade mir, Christus, o Herr!“

Gregor von Nazianz

Ein gleiches

Frommer Wurzel entsproßt, ward einst ich die Gattin und Mutter
eines Priesters; ich gab Körper und Tränen und Sein,
alles an Christus, ich Nonna; und als ich von hinnen entschwebte,
ließ ich den alternden Leib schließlich der Kirche zurück.

Gregor von Nazianz

Ein gleiches

Glaube versetzte Elias und Enoch von hinnen; von Frauen
ward's meine Mutter zuerst. Siehe, das weiß der Altar.
Denn es entschwebte von ihm die teure Nonna beim Werden
blutlosen Opfers, indes betend ihr Leib noch verblieb.

Gregor von Nazianz

Ein gleiches

Nicht eine Krankheit, nicht Alter (das Los von uns allen), nicht Kum-
brachten dir, Mutter, den Tod, ob du in Jahren auch warst. [mer
Wundenlos, ungebeugt, am heiligen Fuße des Altars
gabst du im Beten dem Christ, Nonna, die Stimme dahin.

Gregor von Nazianz

51

Δῶκε Θεῷ θυσίην Ἀβραὰμ πάιν, ὡς δὲ θύγατρα
κλεινὸς Ἰεφθάε, ἀμφότεροι μεγάλην.
μῆτερ ἐμή, σὺ δ' ἔδωκας ἁγνὸν βίον, ὑστάτιον δὲ
ψυχήν, εὐχωλῆς, Νόννα, φίλον σφάγιον.

Epit. 94.

52

Σάρρα φίλη, πῶς τὸν σὸν Ἰσαὰκ λίπες, ἡ ποθέουσα
τῶν Ἀβραὰμ κόλπων ὡς τάχος ἀντιάσαι,
Νόννα Γρηγορίοιο θεόφρονος; ἦ μέγα θαῦμα
μηδὲ θανεῖν νηῶν ἔκτοθι καὶ θυέων.

Epit 90. – 1 Ἰσὰκ legendum putat Waltz // ἡ om. P 4 νηῶ P νηοῦ codd. em. Jac.

52b

Μάρτυρες, ἱλήκοιτε· μόγοις γε μὲν οὔτι χερείων
Νόννα φίλη, κρυπτῷ κἀμφαδίῳ πολέμῳ.
τοὔνεκα καὶ τοίης κύρσεν βιότοιο τελευτῆς,
εὐχῆς καὶ ζωῆς ἓν τέλος εὑραμένη.

Cum. ep. 52 iunx. P et codd., seiunx. Mur. 1 μόγις Par. 991 // μόγησε Schneider 3 τελευτήν codd.

53

Ἡ Τριάς, ἣν ποθέεσκες, ὁμὸν σέλας ἕν τε σέβασμα
ἐκ νηοῦ μεγάλου σε πρὸς οὐρανὸν ἥρπασε, Νόννα,
εὐχομένην· ζωῆς δὲ τέλος καθαρώτερον εὗρες.
οὔποτε χείλεα μίξας ἀνάγνοις χείλεσιν ἁγνὰ
οὐδ' ἀθέῳ παλάμῃ καθαρὰν χέρα μέχρις ἐδωδῆς,
μῆτερ ἐμή· μισθὸς δὲ λιπεῖν βίον ἐν θυέεσσιν.

A: ἡρωικά. – Epit. 95,1–3 et 96,4–6 [in duo ep. divis. et Mur.]. – 4 μίξασ' Med. 6 λίπεν Med. // θυεεεσσιν P[1].

Ein gleiches

Abraham brachte den Sohn, der siegreiche Jephtha die Tochter
Gott als Opfer dereinst, beide ein hohes Geschenk.
Du aber, Nonna, o Mutter, du brachtest dein lauteres Leben
und deine Seele zuletzt betend als Opfer ihm dar.

Gregor von Nazianz

Ein gleiches

Sara, du konntest dein Kind, den Isaak, Teure, verlassen,
weil du in Abrahams Schoß baldigst zu kommen gewünscht,
Nonna, Gregorios' Gattin, des frommen? Welch Wunder! Du starbest
in der Kirche und sahst nah bei dem Opfer den Tod.

Gregor von Nazianz

Ein gleiches

Märtyrer, seiet denn gnädig! Es machen die Nöte, der offne
wie der verborgene Kampf, Nonna, die teure, euch gleich.
Darum erlangte sie auch ein solches Ende der Tage,
daß sich ihr Beten zugleich mit ihrem Leben beschloß.

Gregor von Nazianz

Ein gleiches

Deine geliebte Dreieinheit, das gleiche Licht und die eine
Hoheit entführten dich, Nonna, aus heiliger Kirche vom Beten
hoch in den Himmel; dein Ende war lauterer noch als dein Leben.
Nie hat dein reiner Mund mit unreinem Munde, o Mutter,
nie deine lautere Hand mit gottloser Hand sich verbunden,
auch nicht bei Speisen; zum Lohn verließt du das Leben beim Opfer.

Gregor von Nazianz

54

Ἄγγελος αἰγλήεις σὲ φαάντατος ἥρπασε, Νόννα,
ἔνθα ποτ' εὐχομένην, καθαρὴν μελέεσσι νόῳ τε·
καὶ τὸ μὲν ἥρπασε σεῖο, τὸ δ' ἐνθάδε κάλλιπε νηῷ.

Epit. 97.

55

Νηὸς ὅδ' – οὐ γὰρ ὅλην Νόνναν θέμις ἦεν ἐρύξαι –
ψυχῆς οἰχομένης μοῦνον ἐπέσχε δέμας,
ὡς πάλιν ἐγρομένη καθαρώτερον ἔνθεν ἀερθῇ,
σώματι τῷ μογερῷ δόξαν ἐφεσσομένη.

A: ἐλεγια (!) εἰς τὴν αὐτήν. - Epit. 98. - 2 οἰχ- Par. Ambr. εὐχ- P δ' εὐχ- Med. 4 ἐφεσσαμένη Med.

56

Ἄλλοις μὲν Νόννης τις ἁγνῶν ἐσθλοῖσιν ἐρίζοι,
εὐχωλῆς δὲ μέτροισιν ἐριζέμεν οὐ θέμις ἐστίν·
τέκμαρ καὶ βιότοιο τέλος λιτῇσι λυθέντος.

Epit. 77,1. - 1 ἄλλος codd.

57

Ὢ στοναχῶν δακρύων τε καὶ ἐννυχίων μελεδώνων·
ὢ Νόννης ζαθέης τετρυμένα γυῖα πόνοισι,
⟨ποῦ ποτ' ἔην; νηὸς μόχθων λύσε γῆρας ἄκαμπτον⟩.

Epit. 77,4. - 3 om. P [spatio rel.]. - Cf. ad ep. 58.

58

Νόννα Φιλτατίου. – „Καὶ ποῦ θάνε;" – Τῷδ' ἐνὶ νηῷ. –
„Καὶ πῶς;" – Εὐχομένη. – „Πηνίκα;" – Γηραλέη. –
„Ὢ καλοῦ βιότοιο καὶ εὐαγέος θανάτοιο."

Epit. 99. - Cum ep. 57 iunx. P. 1 Νόννα P -νᾳ Med. -νη cet.

Ein gleiches

Nonna, dich führte ein lichter, hellstrahlender Engel von hinnen,
als du hier einstens gebetet, reinschimmernd an Körper und Seele.
Diese denn führte er fort, doch ließ er den Leib in der Kirche.

Gregor von Nazianz

Ein gleiches

Nonnas Seele entschwebte, es durfte die Kirche nicht Nonna
gänzlich behalten, sie hielt drum nur den Körper zurück,
daß sie beim Wiedererstehen sich reiner von hinnen erhebe
und dem gepeinigten Leib Glorie gebe als Kleid.

Gregor von Nazianz

Ein gleiches

Mag auch ein Heiliger manche der Tugenden Nonnas gewinnen,
ihres Gebetes Beharrung zu finden, ist nicht ihm gegeben.
Sieh nur ihr Ende des Lebens, von dem sie beim Beten erlöst ward.

Gregor von Nazianz

Ein gleiches

Seufzer und nächtliche Sorgen und Tränen der heiligen Nonna,
ihre Glieder, von Leiden zermürbt, wo waren sie alle?
Nicht war ihr Alter gebeugt, als die Kirche von Leiden sie löste.

Gregor von Nazianz

Ein gleiches

Nonna, Philtatios' Tochter. – „Wo starb sie?“ – Hier in der Kirche. –
„Wie denn?“ – Sie schied im Gebet. – „War sie in Jahren?“ – Sehr
„Welch ein herrliches Leben und welch ein heiliges Sterben!“ [alt. –

Gregor von Nazianz

59

῞Αρματι μὲν πυρόεντι πρὸς οὐρανὸν ᾿Ηλίας ἦλθεν·
Νόνναν δ᾿ εὐχομένην Πνεῦμ᾿ ὑπέδεκτο μέγα.

Epit. 100,1. – 1 ῾Ηλίας P.

60

᾿Ενθάδε Νόννα φίλη κοιμήσατο τὸν βαθὺν ὕπνον,
ἵλαος ἑσπομένη ᾧ πόσι Γρηγορίῳ.

Epit. 100,3.

61

Τάρβος ὁμοῦ καὶ χάρμα· πρὸς οὐρανὸν ἔνθεν ἀέρθη
εὐχῆς ἐκ μεσάτης Νόννα λιποῦσα βίον.

Epit. 100,5. – 1 τάρβος P θάμβος codd. – Cf. ad ep. 62.

62

Εὐχῆς καὶ βιότου Νόννῃ τέλος· ἡ δὲ τράπεζα
μάρτυς, ἀφ᾿ ἧς ἤρθη ἄπνοος ἐξαπίνης.

Epit. 100,7. – 1 Νόννη P. – Cum ep. 61 iunx. P.

63

Νόννης ἠρίον εἰμὶ σαόφρονος, ἥ ῥα πύλῃσιν
ἔχριμψ᾿ οὐρανίαις, πρὶν βιότοιο λυθῇ.

Epit. 100,9.

64

Δακρύετε θνητούς, θνητῶν γένος· εἰ δέ τις οὕτως
ὡς Νόνν᾿ εὐχομένη κάτθανεν, οὐ δακρύω.

Epit. 100,11. – 2 εὐχομένης P.

Ein gleiches

Ist Elias gen Himmel im feurigen Wagen gefahren,
Nonna stieg im Gebet aufwärts zum Heiligen Geist.

Gregor von Nazianz

Ein gleiches

Hier ist Nonna, die teure, zum tiefen Schlafe entschlummert
und ihrem trauten Gemahl Gregor mit Freuden gefolgt.

Gregor von Nazianz

Ein gleiches

Schrecken und Freude zugleich: von hier fuhr Nonna zum Himmel,
mitten in einem Gebet ging sie vom Leben hinweg.

Gregor von Nazianz

Ein gleiches

Nonna beschloß ihr Gebet zugleich mit dem Leben; das zeugt hier
dieser Altar, von dem jäh sie im Tod sich erhob.

Gregor von Nazianz

Ein gleiches

Ich, das Grab hier, umfange die Nonna; es nahte des Himmels
Pforten die Keusche, bevor sie sich vom Leben befreit.

Gregor von Nazianz

Ein gleiches

Weine ob Menschen, o Menschengeschlecht! Wenn ein Irdischer aber
so wie Nonna verstarb – betend –, dann weine ich nicht.

Gregor von Nazianz

65

Νόννης ἁζόμενος ἁγνὸν βίον, ἅζεο μᾶλλον
καὶ τέλος· ἐν νηῷ κάτθανεν εὐχομένη.

Epit. 100, 13.

66

Ἔνθα ποτ' εὐχομένη πρηνὴς θάνε Νόννα φαεινή
νῦν δ' ἄρ' ἐν εὐσεβέων λίσσεται ἱσταμένη.

Epit. 100, 15.

67

Στήλη σοι θανάτου μελιηδέος ἥδε τράπεζα,
Νόννα, παρ' ᾗ λύθης εὐχομένη πύματα.

Epit. 100, 17. – 2 ἧς λ. εὐχομένης codd. // πύματον Med.

67 b

Μικρὸν ἔτι ψυχῆς ἦν τὸ πνέον· ἀλλ' ἄρα καὶ τὸ
Νόνν' ἀπέδωκε Θεῷ ἔνθα ποτ' εὐχομένη.

Epit. 100. 19. – Ep. 67 et 67 b iunx. P, seiunx. Med.

68

Πέμψατε ἐκ νηοῦ θεοειδέα Νόνναν ἅπαντες,
πρέσβειραν μεγάλην πέμψατ' ἀειρομένην.

Epit. 100, 21. – 1 πέμψατ' P 2 ἀειρομένη P.

69

Ἔκ με Θεὸς καθαροῖο πρὸς οὐρανὸν ἥρπασε νηοῦ
Νόνναν ἐπειγομένην οὐρανίοις πελάσαι.

Lemm. om. P. – Epit. 100, 23. – 1 καθαροῖσι P.

Ein gleiches

Ehrst du das heilige Leben der Nonna, dann ehre ihr Ende
mehr noch: im Hause des Herrn fand sie beim Beten den Tod.

Gregor von Nazianz

Ein gleiches

Sterbend sank einst im Gebet die herrliche Nonna hier nieder,
doch in der Frommen Bereich betet sie aufrecht nun fort.

Gregor von Nazianz

Ein gleiches

Nonna, dir wurde der Altar zum Denkmal des süßesten Todes:
in deinem letzten Gebet wurdest du bei ihm erlöst.

Gregor von Nazianz

Ein gleiches

Wenig vom Leben nur war der Nonna geblieben: ihr Atem.
Diesen auch schenkte sie Gott, als sie gebetet dahier.

Gregor von Nazianz

Ein gleiches

Gebt aus der Kirche denn alle der göttlichen Nonna Geleite,
gebt ihr Geleite! Sie fuhr edel und groß nun empor.

Gregor von Nazianz

Ein gleiches

Mich, die Nonna, nahm Gott aus heiliger Kirche zum Himmel,
da es so sehr mich gedrängt, himmlischen Wesen zu nahn.

Gregor von Nazianz

70

Νόνν' ἀπανισταμένη νηοῦ μεγάλου τόδ' ἔειπε·
„Τῶν πολλῶν καμάτων μείζονα μισθὸν ἔχω."

Epit. 100,25.

71

Νόννα φίλης εὐχῆς ἱερήιον ἐνθάδε κεῖται·
Νόννα ποτ' εὐχομένη τῇδ' ἐλύθη βιότου.

Lemm. om. P. – Epit. 100,27. – 2 τοῦδ' codd.

72

Ἔνθα ποτ' εὐχομένης ψυχὴ δέμας ἔλλιπε Νόννης·
ἔνθεν ἀνηέρθη Νόννα λιποῦσα δέμας.

l [inter 71,2 et 72,1]: εἰς τὴν αὐτήν. – Epit. 80.

73

Ἐκ νηοῦ μεγάλοιο θύος μέγα Νόνν' ἀπανέστη·
νηῷ Νόνν' ἐλύθη· χαίρετε, εὐσεβέες.

l [ad v. 2]: εἰς τὴν αὐτήν. – Epit. 100,29.

74

Ἧδε τράπεζα Θεῷ θεοειδέα Νόνναν ἔπεμψεν.

Lemm. om. cum ep. 73 iunx. P. – Epit. 100,31. – ἥδε et Νόνν' ἀνέπεμψεν P.

75

Εἴη σοι βίος ἐσθλὸς ἐπ' εὐλογίῃσιν ἁπάσαις
ὁσσάτιαι τοκέων υἱέσι γηροκόμοις
καὶ κούφης βιότοιο τυχεῖν ὁσίης τε τελευτῆς,
οἵην ἡμετέρῳ γήραϊ δῶκεν Ἄναξ,
ἠιθέων λογίων τὸ μέγα κράτος ἠδ' ἱερήων
καὶ πολιῆς σκίπων, Γρηγόρι', ἡμετέρης.

c: εὐχὴ παρὰ τῶν γονέων εἰς τὸν μέγαν Γρηγόριον. l: εἰς ἑαυτὸν παρὰ τῶν γονέων· εὐχὴ θαυμασία καὶ ἀξία τῆς ἁγιωσύνης αὐτοῦ. – Epit. 101. – 1 εὐλογίαισιν codd.

Ein gleiches

Als aus der heiligen Kirche nun Nonna emporfuhr, da sprach sie:
„Trug ich der Leiden auch viel, höher ist heute mein Lohn.“

Gregor von Nazianz

Ein gleiches

Hier im Grabe liegt Nonna, das Opfer des eignen Gebetes.
Als sie gebetet dahier, ward sie vom Leben erlöst.

Gregor von Nazianz

Ein gleiches

Als hier Nonna gebetet, verließ ihre Seele den Körper;
Nonna, verlassend den Leib, stieg hier zum Himmel empor.

Gregor von Nazianz

Ein gleiches

Aufwärts aus heiliger Kirche, ein heiliges Opfer, stieg Nonna,
hier in der Kirche erlöst. Jauchzet, ihr Frommen, darob.

Gregor von Nazianz

Ein gleiches

Dieser Altar hier entsandte zu Gott die göttliche Nonna.

Gregor von Nazianz

Dank der Eltern

Sei denn glücklich im Leben mit all jenem Segen, den immer
Eltern auf Kinder erflehn, die sie im Alter umsorgt.
Möge das Ende des Lebens so leicht und heilig dir werden,
wie es der himmlische Herr unserem Alter geschenkt,
du, die kraftvolle Säule der klugen Jünger und Priester,
Gregor, du unser Stab, der uns als Greise gestützt.

Gregor von Nazianz (?)

76

Ἀσπάσιοι χθόνα τήνδε φίλαις ὑπὸ χείρεσι παιδὸς
  ἑσσάμεθ' εὐσεβέος Γρηγορίου τοκέες,
ὃς καὶ γῆρας ἔθηκεν ἑοῖς μόχθοισιν ἐλαφρὸν
  ἡμέτερον καὶ νῦν ἀμφιέπει θυσίαις.
ἄμπνεε γηροκόμων καμάτων, μέγα φέρτατε παίδων
  Γρηγόρι', εὐαγέας Μάρτυσι παρθέμενος
σοὺς τοκέας· μισθὸς δὲ μέγαν Πατέρ' ἵλαον εἶναι
  πνευματικῶν τε τυχεῖν εὐσεβέων τεκέων.

*A: ἐλεγία παρὰ τῶν γονέων. l: τοῦ μεγάλου Γρηγορίου σὺν ἐπαίνῳ καὶ εὐχῇ. P^b: ταῦτα παρὰ τῶν γονέων· εὐχαριστία. – Epit. 102. – In P hic [P^a] et p. 695 [P^b]. **1** χείρεσι c^a codd. -σσι P^b χειρσὶ P^{a1} **3** ἐνεθηκεν P^a **4** θυσίαν P^a **5** ἄμπνευε P^a **6** Γρηγορίου ἁγίας Μ. παρθέμεθα P^a **8** τοκέων P^a.

77

Λᾶας ὁ μὲν γενέτην τε καὶ υἱέα κυδήεντας
  κεύθω Γρηγορίους, εἷς λίθος ἶσα φάη,
ἀμφοτέρους ἱερῆας. – 'Ο δ' εὐπατέρειαν ἐδέγμην
  Νόνναν σὺν μεγάλῳ υἱέι Καισαρίῳ.
τὼς ἐδάσαντο τάφους τε καὶ υἱέας· ἡ δὲ πορείη,
  πάντες ἄνω· ζωῆς εἷς πόθος οὐρανίης.

l: εἰς τοὺς αὐτοὺς καὶ ὅτι ὁ μέγας Γρηγόριος σὺν τῷ ἰδίῳ πατρὶ τέθαπται, Καισάριος δὲ σὺν τῇ μητρί. – Carm. 2,1,91. – **2** Γρηγορίου P **5** πορία codd.

78

Πρῶτος Καισάριος ξυνὸν ἄχος· αὐτὰρ ἔπειτα
Γοργόνιον· μετέπειτα πατὴρ φίλος· οὐ μετὰ δηρὸν
μήτηρ. ὢ λυπρὴ παλάμη καὶ γράμματα πικρά.
Γρηγορίου γράψω καὶ ἐμὸν μόρον ὑστατίου περ.

l: εἰς ὅλην τὴν γενεὰν αὐτοῦ. – Carm. 2,1,90. – **1** ad ξυνὸν prod. secund. syll. cf. 44,4; 141,4, IX 312,4 // ἄχθος P^1 **3** πικρά: λυπρά Med.

Ein gleiches

Glücklich waren wir Eltern des frommen Gregor, als unser
Sohn mit geliebtester Hand hier uns mit Erde bedeckt,
er, der in emsiger Sorge dereinstens die Tage des Alters
leicht uns gemacht hat und noch heute mit Opfern uns ehrt.
Da du die heiligen Eltern zu Märtyrern, Gregor, gesenkt hast,
ruh von der Mühe für uns Alten dich endlich nun aus,
Bestes der Kinder. Dein Lohn ist die Gnade des himmlischen Vaters
und das fromme Geschlecht, das du im Geiste erzeugst.

Gregor von Nazianz

Eltern und Söhne

„Grabsteine sind wir. Ich hier bedecke zwei ruhmvolle Gregor,
Vater und Sohn: ein Stein, zwei gleiche Leuchten sie selbst,
gleich auch sie beide als Priester.“ – „Ich aber nahm Nonna, die edle,
und den Kaisarios auf, ihren erhabenen Sohn.
Teilten sie so sich in Gräber und Söhne, gemein war die Straße:
aufwärts – gemein auch der Wunsch: droben im Himmel zu sein.“

Gregor von Nazianz (?)

Eltern und Kinder

Brachte Kaisarios allen als erster die Trauer, ihm folgte
drauf Gorgonia nach, sodann der teuerste Vater,
bald auch die Mutter. Wie schmerzlich, wie bitter die Arbeit und Grab-
Ich aber, Gregor, ich schreibe als letzter mein eigenes Schicksal. [schrift!

Gregor von Nazianz

79

Πρῶτα μὲν εὐξαμένῃ με Θεὸς πόρε μητρὶ φαεινῇ·
δεύτερον, ἐκ μητρὸς δῶρον ἔδεκτο φίλον·
τὸ τρίτον αὖ, θνῄσκοντά μ' ἁγνὴ ἐσάωσε τράπεζα·
τέτρατον, ἀμφήκη μῦθον ἔδωκε Λόγος·
πέμπτον, παρθενίη με φίλοις προσπτύξατ' ὀνείροις·
ἕκτον, Βασιλίῳ σύμπνοα ἦρα φέρον·
ἕβδομον, ἐκ βυθίων με Φερέσβιος ἥρπασε κόλπων·
ὄγδοον αὖ, ὁσίοις ἐξεκάθηρα χέρας·
εἴνατον, ὁπλοτέρῃ Τριάδ' ἤγαγον, ὦ Ἄνα, Ῥώμῃ·
βέβλημαι δέκατον λάεσιν ἠδὲ φίλοις.

*l: εἰς ἑαυτόν, οἵῳ τρόπῳ γεγέννηται· περιέχει τὸ ἐπίγραμμα κεφάλαια ι'. – Carm. 2,1,93. – **5** προπτύξατ' P **6** ἦρα Boiss. ἱρὰ **7** βυθίων Mur. βυθῶν **8** ὁσίοις Boiss. νούσοις.

80

Ἑλλὰς ἐμὴ νεότης τε φίλη καὶ ὅσσα πεπάμην
καὶ δέμας, ὡς Χριστῷ εἴξατε προφρονέως.
εἰ δ' ἱερῆα φίλον με Θεῷ θέτο μητέρος εὐχὴ
καὶ πατρὸς παλάμη, τίς φθόνος; ἀλλά, μάκαρ,
σοῖς με, Χριστέ, χοροῖσι δέχου καὶ κῦδος ὀπάζοις
υἱέι Γρηγορίου, σῷ λάτρι Γρηγορίῳ.

Carm. 2,1,94. – In P hic [Pa] et p. 695 [Pb]. **1** πεπάμην nos (cf. VI 98,5, VII 67,7, VIII 131,3, GV 98,4) -άσμην Pb πεπλέγμην Pa **2** ἤξατε Pb **6** λάτρη Pb.

81

Γρηγορίου Νόννης τε φίλον τέκος ἐνθάδε κεῖται
τῆς ἱερῆς Τριάδος Γρηγόριος θεράπων
καὶ σοφίῃ Σοφίης δεδραγμένος ἠίθεός τε
οἷον πλοῦτον ἔχων ἐλπίδ' ἐπουρανίην.

l: ἐπὶ τῷ ἰδίῳ τάφῳ τοῦ μακαρίου Γρηγορίου. – Carm. 2,1,96.

An sich selbst

Erstens gewährte mich Gott dem Gebet meiner herrlichen Mutter;
zweitens, als liebes Geschenk bracht ihm die Mutter mich dar;
drittens, der heilige Tisch errettete drauf mich vom Tode;
viertens entbot mir das WORT doppeltgeschliffenen Spruch;
fünftens, es hat mich die Keuschheit mit lieben Träumen umfangen;
sechstens, Basilios hat Freundschaft geschlossen mit mir;
siebtens, es hat mich der Schöpfer dem wogenden Meere entrissen;
achtens, mit heiligem Werk hab ich die Hände entsühnt;
neuntens, ich machte, o Herr, die Dreifaltigkeit siegreich in Neurom;
zehntens, es haben mich auch Steine und Freunde verletzt.

Gregor von Nazianz

Ein gleiches

Hellas, o du, liebe Jugend, du all mein erworbnes Besitztum,
du, mein Körper, wie gern gabet ihr Christus euch hin.
Hat mich des Vaters Hand und der Mutter Gelübde zu Gottes
liebem Priester gemacht, ist's zu bedauern? So nimm
zu deinen Chören mich auf, o Christus, daß gnädig, du Sel'ger,
Glorie findet der Sohn Gregors, er, Gregor, dein Knecht.

Gregor von Nazianz

Ein gleiches

Gregors und Nonnas geliebtester Sohn, der Diener des hohen,
heil'gen dreifaltigen Gotts, Gregor, fand Ruh hier im Grab,
der durch eigene Weisheit zur WEISHEIT gelangte und früh schon
all seinen Reichtum im Glück himmlischer Hoffnung gesehn.

Gregor von Nazianz (?)

82

Τυτθὸν ἔτι ζώεσκες ἐπὶ χθονί, πάντα δὲ Χριστῷ
δῶκας ἑκών, σὺν τοῖς καὶ πτερόεντα λόγον·
νῦν δ' ἱερῆα μέγαν σε καὶ οὐρανίοιο χορείης
οὐρανὸς ἐντὸς ἔχει, κύδιμε Γρηγόριε.

Carm. 2,1,97. – 3 οὐράνιονο P.

83

Ἔκ με βρέφους ἐκάλεσσε Θεὸς νυχίοισιν ὀνείροις·
ἤλυθον ἐς σοφίης πείρατα· σάρκα Λόγῳ
ἥγνισα καὶ κραδίην· κόσμου φλόγα γυμνὸς ἀλύξας
ἕστην σὺν Ἀαρών, Γρηγορίῳ γενέτῃ.

Carm. 2,1.98. – In P hic [Pa] et p. 695 [Pb]. 4 συνααρών Pa.

84

Πατρὸς ἐγὼ ζαθέοιο καὶ οὔνομα καὶ θρόνον ἔσχον
καὶ τάφον· ἀλλά, φίλος, μνώεο Γρηγορίου,
Γρηγορίου, τὸν μητρὶ θεόσδοτον ὤπασε Χριστὸς
φάσμασιν ἐννυχίοις, δῶκε δ' ἔρον σοφίης.

Carm. 2,1,95. – In P hic [Pa] et p. 695 [Pb]. 2 μνώσο Pa.

85

Σχέτλιός ἐστιν ὁ τύμβος. ἔγωγε μὲν οὔποτ' ἐώλπειν,
ὥς ῥα κατακρύψει τοὺς πυμάτους προτέρους·
αὐτὰρ ὃ Καισάριον, ἐρικυδέα υἷα, τοκήων
τῶν προτέρων πρότερον δέξατο. ποῖα δίκη;

Epit. 6,1. – In P hic [Pa] et p. 704 [Pb]. 1 μὲν ex μιν Pb 1-2 ἐώλπειν ... κατακρύψει P Par. 992 -πην ... -ψῃ cet. 3 ὃ erasit Pb 4 ποῖᾰ: cf. 221,2 et οἷᾰ 89,3.

Ein gleiches

Leise noch lebtest du hier auf Erden, da brachtest du alles
Christus als freudig Geschenk, auch dein geflügeltes Wort.
Sieh, und heute gehörst du als herrlicher Priester dem Himmel
hoch im himmlischen Chor, großer Gregorios, an.

Gregor von Nazianz (?)

Ein gleiches

Als ich im Mutterleib war, nannt Gott mich schon nächtlich in Träumen;
bis zu der Weisheit Beschluß kam ich und habe durchs WORT
Fleisch und Herz mir entsühnt; nackt floh ich die Flammen der Weltlust
und stand Aaron, das ist Vater Gregorios, bei.

Gregor von Nazianz

Ein gleiches

Namen und Stuhl und Grab, ich habe sie alle von meinem
heiligen Vater erlangt. Denk drum an Gregor, mein Freund,
Gregor, den Christus im Traum als Gottesgeschenk seiner Mutter
nächtlich gezeigt hat und dem Liebe zur Weisheit er gab.

Gregor von Nazianz

Kaisarios

Grausam ist wahrlich das Grab. Nie hätt ich erwartet, es schlinge
den als ersten hinab, der als der letzte erschien.
Doch den Kaisarios nahm es, den herrlichen Sohn, ob die Eltern
eher auch waren, zuerst. Gibt es Gerechtigkeit noch?

Gregor von Nazianz

85b

Οὐκ ἔσθ' ὁ τύμβος αἴτιος· μὴ λοιδόρει.
Φθόνου τόδ' ἐστὶν ἔργον. πῶς δ' ἤνεγκεν ἂν
νέον γερόντων εἰσορῶν σοφώτερον;

l: ἰαμβικὰ εἰς τὸν αὐτὸν Καισάριον. – Epit. 6,5. – In P hic et p. 691.

86

Γρηγόριε, θνητῶν μὲν ὑπείροχον ἔλλαχες υἷα
κάλλεϊ καὶ σοφίῃ καὶ βασιλῆι φίλον,
κρείσσονα δ' οὐκέτι πάμπαν ἀπηλεγέος θανάτοιο.
ἦ μὴν ᾠιόμην. ἀλλὰ τί φησὶ τάφος;
„Τέτλαθι· Καισάριος μὲν ἀπέφθιτο, ἀλλὰ μέγιστον
υἱέος εὖχος ἔχεις υἱέος ἀντὶ φίλου."

l: ἐλεγία εἰς τὸν αὐτὸν Καισάριον. – Epit. 7. – Ad **5** l: εἰς τὸν αὐτὸν ὁμοίως.

87

Ὥριοι εἰς τάφον ἦμεν, ὅτ' ἐνθάδε τοῦτον ἔθηκαν
λᾶαν ἐφ' ἡμετέρῳ γήραϊ λαοτόμοι·
ἀλλ' ἡμῖν μὲν ἔθηκαν, ἔχει δέ μιν οὐ κατὰ κόσμον
Καισάριος, τεκέων ἡμετέρων πύματος.
ἔτλημεν πανάποτμα, τέκος, τέκος· ἀλλὰ τάχιστα
δέξαι ἐς ἡμέτερον τύμβον ἐπειγομένους.

l: εἰς τοὺς γονεῖς τοῦ μεγάλου Γρηγορίου καὶ εἰς Καισάριον. l ad 5: εἰς τὸν αὐτὸν Καισάριον [cf. ad. ep. 88]. – Epit. 8. – **1** ἔθηκαν Mur. ἐνη- **2** ἡμετέρων P **5** -ποτμον P.

88

Τόνδε λίθον τοκέες μὲν ἑὸν τάφον ἐστήσαντο
ἐλπόμενοι ζωῆς μοῖραν ἔχειν ὀλίγην·
Καισαρίῳ δ' υἱῆι πικρὴν χάριν οὐκ ἐθέλοντες
δῶκαν, ἐπεὶ πρότερος τοῦδε λύθη βιότου.

Lemma om. P [cf. ep. 87 lemma ad v. 5]. – Epit. 9.

Ein gleiches

Das Grab hier ist gewiß nicht schuld; drum schilt es nicht.
Der Neid vollbracht es; er ertrug nicht einen Mann,
der in der Jugend weiser als die Alten war.

Gregor von Nazianz

Ein gleiches

Gregor, dir schenkte das Los einen über die anderen Menschen
schönen und klugen Sohn, den auch der Kaiser geliebt,
der aber mächtiger nicht als der unerbittliche Tod war.
Wahrlich, ich dachte es wohl. Aber was kündet das Grab?
„Mut nur! Kaisarios schwand; doch anstelle des teuersten Sohnes
blieb dir der schönste Besitz: blieb dir der Stolz auf den Sohn."

Gregor von Nazianz

Ein gleiches

Reif wohl waren wir schon für das Grab in der Erde geworden,
als hier der Steinmetz den Stein für unser Alter gemacht.
Aber er schuf ihn für uns. Kaisarios, den wir als jüngstes
unserer Kinder gehabt, ward er mit Unrecht zuteil.
Ach, wir erfuhren das Schlimmste, o Kind, unser Kind du. Empfange
– wir ersehnen es sehr – bald uns in unserem Grab.

Gregor von Nazianz

Ein gleiches

Diesen Stein hier erstellten sich Eltern als eigenes Grabmal,
da sie nur wenige Zeit noch zu erleben geglaubt.
Ungern erwiesen sie drum ihrem Sohne Kaisarios diese
traurige Liebe: er ward früher vom Leben erlöst.

Gregor von Nazianz

89

Γῆρας ἐμὸν δήθυνεν ἐπὶ χθονί· ἀντὶ δὲ πατρὸς
  λᾶαν ἔχεις, τεκέων φίλτατε, Καισάριε.
τίς νόμος; οἷα δίκη; θνητῶν ἄνα, πῶς τόδ' ἔνευσας;
  ὦ μακροῦ βιότου, ὦ ταχέος θανάτου.

Epit. 10.

90

Οὐκ ἄγαμ', οὐκ ἄγαμαι δῶρον τόδε· τύμβον ἐδέξω
  μοῦνον ἀφ' ἡμετέρων, Καισάριε, κτεάνων,
γηραλέων τοκέων πικρὸν λίθον· ὁ Φθόνος οὕτως
  ἤθελεν. ὦ ζωῆς πήμασι μακροτέρης.

Epit. 11.

91

Πᾶσαν ὅση σοφίη λεπτῆς φρενὸς ἐν μερόπεσσιν
  ἀμφὶ γεωμετρίην καὶ θέσιν οὐρανίων
καὶ λογικῆς τέχνης τὰ παλαίσματα γραμματικήν τε
  ἠδ' ἰητορίην ῥητορικῆς τε μένος
Καισάριος πτερόεντι νόῳ μοῦνος καταμάρψας,
  αἰαῖ, πᾶσιν ὁμῶς νῦν κόνις ἔστ' ὀλίγη.

l: εἰς τὸν αὐτὸν ὁμοίως· ἐγκωμιαστικόν. – Epit. 12. – 5 πτερόωντι P.

92

Πάντα κασιγνήτοισιν ἑοῖς λίπες, ἀντὶ δὲ πάντων
  τύμβον ἔχεις ὀλίγον, κύδιμε Καισάριε·
ἡ δὲ γεωμετρίη τε καὶ ἀστέρες, ὧν θέσιν ἔγνως,
  ἥ τ' ἰητορίη οὐδὲν ἄκος θανάτου.

Epit. 13. – 1 -σιν ἑοῖς P -σι νέοις Ambr. -σι τεοῖς Med. Par.

Ein gleiches

Lange, Kaisarios, säumte mein Alter auf Erden. So hat nun
nicht dein Vater dies Mal, liebstes der Kinder, nein du.
Ist das Sitte? Ist's Recht? Und du fügtest es, Herrscher der Menschen?
Ach, das Leben ist lang, ach, und so rasch ist der Tod.

Gregor von Nazianz

Ein gleiches

Wie ich es hasse, es hasse, Kaisarios, was ich dir gebe!
Ach, von all meinem Gut wird nur ein Grab dir zuteil,
nur das düstere Mal der alten Eltern. Der Neid war's,
der es so wollte ... Wie lang wird dieses Leben durch Leid!

Gregor von Nazianz

Ein gleiches

Was unter Menschen es gibt an Weisheit des feinen Verstandes,
so in der Geometrie, über der Sterne Verlauf,
in dem Ringen der Logik, im Schriftenbereich der Grammatik,
wie in der ärztlichen Kunst und in rhetorischer Kraft,
alles umspannte allein Kaisarios' fliegender Hochgeist –
nun, wie die anderen, ach, ist er ein Häuflein von Staub.

Gregor von Nazianz

Ein gleiches

Alles ließest du nun deinen Brüdern zurück, und statt allem
ward nur ein ärmliches Mal, hehrer Kaisarios, dein.
Weder die Geometrie noch der Sternenlauf, der dir bekannt war,
noch die ärztliche Kunst schirmte dich wider den Tod.

Gregor von Nazianz

93

Κάλλιμον ἐκ πατρίης σέ, μεγακλέα τηλόθ' ἐόντα,
ἄκρα φέροντα πάσης, Καισάριε, σοφίης
πέμψαντες βασιλῆι, τὸν ἔξοχον ἰητήρων,
φεῦ, κόνιν ἐκ Βιθυνῶν δεξάμεθ' αὖ σε πέδου.

*l ad v. 3: εἰς τὸν αὐτόν. – Epit. 14. – 1 τηλεθέοντα Med. τηλεθανόντα Ambr.

94

Σεισμῶν μὲν κρυερῶν ἔφυγες στονόεσσαν ἀπειλήν,
ἡνίκα Νικαίης ἄστυ μίγη δαπέδῳ·
νούσῳ δ' ἀργαλέῃ ζωὴν λίπες. ὢ νεότητος
σώφρονος, ὢ σοφίης, κάλλιμε Καισάριε.

Epit. 15.

95

Γρηγορίου Νόννης τε θεουδέος υἷα φέριστον
τύμβος ὅδ' εὐγενέτην Καισάριον κατέχω
ἔξοχον ἐν λογίοισιν, ὑπείροχον ἐν βασιλῇοις,
ἀστεροπὴν γαίης πείρασι λαμπομένην.

Epit. 16. – 2 κατέχων Med. 3 βασιλῇοις Brunck -ήοις P -ῆος codd. 4 λαμπόμενον P.

96

Καισαρίου φθιμένοιο κατήφησαν βασιλῆος
αὐλαί, Καππαδόκαι δ' ἤμυσαν ἐξαπίνης·
καὶ καλὸν εἴ τι λέλειπτο μετ' ἀνθρώποισιν, ὄλωλεν,
οἱ δὲ λόγοι σιγῆς ἀμφεβάλοντο νέφος.

Epit. 17. – 1 Καισαρίοιο P 3 λέλιπτο P.

Ein gleiches

Schönheit umfloß dich, du hattest, Kaisarios, Weltruhm und aller
Wissenschaft Gipfel erreicht, da wir vom heimischen Gau
dich als den besten der Ärzte zum Kaiser entsandten – dann schickte
das bithynische Land, ach, dich als Staub uns zurück.

Gregor von Nazianz

Ein gleiches

Zwar, der schlimmen Gefahr des furchtbaren Bebens entkamst du,
das Nikaia, die Stadt, grausig zu Boden gestürzt;
doch die verderbliche Krankheit entriß dir das Leben: es sanken
Jugend, Keuschheit und Geist, schöner Kaisarios, hin.

Gregor von Nazianz

Ein gleiches

Ich, dieser Hügel, umfange der göttlichen Nonna und Gregors
edlen und trefflichen Sohn, berge Kaisarios hier,
der unter Weisen der Meister, ein Großer am Hofe gewesen
und wie ein Blitzstrahl geglänzt bis zu den Enden der Welt.

Gregor von Nazianz

Ein gleiches

Traurig stand Kaiser und Hof, bedrückt von Kaisarios' Tode,
jählings senkte das Volk in Kappadokien die Stirn.
Was unter Menschen an Schönem noch übrig gewesen, nun schwand es,
Schweigen legte sich still wie eine Wolke ums Wort.

Gregor von Nazianz

97

Εἴ τινα δένδρον ἔθηκε γόος καὶ εἴ τινα πέτρην,
εἴ τις καὶ πηγὴ ῥεῦσεν ὀδυρομένη,
πέτραι καὶ ποταμοὶ καὶ δένδρεα λυπρὰ πέλοισθε,
πάντες Καισαρίῳ γείτονες ἠδὲ φίλοι·
Καισάριος πάντεσσι τετιμένος, εὖχος ἀνάκτων,
αἰαῖ τῶν ἀχέων, ἤλυθεν εἰς Ἀίδην.

Epit. 18. – 2 πηγὴν Med.

98

Χεὶρ τάδε Γρηγορίοιο· κάσιν ποθέων τὸν ἄριστον
κηρύσσω θνητοῖς τόνδε βίον στυγέειν.
Καισαρίῳ τίς κάλλος ὁμοίιος; ἢ τίς ἁπάντων
τόσσος ἐὼν τόσσης εἷλε κλέος σοφίης;
οὔτις ἐπιχθονίων· ἀλλ' ἔπτατο ἐκ βιότοιο
ὡς ῥόδον ἐξ ἀκανθῶν, ὡς δρόσος ἐκ πετάλων.

Epit. 19. – 2 κηρύσσων Ambr. 6 ἀκανθῶν P codd. [defend. Keydell] ἀνθέων Ambr.

99

Γείτονες εὐμενέοιτε καὶ ἐν κόλποισι δέχοισθε,
Μάρτυρες, ὑμετέροις αἷμα τὸ Γρηγορίου,
Γρηγορίου Νόννης τε μεγακλέος εὐσεβίῃ τε
καὶ τύμβοις ἱεροῖς εἰς ἓν ἀγειρομένους.

l: εἰς τὸν αὐτόν. – Epit. 20. – 3 μέγα κλέος P 4 ἀγειρομένων Bodl. Barocc. 48.

100

Κλῦθι, Ἀλεξάνδρεια· Φιλάγριος ὤλεσε μορφὴν
τῆς λογικῆς ψυχῆς οὔτι χερειοτέρην·
Καισάριον δὲ νέον Φθόνος ἥρπασεν· οὔποτε τοῖα
πέμψεις εὐίπποις ἄνθεα Καππαδόκαις.

l: εἰς τὸν αὐτὸν καὶ εἰς Φιλάγριον. – Epit. 21. – 1 Ἀλεξάνδρεια et ὤλεσε c codd. Ἀλέξανδρος et ὄλεσε P^1 // μορφὴ P.

Ein gleiches

Machte der Kummer so manchen zum Baume und manchen zum
strömte ein anderer gar klagend als Quelle dahin: [Felsen,
o, so trauert, ihr Felsen, ihr Flüsse und Bäume; ihr waret
dem Kaisarios ja alle benachbart und freund.
Er, der geehrt war bei allen, Kaisarios, Stolz der Regenten,
ging – welch quälender Schmerz! – ach, in den Hades hinab.

Gregor von Nazianz

Ein gleiches

Dies ist Gregorios' Hand: Den besten der Brüder beweinend,
künd ich dem sterblichen Volk: haßt dieses Leben dahier!
Seht den Kaisarios an! Wer glich seiner Schönheit? Wer fand wohl,
ähnlich ihm selber, den Ruhm ähnlichen Wissens wie er?
Keiner der Irdischen all. Und doch, er verließ dieses Leben
wie die Rose den Dorn und wie die Blätter der Tau.

Gregor von Nazianz

Eltern und Kaisarios

Die ihr die Nachbarn nun seid, seid gnädig und nehmet in eurem
Schoße, ihr Märtyrer, dies Blut des Gregorios auf,
Blut des Gregorios hier und der ruhmvollen Nonna, die Gottsinn
und ein heiliges Grab treulich mitsammen vereint.

Gregor von Nazianz

Philagrios und Kaisarios

Höre es, Alexandria! Verweht ist Philagrios' Schönheit,
die seinem denkenden Geist nicht um ein winziges wich.
Neid war's, der auch den jungen Kaisarios raubte; zur Roßflur
im kappadokischen Land schickst du solch Blumen nicht mehr.

Gregor von Nazianz

101

Γρηγορίου Νόννης τε φίλον τέκος ἐνθάδε κεῖμαι
Γοργόνιον, ζωῆς μύστις ἐπουρανίης.

A: εἰς Γοργόνιον, l: τὴν ἑαυτοῦ ἀδελφήν. – Epit. 22. – **1** κεῖται Ambr. Par. – Ep. 101–103,4 iunx. P[1], seiunx. l.

102

Οὐδὲν Γοργόνιον γαίῃ λίπεν, ὀστέα μοῦνα·
πάντα δ' ἔθηκεν ἄνω, Μάρτυρες ἀθλοφόροι.

l: εἰς Γοργονίαν, τὴν ἑαυτοῦ ἀδελφήν. – Epit. 23. – Cf. ad ep. 101.

103

Κτῆσιν ἑὴν σάρκας τε καὶ ὀστέα πάντ' ἀναθεῖσα
Γοργόνιον Χριστῷ μοῦνον ἀφῆκε πόσιν·
οὐ μὰν οὐδὲ πόσιν δηρὸν χρόνον, ἀλλ' ἄρα καὶ τὸν
ἥρπασεν ἐξαπίνης κύδιμον Ἀλύπιον.
ὄλβιε ὀλβίστης ἀλόχου πόσι· τοῖς ῥα λοετροῖς
λύματ' ἀπωσάμενοι ζῆτε παλιγγενέες.

l [ad v. 2–3]: καὶ εἰς Ἀλύπιον, τὸν αὐτῆς ἄνδρα. – Epit. 24. – **3** μὴν codd. **5** novum ep. exhib. P [cf. ad 101] // τοῖς Med. Par. τοῖ P τοί Ambr. **6** παλινγ- P.

104

Εἴ τις Τάνταλός ἐστιν ἐν ὕδασιν αὖος ἀπίστοις,
εἴ τις ὑπὲρ κεφαλῆς πέτρος ἀεὶ φοβέων
δαπτόμενόν τ' ὄρνισιν ἀγήραον ἧπαρ ἀλιτροῦ
καὶ πυρόεις ποταμὸς καὶ ζόφος ἀθάνατος
ταρτάρεοί τε μυχοὶ καὶ δαίμονες ἀγριόθυμοι
ἄλλαι τε φθιμένων τίσιες εἰν ἀίδι,
ὅστις Μαρτινιανὸν ἀγακλέα δηλήσαιτο
τύμβον ἀνοχλίζων, δείματα πάντα φέροι.

*A: ἐπιτάφιοι (!) εἰς Μαρτινιανόν. – Epit. 40. – **6** ἄ. τεθριμμένων Ambr. // ἀίδῃ codd.

Gorgonia

Ich, die Gorgonion, lieg hier, die teure Tochter der Nonna
  und des Gregorios Kind, himmlischem Leben geweiht.

Gregor von Nazianz

Ein gleiches

Ihre Gebeine allein ließ Gorgonion hier auf der Erde;
  trug sie doch alles empor, siegreiche Märtyrerschar.

Gregor von Nazianz

Gorgonia und Alypios

All ihr Gut, ihr Gebein und ihr Fleisch hat Gorgonion weihend
  Christus gegeben; sie ließ nur ihren Gatten zurück;
und auch den nicht für lange; sie führte am Ende den edlen
  Gatten Alypios auch plötzlich und jählings hinweg . . .
O du seliger Gatte der seligsten Gattin! Ihr wuschet
  rein euch im Bade und lebt wiedergeboren nun fort.

Gregor von Nazianz

Martinianos

Wenn's einen Tantalos gibt, der durstet im trügenden Wasser,
  wenn ein dräuender Fels ewig zu Häupten ihm hangt,
wenn auch Vögel dem Sünder die wachsende Leber zerfleischen,
  wenn's einen feurigen Fluß, ewige Finsternis gibt,
wenn des Tartaros Tiefen, wenn wilde Dämonen und andre
  Strafen im Hades bestehn, die den Verstorbnen bedrohn:
wer den erlauchten Leib des Martinianos beschädigt
  und seine Gruft hier verletzt, leide die Qualen gesamt.

Gregor von Nazianz

105

Οὔρεά σοι καὶ πόντος, ἀτάσθαλε, καὶ πεδίοισι
τέρπῃ πυροφόροις τετραπόδων τ' ἀγέλαις·
καὶ χρυσοῖο τάλαντα καὶ ἄργυρος εὐγενέες τε
λᾶες καὶ Σηρῶν νήματα λεπταλέα,
πάντα βίος ζωοῖσι· λίθοι δ' ὀλίγοι τε φίλοι τε
τοῖς φθιμένοις. σὺ δέ μοι κἀνθάδε χεῖρα φέρεις,
οὐδὲ σὸν αἰδόμενος, τλῆμον, τάφον, ὅν τις ὀλέσσει
ἄλλος σοῖσι νόμοις χερσὶ δικαιοτέραις.

l: κατὰ τυμβωρύχων· τοῦ μεγάλου Γρηγορίου. – Epit. 41. – In P hic [P^a] et p. 698 [P^b] **6** φέρεις P^b [οι supra ει], codd. φέροις P^a **7** ὅν τις ὀλέσσει P Med. ὅστις ὄλεσσεν Par. ὅστις ὄλεεν Ambr.

106

Ἡνίκα Μαρτινιανὸς ἔδυ χθόνα, μητέρα πάντων,
πᾶσα μὲν Αὐσονίων ἐστονάχησε πόλις·
πᾶσα δὲ Σικανίη τε καὶ εὐρέα πείρατα γαίης
κείρατ' ἀπ' ἀνθρώπων οἰχομένης Θέμιδος.
ἡμεῖς δ' ἀντί νυ σεῖο τάφον μέγαν ἀμφιέποντες
αἰὲν ἐπερχομένοις δώσομεν ὥς τι σέβας.

l: εἰς Μαρτινιανόν. – Epit. 42. – In P hic [P^a] et p. 698 [P^b]. **2** ἐστονάχισε P^b **5** ἀμφιέπονται Ambr. **6** δείξομεν codd.

107

Οἱ Χριστὸν φορέοντες ἀκούσατε οἵ τε θέμιστας
εἰδότες ἡμερίων καὶ φθιμένων ὁσίην·
πάντα λιπών, βασιλῆα, πάτρην, γένος, εὖχος ὑπάρχων,
αἰαῖ, πᾶσιν ὁμῶς νῦν κόνις εἰμ' ὀλίγη
Μαρτινιανὸς πᾶσι τετιμένος· ἀλλ' ἐπὶ τύμβῳ
βάλλειν ἡμετέρῳ δάκρυα, μὴ παλάμας.

Epit. 43. – In P hic [P^a] et p. 698 [P^b]. **3** λίπον βασίλεια codd. // ὑπάρχ (ω supra χ) P^b **5** τετιμημένος P^a.

Grabschänder

Berge und Meere sind dein, Verblendeter; Ebnen voll Weizen,
wimmelnde Herden von Vieh bringen dir reichen Genuß;
Gold- und Silbertalente, die kostbarsten Steine besitzt du,
Fülle von feinstem Gespinst, wie man bei Serern es webt:
alles fürs menschliche Leben. Nur wenig, doch liebes Gesteine
haben die Toten – und du legst auch die Hand noch an mich
und gedenkst nicht, Unsel'ger, des eigenen Grabs, das ein andrer
nach deinem Beispiel mit noch größerem Rechte zerstört.

Gregor von Nazianz

Martinianos

Ach, als Martinianos zur Allmutter Erde hinabstieg,
scholl ein Stöhnen ringsum durch die ausonische Stadt,
schor sich Sikanien ringsum und die Marken der Erde die Haare,
daß die Gerechtigkeit nun fort von den Menschen geflohn.
Wir aber, die wir statt deiner ein ragendes Grab nur umsorgen,
geben's als heilige Statt allen Äonen anheim.

Gregor von Nazianz

Ein gleiches

Träger Christi, o hört! Hört, die ihr der Lebenden Satzung
und den heiligen Brauch für die Verstorbenen kennt:
alles verließ ich, den Kaiser, Land, Sippe; ich, Stolz der Präfekten,
bin nun ein Häuflein von Staub, ach, wie die anderen all,
ich, der Martinianos, geachtet bei allen. So legt mir
denn eure Tränen, doch nicht euere Hände ans Grab!

Gregor von Nazianz

108

Μουσοπόλον, ῥητῆρα, δικασπόλον, ἄκρον ἅπαντα,
τύμβος ὅδ' εὐγενέτην Μαρτινιανὸν ἔχω,
ναυμάχον ἐν πελάγεσσιν, ἀρήιον ἐν πεδίοισιν·
ἀλλ' ἀποτῆλε τάφου πρίν τι κακὸν παθέειν.

Epit. 44; imitando express. GV 593. – In P hic et p. 698. 2 ηδ' ευγενης Ιωαννιαν εχω lap. 3 πελ[α]γεσιν lap. 4 [...] λιποτηλε lap. – Ep. 108–110 iunx. Ambr.

109

Μὴ πόλεμον φθιμένοισιν· ἅλις ζώοντες, ἀλιτροί·
μὴ πόλεμον φθιμένοις. Μαρτινιανὸς ἐγὼ
ταῦτα πᾶσιν ζῴοις ἐπιτέλλομαι. οὐ θέμις ἐστὶν
τῶν ὀλίγων φθονέειν τοῖς φθιμένοισι λίθων.

Epit. 45 [cf. ad ep. 108]. – In P hic et p. 699. 3 ταῦτα πᾶσιν: πᾶσι τάδε Ambr. [cf. ep. 93,2] // ζωοῖς P // ἐστὶ P^b.

110

Ὦ Θέμι, τῆς πολλοῖσιν ἐγὼ νώμησα τάλαντα·
ὦ φοβεραὶ ψυχῶν μάστιγες οὐχ ὁσίων·
οὗτος ἐμοῖσι λίθοισι φέρει στονόεντα σίδηρον·
οὗτος ἐμοί. φεῦ φεῦ, ποῦ δὲ λίθος Σισύφου;

l: εἰς τὸν αὐτόν. – Epit. 46 [cf. ad ep. 108]. – In P hic [P^a] et p. 699 [P^b]. 1 τῆς πολλοῖσιν [πολίων in marg.] P^b τῆσι πολοῖσιν P^a τῇ πολίων [πολλῶν Med.] ποτ' codd. 3 ἐμοῖς P^b.

111

Ὄλβιος, εὐγήρως, ἄνοσος θάνον ἐν βασιλῆος
πρῶτα φέρων, ἱερῆς ἄκρον ἔχων σοφίης.
εἴ τινα Μαρτινιανὸν ἀκούετε, ἀλλ' ἀπὸ τύμβου,
μηδὲ φέρειν ἐπ' ἐμοὶ δυσμενέας παλάμας.

Epit. 47. – In P hic et p. 699. 1 βασιλείοις Ambr. 3 ἀκούσατε Ambr.

Ein gleiches

Ich, dieser Hügel, umfange den Künstler, den Redner, den Richter,
Edlen, den strahlenden Stern Martinianos in mir,
ihn, den Kämpfer zur See, den mächtigen Kriegsmann zu Lande.
Darum hinweg von dem Grab, eh euch was Böses geschieht.

Gregor von Nazianz

Ein gleiches

Führt mit den Toten nicht Krieg! Rings leben noch Menschen, ihr [Frevler!
Führt mit den Toten nicht Krieg! Hört es, ich, Martinian,
heiß' es die Lebenden all. Die heilige Satzung verbietet's,
daß man dem Toten im Grab wenige Steine mißgönnt.

Gregor von Nazianz

Ein gleiches

Hehre Gerechtigkeit du, ich hielt deine Waage für viele!
Furchtbare Geißeln, die ihr sündige Seelen bedroht!
Seht, dieser Frevler berührt meine Steine mit quälendem Eisen,
rührt auch an mich. Wo bleibt, ach, nun des Sisyphos Stein?

Gregor von Nazianz

Ein gleiches

Selig, ein glücklicher Greis, ohne Krankheit, der Erste am Hofe,
starb ich, ein strahlender Stern heiliger Weisheit, dahin.
Wenn ihr von Martinianos gehört habt, ihr Bösen, dann gehet
fort von dem Grabe und legt niemals die Hände an mich.

Gregor von Nazianz

112

Χάζεο, χάζεο τῆλε· κακὸν τὸν ἄεθλον ἐγείρεις
λᾶας ἀνοχλίζων καὶ τάφον ἡμέτερον·
χάζεο· Μαρτινιανὸς ἐγώ, καὶ ζῶσιν ὄνειαρ,
καὶ νέκυς οὐκ ὀλίγον ἐνθάδε κάρτος ἔχω.

Epit. 48. - In P hic [Pa] et p. 699 [Pb]. 1 τὸν: τιν' superscr. Pb.

113

Καππαδοκῶν μέγ' ἄεισμα, φαάντατε Μαρτινιανέ,
σεῖο, βροτῶν γενεή, καὶ τάφον αἰδόμεθα·
ὅς ποτ' ἔης βασιλῆος ἐν ἕρκεσι κάρτος ὑπάρχων,
δουρὶ δὲ Σικανίην κτήσαο καὶ Λιβύην.

Epit. 49. - In P hic [Pa] et p. 699 [Pb]. 1 Καππαδόκων P // ἄϊσμα Pb 3 ἐῆς Pa 4 δευρὶ Pa.

114

Ὄμνυμεν ἀθανάτοιο Θεοῦ κράτος ὑψιμέδοντος
καὶ ψυχὰς νεκύων, κύδιμε, σήν τε κόνιν
μή ποτε, Μαρτινιανέ, τεοῖς ἐπὶ χεῖρας ἐνέγκαι
στήλῃ καὶ τύμβῳ· οὐδὲ γὰρ οὐδ' ἱεροῖς.

Epit. 50. - In P hic [Pa] et p. 699 [Pb]. 3 ἐνέγκαι Pa ἐνεγκεῖν cet.

115

Ῥώμη καὶ βασιλῆες ἐμοὶ καὶ πείρατα γαίης
στῆλαι Μαρτινιανῷ, τὰς χρόνος οὐ δαμάσει·
ἀλλ' ἔμπης ὀλίγῳ περιδείδια, μή τι πάθῃσι,
τῷδε τάφῳ· πολλῶν οὐχ ὁσίαι παλάμαι.

Epit. 51. - In P hic et p. 699. 2 στήλη Ambr. 3 παθήσῃ Med. πάτησο Ambr. 4 πολλῷ Ambr.

Ein gleiches

Weiche, weiche von hinnen! Du schaffst eine sündige Arbeit,
wenn du die Steine zerstörst und meine Gruft hier erbrichst.
Weiche! Ich bin Martinian! Ich war der Lebendigen Hilfe,
und auch hier noch im Tod hab ich gewaltige Macht.

Gregor von Nazianz

Ein gleiches

Herrlicher Martinianos, du Ruhm und Preis Kappadokiens,
wir, die Geschöpfe des Staubs, ehren dein Grabmal auch noch.
Warst du am Hofe des Kaisers doch einstens die Kraft der Präfekten,
du, der Sikanien mitsamt Libyen im Kampfe erwarb.

Gregor von Nazianz

Ein gleiches

Bei dem allmächtigen Gott, dem ewigen Walter dort oben,
bei den Seelen im Tod, ruhmvoller Martinian,
und deiner Asche, wir schwören: nie legen wir Hand an an deine
Säule und Hand an dein Grab, wären auch nicht sie geweiht.

Gregor von Nazianz

Ein gleiches

Rom, die waltenden Kaiser und Erdballs Enden sind Säulen,
die mir, dem Martinian, niemals ein Äon bezwingt.
Gleichwohl fürchte ich sehr, es geschieht dem bescheidenen Grab hier
doch ein Leides: es gibt ruchloser Hände so viel.

Gregor von Nazianz

116

Μαρτινιανοῦ σῆμα μεγακλέος, εἴ τιν' ἀκούεις
  Καππαδοκῶν Ῥώμης πρόθρονον εὐγενέων,
παντοίαις ἀρετῇσι κεκασμένον· ἀλλὰ κόνιν περ
  ἀζόμενοι στήλην καὶ τάφον ἀμφιέπειν.

Epit. 52. - In P hic [Pa] et p. 699 [Pb]. 2 Καππαδόκων P // εὐγενέτην Pb [-έων in marg.] 3 ἀρεταῖσι [η supra αῖ] Pb 4 ἑζόμενοι Ambr.

117

Οὔποτ' ἐγὼ φθιμένοισιν ἐπέχραον οὐδ' ἀπὸ τύμβων
  ἔργον ἔγειρα, Δίκην ὄμνυμι καὶ φθιμένους·
τοὔνεκα μηδ' ἐπ' ἐμοῖσι φέρειν λάεσσι σίδηρον·
  εἰ δὲ φέροις, τὴν σὴν ἐς κεφαλὴν πεσέτω.
Μαρτινιανὸς ἐγὼ τάδε λίσσομαι· εἴ τις ἐμεῖο
  κύδεός ἐστι χάρις, τύμβος ἀεὶ μενέτω.

Epit. 53. - In P hic [Pa] et p. 700 [Pb]. 1 τύμβου Pb 5 l: ἕως ὧδε τὰ εἰς Μαρτινιανόν 5-6 ut peculiare ep. not. Pb.

118

Εἷς δόμος, ἀλλ' ὑπένερθε τάφος, καθύπερθε δὲ σηκός·
  τύμβος δειμαμένοις, σηκὸς ἀεθλοφόροις·
καί ῥ' οἱ μὲν γλυκερὴν ἤδη κόνιν ἀμφεβάλοντο
  ὡς σύ, μάκαιρα δάμαρ Ἀμφιλόχου Λιβίη,
κάλλιμέ θ' υἱήων, Εὐφήμιε· τοὺς δ' ὑπόδεχθε,
  μάρτυρες ἀτρεκίης, τοὺς ἔτι λειπομένους.

A: εἰς Λιβίαν l: τὴν γαμετὴν Ἀμφιλόχου. - Epit. 25. - In P hic [Pa] et p. 700 [Pb]. 2 σηκοῦ Pb 3 ἀμφιβ- Ambr. 5 ὑποδέχθη Ambr.

119

Ὤφελες, ὦ Λιβία, ζώειν τεκέεσσι φίλοισιν·
  ὤφελες ἄχρι πύλης γήραος ἐμπελάσαι.
νῦν δέ σε μοῖρ' ἐδάμασσεν ἀώριον, εἰσέτι καλήν,
  εἰσέτι κουριδίοις ἄνθεσι λαμπομένην.
αἰαῖ, Ἀμφίλοχος δὲ τεὸς πόσις ἀντὶ δάμαρτος
  ἐσθλῆς καὶ πινυτῆς τλήμονα τύμβον ἔχει.

Epit. 26. - In P hic [Pa] et p. 700 [Pb]. 2 πύλαις Pb.

Ein gleiches

Grab des Martinian! Vom Kreis kappadokischer Edler
war er – du hast's wohl gehört – ruhmvoller Führer in Rom,
reich an der Tugenden Schmuck. O, ist er auch Asche nur heute,
achtet ihn dennoch und sorgt ehrend für Säule und Gruft.

Gregor von Nazianz

Ein gleiches

Niemals verletzte ich Tote, nie schuf ich aus Grüften ein Bauwerk:
bei der Gerechtigkeit, traun, und bei den Toten – ich schwör's.
Leg nicht das Eisen darum an die Steine hier, die mir gehören!
Legst du es dennoch daran, fall es aufs Haupt dir zurück.
Ich bin's, Martinianos, der dies sich erbittet. Hat wirklich
Dank meine Größe verdient, bleibe für immer mein Grab.

Gregor von Nazianz

Livia

Drunten ein Grab und drüber ein Weihraum in einem Gebäude:
für die Erbauer die Gruft und für die Sieger der Raum.
Staub umhüllt schon beglückend die einen Erbauer, so dich schon,
Livia, selige Frau, du, des Amphilochos Weib,
und dich, Schönster der Söhne, Euphemios. Nehmt auch die andern,
die hier geblieben noch sind, Zeugen der Wahrheit, denn auf.

Gregor von Nazianz

Ein gleiches

Wärest du, Livia, noch für die teuren Kinder am Leben!
wärst du doch bis an das Tor bleichenden Alters gelangt!
Nun aber hat das Geschick zu früh dich bezwungen, du warest
schön noch, noch hat dich der Glanz blühender Jugend umstrahlt.
Ach, es besitzt nun dein Gatte Amphilochos statt eines edlen
und verständigen Weibs nur noch ein trauriges Grab.

Gregor von Nazianz

120

Αἰαῖ, καὶ Λιβίαν κατέχει κόνις. οὔποτ' ἔγωγε
  ᾠισάμην θνητὴν ἔμμεναι εἰσορόων
εἶδος μειλιχίην τε σαοφροσύνην τε γυναικός,
  τοῖς φῦλον πασέων καίνυτο θηλυτέρων.
τοὔνεκα καὶ τοίῳ σε τάφῳ κύδηνε θανοῦσαν
  σῶν τε τριὰς τεκέων καὶ πόσις 'Αμφίλοχος.

Epit. 27. - In P hic [P^a] et p. 700 [P^b]. **4** πασάων P **6** τοκέων et αμφιλόχιος P^a.

121

Ἦν δυὰς ἦν ἱερή, ψυχὴ μία, σώματα δισσά,
  πάντα κασιγνήτω, αἷμα, κλέος, σοφίην,
υἱέες 'Αμφιλόχου, Εὐφήμιος 'Αμφίλοχός τε,
  πᾶσιν Καππαδόκαις ἀστέρες ἐκφανέες.
δεινὸν δ' ἀμφοτέρους Φθόνος ἔδρακε· τὸν μὲν ἄμερσε
  ζωῆς, τὸν δ' ἔλιπεν ἥμισυν 'Αμφίλοχον.

A: εἰς Εὐφήμιον l: υἱὸν 'Αμφιλόχου καὶ Λιβίας. – Epit. 28. - In P hic [P^a] et p. 700 [P^b]. **1** ἦν δ' ἱερὴ P^b **2** κασιγνήτῳ P **4** Καππαδόκες [αι supra ε] P^b **5** ἄμερσεν P^b.

122

'Ρήτωρ ἐν ῥητῆρσιν, ἀοιδοπόλος δ' ἐν ἀοιδοῖς,
  κῦδος ἑῆς πάτρης, κῦδος ἑῶν τοκέων,
ἄρτι γενειάσκων Εὐφήμιος, ἄρτι δ' ἔρωτας
  ἐς θαλάμους καλέων ὤλετο, φεῦ παθέων·
ἀντὶ δὲ παρθενικῆς τύμβον λάχεν, ἠδ' ὑμεναίων
  ἤματα νυμφιδίων ἦμαρ ἐπῆλθε γόων.

*Epit. 29. - In P hic [P^a] et p. 700 [P^b]. **1** δ' P τ' codd. [om. Ambr.] **5** τύμον P^a

123

Εἰκοσέτης πᾶσαν Εὐφήμιος, ὡς μίαν οὔτις,
  'Ελλάδα καὐσονίην μοῦσαν ἐφιπτάμενος,
στράπτων ἀγλαΐῃ τε καὶ ἤθεσιν ἦλθ' ὑπὸ γαῖαν.
  αἰαῖ, τῶν ἀγαθῶν ὡς μόρος ὠκύτερος.

Epit. 30. - In P hic [P^a] et p. 701 [P^b]. **2** μοῦνος P^b [μοῦσαν in marg.].

Ein gleiches

Ach, nun umhüllte der Staub auch Livia. Niemals vermeint ich,
sterblich könnte sie sein, wenn ich das schöne Gesicht,
wenn ich die Milde und Klugheit des Weibes gesehen, worin sie
allem Frauengeschlecht sich überlegen gezeigt.
Darum ehrten dich auch im Tode mit solch einem Grabe
deine drei Kinder und dein Gatte Amphilochos nun.

Gregor von Nazianz

Euphemios

Wahrlich ein heiliges Paar! Eine einzige Seele, zwei Körper,
Brüder in allem, in Blut, weitestem Wissen und Ruhm,
sie, des Amphilochos Söhne, Amphilochos neben Euphemios,
Sterne, die leuchtend ringsum ob Kappadokien gestrahlt.
Furchtbar traf sie der Neidblick: er würgte den einen, und seine
Hälfte Amphilochos ließ hier er auf Erden zurück.

Gregor von Nazianz

Ein gleiches

Unter Rednern ein Redner, ein Dichter unter den Dichtern,
Stolz seiner Eltern, zugleich Stolz seines heimischen Lands,
ist Euphemios nun, da eben sein Bart wuchs, da Liebe
eben zur Kammer ihn lud, Asche geworden – o Schmerz!
Statt des Mädchens bekam er ein Grab, und der Hochzeit umsungne
Tage holte der Tag leidvoller Wehklage ein.

Gregor von Nazianz

Ein gleiches

Zwanzigjährig nun fuhr Euphemios, der zu der Muse
Roms und Hellas', wie nie einer zu einer, sich schwang,
dessen Schönheit und Wesen gleich Blitzen geleuchtet, – zur Grube.
Ach, wie kommt doch der Tod rasch an die Guten heran!

Gregor von Nazianz

124

Χρυσείης γενεῆς Εὐφήμιος ἦν ἔτι τυτθὸν
λείψανον, εὐγενέτης ἤθεα καὶ πραπίδας,
μείλιχος, ἡδυεπής, εἶδος Χαρίτεσσιν ὁμοῖος·
τοὔνεκα καὶ θνητοῖς οὐκ ἐπὶ δὴν ἐμίγη.

Epit. 31. – In P hic et p. 701. – **1** χρυσίης P.

125

Στράψε μέγ' ἀνθρώποις Εὐφήμιος, ἀλλ' ἐπὶ τυτθόν·
καὶ γὰρ καὶ στεροπῆς οὐ μακρόν ἐστι σέλας·
στράψεν ὁμοῦ σοφίῃ τε καὶ εἴδεϊ καὶ πραπίδεσσιν·
τὰ πρὶν Καππαδόκαις ἦν κλέα, νῦν δὲ γόος.

Epit. 32. – In P hic [P^a] et p. 701 [P^b]. **2** καὶ στεροπῆς P ἀστ- codd. **4** Καππαδόκαις ἦν P^a codd. -κεσσι P^b // κλέα (!) P^{ab}.

126

Τίς τίνος; – „Ἀμφιλόχου Εὐφήμιος ἐνθάδε κεῖται,
οὗτος ὁ Καππαδόκαις πᾶσι διὰ στόματος,
οὗτος, ὃν αἱ Χάριτες Μούσαις δόσαν· οἱ δ' ὑμέναιοι
ἀμφὶ θύρας· ἦλθεν δ' ὁ Φθόνος ὠκύτερος."

*Epit. 33. – In P hic [P^a] et p. 701 [P^b]. **4** ἄμφω P^a.

127

Ἔρνος ἀμώμητον, Μουσῶν τέκος, εἶαρ ἑταίρων
καὶ χρύσεον Χαρίτων πλέγμα ἰοστεφάνων,
ᾤχετο ἐκ μερόπων Εὐφήμιος, οὐδέ τ' ἀνέσχεν,
αἰαῖ, σοῖς θαλάμοις πυρσός, ὃν ἧψεν Ἔρως.

Epit. 34. – In P hic [P^a] et p. 701 [P^b]. **1** ἀμίμητον P^a **2** ἰοστεφέων Med. **3** οὐδετ' P^a οὐδέτ' P^b // ἀνίσχεν Med.

Ein gleiches

Wahrlich, Euphemios war noch ein Stückchen vom Goldenen Welt-
war ein Edler an Art wie auch ein Edler an Geist, [jahr,
liebreich, freundlich im Wort und an Schönheit den Chariten ähnlich.
Darum hat er auch nicht lange auf Erden verweilt.

Gregor von Nazianz

Ein gleiches

Strahlend erglänzte, ein Blitz, Euphemios unter den Menschen,
aber nur kurz, der Blitz wahrt nicht für lange sein Licht.
Strahlend erschien er zugleich an Geist, an Schönheit und Wissen:
einst Kappadokiens Stolz, heute sein Jammer und Schmerz.

Gregor von Nazianz

Ein gleiches

Nenn seinen Namen und Vater! – „Amphilochos' Sprößling Euphe-
ruht hier im Grabe, er, den ganz Kappadokien verehrt, [mios
den die Chariten auch den Musen gegeben; die Hochzeit
stand vor der Türe, doch war rascher als diese der Neid."

Gregor von Nazianz

Ein gleiches

Musenkind, goldener Kranz der veilchenumwundenen Grazien,
Lenz der Gefährten, ein Reis, das keinen Tadel verdient,
schwand Euphemios hin aus dem Reiche der Menschen. Ach, jene
Fackel, die Eros entfacht, hob sich am Bett nicht für dich.

Gregor von Nazianz

128

Αἱ Χάριτες Μούσαισι· „Τί ῥέξομεν; οὐκέτ' ἄγαλμα
χειρῶν ἡμετέρων Εὐφήμιος ἐν μερόπεσσιν."
χαὶ Μοῦσαι Χαρίτεσσιν· „Ἐπεὶ Φθόνος ἐστὶν ἀλιτρός,
τόσσον ἔχοι· ἡμῖν δὲ τόδ' ὅρκιον ἔμπεδον ἔστω
μηκέτ' ἀναστῆσαι τοῖον μερόπεσσιν ἄγαλμα."

Epit. 35. – **1** Μούσῃσι codd.

129

Κρῆναι καὶ ποταμοὶ καὶ ἄλσεα καὶ λαλαγεῦντες
ὄρνιθες λιγυροὶ καλὸν ἐπ' ἀκρεμόνων
αὖραί τε μαλακὸν συρίγμασι κῶμα φέρουσαι
καὶ κῆποι Χαρίτων εἰς ἓν ἀγειρομένων,
κλαύσατε· ὢ χαρίεσσ' Εὐφημιάς, ὥς σε θανών περ
Εὐφήμιος κλεινὴν θήκατ' ἐπωνυμίῃ.

Epit. 36,1. – **2** ἀπακρεμ- Med. **3** τε codd. τ' αἱ P **5** Εὐφήμιος Ambr. // ως ἐθανόν P **6** ἐπωνυμίῃ Desr. -ίην.

130

Κάλλιμος ἠιθέων Εὐφήμιος, εἴ ποτ' ἔην γε·
κάλλιμος ἐν χώροις χῶρος ὅδ' ἠλύσιος·
τοὔνεκεν εἰς ἓν ἄγερθεν· ἐπεὶ ζωὴν μὲν ἔλειψε,
οὔνομα δ' ἐν χώρῳ κάλλιπεν ἠγαθέῳ.

Epit. 36,7. – **3** εἰς ἓν ἄγ- codd. οἷς ἐνάγ- P **4** ἐν P αὖ codd.

131

Ἤλυθε κἀμφιλόχοιο φίλον δέμας ἐς μέγα σῆμα,
ψυχὴ δ' ἐς μακάρων ᾤχετ' ἀποπταμένη.
πηοῖς πάντα πέπασο, μακάρτατε· βίβλον ἔῳξας
πᾶσαν, ὅση θνητῶν κεἴ τις ἐπουρανίη·
γηραλέος φιλίην ὑπέδυς χθόνα· τέκνα λέλοιπας
κρείσσονα καὶ τοκέων· τὸ πλέον οὐ μερόπων.

A: εἰς Ἀμφιλόχιον. – Epit. 103. – In P hic [P^a] et p. 701 [P^b]; cf. ad ep. 132. **3** πέπασο nos -ασσο (cf. 80,1) **4** ἐπουρανίων P^{a1} **5** φιλίην: φ. τε P^{a1} **6** τεκέων P^a Ambr.

Ein gleiches

Grazien sprachen zu Musen: „Was sollen wir tun? Das Gebilde,
das unsre Hände geformt, Euphemios, schwand von den Menschen.“
Drauf zu den Grazien die Musen: „Wenn wirklich so böse der Neid
mag er das schöne behalten. Wir aber beschwören untrüglich: [war,
nie mehr schaffen wir noch den Menschen ein solches Gebilde.“

Gregor von Nazianz

Ein gleiches

Rauschende Quellen und Flüsse, ihr schattigen Haine, ihr Vöglein,
die in den Zweigen so schön klingende Lieder ihr singt,
Lüfte, die ihr mit Säuseln den linden Schlummer uns spendet,
und ihr Gärten, darin Huldin zu Huldin sich fand,
weinet! Euphemiospark, du holder, wie machte mit diesem
Namen Euphemios dich auch noch im Tode berühmt!

Gregor von Nazianz

Ein gleiches

Schön war, wenn je es das gab, Euphemios unter der Jugend,
schön unter Plätzen auch ist dieser elysische Platz.
Darum vereinte man beide: Wohl hat er das Leben verlassen,
doch in dem heiligen Platz ließ er den Namen zurück.

Gregor von Nazianz

Amphilochios

Tief in die mächtige Gruft sank nun auch Amphilochos' Körper,
doch zu der Seligen Chor flog seine Seele hinweg.
Alles besaßt du für Freunde, du Seliger. Was auch an Büchern
Sterbliche schrieben und Gott, offen war alles dir kund.
Alt nun, sankst du zur Erde, der guten. Es blieben die Kinder
und überragten dich noch. Gibt es für Menschen ein Mehr?

Gregor von Nazianz

132

Ἄσμενος ᾗ τε δάμαρτι καὶ υἱέι πάρθετο σῶμα
 Ἀμφίλοχος λιπαροῦ γήραος ἀντιάσας,
ὄλβιος, εὐγενέτης, μύθων κράτος, ἄλκαρ ἁπάντων
 πηῶν, εὐσεβέων, εὐγενέων, λογίων
καὶ μύθοιο δοτὴρ περιώσιος. ἠνίδ' ἑταίρων
 σῶν ἑνός, ὦ φιλότης, γράμμ' ἐπιτυμβίδιον.

Epit. 104,1. – In P hic [P^a] et p. 701/2 [P^b]. In P^a ep. 131–132 in tria seiunx. l [131,1–4; 131,5–132,2; 132,3–6]; ep. 131–133 iunx. P^b **5** ἑταίρῳ P^b **6** bis in P^b [P^b1 et P^b2] // γράμμ' ἐπιτυμβίδιον P^b 2 codd. γράμματ' ἐπ- P^a ἑταίρων γράμμα P^b 1.

133

Ὦ μάκαρ, ὦ ξυνὸν πενίης ἄκος, ὦ πτερόεντες
 μῦθοι καὶ πηγὴ πᾶσιν ἀρυομένη,
ἄσθματι πάντα λίπες πυμάτῳ· τὸ δ' ἅμ' ἔσπετο μοῦνον
 ἔνθεν ἀειρομένῳ κῦδος ἀεὶ θαλέθον.
Γρηγόριος τάδ' ἔγραψα, λόγῳ λόγον ὃν παρὰ σεῖο,
 Ἀμφίλοχ', ἐξεδάην ἀντιχαριζόμενος.

Epit, 104,7. – In P hic [P^a] et p. 702 [P^b]. **4** θαλέθον P [ex -θων corr. P^b] θαλερόν codd.

134

Ἀμφίλοχος τέθνηκεν· ἀπώλετο, εἴ τι λέλειπτο
 καλὸν ἐν ἀνθρώποις, ῥητορικῆς τε μένος
καὶ Χάριτες Μούσαισι μεμιγμέναι· ἔξοχα δ' αὖ σε
 ἡ Διοκαισαρέων μύρατο πάτρα φίλη.

A: εἰς Ἀμφιλόχιον ἐλεγίον (!) ἄλλο. – Epit. 105. – In P hic [P^a] et p. 702 [P^b]. **1** Ἀμφιλόχιος P^a // λέλιπτο P **2** τέμενος codd.

135

Τυτθὸν μὲν πτολίεθρον, ἀτὰρ πολὺν ἀνέρα δῶκα
 βήμασιν ἰθυδίκοις ἡ Διοκαισαρέων,
Ἀμφίλοχον· φθιμένῳ δὲ συνέφθιτο καὶ πυρόεσσα
 ῥήτρη καὶ πάτρης εὖχος ἀριστοτόκου.

Epit. 106. – In P hic et p. 702. **1** δῶκε Med. **2** ἰθυδίκης codd.

Ein gleiches

Froh hat Amphilochos nun seinen Leib zu der Gattin und seinem
Sohne gebettet, nachdem glanzvoll sein Alter verrann.
Reich, gewaltig im Wort, ein Edler, die Stütze der Seinen,
Frommen und Edlen ein Schirm, Schirm aller geistigen Welt,
war er ein Geber des Worts, der keinem vergleichbar. So hat auch
einer der Deinen, o Freund, dir eine Grabschrift geschenkt.

Gregor von Nazianz

Ein gleiches

Sel'ger, geflügeltes Wort, du Balsam der Armut, du Bronnen,
draus ein jeder geschöpft, einmal noch atmetest du,
dann verließest du alles; dein Ruhm nur folgte als ewig
strahlende Blüte dir nach, als du von hinnen entschwebt.
Ich, der Gregorios, schrieb dies, Amphilochos, um dir mit meinem
Worte zu danken fürs Wort, das ich gelernt hab von dir.

Gregor von Nazianz

Ein gleiches

Tot ist Amphilochos nun. Geschwunden, was rings unter Menschen
Schönes verblieben; es schwand alle rhetorische Kraft.
Chariten gingen und Musen, und jammernd klagt dir die liebe,
teure heimische Stadt Diokaisárea nach.

Gregor von Nazianz

Ein gleiches

Diokaisárea bin ich, zwar klein nur, ein Städtchen, doch einen
großen Amphilochos gab einst ich dem Recht und Gericht.
Als er dahinschwand, da schwand auch die flammende Rede, und jäh-
schwand in der Heimat, der Stadt adliger Kinder, der Ruhm. [lings

Gregor von Nazianz

136

Τὸν ῥήτρην πυρόεσσαν ἐπ' ἀντιπάλοισι φέροντα,
τὸν μέλιτος γλυκίω ἤθεα καὶ πραπίδας
'Αμφίλοχον κατέχω τυτθὴ κόνις ἔκτοθι πάτρης,
υἱέα Φιλτατίου Γοργονίας τε μέγαν.

Epit. 107. - In P hic et p. 702. 1 ῥήτραν codd. 2 γλυκίων P. - Ep. 136-138 iunx. Pb.

137

'Ρητῆρες, φθέγγοισθε· μεμυκότα χείλεα σιγῇ
'Αμφιλόχου μεγάλου τύμβος ὅδ' ἀμφὶς ἔχω.

Epit. 108. - In P hic [Pa] et p. 702 [Pb]. 2 τύμβος δ' ὅδ' Pb.

138

'Ηρίον 'Αμφιλόχοιο μελίφρονος, ὅς ποτε ῥήτρῃ
πάντας Καππαδόκας καίνυτο καὶ πραπίσιν.

Epit. 109. - In P hic et p. 702; cum ep. 137 iunx. Pab. 1 ἠρίον Pb.

139

Οἴχεαι, ὦ Νικόμηδες, ἐμὸν κλέος· ἡ δὲ συνωρὶς
σῶν καθαρὴ τεκέων πῶς βίον ἐξανύσει;
τίς δὲ τέλος νηῷ περικαλλέι χεὶρ ἐπιθήσει;
τίς δὲ Θεῷ πέμψει φρὴν τελέην θυσίην
σεῖο, μάκαρ, μιχθέντος ἐπουρανίοισι τάχιστα;
ὦ γενεὴ τλήμων, οἷα πάθες, μερόπων.

l: εἰς Νικομήδην. - Epit. 112. - In P hic [Pa] et p. 702 [Pb]. 2 καθαρῶν τοκέων Pa 3 χεῖρ' Pb 4 φρὴν τελέην: φρικαλεην ca 6 τλήμων Pb τλῆμον cet.

Ein gleiches

Ihn, der in flammender Rede, ein Großer, den Gegner bezwungen,
der im Wesen und Geist süßer als Honig erschien,
den Amphilochos berg ich, ich wenige Erde der Fremde,
ihn, des Philtatios und seiner Gorgonia Kind.

Gregor von Nazianz

Ein gleiches

Redner, nun möget ihr sprechen. Des großen Amphilochos fest und
schweigend geschlossenen Mund halt ich, das Grab hier, bedeckt.

Gregor von Nazianz

Ein gleiches

Dies ist des holden Amphilochos Grab, der einstens mit Worten
wie mit klugem Verstand ganz Kappadokien besiegt.

Gregor von Nazianz

Nikomedes

Ach, du starbst, Nikomedes, mein Stolz du! Wie geht deiner Kinder
reines, unschuldiges Paar fürder durchs Leben dahin?
Welch eine Hand nun verleiht der strahlenden Kirche die Krönung?
Und welch Herze gibt Gott opfernd ein heilig Geschenk,
da du, o Seliger, dich so früh schon dem Himmel geselltest . . . ?
Armes Menschengeschlecht, ach, was ertrugst du an Leid!

Gregor von Nazianz

140

Δέρκεο καὶ τύμβον Νικομήδεος, εἴ τιν' ἀκούεις,
ὃς νηὸν Χριστῷ δειμάμενος μεγάλῳ
αὐτὸν μὲν πρώτιστον, ἔπειτα δὲ τὴν περίβωτον
δῶκεν ἁγνὴν θυσίην παρθενίην τεκέων,
φέρτερον οὐδὲν ἔχων ἱερεὺς γενέτης τε φέριστος.
τοὔνεκα καὶ μεγάλῃ ὦκα μίγη Τριάδι.

Epit. 113. – In P hic [P^a] et p. 702 [P^b]. **3** αὐτὸν Mur. αὐ- **6** μεγάλην P^a.

141

Ὕστατος ἐς βίον ἦλθες ἀοίδιμον, ἀλλὰ τάχιστα
ἔνθεν ἀνηέρθης. τίς τάδ' ἔνευσε δίκη;
Χριστὸς ἄναξ, Νικόμηδες, ὅπως σέο λαὸν ἄνωθεν
ἰθύνῃς τεκέων σὺν ἱερῇ δυάδι.

Epit. 114. – In P hic [P^a] et p. 703 [P^b]. **1** ὕστατον codd. **4** ἰθύνεις P^a.

142

Πῇ με λιπὼν πολύμοχθον ἐπὶ χθονί, φίλταθ' ἑταίρων,
ἤλυθες ἁρπαλέως, κύδιμε Καρτέριε;
πῇ ποτ' ἔβης νεότητος ἐμῆς οἰήια νωμῶν,
ἦμος ἐπ' ἀλλοδαπῆς μῦθον ἐμετρεόμην,
ὃς βιότῳ μ' ἔζησας ἀσαρκέι; ἦ ῥ' ἐτεόν σοι
Χριστὸς ἄναξ πάντων φίλτερος, ὃν νυν ἔχεις.

*l: εἰς Καρτέριον, ἑταῖρον τοῦ μεγάλου Γρηγορίου. – Epit. 115,1. – In P hic [P^a] et p. 703 [P^b]. **1** πῇ: πεῖ P^a **5** μ' ἔζησας Boiss. ἔζ- P^a μὲν ἔζ- P^b μ' ἐνέδησας codd.

143

Ἀστεροπὴ Χριστοῖο μεγακλέος, ἕρκος ἄριστον
ἠιθέων, ζωῆς ἡνίοχ' ἡμετέρης,
μνώεο Γρηγορίοιο, τὸν ἔπλασας ἤθεσι κεδνοῖς,
ἦν ὅτε ἦν, ἀρετῆς κοίρανε Καρτέριε.

Epit. 115,7. – In P hic [P^a] et p. 703 [P^b]. **1** μεγακλέος P^b μέγα κλέος cet. **3** μνώμεο P^a.

Ein gleiches

Sieh auch das Grab Nikomeds, sofern du von diesem vernommen.
Als er das göttliche Haus Christus, dem Herrscher, erbaut,
gab er sich selber zuerst und drauf die jungfräulichen Kinder
weihend als heilig Geschenk, dem keine Glorie fehlt;
war es das Edelste doch für den Priester und edelsten Vater.
Drum auch nahmst du ihn bald, hohe Dreifaltigkeit, auf.

Gregor von Nazianz

Ein gleiches

Spät erst kamst du zum Leben des Glanzes, und früh schon entschweb-
du von hienieden. Wer gab solchem Geschehen das Recht? [test
Christus, der Herr, Nikomedes, damit du dein Völklein mit deiner
Kinder heiligem Paar fürder von oben her lenkst.

Gregor von Nazianz

Karterios

Liebster der Freunde, o sag, warum ließt du so arm mich auf Erden?
Warum gingst du so schnell, hehrer Karterios, fort?
Warum flohst du? Du hieltest das Steuer im Schiff meiner Jugend,
als ich im Fremdland das Wort recht zu bemessen gelernt
und du im Leben der Seelen mich wandeln ließest. Dein Liebstes,
wahrlich, war Christus der Herr, der dir zu eigen nun ward.

Gregor von Nazianz

Ein gleiches

Blitzstrahl des glorreichen Christus, du mächtige Schutzwehr der
Führer du, der das Gefährt auch meines Lebens gelenkt, [Jugend,
denke, du Meister der Tugend, Karterios, treulich an Gregor,
dem du zu tüchtiger Art einstens das Wesen geformt.

Gregor von Nazianz

144

Ὦ πηγαὶ δακρύων, ὦ γούνατα, ὦ θυέεσσιν
ἁγνοτάτοις παλάμαι Χριστὸν ἀρεσσάμεναι
Καρτερίου, πῶς λῆξεν ὁμῶς πάντεσσι βροτοῖσιν;
ἤθελεν ὑμνοπόλον κεῖθι χοροστασίη.

Epit. 116. – In P hic [Pa] et p. 703 [Pb]; cum ep. 143 iunx. Pb. 2 ἁγνοτάταις ex -τοις Pb -ταις cet. // παλάμαις Pb 3 λῆξεν Pa λήξας Pb λήξαθ' codd. // βροτοῖσι Pa.

145

Ἥρπασας, ὦ Νικόμηδες, ἐμὸν κέαρ· ἥρπασας ὦκα
Καρτέριον, τῆς σῆς σύζυγον εὐσεβίης.

Epit. 117. – In P hic et p. 703.

146

Ὦ Ξώλων ζαθέων ἱερὸν πέδον, οἷον ἔρεισμα
σταυροφόρων κόλποις Καρτέριον κατέχεις.

Epit. 118. – In P hic [Pa] et p. 703 [Pb]; cum ep. 145 iunx. Pab. 1 ἔρισμα Pa 2 σταυροφόρων Pa -ρον Pb codd. // κόλποις P καλέσας codd.

147

Βάσσε φίλος, Χριστῷ μεμελημένος ἔξοχον ἄλλων,
τῆλε τεῆς πάτρης ληίστορι χειρὶ δαμάσθης,
οὐδέ σε τύμβος ἔχει πατρώιος· ἀλλὰ καὶ ἔμπης
πᾶσιν Καππαδόκεσσι μέγ' οὔνομα σεῖο λέλειπται
καὶ στῆλαι παγίων μέγ' ἀμείνονες, αἷς ἐνιγράφθης,
Γρηγορίου τόδε σοι μνημήιον, ὃν φιλέεσκες.

l: εἰς Βάσσον τινὰ παρὰ ληστῶν ἀποκτανθέντα. – Epit. 110. – In P hic et p. 703. 1 φίλ' ὡς P 4 μέγ': καὶ Ambr. // λέλιπται Pa 5 ἔνι γράφθης codd.

Ein gleiches

Tränenbäche, ihr Kniee, o ihr, des Karterios Hände,
habt ihr mit Opfern so rein Christus nicht gnädig gestimmt?
Und er ließ ihn verscheiden gleich anderen Menschen? Ach, droben
wünschte der hymnische Chor wohl einen Meister für sich.

Gregor von Nazianz

Ein gleiches

Nikomedes, du nahmst mir mein Herz, nahmst rasch den Genossen
deines frommen Gemüts, ach, den Karterios, fort.

Gregor von Nazianz

Ein gleiches

Göttlichen Xola's heiliger Staub, nun birgst du der Christen
festeste Stütze im Schoß, da du Karterios deckst.

Gregor von Nazianz

Bassos

Teurer Bassos, der Christus weit über den anderen wert war,
fern vom heimischen Land erlagst du der Hand eines Räubers,
und die Gruft deiner Väter hat nicht dich empfangen. Doch gleichwohl
ist in ganz Kappadokien dein großer Name geblieben
und in Säulen gegraben, die festesten Stein überdauern:
in die Erinnerung Gregors, der lieb dir im Herzen gewesen.

Gregor von Nazianz

148

Ὡς Ἀβραὰμ κόλποισι τεθεὶς ὑποδέχνυσο, Βάσσε,
σὸν τέκος ἀτρεκέως πνεύματι Καρτέριον·
αὐτὰρ ἐγών, εἰ καί με τάφος σὺν πατρὶ καλύπτοι,
οὔποτ' ἀφ' ὑμετέρης στήσομ' ὁμοζυγίης.

Epit. 111. – In P hic [Pa] et p. 704 [Pb]. Cum ep. 147 iunx. Pb. **1** τεθεὶς P τεοῖς codd. **2** πνεῦματε Pb **3** ἐγώ codd. **4** στήσομαι συζυγίης Pb [corr. in marg.].

149

Ἠίθεον μεγάλοιο μέγαν κοσμήτορα λαοῦ
χθὼν ἱερὴ κεύθω Φιλτατίοιο δέμας.

l: εἰς Φιλτάτιον. – Epit. 124.

150

Εὐσέβιον, Βασίλισσα μεγακλέες ἐνθάδε κεῖνται,
Ξώλων ἠγαθέων θρέμματα χριστοφόρων,
καὶ Νόννης ζαθέης ἱερὸν δέμας. ὅστις ἀμείβεις
τούσδε τάφους, ψυχῶν μνώεο τῶν μεγάλων.

l: εἰς Εὐσέβειαν καὶ Βασίλισσαν. – Epit. 121. – In P hic [Pa] et p. 704 [Pb]. **1** εὐσεβέων Pb // κεῖνται codd. κεῖται P [ν suprascr. Pb] **2** ξόλων Pa // χριστοφόρα Pb.

151

Αἰεί σοι νόος ἦεν ἐς οὐρανὸν οὐδ' ἐπὶ γαίης
ἤρειδες χθαμαλῆς ἴχνιον οὐδ' ὀλίγον·
τοὔνεκεν ὡς τάχος ἦλθες ἀπὸ χθονός· Εὐλάλιος δὲ
σὴν κόνιν ἀμφιέπει σὸς κάσις, Ἑλλάδιε.

l: εἰς Ἑλλάδιον καὶ Εὐλάλιον αὐταδέλφους. – Epit. 37. – In P hic et p. 704.

Ein gleiches

Nimm den Karterios denn, den echten Sohn deines Geistes,
nimm in Abrahams Schoß gütig, mein Bassos, ihn auf.
Nie aber lasse ich selbst, auch wenn mich die Gruft mit dem Vater
einmal umschattet, den Bund euerer Freundschaft im Stich.

Gregor von Nazianz

Philtatios

Ich, eine heilige Erde, umhülle Philtatios' Jugend,
der als des mächtigen Volks mächtiger Walter gebot.

Gregor von Nazianz

Eusebeia, Basilissa und Nonna

Sieh, Eusebion und Basilissa, die Töchter des heil'gen
Xola's, der christlichen Stadt, ruhen hier glorreich im Staub
neben dem heiligen Leib der göttlichen Nonna. Denk ihrer
großen Seelen, mein Freund, der du vorbeigehst am Grab.

Gregor von Nazianz

Helladios

Stets ging zum Himmel dein Sinn, und nie hat dein Schritt diese [niedren
Tale der Erde berührt, auch nur in flüchtiger Spur.
Darum schiedest du auch, Helladios, bald von hienieden.
Brüderlich ehrt deinen Staub nun des Eulalios Hand.

Gregor von Nazianz

152

Τὸν νεαρόν, Χριστῷ δὲ μέγαν πολιόν τε νόημα
χῶρος ὅδ' ἀθλοφόρων Ἑλλάδιον κατέχω·
οὐ νέμεσις· κείνοις γὰρ ὁμοίιον ἄλγος ἀνέτλη
σβεννὺς ἀντιπάλου τοῦ φθονεροῖο μόθον.

Epit. 38. - In P hic [Pª] et p. 704 [Pᵇ]. 3 ἀνέτλη Mur. -λην [ς supra ν] Pᵇ -λης cet.

153

Μικρὸν μὲν πνείεσκες ἐπὶ χθονὶ σαρκὸς ἀνάγκῃ,
πλείονα δὲ ζωῆς ὑψόθι μοῖραν ἔχεις,
Ἑλλάδιε, Χριστοῖο μέγα κλέος· εἰ δὲ τάχιστα
δεσμῶν ἐξελύθης, τοῦτο γέρας καμάτων.

Epit. 39 - In P hic et p. 704. 3 μεγακλέος P.

154

Καὶ σύ, Γεωργίοιο φίλον δέμας, ἐνθάδε κεῖσαι,
ὃς πολλὰς Χριστῷ πέμψας ἁγνὰς θυσίας·
σὺν δὲ κασιγνήτῃ σῶμα, φρένας, ἡ Βασίλισσα,
ξυνὸν ἔχει μεγάλη καὶ τάφον ὡς βίοτον.

A: εἰς Γεώργιον. - Epit. 122. - In P hic [Pª] et p. 704 [Pᵇ]. 1 κεῖσε Pª 2 πέμψεν Ambr. 4 βιότων Pª.

155

Χώρης τῆσδ' ἱερῆς Εὐπράξιον ἀρχιερῆα
ἥδ' Ἀριανζαίη χθὼν μεγάλη κατέχω,
Γρηγορίοιο φίλον καὶ ἥλικα καὶ συνοδίτην·
τοὔνεκα καὶ τύμβου γείτονος ἠντίασεν.

A: εἰς Εὐπράξιον. - Epit. 128. - In P hic [Pª] et p. 704 [Pᵇ]. 3 Γρηγορίοι Pª.

Ein gleiches

Jung, einen Alten an Geist, einen Großen in Christo, so schließe
ich, die Märtyrergruft, hier den Helladios ein.
Tadelt es nicht! Er trug die gleichen Schmerzen wie diese,
als er des hämischen Feinds brennende Kampfgier gedämpft.

Gregor von Nazianz

Ein gleiches

Schwach noch atmetest du auf Erden im Kerker des Fleisches,
als zum größeren Teil droben dein Leben schon war,
Christi erhabene Leuchte, Helladios. Wenn deine Fesseln
früh schon zerbrachen, ein Lohn war es für all deine Mühn.

Gregor von Nazianz

Georgios

Du auch, geliebtester Leib des Georgios, ruhst hier im Grabe,
der du Christus so viel heilige Opfer gebracht.
Und Basilissa, die hehre, die Schwester an Leibe und Geiste,
teilt, wie das Leben dereinst, nun auch die Grube mit dir.

Gregor von Nazianz

Eupraxios

Tot ist Eupraxios nun, Erzpriester dahier in dem heil'gen
Lande, und ich, Arianz, berg ihn im glorreichen Schoß,
ihn, des Gregorios Freund, Wegbruder und Altersgefährten.
Darum wurde ihm auch nahe bei diesem das Grab.

Gregor von Nazianz

156

Ἰχθυβόλον ποτ' ἔλυε λίνον βυθίης ἀπὸ πέτρης
Ναυκράτιος δίναις ἐν ποταμοῦ βρυχίαις·
καὶ τὸ μὲν οὐκ ἀνέλυσεν, ὁ δ' ἔσχετο. πῶς ἁλιῆα
εἴρυσεν ἀνθ' ἁλίης δίκτυον; εἰπέ, Λόγε,
Ναυκράτιον, καθαροῖο βίου νόμον, ὥσπερ ἐίσκω,
καὶ χάριν ἐλθέμεναι καὶ μόρον ἐξ ὑδάτων.

*l: εἰς Ναυκράτιον, ἀδελφὸν τοῦ μεγάλου Βασιλείου. l ad v. 5: εἰς τὸν αὐτόν. – Epit. 1. – In P hic [P^a] et p. 698 [P^b]. **1** ἔλυσε Med. **2** βρυχίαις P^a [primo] P^b βρύχιος P^a [post] codd. **3** ἂν ἔλ- P^a **4** ἀνθαλ- P **5** ὅπερ P^b.

157

Ναυκράτιος στροφάλιγγι θάνε φθονεροῦ ποταμοῖο,
δεσμοῖσιν βυθίης ἄρκυος ἐνσχόμενος,
ὥς κε μάθῃς σύ, θνητέ, τὰ παίγνια τοῦδε βίοιο,
ἔνθεν ἀνηέρθη πῶλος ὅδ' ἄκρα θεῶν.

Epit. 2. – In P hic [P^a] et p. 698 [P^b]. **3** θνητέ, τὰ P^b [ex θνητα τὰ] θνητά τε cet.

158

Ναυκράτιος πλεκτοῖο λίνου δεσμοῖσιν ἐλυσθεὶς
δεσμῶν τοῦδε βίου ἐξ ἁλίης ἐλύθη.

Lemma om. P. – Epit. 3. – In P hic et p. 698. Ep. 157 et 158 iunx. P^a **2** ἐξαλίης P.

159

Αἵματος εὐγενέος γενόμην, βασιλῆος ἐν αὐλαῖς
ἔστην, ὀφρὺν ἄειρα κενόφρονα. πάντα κεδάσσας,
Χριστὸς ἐπεί με κάλεσσε, βίου πολλαῖσιν ἀταρποῖς
ἴχνος ἔρεισα πόθοιο τινάγμασιν, ἄχρις ἀνεῦρον
τὴν σταθερὴν Χριστῷ τήξας δέμας ἄλγεσι πολλοῖς·
καὶ νῦν κοῦφος ἄνω Μαξέντιος ἔνθεν ἀνέπτην.

l: εἰς Μαξέντιόν τινα εὐγενῆ καὶ φοβερὸν ἄνδρα. – Epit. 126. – **2** κεδάσσας Jac. -άσας P κέδασσεν Med. σκέδασσε cet. **4** ἔρεισας et ἄχρι P **5** τήξας Desr. τῆξα **6** ἀνέπτην Mur. -τη.

Naukratios

Lösen wollte sein Netz Naukratios einstens vom Felsen,
den des brausenden Stroms strudelnde Tiefe verbarg.
Aber er löste es nicht; es fing ihn selber. Wie ward es,
Christ, daß als Beute das Garn schließlich den Fischer umschlang?
Zu Naukratios kam nach reinen Lebens Gesetze,
glaub ich, die Gnade sowohl wie auch das Sterben vom Strom.

Gregor von Nazianz

Ein gleiches

Sieh, Naukratios starb im Strudel des neidischen Stromes;
in die Maschen verstrickt hielt ihn dort unten das Netz.
Menschlein, so lerne denn du das Spiel dieses Lebens, draus dieser
Renner, der vorne gestürmt, fort sich nach oben entfernt.

Gregor von Nazianz

Ein gleiches

Als Naukratios einst in die Bande des Netzes verstrickt war,
ward er durch Fischen vom Band irdischen Lebens befreit.

Gregor von Nazianz

Maxentios

Edlem Blute entsproßt, lebt' einst ich am Hofe des Kaisers;
eitel hob ich die Brauen. Dann aber, als Christ mich gerufen,
sagte ich allem lebwohl; auf zahlreichen Pfaden des Lebens
ging ich, vom Suchen gequält, bis ich sicheren Boden gefunden,
als ich in Martern für Christus mich vielmal kasteite. Nun schwang ich,
ich, der Maxentios, mich erleichtert von hinnen nach oben.

Gregor von Nazianz

160

Πάλλετ' ἐμοὶ κραδίη, Μαξέντιε, σεῖο γράφουσα
οὔνομα, ⟨ὃς στυφελὴν ἦλθες ὁδὸν βιότου,⟩
ἄμβροτον, ⟨αἰπήεσσαν, ἀτερπέα· σεῖο, φέριστε,⟩
ἄτρομος οὐδὲ τάφῳ χριστιανὸς πελάει.

Epit. 127. – **1** πάλλεταί μοι P **2–3** ὃς ... βιότου et αἰπ- ... φέριστε om. P spatiis rel. **4** πελάσει codd.

161

Ἐμμέλιον τέθνηκε. τίς ἔφρασεν; ἥ γε τοσούτων
καὶ τοίων τεκέων δῶκε φάος βιότῳ,
υἱέας ἠδὲ θύγατρας ὁμόζυγας ἀζυγέας τε,
εὔπαις καὶ πολύπαις ἥδε μόνη μερόπων.
τρεῖς μὲν τῆσδ' ἱερῆες ἀγακλέες, ἡ δ' ἱερῆος
σύζυγος, οἱ δὲ πέλας ὡς στρατὸς εὐαγέων.

l: εἰς Ἐμμελίαν, τὴν μητέρα τοῦ ἁγίου Βασιλείου. – Epit. 54,1. – In P hic [Pa] et p. 697 [Pb]. **2** τοκέων Pa Par. 991 **5** τῆδ' codd. **6** ὡς στρατὸς codd. ὦ στ- Pa ὡστ- Pb // εὐαγεος Pa.

162

Θάμβος ἔχεν μ' ὁρόωντα τόσον γόνον Ἐμμελίοιο
καὶ τοῖον, μεγάλης νηδύος ὄλβον ὅλον·
ὡς δ' αὐτὴν φρασάμην Χριστοῦ κτέαρ, εὐσεβὲς αἷμα,
Ἐμμέλιον, τόδ' ἔφην· „Οὐ μέγα· ῥίζα τόση.
τοῦτό σοι εὐσεβίης ἱερὸν γέρας, ὦ παναρίστη,
τιμὴ σῶν τεκέων, οἷς πόθον εἶχες ἕνα."

Epit. 54,7. – In P hic [Pa] et p. 697 [Pb]. **1** ἔχεν Jac. ἔχει **5** πανάριστε Pa **6** τιμῆς ὧν Pa τιμῆς ὃν Pb // οἷς codd. ἐς P. – Ep. 161 et 162 iunx. Pb.

163

Παρθένον αἰγλήεσσαν ἔχω κόνις, εἴ τιν' ἀκούεις
Μακρίναν, Ἐμμελίου πρωτότοκον μεγάλης·
ἣ πάντων ἀνδρῶν λάθεν ὄμματα, νῦν δ' ἐνὶ πάντων
γλώσσῃ καὶ πάντων φέρτερον εὖχος ἔχει.

A: εἰς Μακρίναν l: τὴν ἀδελφὴν τοῦ μεγάλου Βασιλείου. – Epit. 120. – In P hic [Pa] et p. 697 [Pb]. **1** ἔχει Pa.

Ein gleiches

Pochend schlägt mir das Herz, Maxentios, während es deinen
Namen hier schreibt; der Weg, den du durchs Leben gewählt,
war beschwerlich und steil und freudlos, doch heilig. Es naht sich
nie deinem Grabe ein Christ, ohne zu zittern, mein Freund.

Gregor von Nazianz

Emmelia

Tot ist Emmelion nun. Wem dünkte es möglich? So vieler
Kinder vortreffliches Licht hat sie dem Leben geschenkt,
Söhne und Töchter zugleich, vermählte und ehlosgebliebne.
Glücklich an Kindern und reich war sie wie nie eine Frau.
Drei wurden glorreiche Priester, die eine das Weib eines Priesters,
doch ihre Nächsten ringsum bilden von Frommen ein Heer.

Gregor von Nazianz

Ein gleiches

Staunen ergriff mich beim Blick auf Emmelions viele und stolze
Kinder, den riesigen Schatz eines erhabenen Leibs.
Da ich Emmelion aber als heiliges Blut und als Christi
eigenes Kleinod erkannt, sprach ich: „Kein Wunder! Solch Stamm!
Dir ist, Beste der Frauen, der Ruhm deiner Kinder der hehrste
Lohn für dein Frommsein; ersehnt hast du das gleiche wie sie.“

Gregor von Nazianz

Makrina

Makrina berg ich im Staub, wenn der großen Emmelion keusches,
strahlendes, ältestes Kind jemals du nennen gehört.
Einstmals mied sie die Augen von allen Männern, heut ist sie
aller Gespräch und steht höher als alle an Ruhm.

Gregor von Nazianz

164

Καὶ σύ, Θεοσσέβιον, κλεινῆς τέκος Ἐμμελίοιο,
Γρηγορίου μεγάλου σύζυγε, ἀτρεκέως
ἐνθάδε τὴν ἱερὴν ὑπέδυς χθόνα, ἕρμα γυναικῶν
εὐσεβέων· βιότου δ' ὥριος ἐξελύθης.

A: εἰς Θεοσέβιον l: ἀδελφὴν Βασιλείου. – Epit. 123. – In P hic et p. 697. 1 καὶ σύ γε Θευσέ- codd.

165

Γρηγόριον μήτρως, ἱερεὺς μέγας, ἐνθάδ' ἔθηκε
Γρηγόριος καθαροῖς Μάρτυσι παρθέμενος,
ἠίθεον θαλέθοντα νεόχνοον· αἱ δὲ πάροιθεν
τῆς γηροτροφίης ἐλπίδες οὐδὲ κόνις.

A: εἰς Γρηγόριον, τῆς μητρὸς ἀδελφόν. – Epit. 125. – In P hic [Pa] et p. 697 [Pb]. 1 μήτρω' Pb 4 οὐδὲ Pa Med. εἶδε Pb εἰσὶ Par. Ambr.

166

Εἰ φίλον ὀρχησταῖς ἀθλήματα, καὶ φίλον ἔστω
θρύψις ἀεθλοφόροις· ταῦτα γὰρ ἀντίθετα.
εἰ δ' οὐκ ὀρχησταῖς ἀθλήματα οὐδὲ ἀθληταῖς
ἡ θρύψις, πῶς σὺ Μάρτυσι δῶρα φέρεις
ἄργυρον, οἶνον, βρῶσιν, ἐρεύγματα; ἦ ῥα δίκαιος,
ὃς πληροῖ θυλάκους, κἂν ἀδικώτατος ᾖ;

*l: πρὸς τοὺς ἐν μαρτυρίοις τρυφῶντας. – Epigr. 26. – 4 φέροις codd. 6 ὃς codd. ὡς P.

167

Μάρτυρες, εἴπατε ἡμὶν ἀληθῶς, εἰ φίλον ὑμῖν
αἱ σύνοδοι. – „Τί μὲν οὖν ἥδιον;" – Ἀντὶ τίνος; –
„Τῆς ἀρετῆς· πολλοὶ γὰρ ἀμείνους ὧδε γένοιντ' ἄν,
εἰ τιμῷτ' ἀρετή." – Τοῦτο μὲν εὖ λέγετε·
ἡ δὲ μέθη τό τε γαστρὸς ὑπάρχειν τοὺς θεραπευτὰς
ἄλλοις· ἀθλοφόρων δ' ἔκλυσις ἀλλοτρία.

Epigr. 27. – 1 ἡμὶν: ἡμῖν P ἄμμιν codd. [cf. 173,3] 6 δ' om. codd. // ἀλλοτρίη codd.

Theosebeia

Du, Theosebion, auch, der hehren Emmelion Tochter,
Gregors, des großen, Gemahl, sankst nun untrüglich dahier
in die heilige Erde, ein Hort gottseliger Frauen.
Sieh, als reif war die Zeit, wardst du vom Leben erlöst.

Gregor von Nazianz

Gregor

Neben den Märtyrern nun, den reinen, hat Gregor, der große
Priester und Oheim, dahier Gregor zu Grabe gebracht,
ihn, den blühenden Knaben im ersten Flaume. Die Hoffnung,
daß er im Alter ihn stützt, wurde ihm nichtig wie Staub.

Gregor von Nazianz

Bankette in der Kirche

Lieben die Tänzer das Kämpfen, so mögen auch Kämpfer des Glaubens
Schwelgen lieben; hier steht doppelt ein Gegensatz auf.
Lieben die Tänzer kein Kämpfen und Kämpfer des Glaubens kein [Schwelgen,
warum bringst du alsdann Märtyrern Silber und Wein,
Speisen und Speien als Gaben? Ist der ein Gerechter, der Säcke
anfüllt, wenn er zugleich selber höchst ungerecht ist?

Gregor von Nazianz

Ein gleiches

Märtyrer, sagt mir in Wahrheit: Ist's schön, daß man hier sich versammelt? –
„Nichts ist uns lieber als dies.“ – Wozu versammelt man sich? –
„Um der Frömmigkeit willen; denn viele wohl werden gebessert,
wenn man die Frömmigkeit ehrt.“ – Das ist ein richtiges Wort.
Trunkenheit aber und Neigung, ein Sklave des Bauches zu werden,
stellen wir andern anheim. Schwelgen ist Märtyrern fremd.

Gregor von Nazianz

168

Μὴ ψεύδεσθ', ὅτι γαστρὸς ἐπαινέται εἰσὶν ἀθληταί·
λαιμῶν οἵδε νόμοι, ὠγαθοί, ὑμετέρων·
Μάρτυσι δ' εἰς τιμὴν ἓν ἐπίσταμαι· ὕβριν ἐλαύνειν
ψυχῆς καὶ δαπανᾶν δάκρυσι τὴν πιμελήν.

Epigr. 29,1. – **2** ὦ 'γαθέ P Ambr.

169

Μαρτύρομ', ἀθλοφόροι καὶ μάρτυρες· ὕβριν ἔθηκαν
τιμὰς ὑμετέρας οἱ φιλογαστορίδαι.
οὐ ζητεῖτε τράπεζαν ἐύπνοον οὐδὲ μαγείρους·
οἱ δ' ἐρυγὰς παρέχουσ' ἀντ' ἀρετῆς τὸ γέρας.

Epigr. 29,5. – **2** φιλογαστριδίαι Ambr. **4** οὐδ' ἐρυγ. Ambr.

170

Τρισθανέες, πρῶτον μὲν ἐμίξατε σώματ' ἀνάγνων
ἀθλοφόροις, τύμβοι δὲ θυηπόλον ἀμφὶς ἔχουσι·
δεύτερον αὖτε τάφους τοὺς μὲν διεπέρσατ' ἀθέσμως
αὐτοὶ σήματ' ἔχοντες ὁμοίια, τοὺς δ' ἀπέδοσθε,
πολλάκι καὶ τρὶς ἕκαστον· ὃ δὲ τρίτον, ἱεροσυλεῖς
Μάρτυρας, οἷς φιλέεις. Σοδομίτιδες ἵξατε πηγαί.

*l: εἰς τοὺς αὐτοὺς καὶ κατὰ τυμβωρύχων. – Epigr. 47. – **4** αὐτοὶ σήματ' . . . ἀπέδοσθε codd. αὐτοῖς εἶματ' . . . ἀπέδοσθαι P **5** ὃ Boiss. ὁ // ἱεροσύλοις P em. Mur. **6** οἷς Waltz οὓς // ἵξατε Jac. εἷξ-.

171

Παῖδες χριστιανῶν, τόδ' ἀκούσατε. οὐδὲν ὁ τύμβος;
πῶς οὖν ὑμετέρους χώννυτ' ἀριπρεπέας;
ἀλλ' ἔστιν καὶ πᾶσι γέρας τόδε, μηδὲ τάφοισιν
βάλλειν ἀλλοτρίοις δυσμενέας παλάμας.
εἰ δ', ὅτι μὴ νέκυς οἶδε τὰ ἐνθάδε, τοῦτ' ἀδίκαστον,
πείθομαι, ἣν σὺ φέρῃς πατρὸς ὕβριν φθιμένου.

l: εἰς τοὺς αὐτοὺς καὶ κατὰ τυμβωρύχων. – Epigr. 48,1. – **1** τόδ' codd. τ' ἴδ' P.

Ein gleiches

Lügt nicht, die Märtyrerhelden bezeigten dem Bauch ihren Beifall.
Das ist, ihr Freunde, ein Wort, das euer Gaumen euch sagt.
Eines nur weiß ich, was Märtyrer ehrt: den Hochmut zu bannen
und im Tränenerguß still zu verzehren sein Fett.

Gregor von Nazianz

Ein gleiches

Seid mir die Zeugen, ihr Helden, ihr Märtyrer: Was euch geehrt hat,
kehrte dies schlemmende Volk nun in ein Ärgernis um.
Denn ihr wollt keine Köche und wollt keine duftende Tafel,
sie aber bringen euch jetzt Speien statt Frömmigkeit dar.

Gregor von Nazianz

Grabschänder

Dreimal verdient ihr den Tod: Zuerst, die ihr Körper der Heiden
zu den Märtyrern senktet; nun liegt in dem Grabe ein Opfrer;
zweitens, die ihr die Grüfte rechtswidrig zerstörtet, obwohl ihr
selber die gleichen besessen und andere Grüfte verkauft habt,
oft gar dreimal ein jedes; zum dritten, du plünderst für deine
Lieben die Märtyrer aus. O kommt, ihr Sodomaquellen!

Gregor von Nazianz

Ein gleiches

Christenkinder, merkt auf! Das Grab hat keine Bedeutung?
Warum baut ihr es dann derart erlesen für euch?
Nein, eine Ehre schon ist's, eine Ehre für alle, sobald man
an eines anderen Gruft frevelnd die Hände nicht legt.
Ist es nicht strafbar, weil Tote vom Hier nichts wissen, – so tu es!
Dann aber trag auch den Schimpf an deinem Vater im Grab.

Gregor von Nazianz (?)

172

Τυμβολέται, γάστρωνες, ἐρευγόβιοι, πλατύνωτοι,
μέχρι τίνος τύμβοις Μάρτυρας ἀλλοτρίοις
τιμᾶτ', εὐσεβέοντες ἃ μὴ θέμις; ἴσχετε λαιμούς,
καὶ τότε πιστεύσω Μάρτυσιν ἦρα φέρειν.

l: εἰς τοὺς αὐτοὺς καὶ κατὰ τυμβωρύχων. – Epigr. 48,7. – **1** τυμβολέται P Med. συμ- cet. **3** λαιμοῖς P **4** ἱρὰ P.

173

Τιμὴ Μάρτυσίν ἐστιν ἀεὶ θνῄσκειν βιότητι
αἵματος οὐρανίου μνωομένους μεγάλου·
τύμβοι δὲ φθιμένοις. ὃς βήματα δ' ἡμὶν ἐγείρει
ἀλλοτρίοισι λίθοις, μηδὲ τάφοιο τύχοι.

l: πρὸς τοὺς ἀπὸ τῶν ἐκ τάφων λίθων ναοὺς οἰκοδομοῦντας. – Epigr. 48,11. – **2** μνωόμενος P^{1} **3** ἡμῖν P ἧμιν Med. ἄμμιν Ambr. **4** τύχη P.

174

Μάρτυρες, αἷμα Θεῷ μεγάλην ἐσπείσατε λοιβὴν
καὶ μέντοι θεόθεν ἄξια δῶρ' ἔχετε,
βήμαθ', ὕμνους, λαούς, ψυχῶν σέβας. ἀλλ' ἀπὸ τύμβων
φεύγετε, νεκροκόμοι, Μάρτυσι πειθόμενοι.

l: πρὸς τοὺς ἐν μαρτυρίοις τρυφῶντας. – Epigr. 48,15. – **3** λαούς codd. ἀμούς P **4** νεκροκόμοι codd. -μοις P^{1} -μων c.

175

Δαίμοσιν εἰλαπίναζον, ὅσοις τὸ πάροιθε μεμήλει
δαίμοσιν ἦρα φέρειν, οὐ καθαρὰς θαλίας.
τούτου χριστιανοὶ λύσιν εὕρομεν· ἀθλοφόροισι
στησάμεθ' ἡμετέροις πνευματικὰς συνόδους.
νῦν δέ τι τάρβος ἔχει με· ἀκούσατε, οἱ φιλόκωμοι·
πρὸς τοὺς δαιμονικοὺς αὐτομολεῖτε τύπους.

l: πρὸς τοὺς αὐτούς, ὅτι οὐ δεῖ ἐν μαρτυρίοις τρυφᾶν. – Epigr. 28. – **2** θυσίας Ambr. **5** οἱ P ὦ codd.

Bankette in der Kirche

Schänder von Gräbern, ihr Wänste, breitrückige Menschen, ihr Speier,
ehrt man die Märtyrer wohl, plündernd ein anderes Grab?
Heilig-unheiliges Tun! Gebietet den Kehlen, dann glaub ich,
daß ihr den Märtyrern euch freundlich und liebreich erweist.

Gregor von Nazianz (?)

Grabschänder

Uns, die Märtyrer, ehrt's, dem Leben zu sterben im Glauben
an des himmlischen Bluts heilige Größe; und dann
ehrt uns im Tode das Grab. Doch wer uns aus Steinen der andern
einen Altar erbaut, bleibe des Grabes beraubt.

Gregor von Nazianz (?)

Ein gleiches

Märtyrer, heilige Spende gabt Gott ihr mit euerem Blute,
und ihr empfinget von Gott würdige Gaben dafür:
Hymnen, Altäre, Verehrer und betende Herzen. – Laßt ab drum,
Totenmänner, vom Grab! Hört auf der Märtyrer Wort!

Gregor von Nazianz (?)

Bankette in der Kirche

Wollte man einst den Dämonen ein Liebes tun, schmauste man festlich
für die Dämonen, doch rein war diese Festlichkeit nicht.
Aber die Christen verbannten solch irriges Handeln, sie brachten
geistige Feiern dafür unseren Märtyrern dar.
Jetzt aber faßt mich ein Schreck. Hört, Freunde des Zechens, ihr fielet
zur Gepflogenheit ab, die den Dämonen gebührt.

Gregor von Nazianz

176

Μηκέτι πηκτὸν ἄροτρον ἀνὴρ ἐπὶ γαῖαν ἐλαύνοι,
μὴ πέλαγος πλώοι, μὴ δόρυ θοῦρον ἔχοι·
ἀλλὰ φέρων σκαπάνην τε καὶ ἄγριον ἐν φρεσὶ θυμὸν
ἐς τύμβους πατέρων χρυσὸν ἴοι ποθέων,
ὁππότε καὶ τοῦτόν τις ἐμὸν περικαλλέα τύμβον
σκάψεν ἀτασθαλέων εἵνεκα κερδοσύνης.

Epigr. 49.

177

῾Επτὰ βίοιο πέλει τάδε θαύματα· τεῖχος, ἄγαλμα,
κῆποι, πυραμίδες, νηός, ἄγαλμα, τάφος·
ὄγδοον ἔσκον ἔγωγε πελώριος ἐνθάδε τύμβος,
ὑψιπαγής, σκοπέλων τῶνδ' ἀποτῆλε θέων,
πρῶτος δ' ἐν φθιμένοισιν ἀοίδιμος, ἔργον ἄπληστον
τῆς σῆς, ἀνδροφόνε, μαινομένης παλάμης.

l: θαυμαστόν· περὶ τῶν ζ' θεαμάτων· πρῶτον τεῖχος τὸ ἐν Βαβυλῶνι Σεμιράμεως, β' ὁ ἐν 'Ολυμπίᾳ Ζεὺς χρυσοῦς σφυρήλατος, γ' Αἰγύπτου πυραμίδες, δ' οἱ ἐν Κολόσσαις κῆποι, ε' ὁ ἐν 'Εφέσῳ ναὸς τῆς 'Αρτέμιδος, ϛ' ὁ ἐν 'Ρόδῳ κολοσσός, ζ' ὁ Μαυσώλου τάφος. – Epigr. 50. – 2 τάφος Med. τύμβος P 3 ἔσκον Med. ἔσχον P.

178

Ἦν ὅτε ἦν ἀτίνακτος ἐγὼ τάφος, οὔρεος ἄκρην
πουλὺς ὑπερτέλλων τηλεφανὴς σκόπελος·
νῦν δέ με θὴρ ἐτίναξεν ἐφέστιος εἵνεκα χρυσοῦ·
ὧδε δ' ἐτινάχθην γείτονος ἐν παλάμαις.

Epigr. 51. – 4 δ' ἐτινάχθην Med. δὲ τιν- P.

179

Τὸν τύμβοιο τόσου ληίστορα, ὃν πέρι πάντῃ
λάων τετραπέδων ἀμφιθέει στέφανος,
ἄξιον αὐτίκ' ἔην αὐτῷ ἐνὶ σήματι θέντας
αὖθις ἐπικλεῖσαι χάσματα δυσσεβέι.

Epigr. 52. – 1 τὸν . . . τόσου P τοῦ . . . τόσον Med. 3 ἔην Med. ἦν P.

Grabschänder

Nicht mehr drücke der Mensch den harten Pflug in die Erde,
fort mit den Fahrten zur See, fort mit dem grimmigen Speer!
Nur eine Picke zur Hand und im Busen ein fühlloses Herze,
geh er voll Geldgier ans Grab, drinnen die Väter ihm ruhn.
Sieh, um schnöden Gewinn zerschlug ein frevelnder Bube
nun auch das prächtige Grab, das doch mein Eigentum war.

Gregor von Nazianz

Ein gleiches

Wunder des Lebens gibt's sieben: die Mauer, ein Standbild, die Gärten,
die Pyramiden, ein Grab, Tempel und eine Figur.
Ich hier erschien als das achte: ein riesiges Grabmal, das über
diese Felsen ringsum bis in den Himmel sich hob.
Nun besingt mich als erstes der Wunder des Todes: das ist es,
was deine Tollheit und Gier, Mörder, gemacht hat aus mir.

Gregor von Nazianz

Ein gleiches

Einstmals war ich ein Grab, unzerstörbar; ich schien eine Felswand,
die, weit sichtbar, des Bergs mächtigen First überragt.
Nun hat ein Raubtier im Haus zerstört mich aus Hunger nach Golde.
Also hat mich die Hand, ach, eines Nachbars zerstört.

Gregor von Nazianz

Ein gleiches

Jenen Räuber, der solch eine herrliche Grabstatt beraubt hat,
die von Quadern ein Kranz rings allerorten umgibt,
wahrlich, man müßte ihn stracks mit eben dem Male bedecken,
um zu schließen das Loch, das dieser Bube hier riß.

Gregor von Nazianz

180

Ἔργον ἀλιτρὸν ὄπωπα, κεχηνότα τύμβον, ὁδεύων·
χρυσοῦ ταῦτα πέλει ἔργματα τοῦ δολίου.
εἰ μὲν χρυσὸν ἔχεις, εὗρες κακόν· εἰ δ' ἄρα κεινὸς
ἔνθεν ἔβης, κενεὴν μήσαο δυσσεβίην.

Epigr. 53.

181

Ὀσσάτιον παράμειψα βροτῶν βίον, οὐδ' ἄρ' ἔμελλον
ἐκφυγέειν παλάμας γείτονος οὐλομένας,
ὅς με καὶ αἰπὺν ἐόντα χαμαὶ βάλε νηλέι θυμῷ
οὔτε Θεὸν δείσας οὔθ' ὁσίην φθιμένων.

Epigr. 54. – 1 ὀσσάτιον Med. -τεον P 2 οὐλομένου Med.

182

Τὸν τύμβων κακοεργὸν ἀλάστορα φεύγετε πάντες·
ἠνίδ', ὅσην σκοπιὴν ῥήξατο ῥηιδίως.
οὐ μὲν ῥηιδίως ἐρρήξατο. ἀλλ' ἀποτῆλε
χάζεσθε· φθιμένους ὧδ' ἂν ἀρεσσάμεθα.

Epigr. 55. – 1 τύμβων Med. -βον P 2 ἠνίδ' ὅσην P εἰ δὲ τόσην Med. 3 ἐρρήξατο Med. -τε P 4 χάζεσθε Med. λά- P // φθιμένοις Med. // ἂν ἀρεσσά- Med. ἀναραισά- P.

183

Αἰαῖ, ὡς τι κακὸν προτιόσσομαι ἐγγύθεν ἤδη
τοῖσί τε τυμβορύχοις τοῖς τε περικτιόσιν
σήματος ὑψιθέοντος ὀλωλότος. ἀλλὰ τὸν ἐχθρὸν
οἶδε δίκη· δακρύειν δ' ἡμέτερον φθιμένους.

Epigr. 56. – 1 ὥς τι P ὦ τί Med.

Ein gleiches

Wandernd begegnete ich der Sünde, dem klaffenden Grabe;
sieh, das tückische Gold hat diese Untat verübt.
Fandest du Gold, so hast du ein Unglück gefunden; und gingst du
leer von dannen, so war dieser dein Frevel umsonst.

Gregor von Nazianz

Ein gleiches

Wie viele Leben der Menschen schon hab ich gesehen! Und dennoch,
Nachbars zerstörender Hand sollte ich nimmer entgehn.
Ob ich auch hoch war und steil, kaltherzig riß er mich nieder,
ohne Gott und die Pflicht gegen die Toten zu scheun.

Gregor von Nazianz

Ein gleiches

Flieht vor dem ruchlosen Buben, dem Schänder der Gräber, flieht alle!
Seht, wie leicht er ein solch ragendes Denkmal zerschlug.
Nein doch, es ward ihm nicht leicht, das Mal zu zerschlagen. Doch fort
So nur verdient man gewiß sich der Verstorbenen Gunst. [hier!

Gregor von Nazianz

Ein gleiches

Ach, ich seh es voraus: den Schändern der Gräber und allen
Nachbarn ist nah schon das Leid, nun dieses ragende Mal
untergegangen. Jedoch, die Gerechtigkeit kennt den Verbrecher;
uns aber bleibt nur die Pflicht, daß man die Toten beweint.

Gregor von Nazianz

184

Μαυσώλου τάφος ἐστὶ πελώριος, ἀλλὰ Κάρεσσι
τίμιος· οὔτις ἐκεῖ τυμβολέτις παλάμη·
Καππαδόκεσσιν ἔγωγε μέγ' ἔξοχος, ἀλλὰ δέδορκας,
οἷα πάθον. στήλῃ γράψατε νεκροφόνον.

Epigr. 57. – 1 Μαυσωλοῦ ex -ώλου P 2 τυμβολέτης Med.

185

Τοῖχος ἐνὶ προπόδεσσι καὶ ὄρθιος· ἔνθεν ἔπειτα
ὕπτιος ἐκ λαγόνων εἰς ἓν ἀγειρομένων
τύμβος ἔην, καθύπερθε λόφου λόφος. ἀλλὰ τί ταῦτα;
οὐδὲν χρυσοφίλαις, οἵ μ' ἐτίναξαν ὅλον.

Epigr. 58. – 1 τοῖχος Jac. τεῖχος 4 χρυσοφίλαις οἳ Med. -όφιλε σοι P // μ' ἐτίναξαν Med. με τίναξον P.

186

Νεκρῶν νεκρὰ πέλοι καὶ μνήματα· ὃς δ' ἀνεγείρει
τύμβον ἀριπρεπέα τῇ κόνι, τοῖα πάθοι·
οὐ γὰρ ἂν οὗτος ἀνὴρ τὸν ἐμὸν τάφον ἐξαλάπαξεν,
εἰ μὴ χρυσὸν ἔχειν ἤλπετο ἐκ νεκύων.

Epigr. 59. – 1 νεκρῶνέκρὰ (!) P // μνήματα· ὃς δ' ἀνεγείρει Med. μνήματος δ' ἀνεγείρατο P 3 οὕτως Med. // ἐξαλάπαξεν Med. -πάξει P 4 εἰ Med. οὐ P.

187

Τίς τίνος; οὐκ ἐρέει στήλη· πρὸ γὰρ ὤλετο τύμβου.
τίς χρόνος; ἀρχαίης σῆμα τόδ' ἐργασίης.
τίς δέ σ' ἐνήρατο; εἰπέ· φόνος τόδε. – „Χεῖρες ἀλιτραὶ
γείτονος." – Ὡς τί λάβῃ; – „Χρυσόν." – Ἔχοι σκοτίην.

Epigr. 60. – 1 οὐκενέει Med. // πρὸ Med. πρὸς P // ὤλετο Med. ὧδε τὸ P 2 σῆμα τόδ' P σήματος Med. // ἐργασίας Med. 3 φόνος Boiss. φθόνος 4 ἔχει Med.

Ein gleiches

Ist auch das Grab des Mausolos ein Ungetüm – dennoch, der Karer
hält es in Ehren; dort gibts nie eine schändende Hand. [wurde!
Ich war in ganz Kappadokien ein Prachtstück – nun sieh, was ich
Schreibt doch den Menschen, der hier Leichen noch mordet, aufs Mal!

Gregor von Nazianz

Ein gleiches

Eine Mauer stieg aufwärts in Strebepfeilern; von da ab
war ich aus Seiten geneigt, die sich vereinten zu eins,
eine Grabstatt: ein Berg auf dem Berg. Und dennoch, wozu das?
Für die Goldgier, die mich gänzlich zerstörte, war's nichts.

Gregor von Nazianz

Ein gleiches

Möge so tot wie die Toten das Mal sein, doch wer einen reichen
Grabstein dem Staube enthebt, ziehe das gleiche sich zu.
Siehe, es hätte der Mensch doch nie meine Gruft hier verwüstet,
hätte er nimmer sich Gold von einem Toten erhofft.

Gregor von Nazianz

Ein gleiches

Nenn seinen Namen und Vater! ... Die Säule erzählt's nicht; sie fiel
vor dem Grabe. Die Zeit? Alt ist die Arbeit am Mal ... [schon
Wer aber tötete dich? Sag's! Mord war's. – „Der ruchlose Nachbar." –
Und was raubte er? – „Gold." – Mög er zur Finsternis gehn!

Gregor von Nazianz

188

Ὅστις ἐμὸν παρὰ σῆμα φέρεις πόδα, ἴσθι με ταῦτα
 τοῦ νεοκληρονόμου χερσὶ παθόντ' ἀδίκως·
οὐ γὰρ ἔχον χρυσόν τε καὶ ἄργυρον, ἀλλ' ἐδοκήθην,
 κάλλεϊ μαρμαίρων τοσσατίῳ λαγόνων.

Epigr. 61. – 1 φέρει Med., cf. VII 525,1 // ἴσθι με Med. σοὶ μετὰ P 3 ἐδοκήθην Med. -θη P 4 τοσσατίῳ Desr. -ων.

189

Στῆθι πέλας καὶ κλαῦσον ἰδὼν τόδε σῆμα θανόντος,
εἴ ποτ' ἔην, νῦν αὖτε τάφον δηλήμονος ἀνδρός.
σῆμα πέλω, μὴ τύμβον ἐγείρειε βροτὸς ἄλλος.
τί πλέον, εἰ παλάμαισι φιλοχρύσοισιν ὀλεῖται;

Epigr. 62. – 2 αὖτε P τε Med. 4 -μῃσι φιλοχρύσῃσιν Med.

190

Αἰὼν καὶ κληῖδες ἀμειδήτου θανάτοιο
 καὶ λήθης σκοτίης βένθεα καὶ νέκυες,
πῶς ἔτλη τύμβον τις ἐμὸν ἔπι χεῖρας ἐνεγκεῖν;
 πῶς ἔτλη; φθιμένων ⟨κήδεται οὐδ' ὁσίη⟩.

Epigr. 63. – 1 κληῖδες Med. κληνίδες P 2 λήθης Med. -η P 4 κήδεται κτλ. om. P.

191

Τέτρωμαι πληγῇσιν ἀεικελίῃσιν ὁ τύμβος,
 τέτρωμ', ὥς τις ἀνὴρ ἐν δαῒ λευγαλέῃ.
ταῦτα φίλα θνητοῖσι, τὸ δ' αἴτιον ὡς ἀθέμιστον.
 τὸν νέκυν οἷον ἔχων χρυσὸν ἀποξέομαι.

Epigr. 64. – 2 ὅστις Med. 4 οἷον Med.

Ein gleiches

Der meinem Grabe du nahst, vernimm, dies taten die Hände
meines Erben mir an, ja, und zu Unrecht sogar.
Denn ich hatte kein Gold, kein Silber, ich schien's nur zu haben,
da meine Wände in solch schimmernder Schönheit geglänzt.

Gregor von Nazianz

Ein gleiches

Tritt nur näher und weine, sobald du mich Totenmal anschaust,
falls ich je es gewesen; nun ward ich das Grab eines Bösen.
Mal bin ich dessen, daß niemals der Mensch eine Gruft sich erbaue.
Siehe, wozu, wenn Hände in Goldgier sie wieder vernichten?

Gregor von Nazianz

Ein gleiches

Ewigkeit du, ihr Schlüssel des finsteren Todes, ihr Toten
und ihr Tiefen, wo schwarz stille Vergessenheit wohnt,
konnt es ein Sterblicher wagen, die Hand an das Grab mir zu legen?
Konnte er's? Frömmigkeit auch achtet die Toten nicht mehr.

Gregor von Nazianz

Ein gleiches

Wund bin ich worden, ich Grab, von schmählich-entehrenden Schlägen,
wund wie ein kämpfender Mann in der verderblichen Schlacht.
Wenn auch die Menschen das lieben, wie ist der Beweggrund doch böse!
Nur ein Toter ist hier, aber man raubt mir das Gold.

Gregor von Nazianz

192

Πρός σε Θεοῦ ξενίου λιτάζομαι, ὅστις ἀμείβεις
τύμβον ἐμόν, φράζειν· „Τοῖα πάθοις, ὁ δράσας.“ -
„Οὐκ οἶδ', ὅντινα τύμβος ἔχει νέκυν· ἀλλ' ἐρέω γε
δάκρυ' ἐπισπένδων· Τοῖα πάθοις, ὁ δράσας.“

Epigr. 65 [om. v. 3-4]. - **1** σε Jac. γε P τε Med. **3-4** om. Med.

193

Πάντα λιπών, γαίης τε μυχοὺς καὶ πείρατα πόντου,
ἦλθες ἔχειν ποθέων χρυσὸν ἐμοῦ νέκυος.
νεκρὸν ἔχω καὶ μῆνιν ὀλωλότος· ἥν τις ἐπέλθῃ,
ταῦτ', εἰ ληίζει, δώσομεν ἀσπασίως.

Epigr. 66. - Falsum ord. (1,3,2) litteris corr. A **4** ταῦτ' εἰ ληίζει Boiss. τ. εἰ λειίζῃ P ταῦτα λελαιομένῳ Med.

194

Εἴ σοι χρυσὸν ἔδωκα μόνῳ μόνος, οὐκ ἐφύλασσες
τοῦθ', ὅπερ εἰλήφεις, ἦ κακὸς ἦσθ' ἂν ἄγαν;
εἰ δὲ τάφον σκάπτεις, τὴν αἰδέσιμον παραθήκην,
καὶ τόδ' ἐπὶ χρυσῷ, ἄξιος, εἰπέ, τίνος;

Epigr. 67. - **1** μόνος ex -ους P **2** τοῦθ' ὅπερ Med. ... περ P [lac. rel.] // ἦ Med. ἥ P **4** εἰπέ Med. εἶπε P.

195

Τοὺς ζῶντας κατόρυσσε. τί γὰρ νεκροὺς κατορύσσεις;
Ἄξιοί εἰσι τάφων, οἵ σε ζῆν εἴασαν οὕτω
τὸν τῶν οἰχομένων ὑβριστὴν καὶ φιλόχρυσον.

Epigr. 68. - **3** cum ep. 196 iunx. P.

Ein gleiches

O, bei dem gastlichen Gott, ich bitte dich, der du an meinem
Grabe vorbeigehst, o sprich: ‚Täter, das treffe auch dich!' –
„Wenn ich den Toten auch hier im Grabe nicht kenne, ich sage
dennoch mit Tränen im Aug': ‚Täter, das treffe auch dich!'"

Gregor von Nazianz

Ein gleiches

Alles, die Winkel der Erde und Enden des Meeres, verließt du,
um meinem Toten aus Gier nach seinem Golde zu nahn.
Nur eine Leiche ist da und der Zorn eines Toten; das geb ich,
wenn einer herkommt, um hier plündern zu wollen, ihm gern.

Gregor von Nazianz

Ein gleiches

Hätte ich Gold dir vertraut, von Hand zu Hand, du bewachtest
treu das empfangene Gut. Sag, oder wärst du ein Schelm?
Wenn du nun aber das Grab, den Ort, wo ein heiliges Pfand ruht,
lüstern nach Golde durchwühlst, sag, was verdienst du dafür?

Gregor von Nazianz

Ein gleiches

Willst du die Toten begraben? Begrabe die lebenden Menschen!
Wert eines Grabes sind die, die so dir zu leben gestattet,
dir, der am Golde so hängt und ein Schimpf ist für alle Gestorbnen.

Gregor von Nazianz

196

Καὶ σύ, τάλαν, παλάμῃσι τεαῖς ἢ μύστιν ἐδωδὴν
  δέξῃ θαρσαλέως ἢ Θεὸν ἀγκαλέσεις,
χείρεσιν αἷς διόρυξας ἐμὸν τάφον; ἦ ῥα δίκαιοι
  οὐδὲν ἔχουσι πλέον, εἰ σὺ τάλαντα φύγοις.

Epigr. 69,1 [iunctum cum ep. 197]. – 2 δέξῃ Med. λέξει P // ἀγκαλέσει Med. 4 cf. ad ep. 197,1.

197

Φησὶ Δίκη· „Τίς πίστις, ὅτ' ὤλεσας, ὃν λαγόνεσσι
  σῇσιν ἔδωκα νέκυν, γαῖα φίλη, φθιμένῳ;" –
„Οὐ γαίη μ' ἐτίναξεν· ἀτάσθαλος ὤλεσεν ἀνήρ,
  καὶ φιλοκερδείης εἵνεκα· τοῦτον ἔχω."

Epigr. 69,5–6 et 70,1–2 [cf. ad ep. 196]. – 196,4 et 197,1 φύγοις, φησί, δίκης. Τίς κτλ. Med. // ὤλεσαν Med. 2 φθιμένων Med.

198

Πρόσθε τάδ' ἦεν ἄσυλα· Θεός, νέκυς. ἀλλὰ Θεὸς μὲν
  ἵλαος· εἰ δὲ νέκυς, ὄψεθ' ὁ τυμβολέτης.

Epigr. 70,3. – 1 πρόσθετα δ' Med. 2 ὀψέθ' P.

199

Ἦ ῥά σε δινήσουσιν Ἐρινύες· αὐτὰρ ἔγωγε
  κλαύσομ' ἀποφθιμένους, κλαύσομ' ἄγος παλάμης.

Epigr. 71,1. – Lemmate om. cum ep. 198 iunx. P.

200

Λήξατε, τυμβοχόοι, ναὶ λήξατε βένθεσι γαίης
  κεύθειν τοὺς φθιμένους· εἴξατε τυμβολέταις.
νεκρῶν καὶ τάδε γ' ἐστὶ σοφίσματα, ὡς φιλόχρυσον
  εὕρωσιν παλάμην, σήματα τοῖα χέειν.

Epigr. 71,3–4 et 72,1–2. – 1 ναὶ om. Med. 2 κεύθειν Salvini -θω // τυμβολέταις Salv. -ται.

Ein gleiches

Elender, legst du auch frech die Hand an die mystische Speise,
oder streckst du zu Gott betend die gleiche empor,
die meine Gruft hier durchwühlt? O wahrlich, nichts nützt es dem
ein Gerechter zu sein, wenn du der Waage entrinnst. [Menschen,

Gregor von Nazianz

Ein gleiches

Die Gerechtigkeit spricht: „Wem traut, liebe Erde, der Tote,
wenn du den Menschen verlierst, den deinem Schoße ich gab?“ –
„Erde nicht hat mich verheert, mich zerstörte ein frevler Geselle,
der sich Gewinne gesucht. Der mir vertraut war, ist hier.“

Gregor von Nazianz

Ein gleiches

Zwiefach war einst das Asyl: der Gott und der Tote. Doch Gott ist
hold; ob der Tote es ist, wird wohl der Schänder ersehn.

Gregor von Nazianz

Ein gleiches

Wahrlich, dich hetzen die Furien hinfort; mein Auge indessen
weint ob den Toten im Grab, weint ob der Schuld deiner Hand.

Gregor von Nazianz

Ein gleiches

Grüfteerbauer, laßt ab, laßt ab, in den Tiefen der Erde
Tote zu bergen, und räumt Grüftezerstörern das Feld . . . !
Doch die Toten sind schuld; sie erfanden es, gierige Hände
an sich zu locken durch ihr also gestaltetes Mal.

Gregor von Nazianz

201

Τίς σ' ἀνέηκεν, ἄπληστε, τόσον κακὸν ἀντὶ τόσοιο
κέρδεος ἀλλάξαι, μηδὲ παρεσταότος;

*Epigr. 72,3. – 1 ἀντιγόοντος Med.

202

Στῆλαι καὶ τύμβοι, μέγα χαίρετε, σήματα νεκρῶν·
οὐκέτι κηρύξω μνήμασι τοὺς φθιμένους,
ἡνίκα τὸν περίφαντον ἐμὸν τάφον ὤλεσε γείτων.
γαῖα φίλη, σὺ δέ μοι δέχνυσο τοὺς φθιμένους.

l ad v. 3: πρὸς τοὺς αὐτούς. – Epigr. 73. – 3 τάφον Med. om. P.

203

Στῆλαι καὶ πλακόεντες ἐν οὔρεσιν, ἔργα Γιγάντων,
τύμβοι καὶ φθιμένων ἄφθιτε μνημοσύνη,
σεισμὸς πάντα βράσειεν ἐμοῖς νεκύεσσιν ἀρήγων,
οἷς ἔπι χεὶρ ὀλοὴ ἦλθε σιδηροφόρος.

l ad v. 3: πρὸς τοὺς αὐτούς. – Epigr. 74. – 3 βράσειεν Med. βράσει ἐν P 4 ἔπι χεὶρ ὀλοὴ Med. ἐπεὶ χειροληθη [η[1] expuncto] P.

204

Ἡνίκα τὸν περίβωτον ἐπ' οὔρεος, ἄγριε Τιτάν,
τύμβον ἀνερρήξω, πῶς ἔσιδες νέκυας,
ὡς δ' εἶδες, πῶς χεῖρες ἐπ' ὀστέα; ἦ τάχα κέν σε
τῇ σχέθον, εἰ θέμις ἦν τοῖσδ' ἕνα τύμβον ἔχειν.

l ad v. 3: πρὸς τοὺς αὐτούς. – Epigr. 75. – 1 ἡνίκα c Med. πνίκα P^1 2 πῶς Med. ὡς P 3 εἶδ' ἑστὼς P ἔσιδες πῶς Med. om. Jac. // κέν Jac. κεῖν P μὲν Med. 4 τῇ Med. τί P.

Ein gleiches

O, wer trieb deine Gier, solch großen Frevel zu wirken
ob solch kleinem Gewinn, den du nicht einmal erlangt?

Gregor von Nazianz

Ein gleiches

Säulen und Hügel, lebt wohl! Leb wohl, du Denkstein der Toten!
Nie mehr verkünd ich durch Mal, wo ein Verstorbener ruht.
Denn mein prächtiges Grab verging nun, ein Opfer des Nachbarn.
Liebe Erde, so nimm du denn die Toten nun auf.

Gregor von Nazianz

Ein gleiches

Säulen und Gräberplatten auf Bergen, ihr Werke von Riesen,
unvergängliches Mal einer vergangenen Welt,
möge ein Erdbeben euch vernichten zum Nutz meiner Toten,
denen mit Eisen und Stahl ruchlose Hände genaht.

Gregor von Nazianz

Ein gleiches

Als du, wilder Titane, das ragende Mal auf dem Berge
niedergerissen, wie sahst du auf die Toten? Wie griffst
du an die Knochen beim Sehen? Sie hätten gewiß dich behalten,
wär es nicht Sünde, daß du teiltest mit ihnen das Grab.

Gregor von Nazianz

205

Σήματα καὶ σποδιὴ καὶ ὀστέα οἵ τε πάρεδροι
δαίμονες, οἳ φθιμένου ναίετε τόνδε λόφον,
τόνδ' ἀλιτρὸν τίννυσθε, ὃς ὑμέας ἐξαλάπαξεν.
τῶν δὲ περικτιόνων δάκρυον ὔμμιν ὅσον.

l ad v. 3: πρὸς τοὺς αὐτούς. – Epigr. 76. – **3** τίνυσθε P // ὃς Med. θεὸς P **4** ὔμμιν Med. ἡμῖν P.

206

Τύμβοι καὶ σκοπιαὶ καὶ οὔρεα καὶ παροδῖται,
κλαύσατε τύμβον ἐμόν, κλαύσατε τυμβολέτην·
ἠχὼ δ' ἐκ σκοπέλων πυματηγόρος ἀντιαχείτω
τῶνδε περικτιόνων· „Κλαύσατε τυμβολέτην."

Epigr. 77. – **1** τύμβοι Med. τύμοι P **3** ἠχὼ Med. ἥκω P // πυμάτης ὀπὸς Med. // ἀντιαχείτω Med. ἀντία χειρῶν P **4** περικτιόνων Med. περι P [lac. rel.].

207

Κτείνετε, ληΐζεσθε, κακοὶ κακοκερδέες ἄνδρες·
οὔτις ἐπισχήσει τὴν φιλοχρημοσύνην,
εἰ τάδ' ἔτλης, κακοεργέ, κακόφρονος εἵνεκα χρυσοῦ
σήμασι σὴν ἐπέχειν ἁρπαλέην παλάμην.

Epigr. 78. – **2** ἔτι σχήσει Med. **3** χρυσοῦ Med. -σός P **4** σήμασι Waltz πᾶσι // σὴν Med. τεὴν P // ἐπέχει Med.

208

Οὗτος ἔπερσεν ἐμὸν φίλιον τάφον ἐλπίδι κούφῃ,
ὃν μοῦνον κτεάνων ἔνθεν ἀπῆλθον ἔχων·
καὶ τοῦτόν τις ἀλιτρὸς ἑαῖς παλάμαις ὀλέσειεν,
ἐκ δ' ὀλέσας τύμβου τῆλε βάλοι πατέρων.

Epigr. 79. – **1** φίλον Med. **4** λάβοι Med.

Ein gleiches

Male, Asche, Gebeine und ihr hier weilenden Geister,
die ihr den Hügel bewohnt, drin der Verstorbene ruht,
o, bestraft diesen Frevler, der euer Besitztum geplündert.
Doch die Nachbarschaft weint Tränen um Tränen für euch.

Gregor von Nazianz

Ein gleiches

All ihr Gräber, ihr Warten, ihr Berge, ihr Pilger, o weinet
ob meinem Grabe, o weint ob dem Zerstörer des Grabs.
Und das Echo im Nachhall, es rufe ringsum von den hohen
Felsen herwider: „O weint ob dem Zerstörer des Grabs."

Gregor von Nazianz

Ein gleiches

Mordet nur, plündert nur zu, erbärmliche, schmutzige Buben!
Niemals gebietet ein Mensch eurer Gewinnsucht ein Halt,
wenn du, Erbärmling, es wagtest erbärmlichem Golde zuliebe,
noch mit raffender Hand an einen Grabstein zu gehn.

Gregor von Nazianz

Ein gleiches

Ach, in nichtiger Hoffnung zerschlug man mein teueres Grabmal,
das mir beim Abschied von hier einzig als Gut noch verblieb.
Möge den Buben denn auch ein Frevler ermorden, der ferne
von seiner Väter Gruft leblos danieder ihn wirft.

Gregor von Nazianz

209

Τίς τὸν ἐμὸν διέπερσε φίλον τάφον οὔρεος ἄκρης
  τῆσδ' ἀναειρόμενον ἠλίκον ὀσσατίης;
χρυσὸς ἔθηξε μάχαιραν ἐπ' ἀνδράσι· χρυσὸς ἄπληστον
  κύμασι χειμερίοις ὤλεσε ναυσιβάτην·
κἀμοὶ χρυσὸς ἔπερσε μέγαν περικαλλέα τύμβον
  ἐλπισθείς· χρυσοῦ δεύτερα πάντ' ἀδίκοις.

l: ad v. 1 et 5: εἰς τοὺς αὐτούς. – Epigr. 80,1. – **3** ἄπληστον omnes **5–6** ut peculiare ep. not. P **5** κἀμοὶ Waltz καμὲ P καὶ μὲ Med. **6** δεύτερ' ἄπαντ' Med.

210

Πολλάκι ναυηγοῖο δέμας κατέχωσεν ὁδίτης
  κύμασι πλαζόμενον, πολλάκι θηρολέτου,
ἤδη καί, πολέμῳ τις ὃν ὤλεσεν· ἀλλ' ἐμὲ γείτων
  χωσθέντ' ἀλλοτρίαις χερσὶν ἔπερσε τάφον.

l ad v. 2–3: εἰς τοὺς αὐτούς. – Epigr. 80,7. – **1** ναυηγοῖο Med. -γοῦ P.

211

Ὦ χρυσοῦ δολίοιο, πόσον κακὸν ἔπλεο θνητοῖς.
  ζῶσιν καὶ φθιμένοις χεῖρα φέρεις ἀδικῶν·
οἷς γὰρ ἐμὸν τύμβον τε καὶ ὀστέα δῶκα φυλάσσειν,
  τῶνδ' ὑπὸ ταῖς μιαραῖς ἐξολόμην παλάμαις.

Epigr. 81. – **1** ὦ Boiss. ὧ // ἔπλετο ἀνηλοῖς Med. **2** ἀδίκων Med. **4** μιαραῖς ἐξελόμην P ἀλιτραῖς ἐξολ- Med.

212

Πάντ' ἔθανεν νεκύεσσι. τί παίζομεν; οὔτις ἔτ' αἰδὼς
  ἐκ ζώντων φθιμένοις. δέρκεο τόνδε τάφον,
ὃν γ' ἐλπὶς χρυσοῖο διώλεσε τόσσον ἐόντα
  θαῦμα παρερχομένοις, θαῦμα περικτίοσιν.

Epigr. 82. – **1** πάντ' ἔθανεν Med. παντοθανές c παντὸς (?) θάνες P[1] // νεκύεσσιν ἐπαίζ- Med. // οὔτις Med. οὔ τί σ' P // αἰδ' ὡς P.

Ein gleiches

Wer zerstörte mir hier das liebe Grabmal, das höher
als der ragende Berg sich in die Lüfte erhob?
Gold ist's, das wider Männer die Schwerter gewetzt hat, und Gold ist's,
das im Wogengebraus gierige Schiffer ertränkt.
Hoffnung auf Gold zerstörte auch mir das mächtige Prachtmal:
Für den Ruchlosen tritt alles zurück vor dem Gold.

Gregor von Nazianz

Ein gleiches

Oft hat ein Wanderer schon den Toten begraben, den Wogen
scheitern ließen, oft den, der einem Raubtier erlag,
oft auch den Toten im Kriege. Mich aber, das Grab hier, das fremde
Hände so sorgsam erbaut, hat nun ein Nachbar zerstört.

Gregor von Nazianz

Ein gleiches

O du ruchloses Gold! Wieviel Unheil schufst du den Menschen!
Toten und Lebenden schon tatest du böse Gewalt.
Sie, denen einst ich mein Grab und Gebein zum Behüten gegeben,
haben mit schmutziger Hand mir das Verderben gebracht.

Gregor von Nazianz

Ein gleiches

„Alles ist tot für die Toten." Was scherzen wir? Achtet das Leben
einen Verstorbenen noch? Sieh diese Grabstatt dir an.
Goldgier hat sie zerstört. Und doch, ob der ragenden Größe
staunte der Wanderer Volk, staunten die Nachbarn sie an.

Gregor von Nazianz

213

Λίσσομαι· ἤν γε θάνω, ποταμῷ δέμας ἠὲ κύνεσσιν
ῥίψατε ἠὲ πυρὶ δάψατε παντοφάγῳ·
λώιον ἢ παλάμῃσι φιλοχρύσοισιν ὀλέσθαι.
δείδια τόνδε τάφον τοῖα παθόνθ' ὁρόων.

Epigr. 83. – 3 φιλοχρύσῃσιν Med.

214

Δή ποτε Κῦρος ἄναξ βασιλήιον ὡς ἀνέῳξεν
τύμβον ἐπὶ χρυσῷ, γράμμα τόδ' εὗρε μόνον·
„Οἴγειν ἀπλήστοιο τάφους χερός." ὧς δὲ σὺ τόσσον
σῆμα τόδ' οὐχ ὁσίαις οἶξας, ἄνερ, παλάμαις.

l: τοῦτο εἰς τὸν Κύρου τάφον ἐγένετο, ὡς Ἡρόδοτος. – Epigr. 84. – 1 Κῦρος Med. κοῦρος P 3 ὧς Jac. ὡς [cf. 215,3].

215

Ὃς κακὸς οὐ φθιμένοισι, τάχ' ἂν φθιμένοισιν ἀρήγοι·
ὃς δ' οὐδὲ φθιμένοις, οὔποτ' ἂν οὐ φθιμένοις.
ὧς δὲ σύ, τοῖς φθιμένοισιν ἐπεὶ τάφον ἐξαλάπαξας,
οὔποτ' ἂν οὐ φθιμένοις χεῖρα φέροις ὁσίην.

Epigr. 85. – 1 τάχ' ἂν P τάχα Med. 3 ὧς Jac. ὡς.

216

„Μαρτύρομ', οὐδὲν ἔχω· πτωχὸς νέκυς ἐνθάδε κεῖμαι·
μή με τεαῖς ἀτίσῃς τυμβοφόνοις παλάμαις." –
Οὐδὲ γὰρ οὗτος ἔχεν χρυσὸν τάφος, ἀλλ' ἐδαΐχθη.
πάντα φιλοχρύσοις ἔμβατα· φεῦγε, Δίκη."

Epigr. 86. – 2 ἀτίσῃς Med. τίσης P 3 οὐδὲ Med. οὐ P 4 ἔμβατα Jac. ενβ- P ἀμβ- Med. // Δίκη Med. δίκην P.

Ein gleiches

Werft mich im Tode, ich bitte, den Hunden vor oder ins Wasser,
oder vertilgt mich im Brand allesverzehrender Glut.
Schöner dünkt's mich, als Opfer goldgieriger Hände zu werden.
Angstvoll seh ich dies Grab, das dieses Schicksal erfuhr.

Gregor von Nazianz

Ein gleiches

Als König Kyros dereinst eine fürstliche Grabstatt geöffnet,
weil es nach Gold ihn verlangt, fand er nur eines, die Schrift:
„Gräber zu öffnen, verrät habsüchtige Hände." So brachst auch
du, Mensch, dies mächtige Grab frech mit den Händen nun auf.

Gregor von Nazianz

Ein gleiches

Wer Nicht-Tote verletzt, kann immer den Toten noch gut sein;
wer selbst Toten nicht hilft, ist auch Nicht-Toten nie gut.
So auch du! Denn da du den Toten die Grabstatt geplündert,
reichst du Nicht-Toten auch nie frommen Gemütes die Hand.

Gregor von Nazianz

Ein gleiches

„Glaub's mir! Ich habe hier nichts. Ich liege, ein Armer, im Grabe.
Kränke mich nicht! Zerstör nicht mit den Händen die Gruft!" –
Auch diese Stätte enthielt kein Gold und – wurde zerbrochen.
Habsucht scheut nirgends zurück. Fort denn, Gerechtigkeit! Flieh!

Gregor von Nazianz

217

Οἱ τύμβοι φθιμένοισιν „Ἀρήξατε“ εἶπον ἅπαντες,
ἡνίχ' ὁ λυσσήεις τόνδ' ἐτίνασσε τάφον.
οἱ νέκυες τύμβοισι· „Τί ῥέξομεν; αὖθις ἀέρθη
ὡς ἐπὶ βουκτασίῃ γαῖαν ἀφεῖσα Δίκη.“

l: πρὸς τοὺς αὐτούς. l ad v. 3: ὁμοίως. – Epigr. 87. – 2 λυσσείης et ἐτίναξε Med. 4 ἀφεῖσα Med. αφθεἰσα P 3–4 ut peculiare ep. not. P.

218

Ἤλυθεν εἰς Ἀίδην τις, ὁ δ' ἔπτατο, ἄλλος ὄλεσσε
θῆρας, ὁ δὲ πλεκτὸν υἱέϊ τεῦξε δόμον·
τούτων οὗτος ἀνὴρ οὐ δεύτερον ἔργον ἔρεξεν,
τόνδε τάφον ῥήξας χείρεσιν οὐχ ὁσίαις.

Epigr. 88. – 1 τίς P 2 υἱέι: Ἀρεϊ Mur. Νηρέι Jac. // δόλον Mur. δρόμον J. G Schneider [ad Icarum spect.].

219

Εἰ τόσον ἔργον ἔγειρας ὀλωλότι, οὐ μέγα θαῦμα·
εἰ δὲ τόσον διέπερσας, ἀοίδιμος ἐσσομένοισιν,
καί σέ τις ἐν μεγάλοισιν ἀριθμήσει κακοεργοῖς
τύμβον ἀναρρήξανθ', ὃν καὶ τρομέουσι φονῆες.

Epigr. 89. – 4 τύμβον Med. -ον θ' P.

220

Χρυσὸς μὲν Ῥοδίοισιν ἐπέκλυσε· σοὶ δ' ἀπὸ τύμβων
χρυσὸν φέρει σίδηρος, ὃς κακὸν φέρει·
ὄρυσσ', ὄρυσσε πάντας· ἦ τάχ' ἄν σέ τις
τύμβος κ' ἐξολέσειε πεσών, νεκύεσσι δ' ἀρήγοι.

Epigr. 90. – 1 ἐπέκλυσεν et τύμβον Med. 2 φέρει σ. ὃς Med. φέρεις σ. ὡς P 3 novum ep. design. P // ἦ Boiss ἤ 4 κ' P ἢ Med. // ἀρήγοι Med. ἀρηγός P.

Ein gleiches

Gräber sprachen zu Toten und riefen alle: „O helft uns,"
als der rasende Mensch hier diese Stätte zerstört.
Drauf zu den Gräbern die Toten: „Was tun? Wie einst bei dem Stier-
flog die Gerechtigkeit schon wieder von Erden hinweg." [mord

Gregor von Nazianz

Ein gleiches

Jener drang tief in den Hades, ein andrer flog aufwärts, ein dritter
tötete Raubwild, und der flocht seinem Sohne ein Haus.
Und an die Werke von diesen reiht, traun, sich die Großtat des Mannes,
der mit frevelnder Hand hier diese Grabstatt zerstört.

Gregor von Nazianz

Ein gleiches

Hättest du solch eine Gruft für Tote geschaffen – wer staunte?
Da du sie aber zerstört, erwarbst du dir Ruhm bei der Nachwelt,
und man rechnet auch dich zur Zahl der großen Verbrecher.
Denn du zerschlugst eine Stätte, vor der auch ein Mörder erschauert.

Gregor von Nazianz

Ein gleiches

Gold überflutete Rhodos. Du holst dir das Gold aus den Gräbern,
und jenes Eisen bringt's dir, das dir Unheil bringt.
Durchwühl, durchwühl nur alle! Dich erschlägt vielleicht
niederstürzend ein Grab zu Nutz und Frommen der Toten.

Gregor von Nazianz

221

Τύμβος ἔην· νῦν δ' εἰμὶ λίθων χύσις, οὐκέτι τύμβος·
ταῦτα φιλοχρύσοις εὔαδε. ποῖα δίκη;

Epigr. 91,1. – Epp. 221 et 222 iunx. P.

222

Αἰαῖ, καὶ τέφρη γενόμην καὶ χεῖρας ἀλιτρῶν
οὐκ ἔφυγον. χρυσοῦ τίπτε χερειότερον;

Epigr. 91,3. – 2 ἔκφυγον et τί με Med.

223

Ἄζομαι ἀνδρομέης γενεῆς ὕπερ, εἴ σέ τις ἔτλη,
τύμβε, χαμαὶ βαλέειν οὐχ ὁσίαις παλάμαις.

Epigr. 91,5. – 1 ὕπερ Med. ὑπὲρ P // εἴ σέ Med. ἐισί ex ἐισέ P // ἔτλην P.

224

Τύμβος ἐγώ, σκοπιή τις ἀπ' οὔρεος· ἀλλά με χεῖρες
θῆκαν ἴσον δαπέδῳ. τίς τάδ' ἄνωξε νόμος;

Epigr. 91,7. – Lemmate om. cum ep. 223 iunx. P.

225

Οὗτος ἐμὸς δόμος ἦεν ὀλωλότος· ἀλλὰ σίδηρος
ἦλθ' ἐπ' ἐμῷ τύμβῳ· σὸν δόμον ἄλλος ἔχοι.

Epigr. 91,9. – 2 τύμβῳ Med. τύμπῳ P.

226

Τὴν σκαπάνην ἐπ' ἄρουραν, ἐμῷ δ' ἐπὶ σήματι βάλλειν·
δάκρυα, μὴ παλάμας· ἥδε δίκη φθιμένων.

Deest in Med. et in edit. – Sine lemm. cum ep. 225 iunx. P.

Ein gleiches

Grab war ich einst, doch heute ein Haufen von Steinen, kein Grab mehr.
Goldgier hat dieses gewollt. Gibt es Gerechtigkeit noch?

Gregor von Nazianz

Ein gleiches

Asche, ach, bin ich geworden und konnte doch nimmer den Händen
dieser Frevler entgehn. Gibt es noch Schlimm'res als Gold?

Gregor von Nazianz

Ein gleiches

Angst wird es mir für das Menschengeschlecht, wenn einer den Greuel
wagt, mit frevelnder Hand dich zu zerstören, o Grab.

Gregor von Nazianz

Ein gleiches

Einstens war ich ein Grab, ein Turm auf dem Berge; doch Hände
machten dem Boden mich gleich. Hat ein Gesetz das bestimmt?

Gregor von Nazianz

Ein gleiches

Mir war, dem Toten, dies Obdach. Da nahte das Eisen sich meinem
Grabe. So nehme auch dein Obdach ein andrer für sich!

Gregor von Nazianz

Ein gleiches

Trag die Hacke aufs Feld! Bring Tränen mir hier an das Grabmal,
nicht deine Hände! So will's bei den Verstorbnen das Recht.

Gregor von Nazianz (?)

227

Τὴν σκαπάνην ἐπ' ἄρουραν· ἐμοῦ δ' ἀποχάζεο τύμβου,
χάζεο· οὐδὲν ἔχω πλὴν ζακότων νεκύων.

Epigr. 91,11. – 1 ἄπο χάζεο Med.

228

Εἴ σ', ἄπληστε, τάφων δηλήμονα τοῖον ἐώλπειν,
πάσσαλος ἂν τῇδε καὶ τροχὸς ἐκρέματο.

Epigr. 91,13. – Sine lemm. cum ep. 227 iunx. P 1 τάφον Med. // δηλήμονα Med. δειλ- P // ἐόλπειν Med.

229

Τίπτε μ' ἀνοχλίζεις κενεὸν τάφον; ὀστέα μοῦνα
κεύθω καὶ σποδιὴν τοῖσιν ἐπερχομένοις.

Epigr. 91,15.

230

Τύμβος ἐγώ, τύμβων πανυπέρτατος· ἀλλ' ἔμ' ἔῳξεν
ὥς τινα τῶν πολλῶν ἀνδροφόνος παλάμη.

Epigr. 92. – Sine lemm. cum ep. 229 iunx. P 1 ἀλλ' ἔμ' ἔῳξεν Waltz ἀλλεμὲ ὤϊξεν P ἀλλά μ' ἔῳξεν Med.

230b

'Ανδροφόνος παλάμη με διώλεσε· λήξατε τύμβων,
θνητοί, καὶ κτερέων· δεῦτ' ἐπὶ νεκρά, κύνες.

l: εἰς τοὺς αὐτούς. – Epigr. 92. – 2 cf. ep. 246,2 et 247,1.

230c

Δεῦτ' ἐπὶ νεκρά, κύνες· χρυσοῦ διφήτορες ἄνδρες
ἤδη καὶ νεκύων χρυσολογοῦσι κόνιν.

Epigr. 92. – Sine lemm. cum ep. 230b iunx. P, seiunxi (cf. p. 443, l. 22). 1 δειφήτ- P.

Ein gleiches

Trag die Hacke aufs Feld! Geh weg mir vom Grabe, hinweg hier!
Hab ich doch nichts als allein zürnende Tote in mir.

Gregor von Nazianz

Ein gleiches

Hätte ich einen Verwüster der Gräber wie dich hier erwartet,
hätte ich Pflöcke und Rad, Gieriger, auf hier gehängt.

Gregor von Nazianz

Ein gleiches

Sag, warum willst du mich Grab mit dem Eisen erbrechen? Leer bin ich.
Knochen nur findet und Staub, wer mich gewaltsam zerbricht.

Gregor von Nazianz

Ein gleiches

Einst wohl war ich ein Grabmal, das höchste von allen; und dennoch
wie ein gewöhnliches Grab brach mich ein Mörder nun auf.

Gregor von Nazianz

Ein gleiches

Mörder brachen mich auf. O grabt keine Gräber, ihr Menschen,
ehrt die Gestorbnen nicht mehr! Kommt, Hunde! Tote sind da!

Gregor von Nazianz

Ein gleiches

Kommt, Hunde! Tote sind da! Heut schürfen die Goldgräberleute
selbst im Moder und Staub eines Gestorbnen nach Gold.

Gregor von Nazianz

231

Ἄλλος τύμβον ἔγειρε, σὺ δ' ὤλεσας· ἄλλος ἐγείροι
σὸν τάφον, εἴ γε θέμις, ἄλλος ἔραζε βάλοι.

Epigr. 93,1. – 1 ἔγειρε Med. -ρα P 2 βάλοι Med. βάλλοι P.

232

Ἤδη καὶ νεκύεσσιν ἐπέχραον οἱ φιλόχρυσοι·
φεύγετε ἐκ τύμβων, εἰ σθένος, οἱ φθίμενοι.

Epigr. 93,3. – Sine lemm. cum ep. 231 iunx. P 1 ἐπέχραον Med. -ανον P.

233

Τίπτε μ' ἀνοχλίζεις; νεκύων ἀμενηνὰ κάρηνα
μοῦνα φέρω· τύμβων ὀστέα πλοῦτος ἅπας.

Epigr. 93,5.

234

Δαίμονας, οἵ με ἔχουσιν, ἀλεύεο· οὔτι γὰρ ἄλλο
τύμβος ἔχω· τύμβων ὀστέα πλοῦτος ἅπας.

Epigr. 93,7. – Sine lemm. cum ep. 233 iunx. P.

235

Εἰ χρυσοῦ δόμος ἦεν ὅλος τάφος, ὦ φιλόχρυσε,
οὔποτ' ἔδει τοίην χεῖρα φέρειν φθιμένοις.

Epigr. 93,9.

236

Λήθη καὶ σιγὴ νεκύων γέρας· ὡς δ' ἀλαπάξας
οὗτος ἐμὸν πολλοῖς θῆκεν ἄεισμα τάφον.

Epigr. 93,11. – Sine lemm. cum ep. 235 iunx. P 1 ὡς: ὃς Jac. εἷς Keydell, sed cf. 129,5 // δ' om. P // ἀλάπαξεν Med. 2 θῆκεν bis, et ante et post πολλοῖς, scrips. P[1], prius del. c.

Ein gleiches

Jemand erbaute dies Grab, du rissest es nieder. So baue
dir es auch jemand, dann schlag's jemand – will Gott es – entzwei.

Gregor von Nazianz

Ein gleiches

Heute vergreift sich die Goldgier sogar an den Leichen der Menschen.
Wenn ihr die Kraft noch besitzt, Tote, so flieht aus dem Grab!

Gregor von Nazianz

Ein gleiches

Sag, warum willst du mit Eisen mich brechen? Ich berge nur matte
Totenhäupter. Des Grabs Reichtum sind Knochen allein.

Gregor von Nazianz

Ein gleiches

Hüte dich gut vor den Geistern bei mir! Sonst habe ich Grabstatt
nichts an Besitz. Des Grabs Reichtum sind Knochen allein.

Gregor von Nazianz

Ein gleiches

Wäre, Goldgieriger, auch dies Grab voll Gold wie ein Schatzhaus,
durfte doch solch eine Hand niemals den Toten sich nahn.

Gregor von Nazianz

Ein gleiches

Schweigen und stilles Vergessen sind Vorrecht der Toten. Wie aber
brachte mich der ins Gered, der meine Gruft hier beraubt!

Gregor von Nazianz

237

Πάντ' ἔχετε, ζώοντες, ἐμοὶ δ' ὀλίγοι τε φίλοι τε
λᾶες τῷ φθιμένῳ· φείδεο σοῦ νέκυος.

Epigr. 93,13. – 1 ἔχετε Med. ἔχετ ετ P 2 φείδεο σοῦ Med. φείδεος οὐ P.

238

Οὐ χρυσοῦ δόμος εἰμί. τί τέμνομαι; αὐτὸς ἔγωγε
τύμβος, ὃν ὀχλίζεις· πλοῦτος ἐμοῦ νέκυες.

Epigr. 93,15. – 2 ἐμοῦ νέκυες Jac. ἐ. νέκυος P[1] Med. ἐμοὶ νέκυες c.

239

Τύμβος ἐγὼ κλέος ἦα περικτιόνων ἀνθρώπων·
νῦν δ' εἰμὶ στήλη χειρὸς ἀλιτροτάτης.

Epigr. 93,17.

240

Εἰ λίην φιλόχρυσον ἔχεις κέαρ, ἄλλον ὀρύσσειν
χρυσόν· ἐμοὶ δ' οὐδὲν πλὴν φθιμένων κτερέων.

Epigr. 93,19. – 1 λείην P.

241

Μὴ δείξῃς μερόπεσσι γυμνὸν νέκυν, ἥ σε γυμνώσει
ἄλλος· ὁ δὲ χρυσὸς πολλάκις ἐστὶν ὄναρ.

Epigr. 93,21. – 1 γυμνώσει Med. γύμνωσεν P 2 ἔστιν P.

242

Οὐχ ἅλις ἦε βροτοῖσι βροτοὺς ἐπὶ χεῖρας ἰάλλειν,
ἀλλὰ καὶ ἐκ νεκύων σπεύδετε χρυσὸν ἔχειν.

Epigr. 93,23. – 1 ἦε Med. ἡὲ P 2 ἀλλα P.

Ein gleiches

Lebende, habt ihr nicht alles? Mir Totem eignen nur wen'ge,
liebe Steine. O denk klug an den eigenen Tod!

Gregor von Nazianz

Ein gleiches

Bin ich ein Schatzhaus? Was schlägst du mich ein? Ich, die du hier aufreißt,
bin eine Gruft. Mein Schatz sind nur die Toten in mir.

Gregor von Nazianz

Ein gleiches

War ich dereinstens ein Grab, der Stolz der benachbarten Leute,
Mal bin ich heute für das, was hier ein Frevler verübt.

Gregor von Nazianz

Ein gleiches

Dürstet das Herz dir nach Gold, dann grabe nach anderem Golde!
Ich besitze nur das, was einem Toten gebührt.

Gregor von Nazianz

Ein gleiches

Zeig nicht der Welt einen Toten, der nackt geworden; sonst macht auch
dich einst ein anderer nackt. Oft ist das Gold nur ein Traum.

Gregor von Nazianz

Ein gleiches

War nicht genug es, daß Menschen an Menschen legten die Hände?
O, nun möchtet ihr gar noch von den Toten das Gold.

Gregor von Nazianz

243

Ὑμετέροις τύμβοισιν ἀρήξατε, οἱ τόδ' ὁρῶντες
σῆμα δαϊχθὲν ὅσον. λεύσατε τυμβολέτην.

Epigr. 93,25. – 2 δαϊχθὲν Med. δ' αἴχθεν P // post ὅσον interpunx. Guyet, ante ὅσον Mur., neutrubi P.

244

Τίς με τὸν ἐξ αἰῶνος ἀκινήτοισι λίθοισι
κευθόμενον θνητοῖς δεῖξε πένητα νέκυν;

Epigr. 93,27.

245

Τίπτε τάφον διέκερσας ἐμόν, τάλαν; ὣς διακέρσαι
σοί γε Θεὸς βιοτήν, ὦ φιλόχρυσον ἄγος.

Epigr. 93,29. – 1 διέπερσας Med. // ὣς Jac. ὡς // διακέρσῃ Med.

246

Μῦθος Τάρταρος ἦεν, ἐπεὶ τάφον οὐκ ἂν ἔῳξεν
οὗτος ἀνήρ. οἴμοι, ὡς βραδύπους σύ, Δίκη.

Epigr. 94,1. – 1 οὐκανέωξεν P οὐκ ἀνέῳ- Med. em. Jac.

247

Ὡς βραδύπους σύ, Δίκη, καὶ Τάρταρος οὐκέτι δεινός.
οὐ γὰρ ἂν οὗτος ἀνὴρ τόνδ' ἀνέῳξε τάφον.

Epigr. 94,3. – 1 οὐκέτι P οὐ Med.

248

Ὤμοσα τοὺς φθιμένους καὶ ὤμοσα Τάρταρον αὐτὸν
μήποτε τυμβολέταις εὐμενὲς ὄμμα φέρειν.

Epigr. 93,31.

Ein gleiches

Kommt euern Gräbern zu Hilfe, ihr, die ihr dies herrliche Denkmal
hier verwüstet erblickt! Steinigt den Schänder des Grabs!

Gregor von Nazianz

Ein gleiches

O, wer zeigte den Menschen mich armen Toten? Äonen
rückten die Steine nicht fort, die mich verbergend bedeckt.

Gregor von Nazianz

Ein gleiches

Sag, warum hast du das Grab mir zerstört, Unsel'ger? Zerstöre
Gott auch dein Leben dir so, Frevler aus Hunger nach Gold!

Gregor von Nazianz

Ein gleiches

Tartaros war eine Fabel; sonst hätte der Frevler mein Grab hier
nimmer erbrochen. O weh, Dike, wie langsam du bist!

Gregor von Nazianz

Ein gleiches

Dike, wie langsam du bist, und wie wenig noch Tartaros ängstigt!
Hätte der Frevler doch sonst nimmer erbrochen mein Grab.

Gregor von Nazianz

Ein gleiches

Wahrlich, ich schwur's bei den Toten, ich schwur es bei Tartaros [selber:
niemals öffnet mein Aug hold sich den Schändern des Grabs.

Gregor von Nazianz

249

Οὔρεα καὶ πρῶνες, τὸν ἐμὸν τάφον ὥς τιν' ἑταῖρον
κλαύσατε, πᾶς δὲ πέσοι τῷ σφε τεμόντι λίθος.

Epigr. 93,33. – 1 ἑταίρων Med. 2 σφε Boiss. σε // λίθος Med. -ον P.

250

Πλούσιός εἰμι πένης· τύμβῳ πολύς, ἔνδον ἄχρυσος·
ἴσθι καθυβρίζων νεκρὸν ἀσυλότατον.

Epigr. 93,35.

251

Κἂν στῇς πυθμένος ἄχρις ἐμοὺς κευθμῶνας ὀρύσσων,
μόχθος σοὶ τὸ πέρας ὀστέα μοῦνον ἔχει.

Epigr. 93,37. – 2 ἔχω Med.

252

Τέμνετε, τέμνετε ὧδε· πολύχρυσος γὰρ ὁ τύμβος
τοῖς ποθέουσι λίθους· τἄλλα δὲ πάντα κόνις.

Epigr. 93,39.

253

Γαῖα φίλη, μὴ σοῖσι θανόνθ' ὑποδέχνυσο κόλποις
τὸν τυμβωρυχίης κέρδεσι τερπόμενον.

Epigr. 93,41.

254

Ὑβριστὴς ἐπ' ἔμ' ἦλθε τὸν οὐ ζώοντα σίδηρος
καὶ χρυσὸν ποθέων εὗρε πένητα νέκυν.

Epigr. 93,43. – Bis in P, alterum initio paginae 358 ab A scriptum cancell. c [P[a]], alterum in fine p. 357 scrips. c [P[b]] 2 ηὗρε Med. // post 2: τέλος τῶν ἐπιγραμμάτων τοῦ Θεολόγου P[a] et P[b].

Ein gleiches

Berge und Hügel, beweinet mein Grab wie einen Gefährten!
Schändet es jemand, dann stürzt all eure Steine auf ihn!

Gregor von Nazianz

Ein gleiches

Arm bin ich Reicher. Wie stolz ist mein Grab! Und ich drinnen bin goldlos.
Kränk nun den Toten, der selbst nichts zum Entwenden besitzt.

Gregor von Nazianz

Ein gleiches

Wenn du auch ruhelos gräbst bis hinab hier zum Grunde der Tiefe:
all deine Mühe, zuletzt bringt sie nur Knochen dir ein.

Gregor von Nazianz

Ein gleiches

Brecht nur! Brecht nur so weiter! Das Grab hat die Fülle des Goldes...
wenn einer Steine begehrt. Sämtliches andre ist Staub.

Gregor von Nazianz

Ein gleiches

Nimm nicht in deinen Schoß, o teure Erde, im Tode
den, den schnöder Gewinn Gräber zu schänden verlockt.

Gregor von Nazianz

Ein gleiches

Schändend nahte das Eisen sich mir, dem Toten; es hatte
Gold wohl erwartet und fand nur einen Armen im Sarg.

Gregor von Nazianz

ERLÄUTERUNGEN ZU BUCH VII

(Fette Ziffern = Nummern der Epigramme)

1. 2. Ios: Kykladeninsel. Rätsel: s. IX 448, XIV 65. – 3. Zu den homerischen Bestattungszeremonien s. Ilias 23,127ff. und 24,719ff. sowie Od. 24,43ff. – 7f. Vgl. GV 766,7f. – Vgl. IX 24, 97, 192, 455, 522, 575, XVI 292–304.

2. 2. Maionide: Homer, nach seinem angeblichen Vater Maion. 5. Wink: vgl. Ilias 1,528. – 6. Ilias 13. – 7. Pharsalos: Stadt in Thessalien. 8. Dardanisch: troisch; s. II 164. – 9. Ikos: Kykladeninsel, wo Peleus, Achills Vater, bestattet wurde.

2b. 3. Pïerien: s. 43.

3. 1. Hier: auf Ios (Pseudo-Herodot „Leben Homers“ 36); vgl. GV 510f.; 2030,13; Cougny 2,661 und 679. Parodiert Cougny 2,388. – Späte Steininschrift.

4. 2. Hier: auf Ios. 5. Schwester: als Insel. – Delos trieb einst im Meer umher, wurzelte aber fest, als Leto, die, von Hera aus Eifersucht verfolgt, umherirrte, dort mit Apoll und Artemis niederkam; als Ort der Entbindung zeigte man auf Delos eine Palme an einem (heute versumpften) See (Od. 6,162).

5. Dichter: Alkaios (Jacobs, Bergk). In dem Streit um Homers Heimat (vgl. XVI 294–299) hatten auch die Salaminier ihrem Anspruch durch Errichtung einer Bronzestatue Nachdruck gegeben, wobei sie ihn zum Sohn eines Damagoras machten. 3. Meles: s. II 408.

6. Das Ep. hat Ailianos von Praeneste (um 200 n.C.) auf eine Doppelherme mit Homer und Menandros (wohl in seinem Garten) gravieren lassen. 1. Vgl. Cougny 2, 124,5; ἀρετῆς κήρυκα.

7. 1. Ganz Hellas: Die Fürsten der Ilias verteilten sich weit über Hellas. 2. Theben in Ägypten; s. XVI 295. Vgl. A. D. Skiadas: Homer im grch. Ep., Athen 1965.

8. 5. Mnemosyne: Mutter der Musen. Orpheus: Sohn des Apoll (oder Oiagros) und der Muse Kalliope. 7f. Vgl. GV 1090,7; 1308,10; 1941,4. – Vgl. Orph. Argon. 1010:

Er aber schläferte ein die Geschlechter der Eintagsmenschen
und der Winde brausendes Wehn, die Wogen des Meeres
und der Quellen ruhlosen Fluß, das Wallen der Ströme,
Vögel und wilde Tiere, und was da lebet und wandelt.
Κοιμήσας δ' ὅ γε φῦλα πανημερίων ἀνθρώπων
καὶ ζαμενεῖς ἀνέμων πνοιὰς καὶ κύματα πόντου
πηγάς τ' ἀενάων ὑδάτων ποταμῶν τε ῥέεθρα
θῆράς τ' οἰωνούς τε, τά τε ζώει τε καὶ ἕρπει.

9. 1. Thrakisch: besser makedonisch. 5f. Nach Stadtmüller unecht. 5. Die eleusinischen Mysterien. 6. Daktyl. Hexameter. 8. Klymenos: Hades, von dem er seine Gattin Eurydike zurückbekam.

10. Dichter: Antipatros von Sidon (Stadtm.). 1. Oiagros: thrakischer König. 2. Bistonisch: thrakisch. 3. Stiche: Tätowierungen. Vgl. Plutarch (Mor. p. 557d): „Aus Rache für Orpheus tätowieren die Thraker ihre Frauen bis zum heutigen Tag (Θρᾷκες … στίζουσιν ἄχρι νῦν, τιμωροῦντες τῷ 'Ορφεῖ, τὰς αὑτῶν γυναῖκας).“ Vgl. Reinach: Rép. des vas. 1,63. – 5. Lykeios: Apoll. 6. Vgl. 434,3.

11. Muster für VII 12f., 713, IX 190. Das Ep. leitete wohl eine Ausgabe der Gedichte Erinnas ein (Hecker); s. zu IX 185.

12. Dichter: Antipatros v. Sidon (Jacobs), Leonidas v. Tarent (Stadtm.), Meleagros (Wilam.). 3. Spindel: Anspielung auf Erinnas Gedicht „die Spindel". Vgl. V 17,3.

13. Dichter: Meleagros (Hecker, Stadtm., Wifstrand), Leonidas v. Tarent (Kaibel, Geffcken). 4. Vgl. 712. Geffcken: Charisteria A. Rzach 1930, 36.

14. 3. Peitho: Göttin der Überredung. 4. Piöriden: Musen (s. 43). 6. Dreifach: wegen der 3 Moiren. Vgl. VII 407, IX 66, 189, 506, 521.

15. Dichter: A. v. Sidon (Brunck, Setti, Stadtm., Waltz), A. v. Thess. (Benndorf, Menk). 2. Maionide: s. 2.

17. 6. Sapphos Gesamtwerk wurde später in 9 Bücher (Zahl der Musen) eingeteilt. Pisani faßt δαίμονος ἄνθος zusammen: die Blume des Göttlichen, d.i. die Unsterblichkeit.

18. 4. Anspielung auf den Lyrikerkanon IX 571. 5. Alkman (um 650) stammte aus Sardes, kam als Sklave nach Sparta und erhielt dort Bürgerrecht.

19. Geffcken glaubt, nach 3 seien zwei Verse ausgefallen. 4. Fronen: er war anfangs Sklave; ἄχθος: nach Welcker „Last der Knechtschaft" (s. VI 306,10), nach Preisendanz „Last des Alters" (s. fr. 94 D), nach Pisani „sterbliche Hülle" (s. Ilias 18,104). - Vgl. VII 709 und Carrington: Mnemos. 15, 1962, 173.

20. Dichter: Leonidas oder Simias (Bergk), Antipatros von Sidon (Boas). - Sophokles soll am Kern einer Traube erstickt sein (vit. Soph.). - Vgl. Lessing: Anm. über das Ep. 5,6. - Vgl. VII 36f., IX 98.

21. 3. Vgl. VI 195,3 und 279,4. - 4. Vgl. IX 186,1f. - Vgl. GV 1828.

22. Efeu und Rebe sind Bakchos, die Rose Aphrodite heilig. Nachahmung von 24.

23. Vgl. XVI 306ff. und Goethes „Anakreons Grab".

23b. Nach Laskaris, Huet und Jacobs Schluß, nach Scaliger Anfang von 23, nach Boissonade und Waltz Fragment eines neuen Epigramms.

24. Dichter: Leonidas v. Tarent (Bergk), Simias oder Dioskorides (Stadtm.), Antipatros v. Sidon (Boas). 3. Teos: Stadt an der Küste Lydiens. Zeit: Ende 4. Jahrh.

25. Dichter: Leonidas v. Tarent (Bergk), Alkaios v. Mess. (Stadtm.), Antipatros v. Sidon (Boas). 7f. Megisteus und Smerdis: Lieblinge Anakreons. 10. Barbiton: Art Leier.

26. Zu Vers 4 schreibt der Lemmatist: Da gibst du dem üblen Kerl ein übles Lob.

27. 3. Vgl. XII 68,7, XVI 306,3. - 5. Eurypyle: Geliebte Anakreons. 6. Kikonen: thrakisches Volk.

30. Dichter: A. v. Thess. (Kaibel). 1. Vgl. XVI 308, 2. - 3. Bathyllos: Liebling Anakreons. Hier zitiert der Lemmatist Anakreont. 17,1: γράφε μοι Βάθυλλον οὕτω.

31. 7. Veilchen duften nachts am stärksten. 9. Vgl. Theokr. 16,30. - 10. Deo: Demeter hat als Göttin der Erdentiefe Beziehungen zur Unterwelt. - Vgl. XVI 306.

32. Vgl. die Grabschrift eines 83jährigen (GV 378):

Hier fand der Diener der Nymphen Chrysogonos Ruhe; er ruft noch
jedem Wanderer zu: Trinke, bald siehst du den Tod.
Οὔνομα Χρυσόγονος, Νυμφῶν λάτρις, ἐνθάδε κεῖται
παντὶ λέγων παρόδῳ· Πῖνε, βλέπεις τὸ τέλος.

GV 1016: Sei lustig, mach dir's schön und leb: es winkt der Tod (παῖσον, τρύφησον, ζῆσον· ἀποθανεῖν σε δεῖ).

34. 2. Schmied: vgl. 409, 3. – 4. Vgl. Pindar Py 3, 90.

35. Dichter: L. v. Tarent (Geffcken); es widersprechen Crönert, Wilamowitz.

36. 1. Die tragischen Chöre kränzten sich mit Efeu (s. 22). 3. Hymettos: Berg in Attika, berühmt durch seinen Honig. Nach antiker Anschauung entstehen Bienen aus toten Rindern (s. IX 503b). 5. Att. Täfelchen: Schriften in Athen. Vgl. 20.

37. Das Gedicht stand nach Wilamowitz (Sappho u. Sim. 231) im Epigrammenbuch des Dioskorides unter dem Bild eines Satyrs, der das Grab des Sophokles bewachte und die Maske einer trauernden Frau in der Hand hielt. Der Satyr drückt aus, daß die Tragödie aus dem Satyrspiel entstanden sei. Auf dem wirklichen Grab des Sophokles stand allerdings nach vita und Athenaios (7, 290c) eine Sirene (s. zu 491). Vgl. 707. – 3. Phlius: Stadt im nordöstl. Peloponnes, wo das Satyrspiel erfunden sein soll. Tribolos: sehr umstritten; nach Aly: Tanz im kretischen Rhythmus; nach Pohlenz: Dreschplatte = primitive Bühne. 4. Vgl. Cougny 2, 124, 3: ἐς ἄλλο σχῆμα μεθαρμοσθέντι.

38. Dichter: D. Zonas (Brunck), D. v. Tarsos (Menk, Reitzenstein). Vgl. IX 186.

39. 3. Eleusis: Aischylos' Geburtsort. 4. Trinakria: Sizilien. Er starb 456 in Gela (Sizilien) am Fluß Gelas.

40. Dichter: Diodoros v. Sardes (Brunck), D. v. Tarsos (Menk) – 2. Kekroper und 4. Theseus' Enkel: Athener.

41. Dichter: Diodoros (Stadtm.). – Vgl. VII 415, IX 545.

42. Dichter: Diodoros (Stadtm.), ein Byzantiner (Pfeiffer). – Die Aitia (Ursprungssagen) des Kallimachos, vor einiger Zeit z. T. wiedergefunden, brachten Sagen zur Erläuterung bestehender Bräuche. Einleitend erzählt K., ein Traum habe ihn zu den Musen geführt, die ihm das Folgende berichtet hätten. 1. Sohn des Battos: Im Text steht Battiade. Der Vater des K. hieß tatsächlich Battos (s. 415, 525), aber auch der Gründer Kyrenes (um 630), wo K. geboren ist, hieß Battos. 2. Nach Od. 19, 562 hausen die Träume im Hades; von dort treten aus dem hürnenen Tor die Wahrträume, aus dem Elfenbeintor die falschen heraus. 5. Libyen: K. lebte in Alexandria.

43. Dichter: Ion von Samos (v. Blumenthal); nicht Ion von Chios († 422). 1. Piërien: Landschaft Makedoniens (wo Euripides 406 starb) mit berühmtem Musendienst. 3. Vgl. Ilias 9, 413.

44. Dichter: Euenos (Stadtm.). 1. s. 51. – 3. Vgl. Bakchyl. 3, 97f. – 5. Pella: Stadt in Makedonien, seit Philipp II. kgl. Residenz, Geburtsort Alexanders; s. zu 139.

45. Meist Thukydides aberkannt. 3. Hellas von Hellas: s. VII 417, IX 423 und Athenaios 5 p. 187e: „Pindar (fr. 76 Schr.) nannte Athen ‚die Grundfeste von Hellas‘, Thukydides in seinem Epigramm auf Euripides ‚das Hellas von Hellas‘, und der Pythier nannte es ‚Herd und Zentrum der Griechen‘ (τὴν Ἀθηναίων πόλιν ... ὁ μὲν Πίνδαρος ‚Ἑλλάδος ἔρεισμα‘ ἔφη, Θουκυδίδης δὲ ἐν τῷ εἰς Εὐριπίδην ἐπιγράμματι ‚Ἑλλάδος Ἑλλάδα‘, ὁ δὲ Πύθιος ‚ἑστίαν καὶ πρυτανεῖον τῶν Ἑλλήνων‘).“

48. Dichter: Diogenes Laërtios (Jacobs). 1. Feuer: Blitz? 4. Vgl. IX 439, 4. – Fragment; kaum auf Euripides.

49. Als Euripides' Reste von Pella nach Athen überführt waren, schlug ein Blitz in das Grab ein (Plut. Lyk. 31, 5, vgl. Ammian, Marc. 27, 4, 8). – 4. Unklar.

50. An einen Dichter, der ein Medeiadrama schreiben wollte.

51. 1. Am Hof des Archelaos von Makedonien soll Euripides eine Dienerin geliebt haben. Als er diese nachts besuchen wollte, sei er von Hunden zerrissen worden (Athen. 13,598e, Gellius 15,20). 3. Arethusa: Stadt in Makedonien.

52. 1. Vgl. Cougny 1,37,1 und Ilias 9,478. – 2. Askra: Flecken am Helikon in Boiotien.

53. Diesen: Dreifuß. Chalkis: Stadt auf Euboia. Vgl. Hesiod W. u. T. 655f.

54. Dichter: meist Mnasalkes abgesprochen. – Minyer: s. VI 116. – Steininschrift (Preger, Seelbach; von Peek abgelehnt).

55. 1. Hain: des Zeus von Nemea (Thuk. 3,96). Vgl. IX 64,161.

56. Dichter: Diogenes Laërtios (Jacobs). Demokritos von Abdera: Philosoph um 460–371. Vgl. IX 148.

57. Da seine Schwester bei seinem Tode das Thesmophorienfest nicht hätte mitfeiern dürfen, hielt der Sterbende auf ihr Drängen hin durch Riechen an warmem Brot sich so lange noch am Leben (Diog. Laërtios).

58. 4f. Als Hades die Persephone geraubt hatte und Demeter ihre Tochter suchte, wurde sie bei Keleus von Eleusis durch einen Scherz der Magd Iambe zum erstenmal wieder zum Lachen gebracht (Homer. Hymn. 5,202ff.).

60. Dichter: Nicht Simias von Rhodos (Preger, Wilamow.); Speusippos (Osann), Philosoph Simias (Brunck). 2. Aristokles: eigentlicher Name Platons; der Spitzname Platon (der Breite) setzte sich durch; s. Diog. Laërt. 3,41. – Vgl. VII 61,108f., IX 188, 399 (?).

61. 1. Vgl. 321,1; 619,2. – Daß die Seele zum „Himmel" aufsteigt, findet sich in den Grabschriften schon seit dem 5.Jahrh. v.C. (GV 20). – Vgl. XVI 31.

63. Dichter: Diogenes (Weigand). – Diogenes von Sinope (am Schwarzen Meer), um 412–323, der Kyniker im Faß. 1. Vgl. 530,1. – Vgl. VII 116, IX 145, XVI 333.

64. Auf seinem Grab stand tatsächlich ein Hund. Diog. Laërt. 6, 2, 78: „Sie ließen den Mann (in Korinth) bei dem zum Isthmos führenden Tor bestatten und stellten ihm eine Säule auf, die oben einen Hund aus parischem Marmor trug (ταφῆναι τὸν ἄνδρα παρὰ τῇ πύλῃ τῇ φερούσῃ εἰς τὸν Ἰσθμόν· ἐπέστησάν τ' αὐτῷ κίονα καὶ ἐπ' αὐτῷ λίθου Παρίου κύνα)." – Übersetzt von Ausonius Epit. 28 P.

67. 1. Diener: Charon. 5. Fläschchen: für Salböl.

68. 5. Vgl. Kerkid. fr. 6,2D: (Diogenes) διπλοείματος. – Nachahmung von 67.

69. 4. Vgl. Kallim. fr. 380Pf. – 5f. Lykambes verweigerte Archilochos seine Tochter Neobule. Auf des Dichters Angriffe hin erhängten sich darauf die zwei oder drei Töchter des Lykambes. Vgl. 351f., Martial 7,12,6.

71. 5f. Erinnerung an Ilias 16,259ff.; vgl. VII 405,4; 408,2.

72. Dichter: nicht Menandros (Susemihl, Wilam., Körte). Themistokles und Epikur hatten beide einen Neokles zum Vater.

73. Die Reste des Themistokles († 459 in Magnesia) wurden später heimlich in Attika beigesetzt (Thuk. 1,138). Vgl. 235ff.

74. Dichter: Wie bei 40.

75. Stesichoros von Himera, um 630–550. – 1. Katana: am Fuß des Ätna. 3. Sein und Werden: s. 120.

77. Simonides soll einen Erschlagenen bestattet haben; im Traum erschien ihm der Tote und warnte ihn, die beabsichtigte Seereise zu machen. Tatsächlich sei dieses Schiff untergegangen (Valerius Max. 1,7, Cicero div. 1,27; 2,65); vgl. 516. Keos: Kykladeninsel.

78. Eratosthenes, Polyhistor, geb. um 275 in Kyrene, gest. um 195 in Alexandria (freiwilliger Hungertod). 6. Proteus soll auf Pharos gehaust haben (Od. 4,385).

79. Dichter: Theodoridas (Stadtm.). Herakleitos (s. zu II 354) lebte sehr ungesellig (Diog. Laërt. 9,2). Gewaltig verübelt wurde ihm sein Wort, alle Epheser seien wert, jung gehängt zu werden. 3. Vgl. 408,3. - 5-6 hält Harberton für unecht. - Vgl. VII 127, IX 148.

80. Herakleitos: Freund des Kallimachos, Verf. v. VII 465 (Diog. Laërt. 9,17). 5. Nachtigallen. Buchtitel? (Rostagni; Waltz widerspricht); vgl. GV 1924,52f.

81. Kleobulos, Tyrann von Lindos (Rhodos), um 600. Periandros, Tyrann von Korinth, 627-585. Pittakos, Tyrann von Mytilene, um 600. Bias von Priëne (Jonien), um 570 (s. 90f.). Thales, Naturphilosoph, um 624-546 (s. 83ff.). Cheilon, †557. Solon von Athen, um 640-559 (s. 86f.). - Vgl. IX 366.

82. Dichter: Dioskorides oder Leonidas v. Tar. (Stadtm.). Epicharm von Kos, später in Syrakus, Komödiendichter, um 510-420; vgl. VII 125, IX 600. - 2. Satyrn und Bakchos d.h. für das Theater.

83. Dichter: Lobo v. Argos (Bergk). Thales (s. 81) hatte die Sonnenfinsternis v. 28. Mai 585 v.C. vorausberechnet. Das Ep. stand auf einer Statue des Thales (Waltz).

84. Dichter: Lobo von Argos (Bergk).

85. Verschmelzung zwischen Zeus und Helios in Spätzeit nicht selten. Thales soll in hohem Alter und fast blind bei den olymp. Spielen durch Sonnenstich umgekommen sein (Diog. Laëert.).

86. Dichter: Lobo von Argos (Bergk). 2. Anspielung auf die Schlacht bei Salamis. Muster für IX 595b. Vgl. 81. - Steininschrift (Weißhäupl, Weber, Waltz), was Preger und Peek ablehnen.

87. 1. Solon starb auf Zypern. Er hatte gebeten, seine Asche in Salamis auszustreuen. - ἄξονες: 1. Wagen, 2. Gesetzestafeln. - 4. Die Gesetze sind „leicht“, weil sie das Volk von Schulden erleichterten. ἄχθεα: Anspielung auf die Seisachthie.

88. 1. Kastor und Polydeukes (s. VI 149) sind als Morgen- und Abendstern an den Himmel gesetzt. Cheilon: s. 81. - 2. Den Olivenkranz erhielt der Olympionike. - Die Geschichte wird auch von Plinius (Hist. nat. 7,33) und Tertullian (de an. 52) erzählt.

89. 1. Atarnai: Stadt in Mysien, gegenüber von Mytilene. Pittakos: s. 81. - 3. Vgl. Kallim. fr. 57,3 Pf.: ἄττα γέρον, Ilias 9,627: ἄττα γεραιέ. 12. Nimm dir...: Geflügeltes Wort; vgl. auch XVI 243,4. Ein Junge hat versehentlich einen falschen Kreisel gepeitscht. - Pittakos hatte diese Forderung allerdings nicht erfüllt: Er, der Sohn eines kleinen thrakischen Landedelmanns (Mazzarino, Athenäum 21, 1943, 38ff.), hatte eine Frau aus dem heimischen Hochadel geheiratet, wogegen Alkaios bekanntlich heftig schilt (z.B. fr. 43D). Nach Demetrios von Phaleron (Stob. 3,111) hatte auch Kleobulos geraten: „Nimm dir ein Weib aus gleichem Stand (γαμεῖν ἐκ τῶν ὁμοίων).“ Ähnlich Aischyl. Prom. 887ff., Plat. Nom. 6,773a.

90. Dichter: Lobo von Argos (Bergk). - Bias: s. 81.

91. 3. Kind: Sein Enkel.

92. 4. Pfeil: von der Hand seines Bruders, des Skythenkönigs Kaduidas. - Vgl. Diogenes Laërtios 1, 8, 103: „Er kam nach Skythien in der Hoffnung, die Bräuche seiner Heimat zu ändern, da er stark hellenisiert war. Auf der Jagd aber wurde er von seinem Bruder erschossen. Vor dem Sterben sagte er, des Geistes wegen sei er von Griechenland gerettet worden, der Mißgunst wegen sterbe er zu Hause (παραγενόμενος εἰς τὴν Σκυθίαν καὶ δοκῶν τὰ νόμιμα παραλύειν τῆς πατρίδος πολὺς ὢν ἐν τῷ ἑλληνίζειν, τοξευθεὶς ἐν κυνηγεσίῳ πρὸς τἀδελφοῦ τελευτᾷ, εἰπὼν διὰ μὲν τὸν λόγον ἐκ τῆς 'Ελλάδος σωθῆναι, διὰ δὲ τὸν φθόνον ἐν τῇ οἰκείᾳ ἀπολέσθαι)." Vgl. auch Herodot 4,76f.

93. Pherekydes: s. II 351. Vgl. Jamblichos 9,11 und 248. Nach Diog. Laërt. zitierte schon Duris v. Samos (3.Jahrh. v.C.) dieses Ep.

94. Anaxagoras von Klazomenai, Philosoph, um 500–428. Nach Diogenes Laërtios Grabschrift in Lampsakos.

95. 1. Vgl. Diog. Laërt. 2,8: „('Αναξαγόρας) ἔλεγε τὸν ἥλιον μύδρον εἶναι διάπυρον. Orac. Sib. 3,65: ἠέλιον πυρόεντα μέγαν.

96. Vgl. VII 629, IX 594, XVI 327.

97. Anspielung auf Xenophons Werke „Anabasis", „Erziehung des Kyros", philosophische Schriften, „Hellenika", „Erinnerungen an Sokrates".

98. 1. Kekrops: s. II 13. Kranaos: s. VI 313.

99. Dion von Syrakus, geb. 409, Schwager Dionysios' I. v. Syrakus, ermordet 353. 2. Hekabe: Priamos' Gattin. 5f. übersetzt von Apuleius (de magia 10):

Civibus ingenti in patria laudate iaces nunc,
qui insanum me animi reddis amore, Dion.

Nach Herter (Rh. Mus. 92, 1944, 289) kein Ep., sondern Kurzelegie.

100. 2. s. zu XII 91,2. – 3. Vgl. V 56,7 und Ovid (ars am. 1, 741):

O, wie gefährlich es ist, vor dem Freunde sein Mädchen zu loben!
Wenn er das Loblied dir glaubt, schleicht er sich selber heran.
Ei mihi, non tutum est, quod ames, laudare sodali!
Cum tibi laudanti credidit, ipse subit.

Ebenso sagt er in seinen Amores (3, 12, 7):

Täusche ich mich? Oder bracht sie mein Buch erst den Leuten zur Kenntnis?
Ja, so ist's! Mein Talent hat sie zur Dirne gemacht.
Fallimur an nostris innotuit illa libellis?
Sic erat: ingenio prostitit illa meo.

Apuleius (de magia 10) übersetzt unser Ep.:

Dixerit hic tantum cum nil nisi pulcher Alexis
exstitit et vertunt quilibet in te oculos.
Cur, anime, os canibus monstras angisque dolore
postmodo? Non Phaedro sic prius excidimus?

101. Speusippos, Platons Neffe und Nachfolger in der Akademieleitung, 395–339, tötete sich aus Lebensüberdruß.

102. Xenokrates von Chalkedon, Schüler Platons, Leiter der Akademie, 399–314.

103. Polemon (um 340–270) und Krates († 265), Leiter der platonischen Akademie. – Steininschrift (Peek). Vgl. v. d. Mühll: Mus. Helv. 19, 1962, 28.

104. Arkesilaos: Gründer der Neuen Akademie, 315–241.

105. Lakydes: Leiter der Neuen Akademie, † um 240 v.Chr. 4. Vgl. XI 414.

107. Mehrfach erzählte, kaum richtige Version.

108. Vgl. 00.

109. 3f. Vgl. Diogenes Laërtios 3,2 und 40.

110. Theophrast: Aristoteles' Nachfolger in der Leitung der peripatetischen Schule, 390–288.

111. Straton der Physiker, von 287–269 Vorstand der peripatet. Schule.

112. Lykon von Troas, von 269–225 Leiter der peripatet. Schule.

113. Demetrios von Phaleron, um 345–280, peripatet. Philosoph, Rhetor und athenischer Staatsmann, starb zu Busiris (Ägypten) in Verbannung.

114. Herakleides Pontikos, um 350, Schüler von Platon und Aristoteles, hatte, um seine Aufnahme unter die Götter glaubhaft zu machen, einen Freund gebeten, nach seinem Tod eine von ihm gezähmte Schlange in sein Bett zu legen. Doch wurde die List entdeckt. Vgl. Diogenes Laërtios (5, 6, 89): „Demetrios von Magnesia erzählt auch folgendes von ihm: Er hatte eine Schlange, die er von Jugend an hielt und großzog. Als er zum Sterben kam, bat er einen seiner Vertrauten, seinen Leichnam zu verstecken und dafür die Schlange ins Bett zu legen, damit man glaube, er sei zu den Göttern übergegangen. Während nun die Mitbürger Herakleides das letzte Geleit gaben und ihn priesen, schlüpfte die Schlange, als sie das laute Sprechen hörte, aus den Decken und brachte dadurch Verwirrung unter die Menge. Daraufhin wurde alles entdeckt, und Herakleides wurde erkannt, nicht wie er sein wollte, sondern wie er wirklich war (Δημήτριος ὁ Μάγνης καὶ τοιόνδε ἱστορεῖ περὶ αὐτοῦ· θρέψαι αὐτὸν δράκοντα ἐκ νέου καὶ αὐξηθέντα, ἐπειδὴ δὲ τελευτᾶν ἔμελλε, κελεῦσαί τινι τῶν πιστῶν αὐτοῦ τὸ σῶμα κατακρύψαι, τὸν δὲ δράκοντα ἐπὶ τῆς κλίνης θεῖναι, ἵνα δόξειεν εἰς θεοὺς μεταβεβηκέναι· καὶ μεταξὺ παραπεμπόντων Ἡρακλείδην τῶν πολιτῶν καὶ εὐφημούντων ὁ δράκων ἀκούσας τῆς ἐπιβοῆς ἐξέδυ τῶν ἱματίων καὶ διετάραξε τοὺς πλείστους· ὕστερον μέντοι ἐξεκαλύφθη πάντα, καὶ ὤφθη Ἡρακλείδης, οὐχ οἷος ἐδόκει, ἀλλ' οἷος ἦν)."

115. Antisthenes: Stifter der kynischen Schule, um 444–365.

116. Vgl. 63. Versmaß: Prokeleusmatiker (◡◡◡◡).

117. Zenon von Kition (Zypern): Gründer der Stoa, 350–264; s. V 134. – 6. Vgl. IX 697 und Herod. 5,58.

118. Vgl. Diogenes Laërtios 7, 31, 28: „Als er die Schule verließ, stolperte er und brach sich den Finger. Da schlug er mit der Hand auf die Erde und sprach das Wort aus der ‚Niobe' (des Timotheos von Milet): ‚Ich komme. Was rufst du mich?' Und alsbald starb er, indem er sich erhängte (ἐκ τῆς σχολῆς ἀπιὼν προσέπταισε καὶ τὸν δάκτυλον περιέρρηξε· παίσας δὲ τὴν γῆν τῇ χειρί φησι τὸ ἐκ τῆς Νιόβης· ‚Ἔρχομαι. τί μ' αὔεις;' καὶ παραχρῆμα ἐτελεύτησεν ἀποπνίξας ἑαυτόν)." Versmaß 2 und 4: Enkomiologikon (2 Daktylen, 3 Trochäen).

119. 1. Lehrsatz des Pythagoras. 2. Opfer: Hekatombe. – Elegiefragment (Weißhäupl).

120. 1. Er: Pythagoras. 3f. Gedanke aus der Seelenwanderungslehre; s. 75. – Aus einer Elegie. Vgl. Koster: Museum 44, 1937 284.

121. Fleisch von „Belebtem", wozu auch Bohnen rechneten, verbot Pythagoras: s. zu V 43.

122. Pythagoras, aus politischen Gründen verfolgt, konnte sich nur durch Betreten eines Bohnenfeldes retten. Da er dies nicht wagte, wurde er mit etwa 40 seiner Schüler erschlagen.

123. 1. Vgl. GV 1971, 1. – 2. Krater: Wortspiel! Empedokles von Agrigent: Philosoph, Prophet, Wundertäter, 483–424.

124. Über Empedokles' Tod gibt es zahlreiche Varianten; auch daß er sich erhängt habe, ertrunken und als Feuerschein an den Himmel entrückt sei, wird erzählt; vgl. VIII 28. – 4. Megara: in Sizilien.

125. Dichter: Leonidas von Tarent (Stadtm.). Epicharm: s. 82.

126. Philolaos von Kroton (Unteritalien), Pythagoreer, um 450 v.C.

127. Herakleitos: s. II 354. Vgl. VII 479, IX 148.

128. 3. Vgl. Seneca (ep. 7, 10): „Einer gilt mir fürs ganze Volk und das Volk für einen (unus mihi pro populo et populus pro uno)." Vgl. Herakleitos fr. 49 Diels-Kranz.

129. Zenon von Elea (Unteritalien), Philosoph, um 490–430. – 1. Tyrann: Nearchos.

130. Protagoras von Abdera, Sophist, um 480–410. Als Atheist aus Athen verbannt, kam er auf dem Meer um.

132. Hexameter + Hinkjambus.

133. Anaxarchos von Abdera, Philosoph, um 330 v.C., beleidigte Nikokreon, den Tyrannen von Zypern, der ihn im Mörser zerstampfen ließ. – Vgl. Cougny 3, 161 und Diogenes Laërtios (9, 59): „(Nikokreon) ließ Anaxarchos festnehmen, in einen Mörser werfen und mit eisernen Stößeln zerstampfen. Der aber habe, unbekümmert um die Strafe, das berühmt gewordene Wort gesagt: ‚Zerstampf nur, zerstampf nur des Anaxarchos Sack, den Anaxarchos zerstampfst du nicht.' Da habe Nikokreon befohlen, ihm die Zunge auszuschneiden; aber es geht das Wort, Anaxarchos habe sie sich selbst abgebissen und sie ihm ins Gesicht gespien (συλλαβὼν τὸν Ἀνάξαρχον καὶ εἰς ὅλμον βαλὼν ἐκέλευσε σιδηροῖς ὑπέροις τύπτεσθαι· τὸν δὲ οὐ φροντίσαντα τῆς τιμωρίας εἰπεῖν ἐκεῖνο δὴ τὸ περιφερόμενον· ‚Πτίσσε, πτίσσε τὸν Ἀναξάρχου θύλακον, Ἀνάξαρχον δὲ οὐ πτίσσεις.' κελεύσαντος δὲ τοῦ Νικοκρέοντος καὶ τὴν γλῶτταν αὐτοῦ ἐκτμηθῆναι, λόγος ἀποτραγόντα προσπτύσαι αὐτῷ)."

134. Gorgias: unbekannt.

135. Hippokrates, der bekannte Arzt um 460–377, aus Kos, lebte lange in Larissa (Thessalien). Die Sage macht ihn zum Sohn Apolls. 3. Hygieia: Göttin der Gesundheit. Vgl. IX 53. – Steininschrift (Peek). Zeit nach Peek: 5.–4. Jahrh. (unverständlich). Vgl. Preuner: Hermes 29, 1894, 552.

136. Dichter: A. von Sidon (Brunck), A. v. Thess. (Benndorf, Menk, Setti, Waltz).

137. 5f. Meist für spätere Zutat gehalten (aus 136). Vgl. XVI 29.

138. 3. Maionide: s. 2.

139. Dichter: Antipatros von Thess. (Stadtm.). 3. Pella (s. VII 44) schwand seit der Einnahme durch die Römer nach der Schlacht bei Pydna (168 v.C.) bis zur völligen Bedeutungslosigkeit dahin. Von einer Zerstörung ist nichts bekannt. Ausgrabungen seit 1914.

141. Protesilaos fiel schon bei der Landung der Griechen in Troas (Ilias 2, 700). Die Ulmen am Grab (bei Elaius im Chersones) werfen auf der nach Troja gerichteten Seite die kaum ergrünten Blätter welk wieder ab; an der anderen Seite grünen diese weiter. So auch Plin. Hist. nat. 16, 238 und Quintus Smyrn. 7, 408. Muster für 385.

145. 1. Vgl. VII 324, 1; 386, 1; IX 425, 1. – Die griechischen Frauen schoren sich bei Trauer das Haar (Plutarch Mor. 267 b). Zur Areté mit geschorenem Haar vgl. 146

und Κρητικὰ Χρονικά 1, 1956, 237. – Vgl. IX 470. Übersetzt von Ausonius Epit. 3 P; parodiert von Mnasalkes (Cougny 3, 71 = 5, 14). Bild der Areté bei Reinach: Rép. des vases 1, 279. – Vgl. W. Seelbach: Die Epigramme des Mnasalkes und Theodoridas 1964, 48ff.

146. Aias' Grab war am Kap Rhoiteion (Troas), erwähnt von Pausanias 1, 35, 4. – 3. Pelasger: Griechen. Vgl. IX 115.

147. 3. Pfeile: Vgl. Silius Italicus 1, 311: Involvunt atra telorum moenia nube (sie hüllen die Mauern mit einer dunklen Wolke von Pfeilen ein). 5f. Ilias 15 (vor allem V. 618). 10. Vgl. Schillers Siegesfest: Ajax fiel durch Ajax' Kraft. – Das Ep. hat nach Reinach das Gemälde des Timomachos im Auge.

149. Wohl auf ein Gemälde.

151. Ilias 7, 302. – Vgl. 152.

152. Dichter: Antiphilos (Stadtm.). – Muster war Sophokles Aias 1028/35.

153. Nach L. Weber ist nur Vers 1 echt (um 600), die andern nach und nach hinzugewachsen. Körte hält V. 1 und 3 für unecht. 1. Mädchen: Sphinx oder Sirene. Midas: Name mehrerer phrygischer Könige. Nach 2 schalten Spätere ein:

Droben die lichte Selene und Helios wandelnd noch leuchten,
und die Ströme sich füllen und Wogen des Meeres noch plätschern …

Vgl. Tibull 1, 4, 65:

Quem referent Musae, vivet, dum robora tellus,
dum caelum stellas, dum vehet amnis aquas.

Kyklische Verse (s. zu VI 314); sie lassen sich umstellen: 4321, 4132, 2314, 3214, 1324, worauf schon Platon (Phaidr. 264d) aufmerksam macht. – Vgl. GV 1171, 1945. – Als Beweis dafür, daß Kleobulos das Ep. verfaßt habe, führten die Alten (Diog. L. 1, 89f.) die Verse des Simonides Τίς κεν αἰνήσειε νόῳ πίσυνος κτλ. (fr. 48 D) an.

154. 2. Inachiden: s. zu 431. Psamathe, Tochter des Königs Krotopos von Argos, erlag, von Apoll verführt, dem Zorn ihres Vaters. Die von Apoll als Pest ins Land geschickte Ker wurde von dem edlen Argiver Koroibos erschlagen. Dieser wandte sich dann zwecks Sühnung nach Delphi. Der Gott befahl ihm, mit einem heiligen Dreifuß fortzugehen und dort, wo der Dreifuß ihm von der Schulter falle, einen Tempel zu bauen. Das geschah bei Megara. Vgl. Pausanias 1, 43, 7.

155. Philistion: um 10 n.C.; er starb nach Suidas (s.v.) während eines unaufhaltbaren Lachkrampfes. 4. In der Grabschrift der Mimin Basilla heißt es (GV 675, 4; 3. Jahrh. n.C.): „Auf der Bühne war oft, doch so noch nie sie gestorben (πολλάκις ἐν θυμέλαις, ἀλλ' οὐχ οὕτω δὲ θανούσῃ)." – Steininschrift (Peek).

156. 3. Vgl. 484, 4. – 6. πτερόν = Netz, wie bei Joh. Chrysost. or. 14, 146 D, Lykophr. 105.

157. 4. τριγέρων: vgl. 144, 2. – Vgl. VII 557, 1, XI 23. Muster für IX 112 (Jacobs, Stadtm.).

158. Marcellus: 2. Jh. n.C. 8. Der Kentaur Cheiron galt als Lehrer des Asklepios. 9. Vierzig: nach Suidas 42. – Steininschrift (Peek).

159. Dichter: Nicht Nikarch (Wilamow.), Nikainetos? (Stadtm.). – Telephanes: Sein Grab, errichtet von Kleopatra der Tochter Philipps II. von Makedonien, lag an der Straße Megara-Korinth (Paus. 1, 44, 6; vgl. Demosth. 21, 17). – Steininschrift (Peek).

160. Timokritos: unbekannt (von Teos, gefallen vor Abdera?). – Steininschrift (Wil., Peek). Vgl. L. Weber: Anakreontea 36.

161. Zu Aristomenes vgl. Pausanias 4, 24, 3 und 4, 32, 3: Ich weiß nicht, ob das Grabmal dieses tapferen Heerführers (der Messenier, um 675 v.C.) mit einem Adler geschmückt war; doch ist es nicht unmöglich. Seine Geschichtsschreiber berichten, er sei eines Tages bei einem Angriff von seiten der Spartaner durch einen Adler gerettet worden. Auf seinem Schild trug er übrigens einen Adler mit ausgebreiteten Flügeln. Bestattet war er zunächst auf Rhodos, später holte man seine Überreste nach Messenien zurück. 3f. Vgl. VII 344, 426, XVI 95, GV 34.

162. Über die persische Anschauung von der Heiligkeit des Wassers und Feuers vgl. Herodot 1, 138 und 3, 16. Der Sklave besaß also noch seine eigene Religion.

163. Vorbild für 164f. und GV 1859ff. – 7. Vgl. 417, 10 und Pap. Ryl. 1, 1911, 17 = Heitsch, Grch. Dichterfrg. 1961 p. 85 (4. Jahrh. n. C.) V. 6: καὶ ἐς βαθὺ γῆρας ἱκέσθαι. – Vom Wichtigtuer (περίεργος) sagt Theophrast Char. 11 (13): „Wenn ihm die Frau gestorben ist, dann läßt er auf ihr Grabmal den Namen ihres Mannes, ihres Vaters, ihrer Mutter, ihren eignen und den ihrer Heimat setzen (γυναικὸς δὲ τελευτησάσης ἐπιγράψαι ἐπὶ τὸ μνῆμα τοῦ τε ἀνδρὸς αὐτῆς καὶ τοῦ πατρὸς καὶ τῆς μητρὸς καὶ αὐτῆς ⟨τῆς⟩ γυναικὸς τοὔνομα καὶ ποδαπή ἐστι)." – Steininschrift (Waltz, Peek).

164. Dichter: Archias (Stadtm.), Antipatros von Sidon (Waltz). Daß von fünf Hexametern drei rein daktylisch gebaut sind, wäre für Antipatros auffallend viel. – Vgl. GV 1869ff. – Der Papyrus (s. Bd. 1 S. 70) bringt hier noch das Ep. des Amyntas (unbekannt; 2. Jahrh. v. C.?):

Nenn deinen Namen mir, Frau, und den von Vater und Heimat!
  Sag mir die Krankheit, an der schmerzlich gestorben du bist. –
„Prexo hieß ich, mein Freund, aus Samos. Kalliteles hatte
  einst mich erzeugt; der Tod ward mir im Kindbett zuteil." –
Wer hat das Mal dir errichtet? – „Theokritos, dem man zur Ehe
  mich gegeben." – Und welch Alter beschied dir das Los? –
„Zweiundzwanzig erreicht ich." – Und mußtest du kinderlos scheiden? –
  „Söhnlein Kalliteles blieb dreijährig hier noch im Haus."

Φράζε, γύναι, τίς ἐοῦσα καὶ ἐκ τίνος. εἰπέ τε πάτρην
  καὶ ποίας ἔθανες νούσου ὑπ' ἀργαλέης. –
„Οὔνομα μὲν Πραξώ, Σαμίη, ξένε, ἐκ δὲ γονῆος
  Καλλιτέλευς γενόμαν, ἀλλ' ἔθανον τοκετῷ." –
Τίς δὲ τάφον στάλωσε; – „Θεόκριτος, ᾧ με σύνευνον
  ἀνδρὶ δόσαν." – Ποίην δ' ἦλθες ἐς ἡλικίην; –
„Ἑπταέτις τρὶς ἑνὸς γενόμαν ἔτι." – Ἦ ῥά γ' ἄτεκνος; –
  „[Οὔ·] Καλλιτέλην τριετῆ παῖδα δόμῳ λιπόμαν."

165. Dichter: Antipatros von Sidon (Stadtm.), Archias (Setti, Waltz).

166. Dichter: Dioskorides (Stadtm.). 6f. Vgl. Sophokles Oidip. Kol. 621:
Dann trinkt, zum Schlaf gebettet tief im Erdenschoß,
mein kalter Leichnam seiner Feinde warmes Blut.
Ἵν' οὑμὸς εὕδων καὶ κεκρυμμένος νέκυς
ψυχρός ποτ' αὐτῶν θερμὸν αἷμα πίεται.

167. Steininschrift (Peek).

169. 1. Inach. Kalb: Io, Tochter des Inachos (s. 431). 2. Bosporos: als „Kuhfurt" erklärt. 3. Pharos: Insel vor Alexandria. 5f. Als Philipp II. i. J. 340 Byzanz belagerte, schickten die Athener eine Flotte unter Chares zu Hilfe. Dort, bei Chrysopolis (Skutari), starb Chares' Gattin Boidion („Kalb"). Chares errichtete ihr einen Altar mit marmornem Kalb (Preger Inscr. Gr. metr. 150–153). Das Ep. ist wohl (trotz Preger) die echte Grabschrift (Waltz, Peek).

170. Dichter: Kallimachos (Ouvré), weder Poseidippos noch Kallimachos (Schott, Stadtm.). – Steinepigramm (Mette). Muster für SEG 4, 573.

171. 1. Vogel: Amsel. 3. Melos: Kykladeninsel.

172. 2. Bistonien: s. 10. – 7. Vgl. Aristot. hymn. ad Herm. 13: ἀελίου χήρωσεν. 7f. Vgl. Ennius (Scenic. 242 Vahl.[2]): Quod est ante pedes, noenu (= non) spectant; caeli scrutantur plagas.

173. Dichter: Leonidas von Alex. (Stadtm., dem Geffcken widerspricht). Muster für 174 (Waltz). 1. Vgl. Theokr. 11, 12.

174. 4. Vgl. 192,3; 196,8.

175. 3. Vgl. IX 432,1.

177. Stadtm. glaubt, der Pentameter fehle; doch vgl. etwa GV 140. – Steininschrift (Peek).

178. 1. Lyder d.h. Sklave. Vgl. 185,4. – Steininschrift (Peek).

179. Dichter: Dioskorides (Stadtm.). 4. Raum: Sarkophag. 5. Manes: s. 538. – Steininschrift (Waltz, Peek).

181. 3. Vgl. 489,3. – 4. Vgl. 528,2. – Vgl. 488.

182. 2. Vgl. 164,4. – 6. Vgl. 37,4. – 7f. Vgl. Heliodor 2,29: „Eben die Fackeln, die bei der Hochzeit geleuchtet hatten, zündeten auch den Scheiterhaufen an (καὶ δᾷδες, αἱ τὸ γαμήλιον ἐκλάμψασαι φῶς, αὗται καὶ τὴν ἐπικήδειον πυρκαϊὰν ἐξῆπτον)." – Vgl. 611, 710ff., Kallim. fr. 75 Pf. – Jugendgedicht Meleagers (Radinger), Steininschrift (Peek). Vgl. A. Wilhelm: Mélanges Maspero 2, 272.

183. Vgl. GV 955. – Steininschrift (Peek).

184. Muster für 611. – Steininschrift (Peek).

185. 1. Ausonisch: s. II 96. – 3. Pompeia: Enkelin des großen Pompeius, Gattin des M. Licinius Crassus (Konsul 14 v.C.), Schwiegermutter des L. Piso Frugi (Konsul 15 v.C.) (Cichorius). 5. Anderes Feuer: Hochzeitsfackel. Dieses: des Scheiterhaufens. – Steininschrift (Peek).

186. Steininschrift (Peek).

187. 1. Niko: s. IX 89. – Vgl. VII 361. – Steininschrift (Peek).

188. Steininschrift (Peek). 3–6. Vgl. Ovid Heroid. 6, 43:

Juno als Brautfrau
und, den Scheitel bekränzt, stand uns auch Hymen zurseit.
Nein, nicht Juno noch Hymen! Die finstere Göttin der Rache
trug zum Unheil für mich blutig die Fackel voraus.

Pronuba Juno
adfuit et sertis tempora vinctus Hymen.
At mihi nec Juno nec Hymen, sed tristis Erinnys
praetulit infaustas sanguinolenta faces.

189. Dichter: Anyte (Boas; Luck widerspricht). 3. Klymenos: s. zu 9. – Nr. 189f., 194, 198 sind Beileidsepikedien (Herrlinger).

190. Dichter: Anyte (Jacobs, Geffcken, Baale, Wilam.). Muster für 198 und 364. Das Motiv ist bis in die neueste Zeit beliebt; noch Grillparzer dichtete eine „Elegie auf den Tod einer Grille". 2. Myro: vielleicht die Dichterin Moiro (Myro). Auf dieses

Ep. bezieht sich die schiefe Bemerkung des Plinius (h. n. 34, 57): ⟨Myronem⟩ fecisse et cicadae monumentum ac locustae carminibus suis Erinna significavit, wobei er Erinna mit Anyte und den Bildhauer Myron mit der Dichterin Moiro (Myro) verwechselt. – „Scherzhaftes Kondolenzgedichtchen".

192. Nachahmung von 202, Muster für 195. – Ein Distichon vermißt Stadtmüller, was Herrlinger verneint. Vgl. Gow: Class. Rev. 70, 1956, 92.

193. 3. Feldheuschrecken, Grillen, Heimchen wurden wegen ihres Gesangs gern in Käfigen im Hause gehalten. So heut noch in Japan, wo der Käfig 5×3,7 cm ist. „Bei Sonnenuntergang erwacht das Heimchen, und dann erklingt das Zimmer von einer unbeschreiblich zarten Musik." 4. Vgl. V 135,2, VII 12,2; 641,2, Theogn. 1230, GV 1745,4. – Nachahmung von 190 und 203. Vgl. IX 373.

194. 4. Vgl. Pap. Vind. 29788,4 = Heitsch, Grch. Dichterfrg. 1961 p. 118 (5.–6. Jh. n.C.) V. 24: εὐκελάδοιο μολπῆς. – Muster für 197.

195. 2. Vgl. IX 264,2f. – Vgl. zu 192.

196. 1. Vgl. IX 92,1, Anakreont. 34,2f.

197. 4. Oropos: Stadt in Makedonien. – Vgl. 194.

199. 2. Halkyonen: Eisvögel. 4. Vgl. VII 211,4.

200. Muster für 201.

201. 1f. Vgl. Hesiod W. u. T. 582: „Wenn die laute Zikade, sitzend im Laub der Bäume, ihr schmetternd Singen entsendet (ἠχέτα τέττιξ δενδρέῳ ἐφεζόμενος λιγυρὴν καταχεύετ' ἀοιδήν)." Vgl. IX 87,6.

203. 1. Steinhuhn: hier als Lockvogel. Vgl. Catull 4. – Buchepigramm (Wilam.).

204. 1. Steinhuhn: hier Haustier. 4. Erigeneia: Eos. 5. Katze: seit etwa 100 n.C. in Griechenland Haustier. – Vgl. Anth. Lat. 181,375 R.

205. 6. s. II 197.

206. Antwort auf 204f. (Luck). 2. Aktaion: Jäger, sah Artemis im Bad; in einen Hirsch verwandelt, wurde er von den eigenen Hunden zerrissen.

207. 1. Hase: Tier Aphrodites. 3. Phanion: s. XII 53,82f. – Das Ep. verspottet die sentimentale Tierdichtung der Peloponnesier.

208. Echte Aufschrift (Wilam., Peek).

209. Dichter: A. von Sidon (Setti, Waltz). 3. Vgl. GV 720,1.

210. Dichter: A. von Sidon (Setti, Waltz), A. v. Thess. (Kaibel). 7f. Stammbaum: Hephaistos-Erichthonios-Pandion-Prokne; letztere in Schwalbe verwandelt (V 237). Gesuchte Sprache: 3f. bestehen aus je 4 Wörtern.

211. 1. Malteser Hunde im Altertum mehrfach als Jagd- und Luxushunde gerühmt (Plin. h. n. 3,152; Strabon 6 S. 425); vgl. O. Keller: Jahreshefte d. österr. arch. Instit. 8, 1905, 243ff. – 4. Vgl. 199. Grabschriften auf Hunde im Altertum häufig, z.B. Preger 51f., Kaibel 329, 332, 626f. u.a. Vgl. auch Theophrast Char. 7 (21): „Ist sein Malteser Hündchen verendet, so läßt er ihm ein Grabmal und ein Säulchen errichten mit der Inschrift: Hier ruht Klados aus Malta (κυναρίου δὲ Μελιταίου τελευτήσαντος αὐτῷ μνῆμα ποιῆσαι καὶ στηλίδιον ποιήσας ἐπιγράψαι ,Κλάδος Μελιταῖος')." Das Motiv ist seit Renaissance wieder sehr beliebt. Andreas Naugerius (1483–1529) ist der erste, der ein (lat.) Ep. auf einen toten Hund bringt, und noch Avenarius und Morgenstern dichten solche. – Echte Aufschrift.

212. 1. Aithyia = „Möwe". – Echte Aufschrift (Peek).

213. 3f. Vgl. 201,3. – 7. Rätsel: s. 1. – 8. König: s. II 267, Cougny 1, 215. Maionide: s. 2.

214. 3f. Vgl. Plinius (h. n. 9, 8, 8): „Der Delphin ist ein Tier, das nicht bloß ein Freund des Menschen ist, sondern auch Musik versteht; angenehm empfindet er symphonischen Gesang und vor allem den Klang der Wasserorgel (Delphinus non homini tantum amicum animal, verum et musicae arti; mulcetur symphoniae cantu et praecipue hydrauli sono)." 6. Tethys: Gattin des Okeanos. 7. Malea: Südostspitze des Peloponnes.

215. 4. Manche Schiffe hatten an Bug oder Heck eine Delphinfigur.

217. Das Grab spricht. – Vgl. V 13.

218. 3. Laïs: s. VI 1. Ihr Grab war bei Korinth; das Mal trug eine Löwin, die ein Geißlein zwischen den Vordertatzen hielt (Pausan. 2, 4, 4). Athenaios dagegen berichtet (13, 589 b), nach Polemon Periegetes sei ihr Grab am Peneios gewesen; er führt auch ein von dem unseren abweichendes Grabepigramm an (GV 896). 4. Peirene: Quell in Korinth, vom Flußgott Asopos (s. 412) aufgestampft. „Die Quelle ist schmuck in weißen Marmor gefaßt; grottenartige Kammern sind dort angelegt, aus denen das Wasser in ein unbedecktes Bassin fließt (κεκόσμηται δὲ ἡ πηγὴ λίθῳ λευκῷ, καὶ πεποιημένα ἐστὶν οἰκήματα σπηλαίοις κατὰ ταὐτά, ἐξ ὧν τὸ ὕδωρ ἐς κρήνην ὕπαιθρον ῥεῖ)" (Paus. 2, 3, 2). 6. Tyndareos: s. II 167. – Harberton nimmt zwei Ep. an: Vers 3, 8–14 und 1, 2, 4–7.

219. 4. Der Gedanke, das Leben sei eine Leihgabe bzw. Schuld, die mit dem Tode zurückgezahlt werde, findet sich oft, vgl. VII 78, 419. 459, 732, X 105. Dazu B. Lier, Philol. 62, 1903, 578ff.; R. Lattimore: Themes in Greek and Latin Epitaphs, 1942, 170f. – 5. Lampe: s. VI 162.

220. 1. Ephyra: alter Name Korinths (Ilias 6, 152).

221. Dichter: Paulos Silentiarios (Jacobs). 5. Vgl. GV 975, 3.

222. Dichter: Nicht Philodem (Kaibel; Luck widerspricht). 1. Trygonion bedeutet „Turteltäubchen", aber auch das als Aphrodisiakum geltende „Eisenkraut" (verbena officinalis); vgl. Carm. de virib. herb. V. 56ff. (Heitsch: Grch. Dichterfrg. Bd. 2, 1964, S. 27). 2. Salmakiden: Hetären, hier eine Tempelprostituierte (s. 223). 3. δοῦμος: eine religiöse Bruderschaft (Schwesterschaft); darüber zuletzt O. Masson: Fragm. du poète Hipponax 1962, 123. – 4. Mutter der Götter: Kybele. 5. ἀμφί mit Κύπρ. zu verbinden (Dilthey). 8. Veilchen und Levkojen (= „weiße Veilchen") waren Bakchos und Kybele heilig. Paton u. a. sehen in Trygonion einen Gallen, der cinaedus pathicus ist; s. Luck, Philol. 100, 1956, 271. – Vgl. GV 1409:

Möge dein junges Grab die Fülle der Blumen dann tragen,
  nicht den struppigen Dorn, schädliche Quecken auch nicht,
nein, Majoran und Veilchen und zarte Narzissen, vor allem
  Rosen von jeglicher Art mögen dir, Vibios, blühn.
Ἄνθεα πολλὰ γένοιτο νεοδμήτῳ ἐπὶ τύμβῳ,
  μὴ βάτος αὐχμηρή, μὴ κακὸν αἰγίπυρον,
ἀλλ' ἴα καὶ σάμψουχα καὶ ὑδατίνη νάρκισσος,
  Οὐείβιε, καὶ περὶ σοῦ πάντα γένοιτο ῥόδα.

223. 3. Flöte: die hornartige phrygische. – Vgl. VI 281. – Steininschrift (Peek).

224. Nachahmung von 743; vgl. auch 484. Solcher Kinderreichtum wird mehrfach erwähnt; s. vor allem Plinius h. n. 7, 3, 34. Übersetzt von Ps. – Ausonius Ep. 34 p. 435 P.

225. Dichter: Antiphilos (Stadtm.). 1. Vgl. IX 704. – 3. Laërtes: Odysseus' Vater.

226. Abdera: Stadt in Thrakien, von Teos 545 gegründet; dort hielt sich A. auf. Es handelt sich um Kämpfe mit Thrakern. – Staatsgrab? (Peek).

227. Dichter: D. von Athen (Menk), D. von Adramyttion (Knaack, Wilamowitz). – Steininschrift (Peek).

228. 1. Vgl. GV 1983,7 und AG VIII 85. – Steininschrift (Peek). Übersetzt von Ausonius Epit. 34 P. – Für zu Lebzeiten errichtete Grabmäler vgl. 330, 609, GV 247–274.

229. 1. Pitana: Stadtteil von Sparta. Übersetzt von Ausonius Ep. 43.

230. Vgl. VII 433, 531, IX 61, 397, 447.

231. 2. Ambrakia (s. VI 255) wurde 219 von den Achaiern belagert (Polyb. 4, 61 f.). – Steininschrift (Peek). Vgl. Friedländer: Amer. Journ. of Phil. 63, 1942, 80.

232. Dichter: A. von Sidon (Menk, Setti, Stadtm., Baale, Waltz). Waltz setzt das Ereignis in die Zeit zwischen 323 und 281; dann ist aber der Dichter nicht Antipatros. Daß beide Hexameter rein daktylisch gebaut sind, stände auch bei Antipatros einzig da. – Steininschrift (Peek).

233. Ausonien: Italien (s. II 96). Vgl. IX 354.

235. Vgl. VII 73f., 137. Über Themistokles' Tod s. Plutarch Them. 31.

237. 2. Apoll: als alles sehender Sonnengott. 3. Flüsse: Skamandros, Melos, Lissos (Herodot VII 43, 58, 108). – Vgl. Geibel: Grab des Themistokles:

Denksteinlos nun schlummert der Held. Doch drüben im Spätrot
ragt ihm, ein ewiges Mal, Salamis' Felsengestad.

238. Dichter: Alkaios v. Mess. (Bergk). 1. Philipp II. (359–336). Emathia: s. VI 114. – 2. Aigai: später Edessa, heute Vodena in Makedonien, wo die kgl. Gruft war. 3. Eroberung Griechenlands. 3–4. Anspielung auf Alexander d. Gr. (auf Philipp V. nach Bergk, dem Reitzenstein widerspricht).

239. Phoibos hatte in Delphi zu Alexander gesagt: „Du bist unüberwindlich, mein Sohn (ἀνίκητος εἶ, ὦ παῖ)" (Plutarch Alex. 14, 3). Vgl. XVI 369.

240. Die Antike kannte 2 Kontinente: Asien (mit Afrika) und Europa.

241. Ptolemaios Eupator, Sohn des Ptolemaios Philometor, † um 150 v.C. 3. Erzieher: vielleicht Andromachos (s. Vers 4), der 154 v.C. als Gesandter nach Rom kam (Polyb. 33, 8, 4). – 5. Vgl. Kallim. fr. 573 Pf.: ὠλόψατο χαίτας. – 6. Europas Haus Phoinikien, doch hier vielleicht Zypern, wo Ptolemaios zuletzt König war. 7f. Vgl. 633, 1. Zeit der Mondfinsternis: nach Cichorius 2. 9. 153 oder 3. 7. 150 oder 28. 12. 150. Cichorius schließt aus dem Ep., daß Antipatros damals in Ägypten weilte. 8. Vgl. Cougny 3, 82, 8: οὐρανίας ἀτραπιτούς. 11. Die Prinzen hießen in Zypern ἄνακτες (Aristot. fr. 526 Bekker).

242. Ereignis unbekannt; an Thermopylä denkt der Lemmatist, an die Zerstörung Thebens i. J. 335 Brodäus, an die Tyrannen von Sikyon v. J. 251 (Plutarch Arat. 4–9, Polyb. 2, 43, 3) Stadtmüller. – Staatsgrab (Peek).

243. Vgl. 248f., 251ff., 301, 436.

244. 2. Schwerter: sie waren wohl auf dem Mal abgebildet. 4. Vgl. 721, 2. – Im Kampf um die Grenzstadt Thyrea hatten Argos und Sparta ausgemacht, daß die Stadt dem Land gehören solle, das von den zur Schlacht entsandten je 300 Mann Überlebende auf dem Schlachtfeld behalte. Zwei überlebende Argiver gingen nach Haus. Inzwischen errichtete der für tot gehaltene, schwer verwundete Spartaner

Othryades im Sterben ein Siegeszeichen (Herodot 1,82, Paus. 2, 38, 5); vgl. 430ff., 526, 720f.

245. Dichter: Nicht Gätulicus. 1. Chronos: s. 421. Die stark verstümmelte Inschrift v.J. 338/7 wurde am Olympieion in Athen gefunden. Vgl. Paus. 1, 29, 13. – Staatsgrab. Von einer anderen Inschrift spricht Demosthenes (Cor. 290). Bei Chaironeia wurde für die (thebanischen) Gefallenen zwar ein Denkmal in Gestalt eines sitzenden Löwen errichtet (1902 aus den Trümmern wiederhergestellt), doch ohne Inschrift (Paus. 9, 40, 10). Vgl. IX 288.

246. Schlacht bei Issos 333 v.C.

247. 1. Vgl. Od. 11,54: ἄκλαυτον καὶ ἄθαπτον (s. Ilias 22,386), Eurip. Hek. 30: ἄκλαυστος ἄταφος. 2. Nach Plutarch ist die Zahl stark übertrieben. 4. Vgl. XVI 5,2. – 5. Emathia: s. VI 114. – 6. Vgl. Horaz Od. 2, 16, 23: ocior cervis. Bei Kynoskephalai in Thessalien wurde Philipp V. (s. VI 114) 197 v.C. geschlagen. Die Toten wurden erst 6 Jahre später bestattet (Livius 36,8). Das Ep. ist also 197/191 verfaßt. Philipp rächte sich für das Ep. durch die Verse (Plut. Flam. 9, 3):

Ohne Blätter und Rinde wird, fahrender Wandrer, auf dieser
  Höhe ein ragendes Kreuz für den Alkaios gebaut.
Ἄφλοιος καὶ ἄφυλλος, ὁδοιπόρε, τῷδ' ἐπὶ νώτῳ
  Ἀλκαίῳ σταυρὸς πήγνυται ἠλίβατος.

Der Sieger in der Schlacht war Titus Quinctius Flamininus. Plutarch führt noch ein mittleres Distichon in 247 an:

von der Aitolier Schwert und dem der Latiner bezwungen,
  die vom italischen Land Titus herübergeführt.

Das Ep. war, wie Plutarch versichert, damals in aller Mund. Das mittlere Distichon scheint bei den Römern, wohl weil die Aitolier vor ihnen genannt waren, Anstoß erregt zu haben, weshalb Alkaios es später wegließ. Als dann i. J. 196 Flamininus bei den isthmischen Spielen Griechenlands Freiheit proklamierte, machte Alkaios der römischen Eitelkeit durch das Ep. XVI 5 eine Verbeugung. – Latein. Übersetzung unseres Gedichtes in Ep. Bob. 71:

Milia triginta hic infleta inhumata, viator,
  Thessaliae hoc uno contegimur tumulo,
Tyrrhenum confecta manu turmisque Latinis,
  quas Titus ingenti duxit ab Italia,
Emathiae excidium, cum gloria vana Philippi
  fugit, abiit cervis ocior et Zephyris.

249. 2. Vgl. Theogn. 1152, 1238b, 1262. – Viel bewundert in Altertum und Neuzeit; übersetzt von Cicero (Tusc. 1, 101):

Dic, hospes, Spartae nos te hic vidisse iacentes,
  dum sanctis patriae legibus obsequimur.

Oft ins Deutsche übersetzt, so von Herder, Stolberg, Schiller, Körner, Geibel. – Staatsgrab.

250. Das Ep. stand nach Plutarch (Herod. malign. 39) auf einem am Isthmos befindlichen Kenotaph zu Ehren der bei Salamis gefallenen Korinther. 1. Vgl. IX 475,2, Ilias 10,173. – Vgl. GV 7. – Staatsgrab.

251. Statt der Thermopylenkämpfer nimmt Bergk die von Platää an (vgl. Paus. 9, 2, 5). 4. Vgl. GV 1513,2 und Geibel: Die Ebene von Marathon:

Feierlich schweigt es umher, stumm kreisen die Adler, und einsam
über dem weiten Gefild schwebt der Gefallenen Ruhm.

252. Dichter: A. v. Sidon (Jacobs, Menk, Setti, Waltz). Auf dem Grab stand die Statue der Arete; vgl. 145. Bergk vereinigt 301 + 252.

253. Auf die bei Platää gefallenen Athener (Bergk); andere denken an die Schlacht bei Chaironeia v. J. 338 oder an den Lamischen Krieg v. J. 323/22 v. C. Vgl. GV 1689. – Staatsgrab.

254. Veranlassung unbekannt: Schlacht bei Tanagra 457 (Wilhelm), bei Mantinea (Brodäus), bei Eleusis nach Herodot 5, 74 (Bergk), in Phrygia 431 nach Thuk. 2, 22 und Paus. 1, 29, 6 (v. Domaszewski). – Staatsgrab.

254b. Dichter: Leonidas v. Tar. (Stadtm.). – Steininschrift (Peek).

255. Dichter: Nicht Aischylos; a. d. 4. Jh. v. C. (Wilam.). Anlaß unbekannt. Aus einer Elegie (Stanley; Stadtm. widerspricht). – Staatsgrab (Peek).

256. Gemeint die 400 Eretrier, die Datis i. J. 490 nach Susa (nicht nach Ekbatana) verschleppte (Herodot 6, 119); vgl. 259. Von schiffbrüchigen Eretriern spricht Philostratos.

257. An Marathon denkt Hiller, an Platää Bergk. – Steininschrift (Bergk, Friedländer; abgelehnt von Hiller und Peek).

258. 1. Vgl. GV 18, 1. Eurymedon: Fluß in Pamphylien, wo Kimon in einer Doppelschlacht um 466 die Perser schlug; vgl. 296. Kenotaph (Peek); vermutlich zum Grab im Kerameikos gehörend, s. Paus. 1, 29, 14 (Hiller v. G.).

259. Vgl. 256.

260. 2. Ennius: Nemo me lacrimis decoret nec funera fletu faxit. Vgl. Tellos bei Herodot 1, 30 und AG VIII 64. – Steininschrift (Peek).

261. Dichter: D. von Athen (Wilam.), D. von Adramyttion (Stadtm.). – Steininschrift (Peek).

262. Stand als anonym im Kranz Meleagers (Wilam.). Nach dem Lemma war Glauke Hetäre, nach Dübner die Kitharödin Glauke von Chios (Theokr. 4, 31). – Steininschrift (Peek).

263. Dichter: Leonidas v. Tarent (Bergk). 1. Vgl. Od. 1, 75. Keine Inschrift, sondern Beileidsgedicht (Wilam.).

264. Vgl. 266, 282, 582, 586, 675. Vgl. Robert: Gnomon 31, 1959, 14.

266. 1. Vgl. 265, 1; 282, 1. – Nachgeahmt von Gregor von Nazianz 2, 54c: πλώει ναυηγοῦ λεύσσων τάφον ἢ ἀπὸ τύμβου πείσματα λυσάμενος.

270. Von Sparta: auf der Fahrt nach Delphi. Nach Wifstrand (Waltz) Sonderepigramm, nach Jacobs (Hiller, Stadtm.) Variante zu 650b. Vgl. XI 122.

271. 3f. Vgl. 589, 7f. – Siehe zu 496.

272. 5. Untergang der Böckchen: 22.–23. Dezember. – Steininschrift (Peek).

273. 2. Orion: Mitte November. 3. Kallaischros: vgl. 395, 483. – 6. Stein: Kenotaphion.

274. 3. Vgl. Od. 24, 290. – Steininschrift (Peek).

275. 1. Malea: s. 214. Pelops' Insel: Peloponnes. 3. Kydoner: Volk an Nordwestküste Kretas. 6. Es gab ein Sprichwort: Kreter sind Lügner. Zum Grab des Zeus s. 746. Vgl. Kallimachos (Hymn. 1, 8): „Kreter sind immerdar Lügner; für dich auch, Gebietender, schufen | Kreter ein Grab, jedoch – du starbst nicht, in Ewigkeit lebst du.

(Κρῆτες ἀεὶ ψεῦσται· καὶ γὰρ τάφον, ὦ ἄνα, σεῖο | Κρῆτες ἐτεκτήναντο· σὺ δ' οὐ θάνες, ἐσσὶ γὰρ αἰεί).“

279. Dichter: Antiphilos (Stadtm.). Nach Stadtmüller ist Βυζαντίου irrig in den Titel von 278 geraten und gehört in den Titel von 279.

281. Dichter: Herakleitos von Halikarnaß (Stadtm.).

282. Muster für 675. Vgl. zu 264.

284. Dichter: Nicht Asklepiades (Wilam.). Buchepigramm (Knauer).

285. 2. Vgl. Od. 1,161 und Properz 3, 7, 12: Nunc tibi pro tumulo Carpathium omne mare est.

286. Dichter: Antipatros von Sidon (Stadtm.).

287. Dichter: A. v. Thess. (Brunck, Setti, Waltz).

289. 1. Peneios: Fluß in Thessalien. Vgl. 550.

291. 5. Kyme: Stadt in der Aiolis (Kleinasien).

292. Halkyonen: s. 199.

293. 2. Vgl. Archilochos (pap. Ox. 22, 1954, Nr. 2310 fr. 1,33): κῦμ' ἁλὸς κατέκλυσεν. 4. Vgl. 640,3.

294. 4. Vgl. 288,4.

295. 5. Arktur: Aufgang am 18. September, Untergang am 1. November. Bei Plautus (Rud. prol. 71) sagt der Arktur: Vehemens sum exoriens; cum occido, vehementior.

296. Dichter: Archelaos (Bergk). 5. Schlacht bei Zypern i. J. 449. So Palat. Andere (s. Diod. 11,62) beziehen das Ep. falsch auf die Schlacht am Eurymedon um 466; vgl. VII 258. Mit V. 5 beginnen einige Erklärer ein neues Epigramm. 7. Vgl. Aischyl. Pers. 549: στένει γαῖ' Ἀσίς. – Dies die älteste Fassung (L. Weber). Muster für Kaibel 768 und IG II² 1141. Vgl. Isokrat. 4,174. – Staatsgrab im Kerameikos (Paus. 1,29,13). – Vgl. J. Barns: Historia 2, 1953/4, 167.

297. 3. Lucius Mummius zerstörte i. J. 146 Korinth. „Herrlich war diese Stadt vor ihrer Zerstörung. Auch die Burg und der Isthmos boten einen prächtigen Anblick: die erste, indem sie sich über alles zu riesiger Höhe emporhob, der Isthmos, indem er zwei Meere, nach Osten und nach Westen, durch einen schmalen Landrücken scheidet“ (urbs erat tunc praeclara ante excidium; arx quoque et Isthmus praebuere spectaculum: arx inter omnia in immanem altitudinem edita, Isthmus duo maria ab occasu et ortu solis finitima arctis faucibus dirimens) (Livius 45,28). „Als ich auf meiner Rückkehr aus Asien von Aigina nach Megara fuhr, sah ich mir die Umgegend an. Hinter mir lag Aigina, vor mir Megara, rechts der Piräus, links Korinth. All dies waren einst herrlich blühende Städte, jetzt liegen sie zertrümmert und zerstört vor unseren Augen“ (ex Asia rediens cum ab Aegina Megaram versus navigarem, coepi regiones circumcirca prospicere: post me erat Aegina, ante me Megara, dextra Piraeeus, sinistra Corinthus, quae oppida quodam tempore florentissima fuerunt, nunc prostrata et diruta ante oculos iacent) (Servius Sulpicius an Cicero ep. ad fam. 4,5). 6. Aineias: als Ahnherr der Römer. Vgl. VII 493, IX 151, 284.

298. Dichter: Perses (Stadtm.). Vgl. VII 572, 610, IX 422, XV 19. Zu den Namen s. VI 325f., VII 539.

299. Dichter: Der Nikomachos von VI 113,3 (Benndorf). 2. Zeit unbekannt.

300. 4. Vgl. GV 20,1. – Steininschrift (Peek).

301. Dichter: Mnasalkes (Boas; Geffcken lehnt ab). Siehe zu 252.

302. Steininschrift (Peek).

303. 3. Die Thraker galten als wild; auch Boreas haust dort. 5. Ino, Kadmos' Tochter, zweite Gattin des Athamas, Königs von Orchomenos, mißhandelte ihre Stiefkinder Phrixos und Helle. Sie selbst hatte von Athamas zwei Söhne, Learchos und Melikertes. Als nun Athamas im Wahnsinn Learchos tötete, stürzte sich Ino mit Melikertes ins Meer, wo sie als Göttin Leukothea lebt; vgl. VI 88.

304. Dichter: Nicht Peisandros von Rhodos (Wilam., Fraser). Steininschrift a.d. 3. Jahrh. (Peek). Hippaimon ließ sich mit Pferd, Hund und Diener bestatten. Podargos = „schnellfüßig“. Lethargos = „bösartig“. 3. Thessaler: Pferd. Kretisch: Hund. Magnesier und Sprößling des Haimon: Hippaimon. Andere verteilen anders. Hartung bezieht den ganzen Vers auf den Mann. Magnesia: Stadt auf Kreta (Lemma), andere denken an die Stadt in Karien bzw. Lydien oder (wie Preuner) an die Gegend in Thessalien; s. Keydell, Hermes 1935, 301. – Nikolaos von Damaskos erklärte das Ep. (wohl wegen seiner Prägnanz) für „sehr gut“ (τούτου τοῦ ἐπιγράμματου μέμνηται Νικόλαος ὁ Δαμασκηνὸς ὡς ἀρίστου) (Lemmatist). Echte Aufschrift? Parodie auf die Prägnanz? Vgl. Keydell: Hermes 70, 1935, 301.

305. Dichter: Alkaios von Mess. (Bergk, Susemihl, Wilam.), Alpheios (Stadtm.). 5f. Der Fall kam bei Fischern häufig vor (Heliodor 1, 4). Gleiches Thema VII 381, 585, 635, IX 242.

307. Dichter: Palladas oder Julian von Ägypten (Stadtm.), nicht Palladas (Zerwes). Nach Geffcken Spottepigramm auf Grabgedichte in Gesprächsform (kaum richtig).

308. Dichter: Julian von Ägypten (Sakolowski). – Steininschrift (Peek).

309. Steininschrift (Peek).

310. Dichter: Julian von Äg. (Stadtm.). Vgl. 356–60, 580f.

311. Gemeint Lots Frau oder Niobe (Lemma). Übersetzt von Ps.-Ausonius Ep. 27 p. 433 P.

312. Bezieht sich auf die Eroberung Athens durch Sulla i.J. 87 v.C. (Lemma). – Staatsgrab (Peek).

313. Dichter: Timon von Phlius (Menk). Timon, der Menschenhasser, aus Athen, um 400 v.C., † zu Halai in Attika. Vgl. 577. – 2. Plutarch erzählt, Timon habe die Athener in der Volksversammlung eingeladen, sich an seinem Feigenbaum aufzuhängen, bevor er ihn umhaue; nach ihm hat Timon diese Grabschrift selbst verfaßt. Nach Wifstrand ist das Ep. (a.d. 4. Jahrh. v.C.) Muster für die verschiedenen Ep. auf Timon.

315. Dichter: Rhianos (Stadtm., dem Aly widerspricht).

316. Dichter: Leonidas (Geffcken, Hansen).

318. Dichter: Nicht Kallimachos (Wilam.).

320. Nachahmung von 318.

321. Dichter: Leonidas v. Tarent (Stadtm.). – Steininschrift (Peek).

322. Idomeneus, Enkel des Minos, König in Kreta, Held vor Troja. Knossos: Stadt in Kreta. Meriones: Diener des Idomeneus.

323. Steininschrift (Peek).

324. Von Laskaris an VII 224 angehängt. – Steininschrift (Peek).

325. Cicero übersetzte (Tusc. 5, 35, 101):

Haec habeo, quae edi quaeque exsaturata libido
hausit; at illa iacent multa et praeclara relicta.

Vgl. CIL 6, 18131: Quod edi bibi, mecum habeo; quod reliqui, perdidi. Vgl. XVI 27. – E. Bignone: L'Aristotele perduto 1936, I 332ff., II 164ff.

326. Vgl. Dürers Spruch unter dem Bild Pirkheimers: Vivitur ingenio, cetera mortis erunt. Nach Seneca (benef. 6, 3) sagte M. Antonius: „Das ist noch mein, was ich anderen gab (haec habeo, quodcumque dedi)". Welche Entwicklungsstufen!

327. Aus Larissa (Lemma).

328. 1. Vgl. 599, 5. – Mit 327 auf gleichem Grabstein (Peek).

329. 1. Myrtas: Nach der Myrte, die man beim Skoliensingen in der Hand hielt. Vgl. VI 291, VII 353, 384, 455ff.

330. Aus Dorylaion (Phrygien). – Steininschrift (Peek).

331. Aus Oraka in Phrygien (Lemma). – Steininschrift (Peek).

332. Erklärung nach Desplaces. – Aus Akmonia in Phrygien (Lemma). – Steininschrift (Peek). Vgl. L. Robert: Gladiateurs 1940, 129, 157.

333. Aus Adrianoi (Bithynien, nicht Phrygien) (Lemma); richtiger wohl aus Azanoi (Phrygien) (Jac.), wo die Grabschrift einer Ammia gefunden wurde (Kaibel 381). – Steininschrift (Peek).

334, 335. Aus Kyzikos. 2. Vgl. 321, 2. – 10. Vgl. XI 376, 2. – 12. Flaum: s. VI 161. – 13. Vgl. Musaios 278: οὐχ ὑμέναιον ἄεισε. – Auf dem Grabstein waren Fronto und Politta abgebildet (Weißhäupl). Beide Ep. auf gleichem Grabstein, 4.–5. Jahrh. n. C. (Peek). – Vgl. 574, 589, X 19.

336. Dichter: Kallimachos (Salmasius), Antiphilos (Stadtm.). 1. Vgl. VI 228, 1.

337. 7. Vgl. 241, 8. – 8. Vgl. VIII 29, 7, GV 1168, 5: [σῶ]μ' ἀποδυσάμενος. – Steininschrift (Peek). Vgl. Wilhelm: Wien. Stud. 64, 1949, 143.

338. Dichter: Perses (Stadtm.). – Aus Magnesia. – Steininschrift (Peek).

339. Dichter: Palladas oder Lukian (Lemma), Palladas (Stephanus, Irmscher), nicht Palladas (Jacobs, Zerwes). 5f. = X 118, 3f. – 6. Vgl. GV 1906, 7 und 13f. – Vgl. 472.

340. Steininschrift (Peek).

341. 1. Syrianos: seit 431 Leiter der Akademie in Athen.

342. Steininschrift (Peek). Vgl. X 105.

343. 3. Kekropisch: athenisch (s. II 13). Aiakos von Salamis war Großvater des Aias. 4. Ausonisch: s. 233. – 5. Die 4 Kardinaltugenden sind nach Platon: Weisheit, Besonnenheit, Tapferkeit, Gerechtigkeit. – Steininschrift a. d. 5. Jh. n. C. (Wifstrand, Peek).

344 und **344b**, in den Handschriften getrennt, werden seit Huet von den meisten Erklärern zusammengefaßt und auf Leonidas bezogen (vgl. Herodot 7, 225). Andere nehmen einen der vielen Leon an, z. B. Herodot 7, 180, Xenophon Hell. 2, 3, 39 u. a. – 344b. Dichter: nicht Kallimachos (Schneider), Antipatros von Sidon (Boas). – Steininschrift (Peek, der beide vereinigt).

345. Hinkjamben. Philainis wurde ein schlüpfriges Buch zugesprochen, das Aischrion als Fälschung des Sophisten Polykrates bezeichnet (Athen.). 3. Man sagte, sie habe sich vom Leukadischen Felsen gestürzt. 5. Knaben: Dioskuren; Kaibel denkt an ihre Söhne. Muster für 450 (Reitzenstein, Wilam.).

346. Dichter: Lukian (Stadtm.). – Steininschrift (Peek).

347. Adeimantos: Admiral der Korinther i. J. 480. Inschrift gefälscht (Wilam.).

348. Dichter: Poseidippos (Kirchhoff). Timokreon: Dichter; Freund, später Feind des Themistokles; s. zu 406.

351. 8. Gleicher Tempel wie in VI 133 (Diehl). Vgl. 69 und Pap. Dublin Nr. 193 (Bond, Hermathena 80, 1952,5 = Treu, Archil. p. 130). Muster für 352.

352. Dichter: Dioskorides (Hecker), Antipatros von Thess. (Stadtm.). Vgl. zu 674.

353. Nachahmung von 455. Vgl. zu 329.

354. 4. Sisyphos' Land: Korinth. Sühnend: so auch Eurip. Med. 1381 ff.

355. 3. Diener der Musen: Musiker oder Dichter. Vgl. 415. – Steininschrift (Peek).

356. Dichter: Julian v. Ägypten (Stadtm.). Vgl. 310.

357. Dichter: wie zu 356. Vgl. Hesiod W. u. T. 256 ff.

358 und **359.** Dichter: Julian v. Äg. oder Antipatros (Stadtm.).

360. Dichter: Julian v. Äg. (Stadtm.). Vgl. 358.

361. Dichter: wie bei 360. – 2. Neid: der Götter. Vgl. 187.

362. 1. Vgl. 3. Hillscher dachte an den Rhetor Aietios Pastor (Seneca controv. 1, 3, 11), der 13 v.–17 n.C. in Rom lebte. – Steininschrift (Peek).

363. 5. Er gehörte zu den equites singulares Augusti, die Trajan geschaffen hatte. 7. Ausonisch: s. 233. – Steininschrift (Peek).

364. Verspottung von 190.

365. Mit Adonis, dem Sohn des Kinyras (2. Lemma) hat das Ep. nichts zu tun. 3. Leiter: s. Euripides Iph. Taur. 1351 und 1382.

366. 1. Aoos: Fluß in Epirus. 2. Karp. Meer: s. zu VI 245. – 3. Siz. Straße: bei Messina.

367. 1. Ausonier: s. 233. 4 ff. Helios ist als Lichtgott Herr über Braut- und Todesfackeln; s. 185. – Steininschrift (Peek).

368. 1. Vgl. IX 198,1. – 2. Ital. Krieg: wie in 312. – 4. Kyzikos: auf einer Halbinsel in der Propontis. Cichorius vermutet, daß es sich um die Mutter des Dichters handelt. 6. Vgl. 685,4. – Steininschrift (Peek).

369. Dichter: Adaios? (Stadtm.). 1. Antipatros: vermutlich der Rivale des Theodoros von Gadara, als man für Tiberius einen Lehrer der Beredsamkeit suchte und den letzteren wählte. 3. Vgl. Kallimachos Hymn. 1,5. – 5f. Gemeint Theben in Ägypten, später Diospolis (Zeusstadt) genannt. – Steininschrift (Peek).

370. Dichter: D. von Sardes (Jacobs), D. von Tarsos (Menk). Vgl. IX 187.

371. Wortspiele mit „Mutter" und „Erde". In 1f. ist Erde = Land. 3. Mutter = Erde; vgl. GV 441,4; 1702,2. – 4. Er starb am Sonnenstich. – Steininschrift (Peek).

372. 2. Gott: Schutzgeister (Heroen, Genien), vgl. Hesiod W. u. T. 122 ff. – 3. Theben: bei Tarent. – Steininschrift (Peek).

373. Es handelt sich wohl um Wettkämpfer (nach Hillscher bei den alljährlichen von Tiberius eingerichteten ludi Augustales).

374. 2. Lysidike: s. V 104 und 110. Nachahmung von 652. – Steininschrift (Peek).

375. 5. Zwei: Mutter und Kind. Ähnliches beim Erdbeben in Antiochia i.J. 115 erzählt Dio Cassius 68,25 und AG IX 259.

376. Cichorius glaubt, daß Seleukos zur Gesandtschaft gehörte, mit der auch Krinagoras i.J. 26/25 nach Tarragona ging (vgl. IX 516). – Steininschrift (Peek).

377. Wir wissen nicht, ob gemeint ist Parthenios von Phokaia (so der Lemmatist; doch lebte dieser P. im 4. Jh. n.C.) oder der Homeride P. v. Chios oder P. v. Nikaia, der Lehrer Vergils (so Brunck, Dilthey, Knaack, Waltz). 8. Kokyt: Unterweltfluß.

378. Steininschrift (Peek).

379. Gespräch zwischen Meer und Dikaiarcheia (später Puteoli). 4. Drängst zurück: Vgl. Horaz Od. 3, 1, 33: „Es fühlt der Fisch sein freies Gebiet verengt durch Riesendämme (contracta pisces aequora sentiunt iactis in altum molibus).“ 6. Das konnte nur gesagt werden, bevor Claudius Ostia ausbaute. – Nach Hillscher ist die von Caligula i.J. 38/39 zwischen Bajä und Puteoli erbaute Schiffbrücke gemeint (Sueton Calig. 19). Da diese aber wieder abgebrochen wurde, hier dagegen (wie besonders das unser Ep. nachahmende Ep. IX 708 zeigt) etwas Festes gepriesen wird, denken Cichorius und Müller an die Mole. Auch Lehmann-Hartleben nimmt eine Bogenmole an, die hier zum erstenmal auftrete. Sie war nach ihm 372 m lang, 15–16 m breit und bestand aus 15 massigen, durchweg 10 m dicken Pfeilern. Als Geländer hatte sie eine zinnenartig gezackte Balustrade; die Mole war die Hauptpromenade von Puteoli. Nach Friedländer sind heute 16 gemauerte Pfeiler vorhanden. Nach Beloch bezog Caligula die Mole in seine Schiffbrücke ein.

380. Dichter: Nicht Krinagoras (Geist); Antipatros v. Sidon (Rubensohn). 6. Eunikidas (oder Sohn des Eunikos): unbekannt. Cichorius denkt an den Tyrannen Nikias von Kos und glaubt, Krinagoras habe das Ep. vor d.J. 28 v.C. in Mytilene verfaßt. Hecker meint, die Ep. 380 und 401 hätten auf der gleichen Säule gestanden; doch hält Peek beide nicht für Steinepigramme. Nach Vers 4 setzen Jacobs und Rubensohn eine Lücke.

381. 6. Vgl. 681, 2, IX 348, 1f. – Vgl. zu 305. Muster für 635.

382. Situation: Ein Schiffbrüchiger war tot ans Land gespült und verbrannt worden; dann wird die Urne vom Meer fortgerissen.

383. Vgl. VII 480, IX 159, 439.

384. 2. Amme: des Bakchos. 7. Ich auch: wie die Danaïden, die daher Wasser in ein durchlöchertes Faß schöpfen mußten. Vgl. zu 329.

385. Protesilaos: s. 141.

387. Handelt es sich um Bianors Weib und Kind? (Dübner).

388. Kleitonymos: unbekannt. Vgl. Properz 3, 5, 37f.

389. 5. Erloschen: wurden blind.

390. Vers: Phalaikeion. 5. Aiganea und Beroia: Städte in Makedonien; vgl. VI 116, 6.

391. Germanicus (15 v. – 10. Okt. 19 n.C.); vgl. VI 244. Das Ep. ist also Okt./Nov. 19 verfaßt. 3. Germanicus hatte die „Phainomena“ Arats übersetzt.

392. 1. Arkturos: s. 295. – 1–4. vgl. Od. 9, 68ff.

395. Nachahmung von 273.

396. Nachahmung von 399. Übersetzt in Ep. Bob. 52 = Ps.-Ausonius Ep. 24 S. 431 P.

397. 4. Mykale: Kap in Kleinasien, Samos gegenüber, bekannt durch die Schlacht v. J. 479 v.C. – Steininschrift (Peek).

398. Vgl. VII 533, 660.

399. Vgl. 396. Vgl. Pausan. 9, 18, 3.

400. 2. Blind: vgl. XII 156, 5. Vergil Aen. 3, 200: caecis erramus in undis.

401. 1. Vgl. IX 284, 6. – 3ff. deuten auf Mißhandlungen und Entehrungen vor dem Tod. Vgl. 380.

403. 1. Psyllos („Spinne"): wohl sprechender Name; s. zu VI 91 und Herond. 1,50. – 5. Vgl. XIII 21,7 und Properz (4, 5, 77) auf einen gleichen Mann:

All ihr Menschen, die Liebe ihr kennt, werft spitzige Steine
hier auf das Grab und fügt Flüche den Steinen hinzu.
Quisquis amas, scabris hoc bustum caedite saxis,
mixtaque cum saxis addite verba mala.

405. Dichter: Mnasalkes (Hiller), Myrinos (Stadtm.). 3. Bupalos: Bildhauer, der Hipponax häßlich modelliert und von diesem deshalb so verhöhnt wurde, daß er Selbstmord beging. Vgl. 408, 536, XIII 3.

406. 1. Schenkel: die „Langen Mauern" zwischen Athen und Piräus. Euphorion von Chalkis (geb. 276 v.C.) lebte lange in Athen, starb aber nach Suidas zu Antiochia oder Apamea in Syrien und wurde dort begraben. 3. Myste: der Musen (Lemma), der Liebe (P. Maas). 3f. Granate und Apfel haben zu den Mysterien Beziehung, sind aber auch, ebenso wie Myrte, Liebessymbole; vgl. IV 1, 23. – Das Ep. ist sehr doppelsinnig. Zweideutig gesagt ist in 1 περισσόν und ποῆσαι, in 2 κεῖται Πειρ. π. σκέλεσιν, in 3 μῆλον, in 4 kann μύρτον ἐφίλει auch cunnum basiabat bedeuten (vgl. Aristoph. Lys. 1004). Nach Susemihl wird Euphorion wegen seiner Liebschaft mit der Witwe eines Sohnes des Krateros verhöhnt. Es handelt sich um ein Spottepigramm auf den noch in Athen Lebenden. – An Lebende gerichtet sind auch die als Epitymbien auftretenden Ep. VII 348, IX 520, XIII 21. – Eine Parallele hierzu ist XI 218. Vgl. Brecht S. 13, Maas in Stud. Ital. di Fil. class. 15, 1938, 80, Olivieri S. 190, W. Seelbach: D. Epigr. des Mnasalkes u. Theodoridas 1964, 83 ff.

407. Das Ep. stand unter einem Bild Sapphos (Dilthey). Vgl. 14 und Lukian de luctu 16f. – 2. Helikon: Berg in Boiotien, 1750 m hoch, mit Musenheiligtum; vgl. Hesiod Theog. 1–10. – 3. Pierien: s. 43. – 4. Muse: Dioskorides kannte also IX 506. Eresos: Stadt auf Lesbos. Nach gewöhnlicher Überlieferung stammte Sappho aus Mytilene (s. 718), nach Suidas aus Eresos. Die Münzen beider Städte tragen Sapphos Bild. 5f. spielen auf die Hochzeitsgedichte an. 7. Kinyras' Sohn: Adonis. 8. Wie man sich das Leben bei den Seligen vorstellte, lehrt das anonyme Ep. GV 1830 auf ein Kind (aus Rom, 3. Jh. n.C.):

Prote, du bist nicht gestorben, du gingest in bessere Lande,
weilst auf den Inseln der Sel'gen in Fülle von blühender Freude.
Fröhlich hüpfst du umher dort auf den Gefilden Elysiens
unter wonnigen Blumen, weit fern von jeglicher Trübsal.
Dich bekümmert nicht Kälte, nicht Hitze, dich drückt keine Krankheit,
und dich quält nicht der Durst, dich quält nicht der Hunger; verlockend
will dich das Leben der Menschen auch nicht mehr bedünken, es fließen
heiter in lauterem Glanz die Tage dir nah beim Olympos.
Οὐκ ἔθανες, Πρώτη, μετέβης δ' ἐς ἀμείνονα χῶρον
καὶ ναίεις μακάρων νήσους θαλίῃ ἐνὶ πολλῇ,
ἔνθα κατ' Ἠλυσίων πεδίων σκιρτῶσα γέγηθας
ἄνθεσιν ἐν μαλακοῖσι κακῶν ἔκτοσθεν ἁπάντων·
οὐ χειμὼν λυπεῖ σ', οὐ καῦμ', οὐ νοῦσος ἐνοχλεῖ,
οὐ πείνη σ', οὐ δίψος ἔχει σ', ἀλλ' οὐδὲ ποθεινὸς
ἀνθρώπων ἔτι σοι βίοτος· ζώεις γὰρ ἀμέμπτως
αὐγαῖς ἐν καθαραῖσιν Ὀλύμπου πλησίον ὄντως.

408. Muster für 405.

409. Dichter: A. von Sidon (Stadtm., Waltz). Antimachos von Kolophon (um 400) war mit dem Epos „Thebaïs" und dem Elegienzyklus „Lyde" Begründer der gelehrten Dichtung (daher 1 „Fleiß"). Kallimachos nennt die „Lyde" plump und unklar (s. zu IX 63), worauf hier Vers 4 anspielt. Catull nennt die „Thebaïs" schwülstig (tumido Antimacho) (95). Asklepiades und Poseidippos dagegen rühmen die „Lyde" (IX 63, XII 168), und Quintilian (10, 1, 53) spricht A. zwar Gefühl, Anmut und Gestaltungskraft ab, gesteht aber, daß man ihn allgemein unmittelbar unter Homer stelle (Quamvis ei secundas [sc. partes, i. e. post Homerum] fere grammaticorum consensus deferat, et affectibus et iucunditate et dispositione et omnino arte deficitur). 3. Geschmiedet: d.h. nicht fein ziseliert, wie die Kallimacheer es verlangten; s. 34; vgl. Horaz ars 441: „Und die Verse, die schlecht dir gelungen, noch einmal zu schmieden (et male tornatos incudi reddere versus)." 5. Vgl. XII 43, Kallim. fr. 1,27f. (Pf.): κελεύθους ἀτρίπτους, Oppian Hal. 4,68: ἀτρίπτοισι κελεύθοις und Lucrez (1, 925): „Ferne Gebiete der Musen durchwandre ich, nie noch von einem Menschen betreten (avia Pieridum peragro loca nullius ante trita solo)." Sinn: Der Stoff ist nicht trivial, was die Kallimacheer dem Werk gerade vorwarfen. 6. Ähnlich Lucrez (3,1050): „Von denen nur einer, Homer, sich des Szepters bemächtigt (quorum unus Homerus sceptra potitur)." Vgl. XI 218.

410. Thespis: Begründer der Tragödie um 534. – 4. Dioskorides versteht also das Wort Tragödie als „Gesang um einen Bock als Preis", wie auch die Parische Marmortafel und Horaz ars 220 (nicht „um einen Bock herum", wie Eratosthenes u.a.). – Das Ep. stand unter einer Buchillustration (Lesky).

411. 5. Bühne: Er führte u.a. Kothurn und Schauspielermaske ein. – Das Ep. stand wohl am Ende einer Thespisausgabe, der eine Aischylosausgabe folgte; s. zu IX 185.

412. Pylades: Kitharöde von Megalopolis (Paus. 8, 50, 3; Plut. Philopoim. 11). Der Lemmatist meint irrig den Pantomimen z.Z. des Augustus. 5. Asopos: Fluß im Peloponnes, daran Megalopolis. 8. Eisern: vgl. Properz (4, 11, 4): Wege (der Unterwelt) aus unerbittlichem Stahl (non exorato ... adamante viae).

413. Dichter: A. von Sidon (Brunck, Kaibel, Setti). Hipparchia: Frau des Kynikers Krates um 330 v.C.; vgl. das pompejanische Wandgemälde bei K. Schefold: Bildnisse (1943) 162,3. – 7. Atalante vom Mainalongebirge (s. VI 112): Bergnymphe, gewaltige Jägerin. – Korschs εἶμειν ist sehr fraglich; das überlieferte ἀμιν d.i. ἀμ(ε)ίν(ων) scheint als Erklärung über dem seltenen κάρρ(ων) gestanden und durch Eindringen in den Text das ursprüngliche Wort verdrängt zu haben, dürfte jedenfalls als Konjekturbasis kaum verwendbar sein.

414. 2. Rhinthon: um 300 v.C., Erfinder der Hilarotragödie, die tragische Stoffe parodierte. Syrakus: Sonst heißt es, er stamme aus Tarent.

415. Ep. 525+415 vereinigt O. Schneider. Battos: s. zu 42. K. will sich als Meister im ernsten Gesang wie im heiteren Tischlied bezeichnen. In Kallimachos' Ep.-Buch stand 415 unmittelbar vor 525 (Pfeiffer) oder nach 525 (Wilam.); s. zu IX 185. Es scheint alte Sitte zu sein, daß sich die Dichter am Schluß ihres Buches vorstellen, vgl. Horaz Od. 3,30, Properz 1,22, Ovid am. 3,15. – Muster für 355 und 440.

416. Meleagros: der bekannte Dichter. Das Ep. hat ein Spätling aus 419,3f. herausgesponnen.

417–419 in Kos gedichtet. 2. Assyrien: Syrien. 4. Menippos: um 270, aus Gadara, Kyniker, Schöpfer der „Menippischen Satire"; s. zu 421.

418. 3. Meroper: Name der Bewohner von Kos (Sporadeninsel) nach dem Ahnherrn Merops. 4. Zeus: gemeint Ptolemaios II. Philadelphos, 285–247, geb. auf Kos.

419. Dichter: Nicht Meleagros (Jacobs, Kaibel; es widerspricht Radinger). 4. Süß weinend: s. V 177,3. – 7f. Audonis in Tyros, Chaire in Kos, Salam in Gadara.

420. Dichter: Nicht der Athener (Wilam.), der Adramyttener (Stadtm.). 2. Lesbon: unbekannt. 5. Vgl. 571.

421. 1. Fittichträger: Geflügelter Genius; nicht Eros (Lessing), was noch Weißhäupl (p.68f.) u.a. wollen. 5. Chronos: Zeitgott. 7. Weiser: M. war Sophist. 9f. Latoa: Artemis; ihr Attribut ist der zweischneidige Spieß. Anspielung auf die Menippische Satire (s. zu 417), die, halb Vers halb Prosa, halb Scherz halb Ernst, doch eine Einheit bildet. Maß der Liebesdichtung: Distichon der Elegie, in dem Hexameter und Pentameter ebenfalls eine Einheit bilden. 11. Sohn des Oineus: Meleagros, der den kalydonischen Eber erlegte. 13. Vgl. GV 1403,2 und 1405,2.

422. 2. Chier: schlechtester Wurf im Spiel. – Älteste allegorische Darstellung; Muster für 423–29.

423. 1. Vgl. Kallim. fr. 192, 14 Pf.: καὶ πουλύμυθοι καὶ λάλοι. 3. Kreterin: s. 427,9f. – 8. Vgl. GV 1079,7f.

424. 3f. Die Hähne aus Tanagra in Boiotien waren für Hahnenkämpfe besonders beliebt.

426. 3. Teleutias: nach Preuner (Hermes 29, 1894, 550) von Kos, Sohn des Theudotos, genannt in einer Inschrift Anfang des 2. Jahrh. v.C. (Paton-Hicks: Inscript. of Cos 10). 3f. Vgl. 161. – Peeks Ansatz „nach dem 1. Mithrid. Krieg" ist unhaltbar (L. Robert). – Steininschrift (Peek). – Vgl. Robert: Gnomon 31, 1959, 15.

428. M. bedient sich (wie Theokrit, s. zu IX 598) hier der Form des Rätselgedichtes, die der zu Ehrende gepflegt hatte. 3. Schillernd: Anspielung auf Antipaters Dichtung: schmuck- oder metrenreich. 4. Würfel: über zwei erhaltene attische Grabsteine mit Würfeln vgl. Weißhäupl S. 70. – 13. Palme: Φοῖνιξ heißt Palme und Phoiniker; die Münzen von Tyros tragen eine Palme. 14. Tyros: ursprünglich eine Insel, später durch Damm mit Festland verbunden, hier nicht als Geburtsort, sondern als stärkste Repräsentantin Phoinikiens genannt. 15. Liebe: von A. besitzen wir nur ein Erotikon (XII 97). 17. Würfel: ein Chier (s. 422,2)? 18. Nach Valerius Maximus (1, 8, 16) starb A. an seinem Geburtstag am „Fieber". Persönliche Bekanntschaft zwischen A. und M. verneint Reitzenstein.

429. Das φ als Zahlenzeichen = 500; zweimal φ also = 1000 (grch. Chilias). Phei-dis = „Phi zweimal". Die Sparsamkeit der Beschriftung weist auf die Etymologie von Pheidis: „die Sparsame".

430. 9. Vgl. Soph. Aias 387: ὦ Ζεῦ, προγόνων προπάτωρ. – Vgl. zu 244. Muster für 244, 431f., 721.

431. Dichter: Leonidas v. Tarent oder Antipatros v. Sidon (Bergk), Dioskorides (Hecker); wohl um 200. – 2. Inachos: Ahnherr von Argos. 6. Nach Plutarch (Mor. 306 b) schrieb er darauf: Διὶ τροπαιούχῳ (Zeus dem Trophäenhalter), nach Stobaios (7,67): Λακεδαιμόνιοι κατ' Ἀργείων (Spartaner gegen Argiver). 7. Adrastos: König von Argos, kam aus dem Kampf der Sieben gegen Theben als einziger Fürst zurück.

432. Steininschrift (Peek). Vgl. Ludwich: Rhein. Mus. 41, 1886, 592.

433. Nach 4 schiebt Plutarch ein:

Fort, du schändlich Gewächs, ins Dunkel! Es fließe Eurotas
selbst für den feigen Hirsch nicht mehr aus Haß über dich.

In 433 sieht Stadtm. ein Ep. des Damagetos, in Plutarchs Zusatz das Fragment eines Ep. von Tymnes.

438. Verwüstung des Gebiets von Patrai durch die Aitoler veranlaßte den Achaiischen Bund zum Krieg gegen diese, 220–217.

439. 2. Wörtlich: du hast Pylios vorzeitig von der Jungmannschaft der Aioler abgemäht.

440. 4. Aristokrates: s. 648; sprechender Name? 9. Anlehnung an Hesiods W. u. T. 225; vgl. Cougny 2, 169, 5. – Nachahmung von 415.

442. Dichter: Mnasalkes (Boas, was Geffcken ablehnt). – Teils auf die Schlacht bei Platää (479), teils auf den Kampf der arkadischen Städte gegen Sparta (473–471), teils auf die Schlacht bei Leuktra (371) bezogen. – Das Ep., halb noch Inschrift, halb schon Trinklied, ahmt 512 nach (Wilamowitz). Vgl. zu 512.

443. Dichter: Mnasalkes (Boas; Geffcken lehnt ab). – 4. Vgl. 251, 3. – Auf die Schlacht am Eurymedon um 466 v. C. (Lemma); nach Jacobs liegt dazu kein Grund vor. Aus hellenistischer Zeit (Wade-Gery). – Staatsgrab (Peek).

444. 2. Unten: im Hypokauston.

445. 2. Dyme: Stadt in Achaia. – Steininschrift (Peek).

446. 1. Hermione: Stadt in Argolis. 2. Vgl. 480, 4, GV 2040, 36. – Steininschrift (Peek).

447. Vgl. Ovid (am. 2, 6, 59) auf einen Papagei:

Deckt seine Glieder ein Hügel, ein Hügel so klein wie sein Körper,
trägt auch der niedliche Stein den ihm entsprechenden Spruch.
Ossa tegit tumulus, tumulus pro corpore parvus,
quo lapis exiguus par sibi carmen habet.

448. 1. Pratalidas: gebildet aus πρᾶτος = πρῶτος = der erste (Meineke). Lykastos: Stadt auf Kreta. 4. Mann: Minos.

450. Vgl. 345.

451. Akanthos: Stadt auf der Chalkidike. – Steininschrift (Peek). Vgl. GV 376, 2. – Auf einem noch erhaltenen Grabstein in Rom (GV 647) steht ein Epigramm mit dem Schluß:

Sage: ‚Popilia schläft', o Wandrer. Es wäre ja unrecht,
wenn der Redliche stirbt; süß muß er sinken in Schlaf.
Καὶ λέγε Ποπιλίην εὕδειν, ἄνερ· οὐ θεμιτὸν γὰρ
θνῄσκειν τοὺς ἀγαθούς, ἀλλ' ὕπνον ἡδὺν ἔχειν.

453. Steininschrift (Peek).

454. Dichter: Nicht Kallimachos (Meineke, Wilamowitz, Pfeiffer).

455. 1. Maronis: gebildet nach Maron, von dem Odysseus den später Polyphem verabreichten Wein bekommen hatte (Od. 9, 196); s. zu 329. Plinius 36, 33: Myronis ... anus ebria est Smyrnae.

456. Seilenis: gebildet nach Seilenos (s. VI 91, XI 409).

457. Ampelis: gebildet nach ampelos (Rebe). 8. Denkmal: Becher aus Stein? Vgl. 455.

458. 1. Aischra: s. V 181. – 2. Mikkos: s. VI 310. – Vgl. 663. – Steininschrift (Peek).

459. Es sprechen samische Fabrikmädel in Alexandria (Wilamowitz). – Steininschrift (Peek).

460. Mikylos: Bekannt ist ein Kyniker Mikylos (Helm: Lukian und Menipp. S. 76). Wilamowitz glaubt an einen Decknamen für Kallimachos, in dessen Schulmeisterzeit das Ep. gehöre. – Steininschrift (Peek).

461. Steininschrift (Peek). – Vgl. Martial 5, 34, 9f., Anth. Lat. 4, 246, Lessing: Anm. über das Ep. 5, 5 und den deutschen Dichter I.C.F. Manso (1760–1826) in seinem Testament:

Adscriptus terrae cavi gravis esse cuiquam:
sis, quem nunc condis, sis mihi, terra, levis.

462. Steininschrift (Peek).

464. Vgl. GV 377.

465. 1–4 epideiktisch, 5–8 Steinepigramm (Weißhäupl, Weber); vgl. Wilamow.: Hell. Dichtung 2, 122f. – 7f. Vgl. GV 377. – Muster für 464.

468. 2. Chlamys: Ephebenmantel. – Nach Peek Steininschrift, Radinger hält es für ein Jugendgedicht Meleagers.

469. Steininschrift (Peek).

470. Dichter: Antipatros von Sidon (Stadtm.). 2. Thria: attischer Demos. 6. Vgl. Ailian 3, 37: „Auf Keos gibt es einen Brauch: Leute, die bei ihnen sehr alt geworden sind, trinken den Schierlingsbecher, wenn sie merken, daß sie zu Taten, die dem Vaterland dienen, nicht mehr brauchbar sind (νόμος ἐστὶ Κείων· οἱ πάνυ παρ' αὐτοῖς γεγηρακότες... πίνουσι κώνειον, ὅταν αὐτοῖς συνειδῶσιν, ὅτι πρὸς τὰ ἔργα τὰ τῇ πατρίδι λυσιτελοῦντα ἄχρηστοί εἰσιν)." – Steininschrift (Peek).

471. 1. Ambrakia: s. VI 255. – 4. „Über die Seele": Phaidon. – „Sprung des Kleombrotos" sprichwörtlich; vgl. XI 354, 17. Im 3. Jh. erlebte der Pessimismus einen so starken Aufschwung, daß er, unterstützt durch (später verbotene) Vorträge des Philosophen Hegesias, des „Todespredigers", sich als Selbstmordepidemie geltend machte. In diese Zeit gehören VII 472, 472b, 473, 731, X 123. Der Rationalist Kallimachos will dartun, daß der Glaube an die Unsterblichkeit der Seele diese tödliche Folge hat (Wilamowitz). – Danach schrieb Olympiodoros sein Ep. bei Cougny 3, 177. – Vgl. IX 450. – Latein. Übersetzung in Ep. Bob. 63:

„Sol, salveque valeque!" Cleombrotos Ambraciotes
dixit et aeternas desilit in tenebras,
nil leto dignum sibi conscius, illa Platonis,
quae de anima scribit, sed celeranda ratus.

Vgl. Th. Sinko: Eos 11, 1905, 1.

472. Im Text ist nach 6 Nr. 472b eingeschoben. Manche fassen daher 1–6+472b als ein Gedicht und lassen dann ein zweites beginnen. Huet faßt die 3 ersten Distichen als 3 besondere Epigramme. Dübner glaubt, daß nach 6, Reitzenstein, daß nach 12 etwas ausgefallen sei. Meineke sieht in 7–16 Trümmer verschiedener Gedichte. Tatsächlich ist Text und Deutung von 7–16 sehr fraglich. Daher setzt Hermann 9f. nach 6, 13f. nach 10, Geffcken 11f. nach 6. Der Korrektor des Palatinus sondert 472b ab und bemerkt dazu, daß 7 an 6 anschließe. 4. Vgl. Plut. lib. educ. p. 13a: στιγμὴ χρόνου πᾶς ἐστιν ὁ βίος. 7. Auf dem Grabstein (oder im Buch?) war also ein Skelett abgebildet, wie auf der Marmortafel GV 1612. – Reitzenstein und Geffcken halten die Verse für eine Elegie, „eine kynische Predigt in Distichen" (Geffcken); vgl. VII 383, X 78.

472b. Vgl. 471, X 65.

473. 2. Fest: Bakchanalien.

474. Steininschrift (Peek).

475. Dichter: D. von Adramyttion (Stadtm., Wilam.). 4. Das taten junge, kinderlose Witwen. 7f. Weißhäupl denkt an eine Abschiedsszene auf dem Mal. – Steininschrift (Peek). – Vgl. Gow: Class. Rev. 5, 1955, 239.

476. Vgl. V 136. – 3. Vgl. GV 1477,3. – Das Gedicht wird sehr verschieden beurteilt. Während die einen sagen, daß hier „la passion parle toute pure" bezeichnen andre es als rhetorisch überladen. Immerhin fügt der Schreiber der Handschrift hinzu: „Wundervoll! Das ganze Epigramm ist ein einziger Schmerz." – Steininschrift (Peek, was Seelbach bestreitet). – Vgl. Small: Amer. Journ. of Philol. 1951.

477. 3. Eleutherne: Stadt in Nordkreta. 3f. s. X 3.

479. 2. In mir: in einer Nische. – Buchepigramm mit Illustration (Seelbach). Vgl. 79.

481. Steinepigramm (Peek).

482. 1. Am 3. Tag des Apaturienfestes im Monat Pyanepsion (Okt./Nov.) wurden die dreijährigen Kinder in die Phratrien aufgenommen, wobei ihr Haar zum erstenmal geschnitten wurde. 4. Rain: Grabeinfassung. – Steininschrift (Peek).

483. 1f. Vgl. GV 2038, 7f.: τίπτε, Τύχα, ... ὠρφάνισας βιότου; 2. Kallaischros: s. 273. – 3. Spielzeug: So werden seit hellenistischer Zeit häufig Kinder genannt, vgl. VII 643, IX 567 und Band 1 S. 22 Z. 25 ff.; auch Ausonius bezeichnet die kleine Bissula als „ludus" (4 P). – Steininschrift (Peek).

485. 1. Auf Albrecht Dürers Grabmal in Nürnberg steht: „Tu flores sparge, viator (streue mir Blumen, Wandrer)." 3. Thyiaden: Bakchen. 4. Amphipolis.

486. Steininschrift (Peek).

487. 1. Vgl. 438,1. – 2. Vgl. Ilias 11,393, Od. 2,153. – Vgl. zu 600. – Steininschrift (Peek).

488. 4. Vgl. Ilias 2,76: ἔκλυον ... ἐχθρῆς ἐκ κεφαλῆς.

489. Dichter: Perses (Stadtm.). 2. Vgl. 507b, 2; 508,4; GV 945,2. – 3. Vgl. 181,3. – Steininschrift (Peek).

490. Es spricht wohl eine auf dem Denkmal abgebildete Sirene (Weißhäupl, Wilam.); vgl. 491. – Steininschrift (Peek).

491. Anlaß unklar, daher Erklärung verschieden. Einige nehmen Selbstmord zur Wahrung der Jungfräulichkeit an. Andre glauben an eine junge, im Wochenbett gestorbene Frau (sie wäre nicht gestorben, wenn sie jungfräulich geblieben wäre). Manche fassen Jungfräulichkeit allgemein als Blüte und nehmen ὀλοόφρων als treulos, weil vergänglich. Auch 3f. umstritten. Manche fassen εἰδάλιμος als „ähnlich" (den Sirenen); das „wir" seien die gleichsam versteinerten Leidtragenden. – Sirenen (anfangs für Vögel mit Mädchenköpfen, später für geflügelte Mädchen mit Vogelfüßen gehalten) auf Gräbern teils Sinnbild für Schönheit (bei Mädchen), teils für bezaubernden Gesang (bei Dichtern), teils Sinnbild der Totenklage; s. 710. – Steininschrift (Peek). Vgl. W. Seelbach: Mnasalkes u. Theodoridas 1964, 60.

492. Dichter: meist Anyte abgesprochen; Antipatros v. Sidon (Setti), Antonios Thallos (Stadtm.), Nikias (Baale), Antipatros v. Thess. (Colangelo). Es handelt sich um die Eroberung Milets durch die Galater i.J.277v.C. Davon berichtet auch Hieronymus (adv. Jovin. 1,41): „Wer könnte die sieben Mädchen in Milet mit Schweigen übergehen? Als die Galater bei ihrem Einbruch alles verwüsteten und die Mädchen befürchteten, Unziemliches von den Feinden zu erleiden, entzogen sie sich der Schande durch den Tod (Quis valeat silentio praeterire septem Milesias virgines, quae Gallorum impetu cuncta vastante, ne quid indecens ab hostibus sustinerent, turpitudinem morte fugerunt).“

493. Dichter: A. von Sidon (Brunck, Setti, Waltz). Vgl. 297.

495. 1. Arkturos: s. 295. - 6. Vgl. 276,2. - Steininschrift (Peek).

496. 1. Geraneia: Gebirge zwischen Megara und Korinth. 2. Istros: Donau. Tanais: Don. 3. Skeir. Meer: bei Megara (wo Theseus den Skeiron tötete). 4. Methurias: Insel bei Troizen. - Muster für 271 (Wilam.).

497. Steininschrift (Peek).

498. Dichter: A. von Sidon (Brunck, Setti, Waltz). 1. Nysa: Name zahlreicher Städte.

499. 3. Ikaria: s. 651.

500. Vgl. GV 1345,1: Ὦ παρ' ἐμὸν στείχων τοῦτ' ἠρί[ον εἶπ]ον, ὁδῖτα (2. Jh. v.C.). - Buchepigramm (Reitzenstein).

501. 3. Spitze: bei Mytilene (Lemma).

502. 2. Torone: am Athos. 3. Böckchen: s. zu 272. - Steininschrift (Peek).

503. 3. Hermione: s. 446. - 4. Arkturos: s. 295.

504. 5. Biß: er wollte ihm den Kopf abbeißen, um durch rasche Tötung seine Schmackhaftigkeit zu erhalten. Julis: gewöhnlich als Lippfischart (Meerjunker) erklärt, nach Paton jedoch Meergrundel. Muster für 702.

505. Dichter: Perses (Stadtm.). - Ähnlicher Grabschmuck Od. 12,14, Verg. Än. 6, 232.

506. Ähnliches bei Oppian Hal. 5,665–674; vgl. VII 288. Anfang wohl Zitat.

507 b. Steininschrift (Peek).

508. 1. Pausanias (ὁ ἀνίας παύσας = Krankheitsheiler; vgl. Ablabios in 559): Freund des Empedokles († 424), den er überlebte. 2. Gela: s. 39. - Aus dem 5. Jahrh.; Staatsgrab (Peek). Vgl. Loew: Wien. Stud. 55, 1937, 33.

509. Steininschrift (Peek).

510. 2. Schwarzes Meer. - Steininschrift (Peek).

512. Situation wie 442. Dies hier die wirkliche Inschrift, 442 ein Buchepigramm (Wilam., Weber, Peek). 4. Vgl. GV 20,10. - Zwei neue Inschriften mit gleichem Stoff in Hermes 69, 1934, 204 und 339.

513. 3. Vgl. GV 1490. - Steininschrift mit Relief (Bergk, Peek): s. zu 515. Kaum noch aus der Zeit des Ephoros (Wilam.). - Zum Motiv der letzten Worte eines Sterbenden vgl. VII 106, 646ff., 735, IX 23, 96, GV 1204–1208.

514. Dichter: Antipatros von Sidon (Boas). 2. Theairos: Vielleicht der Tearos bei Herodot 4, 89–91, ein Fluß in Thrakien. Vgl. 540.

515. Anfang einer Elegie, von der auch 513 ein Bruchstück ist (W. Francke, Schneidewin), Steininschrift (Peek).

516. Siehe zu 77. Das Ep. muß berühmt gewesen sein; auf Kos fanden sich zwei Steininschriften mit wörtlicher Anlehnung an dieses (Philol. 54, 1895, 149 u. 296 = GV 1362).

517. 1–5. Melanippos und Aristippos sind auf kyrenaiischen Münzen um 325 bzw. 300 dargestellt (s. Pfeiffer Kall. Ep. 20); an den Pythagoreer Melanippos (Iambl. v. Pyth. 267) dachte Knaack. 6. Zwei Kinder waren damals also schon Kinderreichtum.

518. 1. Astakidas: mythischer Hirt (Haeberlin), bukolischer Dichter (Ribbeck), ein Zeitgenosse (Reitzenstein), Pseudonym für Leonidas von Tarent (Legrand). 3. Dikte: Gebirge auf Kreta, wo Rhea in einer Grotte Zeus gebar.

520. Timarchos von Alexandria, Philosoph (Diog. Laërt. 6, 95).

521. Das Grab spricht. 1. Kyzikos: s. 368. – Steininschrift (Peek).

522. 3. Methymna: auf Lesbos. Keine Inschrift; der Dichter liest diese vielmehr auf dem Grabstein.

524. 1f. Der Dichter spricht mit dem Grabmal. 6. Pellaier: geringe Münze der Stadt Pella (Makedonien). Sinn: Hades ist ein Märchen für Kinder. Vgl. GV 1906:

Geh, Wandrer, nicht an meiner Grabschrift hier vorbei;
steh still und lies, und hast du das getan, dann geh.
Im Hades ist kein Fährmann Charon und kein Kahn,
kein Schlüsselträger Aiakos, kein Kerberos.
Wir alle, die wir tot im Grabe drunten sind,
nur Asche sind wir und Gebein und weiter nichts.
Ich sagt's dir gradheraus. Nun, Wandrer, ziehe fort,
sonst glaubst du gar, ich sei ein Schwätzer noch im Tod.
Μή μου παρέλθῃς τοὐπίγραμμ', ὁδοιπόρε,
ἀλλὰ σταθεὶς ἄκουε καὶ μαθὼν ἄπει.
οὐκ ἔστ' ἐν Ἅιδου πλοῖον, οὐ πορθμεὺς Χάρων,
οὐκ Αἰακὸς κλειδοῦχος, οὐχὶ Κέρβερος κύων.
ἡμεῖς δὲ πάντες οἱ κάτω τεθνηκότες
ὀστέα τέφρα γεγόναμεν, ἄλλο δ' οὐδὲ ἕν.
εἴρηκά σοι ὀρθῶς· ὕπαγε, ὁδοιπόρε,
μὴ καὶ τεθνηκὼς ἀδόλεσχός σοι φανῶ.

Vgl. auch Ovid Metam. 15, 153:

O du Geschlecht, das die Furcht vor dem eisigen Tode betäubte,
warum bebst du vor Styx, vor Dunkel und nichtigen Namen,
diesen Dichtergebilden und Schrecken erlogener Welten?
O genus attonitum gelidae formidine mortis,
quid Styga, quid tenebras, quid nomina vana timetis,
materiem vatum falsique piacula mundi?

525. 1. Vgl. VIII 188,1 und GV 2036, 11. – 5f. finden sich auch zu Beginn der Aitien des Kallimachos (fr. 1, 37 Pf.); daher hält Pfeiffer diese Verse für gefälscht. Vgl. 42 und zu 415 sowie Theokrit 9, 35f.

528. Dichter: Diodoros Zonas (Stadtmüller; Seelbach verneint).

529. Aus den zahlreichen Kämpfen der Thessalier gegen die maked. Tyrannis unter Antigonos II. Doson (229–221) oder Philipp V. (221–179). 4. Sekoi: unbekannt. Chimera: die Stadt in Epirus? – Steininschrift (Peek). – Vgl. A. Wilhelm: Wiener Stud. 64, 1949, 144f.

533. Antwort auf 660. Vgl. 398.

534. Dichter: nicht Automedon (Reitzenstein). 3. Koilesyrien: zwischen Libanon und Antilibanon. 5. Plejadenuntergang: Mitte November.

535. Stand wohl auf einer Panstatue in einer Stadt, vielleicht zu Panion (später Kaisareia Panias) in Phoinike am Fuße des Hermon (L. Robert). – Vgl. XII 128.

536. 1. Vgl. 690, 1. – Vgl. 405. Nachgeahmt von Tzetzes (Cramer An. Ox. 3, 339, 20):

Auf seine Gruft schrieb einer boshaft ihm den Spruch:
Nicht Trauben, sondern wilde Birnen trägt das Grab,
lippenverziehende und herb wie herbes Wort.
Drum wenn du zu dem Grabe des Hipponax kommst,
dann wünsch dem Manne, daß versöhnt er unten schläft.
Οὗπερ παρεισέγραψέ τις τύμβῳ τάδε·
οὐ βότρυν, ἀλλ' ἄχερδον ἐν τάφῳ φέρει
στύφοντα, πικραίνοντα πικρίᾳ λόγων,
ἀλλά τις Ἱππώνακτος ἐλθὼν εἰς τάφον
τὸν ἄνδρα κνώσσειν εὐμενῶς εὔχου κάτω.

537. 2. Nicht seinem Vater: wie es natürlich gewesen wäre.

538. Dichter: Nicht Anyte (Reitzenstein, Baale, Wilamowitz); Krates von Theben oder Theaitetos (Stadtm.). 1. Manes: Sklavenname. Vgl. 727. – Steininschrift (Peek).

539. Steininschrift (Peek).

540. 2. Theben in der Phthiotis, von Philipp V. 217 erobert. Muster für VIII 192 (Keydell). – Steininschrift (Peek).

541. Zeit: wohl wie Ep. 438. – Steininschrift (Peek).

542. 1. Hebros: Fluß in Thrakien, jetzt Maritza. Muster für IX 56 und Germanicus (Poet. Lat. min. 4, Nr. 111).

543. Dichter: Antipatros von Thess. (Stadtm.), doch setzen Menk und Weißhäupl 543f. in den Meleagroskranz. 3f. Vgl. Plinius h.n. 10, 33: „Wenn die Wachteln in die Nähe von Land kommen, ist ihr Flug nicht ohne Gefahr für die Seeleute; sie lassen sich dann oft, stets bei Nacht, auf die Segel nieder und bringen das Schiff zum Sinken (advolant... non sine periculo navigantium, cum appropinquavere terris, quippe velis saepe incidunt, et hoc semper noctu, merguntque navigia).“

544. 3. Maleia: s. 214. – 5. ἀναφανδόν: vgl. X 121, 1. – Steininschrift aus 3.–2. Jahrh. (Peek).

545. 1f. Vgl. Pindar Ol. 2, 75; IG 14, 638 u. 642; Vergil Aen. 6, 540:

Dies hier ist jener Platz, wo die Straße doppelt sich spaltet:
Rechts die geleitet zum Fuß der Mauern des mächtigen Pluto;
das ist für uns der elysische Weg; doch jene zur Linken
straft die Bösen mit Qual und führt zu des Tartaros Schrecken.
Hic locus est, partes ubi se via findit in ambas:
dextera, quae Ditis magni sub moenia tendit;
hac iter Elysium nobis; at laeva malorum
exercet poenas et ad impia Tartara mittit.

Rhadamanthys: Richter in der Unterwelt. – Inschrift zu einem Gemälde.

546. 4. Vgl. 525, 5f.; 531, 6; XVI 95, 3f.

547. Isopsephie: 7247. Zum Alter vgl. 600.

548. Isopsephie: 7150.

549. 1. Sipylos: Gebirge in Lydien; s. 386. Isopsephie: 6828. Vgl. V 229.

550. 1. Triton: Meeresgott. Isopsephie: 9722. Vgl. 289.

551. 3. Vgl. VI 243,6, VII 555,1. – 4. Vgl. 32,2; 242,2. – Vgl. Anth. Lat. 4,1 auf 2 Brüder:

Waren sie gleich sich im Wesen, sie waren sich gleich auch im Schicksal,
wie auch ein Hügel, nur klein, beiden die Asche bedeckt.
Quanta fuit mentis, tanta est concordia fati,
et tumulus cinerem parvus utrumque tegit.

552. 6. Heimat: wohl Myrine in Aiolien, wo Agathias geboren ist. 7. Vgl. Alkaios (pap. Ox. [1951] 2300 fr. 1,7): παῖδά τ' ἐν δόμοισι λίποισα. – Vgl. 593, 596.

553. Inschriftlich aus Homs (Syrien) v.J. 538 n.C. erhalten. 2. Zosime hat das Grab einer Freien; vgl. 178.

555. 2. Hades und Persephone sowie Zeus und Hera. Stand mit 555b auf einem Grabstein (Jacobs, Peek).

555b. 1. Vgl. GV 1874,15. – 2. Vgl. IX 425,6. – Jacobs sieht in 555 und 555b ein Gespräch zwischen Nosto und Wanderer.

556. Zum Dichter s. I 36. Tityros: Dorische Form für Satyros. Satyros, metrisch unbrauchbar (⏑⏑⏑), nennt ihn der Lemmatist.

557. 4. Sinn: geschickt in Hausarbeit wie Penelope; andre deuten: sie wies als junge Witwe alle Freier ab. Zu Kyros vgl. XVI 217. – Steininschrift (Peek).

558. Aus Prusa (Bithynien). 3. Aitherios: Vielleicht Bruder des Philosophen Simplikios († 549 n.C.). – Steininschrift (Peek).

559. 1. Akestoria oder Akeso: Tochter des Asklepios und der Epione. 2. Hippokrates (s. 135), Galenos (131–201): bekannte Ärzte. 3. Ablabios: unbekannter, nach dem Lemmatisten „berühmter Arzt“. Name gedeutet von α+βλάβη. Vgl. 508.

560. 1. Leontios: nicht der Dichter (Jacobs).

561. 3. Krateros: s. IX 661. Zum Wortspiel vgl. zu V 108. – 5f. Vgl. GV 645,7f. – 6. Vgl. IX 323,3.

563. 1. Ehern: im Wortspiel mit Chrysomallos (dies die Namensform beim Lemmatisten): „Goldflocke“; vermutlich stand eine Erzstatue auf dem Grab; vgl. XVI 375,1.

564. 3. Vgl. VI 18,1. – 4. Maximus: Cichorius denkt an Sextus Quintilius Valerius Maximus, dessen Familie aus Ilion stammte und der 165 n.C. Prokonsul von Asien war. Dann ist dieser wohl auch der Dichter. Thiele und Stadtm. vermuten Julian von Ägypten als Dichter. – Steininschrift (Peek).

565. Entsprechend realistisch sind die gleichzeitigen Bilder von Fajum.

567. Kandaules wurde von seiner Frau ermordet, weil er sie Gyges, dem König von Lydien (687–652), nackt gezeigt hatte (Herod. 1,8).

568. Dichter: nicht Agathias (Mattsson, Maas). Zum Alter vgl. 600.

570. Dulcitius: wohl Aelius Claudius Dulcitius, unter Constantius II. (337–361) Prokonsul von Phoinikien und Statthalter von Thrakien, unter Julian (361–363) Prokonsul von Asien; erwähnt bei Libanios (Brief 281 und 1217). Jacobs nimmt den Dulcitius unter Constantius, Prokonsul von Ämilia (d. i. Norditalien), an, den Libanios im 24. Brief erwähnt und der 358 starb; dem widerspricht der Plural Fürsten und Prokonsuln. 3. Erlöst: deutet auf Neuplatonismus. – Steininschrift (Peek).

573. 2. Rednerkanon: Antiphon, Andokides, Lysias, Isokrates, Isaios, Aischines, Lykurgos, Demosthenes, Hypereides, Deinarchos. 3f. Vgl. dagegen X 48,3f. – Steininschrift (Peek).

574. Steininschrift (Peek).

575. 2. Konstantinopel, seit 529 Universität. – Steininschrift (Peek).

576. Pyrrhon: Philosoph aus Elis um 360–270, Begründer des Skeptizismus. „Pyrrhon sagte, es gebe keinen Unterschied zwischen Leben und Tod. Als jemand ihn fragte: ‚Warum stirbst du dann nicht?' antwortete er: ‚Eben deshalb, weil es ja doch kein Unterschied ist.' (Πύρρων ἔλεγε μηδὲν διαφέρειν ζῆν ἢ τεθνάναι. καί τις ἔφη πρὸς αὐτόν· ‚Τί οὖν σὺ οὐκ ἀποθνῄσκεις;' ὁ δέ, ‚ὅτι' εἶπεν ‚οὐδὲν διαφέρει')" (Stobaios 121, 28).

579. 1. Petros von Thessalonike (um 500–562): Redner und Geschichtsschreiber, Präfekt vom Orient, dann Konsul, unter Justinian abermals Präfekt vom Orient, magister officiorum und patricius (ein Rangtitel); vgl. XVI 37. Über ihn Prokop An. 16,2ff.; 24,22f. – 3f. Ein ähnliches Unglück bei Tacitus Ann. 4,62. – 5. Genügend: um seinen letzten Willen zu sagen. – Steininschrift (Peek).

580. 2. Dike: Gerechtigkeit. Vgl. 310.

584. 2. Maleia: s. 214.

585. 4. Vgl. IX 14,8. – Vgl. zu 305. Nachahmung von 635.

586. Gleiches Thema 636, 650. Vgl. Properz 3, 7, 45; Moschos 39,1 Gall.

587. Pamphilos: Lehrer Epikurs.

588. Damocharis: s. Dichterverzeichnis.

589. 2. Kastalischer Quell: bei Antiochia. 4. Ausonisch: oströmisch. 8. Farben: des Gemäldes. Vgl. 334.

590. Johannes: Enkel des Hypatios, Bruders des Kaisers Anastasios I. (491–518), heiratete (nicht die Tochter Euphemias, wie Lemma sagt, sondern) Präjekta, die Tochter der Vigilantia, der Schwester Justinians. Todesjahr unbekannt.

591. Hypatios: Sohn der Schwester des Kaisers Anastasios, vom Volk während des Nikaaufstandes wider seinen Willen zum Kaiser ausgerufen (18. 1. 532), bei dem Gemetzel Belisars in der Rennbahn gefangen und am folgenden Tag hingerichtet, dann auf Befehl Justinians ins Meer geworfen. Später scheint Justinian ihm, wohl aus politischen Gründen, ein Kenotaph eingeräumt zu haben. 2. Ausonien: s. 589. – 591f. standen auf dem gleichen Stein (Peek).

592. 1. Vgl. IX 398,1, Ilias 2,209. – Jacobs sieht in dem Ep. ein spöttisches Lob, Brunck eine niedrige Schmeichelei, Waltz eine blustige Ironie.

593. Vgl. VII 552. – Steininschrift (Peek).

596. Vgl. 552.

597. 4. Kalliope: s. 9; sicher Künstlername; vgl. zu VI 91.

599. 1. Zum Wortspiel vgl. V 108. – Steininschrift (Keydell).

600. 6. Das Heiratsalter der Mädchen war niedrig. Bei Xenophon (Oikon. 7, 5) ist eine Frau 14 Jahre alt. Vgl. VII 547, 568, 604, XI 70. Auch 12jährige werden genannt (Friedländer Sitt.-Gesch. 1,473f.).

602. Es handelt sich um den „Sohn des ehemaligen Präfekten Eustathios des Großen" (Lemma), vielleicht jenes, der 505/6 praefectus praetorio war. Welcher Kaiser gemeint ist, bleibt unklar.

603. Der Junge hieß Johannes (Lemma). 2. Vgl. Anth. Lat. 4,308.

605. 1. Gemahl: Diophanes (Lemma). – Fragment (Stadtm., Waltz).

606. 4. Vgl. GV 2040,16. – Steininschrift (Peek).

607. 1. Psyllo: „Floh“ (daher „springen“ V.4 u. 6). 5f. Nach Reiske und Waltz spätere Zutat, nach Scaliger (?) neues Ep., nach Dübner Fragment eines 2. Ep. – Vgl. XI 171, Martial 9, 82, Philogelos 104.

609. Dichter: Nicht Paulos (Valesius, Reiske). Attikos: wohl Herodes Attikos von Sebastia, Bischof von Konstantinopel, der seinen eigenen Tod für den 10. 10. 425 richtig voraussagte (Socrates hist. eccl. 7,26). – Steininschrift (Peek).

610. 1. Man: der Bräutigam (s. Catull 61,3). 5. Penthesileia und Pentheus: fingierte Namen, anklingend an πένθος = Trauer. Das Wortspiel schon bei Eurip. Bakch. 367. – Nachahmung von 444; Muster für XV 19. Vgl. VII 298.

612. Steininschrift (Peek).

613. 4. Oheim: der Dichter. – Steininschrift (Waltz, Keydell).

614. Feldzug des Paches i. J. 427 v. C. (Thukyd. 3, 28, Diodor 12, 55). Die Geschichte weiß nichts von dem Ereignis, die Sage hat wohl ein wirkliches Geschehnis auf Paches übertragen. 8. Mopsopia: Attika.

615. Dichter: Lobon von Argos (Benndorf, Preger); aus dem Peplos (Schneidewin, Bergk u.a.). Musaios: sagenhafter attischer Sänger, gestorben in Phaleron.

616. Dichter: wie 615. Linos: sagenhafter Sänger. Hier: auf Euboia (Diog. Laërt.).

617. Dichter: Lobon von Argos (Benndorf, Preger). Orpheus: sagenhafter Sänger, nach gewöhnlicher Version von thrakischen Weibern zerrissen. 1. Hier: zu Dion in Thrakien (Diog. Laërt.). 2. ὑψιμέδων Ζεύς: s. Hesiod Theog. 529. – Vgl. Pausan. 9, 30, 5.

618. Dichter: Lobon von Argos (Benndorf, Preger). Kleobulos: s. 81. – 1. Vgl. GV 779, 537. – 2. Vgl. VI 171.

619. Dichter: wie zu 618. Periandros: s. 81. – 1. Vgl. VI 205,6, GV 656,10, Cougny 2, 21, 2.

620. Als Periandros' Sohn in Korkyra ermordet wurde, strafte P. die Schuldigen und schickte 300 Männer nach Asien, wo sie Eunuchen werden sollten. Doch wurden die Männer in Samos befreit. Vor Kummer darüber starb Periandros (Diogenes).

621. Sophokles: nicht der Tragiker (Lemma); s. V 179.

622. 2. Vgl. 501,3: αἰγίλιπος πέτρου. – Manches bleibt unklar; nach 4 fehlt ein Distichon (Waltz). Ähnliche Erzählungen auch sonst. Vgl. IX 404.

623. Wohl auf ein Bild des Aristeides von Theben (um 330 v. C.). „Von diesem ist das Bild des Kindes, das in einer erstürmten Stadt zum Busen seiner verwundeten und sterbenden Mutter kriecht; man sieht, daß die Mutter es noch merkt und Angst hat, es möchte Blut statt Milch saugen (huius pictura est, oppido capto ad matris morientis e vulnere mammam adrepens infans, intellegiturque sentire mater et timere, ne emortuo lacte sanguinem lambat).“ (Plinius h. n. 35, 10, 19).

625. Dichter: A. v. Thess. (Stadtm., Waltz, Cichorius). 1. Schwarzes Meer: an thrak. Küste (Golf von Saros). 3. Olynthos: Stadt auf der Chalkidike, 348 v. C. zerstört und nicht wieder aufgebaut. Nachahmung eines älteren Ep. – Vgl. IX 82.

626. Dichter: Antipatros v. Thess. (Stadtm., Cichorius). 1. Nasam. Lande: s. IV 3 (88). 5. Cäsar: Vielleicht Nero, der, mit 17 Jahren Kaiser geworden, bald im Kolosseum bis zu 400 Bären und 300 Löwen in einem einzigen Schauspiel abschießen ließ (Dio Cass. 61 p. 988; Strabon 2, 5, 34). Cichorius denkt an die Spiele v. J. 2 v. C. (Dio Cass. 55, 10); der Cäsar sei G. Cäsar, Enkel des Augustus (IX 59 u. 297).

627. Dichter: Diodoros Zonas (Salvatore). 1. Vgl. GV 416,1; 685,4. – 3. Astakos: Stadt in Bithynien. – Steininschrift (Peek).

628. 3. Erotides: natürlich nur Wunsch des Dichters. 4. Oxeien: Inseln im Jonischen Meer an der Mündung des Acheloos. 5. Diës: Gesandter Mytilenes nach Rom i. J. 28/27 v.C.

631. Steininschrift (Peek).

632. 4. Hausherrn: Stadtmüller nimmt die Statue des Kaisers im Hause Diodors an.

633. 1. Nach G. Ancey geschah die Mondfinsternis am 22. 3. 5 v.C., um 18.05 Uhr Greenw. Zeit. 4. Selene: Kleopatra, Tochter des Antonius und der Kleopatra, seit 20 Gattin des Königs Juba II. von Mauretanien, † 5 v.C., hatte den Beinamen Selene, wie ihr Bruder „Helios" beibenannt war (Plut. Anton. 36). Wahrscheinlich handelt es sich um diese (Geist, Wolters). Vgl. IX 235, 752.

635. Siehe zu 305. Nachahmung von 381.

637. 6. Der Kiel der Argo trug ein Stück der prophetischen Eiche von Dodona.

638. Ein krankes Kind wurde gesund, ein gesundes starb.

639. 2. Helle's Gewog: Hellespont. Oxeien: s. 628. – 4. Skarphaia: lokrische Stadt bei den Thermopylen.

640. 1. Böckchen: s. 272. – 3. Diëre: Zweiruderer.

641. 1. Verschwunden: bei Wolken und Nacht. 5. Athenaios: Verfasser der Schrift über Kriegsmaschinen, 1.Jh. v.C. (?). Die Wasseruhr, seit 1300 in Ägypten, seit 4.Jh. (?) in Griechenland, wo sie durch Pfeifen die Zeit anzeigte, bot gegenüber der Sonnenuhr große Vorteile. Neben einfachen, wie unsere Sanduhr konstruierten, standen später sehr minutiöse, mit Räderwerk versehene, auch in der Größe unserer Taschenuhren. Unter Augustus beschreibt eine solche Vitruv (9, 9). Auf eine Wasseruhr IX 782. auf Sonnenuhren s. zu IX 780.

642. 1. Syros: Kykladeninsel. 3. Eile: er hätte sonst die gefährliche Stelle zwischen Syros und Delos vermieden.

643. 1. Euander: der bei Horaz (Sat. 1, 3, 91) erwähnte Toreut? (Geist). Im Haus geboren: als Sklavin geboren, nicht gekauft. – Steininschrift (Peek).

644. Muster für 608.

645. 1. Philostratos: Philosoph, Günstling bei Kleopatra und Antonius, deren Los er i. J. 30 teilte (Plutarch Anton. 80). 5. Fremde: Römer bei Oktavian. Sein Vermögen wurde konfisziert. 6. Ostrakina: Dorf zwischen Ägypten und Judaia (Verbannungsort Philostrats?). – Gedichtet in Rom i. J. 27 v.C. (Cichorius, Röm. Stud. 1922, 314 ff.). Vgl. Cougny 5, 28.

646. 1. Vgl. Aischyl. Ag. 1559: περὶ χεῖρα βαλοῦσα. 2. Vgl. 31,4. – Nach Schneidewin Bruchstück einer Elegie (meist abgelehnt), nach Peek Steininschrift mit Relief.

647. Der Doppeltitel verrät wohl, daß der Dichtername im Original abgekürzt stand, so auch bei 650 (Gow). Fragment einer von Athenaios (11, 491 c) erwähnten Elegie auf Gorgo (Rohde); Steininschrift mit Relief (Bergk, Peek). Nachahmung von 646.

648. 1. Aristokrates: s. 440. – 6–8. Text sehr unsicher. Vgl. 715, 736.

649. 3. Also keine bestellte Statue mit Porträtähnlichkeit, sondern „Konfektionsware" (Waltz). – Steininschrift (Peek).

650. Dichter: Phalaikos (seit Brunck fast alle); s. zu 647. – Schon Pittakos soll gesagt haben: „Zuverlässig ist das Land, unzuverlässig das Meer (πιστὸν γῆ, ἄπιστον θάλασσα)" (Stob. 3, 111). Vgl. IX 23.

650b. Steininschrift; Kenotaph (Peek); s. 270.

651. 3. Drakanon: Kap auf Sporadeninsel Ikaria, die ursprünglich Doliche hieß (östlich von Samos). 6. Dryoper: Volksstamm am Oita, später in Messenien. – Steininschrift (Peek).

653. 1. Hyaden: Sternhaufen im Kopf des Stiers mit Aldebaran als hellstem Stern; vielleicht fehlt ein Schluß; vgl. Lemma. – Steininschrift (Peek).

657. 1. Berg: bei Ephesos (Lemma). – Buchepigramm (Wilam.), unter einem Bild (Hecker).

658–664. Meist Theokrit wie Leonidas abgesprochen.

658, 659. Beide Ep. vom gleichen Dichter standen auf gleichem Stein (Wilam., Peek).

660. Ein mittleres Distichon vermißt Meineke. – Vgl. 398. – Steininschrift (Wilam., Peek). – Vgl. Giangrande: Rhein. Mus. 101, 1958, 55.

661. 3. Vgl. 722,2. – 5. Vgl. 333,2. – Steininschrift (Peek).

662. Dichter: Leonidas von Tarent (Stadtm., Hansen, Sitzler, Olivieri). – 4. Vgl. GV 639,6: ἀστόργου θανάτου. 5. Peristera: die Mutter. – Steininschrift (Peek). – Siehe zu 658.

663. Vers: 1,3: Phalaikeion; 2,4: Großer Archilochischer Vers. – Steininschrift (Peek). – Siehe zu 658.

664. 1 und 4: Großer Archilochischer Vers; 2 und 5: jambischer Trimeter; 3 und 6: katalektischer jambischer Trimeter. – 2 und 6 spielen auf Archilochos' Jambendichtung, Elegien und Lyrik an (Hecker). – Steininschrift (Legrand). – Siehe zu 658.

666. Der Dichter steht wohl (an der Meerenge?) vor dem Grabstein, auf dem als Relief eine Ortsskizze eingraviert ist. 1. Enge: 1200 m. 2. ... sondern auch Hero. 5f. Vgl. 582,2. – 6. Zum Neid vgl. 361,2. – Vgl. IX 215.

667. Aus der Anastasiakirche in Thessalonike (Lemma). – Steininschrift (Peek).

668. Isopsephie: 6576. 1. Galene („Meeresstille"): Nereïde.

669. Aster („Stern"): Platons Schüler (nach Apost. ist es Phaidros). Vgl. Diogenes Laërtios (3, 29): „Aristippos sagt im 4. Buch seiner ‚Vergnügungssucht der Alten', (Platon) habe sich in einen jungen Mann namens Aster verliebt, der mit ihm zusammen Astrologie studierte (Ἀρίστιππος ἐν τῷ τετάρτῳ περὶ παλαιᾶς τρυφῆς φησιν αὐτὸν Ἀστέρος μειρακίου τινὸς ἀστρολογεῖν συνασκουμένου ἐρασθῆναι)." Apuleius übersetzt (Apol. 10).

Astra vides: utinam fiam, mi sidus, Olympus,
ut multis sic te luminibus videam.

Bei Iriarte steht:

Aster, astra vides: o si caelum esse liceret,
te possem ut multis cernere luminibus.

670. Vgl. GV 585, wo es von einer Crescentina heißt:

ἥτις ἐνὶ ζωοῖσιν ὅκως ἀνέτελλεν Ἑῷος,
νῦν δύνει δ' ὑπὸ γῆν Ἕσπερος ἐν φθιμένοις.

Apuleius übersetzt (Apol. 10):

Lucifer ante meus rutilans mortalibus Aster,
Hesperus a fato manibus ecce nites.

Ep. Bob. 31 = Ps.-Ausonius (Ep. 12 p. 425 P):

Stella prius Superis fulgebas Lucifer; at nunc
exstinctus, cassis lumine Vesper eris.

Bei Iriarte steht:

In Superis Aster qui Phosphorus ante micabas,
Vesper apud manes post tua fata micas.

671. Dichter: Bianor (Stadtm.). Vgl. 643, GV 1588 und S. L. Agnello: Silloge di iscriz. paleocrist. della Sicilia, Rom 1953, 106. – Steininschrift (Peek).

672. Aus Korinth (Lemma). Andreas war wohl praefectus praetorio für Illyricum Orientale (Makedonien, Epirus, Thessalien, Griechenland, Kreta usw.).

673. 2. Vgl. Ennius' selbstverfaßte Grabschrift (390 Diehl): Volito vivus per ora virum. Vgl. auch IX 62, 6.

674. Sinn: Archilochos hätte als Epiker Homer verdunkelt. Das Ep. ist Antwort auf 352, 7f. – Vgl. 69.

675. Isopsephie: 3702. Vgl. 264.

676. 2. Iros: Bettler der Odyssee (18, 239).

677. 1. Megistias, Seher bei den Thermopylenkämpfern (479); von Leonidas nach Haus geschickt, blieb er und schickte nur seinen einzigen Sohn weg. 2. Spercheios: Fluß zum Malischen Meerbusen.

678. 1. Aus dem 5. Jh. kennen wir einen Soterichos, praefectus praetorio im Orient (Firmicus Epist. 17). – Steininschrift (Peek).

679. 3. Johannes der Almosengeber, seit 610/11 Patriarch von Alexandria, † am 11. 11. 619 in seiner Heimat Amathus auf Zypern, wo er auch begraben wurde. Sein Vater war Gouverneur von Zypern. 4 und 11: Alexandria.

681. Es handelt sich um einen sonst unbekannten Rhetor Gessios, Archon in einem Stadtteil von Alexandria, der, von Wahrsagern verführt, sich anscheinend um das Konsulat beworben hatte, aber durchfiel. Er wurde dann, weil er entgegen Verbot Orakel befragt hatte, zum Tode verurteilt. Reiske identifiziert den Gessios mit dem in den Briefen des Libanios mehrfach erwähnten, der i. J. 392 noch lebte (s. Seeck RE 13. Halbb. 1325). Ein Flavius Aelius Gessius ist für die Jahre 376 und 378 als praeses Thebaïdis bezeugt (Milne: History of Egypt. 1924, 91). Seeck nimmt die Identität beider mit dem in unserem Ep. Genannten an; vgl. Bowra (Class. Rev. 74, 1960, 91), nach dem Gessios i. J. 392 hingerichtet wurde.

683. 1. Vgl. V 299, 1. – 5. Bellerophontes: Prinz von Korinth, der zum Himmel aufsteigen wollte, aber von Pegasos abgeworfen wurde. 8. Wortspiel mit Γέσσιος und χεσεῖν.

684. 1. Vgl. Pind. Ol. 5, 24b: „Er strebe nicht danach, ein Gott zu werden (μὴ ματεύσῃ θεὸς γενέσθαι)." 2. Vgl. XI 54, 4. – 3. Aus ἐπαρθείς schließt Gow auf den Kreuzigungstod. Vgl. Ps.-Lukian astrol. 15. – Vgl. Otto Weinreich: Hermes 67, 1932, 361.

685. 3f. Gow faßt μοῖρα als Urteilsverkündigung, σύμβολα als das Kreuzesabzeichen, das Gessios als Symbol seiner Todesstrafe erhält.

686. 2. Vgl. XI 392, 2. – 3. Vgl. 607, 3 und Od. 23, 252. – Parodie einer Homerischen Formel, z.B. Ilias 16, 48. Vgl. 441, 3. – 6. Baukalos: unbekannt. Vgl. IX 171, 4.

688. 1. Kalchas, ein Seher; hier die Wahrsager zu 681.

690. Steininschrift (Peek).

691. Alkestis starb für ihren Gatten Admetos, dem Apoll Errettung vom Tod versprochen, falls ein anderer freiwillig für ihn sterbe. Ähnlich die Römerin Arria i. J. 42 n.C. (Martial 1, 13) und die deutsche Charlotte Sophie Willhöft, die sich 1834 erdolchte, um ihren dichterisch schwachen Gatten Stieglitz durch diesen Schmerz zu poetischen Taten anzuspornen. 4. Kallikrateia: sonst unbekannt. - Vgl. GV 1195, 2005. - Steininschrift (Peek).

692. Dichter: Ant. v. Thess. (Setti, Waltz). Glykon: wohl der bei Horaz Epist. 1, 1, 30. - 3. Vgl. VI 256, 1f. - Vgl. Lessing: Anm. über das Ep. 5, 9.

693. Vers: Hinkjamben. - Steininschrift (Peek).

694. 1. Poteidaia: Stadt auf Chalkidike. 2. Philopregmon („vielgeschäftig"): sonst unbekannt.

695. Nach Peek (GV 617) stammt das Ep. aus dem Philipposkranz. Richtiger denkt Krumbacher an die im 9. Jahrh. lebende schöne Nonne Kassia (s. Bd. 1 S. 67). - Steininschrift (Peek).

696. Vgl. Herodot (7, 26): „(Die Stadt Kelainai), in der auch das Fell des Silens Marsyas aufgehängt ist, der, wie die Phryger erzählen, von Apoll geschunden wurde (ἐν τῇ καὶ ὁ τοῦ Σιληνοῦ Μαρσύεω ἀσκὸς ἀνακρέμαται, τὸν ὑπὸ Φρυγῶν λόγος ἔχει ὑπὸ 'Απόλλωνος ἐκδαρέντα ἀνακρεμασθῆναι)", weil er ihn zum Wettstreit auf der von Athene weggeworfenen und von ihm gefundenen Flöte aufgefordert hatte.

697. 1. Johannes: Präfekt von Illyrien unter Anastasios I., Konsul i. J. 500. 5. Lychnidos („Licht", vgl. V. 7): Stadt in Illyrien.

698. 3. Mich: Epidamnos spricht. - Es handelt sich um eine Statue. Das Ep. stand mit 697 auf dem gleichen Stein (Peek).

699. 3. Dieser: der Gescheiterte, dessen Name auf dem Grabstein stand.

700. Steininschrift (Peek). - Vgl. C. Cichorius: Röm. Stud. 1922, 298.

701. 2f. Askanien: s. VI 320; am Askanischen See die Stadt Nikaia. Vgl. XV 4ff. Steininschrift (Peek).

702. Nachahmung von 504.

703. Auf ein Bild.

704. Dichter: Krates (Crusius); aus einer Tragödie (Nauck). Cicero spielt de fin. 3, 19, 64 darauf an. Lieblingswort des Tiberius (Dio Cass., Suidas). 1. Vgl. GV 1378, 1.

705. Dichter: meist A. von Thess. zugesprochen. 1. Edonen: thrak. Volk. Phyllis: thrak. Königstochter, tötete sich, weil Demophoon, Sohn des Theseus, sie verlassen. Amphipolis: am Strymon, aber 250 km vom Hellespont. 3. Brauronis: Artemis nach dem attischen Flecken Brauron, wo sie einen berühmten Tempel hatte; auch den Tempel in Amphipolis hatte Athen erbaut. 4. Kämpfe: s. zu VI 241. - 5. Aigiden: Athener. Streit: im Peloponnes. Krieg.

706. Chrysippos von Soloi oder Tarsos, um 280-205, Stoiker; von seinen Schülern zum Opferschmaus eingeladen, trank er so viel Wein, daß er schwindlig wurde und 4 Tage später starb. Vers: 1, 3: Hinkjamben; 2, 4: Jamben.

707. Der Satyr (2) spricht; er ist im Bühnenkostüm zu denken (Reisch). Wohl Buchillustration. 1. Zum Satyr auf Sophokles' Grab s. 37. - 3. Sositheos: Tragiker aus Alexandria (Troas), erneuerte das Satyrspiel, lebte um 280 v.C. in Athen und Syrakus. Phlius: s. zu 37.

708. Komödiendichter Machon von Korinth lebte und starb (um 250) in Alexandria. 5. Kekrops: s. II 13. - 6. Thymian: Sinnbild des Witzes. Auch Quintilian (12,

10, 25) spricht von attischer Rede, die nach Thymian duftet. Ähnlich Terentianus Maurus (Vers 2417): „Mit attischem Thymian gewürzt (Attico thymo tinctus)." – Steininschrift (Peek).

709. Dichter: A. von Aitolien (Brunck, Knaack, Stadtm., Waltz), A. v. Magnesia (Weigand). Alkman: s. 18. – Zum Ep. vgl. O. Masson: Symbolae Hrozny 4, 1950, 7. – 2. Der Opfergehilf (κερνᾶς) hatte die Weihgefäße herbeizutragen. 2f. Zu den verschiedenen Tempelgittern (in der Peristasis, zwischen den Säulen des Pronaos und um das Götterbild in der Cella) vgl. F. Ebert: Fachausdrücke des griech. Bauhandwerks, 1. Der Tempel, Diss. Würzburg 1910, 58. Die Wächter der Kultobjekte waren in der Bruderschaft der Goldträger (Chrysophoroi) zusammengeschlossen (Ch. Picard: Ephèse et Claros 1922 p. 242). 3. Vgl. 485,2. – 4. Dreifüße: Siegespreise bei Spielen. 6. Gyges und Daskyles: lydische Könige.

710. 1. Sirenen: s. 491. Vgl. 182. – 2. Vgl. GV 715,8: τὴν ὀλίγην σποδιήν. 6. An Baukis ist auch Erinnas „Spindel" gerichtet. Telos: Insel bei Rhodos. Baukis hatte also von Telos weggeheiratet (Wilam.). 7. Vgl. IX 598,6, Ilias 6,150. – 712+710 galten dem gleichen Grab; aus dem Plural in 710,1 schließt Bergk hier auf einen Grabbezirk mit zwei Stelen. Luck findet in dem Ep. den Ausdruck „von Strenge und marmorner Verhaltenheit".

711. 2. Pitane: Stadt in Mysien.

712. 3. Bilder: wohl Relief der Sterbenden; s. zu 710.

713. Dichter: A. von Sidon (Brunck, Waltz). Erinna: vgl. 11. 2. Gow faßt Μούσας als Gen. Sing., ἔπος als Akk. auf. 4. Vgl. Vergil Än. 8,369: „Nacht sank herab und verhüllte die Erde mit schattenden Flügeln (nox ruit et fuscis tellurem amplectitur alis)." 7f. Vgl. Lucrez 4,182:

Besser der kurze Gesang des Schwans als der Kraniche Krächzen,
das in den Wolken des Äthers zerstreut das Wehen des Südwinds.
Parvus ut est cycni melior canor, ille gruum quam
clamor in aetheriis dispersus nubibus austri.

Das Ep. stand wohl vor einer Ausgabe der „Spindel" (s. 12).

714. Aus Meleagroskranz (Wilam.). 2. Thrinakia: Sizilien. 3. Ibykos: der bekannte Lyriker um 520; vgl. VII 745 und IX 184. Ulme: Grabbaum. 5. Efeu: s. 22. Rohr: wohl Klarinettenrohr, Arundo donax L, mit fahlem Stengel, aus dem man Flöten herstellte. – Ibykos lag also in Rhegion begraben.

715. Dichter: Nicht Leonidas (Jacobs, Geffcken, Waltz); Wilamowitz und Körte halten das Ep. für echt und glauben, es habe am Schluß seines Buches gestanden. Vgl. 648 und zu IX 185.

716. 1. Ialysos: Stadt auf Rhodos. 4. Eule: der weisen Athene heilig. – Steininschrift (Peek).

718. Dichter: ein „ineptus grammaticus" (Harberton). Schlußgedicht einer Nossisausgabe (Wilam.), was Geffcken bezweifelt; vgl. zu IX 185. – Luck: Mus. Helv. 11, 1954, 186).

719. Tellen: Dichter und Sänger um 380 v.C. Da Plutarch (Reg. apophth., Epam. 20) ihn als „miserablen Flötisten (αὐλητὴς κάκιστος)" bezeichnet, scheint hier der (im 2. und 5. Daktylus) schlechte Hexameter ebenso gewollt wie Goethes Knittelverse zu Ehren von Hans Sachs.

722. Es spricht eine Grabfigur. Kekrop. Land: Attika (s. II 13). – Steininschrift (Peek). – Vgl. R. Lattimore: Themes in Greek and Latin Epitaphs 1942, 200.

723. Dichter: Alkaios von Messene (Bergk, Legrand), Polystratos (Stadtm.). 2. Olenos: Stadt in Arkadien, zum Achaiischen Bund gehörend, durch den Sparta 188 v.C. zerstört wurde. Sparta hatte seit Ende des 3.Jh. Stadtmauern (daher 1 „erstiegen“). Legrand denkt hier an die Ereignisse des Jahres 207 (Polyb. 11, 18, 8f.).

724. Steininschrift (Peek).

725. Hades spricht. 1. Stadt Ainos: in Thrakien. 3. Der Kentaur Eurytion trank sich zu Tod (Od. 21, 295). Vgl. Vergil Epigr. 11:

Wer von den Göttern entführte dich uns, Octavius? Oder
war es der Zwingherr, der Krug, der zu viel Wein hat, wie's heißt?
‚Nun, ich zechte mit euch, wenn das bös ist. Sein Schicksal hat jeder.
Wieso tragen dabei harmlose Kellen die Schuld?‘
Quis deus, Octavi, te nobis abstulit? An quae
dicunt, an nimio pocula dura mero?
‚Vobiscum, si est culpa, bibi. Sua quemque sequuntur
fata. Quid immeriti crimen habent cyathi?‘

Hauvette nennt das Gedicht „un pur jeu d'esprit“. – Vgl. Giangrande, Hermes 91, 1963, 154.

726. 1. Vgl. Theokrit 21, 21: ὕπνον ἀπωσάμενοι, ebenso Nonnos 44, 81.

727. Auf einer bei Antium (in Latium) gefundenen Marmortafel steht unter einem Skelett (GV 1612 = IG 14, 2131):

Sieht man ein fleischlos Gerippe, wer kann da noch sagen, mein Wandrer,
ob es ein Hylas dereinst oder ob es Thersites gewesen?
Εἰπεῖν τίς δύναται σκῆνος λιπόσαρκον ἀθρήσας,
εἴπερ Ὕλας ἢ Θερσίτης ἦν, ὦ παροδῖτα;

728. 1. Kabiren: s. VI 164. – 2. Dindymene: s. VI 281. – 4. Führerin: Eine Gymnasiarchis? Vers: 1. Großer archilochischer Vers, 2. Phalaikeion. – Siehe zu XIII 28. – Steininschrift (Peek).

729. 4. Hoffnungen: auf mehr Kinder (Rose). – Steininschrift (Peek).

730. Das Bild, auf dem die Eltern ihr Kind beweinen, befindet sich auf dem Grabmal der inzwischen ebenfalls verstorbenen Eltern. – Steininschrift (Peek).

732. 3. Redlich: weil er seine Schuld termingerecht beglich und trotz Rüstigkeit zur bestimmten Zeit kam.

733. Dichter: D. von Adramyttion (Wilam.), Leonidas v. Tar. (Reitzenstein, Stadtm.). – Steininschrift mit Relief (Peek).

734. 1f. Zur Unterbrechung der Rede vgl. 307. – 2. Erzalt: Übersetzung von Archigeron. – Steininschrift (Peek).

735. Steininschrift (Peek). 1. Phokaia: jonische Hafenstadt. 6f. Vgl. Tibull (1, 1, 60):

Könnt ich dich sehen, sobald mein letztes Stündlein gekommen,
dich mit ermattender Hand halten beim nahenden Tod!
Te spectem, suprema mihi cum venerit hora,
te teneam moriens deficiente manu!

736. Nach Geffcken ein kynisches Lob der Armut. Vgl. Tibull (1, 1, 6):

Mir gewähr' mein bescheidenes Gut ein geruhsames Leben,
mir erwärme den Herd mäßigen Feuers Geleucht!
Me mea paupertas vitae traducat inerti,
dum meus exiguo luceat igne focus!

Ähnlich Ariost (Sat. 4, 43):

In casa mia mi sa meglio una rapa
ch' io cuoca, e cotta su' n stecco m' inforco
e mondo, e spargo poi di aceto e sapa.

738. 1. Salamis: auf Zypern. Schlüssel: Name des Kaps im NO von Zypern mit kleinen Inseln (Herodot 5, 108).

739. 3. Vgl. V 85,4, VII 23,5; 284,4. – 4. Skiathos: Insel bei Euboia. 6. Torone: s. zu 502. – Eine Grabfigur (Sirene?) spricht (Weißhäupl). – Steininschrift (Peek).

740. 3. Gyges: s. 567. – Vgl. IX 402.

741. 1. Othryades: s. 244. Kynegeiros: Bruder des Aischylos, der bei Marathon umkam, als er ein abfahrendes Perserschiff festhielt und ihm die Hand abgeschlagen wurde. Mit Vers 3 beginnt Groulart ein neues Ep. – Das Ep. ist sehr umstritten. Da man den Namen des Helden vermißte, änderten Scaliger und Reiske Ἄρεος (3) in Ἄρριος, den Mommsen mit Varus identifizierte (Schlacht im Teutoburger Wald). Andere, wie Cichorius, dachten, was das Wahrscheinlichste ist, an die Niederlage des Lollius (16 v.C.). Statt „Rhein" erscheint auch die Variante „Nil" (von Cichorius, Norden, Waltz abgelehnt), was Hillscher als Anspielung auf die Schlacht bei Syene (24 v.C.) ausdeutete; letzteres unmöglich, da dort kein Legionsadler war. Vgl. IX 291.

743. Dichter: A. v. Sidon (Setti, Waltz), A. v. Thess. (Brunck, Menk). 3–8. Anspielung auf Niobe, die sieben Söhne und sieben Töchter hatte. Vgl. 224.

744. Eudoxos von Knidos, um 408–355, Astronom, Mathematiker und Arzt. 4. Apis: der hl. Stier, Inkarnation des Osiris. 8. d.h. er war 53 Jahre alt. Diogenes Laërtios schreibt noch (8, 90): „(Eudoxos) starb im Alter von 53 Jahren. Als er in Ägypten bei Chonuphis von Heliopolis war, beleckte der Apis seinen Mantel. Da sagten die Priester, er werde berühmt werden, aber nicht lange leben; so Favorinos in seinen ‚Denkwürdigkeiten' (ἐτελεύτησε δὲ τρίτον ἄγων καὶ πεντηκοστὸν ἔτος· ὅτε δὲ συνεγένετο ἐν Αἰγύπτῳ Χονούφιδι τῷ Ἡλιοπολίτῃ, ὁ Ἆπις αὐτοῦ θοἰμάτιον περιελιχμήσατο· ἔνδοξον οὖν αὐτόν, ἀλλ' ὀλιγοχρόνιον ἔφασαν οἱ ἱερεῖς ἔσεσθαι, καθά φησι Φαβωρῖνος ἐν ἀπομνημονεύμασιν)." Versmaß: Galliamben (Grundschema: ⏑ ⏑ – – ⏑ ⏑ – – ‖ ⏑ ⏑ – – ⏑ ⏑ –).

745. Dichter: A. v. Sidon (Setti, Menk), A. v. Thess. (Kaibel); beide verwirft Wilam. – Dies die älteste Darstellung der Sage; vgl. 714, ferner Statius (Silv. 5, 3, 152), Plutarch (Geschwätzigkeit 14) und Suidas. 1. Eiland: unbekannt. 7. Sisyphos: Gründer Korinths. 10. Sänger: ihn hatte Agamemnon als Tugendwächter Klytaimestras zurückgelassen (Od. 3, 267).

746. Pythagoras allgemein abgesprochen. Der Vers stand auf dem Stein am Grab des Zeus in Kreta (Lemma). „Man": die Griechen. Vgl. 275, 6.

747. Dichter: Nicht Libanios (Förster, Preger). Julian starb 363 n.C. auf einem Feldzug gegen die Perser und wurde in Tarsos (Kilikien) bestattet. 2. Aus Ilias 3, 179. – Echte Inschrift (Peek). – Zonaras bringt als Inschrift (13, 13) ein aus homerischen Fetzen zusammengeflicktes Ep. (vgl. Ilias 4, 175), das Preger für die alte Inschrift hält:

Hier am silbernen Kydnos, von Euphrats Wassern her kommend
aus dem persischen Land, wo Waffengelärm er erregte,
fand Julianos sein Grab bei unvollendetem Werke,
er, ein trefflicher König und kraftvoller Schwinger der Lanze.
Κύδνῳ ἐπ' ἀργυρόεντι ἀπ' Εὐφρήταο ῥοάων
Περσίδος ἐκ γαίης ἀτελευτήτῳ ἐπὶ ἔργῳ
κινήσας στρατιήν, τόδ' Ἰουλιανὸς λάχε σῆμα,
ἀμφότερον βασιλεύς τ' ἀγαθὸς κρατερός τ' αἰχμητής.

748. Dichter: A. von Sidon (Stadtm.), A. v. Thess. (Benndorf). 4. Vgl. GV 1485, 4. - 5. Athoeus: Gigant, der zwei Felsen auf den Platz des späteren Bergs Athos geworfen hat. 7. Herakleia: nach dem Lemma eine Stadt, richtiger nach Wilam. eine Frau unter einem Grabmal, vgl. VI 206, 7 und Cougny 2, 753 β:

Dies Grab war, Polyeuktos, eine Leiter dir,
auf der du aufwärts steigend rasch zum Äther kamst.
Ὁ τύμβος οὗτος σοί, Πολύευκτε, κλίμαξ,
ἐφ' ἧς σὺ βαίνων ἔδραμες πρὸς αἰθέρα.

ERLÄUTERUNGEN ZU BUCH VIII

1. Dichter: Nicht Gregor (s. Vorwort S. 445). 2. Johannes Chrysostomos (344-407) und Theodosios I. (346-395) sind in der Apostelkirche zu Konstantinopel beigesetzt. 3. Vgl. VIII 29, 6, IX 806, 6, XI 292, 1.

2. 1. Basilios: *329, † 1. 1. 379 als Bischof von Kaisareia (s. zu I 92). 5f. Vgl. Theogn. 1f. Vgl. I 86.

3. 5. Herold: des Friedens.

4. 1f. spielen auf den Kampf der Athanasianer und Arianer an bez. der Wesensgleichheit zwischen Gottvater und -sohn. Mit „gleichstark" betont Gr. die Homousie. Der jahrzehntelange, auf zahlreichen Synoden des 4. Jh. behandelte Streit wurde erst auf dem Konzil zu Konstantinopel 381 beendet. 3. Vgl. X 5, 4.

5. 1. Ein Gott: gegen Arianismus. 2. Erzpriester: so die Kirchenväter für Bischof. 3. Vgl. 15, 3. - 5. Vgl. VII 666, 5, IX 532, 1.

6. 3. Vgl. Ilias 13, 430, Od. 8, 413. - 4. Leben: im Himmel.

7. 1f. Vgl. 82, 1f.; 153, 1. - 3. Vgl. 164, 3, - 4. Wahrheit, die bricht: spielt auf die Häresien der Zeit an (s. 4).

8. 1. Gregor hatte 348-358, Basilios 351-356 in Athen studiert. 2. Fern: sie waren noch jung. 4. Gr. hatte 381 als Erzbischof von Konstantinopel abgedankt; das Ep. kann also nicht gleich nach dem Tod des Basilios geschrieben sein.

9. 3. Stätte: Bischofssitz von Kaisareia.

10. 3-4 hält Boissonade für ein selbständiges Ep. 3. Acht Jahre: eigentlich 370 bis 379.

11b. Durch Teilung von 10 (s. d.) erhält man 12 Ep., doch ist fraglich, ob der Sammler alle 12 aufgenommen hat.

12. Des Dichters Vater Gregor, Bischof von Nazianz, starb 374. - 3. Vgl. Cougny 2, 385, 1: μείλιχος ἡδυεπής.

13. 1. Ölbaum: d.i. aus heidnischem bäurischem Dasein; vgl. Paulus Römerbrief 11, 17. – 2f. Gr. war ursprünglich Heide (Hypsistarier) und wurde von seiner Frau Nonna („Rippe“ nach Genesis 2,21f.) zum Christentum bekehrt. 4. Seliges Alter: homerisch, z.B. Od. 11,136.

14. 1. Berg: Sinai. 3. Fern: Als er Heide war.

15. 2. Priester: der Dichter. 3. Hirt der Völker: homerisch, z.B. Ilias 1,263. Vgl. 5,3. – 4. Beide: das sakrale und das profane. Vgl. VII 619,1.

16. Der tote Vater spricht zum Dichter. 1. Vgl. Ilias 6,479: Und man sage hinfort: der ragt noch weit vor dem Vater (καί ποτέ τις εἴποι· ‚Πατρός γ' ὅδε πολλὸν ἀμείνων‘). Vgl. Soph. Aiax 550. – 2. Nur gleich: ein Mehr wäre übermenschlich. 3. Vgl. VII 163,7.

17. 1. Kein Lamm: als Heide; vgl. 13,2. – 3. Gemeint ist der Kampf gegen die Arianer, die in der Trinität drei Personen annahmen.

18. 1. Vgl. Matth. 20, 1–16, Greg. Carm. 2, 1, 44, 219, Od. 7,122.

19. 1. Seine Eltern waren noch Heiden. 2. Vgl. 1 Cor. 11,3. – 4. Als Weltkind und Priester.

20. Dichter: Nicht Gregor (Muratori). 1. Goß: wie Elias auf Elisa (2 Könige 2, 9–15).

21. 2. Vgl. Mich. 5,1, Matth. 2,6. – 2f. Auch Or. 18,17 und Carm. 2, 2, 1, 275 vergleicht Gr. Nazianz mit Bethlehem.

22. 1. Vgl. Ilias 6,482. – 3. Leben: Himmel.

23. 1. Berg: Tabor (Matth. 28, 3, Mark. 9, 2, Luk. 9,28).

24. Mutter Nonna starb 374, bald nach ihrem Gatten. 2f. Du hast fremdes Leid mitgetragen und nur an Festtagen Freude empfunden.

25. Vgl. Theogn. 18. – 3. Geweihte: So nennt er auch seine Schwester (101); wohl als Diakonisse. 4. Zucht: Exerzitien. 6. Vgl. 33, 2.

26. 1. Knie lösen: homerisch, z.B. Ilias 21,114. – 3. Andere: wie sie selbst früher (24,2). 8. Dem Toten schneidet man noch heute in Bulgarien die Haare. 9. Text und Deutung sehr unsicher; daher nehmen Boissonade u.a. nach 8 eine Lücke an.

27. 1. Gatte: Abraham; mit beiden vergleicht er seine Eltern auch Or. 8,4. 4f. 1 Sam. 1, 11 und 20; sich selbst vergleicht er mit Samuel, da er wie dieser spät geboren war; s. 79. – 6. Die andere Anna: die Prophetin (Luk. 2, 36) oder die Mutter Marias.

28. 1. Empedokles (s. zu VII 123f.) sprang, so erzählt eine späte Legende, in den Ätna, um eine Himmelfahrt vorzutäuschen, aber eine aus dem Ätna geworfene Sandale verriet den Betrug. 4. Vgl. 48,3; 49,3; 55,3; 61,1; 141,2. – 6. Annen: s. 27.

29. 1. Nach Gregors Ansicht Betrüger, die sich als Götter ausgaben; so auch Or. 4, 59. Herakles: Vergöttlichung auf dem Oita. Empedotimos: Pythagoreer, der, um eine Himmelfahrt vorzutäuschen, sich im Keller einschloß und dort verhungerte. Trophonios: Listiger, gewissenloser mythischer Baukünstler (Paus. 9,38f.). Aristaios: Mythischer Fruchtbarkeitsheros. 7. Vgl. VII 337, 8.

30. 2. Vgl. zu 36, 2–4. – 4. Vgl. VII 208,3f. – 5. Jenen: Gregor.

32. 1. Busen: vgl. 30,5. – 3. Vgl. Ilias 9,492.

33. 2. Vgl. 76,5; 99,1f. – 3. Vgl. 118,5f. – 5. Verderber: Teufel.

34. 1. Eitel: eigentlich schattig. Mit „Schatten“ oder „Bild“ (3) bezeichnete man das Alte Testament. 2. Mit der Erstgeburt wird auf Isaak und allgemein auf die hebräische und phoinikische Sitte angespielt.

36. 1. Vgl. Soph. Aias 674: ἐκοίμισε πόντον. 1f. Nonna hatte einen Sturm, dessen Gefahr für ihre Kinder ein Traum ihr angezeigt hatte, durch Gebet beschwichtigt; ausführlicher darüber Or. 18, 31 und Carm. 2, 2, 11, 124. – 2ff. Gregor, nach Abschluß seiner Studien von Athen kommend, war mit seinem Bruder Kaisarios, der von Alexandria durch Kleinasien gereist war, zufällig in Konstantinopel zusammengetroffen. 4f. Nach Or. 18, 29 geschah die Heilung auf Grund der Gebete des Volkes. 5. Vgl. 20, 1.

38. 2. Heilig: die Eltern waren schon Christen.

40. 2. Kelter: Kirche; vgl. Greg. Carm. 1, 2, 17, 21 und 2, 2, 1, 154 sowie Suidas unter ληνός. 3. Vgl. 1 Tim. 1,5: ἐκ καθαρᾶς καρδίας. Vgl. 67b 1; 103,3.

42. 3. Vgl. 94,3; 62,1. – 4. Altar: die Tatsache, daß du an diesem Altar gestorben bist.

44. 4. Kaisarios war 369, Gorgonia 370 gestorben.

45. 1. Vgl. 47,1; 66,1; 72,1. – Vgl. H. T. Wade-Gery: Journ. of Hellenic Stud. 53, 1933, 71–82.

46. 2. Vgl. Theogn. 6. – 3f. Gr. sagt: Sie war das im Tode erstarrte Bild einer Betenden, die sich gleichzeitig, um dort zu verbleiben, am Altar festhielt.

47. 1. Vgl. 45,1. – 2. Vgl. Od. 5,397. – 3f. Die andere war noch betend erhoben. 4. Vgl. I 62,1.

48. 1. Gattin: eigentlich Fleisch, vgl. Genesis 2,23f.

49. 1. Elias: 2 Könige 2,11. Enoch: Genesis 5,24. – 3. Vgl. VI 324,3 u. zu VIII 28,4. – 4. Opfer: bei der Kommunion? Der Scholiast erklärt: τελουμένων τῶν θυσιῶν.

50. 1. Los ...: homerisch, z.B. Ilias 4,315.

51. 1. Jephtha: Richter 11. – 3. Vgl. 27,7. – 4. Opfer: vgl. 71,1 und 73,1.

52. 1. Mit Sara vergleicht er seine Mutter (s. 27), daher sich mit Isaak.

52b. 2. Kampf gegen Heiden und Ketzer sowie in sich selbst. 3. Vgl. 39, 3.

53. 1. Gleiches Licht, die eine Hoheit: Anspielung auf das 325 in Nikaia den Arianern gegenüber aufgestellte Dogma der Homousie. 4. Vgl. V 236,3f. – 6. Speisen: die man bei Tisch mit der Hand in die Hand gab. Or. 18,10 erzählt Gr., seine Mutter habe aus Abscheu nie eine Heidin geküßt, ihr die Hand gereicht, sich an ihren Tisch gesetzt oder auch nur ihr Haus betreten.

59. Zum Vergleich zwischen Himmelfahrt der Seele und des Elias s. Apokryph. des Jakobus 13f. – 1. Vgl. 49,1.

60. 2. Gefolgt: s. zu 24. Vgl. 78.

63. Nahte dem Himmel: im Gebet.

64. Vgl. VII 260.

66. 1. s. zu 45. – 2. Vgl. VII 520,4.

67. 1. Süßester Tod: nach Ilias 10,495 u.o. 2. Erlöst: vom Leben; vgl. 71.

68. Abgefaßt wohl vor dem Begräbnis. 1. Vgl. 74.

71. 1. Opfer: vgl. 51,4.

75. Dichter: Nicht Gregor (Boivin, dem Waltz widerspricht); so auch 77. – 2. Vgl. VII 606,2, VIII 76,5.

76. 4. Opfern: vgl. Or. 12,16: „Unblutige Opfer, die man den Toten bot.“ Vielleicht Messen. 6. Vgl. 33,2; 165,2.

77. s. zu 75.

78. 4. Vgl. Ilias 8,353.

79. 1f. Gr. war erst mehrere Jahre nach der Hochzeit der Eltern geboren worden; seine Mutter hatte ihn in ihren Gebeten um Kindersegen Gott gelobt; vgl. 27. – 3. Unbekannt. Carm. 2, 1, 1, 327 spricht er von Rettung aus Krankheit durch Gott. 4. Spruch: Wohl Vers und Prosa. 5. Auch Carm. 1, 2, 9, 48 und 2, 1, 1, 63 spricht Gr. von bewahrter Keuschheit. 7. Vgl. 36. – 9. Neurom: Konstantinopel, wo Häresien eingedrungen waren; vgl. zu 4. – 10. Vgl. Epist. 77 und 95, Carm. 2, 1, 11, 665; 2, 1, 40, 21. In Konstantinopel war er während eines Gottesdienstes Gefahr gelaufen, von Arianern gesteinigt zu werden. Mit „Freunden“ spielt er wohl auf den Verrat des Timotheos von Alexandria, des Kynikers Maximus u.a. an.

80. 1. Anspielung auf die frühen Studien in Athen. 3. Sein Vater hatte es 361 beschlossen; zu seiner Mutter vgl. zu 79. – 4. Vgl. V 106,5. – 5. Vgl. Ilias 8,141.

81. Die Echtheit leugnet Muratori; ebenso bei 82. Keydell hält beide für echt. 1. Vgl. 71, 1; 150,1; 154,1; 216,1.

82. 1f. Vgl. 7, 1f. – 2. Geflügeltes Wort: homerisch, z.B. Od. 1,122.

83. Vgl. zu 84, 3f. – 3. Nackt: Er hatte seinem Vermögen entsagt. 4. Der Hohepriester Aaron hatte seine Söhne als Gehilfen (2 Mos. 40,15); seit 364 war auch Gr. der Koadjutor seines Vaters im Episkopat.

84. 1. Stuhl: Wohl Bischofsstuhl von Nazianz; doch war Gr. dort nur Koadjutor (s. 83). 2. Vgl. 143,3; 150,4; 173,2. – 3. Christus zeigte Nonna auf ihr Gebet hin im Traum das künftige Kind und hieß sie es Gregorios nennen (Carm. 2, 1, 1, 429f.). 4. Vgl. Eurip. Iph. T. 1263: νύχια φάσματ'. Weisheit: doppeldeutig, vgl. 81,3.

85. 3. Kaisarios: † 369. – 4. Schluß: vgl. 221,2. Vgl. VII 228,4.

85b. 2. Neid: heidnischer Gedanke wie 85, 90, 100, 121, 126 usw. Vgl. GV 591 und E. Peterson: Εἷς θεός 1926, 34. Vielleicht standen 85 und 85b auf demselben Grabstein, vgl. VII 334f.

86. 2. Kaiser: Er war Leibarzt von Konstantius II., Julian und Jovian (363–364). Valens († 378) hatte ihn als Quästor nach Bithynien geschickt.

87. 1. Wir: die noch lebenden Eltern. 3. Vgl. Ilias 2, 214, Od. 8, 179. – 5. Vgl. 141,1.

90. 1. Ich: der Vater. 3. Vgl. 85b.

91. Über seine Studien spricht er auch Or. 10,7. – 2. Vgl. 92,3. – 4. Vgl. 134,2.

92. 1. Nach Carm. 2, 1, 222 hatte Kaisarios die Absicht, sein Vermögen den Armen zu geben; er führte aber die Absicht nicht aus. Durch das Erdbeben von Nikaia (s. 94) ging sein Vermögen größtenteils verloren, der Rest wurde nach seinem Tod von Dienern, Freunden und Bekannten geplündert (Carm. 2, 1, 11, 373).

94. 1. Erdbeben: i.J. 368; s. zu 92. Vgl. 37,2. – 3. Vgl. Hesiod op. 92: νούσων τ' ἀργαλέων. 4. Jugend: er wurde 39 Jahre alt.

95. 1. Vgl. 81,1; 101,1. – 2. Vgl. 108,2. – 4. Carm. 2, 1, 1, 177 sagt er zu seinem Bruder: πάρος γε μὲν βασιλείοις ἀστὴρ ὥς τις ἔλαμπες ἑωσφόρος.

96. 3. Vgl. 134, 1f.

97. 1. Heliaden bzw. Niobe. 2. Kallirrhoë, Byblis, Egeria u.a. 5. Regenten: s. zu 86. – 6. Hades: die heidnische Vorstellung auch sonst.

98. 6. Vgl. carm. 2, 2, 1, 126; Apoll. Rhod. 3, 1019; IX 362, 22. - Dazu Wilhelm: Byzant. 6, 1931, 461.

99. 2. Märtyrer: vgl. 33, 52b, 76. Gregorios: unklar; entweder der Dichter (unwahrscheinlich) oder der Vater (der in Vers 3 anaphorisch wiederholt wird), oder es ist „Kaisarios" zu lesen (worauf das Lemma deutet).

100. Kaisarios und sein Landsmann Philagrios hatten in Alexandria studiert; später wurde Philagrios hoher kaiserlicher Beamter in Ägypten; er starb bald nach Kaisarios. 3f. Die Pferdezucht in Kappadokien wird oft gerühmt, z.B. bei Jul. Solinus 45. Ägypten hatte bedeutenden Blumenexport (Martial 6,80).

101. Gorgonion (Diminutiv von Gorgonia): Gregors Schwester, † 370, einige Monate nach Kaisarios. 2. Vgl. 25, 3.

102. 2. Siegreich: vgl. I 10 (19) und VIII 118.

103. 3. Vgl. 40,3; 67b1; Arat 180. - 6. Bad: Taufe, die Gorgonia wie wohl auch ihr Gatte kurz vor dem Tode nahmen (Or. 8, 7; 8, 19f.).

104. 3. Tityos (Od. 11, 576) und Prometheus. 4. Phlegethon und Erebos. 7. Martinianos: Prokonsul von Afrika, vicarius urbis Romae, zuletzt praefectus praetorio Italiae, †372 (Basilios Brief 124, Migne III 161).

105. 1. Vgl. VII 237,1. - 1f. Vgl. Ilias 21,602. - 3. Vgl. Ilias 9,122. - 4. Chinesische Seide. 5. Vgl. Orakel bei Laktanz (de ira 23,12) Vers 3: ταρτάρεοί τε μυχοὶ καὶ δαίμονες. 6. Mich: den Toten; vielleicht Martinianos.

106. 3. Sikanien: archaistisch für Sizilien; vgl. 113.

107. 3. Vgl. 97,5; 113,3. - 4. Vgl. 91,6. - 5. Vgl. 97,5. - 6. Vgl. 226.

108. 2. Vgl. 38,4; 95,2. - 4. Vgl. XVI 261,3. - Das Ep. steht fast wörtlich auf einer in Hermupolis Parva (Ägypten) gefundenen Marmortafel aus dem 4./5. Jahrh. n.C. - Vgl. A. Wilhelm: Mélanges Maspero 2, 278ff.

109. 3. Vgl. X 1,7. - 4. Vgl. GV 1372,3: μηδ' ὀλίγης φθονέσῃς γαίης.

110. 3. Vgl. Soph. Trach. 886: στονόεντος σιδάρου.

111. 1. Vgl. 17,5, GV 498,1: ὄλβιον εὐγήρων ἄνο[σον]. - Vgl. 95,3. - 2. Vgl. 93,2, GV 1974,2: ἄκρον ἔχων σοφίης. 3. Vgl. 174,3.

112. 2. Vgl. 104,3; 238,2. - 4. Von der Macht der Toten spricht er nach altem Volksglauben auch 193, 198, 227; vgl. VII 77, 657, 660, GV 480,4.

113. 2. Vgl. 105,7. - 4. Ereignisse unbekannt, wohl Aufstände; vgl. 106,3; 108,3.

115. 1. Vgl. 95,4; 106,3; XI 349,1; Ilias 14,200: πείρατα γαίης. 2. Vgl. VI 329,4. - 3. Vgl. Ilias 17,242: περιδείδια, μή τι πάθῃσιν.

116. 1. εἴ τιν' ἀκούεις: vgl. 111,3; 140,1; 163,1, VII 397,3, XVI 25,1, Od. 15,403, Hom. Hy. 4,111, Apoll. Rhod. 3, 362, Kallim. fr. 64,5 Pf. - 3. Vgl. Od. 4,725: παντοίῃς ἀρετῇσι κεκασμένον. 4. Vgl. 12, 6.

117. 1. Vgl. 232, 1.

118. Bestattung „bei den Märtyrern" (Sieger in 2, Zeugen in 6) wie 33, 52b, 99 usw. 1. Weihraum: Kapelle. 4. Amphilochios (-chos aus Versnot): Bruder Nonnas, der Mutter des Dichters, †375. - 2. Vgl. 140,2. - 4. Livia und Euphemios: †370.

119. 5f. Vgl. VII 467,7f. - Vgl. VII 271.

120. 1f. Vgl. GV 1592,3. - 4. Vgl. Hesiod Schild 4: Wie überragte sie doch der blühenden Frauen Geschlechter (ἣ ῥα γυναικῶν φῦλον ἐκαίνυτο θηλυτεράων).

121. 3. Der junge Amphilochios war wohl später Bischof von Ikonion in Lykaonien (Gregors Briefe 13, 25–28, 171, 184). Euphemios: Gregors Vetter, vgl. 118. – 6. Vgl. XII 73,1.

122. Euphemios, etwa 20 Jahre jünger als Gr., war verlobt mit der Tochter des Theodosios oder Theodoros, mit dem Gr. befreundet war (Greg. Briefe 230). 3. Vgl. XII 12,1, Theokr. 11,9, IG 3,1314. – 6. Vgl. Od. 10,175: ἦμαρ ἐπέλθῃ.

123. 1 f. Er sprach Griechisch und Lateinisch, wie kein andrer nur eines von beiden. 4. Vgl. VII 361,2, GV 719,5.

124. 1. Vgl. GV 1651,1.

126. 1. Vgl. 187,1, VII 163,1, GV 1858, 1862f. – 2. Vgl. 163,3f., VII 361,2, IX 62,6, Theogn. 240. – 3. Vgl. 128,1 und 3; 134,3.

128. Vgl. IX 39.

130. 1. Vgl. Ilias 3, 180. – Vgl. 129.

131. Amphilochios: s. zu 118. – 2. Vgl. XVI 31,2. – Vgl. Ilias 2,71. – 6. Überragten: vgl. zu 121,3.

132. 1 f. Gattin und Sohn: s. 118. – 3. Wort: er war wohl Rechtsanwalt (Scholastikos), vgl. 135f.

134. 1 f. Vgl. 96,3. – 2. Vgl. 91,4. – 3. Vgl. 126,3. – 4. Diokaisareia (falsche Betonung aus Versnot): Nachbarstädtchen von Nazianz.

135. 2. Vgl. Gregor carm. (Migne 37, 1551,2): βήμασιν ἰθυδίκοισι.

139. Nikomedes: wohl ein Priester, † wahrscheinlich 376.

140. 1. Auch: nicht nur die Kirche. Vgl. Carm. 2, 2, 1, 143: φείδεο καὶ μεγάλου Νικομήδεος, εἴ τιν' ἀκούεις. Siehe zu 116,1.

141. 1. Spät wurdest du Christ.

142. Karterios (vgl. Carm. 2, 2, 1, 139ff.): sonst unbekannt; wohl Priester und Gregors Lehrer in Rhetorik (zu Alexandria?), † wohl 376, bald nach Nikomedes (vgl. 145). 3. Vgl. Od. 12, 218.

146. 1. Xola (oder Xolci): unbekannte Stadt in Kappadokien; s. 150. Christen: wörtlich „Kreuzträger“.

147. Bassos: unbekannt, Priester, † vor Karterios. – Vgl. VII 715.

148. 1. Karterios: s. 142. – 2. Abrahams Schoß: s. Luk.-Ev. 16,22f.; vgl. VIII 52,2.

149. Philtatios: wohl ein Verwandter, da Gregors Großvater mütterlicherseits ebenso hieß. 1. Vgl. Ilias 1,16. – 2. Vgl. VII 419,5.

150. Eusebion (Diminutiv von Eusebeia), Basilissa (s. 154) und Nonna (nicht Gregors Mutter): unbekannt. 2. Xola: s. 146.

151. Helladios: Vetter Gregors, † wohl 372. – 4. Eulalios: später Bischof von Nazianz.

152. 1. Zu „jung – alt“ vgl. VII 603f. 4. Feind: Arianismus.

153. 1. Vgl. 7,1 und Gregors Worte auf seine Eltern (Carm. 2, 1, 44, 225):

Βαιὸν μὲν πνείοντες ἐπὶ χθονὶ σαρκὸς ἀνάγκῃ,
πλείονα δὲ ζωῆς μοῖραν ἔχοντες ἄνω.

154. Georgios: unbekannt; vielleicht der Freund, an den Brief 149 (v.J. 384) gerichtet ist. Basilissa: die von Ep. 150?

155. 1. Eupraxios: unbekannt; vielleicht der in Brief 65 genannte Freund. Arianz: s. Vorwort S. 443. – 3. Gregor: Vater oder Sohn?

156. 1. Naukratios: Bruder Basileios' d. Gr., † 357. – 2. Strom: wohl der Iris (vgl. IX 668). Gregor von Nyssa (Leben Makrinas, Migne 46 S. 965–67) erzählt nur, man habe ihn von der Jagd tot nach Hause getragen. 6. Anspielung auf die Taufe.

157. 4. Naukratios war körperlich und geistig sehr bevorzugt.

158. 2. Vgl. 153, 4, X 88, 3, GV 989, 2.

159. Maxentios: unbekannt. 4. Vgl. 151, 2. – 5. Vgl. IX 292, 2.

161. Emmelion (Diminutiv von Emmelia): Mutter Basileios' d. Gr., † 373. Sie hatte fünf Söhne (Basileios, Gregor von Nyssa, Petros, Nikephoros, Naukratios) und fünf Töchter (Makrina, Theosebeia und drei unbekannten Namens). Nicht verheiratet waren Makrina und alle Söhne. Bischöfe wurden Basileios (in Kaisareia), Gregor (in Nyssa), Petros (in Sebaste). 5. Weib: wohl Theosebeia, s. 164.

162. 1. Vgl. Ilias 4, 79. – 3. Blut: Ihr Vater war Märtyrer.

163. 1. Vgl. Cougny 2, 613, 1; s. zu 116, 1. – 2. Makrina: s. zu 161; sie starb 380. – 3 f. Vgl. IX 62, 6; 211, 2.

164. 1. Theosebion: Diminutiv von Theosebeia, s. zu 161; † 385. – 2. Gregor: unbekannt. 3. Vgl. VII 384, 3, VIII 7, 3; 131, 5; 28, 6.

165. Beide Gregor nicht fest bestimmbar. Zu „großer Gregor" vgl. 82, 4.

166. 1. Kämpfer des Glaubens: Märtyrer. 5. Säcke: Bauch, Körper; s. zu VII 133. Man feierte damals den Geburtstag des Märtyrers in der ihm geweihten Kapelle.

170. 2. Opfrer: Heidenpriester. – Vgl. 137, 2.

171. Die Echtheit von 171–174 bezweifelt Muratori.

173. 2. Blut: Christi.

175. 2. Dämonen: Heidengötter. Vgl. 79, 6; 172, 4; Od. 18, 56. – 5. Vgl. Aischyl. Hiket. 736. – Vgl. 171, 1.

176. 1. Vgl. Ilias 10, 353: πηκτὸν ἄροτρον. 2. Vgl. Eurip. Rhes. 492: θοῦρον δόρυ. 3. Vgl. Ilias 9, 629: ἄγριον θυμόν. 4. Vgl. 193, 2; 254, 2.

177. 1 f. Die 7 Weltwunder: Mauer von Babylon (s. V 252), Zeusstatue des Pheidias in Olympia (s. XVI 81), Hängende Gärten der Semiramis in Babylon (im phrygischen Kolossai fälschlich der Lemmatist) (s. IX 58), Pyramiden in Ägypten (s. IX 710), Mausoleum in Halikarnaß (s. IX 58), Artemistempel in Ephesos (s. V 9), Koloß von Rhodos (s. VI 171).

178. 3. Er bildete mit dem Nachbar gewissermaßen eine Hausgemeinschaft. 4. Vgl. 181, 2; 187, 4; 202, 3; 210, 3.

179. 2. Wohl Einfassung wie VII 482.

180. 3. Gregor schwebt IX 45, 1 vor (Jacobs).

181. Das Grab spricht.

182. 2. Leicht: leichtfertig. 3. Nicht leicht: es kostete ihn schwere Mühe.

183. 2. Nachbarn: s. zu 178, vgl. 205, 4; 212, 4; 239, 1.

185. 1. Vgl. Tim. Lex.: γεῖσα· τοίχων πρόποδες. 2. Vgl. 188, 4. – 3. Vgl. 17, 3; 99, 4; 129, 4; 130, 3, V 300, 1, XVI 138, 5. – Es handelt sich wohl um eine Pyramide auf einem Mauerunterbau. Das Ganze auf einer Anhöhe wie 178, 203 f., 224 u. a. Vgl. XV 4 ff.

186. 2. Vgl. 171, 2; 192, 2 und 4. – 4. Vgl. 242, 2.

187. 3. Dich: das Grab. 4. Finsternis: Hölle.

188. 1. Vgl. VII 525, 1, Apoll. Dysk. synt., Gr. Gr. 2, 2: ὅστις ἐμὸν παρὰ σῆμα. 4. Wände: des Grabmals.

189. 2. Bösen: unklar. Stürzte der Stein auf ihn nieder? – Vgl. 239.

190. 1. Vgl. Apoc. 1,18: κλεῖς τοῦ θανάτου καὶ τοῦ ᾄδου. 4. Man baute also aus den Grabsteinen eine Kapelle. – Vgl. L. Robert: Gnomon 31, 1959, 27.

192. 1. Gastlicher Gott: nach Zeus Xenios; s. z. B. VII 499, 516, 540; letzteres hier nachgeahmt (Keydell). 4. Vgl. VII 220,3.

195. 1f. Schuld an der Grabschändung sind die Lebenden, die Gold ins Grab legen.

196. 1. Speise: Leib Christi, Hostie. 3. Vgl. 166,5, IX 52,5. – 4. Waage: der Gerechtigkeit.

197. 3. Das Grab antwortet. Erde: Erdbeben.

198. Sinn: Kirche und Grab sind Asyl. Die Kirche ist es immer, das Grab nur manchmal.

201. 2. Schluß: Das Grab enthielt kein Gold. Vgl. VII 268,4.

205. 1. Geister: Engel auf dem Grab (Waltz), Totengeister, vgl. GV 673,1 (Keydell).

206. 2. Vgl. 199,2.

208. 1. Vgl. 209,1.

209. 3. Vgl. Eurip. Kykl. 242: θήξεις μαχαίρας.

210. 2. Vgl. XVI 104,4.

211. 1. Vgl. 180,2.

212. 1. Alles usw.: sprichwörtlich; vgl. 186,1.

214. Von einer solchen Tat des Kyros wissen wir nichts. Die bisherigen Erklärer nahmen daher an, Gregor habe an die von mehreren Schriftstellern (z. B. Curtius Rufus 10, 1, 30) berichtete Tatsache gedacht, daß Alexander d. Gr. das Grab des Kyros in Pasargadai aufgebrochen, aber außer ein paar Waffen nur die Inschrift gefunden habe: „Raubt mir nicht das bißchen Erde!" Hierbei stimmen aber weder die Angaben Gregors noch die des Lemmatisten (mit seinem Hinweis auf Herodot) noch der Inhalt der aufgefundenen Inschrift. Richtiger verweist H. Färber (brieflich) daher auf eine andere Stelle, bei der die Angaben des Lemmatisten und der Inhalt der aufgefundenen Inschrift stimmen und Gregor lediglich den Namen Dareios mit Kyros verwechselt hat. In Babylon, so erzählt Herodot 1, 187, befand sich das Grab der früheren Königin Nitokris mit einer Inschrift des Inhalts: Wenn ein späterer König von Babylon in Geldnot sei, dann – und nur dann – möge er ihr Grab öffnen und sich so viel Geld daraus nehmen, wie er brauche. Dareios I. brach das Grab auf, fand darin aber außer der Toten nur eine weitere Inschrift: „Wenn du nicht so unersättlich gierig nach schnödem Gewinn wärst, würdest du keine Totengrüfte aufbrechen (εἰ μὴ ἄπληστός τε ἔας χρημάτων καὶ αἰσχροκερδής, οὐκ ἂν νεκρῶν θήκας ἀνέῳγες)." – Vgl. Plut. Mor. 173 (Semiramis).

217. 3. Vgl. Ilias 11, 838. Stiermord: Arbeitstiere zu töten war verboten (vgl. VI 228). Als die Menschen es im ehernen Zeitalter taten, floh die Gerechtigkeit von der Erde zum Himmel (Arat. Phain. 132f.).

218. 1f. Gemeint ist Orpheus (Theseus, Odysseus), Daidalos und Herakles. Der vierte ist unbekannt: Muratori setzt Ἄρει für υἱέι und denkt an Od. 8, 272f. Jacobs setzt Νηρέι ein und denkt an die Erfindung der Schiffahrt; doch vielleicht ist δόλον (Falle oder Schlinge) für δόμον zu lesen, vgl. Aischyl. Choëph. 220: δόλον πλέκεις. 4. Vgl. 214,4; 223,2.

220. 1. Von einem Goldregen auf Rhodos berichtet Pindar Ol. 7, 49. – 3. Vgl. Gregor Epigr. 36 Migne: δρυσσ', δρυσσε τύμβον. – Vgl. 204,3. – 4. Vgl. 203,3; 215,1.

221. 2. Schluß: vgl. 85,4.

225. 1f. Vgl. 254. – Vgl. XVI 160,5. – 2. Dein: des Grabschänders.

226. 1. Vgl. 227. Tränen: vgl. 107,6.

228. 2. Mit Pflöcken wurden Verbrecher aufs Rad geheftet.

233. 1. Vgl. 229 und Od. 10,521. – 2. Vgl. 234.

234. 1. Geister: s. 205.

241. 1. Nackt: ausgeplündert. 2. Schluß doppeldeutig: „Gold macht nicht glücklich" und „Oft ist kein Gold im Grab."

242. 1. Vgl. Od. 9, 288.

252. Sinn: Ihr findet kein Gold; nur Marmor ist da, den ihr verkaufen könnt.

253. 1. Vgl. Ilias 6,136 (18,398).

254. 1. Vgl. 225,1f.

Addenda

VII

3. 1. Pro ,Kaibel 272b, 660, 661' lege ,GV 511; 2030, 13' // ἱερὰν vit. 34. - 2. Pro ,Kaibel 661' lege ,GV 511, 2'.

12. 6. ἔχεις Harberton // ἄγειν Blomfield, sed cf. Aristoph. Pac. 803 et 807.

15. Affert ep. etiam Bodl. lat. cl. d. 5, qui exhibet 1. ἀοιδῶν 2. θηλειῶν.

24. 4. τῷδε Wilam. 8. ὡραίων Lasc. ὡραῖον c Pl.

30. 3. οἱ λύρα θέλγμα Luck εἰο λύρη δὲ Harberton οἶν' ἐρόεντι Gow (Class. Rev. 4, 1954, 3) // post Βαθ. distinx. Reiske 4. ἤμερα Gow.

31. Initio dele ,Laur. 32, 16'.

35. 1. Pro ,Mitteil. d. ath. Inst. 5, 83' lege ,GV 905, 1'.

36. 2. ἄροιτο Reiske.

42. 4. τε: ad hiatum cf. 220, 4.

48. 4. πόνος: γόος Emper. [ante Schmidt] πόθος Sitzler κόνις Stadtm.

50. 3. ἐπίκροτος Dorville.

60. Exstat ep. etiam in Vind. 314 f. 27 et Monac. 113. - 4. τοῦτον Diog. Mon. // φθόνος οὐχ ἕπεται Diog. Vind. Mon.

61. Exstat ep. etiam in Monac. 113 et 161 et in Escur. 565. - 1. κόλπῳ Diog., Mon. 161, Esc. // κρύπτοι Mon. 113. - 2. ἀθανάτων etiam Mon. Esc.

79. 3. δὰξ Jac. λὰξ // τοκεῶνας ἰὼ Headlam [ad τοκεῶνας cf. VII 408,3, Heraclit. fr. 74 D, Callim. fr. 191, 72 Pf.] 5s. subditicios censet Harberton 6. χαῖρε φύλαξ Bury χαῖρ' ὦ ὕλαξ Sitzler.

89. In Laur. 32, 16, qui tit. om., legitur 1. ἀνήρετο 2. ὑρραδίου (cum c Pl Diog.) 5. σύμ μοι 7. σκήπωνα 11. ἐπέστη 14. κληδόνι 16. ἕλα.

126. In Laur. 32, 16, qui tit. et v. 3 s. om., legitur 2. καὶ μειδιᾶς et ἀτυχεῖν.

128. 1. Pro ,Meineke' lege ,Scal. (?)' 4. Φερσεφ- c Pl Diog. Περσ- P^1 Hes.

164. In lin. 1 pro ,ap. Kaib. 248' lege ,GV 1870'. - In lin. 4 pro ,**6**' lege ,**9**'.

182. 5. ἐς Wilhelm ἐκ P ἐν Pl [cf. 712, 8].

187. Tit.: Λεωνίδου Brit. Lasc. - Cf. P. Roussel: Rev. Etud. Gr. 1933, 273.

194. 1. Δαμοκρίτου Meineke Δημο- 3. παρ' ἕσπερον Harberton. - Cf. Gow: Class. Rev. 6, 1956, 91.

195. 8. στόμασι c Pl Suid. s. γήτειον.

203. 3. βαλίους P Suid.

204. 2. λεπταλέαις P.

214. 8. πολυψαμάθους σ' ὦσεν ἐπ' ἠιόνας Polak // ἐπὶ ψεκάδας Lumb.

215. 6. κύματα δὲ ῥαίνει τᾷδε Harberton // ῥάκελον Emper. ἀζαλέαν Baale ἀδρανέων Sitzler ἀδρανίᾳ Lumb.

218. 3. ἁλιζ. e Callim. fr. 384, 9 Pf. 5. ἀγαυοί: ἄγερθεν Gow (Class. Rev. 4, 1954, 4) 7. δρεψόμενοι Gow.

222. 2. Τρυγονίου Theiler 3. ἐνέπρεπεν, ᾗ Nock ἄδε, πρέπεν ἡ Theiler 5. ἀμφιγυναίκων (adversus et aversus femineus) Theiler ἡμιγυν- Paton. - Cf. Luck: Philol. 100, 1956, 271

223. 3–4. Suidas s. ἄκρατος 4. εἰδυῖα et κύλικα Suid. κεῖθ' ἱερὰ θρὶξ Paton κεῖθ' ὑπὸ φύλλοις Desr.

229. 6. Pro ‚add. man. rec.' lege ‚add. man.[2]'.

231. Supra (τεθνά)μεν scrips. μᾶλλον man.[2] in Pl et Brit.

233. 5. πήξαθ' Lumb πῆξε δ' // dele ‚θ' Desr. δ''.

241. 4. 'Ανδρόμαχος Reiske. – Cf. Cichorius: Rh. Mus. 63, 1908, 212.

244. Tit.: Γαΐτου Pl.

249. 1. Post ‚ἀπάγγειλον Str.' adde ‚ἄγγειλον cet.' – Cf. Oppermann: Gymn. 60, 1953, 121.

295. 3. ἰχθυοληιστῆρα Schneider 9. τοῦτ' οὐ Jac.

296. 2. πόλεας θνητῶν Diod. 5. Μήδους Diod. 7. αὐτῷ Diod.

309. Affert ep. etiam Laur. 32,16 [valde detritum; sine lect. varietate].

321. 4. κλήμασι σ' Toup -σιν. – Cf. Wifstrand: Eranos Rudbergianus 1946, 247.

325. In linea 3 dele ‚Florent. 32,16'. – Tit.: Choerilo (Samio) trib. Strab. Ath.

327. Versus 3 et 4 om. Laur.

331. 1. Φροῦρις Peek Φρουρῆς P. – Cf. L. Robert: Gnomon 31, 1959, 15.

339. Tit. et v. 7–8 om. Laur. – 3. γενεῶν Pl 4. προσπέλασεν Herwerden 8. καὶ παυστῆρ' ὀδύνης Heimsoeth (non Schmidt) καὶ λωφησοδύνην Ellis καὶ λύπης ἀδαῆ Lumb.

344b. 1. Λέων ἐμόν: λεόντιον Scal. (?).

345. Tit.: ἀδέσποτον, οἱ δὲ Σιμωνίδου P 7. γονὴν P Pl.

363. Lemma: Μάρκου sc. Antonini 1. fort. legendum est τέτμεν ἄνης i.e. perfectionem adeptus est (sc. mystes mortuus) et post ἄνης plene interpungendum est.

396. 2. πολέμων P πολέμων^{β} Pl^{b} [cf. ad v.6] δοράτων Pl^{a} 6. δοράτων P Pl^{a} δοράτων^{α} Pl^{b}.

420. 3. βασ.: βάκχῃσι Stadtm. 5. ἐνέπνευσε Lennep -πουσι.

423. 5. σταλοῦχος Jac. σταλουργός.

426. 4. Ad φέρτερος cf. XVI 95,2, GV 1058,7: γλυκερώτερε πάντων.

429. 2. φεῖ W. Schulze (non Oehler).

436. 3. Pro ‚ἄγημα τὸ Desr.' lege ‚λήματι Schäfer'. – Cf. N. Tod: Journ. of Hellenic Studies 53, 1933, 56.

440. 8. Pro ‚em. Pl // εὐκύλικα Pl' lege ‚ἰθῦναι κοινὴν [ο ex ε?] Pl em. Jac. // εὐκυλίκην P'.

455. Lege: 5. οὐδ' P^{a} οὐκ P^{b} Pl.

457. 3. ἥλδετο ληνοῦ Lumb 7. σῆμα: πῶμα Eichstädt.

464. 1. 'Αρετημιάς Lasc. 'Αρτιμμιάς Wilam.

471. Apparatus criticus in hunc modum quaeso mutetur: Pl III^{b} 26,6 f.96^{v}; Sext. Emp. adv. math. 1,48; Ammon. in Porphyrii Isag. p. 4,22 Busse (Comment. in Aristot. 4,3); Eliae proleg. phil. p.14,3 Busse (Comm. in Ar. 18,1); David. proleg. phil. 31 Busse (ib.18,2); schol. (OC) Dionys. Thr., Gr. Gr. 3 p.160 Hilg. – Callimacho trib. P schol. Dion. Choer. Cicero Tusc. 1,84; anonymo cet. **1** Choerob. in Theodos. Gr. Gr. 4, 2, 125 H. // εἴπας P Pl εἰπών Pl [suprascr.] // φαεινὲ ante Κλ. inser. schol. Dion. (εἴπας om. O, χαῖρε om. C) // Κλεόμβροστος P[1] // ὡμβρακιώτης c [-ας P[1]] Pl 'Αμβρ- El. Dav. 'Αμπρ- Pl [primo] Sext. schol. Dion. **2** 'Αίδαν P **3** ἄξ. οὔτι παθὼν schol. Dion. El. Dav. // κακόν: τέλος Sext. // ἀλλά: ἢ τὸ P **4** ἐν τῷ P.

475. l: εἰς Εὐαγόραν, υἱὸν Ἡγεμάχου, νυμφίον Σκυλλίδος. – 1. πολὺ πενθεροῦ Peek πολυπένθερον 2. Εὑρείας [oppidum Marmaricae] Desr. 3. Ἡγεμάχου τὸν ἐφ. Harberton.

476. Duo epp. (v. 7–10 et 3–4) distinx. Laur. – Tit. om. Laur. 3. πολυκλαύστῳ ἐπὶ Laur.

502. Bis exstat ep. in Brit., hic et III^b 19,19, inter VII 654 et 506 [Br.^{b}]; legitur in Br.^{b}: 1. Βίωνος ὁδοιπότεροι 3. εἰπεῖν ἠνδαγόρῃ 4. Στρυμονίη Ἐ. ὦ. δυομένων.

593. Pro ‚Kaibel 512' lege ‚GV 2082'.

614. 6. Pro ‚δὴ add. Stadtm.' lege ‚ἔκτανεν ὡς Jac. ἔκτανε P'.

645. 2. ἐντυχίαι Paton 4. pro ‚ζῇς ἐν Ἰου- nos' lege ‚ἧ ἐν Ἰου- Norden' // post ‚Ald. Man.' dele ‚in P'.

652. 8. Dele ‚Τελεστ- Pl'.

665. 3. κῦμα δ' ἅμ' αὐτῇ (sc. νηί) Lumb (fort. recte).

669. 2. ὦς et βλέπων Fava ὃς et βλέπει Wilam.

708. 3. κηφ.: κύφωνα Gow (Miscellanea di Studi Alessandr. in memoria di A. Rostagni, Torino 1963, 527), qui κύφων παλίμπλυτος interpretatur ‚schäbiger Lump'.

709. 2. ἐτρεφόμην Plut. // κερνᾶς Lobeck κέρνας P κέλσας Plut. // μακελᾶς Reiske μακέλας.

710. 7. Pro ‚Τηνία ὡς εἰδῶντι Heringa' lege ‚Τηλία ὡς εἰδῶντι Welcker et Heringa'.

712. 5. ἀνδαίετο Lumb 6. τᾶνδ' ἄπο Lumb 8. γοερὸν Reiske -ρῶν. – Cf. Scheidweiler: Philol. 100, 1956, 40.

718. 1. τὺ πλέεις Harberton 2. ad ἄνθος cf. IX 605,3. – 3. deletis ‚ἅ τε Boiss.' usque ad ‚εἰδώς' lege: φίλαν in marg. ap. Buh. -λα // Λοκρὶς γᾶ Brunck λόκρισσα 4. τίκτε μ' ἴσαν Brunck -τειν ἴσαις //χὠς Jac. δ' ὅτι.

726. 6. δεῖνον Bury 8. ἱμερ.: εὖ μορέουσα Harberton 10. καλή Geffcken καλὰ καὶ.

727. 2. ἔστε Herwerden ἔσκε [damn. Liddell-Sc.; cf. Soph. Aeant. 1183; ἀρήγετ' ἔστ' ἐγὼ μόλω, sim. v. 555].

730. 1. οὗτος: αὔτως Harberton 3. ἀρύσαντο W. Schulze 4. βλεφ.: P^1. φαεφάρων

748. 7. ἄνστασιν nos ἄστεσιν [cf. Cougny 2, 753 β].

VIII

2. 4. τε χοραστ- P^a 5. ἐπόμνυμαι Sternbach 6. οὐδὲ θέλων P^a οὐδεθέλων P^b.

26. 5. Cf. K 520: χῶρον ἐρῆμον 6. βάλουσι P 7. ῥέξετε Mur. ῥέζετε [cf. 128,1; 217,3] 9. fort. κρᾶτ' ἔσφερε.

76. 1. χερσὶ (non χειρσὶ) P^{a1} // τῆνδε P^b 2. οἱ γεννήτορες in marg. P^b 4. ταῖς εὐχαῖς in marg. P^b 6. μάρτυρι (non μάρτυσι) P^a // παραθεμε(νος) P^b.

79. 1. εὐξαμένη P 6. ad ἦρα cf. 172,4; 175,2; σ 56: ἦρα φέρων 9. ὁπλοτέρη P // τριαδὶ P [τριαδ' ex τριαδι mut. voluit] // ῥώμη P.

93. 2. ad πάσης cf. 109,3 // Καισάριε ult. syll. producta. – 1–2 cum ep. 92, sed 3–4 cum ep. 94 iunx. P.

104. 6. ἄλλων cod. Clarc. 12.

122. 1–2 cum ep. 121 iunx. P^a 3. Ἔρωτας Salvatore 6. ὑπῆλθε Desr., sed ἐπῆλθε prob. Rudberg.

126. 4. ἦλθε P. – Salvatore (qui in v. 3 δόσαν; distinx.) viatori trib. (1) τίς τίνος; et (2–4) οὗτος … θύρας.

142. 1. πολυμοχθον c -θω P[1] 6. νῦν P[ab].

156. v. 5–6 ut peculiare ep. not. P[b] 5. Ναυκρατίῳ Jac. 6. ἑλκέμεναι Boivin εὖ θέμεναι Desr.

166. 4. θρύψιης P 6. θῦλάκ.: metro obst. – Tria epp. distinx. P: 166,1–4; 166,5–167,2; 167,3–6.

170. 5. δὶς Boivin 6. ἵξατε Jac. ἑίξατε [ε expuncto] P εἶξ- codd.

201. Quattuor epp. distinx. P: 201,1–202,2; 202,3–4; 203,1–2; 203,3–4.

Zu Band II, Seite 433, Nr. 735

Das im Druck verfehlte Epigramm soll lauten:

Die Seemannsfrau

Stadt, ruhmreiches Phokaia, dies eine noch sagte Theano,
eh sie zur Öde der Nacht schließlich hinuntergewallt:
„Ach, ich ärmste der Frauen! Auf welch einem Meere, auf welchem
fährst du im eilenden Schiff, Gatte Apellichos, nun,
während der Tod sich mir naht? Wie gerne ja wollte ich sterben,
faßte ich nur mit der Hand deine geliebteste Hand!“

Damagetos

www.ingramcontent.com/pod-product-compliance
Lightning Source LLC
Chambersburg PA
CBHW071850090426
42811CB00004B/545

* 9 7 8 3 1 1 0 3 6 1 7 1 1 *